29. April 05

Georg

Siedler

Buch

Als Kritiker und Germanist hat Hans Mayer wie kein zweiter die deutsche Literatur nach 1945 begleitet und geprägt. Seine beiden Bücher »Die umerzogene Literatur« und »Die unerwünschte Literatur«, hier erstmals in einem Band, sind mittlerweile zu Standardwerken geworden. Mayers Rückblick auf vierzig Jahre deutscher Literatur ist keine gewöhnliche Literaturgeschichte. Denn hinter Buchtiteln und Autorennamen stehen für ihn Menschen, Begegnungen und persönliche Erfahrungen. Er war Lehrer von Uwe Johnson und Christa Wolf, scharfzüngiger Wortführer der Gruppe 47, Freund von Heinrich Böll und Günter Grass. Brillant sind Mayers Interpretationen der Werke von Uwe Johnson, Peter Weiss oder Elias Canetti. Ebensosehr beeindrucken aber seine schonungslose Abrechnung mit der DDR oder seine scharfsinnigen Betrachtungen zur Studentenbewegung. Denn Mayer, der stets ein Suchender zwischen dem Osten und dem Westen Deutschlands gewesen ist, findet in der Literatur immer auch den Widerhall von Politik und Gesellschaft in beiden deutschen Staaten.

Autor

Hans Mayer, 1907 in Köln geboren, emigrierte 1933 nach Frankreich und weiter in die Schweiz. Nach dem Kriegsende war er Ordinarius für Kultursoziologie und Literaturgeschichte an der Universität Leipzig. 1963 verließ er die DDR und lehrte bis zu seiner Emeritierung 1973 in Hannover. Zu seinen Hauptwerken zählen »Georg Büchner und seine Zeit« (1946), »Bertolt Brecht und die Tradition« (1961), »Goethe« (1973) und die zweibändige Autobiographie »Ein Deutscher auf Widerruf« (1982).

Hans Mayer

Deutsche Literatur 1945–1985

Siedler

Die Originalausgabe erschien 1988/89 in zwei Bänden:
»Die umerzogene Literatur. Deutsche Schriftsteller und Bücher 1945–1967« und »Die unerwünschte Literatur. Deutsche Schriftsteller und Bücher 1968–1985«.

Umwelthinweis:
Alle bedruckten Materialien dieses Taschenbuchs sind chlorfrei und umweltschonend.

Siedler Taschenbücher erscheinen im Goldmann Verlag, einem Unternehmen der Verlagsgruppe Bertelsmann.

1. Auflage
Genehmigte Taschenbuchausgabe Juli 1998

Redaktion: Rüdiger Safranski
Umschlaggestaltung: Design Team München
Umschlagabbildung: Archiv für Kunst und Geschichte, Berlin
Satz: Bongé+Partner, Berlin
Made in Germany 1998
ISBN 3-442-75501-8

Inhalt

Die umerzogene Literatur

Ob wir davonkommen, ohne gefoltert zu werden,
ob wir eines natürlichen Todes sterben,
ob wir nicht wieder hungern,
die Abfalleimer nach Kartoffelschalen durchsuchen,
ob wir getrieben werden in Rudeln, wir haben's gesehen.
Ob wir nicht noch die Zellenklopfsprache lernen,
den Nächsten belauern, vom Nächsten belauert werden,
und bei dem Wort Freiheit weinen müssen.
Ob wir uns fortstehlen rechtzeitig auf ein weißes Bett
oder zugrundegehen am hundertfachen Atomblitz,
ob wir es fertigbringen mit einer Hoffnung zu sterben,
steht noch dahin, steht alles noch da hin.

Marie Luise Kaschnitz

Vorwort

Dies ist keine Geschichte dessen, was man in akademischer Sprache als Neueste Deutsche oder gar als Zeitgenössische Literatur bezeichnet. Es ist auch kein Traktat über Stile, Moden und Ismen. Die Sehnsucht vieler Leser (und Buchhändler) nach einer »Deutschen Literaturgeschichte« ist ein Residuum des historistischen neunzehnten Jahrhunderts, das so fasziniert schien von allem Geschichtlichen und das so viel geschichtliche Bauten, Landschaften, Kunstwerke und Traditionen zerstört hat. Dem Historismus war alles gleich lieb und unwichtig. Er hütete sich – scheinbar – vor aller Wertung. Die Sehnsucht nach einer als normativ geltenden Literaturgeschichte bedeutet gleichzeitig Indifferenz und nachlässigen Totenkult.

Der sozio-politische und sozio-literarische Traktat aber pflegt sich kaum um Einzelheiten der Werke und Künstler zu kümmern. Ihm kommt es an auf »große Linien«. Die freilich bedeuten fast immer Planierungsarbeit. Freilich sind die meisten literarischen Texte, wie sich für die Nachwelt herausstellt, vor allem Ausdruck und Reflex gewesen einstiger Ordnungen, Riten, Verhaltensweisen und Empfindungsweisen. Dergleichen läßt sich nicht mehr nachvollziehen: auch wenn es noch nicht lange zurückliegt. Das gilt für die Ossianschwärmerei unserer Stürmer und Dränger im achtzehnten, für Gustav Freytags hochgerühmte bürgerliche Heroik im neunzehnten wie für das Psychologisieren im zwanzigsten Jahrhundert oder auch für das markig-treudeutsche Draufloserzählen von Schriftstellern einer Reichsschrifttumskammer. Dergleichen bleibt Forschungsthema. An irgendeine Renaissance ist kaum zu denken. Vor Texten solcher Art kann sich die Literatursoziologie bewähren.

Sie versagt bei all jenen Schreibern und Texten, die mehr sind als Zeitreaktion: weil sie nicht Ordnung reflektieren, sondern neue Ordnungen stiften. Goethe hat das, als einer, der sich selbst als »inkommensurabel« empfand, immer wieder, und ärgerlich, konstatiert. Solange ein neues Schreibwerk nicht öffentlich vorliege, habe keiner eine Idee davon. So hat er wiederholt geäußert. Mit Recht, und wohl auch immer aus gegebenem Anlaß. Etwa wenn sich die Leute Gedanken machten über die – mögliche – Dramaturgie und Handlungsfolge des noch unvollendeten Zweiten Faust. Den Goethe schließlich, als es soweit war, versiegelte, weil er keine Lust hatte, törichte Verrisse zu lesen. Die nicht ausblieben. Die Selbstschreiber haben es schwer. Allein sie sorgen für Überraschungen.

Niemand in der deutschen Nachkriegsära war am Ende der fröhlich-restaurativen Fünfziger Jahre auf ein Werk wie die »Blechtrommel« gefaßt. Die Leute von der Gruppe 47 freilich begriffen schon 1958, ein Jahr vor Erscheinen des Romans, was hier entstanden war. Man kannte Günter Grass als einen offenbar begabten Bildhauer und Zeichner, der zwei interessante Lyrikbände veröffentlicht hatte. Nun aber Auftritt Oskar Matzerath. Solange ein Werk nicht in der Welt ist...

Beides mußte in unserem Falle vermieden werden: die hoffnungslose, nie erreichbare »Lückenlosigkeit« bei Aufzählung der Bücher und Autoren wie die planierende Flurbereinigung, der oftmals, man hat es erlebt, das Wertvolle zum Opfer fällt. Planierer haben von jeher vor unvermuteten Hindernissen auf der literarischen Fahrbahn an Zerstörung gedacht. Vor der »Blechtrommel« und den »Maulwürfen« von Günter Eich; vor Arno Schmidt und Uwe Johnson (den selbst Kenner wie Robert Neumann oder Hermann Kesten einfach für unbegabt hielten); vor Hubert Fichte und Thomas Bernhard.

Der hier schreibt, kann weder den Indifferenten spielen noch den Mann der großen Linien, die sich allzuleicht in Richtlinien zu verwandeln pflegen. Er spricht notwendigerweise von sich selbst. Die deutsche Literaturentwicklung seit dem Kriegsende von 1945, das für ihn zugleich ein Ende des Exils bedeutet hat, gehört zur eigenen Lebensgeschichte. Hinter den Büchertiteln und Verfassernamen stehen Begegnungen, Menschen mit Sprachklang und Augensprache, mit Feindseligkeit, gutem wie ungutem Gelächter. Erinnerung an Verstorbene und Erinnerungsgespräche mit Noch-Lebenden. Wie kann es unter solchen Bewandtnissen eine Rückschau oder gar eine Bilanzierung geben?

Auswahl war geboten, was immer Willkür bedeutet. Manches hatte man niemals gelesen: sollte man es jetzt nachholen? In einigen Fällen war es unabdingbar. So ergab sich die Faustregel:

Lesen. Neulesen, Wiederlesen. So entstand (und entsteht) das vorliegende Buch. Es wurde leichtfertig geplant: als eine nicht allzu umfangreiche, überschaubare, reizvolle Arbeit. Davon konnte, als die Arbeit begann, die Rede nicht mehr sein. Zwei Bände müssen es werden. Die Zäsur ist diesmal das *Jahr 1968.* Das kann begründet werden. Die Schriftsteller und auch die Bücher sind anders geworden seit 1968. Besser oder schlechter? Das ist eine andere Frage.

Vorerst will es scheinen, als seien die wichtigeren dauerhafteren, kühneren Texte erst nach der Zäsur von 1968 entstanden. Ist das eine Sehtäuschung aus zu großer Nähe? Vielleicht doch nicht. Die »Jahrestage« von Uwe Johnson, das Spätwerk von Arno Schmidt, Christa Wolf und Heiner Müller, die »Geschichte der Empfindlichkeit« von Hubert Fichte, Elias Canettis Erinnerungen und aphoristische Aufzeichnungen: dazu gibt es kaum Gegentexte zwischen 1945 und 1967.

Das Kapitel »Überhang der Tradition« will bloß an einigen bekannten Beispielen von Thomas Mann, Hesse oder Döblin auf Bücher des Exils hinweisen, die wichtig wurden seit dem Kriegsende. Sonderkapitel über Kafka, Anna Seghers, Brecht und viele andere gehörten nicht zum Plan eines Buches über die »umerzogene« Literatur.

Jeder Versuch, die Entwicklung des *deutschen Gedichts* seit 1945 zu »integrieren«, mußte mißlingen. Das hängt mit der lyrischen Sphäre und Kreativität zusammen. Ein Gedicht ist stets ein »Gelegenheitsgedicht«. Der große französische Lyriker Paul Eluard hat das in einem Essay mit eben diesem Titel »Das Gelegenheitsgedicht« überzeugend demonstriert. Kein Zufall auch, daß der nicht minder bedeutende deutsche Lyriker Peter Huchel den Text von Eluard in der Zeitschrift »Sinn und Form« in deutscher Übersetzung abdruckte. Andererseits widersteht das Gedicht (das wirkliche!) aller Planierung. Es »bleibt«: wie Hölderlin mitgeteilt hat.

Das Kapitel über *Dramatik und Dramaturgie,* weitgehend entworfen, muß warten bis zum Abschluß des zweiten Bandes. Da kann es noch Überraschungen geben, vielleicht.

Wurden sie umerzogen, die deutschen Schriftsteller und Bücher seit dem Jahre 1945? Wie hätte das geschehen können?

Umerzogen durch wen und »zu welchem Ende«, mit Friedrich Schiller zu reden? Prozesse mit Spruchkammern und mit Hauptschuldigen, Minderbelasteten, Mitläufern haben nichts bewirkt. Verordnete Entnazifizierung, gleichzeitig freies Geleit und Überlebensgarantie für die Mengele und Barbie: was konnte dabei bewirkt werden? So entstand, in den Fünfziger Jahren, eine Literatur innerhalb einer Epoche der Fröhlichen Restauration. Zwanzig Jahre später entfaltete sich, auch für die Schriftsteller und Bücher, eine triste zweite Restauration.

Nach kurzer und heftiger, recht folgenloser Trauerarbeit der Schriftsteller um 1947, zur Zeit eines ersten deutschen Schriftstellerkongresses in Berlin, trat Amnesie an die Stelle der Anamnese. Erst zwanzig Jahre später begann das Gespräch der Schriftsteller einer jungen Generation über die Schuld der Schuldlosen. Heute muß bereits von der *Zweiten Schuld* gesprochen werden. Sie ist nicht mehr Verdrängung, sondern Verleugnung. Aufgabe aller Literatur in beiden deutschen Staaten und wo auch immer wird (und muß) es sein, dieses Spiel nicht mitzuspielen. »... und ich begehre, nicht schuld daran zu sein«, heißt es bei Matthias Claudius. Das gilt auch für die Zweite Schuld der angeblich Schuldlosen.

Erstes Kapitel

Nach zwei Weltkriegen

Auf der Suche nach einer verlorenen Literatur

Wie und auch wo soll man sie beginnen, die Rückschau? An Klischees und Formulierungen herrscht kein Mangel. Man spricht von der Stunde Null und vom Kahlschlag, womit vor allem die kulturelle Konstellation im Jahre 1945 gedeutet werden soll: als der Krieg zu Ende war. Allein was war das gewesen, was vorging: als der Krieg zu Ende war? Niederlage oder Zusammenbruch? Ein Schicksal oder eine Schuld? Abermals nur Terminologie anstelle einer Interpretation.

Was vorging auf dem Boden eines Deutschen Reiches, das sich als Drittes Reich und auch als Großdeutsches Reich zu deklarieren liebte, hat *Bertolt Brecht* in einer knappen Formel erfaßt, als er dieses Deutschland nach zwei Weltkriegen mit dem einstmals großen Karthago der Phönizier verglich: übrigens einem semitischen Staatswesen. Bei Brecht hieß es dazu: »Das große Karthago führte drei Kriege. Es war noch mächtig nach dem ersten, noch bewohnbar nach dem zweiten. Es war nicht mehr auffindbar nach dem dritten.« Der als Parabel zu verstehende Satz des aus dem Exil heimgekehrten deutschen Dichters aus Augsburg bildete den Abschluß eines »Offenen Briefes an die deutschen Künstler und Schriftsteller« vom 20. September 1951. Der Brief handelte von einer neuen deutschen Aufrüstung: zuerst in der Bundesrepublik Deutschland, worauf die Deutsche Demokratische Republik nachziehen werde und nachziehen müsse. Die in diesem Brief gestellte Frage Brechts blieb bis heute ohne Antwort. Und wenn wir von heute aus auf die deutschen Schriftsteller und Bücher seit 1945 zurückblicken, lesen wir die Texte von damals »im Lichte unserer Erfahrung«, wie Thomas Mann in der Zeit jenes Dritten Reiches formuliert hatte.

Brecht fragte damals: »Werden wir Krieg haben? Die Antwort:

Wenn wir zum Krieg rüsten, werden wir Krieg haben. Werden Deutsche auf Deutsche schießen? Die Antwort: Wenn sie nicht miteinander sprechen, werden sie aufeinander schießen.

In einem Land, das lange Zeit seine Geschäfte einheitlich geführt hat und das plötzlich gewaltsam zerrissen wird, gibt es allerorten und allezeit viele Konflikte, die geschlichtet werden müssen. Dies kann auf viele Weise geschehen. Wenn es Heere gibt, wird es auf kriegerische Weise geschehen.«

»Deutschland ist Hamlet«: so hatte es der deutsche Jude Ludwig Börne im Jahre 1829 formuliert. Die deutschen Schriftsteller des Vormärz, vor der deutschen Revolution von 1848/49, wiederholten die Formel: Deutschland ist Hamlet. Gemeint war, daß die Deutschen, denn ein Deutschland gab es nicht, immer noch tatenarm seien und gedankenvoll, nach der Formel Friedrich Hölderlins. Im weiteren Verlauf des 19. Jahrhunderts, nach einer bürgerlichen Niederlage in den Kämpfen des Jahres 1849, hatten sich *die Deutschen* immer mehr von Hölderlins Formel entfernt: mehr Aktion und weniger kritische, vor allem auch selbstkritische Reflexion. Es gab ein Deutsches Reich seit dem 18. Januar 1871. Ein Kaiserreich, das zum ersten »Punischen« Krieg führen sollte. Eine Niederlage, gegen Ende des Jahres 1918, die man nicht wahrhaben wollte. Deutschland/Karthago, nunmehr eine Deutsche Republik, war immer noch mächtig nach dem ersten »Punischen« Krieg.

Den zweiten »Punischen« Krieg hat dann kein Hannibal geführt. Die Giftkapsel. Deutschland/Karthago lag in Trümmern. Die Verwüstung muß größer gewesen sein, den Umständen entsprechend, als am Ende eines Dreißigjährigen Kriegs im Jahre 1648. Dennoch blieb Deutschland »bewohnbar«, und nicht allein dies, wie sich gezeigt hat. Trotzdem besteht sie weiter, die Gefahr des letalen Dritten Krieges. Was Brecht formuliert hatte im Jahre 1951, ist wahr geblieben.

Der Rückblick auf die deutsche Literatur nach zwei Weltkriegen ist *Suche nach einer verlorenen Literatur*. Gemeint ist: Literatur nach einem verlorenen Kriege. Dann Literatur nach dem Verlust eines deutschen Staatswesens. Man war durch den Geschichtsverlauf zurückgedrängt worden auf Friedrich Schillers boshaftes Xenion: »Deutschland? aber wo liegt es? Ich weiß das Land nicht zu finden.« Schiller hatte das mitten im Prozeß einer Französischen Revolution ohne Bedauern ausgesprochen. Er trennte, durchaus folgerichtig als philosophischer Idealist, die Bereiche eines deutschen Staates und einer deutschen Literatur. Auch dieser Versuch eines philosophisch-politischen Dualismus war gescheitert: noch zu Lebzeiten Friedrich Schillers. Nach zwei Weltkriegen aber gab es ihn nicht mehr, den deutschen Staat als Unterbau einer deutschen Literatur. Es gab vier Besatzungszonen, Emigranten im Exil mitsamt einer Exilliteratur, österreichische Schriftsteller in Österreich oder im Exil, schweizerische Schriftsteller deutscher Sprache, es gab Deutsche, die nicht mehr in vormals deutschen Gebieten leben durften und aus der Heimat vertrieben worden waren: nach so viel Vertreibungen, die ausgingen von der Reichshauptstadt Berlin. Wird es weiter eine deutsche Literatur geben nach dem Verlust einer deutschen Staatlichkeit?

Eben jene *Reichshauptstadt Berlin* hatte die entscheidende Rolle gespielt, seit dem Beginn des 19. Jahrhunderts: als die Siedlung an der Spree noch Metropole des Königreichs Preußen gewesen war. Friedrich Schiller, um ihn abermals zu erwähnen, ist als todkranker Mann in Weimar geblieben und dort gestorben. Bei einem besseren Zustand seiner Gesundheit, das belegen die Dokumente, wäre er einer Berufung in die preußische Hauptstadt gefolgt. Seit der Gründung des Deutschen Reiches war die Metropole auch ein kulturelles Zentrum. Theaterstadt Berlin: das vor allem. In den Berliner Theatern Otto Brahms und Max Reinhardts spielte man die Naturalisten, die Neuromantiker, auch schon Frank Wedekind und Carl Sternheim. Das Theater am Gendarmenmarkt, wo Webers »Freischütz« seine Uraufführung erlebte, war bis 1919 ein langweiliges Hoftheater geblieben. Man kann das, fürs Ende des 19. Jahrhunderts, in den Theaterkritiken Theodor Fontanes nachlesen. Das Preußische Staatstheater freilich, in der Ära der Weimarer Republik, holte auf und zog gleich. Expressionistische Dramatik und Dramaturgie bei Leopold Jessner und Jürgen Fehling und Erich Engel.

Berliner Kritiker gaben in den meisten Fällen den Ausschlag beim Kampf um Erfolg oder Scheitern der Dramatiker und der

Bühnenleute. Alfred Kerr hatte die Dramatiker Henrik Ibsen und G.B. Shaw durchgesetzt, den frühen Gerhart Hauptmann und sogar noch den frühen Frank Wedekind. Mit den Expressionisten wollte er nichts zu tun haben, erst recht nicht mit dem ungebärdigen, doch keinesfalls expressionistischen jungen Bert Brecht. Dieser Theaterkunst und insbesondere dieses Brecht nahm sich dann Alfred Kerrs kritischer Gegenspieler an: Herbert Ihering.

Nach zwei Weltkriegen lag alles in Trümmern: Verlagshäuser und Redaktionsgebäude, Theater der Reichshauptstadt und Verkehrswege, Buchläden und Büchereien. Dem verlorenen Staat entsprach der tief einschneidende *Verlust eines kulturellen Zentrums auf deutschem Boden.*

Freilich: die führende Rolle Berlins war bereits während des Kaiserreichs, erst recht unter der schwarz-rot-goldenen Fahne der Weimarer Republik, niemals unangefochten. Kein Vergleich mit Paris oder London, kein Vergleich auch mit der Bedeutung von Madrid für die spanische Literatur seit dem »goldenen Zeitalter« im 17. Jahrhundert. Im Kaiserreich bedeutete *München* insgeheim und sogar erklärtermaßen bisweilen eine Gegen-Metropole. Die Brüder Thomas und Heinrich Mann oder auch Frank Wedekind wichen allen Berliner Verlockungen aus. Thomas Manns Verleger S. Fischer gehörte zu Berlin; der Autor blieb an der Isar. Auch die expressionistischen Künstler einer ersten Vorkriegszeit arbeiteten fern von der Reichshauptstadt: immer wieder in grimmiger Abkehr vom Lebensstil des Deutschen Kaisers und seiner »Untertanen« im Sinne des Romans von Heinrich Mann. Es gab die »Brücke« in Dresden und den »Blauen Reiter« in München. Kandinsky und Franz Marc als Herausgeber einer berühmten Publikation, die diesen Namen trägt, strebten nach einem Gesamtkunstwerk. Sie suchten Dichter und Musiker, neben den bildenden Künstlern, überall in Europa, nicht allein unter den Menschen deutscher Sprache. Vom München des »Blauen Reiter« führte die Brücke eher nach *Wien* als nach Berlin. Die Musikbeispiele in der zweiten Ausgabe des »Blauen Reiter« stammten von Arnold Schönberg, Anton von Webern und Alban Berg.

Verlorene Einheit der deutschen Literatur. Verlorener Staat und verlorene Hauptstadt. *Verlorene kulturelle Kontinuität* vor allem. Nach einem Ersten Weltkrieg konnte man die Ateliers und

Archivbestände jener Künstler und Schriftsteller inspizieren, die im Krieg gefallen waren. »Früh vollendet«: so nannte man das in arger Beschönigung. Franz Marc und August Macke. Der Musiker Rudi Stephan. Lyriker wie Ernst Stadler und Alfred Lichtenstein. Auch Georg Trakl gehörte zu ihnen. Alle aber hatten schon vor 1914 die Anfänge ihres Werkes der Öffentlichkeit unterbreiten können. Es gab Gedichtbände, die Trakl und Stadler selbst noch ediert hatten. Erfolgreiche Konzerte mit Werken von Rudi Stephan. Ausstellungen und Anerkennungen, neben viel zornigem Gegengeschrei, für die gar nicht wirklichkeitsgetreuen Pferdebilder eines Franz Marc.

Nichts dergleichen nach dem Zweiten Weltkrieg. Vorausgegangen waren *Jahre eines totalen Traditionsverlustes.* Die neue Weltkunst der Dreißiger Jahre, mitsamt den Vorläufern und Anregern seit der Jahrhundertwende, galt als entartet und wurde aus den Museen entfernt. Künstler gingen ins Exil. Wer in Deutschland geblieben war, wie Emil Nolde oder Karl Hofer, wurde mit Arbeitsverbot belegt. Die »verjudete« Literatur und Musik durfte deutschen Lesern und Hörern nicht mehr zugemutet werden. Wer trotzdem las: Bücher und Partituren, wagte ein gefährliches Leben. Wer selbst dergleichen zu Hause niederschrieb, mußte wissen, was ihm drohte. Nur so ist das für viele nach dem Jahre 1945 unerklärbare Faktum zu deuten, daß man, als der Krieg zu Ende war, *vor leeren Schubladen stand und vor Künstlerateliers, worin nichts zu entdecken war.* Es hatte zuviel auf dem Spiel gestanden. Eine Geheime Staatspolizei konnte alles stets durchsuchen und beschlagnahmen. Es durfte keine Indizien geben. Ein junger Musiker aus dem Rheinland, Karlrobert Kreiten, ein Pianist, hatte die Weiterarbeit mitsamt ihren politischen Folgerungen gewagt. Man schleppte ihn aufs Schafott.

Die *Heimkehrer* aus einem Zweiten Weltkrieg kamen zurück, viele erst nach langen Jahren der Gefangenschaft, in eine von Grund auf zerstörte Heimat. Auch alle Tradition war zerstört. Albert Speer aus Mannheim hatte, für den Fall einer als sicher angenommenen siegreichen Heimkehr, die riesige Triumphhalle entworfen: gekrönt von der Weltkugel. Die Weltkugel jedoch, auf jenem erhalten gebliebenen Entwurf des Architekten, wurde umkrallt vom deutschen Reichsadler.

Damit war es nun zu Ende. Daß *ein neues Lernen* zu beginnen habe und man sich neue Lehrer suchen müsse in allen Lebensbereichen, war unbestritten im allgemeinen Bewußtsein. Kaum ein Heimkehrer, mit dem man sprach, dachte anders. Man wollte sie wiederfinden: die großen Vorbilder und Lehrer von einst, die man getötet, verjagt, geächtet hatte. Namen wurden genannt, die noch vor wenigen Monaten, wenn man sie aussprach, unmittelbare Gefahr bedeutet hätten: Thomas Mann, Arnold Schönberg, Igor Strawinsky, Alfred Döblin, Sigmund Freud, Bertolt Brecht, Pablo Picasso, Max Beckmann, Käthe Kollwitz oder Otto Dix.

Insgeheim aber schien man der Meinung zu sein, ein Wiederbeginn des künstlerischen und literarischen Schaffens müsse dort einsetzen, wo man im Jahre 1933 jäh in der Entwicklung unterbrochen wurde. Nun suchte man sich die Lehrer, fast instinktmäßig, beim *Expressionismus* und bei der einstigen *Neuen Sachlichkeit.* Walter Benjamin hatte im Jahre 1931, unter dem Einfluß von Bert Brecht, die neu-sachlichen Schriftsteller, wobei er sich Erich Kästners besonders annahm, als Ausdruck einer »linken Melancholie« verspottet und gemeint: »Kästners Gedichte sind Sachen für Großverdiener.« Das waren sie nicht: schon damals nicht. *Erich Kästner* war in Deutschland geblieben. Man hatte seine Bücher verbrannt, wobei er in Berlin dem Spektakel zuschauen konnte. Leute, die herumstanden, dürften ihn erkannt haben, hielten aber den Mund. Er durfte dann zuerst überhaupt nicht publizieren, später unter anderen Namen ein bißchen arbeiten und den Lebensunterhalt verdienen. Nun war er zur Stelle, als der Krieg zu Ende war. Ganz ohne linke Melancholie. Er half mit in München, also in der amerikanischen Besatzungszone, den Kulturteil einer von der Besatzungsbehörde herausgegebenen »Neuen Zeitung« zu organisieren. Im übrigen war er sich selbst und auch der traurigen, das offiziell »Positive« anzweifelnden Sachlichkeit treu geblieben.

Vielleicht muß man diese beiden Konzepte nebeneinanderstellen, wenn rückschauend versucht wird, die Anfänge einer deutschen Literatur auf deutschem Boden, also in vier Besatzungszonen, genauer zu bezeichnen: *Erich Kästners* neue neu-sachliche Redaktionstätigkeit und *Wolfgang Borcherts* neue expressionistischen Manifeste, Prosaskizzen und sein streng expressionistisch gebautes Stationendrama »Draußen vor der Tür«.

Die Stunde Wolfgang Borcherts

Mit dem Jahre Null: verstanden als totalen Neubeginn, war es nichts. Auch nicht im Bereich der Literatur. Längst vergessene Müdigkeiten, Überlieferungen und Vorurteile konnten die deutschen Schriftsteller nicht abtun von ihren Lidern. Wer geglaubt hatte, die blutige Wagneriade des Dritten Reiches, so viel Zerstörung und geistige Verwirrung werde umschlagen in irgendeine mythische »Geburt des neuen Menschen« nach dem Wunschtraum einstiger Expressionisten, mußte erschreckt (oder auch entzückt) die Hartnäckigkeit seelisch-geistiger Restbestände konstatieren. Der von Wolfgang Weyrauch und einigen seiner Partisanen nach dem Kriege geforderte sprachlich-literarische »Kahlschlag« ist niemals erfolgt. Was man dafür hielt – in einigen Erlebnisbüchern der ersten Nachkriegszeit –, war kein Neubeginn, hatte nichts an sich von zweitem Schöpfungstag der deutschen Literatur: alles zeichnete sich, und das war nicht wenig, vor allem aus durch den Verzicht auf kitsch-romantische und pseudoheroische Großmäuligkeit.

Nicht ganz übrigens: Blättert man heute in Aufbau- und Erneuerungsreden, die damals gehalten wurden, deren Ernst und demokratische Motivation außer Frage steht, so entdeckt man nicht ohne Bestürzung, wie antifaschistische Thesen in bester faschistischer Diktion vorgetragen werden. Man spürt genau, daß hier Neophyten des demokratischen Denkens das Wort ergreifen; allein sie spicken ihre Manifeste, Leitartikel und Reden immer noch mit Wendungen aus dem sogenannten »Wörterbuch des Unmenschen«.

Was für die Prosa der einfachen Kommunikation galt, bestätigte sich auch, freilich in geringerer Unschuld, in der damals entstehenden Kunstprosa. Neuere Untersuchungen – etwa von dem Schweizer Germanisten Urs Widmer – demonstrieren an den Aufsätzen der von *Hans Werner Richter* und *Alfred Andersch* herausgegebenen, nach kurzer Lebensdauer durch die amerikanische Besatzungsmacht verbotenen Jugendzeitschrift »Der Ruf« eine sonderbare Mischung aus demokratischem Erneuerungspathos und kriegerisch-heroisierender Diktion.

Kein Jahr Null mithin in der deutschen Nachkriegs-Epik; keine Erneuerung der Sprache als Voraussetzung eines umfassenden literarischen Neubeginns. Erst recht *kein Traditionsverlust an epischen Formen.* Das mußte zum Guten wie zum Bedenklichen ausschlagen. Wer damals neu begann, eigenes Erleben aus Vorkrieg, Krieg und Nachkrieg schildern zu wollen, hatte zu versuchen, wofern er in Deutschland blieb und die Verbindung zur deutschen Emigration wie zur allgemeinen Weltliteratur zwischen 1933 und 1946 verloren hatte, mit den Sprachmitteln und Kompositionsprinzipien auszukommen, die er beherrschte.

Das ergab zunächst, unvermeidlicherweise, den *Rückgriff auf expressionistische Modelle.* Sie boten sich an. Schon durch den fragwürdigen Anschein einer Analogie zwischen den beiden Nachkriegszeiten. Den Heimkehrerstücken von 1919 mit Aufschrei und Flüstern, Vermengung realer und mythischer Elemente, humanitärem Pathos und Selbstmitleid folgte *Wolfgang Borchert* nur allzu genau. Sein Schauspiel »Draußen vor der Tür« hatte alle Züge eines Nachkömmlings, dessen Erscheinen in der Welt zwar Eindruck machte, zugleich aber unzeitgemäß wirken mußte.

Eines der berühmtesten, seither immer wieder zitierten Prosastücke aus Borcherts Nachlaß trug den arg programmatischen Titel »Das ist unser Manifest«. Gemeint war das ästhetische Programm jener deutschen Nachkriegsgeneration, die zunächst mit dem Gedanken gespielt haben mochte: zum letzten Mal Literatur, um bald darauf doch wieder mit Ausdrucksversuchen zu beginnen. Selbst wenn alles Schreiben nur dazu dienen mochte, der unerträglichen Außenwelt für Augenblicke zu entgehen.

Wolfgang Borchert war »in diesen Tagen« das Sprachrohr dieses Zeitgeistes. Ihm schien es gegeben zu sein, in stellvertretender Weise zu sagen, woran so viele Zeitgenossen litten. Da er überdies durch seinen frühen Tod zur mythischen Gestalt werden sollte (Peter Rühmkorf ist diesen Beziehungen zwischen Leben und Legende nachgegangen: zum Unbehagen der Borchert-Orthodoxie), schien sein ästhetisches Manifest den Rang eines ersten literarischen Nachkriegsdokuments zu erhalten.

Man hatte sich jedoch getäuscht. Bei Borchert war zu lesen: »Wer schreibt für uns eine neue Harmonielehre? Wir brauchen keine wohltemperierten Klaviere mehr. Wir sind selbst zuviel Dissonanz. Wer macht für uns ein lilanes Geschrei? Eine lilane Erlösung? Wir brauchen keine Dichter mit guter Grammatik. Zu guter Grammatik fehlt uns Geduld. Wir brauchen die mit dem heißen heiser geschluchzten Gefühl. Die zu Baum Baum und zu Weib Weib sagen und ja sagen und nein sagen: laut und deutlich und dreifach und ohne Konjunktiv. Für Semikolons haben wir keine Zeit und Harmonien machen uns weich und die Stilleben überwältigen uns: Denn lila sind nachts unsere Himmel. Und das Lila gibt keine Zeit für Grammatik, das Lila ist schrill und ununterbrochen und toll. Über den Schornsteinen, über den Dächern: die Welt: lila. Über unseren hingeworfenen Leibern die schattigen Mulden: die blaubeschneiten Augenhöhlen der Toten im Eissturm, die violettwütigen Schlünde der kalten Kanonen – und die lilane Haut unserer Mädchen am Hals und etwas unter der Brust. Lila ist nachts das Gestöhn der Verhungernden und das Gestammel der Küssenden. Und die Stadt steht so lila am nächtlich lilanen Strom. Und die Nacht ist voll von Tod: Unsere Nacht. Denn unser Schlaf ist voll Schlacht. Unsere Nacht ist im Traumtod voller Gefechtslärm.«

Unschwer ließen sich für jede These, Farbe, Metapher die Parallelstellen aus dem expressionistischen Reservoir zwischen 1910 und 1920 anführen. Borcherts Aufschrei von 1947 erwies sich als spät ausgelöste Echowirkung.

Hier wollte alles unmittelbar sein und war übermäßig vermittelt. Durch Literatur- und Kunstwissen nämlich. Dieser junge und zwiespältig begabte Borchert erinnerte an die russischen Volkstümler des 19. Jahrhunderts, die sich nach allzuviel Wissen und verfeinertem Fühlen zur »Ursprünglichkeit« des Volkes hingezogen fühlten. Der Pole *Witold Gombrowicz* zeigte in seinem Buch »Ferdydurke« von 1938 die Gestalt eines solchen in das Volk verliebten Nachzüglers, voller Hohn, in den heitersten und heikelsten Lagen. Borchert hatte etwas von diesen Volkstümlern an sich: auch in seinem Manifest. *Die Hypotaxe wurde angeklagt mitsamt dem Konjunktiv.* Auch dies war bestes Erbteil des frühen Expressionismus, der es von jeher mit der *Parataxe* zu halten pflegte.

Das Neueste erwies sich als Novität der zweiten Hand. Eigentlich stand Borcherts Manifest in seinen Grundzügen schon *seit 1917* zur Debatte. Damals hatte (am 13. Dezember) *Kasimir Edschmid* eine Rede gehalten über »Expressionismus in der Dichtung«. Er bereits verkündete für die Plastik und die Semantik die neuen Losungen. »Bei modernen Figuren sind die Oberflächen mit kurzem Umriß gegeben, die Furchen geglättet, nur das Wichtige modelliert. Aber die Figur wird typisch, nicht mehr untertan einem Gedanken, nicht mehr hinauszuckend in die Sekunde, vielmehr sie erhält Geltung in die Zeit. Alles Nebensächliche fehlt. Das Wichtige gibt die Idee: nicht mehr ein Denkender, nein: Das Denken. Nicht zwei Umschlungene: nein, die Umarmung selbst.«

Um dann fortzufahren: »Dasselbe unbewußt waltende Gesetz, das ausscheidet, ohne negativ zu sein, das nur erlesenen Moment zu magnetisch gleichen Punkten bindet, reißt die Struktur des Schreibenden zusammen. Die Sätze liegen im Rhythmus anders gefaltet als gewohnt. Sie unterstehen der gleichen Absicht, demselben Strom des Geistes, der nur das Eigentliche gibt. Melodik und Biegung beherrscht sie. Doch nicht zum Selbstzweck. Die Sätze dienen in großer Kette hängend dem Geist, der sie formt.«

Edschmid sah freilich auch die Gefahren einer modischen Volkstümlichkeit weit früher als viele seiner Zeitgenossen, von den Nachfahren zu schweigen. Wahrscheinlich wäre ihm die von Wolfgang Borchert ehrlich angestrebte und scheinhaft neue Naivität ein Greuel gewesen. Edschmid hatte nämlich schon 1917 auch zu bedenken gegeben: »Man ist nicht genial, wenn man stottert, man ist nicht schlicht, indem man niggert, man ist nicht neu, indem man imitiert. Hier mehr wie irgendwo entscheidet die Ehrlichkeit. Wir können nicht aus unserer Haut und unserer Zeit. Bewußte Naivität ist ein Greuel. Gemachter Expressionismus ein übles Gebräu, gewollte Menschen werden Maschinerie.«

Da sich der Expressionismus in dieser neuen und zweiten Nachkriegssituation als unfruchtbar erwies, der Heimkehrer Beckmann bei Borchert, mit all seiner Schein-Radikalität, eine künstlerische Regression bedeutete gegenüber *Brechts* zynischem Heimkehrer Andreas Kragler aus »Trommeln in der Nacht« von 1922, konnte die neue deutsche Literatur nach Wolfgang Borcherts frühem Tode weder seinen Weg noch den seiner Meister von der Ausdruckskunst weitergehen. Expressionistische Techniken,

Metaphern, Schreibkniffe freilich gab es seither immer wieder in einzelnen Werken: in *Dürrenmatts* früher Prosa oder auch Dramatik, bei *Wolfdietrich Schnurre,* gelegentlich auch in frühen Texten *Heinrich Bölls,* stark spürbar noch in den ersten Nachkriegsbüchern von *Hans Erich Nossack,* etwa im »Interview mit dem Tode« von 1948, das einen Mann von immerhin siebenundvierzig Jahren zum Verfasser hatte. Allein, die expressionistische Muse hatte die neue Literatur seit dem »Jahre Null« nicht mehr inspirieren können.

Die Begründung ließ sich unschwer finden. Der deutsche Expressionismus war nämlich mit all seinen Absagen und Revolten eine *tief ideologische Bewegung.* Die Ideologie war eine solche des Protestes, der Geistverehrung, eines rousseauistischen Vertrauens in Menschengüte und humanitäre Ursprünglichkeit. Diesem Ziel sollte alle Kunst in einer gewaltigen Konvergenzbewegung dienen. Künste hatten einander zu erhellen; den Plastiker drängte es hin zur Dramatik; der Musiker entwarf sich selbst die Libretti; der Choreograph strebte zur tänzerischen Ausdeutung einer Bach-Fuge; das Drama bemühte sich um Wirkungen eines Wortoratoriums; der Architekt entwarf das zu bauende Utopia.

Geldentwertung, Restauration, Katzenjammer und Neue Sachlichkeit hatten diesen Ideologien nach 1924 übel mitgespielt. Dennoch offenbarte sich, wie in einem von Brecht um 1940 geplanten Opernstoff, die Wahrheit einer Lebensmaxime, die Brecht später so formuliert hat: »Es ist unmöglich, das Glücksverlangen der Menschen ganz zu töten.« Wer sich mit dem Prinzip Hoffnung einläßt, wird dadurch sogleich zum »Ideologen«, wenngleich einem solchen des richtigen (nicht falschen) Bewußtseins.

Die deutschen Schriftsteller um 1950 hingegen verwarfen das falsche *und* das richtige Bewußtsein zugleich. Sie glaubten gewitzt und gewarnt zu sein. Nicht mehr Expressionismus und zum letzten Mal Ideologie. Die Literatur hatte von nun an im Dienst der *Ideologiefeindschaft* zu stehen. Borchert glaubte noch an die eigenen Manifeste, also an ideologische Absagen oder Rechtfertigungen. Die Neuen aber waren nur mehr bereit, vom totalen Ideologieverdacht her eine neue literarische Praxis für möglich zu halten.

Daß die *Gruppe 47* mit dieser Ausgangsposition in ihren Anfängen verbunden war, ist bekannt. Von der Forderung nach einer Literatur des »Kahlschlags« ist damals oft gesprochen worden. Verwirklicht wurde nichts dergleichen, weil auch diese Kahlschlagthese, die ihre Affinität zu Borcherts Manifest und damit zum expressionistischen Epilog nirgendwo verleugnete, ihrerseits rechtschaffen ideologisch war. Eine Ideologie der Ideologiefeindschaft.

Zwei Romane, die zwischen 1946 und 1949 erschienen, dürfen als symptomatisch gelten für diese Literatur aus dem Geiste des totalen Ideologieverdachts. Der Roman »Von unserem Fleisch und Blut« des Berliners *Walter Kolbenhoff* vom Jahrgang 1908, eines ehemaligen Arbeiters, Emigranten, Rückkehrers nach Deutschland, Soldaten und Kriegsgefangenen, im Jahre 1946 veröffentlicht, suchte die Seelenlage und geistige Verwirrung der jungen Generation im Augenblick der Niederlage zu beschreiben: Werwolf-Illusionen, Desillusionen, Zynismen und Apathien. Das Buch, ängstlich dem Expressionismus ausweichend, verleugnete nicht seine Herkunft aus der sozialkritischen Erzähltradition der Neuen Sachlichkeit um 1930. Auch erste Einflüsse der nun in Deutschland eifrig gelesenen amerikanischen Erzähler, vor allem Hemingways, waren evident: Auflösung des epischen Berichts in Dialoge, indirekte Charakterisierung der Figuren, naturalistische Details. Es hatte den Vorteil der Echtheit, des Rückgriffs auf eine, trotz allem, für die Epik ergiebigere Tradition, als es der Nach-Expressionismus Borcherts zu sein vermochte. Dadurch wurde es zum Vorbild zahlreicher – als Erlebnisbericht oder Tatsachenbericht aufgezogener – Nachkriegsromane, die sich nun ihrerseits von Kolbenhoffs Fleisch und Blut zu nähren suchten.

Hans Werner Richters erster Roman »Die Geschlagenen«, 1949 erschienen und mit dem Berliner Fontane-Preis von 1951 ausgezeichnet, teilte das Generationserlebnis mit Kolbenhoff, unterschied sich aber von ihm und dessen Nachkriegsbuch durch die stärkere geistige und politische Distanzierung vom berichteten Geschehen. Die Geschichte der auf verlorenem Posten kämpfenden Soldaten in der Schlacht um Monte Cassino sollte weder als subjektiver Erlebnisbericht verstanden werden noch als kunstlose, doch präzise Dokumentation. Nicht künstliche Kunstlosigkeit, sondern sorgfältige Komposition des Geschehens zwischen den Soldaten, genaue Differenzierung ihres Verhaltens zu den Parolen des Dritten Reiches, zu Krieg und Frieden, Freund oder Feind. Richter bemühte sich gleichzeitig um Objektivität *und* politische Deutung des Geschehens. Damit wurde sein erster Roman ebenso wie das ihm folgende Buch »Sie fielen aus Gottes Hand« (1951), das sich, weitaus ehrgeiziger, um eine Verbindung des Kriegsgeschehens mit den verursachenden Gesellschaftsfaktoren seit 1933 bemühte, zum Ferment einer neuen deutschen Prosaliteratur. Richter war und blieb, in weitergehendem Maße als Walter Kolbenhoff, der Autor eines wichtigen historischen Augenblicks.

Ähnliche und sogar gleiche Ambivalenz beim Rückblick auf die Überlieferungen der sogenannten Ausdruckskunst und der Neuen Sachlichkeit: auch bei den Vertretern der deutschen Exilliteratur. *Thomas Mann* war in seinen Essays und Reden des letzten Lebensjahrzehnts derartig fixiert auf das Phänomen einer »Endzeit« des Bürgertums und seiner Literatur, daß er sich darauf beschränkte, den Antagonismus zwischen dem ästhetischen Einst und Jetzt stets von neuem zu verkünden: in der Goethe-Rede von 1949, im »Versuch über Tschechow« (1954), zuletzt noch im »Versuch über Schiller« (1955). Auch dies meinte Beschwörung statt der Kritik: insofern nicht unähnlich, in der Wahl der literarischen Gegenbeispiele, dem Manifest von Wolfgang Borchert.

Alfred Döblins Geleitwort zu seiner Literaturzeitschrift »Das Goldene Tor«, die er bald nach Kriegsende in der französischen Zone herausgab, offenbarte gleichfalls Ratlosigkeit. Hatte sich Thomas Mann im Exil um die trostlose Formel von der »konservativen Revolution« gemüht, so bot Döblin für die Restauration der Kritik nicht viel mehr als eine Beschwörung Lessings unter Verzicht auf die Aufklärung; als Mythisierung des Golden Gate von San Francisco und des Franz von Assisi: »Und was ist das für eine große Realität, welche die Menschen zwingt, eben noch Krieger, sich hinzusetzen und sich ernsthaft das Versprechen zu geben, zusammenzuhalten und über den Frieden zu wachen, nun dennoch wieder. Sie sind nicht über Nacht Engel geworden, aber sie können nicht umhin zu zeigen, daß sie mehr als ein Stück Natur sind ... Das ›Goldene Tor‹, durch das Dichtung, Kunst und die freien Gedanken ziehen, zugleich Symbol für die menschliche Freiheit und die Solidarität der Völker.«

Die Diktion erinnert an Fritz von Unruh und sein Buch »Flügel der Nike«. Einem neuen Walter Benjamin wäre es unschwer gelungen, auch hier nicht bloß Substanzlosigkeit zu denunzieren, sondern mehr: restaurative Kritik als Restauration der Kritik. Allein es gab keinen Benjamin in der zweiten deutschen Nachkriegszeit.

Die – vielleicht – bedeutendste kritische Leistung behandelte mit vollem Recht das Fehlen literarischer Bildung und Überlieferung: wobei Alfred Döblin nicht ausgespart, die schriftstellerische Position Thomas Manns hingegen allzu statuarisch als Gegenbild präsentiert wurde. *Paul Rillas* Streitschrift »Literatur und Lüth« von 1948 hat im Grunde kaum jene unglückliche und später von ihrem Autor mit Recht verworfene, schlampig und ohne Information zusammengeschriebene Übersicht über eine damals neue deutsche Literatur zum Thema: die zwei Bände einer »Literatur als Geschichte« (1948) von *Paul E.H. Lüth,* einem literarischen Hätschelkind des heimgekehrten Alfred Döblin. Was Rillas Polemik lesenswert macht, ist die Darstellung eines *allgemeinen Zustands der literarischen Verwahrlosung.* Döblin oder gar Lüth sind bloßer Anlaß. Anmerkenswert ist weniger, daß einer schlechte Arbeit als Literarhistoriker leistet. Auch die Frage, warum so etwas gedruckt werden konnte, bleibt belanglos. Hat man Rillas Streitschrift zu Ende gelesen, so erhält man Dokumentationen zur Maßstablosigkeit damaliger Kritik. Beim Wiederlesen stellt sich die Frage, die Rilla im Jahre 1948 nicht zugelassen hätte: ob nicht, bei umfangreicher Sachkunde, auch ein anderer als Paul Lüth beim Versuch hätte scheitern müssen, Literatur mit den Mitteln überlieferter Inventarisierungsformen, mit Namen und Zahlen, schmückenden Eigenschaftswörtern, Lob und Tadel zu kompilieren. Fast zwanzig Jahre mußten vergehen, bis erkannt wurde, daß das Thema »Literatur und Lüth« nicht einen dilettierenden Literarhistoriker betraf, sondern den Dilettantismus einer überlieferten, höchst professionellen Literaturhistorie.

In allen Fällen brachte die verordnete und geförderte neue kritische Aktivität kaum anderes hervor als restaurative Kritik. Darin bestand, bei allen Divergenzen, die Übereinstimmung zwischen Döblin und Thomas Mann, Wolfgang Borchert und Paul E.H. Lüth.

Den Verlust der Tradition hatte es nämlich auch für die Emigranten und Exilierten gegeben. Die anerkannten Schriftsteller der Weimarer Republik waren entweder genötigt worden, als Objekte der Nürnberger Rassengesetze die Heimat zu verlassen, oder sie mußten sich bedroht fühlen wegen ihrer politischen Haltung und ihrer entarteten und fürs Feuer bestimmten Bücher. Als exilierte Literaten konnte es für sie keine Wandlung der literarischen Substanz und Schreibweise geben. Feuchtwanger und Zuckmayer, Heinrich Mann oder Anna Seghers schrieben fern von Deutschland als Fortsetzer des eigenen wohlbekannten Werkes.

Weshalb auch die literarischen Auseinandersetzungen innerhalb der Exilliteratur insgeheim, trotz dieser scheinbaren geistigen Kontinuität, von einem *Traditionsverlust besonderer Art* zeugen mußten. Indem man sich weiter zu einer Literatur der Weimarer Ära bekannte und damit zu demonstrieren schien, daß gute Literatur der bisherigen Faktur von nun an auch im Ausland entstehen könne, hatte man nicht bedacht, daß jene Literatur der Weimarer Republik untrennbar verbunden blieb der deutschen Wirklichkeit zwischen 1918 und 1933. Das ließ sich nicht fortsetzen. Es war ebenso anachronistisch geworden wie die expressionistische Utopie von einer Geburt des Neuen Menschen.

Exil und innere Emigration

> Im zweiten Jahre meiner Flucht
> Las ich in einer Zeitung, in fremder Sprache
> Daß ich meine Staatsbürgerschaft verloren hätte.
> Ich war nicht traurig und nicht erfreut
> Als ich meinen Namen las neben vielen andern
> Guten und schlechten.
> Das Los der Geflohenen schien mir nicht schlimmer
> als das
> Der Gebliebenen.
>
> (Brecht)

Immer wieder die Konfrontation des Kriegsmannes Wallenstein mit dem Bürokraten und Kriegsrat Questenberg. Der Emissär des Wiener Hofes versucht vor dem Generalissimus und seinen Offizieren eine Nacherzählung Wallensteinscher Aktionen: also eine Interpretation. Er wird schroff unterbrochen:

> Ersparen Sie's, uns aus dem Zeitungsblatt
> Zu melden, was wir schaudernd selbst erlebt.

Konfrontation von Erlebnis und Deutung, der Realsphäre mit dem Bereich des »objektiven Geistes«. *Max Frischs* Roman vom Herrn Gantenbein hat eigentlich nur dieses Thema: die Inkongruenz zwischen dem, was einer erlebt, und dem, was später durch Nacherzählung, Reflexion, Interpretation daraus gemacht wird. Dabei bedarf solche Konfrontation durchaus nicht, wie bei Wallenstein und Questenberg, eines Dualismus von Spieler und Gegenspieler. Auch die Nacherzählung des selbst Erlebten nebst Versuch einer Deutung verfällt solcher Inkongruenz. Ein anderes ist der Lebensmoment, ein anderes seine *Ver*wertung durch Nacherzählung oder *Be*wertung, was auch als Selbstkritik oder Gewissenserforschung verstanden werden kann.

Ein Emigrant vom Jahre 1933 findet sich in der Gesellschaft von Jüngeren, die alles, was er erlebte oder zu bestehen hatte, aus Büchern kennen: aufbewahrt in Dokumenten, literarischen Gestaltungen, Erlebnisberichten, politologischen Exkursen. Man kann sich – dawider – auf eigene und abweichende Erfahrung berufen, allein das führt nicht weit. Vielleicht war diese partikulare Erfahrung einigermaßen untypisch, möglicherweise verstand der Erlebende damals nicht und später erst recht nicht. Wallenstein verhöhnt das Zeitungsblatt auch dort, wo es Ruhm berichtet. Er könnte sich täuschen. Der gedeutete Wallenstein steht auf gegen den bloß realen.

Einer war Emigrant, ist zurückgekehrt nach Deutschland aus dem Exil, sieht sich konfrontiert mit dem Phänomen, daß Elemente seines Lebens und jener Zustände, worin er mit anderen Emigranten zu existieren hatte, zum »Forschungsthema« transformiert wurden. Das bewirkt Unmut, auch Unsicherheit.

Dagegen den Primat der Erinnerung vor der Deutung reklamieren zu wollen, ist ungemäß, denn die Erinnerung trügt. Noch der damals Erlebende wird beim Schreiben seiner Erinnerungen auf Dokumente zurückgreifen müssen. Die aber hat auch jener Forscher zur Hand, der nicht dabei war.

Andererseits muß die Forschung verallgemeinern. Sie kann nur unter großen Schwierigkeiten darangehen, neben dem Faktischen einer soziologischen oder biographischen Konstellation auch die Empfindungsweise und -stärke eines Lebensvorgangs zu rekonstruieren. Ein dokumentierter Bericht über Maßnahmen der französischen Fremdenpolizei, insbesondere der Pariser Préfecture de Police, kann niemals die Qualität eines Exilerlebnisses in jenen dunklen Gängen des Polizeigebäudes auf der Seine-Insel rekonstruieren. Keine Fahrt durch das Paris von heute, ohne daß unsereiner, wenn er vom rechten zum linken Seine-Ufer hinüberwechselt, plötzlich von neuem angerührt würde, vom Damals.

In ihrem Roman »Transit« von 1943 beschreibt *Anna Seghers* den Alltag von Flüchtlingen, die in Marseille auf das rettende Visum der Vereinigten Staaten warten müssen: »Mit mistralverzerrten Gesichtern drängten sich die Menschen in den Vorraum des amerikanischen Konsulats. Hier war es wenigstens warm ... Der Türhüter der Kanzlei des Konsulats der Vereinigten Staaten stand, stark wie ein Boxer, hinter dem aktenbeladenen Tisch, der den Aufgang der Treppe versperrte ... Wie Kalk lag der Puder auf den von der Kälte gestreiften Gesichtern der Frauen, die nicht bloß sich und die Kinder, sondern auch ihre Männer geputzt hatten, um Gnade bereits vor den Augen des Türhüters zu erlangen ...

Die Wartenden gerieten plötzlich in Wut. Meine eigene Zimmernachbarin, bunt gekleidet, zog gleichmütig ein mit ihren zwei Doggen an straffen Leinen. Der Türhüter aber, der bereits wußte, daß sie dem Konsul genehm war, gab augenblicklich den Weg zwischen Tisch und Treppe frei mit einer stumpfen Ehrerbietung.«

Solche Szenen besitzen eine Evidenz, die man als Wahrheit der Kunstwerke bezeichnen kann. Natürlich ist der Forschung auch damit gedient, vor allem damit. Freilich besteht dann Gefahr, daß wissenschaftliche Erkenntnis zum Phänomen des Exils, also nicht bloß der Exilliteratur, mit Texten zu arbeiten hat, die selbst bereits gestaltetes Erlebnis darstellen und darstellen mußten.

Damit hängt sogleich eine besondere Schwierigkeit zusammen, wenn es darum geht, aus Werken der *Exilliteratur,* der belletristischen nämlich, auf die *Realphänomene des Exils* zu schließen. Es zeigt sich bald, daß diese Konklusion nicht möglich ist. Als Beispiel bietet sich das scheinbar leichteste und evidenteste Literaturphänomen an: *das Exil als Thema der Exilliteratur.* Die meisten der nach 1933 aus Deutschland, nach 1938 aus Österreich emigrierten Schriftsteller vertraten eine meist unkritische Konzeption des literarischen Realismus. Sie waren bemüht, Realwirklichkeit in epische oder dramatische Literatur zu transformieren. In diesem Verstande gab es kaum wesentliche Divergenzen zwischen Döblin und Thomas Mann, Feuchtwanger und Anna Seghers. Wenn *Lion Feuchtwanger* in dem Roman »Exil« von 1940, dem Schlußband seiner Trilogie »Der Wartesaal«, die Lebensmodelle Furtwängler, Sieburg oder auch Feuchtwanger zu Kunstfiguren umformt, doch so, daß jeder Leser auch ein bißchen an die Schlüsselfigur erinnert wird, so arbeitet er zwar naiver und auch primitiver als später Thomas Mann im »Doktor Faustus«; allein Unterschiede einer ironischen Distanzierung, der abgefeimten Komposition, des sprachlichen Könnens begründen noch keine Divergenz in der angestrebten realistischen Arbeitsweise.

Unverkennbar mithin, daß nahezu alle Schriftsteller einer traditionellen Beschreibungs- und Abschilderungsepik darauf hinarbeiten mußten, den neuen Erlebnistatbestand, eben das Exil, in der erlernten und offenbar bewährten Arbeitsweise darzustellen.

Man wird von einem *bestürzenden Mißerfolg* all dieser Bemühungen sprechen müssen. Die Exilliteratur hat vor dem Phänomen des Exils weit stärker versagt als vor nahezu jeder anderen Realitätsparzelle. Es genügt die additive Aufzählung von Exilromanen mit dem Hauptthema: Exil. Bruno Frank veröffentlichte 1937 als seinen zweiten Roman der Emigrationszeit – nach dem »Cervantes« von 1934 – eine Exilgeschichte: »Der Reisepaß«. Klaus Manns Roman »Vulkan« von 1939 trägt den Untertitel: »Ein Roman unter Emigranten«. Das »Exil« von Feuchtwanger erschien 1940 in Holland, kurz vor dem jähen Ende der »drôle de guerre«. Anna Seghers vollendete »Transit« nach der Flucht aus Europa im mexikanischen Exil. Die Emigrationsromane Remarques mit dem Titel »Liebe Deinen Nächsten« (1941) und »Arch of Triumph« (1945) entstehen in den Vereinigten Staaten.

Welche gemeinsamen, gesicherten Informationen über das Exil wären aus alledem zu entnehmen? Ungeachtet der Unterschiede des Talents, der Einsicht, der Absicht. *Klaus Mann* erlebte Künstlerkreise in Amsterdam und auf dem Montparnasse. Die eindrucksvollsten Partien im »Vulkan« handeln vom Untergang eines Morphinisten oder von Auseinandersetzungen zwischen Surrealisten und Kommunisten in Frankreich. Bestenfalls einige Abschnitte über die Jagd auf arme und paßlose Emigranten durch die schweizerische Fremdenpolizei geben authentischen Alltag jenes Züricher unfrohen Exils.

Lion Feuchtwanger mißachtet den Alltag der Exilierten. Sein römisches Vorbild Tacitus macht es ihm leicht, alle kleinen Schicksale zu vernachlässigen, die nicht geeignet sind, eine romantragende Figur hervorzubringen. Immer noch machen Männer die Geschichte in der Romantrilogie vom »Wartesaal« des Exils. Fast naiv verwechselt Feuchtwanger die gesellschaftliche Prominenz seiner Künstler und Intriganten mit ihrer epischen Prominenz. *Bruno Frank* bleibt in der Bürgersphäre. *Erich-Maria Remarque* ist auch hier fixiert an eine Sphäre der virilen Bohème oder bohèmehaften Virilität.

Alltag der Emigranten ist annähernd wohl nur in manchen Episoden des Romans »Transit« so dargestellt worden, wie sich der Alltag des Exils auch heute noch in der Erinnerung dessen regeneriert, der ihn abzuleben hatte. Wieder nur eine Episode bei *Anna Seghers:* »Ich erkannte den kleinen Kapellmeister. Er war jetzt tot. Die Menschen sagten: Er ist in der Reihe zusammengebrochen.

Er sollte heute sein Visum bekommen. Da hat ihn der Konsul zurückgeschickt, weil er ein Photo zu wenig hatte. Dadurch wurde seine Konvokation vertagt, seine Abfahrt hinfällig, was ihn stark erregte. Und wie wir ihm halfen, die Photos nachzuzählen, da hatte er sich überdies nur verzählt, zwei Photos waren zusammengeklebt, da hat er sich noch einmal in die Reihe gestellt, da ist er zusammengebrochen.«

Die Unfähigkeit der Emigrationsliteratur, Sachverhalte dieser neuen Heimatlosigkeit so nachzuerzählen, daß sich aus divergierenden Berichten dennoch ein gemeinsamer Erlebniszusammenhang erkennen ließe, hing nicht mit mangelndem Talent zusammen; nicht einmal mit unzulänglicher literarischer Reflexion. Der eigentliche Grund war darin zu finden, *daß der Begriff Exil selbst nichts war als eine Fiktion.* Es gab gemeinsame Schwierigkeiten mit Paß und Visum, Auswanderung und Einwanderung. Nirgendwo stärker aber als vor der Tatsache des Exils offenbarte sich die gesellschaftliche Ungleichheit. Den mittellosen Emigranten trieb die schweizerische Fremdenpolizei bedenkenlos aus dem Lande. Höfliche und dringliche Fristsetzungen für den Doktor Robert Musil. Ausweisung für den Doktor Ernst Bloch. Das solide Emigrantenkonto hingegen mit soliden Schweizerfranken bedeutete garantierte Rettung so lange, wie das Konto bestand. Nicht anders in Frankreich, wohl auch in Holland. Die Einwanderung in die Vereinigten Staaten war das Ergebnis einer doppelten Selektion: der finanziellen Bürgschaft (Affidavit) *und* der ideologischen durch erwiesenes politisches Nichtengagement.

Es gab die Unterschiede im Ökonomischen und bei den damit verbundenen Privilegien, und es gab die Gegensätze der Motivation. Man bildete keine »verschworene Gemeinschaft« im Exil. Gegensätze der politischen und unpolitischen Emigration; die jüdischen und nichtjüdischen Flüchtlinge. Fortdauer der ideologischen Gegensätze. In einer Szene aus »Furcht und Elend des Dritten Reiches« hat *Brecht* geschildert, wie alle Auseinandersetzungen der Epoche vor 1933 noch im Konzentrationslager fortdauerten. In den Emigrantenkreisen ging es kaum anders zu. Alle Volksfront- und Schriftstellerkongresse der Emigration täuschten darüber nicht hinweg.

Keine Gemeinschaft im Exil: Wegen der Gegensätze in Motivation und Existenz war man sogar nicht einmal fähig, den gemeinsamen Gegner, das Dritte Reich, adäquat zu deuten. Die Inkongruenz der Deutungen wirkt heute peinlich. Zwischen *Alfred Kerrs* Darstellung einer »Diktatur des Hausknechts«, dem Abschiedsbrief *Kurt Tucholskys* oder *Thomas Manns* Vorwort zur Eröffnung seiner Zeitschrift »Maß und Wert« im Jahre 1937 gab es keine Gemeinsamkeit der Diagnosen und Prognosen.

Die Unfähigkeit der politischen und damit auch der literarischen Emigration, sich selbst und die Lage des Exils eindeutig zu interpretieren, mußte notwendigerweise auch dazu führen, *die Lage in Deutschland selbst zu verkennen* oder in einer Gefühligkeit zu interpretieren, welche von irren Wunschträumen eines raschen Zusammenbruchs jäh hinüberwechselte zum grundlosen, achselzuckenden Pessimismus. Ein Übriges tat die Informationssperre durch den Reichsminister für Volksaufklärung und Propaganda.

Daher hat es im Bewußtsein der Emigranten zwischen 1933 und 1945 niemals eine Beschäftigung mit dem *Phänomen einer inneren Emigration* gegeben. Weil man nur die Antithese zwischen Hitlerianern und kämpferischen Antifaschisten zu akzeptieren gewillt war, täuschte man sich in doppelter Weise: über den Antifaschismus wie über die Solidarität der ideologischen Mitläufer.

Beide Darstellungen von Beziehungen zwischen Führertreue und Widerstandsbewegung waren falsch: die der *Anna Seghers* im »Siebten Kreuz« und diejenige *Carl Zuckmayers* in seinem Schauspiel »Des Teufels General«. Bei Zuckmayer: Eigentlich sind alle dagegen, reizende Leute, bloß muß man sich vor ein paar Schurken im Dienste Himmlers vorsehen. Bei Anna Seghers: Zwar gibt es Konzentrationslager, aber trotz Geheimpolizei und Denunziationen bewährt sich die Kraft der Schwachen. Das Volk mag gelegentlich schwach sein und ängstlich, es ist aber unbeirrbar in seiner Ablehnung eines erzwungenen Regimes.

Hätten die Sprecher des Exils wenigstens mit einiger Folgerichtigkeit zu dieser – abstrakten und beschönigenden – Einschätzung innerdeutscher Verhältnisse gestanden, sie hätten sorgfältig alle Anzeichen einer nicht von Goebbels programmierten Literatur interpretieren und für wichtig halten müssen. Nichts dergleichen geschah. Die unerlaubt positive Fehleinschätzung der politischen

Widerstandsbewegung kontrastierte im Bewußtsein der Emigranten, ihrer Presse und Literatur mit einer unerlaubt negativen Einschätzung der kulturellen Situation im Dritten Reich. Man war nicht unterrichtet, legte nach etwa zwei Jahren Hitlerherrschaft kaum mehr Wert darauf, es genau wissen zu wollen. Was *Gottfried Benn* unter dem Titel »Kunst und Macht« im Jahre 1934 geschrieben hatte, vorbereitet durch Rundfunkreden in Berlin über den »Neuen Staat und die Intellektuellen«, also gegen die Emigranten gerichtet, blieb unvergessen. Daß jener Redner über Kunst und Macht aber bald darauf selbst vom »Schwarzen Korps« gejagt und aus Berlin vertrieben wurde, nahm man »draußen« kaum mehr zur Kenntnis, höchstens mit einiger Schadenfreude. Damit war auch für die kommenden Jahre alles abgetan, was Benn in seiner »inneren« Emigration als Arzt der Reichswehr und in Hannover im Weinhaus Wolf schreiben und meditieren mochte.

Für die Menschen im Exil ließ sich das Konzept einer inneren Emigration nicht nachvollziehen. Kaum aus Ressentiment: eher als Folge eines dualistischen Denkens, das nur ein Drinnen kannte und ein Draußen.

Neue Inkonsequenz: gleichzeitig wurde nämlich immer wieder versucht, vom Ausland her nicht bloß illegale Broschüren der Kommunisten oder Sozialdemokraten ins Dritte Reich zu schmuggeln, sondern auch, wenn möglich unter Ausnutzung einer legalen publizistischen Öffentlichkeit, die Führer-, Reichs- oder Rassenideologie mit einem bürgerlich-humanistischen Gegenbild zu konfrontieren. Was sinnvoll nur sein konnte, wenn man davon ausging, daß zwar »deutsche Innerlichkeit«, vielleicht durch Schwäche und Unpolitik, mitgeholfen hatte, die neuen Machthaber heraufzuführen, aber nicht gleichzusetzen war einer eminent ausladenden und exzessiven Kulturpropaganda der Hitlerianer. Man hat lange in der von *Alverdes* und *Mechow* zwischen 1934 und 1943 herausgegebenen Zeitschrift »Das innere Reich« einfach ein ideologisches Relikt des Nationalsozialismus sehen wollen und dabei übersehen, daß die Zeitschrift – sicherlich nicht ohne Wissen und Billigung des Propagandaministers – dennoch den *geheimen Sammelpunkt einer Gegenliteratur* zu formieren suchte. Das innere Reich war eines auch für *Peter Huchel* und *Günter Eich*. Ursprünglich hatte man unter den Literaten des Exils die

Notwendigkeit solcher Querverbindungen durchaus verstanden. In der Verwirrung des Frühjahrs 1933 glaubte noch Theodor W. Adorno, man müsse im Lande bleiben und eine geistige Gegenwelt errichten. Ernst Bloch schrieb, mit Billigung der Redaktion, unter Decknamen in jener »Frankfurter Zeitung«, die noch geraume Zeit den neuen Reichkanzler vom 30. Januar 1933 einfach »Herrn Hitler« nannte.

Sonderbar nimmt sich ein Band aus, der 1936 im Vita Verlag, Luzern, erschien. Die Schrifttypen auf dem Umschlag spielten ein bißchen mit dem in Mode gekommenen Runensymbol. Der Titel mußte allzu völkisch klingen, Unbehagen erregen:

> Deutsche Menschen.
> Von Ehre ohne Ruhm
> Von Größe ohne Glanz
> Von Würde ohne Sold.

Eine Folge von 25 Briefen »deutscher Menschen«, ausgewählt und eingeleitet von einem weidlich unbekannten Detlef Holz. Abermals eine großspurige und großdeutsche Protzerei mit arischen Geisteswerten, bedenklicherweise diesmal in der Schweiz publiziert? Es war, im Gegenteil, das wohlkalkulierte – und erfolglose – Bemühen um eine Gegenwelt zur Stärkung der Stillen im deutschen Lande. Der wirkliche Name jenes Detlef Holz war: Walter Benjamin.

Diese Unfähigkeit von Exilierten, die Lage in Deutschland richtig einzuschätzen, statt – verwirrt und verwirrend – zwischen kollektiver Verurteilung und wunschhafter Beschönigung zu wechseln, hing damit zusammen, daß es in den zwölf Jahren des Exils zwischen 1933 und 1945 niemals gelang, die objektive Situation des Heimatlosen als eine bewußte Annahme – oder gar Verteidigung! – dieses Zustands zu verstehen. Die Mehrheit der Emigranten hat nie aufgehört, *sich als Objekt zu empfinden, kaum als Subjekt.* Die Gedanken Bertolt Brechts über die »Bezeichnung Emigranten« wurden nicht Gemeingut.

Wir haben das Zeugnis eines Emigranten damaliger Zeit, fast eines Kindes noch, dann eines jungen Menschen, der rückblikkend schildert, wie wenig die erzwungene Heimatlosigkeit ein Krisenbewußtsein, gar so etwas wie Solidarität mit anderen Exilierten, zu erzeugen vermochte. In der Erzählung »Abschied von den Eltern« berichtet *Peter Weiss:* »Der Krieg öffnete meine Augen nicht. Der mißglückte Kampf um eine Berufung hatte mich in einen Zustand der Umnachtung versetzt. Meine Niederlage war nicht die Niederlage des Emigranten vor den Schwierigkeiten des Daseins im Exil, sondern die Niederlage dessen, der es nicht wagt, sich von seiner Gebundenheit zu befreien. Die Emigration hatte mich nichts gelehrt. Die Emigration war für mich nur die Bestätigung einer Unzugehörigkeit, die ich von frühester Kindheit an erfahren hatte. Einen heimischen Boden hatte ich nie besessen. Daß der Kampf, der draußen geführt wurde, auch meine eigene Existenz anging, berührte mich nicht. Ich hatte nie Stellung genommen zu den umwälzenden Konflikten der Welt. Die Anstrengung, einen Ausdruck für mein Dasein zu finden, hatte keine andere Aufmerksamkeit zugelassen.«

Als der Krieg zu Ende war, das Reich in Trümmern lag, gleich den deutschen Städten, schienen alle Emigranten plötzlich mitgesiegt zu haben mit den Siegern. Wer mitten im Dritten Reich, geduckt und ängstlich, entsetzt oder ungeschickt anpasserisch, das Abenteuer durchzustehen und zu bezahlen hatte, war mitbesiegt mit den Besiegten. Da schien wenig Anlaß zu sein für Differenzierungen. So sahen es amerikanische Politiker um Morgenthau, zu schweigen von den Franzosen um de Gaulle, aber auch um die französischen Kommunisten. Man mag das bei *Aragon* nachlesen.

Die Erinnerung an jene Nachkriegsdiskussionen unter Emigranten bewahrt Szenen der äußersten Vehemenz auf: als Ablehnung aller Versuche, die man als kommunistischen deutschen Neonationalismus deutete, den Zustand des Exils zu beenden und nach Deutschland zurückzukehren. Dies Programm entwikkelten nur die Gruppen der zuerst in Moskau unter deutschen Kriegsgefangenen gegründeten Bewegung »Freies Deutschland«. Es gab sie in England und Mexiko, unter den deutschen Kriegsgefangenen in Frankreich, auch in der Schweiz. Unverkennbar die kommunistische Programmierung; aber in der Schweiz beispielsweise traten auch die Vertreter der protestantischen Widerstandsbewegung, also der »Bekennenden Kirche«, für dieses Programm des »Freien Deutschland« ein. Einer der Redaktionskollegen dieses Programms hieß *Karl Barth*. Allein die Mehrheit der Emigranten lehnte solche Perspektiven erbittert ab. Da waren die Zionisten, die nach Palästina wollten. Dann die Rückkehrer in »ihre« ursprünglichen Exilländer: Holland, Belgien oder Frankreich. Andere wollten ihr Leben im Exilland England, in der Schweiz, in Nord- oder Südamerika beenden. Das Exil hatte neue Heimaten geschaffen. Zwischen den nunmehr gleichsam vom Geschichtsablauf her legitimierten Emigranten und denen, die sich jetzt, oft ziemlich aufdringlich, pompös oder wehleidig, als »innere Emigranten« zu erkennen gaben, war ein Gespräch kaum möglich.

Der *Briefwechsel zwischen Walter von Molo und Thomas Mann* ist ein solches Dokument der totalen Entfremdung. Ob der Briefschreiber Thomas Mann dabei seinen Partner richtig oder falsch beurteilt, bleibt vergleichsweise unwichtig gegenüber dem allgemeinen Nichtverstehen der Situation im Dritten Reich. Thomas Mann machte auch sich selbst nichts vor: »Zuweilen empörte ich mich gegen die Vorteile, die Ihr genosset. Ich sah darin eine Verleugnung der Solidarität. Wenn damals die deutsche Intelligenz, alles, was Namen und Weltnamen hatte, Ärzte, Musiker, Lehrer, Schriftsteller, Künstler sich wie ein Mann gegen die Schande erhoben, den Generalstreik erklärt hätte, manches hätte anders kommen können, als es kam. Der einzelne, wenn er zufällig kein Jude war, fand sich immer der Frage ausgesetzt: ›Warum eigentlich? Die andern tun doch mit. Es kann doch so gefährlich nicht sein.‹

Ich sage: zuweilen empörte ich mich. Aber ich habe Euch, die Ihr dort drinnen saßet, nie beneidet, auch in Euren größten Tagen nicht. Dazu wußte ich zu gut, daß diese großen Tage nichts als blutiger Schaum waren und rasch zergehen würden.«

Der Briefschreiber will nicht nach Deutschland zurückkehren; er glaubt nicht an die Möglichkeit eines Gesprächs zwischen der inneren und der äußeren Emigration: »Fern sei mir Selbstgerechtigkeit! Wir draußen hatten gut tugendhaft sein und Hitlern die Meinung sagen. Ich hebe keinen Stein auf, gegen niemanden. Ich bin nur scheu und ›fremdle‹, wie man von kleinen Kindern sagt. Ja, Deutschland ist mir in all diesen Jahren doch recht fremd geworden. Es ist, daß müssen Sie zugeben, ein beängstigendes Land. Ich gestehe, daß ich mich vor den deutschen Trümmern fürchte – den steinernen und den menschlichen. Und ich fürchte, daß die Verständigung zwischen einem, der den Hexensabbat von außen erlebte, und Euch, die Ihr mitgetanzt und Herrn Urian aufgewartet habt, immerhin schwierig wäre.«

Diese Konfrontation hat dann (die Briefe zwischen Mann und Molo wurden noch im Jahre 1945 gewechselt) zwei Jahre später (1947) in Berlin stattgefunden. Einberufen wurde ein *»Deutscher Schriftstellerkongreß«.* Programmiert war er von der Sowjetischen Verwaltung und ihren kommunistischen deutschen Mitarbeitern in Berlin. Die ehemalige Reichshauptstadt präsentierte sich noch als einheitliche Verwaltung. Eine formelle Solidarität der vier Besatzungsmächte wurde als Fiktion aufrechterhalten, wenngleich zu Beginn des Jahres 1947 der amerikanische Staatssekretär Byrnes in Stuttgart eine Rede gehalten hatte, die rückblikkend als erstes Symptom eines Kalten Krieges gedeutet werden muß.

Dennoch hatten sich offenbar die Vertreter der westlichen Besatzungsmächte einer sowjetischen Anregung angeschlossen: deutsche Schriftsteller des Exils *und* einer sogenannten inneren Emigration zusammen in Berlin tagen zu lassen. Als Gäste unter der Obhut der vier alliierten Schutzmächte. Dennoch war unverkennbar, daß es sich um eine Angelegenheit der sowjetischen Politik und Kulturpolitik handelte. Ihr Sammlungsprogramm, gedacht als neue Adaptierung des Volksfrontgedankens, ein Jahr später (1948) in Breslau von neuem praktiziert als internationaler »Kongreß der Intellektuellen zur Verteidigung der Kultur«, wie im »Tagebuch« von *Max Frisch* nachzulesen ist, versprach sich Gewinn davon, die deutschen Schriftsteller als Verbündete für das sowjetische Programm einer »demokratischen Erneuerung Deutschlands« zu verpflichten. Ehrenpräsidentin war Ricarda Huch, offizieller Organisator war Günther Weisenborn. *Ricarda Huch* hatte aus Protest gegen die Ausstoßung Heinrich Manns aus der Preußischen Akademie der Künste gleich zu Beginn des Jahres 1933 ihren Austritt aus dieser Akademie erklärt. Sie war in Deutschland geblieben: schweigend, verbunden mit den Kreisen der protestantischen Résistance. Ricarda Huch: das war viel mehr als schemenhaft widerstehende Innerlichkeit. Weisenborn saß in der Zuchthauszelle, als der Krieg zu Ende war. Er hatte in der Widerstandsbewegung gearbeitet.

Der Kongreß tagte im östlichen wie im westlichen Bereich von Berlin. Engagiert freilich waren nur die Russen. Der englische wie der französische Repräsentant investierten wenig mehr als höfliche Distanz. Die amerikanische Militärregierung startete auf diesem Kongreß eine kulturpolitische Gegenbewegung. Die Rede des amerikanischen Journalisten Melvin J. Lasky wurde auf der Bühne der Kammerspiele im sowjetischen Sektor gehalten und behandelte das Thema der Unfreiheit sowjetischer Schriftsteller in ihrem Heimatland. Da sich Laskys Rede an die drei sowjetischen Gastliteraten wandte, den Dokumentarschriftsteller Boris Gorbatow und die beiden Dramatiker Valentin Katajew und Wsewolod Wischnewski, war eine scharfe Provozierung beabsichtigt. Sie glückte. Auf diesem Kongreß brach zum ersten Mal, auch im offiziellen Kulturbereich, die prätendierte Einheit zwischen Ost und West auseinander. Von nun an gab es auch unter den deutschen Schriftstellern den Dualismus zwischen realen oder scheinbaren Parteigängern des Ostens und des Westens.

Zusammengekommen waren deutsche Schriftsteller in Berlin, mühselig angereist aus München, Frankfurt oder Hamburg, um Zusammengehörigkeit zu demonstrieren: zwischen drinnen und draußen, jenseits von vier Besatzungszonen. Als die Tagung zu Ende war, gab es die Westfraktion und die Ostfraktion. Der kommunistische Dramatiker Friedrich Wolf, später Botschafter der DDR in Polen, hatte auf dem Kongreß neben dem Kunsthistoriker Edwin Redslob gesessen, der bald darauf Rektor an der Freien Universität in West-Berlin werden sollte.

Trotz dieser ersten Konfrontation blieb die Einheit des Kongresses noch gewahrt. Es fand ein Gespräch zwischen der inneren und der äußeren Emigration statt. Alfred Kantorowicz referierte historisierend über die Literatur des Exils. Elisabeth Langgässer entwickelte an der lyrischen Tradition Oskar Loerkes die Situation einer gleichsam menschenlosen Literatur, die Natur als Gegenwelt zum Politischen stilisiert. Verteidigung solcher Positionen eines »Widerstandes« durch Ausklammerung und bloße Innerlichkeit wagte sich kaum hervor. Stephan Hermlin, heimgekehrter Emigrant, sprach achtungsvoll, doch mokant von einer Lyrik der »Lurche und Molche«. Wolfgang Harich schilderte autobiographisch, wie er selbst aufwuchs im Dritten Reich: angewiesen auf offiziell genehmigte Bücher. Konstatiert habe er zwar die Nadelstiche in manchen Publikationen gegen die herrschende Lehre, doch verändert habe sie ihn nicht, diese Negativität einer sich verweigernden Literatur.

Es war ein windschiefes Gespräch. Die *erste* Konfrontation auf diesem Kongreß im Oktober 1947 bewirkte Höflichkeit und gegenseitiges Nichtverstehen. Dann kam die *zweite* Konfrontation: ausgelöst durch die von nun an gegeneinander arbeitenden Weltmächte. Melvin Lasky begründete bald darauf die Organisationen und Zeitschriften des »Kongresses für kulturelle Freiheit«. In Moskau beendeten Stalin und Shdanow die Phase taktischer Kollaboration mit den Ideologien des Westens, um ihrerseits die neue, gerade die ideologische Konfrontation zu suchen. Hatte man bis zu jenem Berliner Kongreß von 1947 die Fiktion einer Zusammenführung der inneren mit der äußeren Emigration aufrechterhalten, so wurde jetzt, auf Stalins Geheiß, in der Frage politischer und polizeilicher Zuverlässigkeit, sogar zwischen den Emigranten ein Unterschied gemacht. Von nun an gab es die *Ostemigranten* und die *Westemigranten*. Ostemigranten waren jene, die aus der Sowjetunion und in ihrem Auftrag nach Deutschland zurückgekehrt waren. Ihr Repräsentant war Johannes R. Becher.

Sieben Monate nach jenem Berliner Schriftstellerkongreß von 1947 wurde der Versuch gemacht, in der *Frankfurter Paulskirche*, hundert Jahre nach der gescheiterten Revolution von 1848/49, auch in Erinnerung an die Frankfurter Nationalversammlung der Literaten, Advokaten und Professoren, einen *zweiten Kongreß deutscher Schriftsteller* abzuhalten. Allein man befand sich bereits im Vorfeld eines Kalten Krieges. Die Autoren aus der Sowjetischen Besatzungszone sagten ab. In Frankfurt wurde sogleich spöttisch behauptet: »Die haben nicht gedurft!« Es stimmte nicht: Becher und die Seinen hatten längst erkannt, daß ihr Kommen bloß neue Feindschaft erzeugen müsse. Wir und Ihr! Der »Westen« blieb unter sich: uneins und verwirrt. Die Konfrontation einer inneren und einer äußeren Emigration war hinfällig geworden. Restauration bahnte sich an; es war durchaus nicht mehr ratsam, daß man sich auf die innere Einsamkeit von damals berief.

Die Erkenntnis dämmerte bei allen Betroffenen, daß im Jahre

1933 die Einheit der deutschen Literatur verlorengegangen war. Zwei deutsche Staatsgründungen im Spätsommer und Frühherbst des nächsten Jahres 1949. Die Exilzeit, begonnen am 30. Januar 1933, ging niemals zu Ende.

Reeducation und demokratische Erneuerung Deutschlands

Von wem mag der Gedanke ausgegangen sein, das so tief gesunkene deutsche Volk in der Niederlage »umerziehen« zu wollen? Der Gedankengang mutet wunderlich an, wenn man daran zurückdenkt. Zugrunde lag eine wohlbekannte Theorie des bürgerlichen Strafrechts. Nachdem man die anachronistisch gewordenen Prinzipien einer Vergeltungstheorie, also das »Auge um Auge, Zahn um Zahn«, nicht mehr praktizieren will, auch kaum mehr festhalten kann am Grundgedanken einer sogenannten Vergeltung, weil dadurch der Staat immer noch vergöttlicht erscheint, landet man bei der *Besserungstheorie.* Der Delinquent soll sich bessern. Dabei muß man ihm helfen. Er muß erzogen werden zu einem ordentlichen Mitglied der bürgerlichen Gesellschaft. Deren Normen freilich und Riten werden als allgemeingültig vorausgesetzt.

Es war eine längst veraltete Strafrechtstheorie, die man im Lager der Alliierten ausgegraben hatte, um sie nun auf das Völkerrecht anzuwenden. Der Delinquent hatte bisher auf den Namen »Deutsches Reich« gehört. Inzwischen galt er als namenlos. Ein besetztes Land mit vier Besatzungszonen. Deutschland hatte als Völkerrechtssubjekt aufgehört zu bestehen. Sich selbst überlassen durfte man die Deutschen auf keinen Fall. Nunmehr wurden sie, je nach Besatzungszone, folglich vier durchaus divergierenden Methoden einer politischen Erziehungswissenschaft unterworfen.

»Reeducation« hieß das in der amerikanischen Besatzungszone, also im südlichen Deutschland: von Rosenheim bis Heidelberg. Gemeinsam war allen vier Besatzungsmächten das Prinzip einer

Koppelung der Entnazifizierung mit einer Politik der Umerziehung. Die Austreibung und die Reinigung. Wer ausgetrieben werden mußte, durfte nicht mithelfen bei der Erziehung und Reinigung. Nach diesem Grundsatz hat dann vor allem die *amerikanische* Besatzungsmacht *vorerst* folgerichtig gearbeitet. Nachdem die kurze Periode eigener Militärsender und Besatzungszeitungen vorbei war, wurden Lizenzen an unbelastete Publizisten und Journalisten verliehen. Auch das Prinzip des Pluralismus hatte dabei Gültigkeit. Merkwürdigerweise schien die amerikanische Besatzungspolitik, wohl ohne es zu wissen, mit den Volksfront-Prinzipien der sowjetischen Politik zu arbeiten. Nach der Niederlage der Arbeiterbewegung im Jahr 1933 hatte sich in der kommunistischen Politik, von Stalin nach langem Zögern akzeptiert, das Prinzip einer Sammlung antifaschistischer Kräfte als zweckdienlich erwiesen. Dabei arbeitete man, wie üblich, mit Klischees. »Kommunisten, Sozialisten, Liberale, Christen, Parteilose.« Die Amerikaner hatten das übernommen. Als am 1. August 1945 die »Frankfurter Rundschau« von der amerikanischen Militärregierung lizenziert wurde, hatte man darauf geachtet, daß unter den Herausgebern zwei Kommunisten zusammen mit einem Sozialdemokraten und einem früheren christlich-demokratischen Politiker fungierten.

Das war ein großer Schritt »vorwärts«, innerhalb einer Zeitspanne von sechs Monaten. Am 24. Januar 1945 nämlich, als man sich noch mitten im Krieg befand, hatte die amerikanische Armee im eroberten Aachen als erstes Blatt in deutscher Sprache die »Aachener Nachrichten« gegründet. Sie unterstanden der PWD (Publicity and Psychological Warfare Division) im Alliierten Hauptquartier.

Auf die Lizenzierung der »Frankfurter Rundschau« folgten bald die auch heute noch existierenden und einflußreichen, damals gegründeten Zeitungen in München, Stuttgart, Mannheim und auch in Bremen, das als Exklave zur amerikanischen Zone gerechnet worden war.

Die einflußreichste Zeitung gaben die Amerikaner jedoch nach wie vor selbst in München heraus als »Neue Zeitung«. Sie hat, vor allem dank der Tätigkeit ihres Feuilletonchefs *Erich Kästner*, von 1945 bis zum Ausklang der Vierziger Jahre eine entscheidende

Rolle gespielt bei der literarischen Diskussion und der geistigen Auseinandersetzung mit dem Dritten Reich, auch mit den Ideologien der vier Besatzungsmächte.

Die *englische Besatzungsmacht* scheint die Prinzipien einer Umerziehung nicht besonders ernst genommen zu haben. Ihr kam es hauptsächlich darauf an, möglichst wenig kompromittierte Journalisten und Publizisten des Dritten Reichs mit der Herausgabe von Zeitungen und Zeitschriften zu betrauen. Ein bißchen kompromittiert durften sie ruhig sein. Vielleicht war es eine kokette Anekdote, wenn *Axel Springer* später berichtet hat, er habe die Lizenz seiner Rundfunkzeitung beim zuständigen britischen Offizier dadurch erlangt, daß er auf die ironische Routinefrage, ob auch er, wie alle anderen Bewerber, während der Nazizeit »verfolgt« gewesen sei, die verblüffende Antwort gab: »Verfolgt wurde ich nur von Frauen.« Ein bißchen locker, aber so mag es wohl in Hamburg zugegangen sein.

Die *Franzosen* in Baden-Baden waren vor allem daran interessiert, daß in der ihnen zugefallenen Zone die traditionellen Werke französischer Kunst und Literatur den ausgehungerten und informationsgierigen Deutschen zugänglich gemacht wurden. Ein deutscher Emigrant in Frankreich, nunmehr französischer Offizier, ein großer deutscher Schriftsteller überdies, *Alfred Döblin,* wurde als Berater in Baden-Baden tätig. Sehr viel Einfluß scheint er nicht gehabt zu haben, was mit seinen besonderen Vorlieben und Antipathien zusammenhing.

Eine genaue Darstellung dieser Vorgänge in den drei westlichen Besatzungszonen findet sich in *Hermann Glasers* Buch »Kulturgeschichte der Bundesrepublik Deutschland. Zwischen Kapitulation und Währungsreform. 1945–1948« (München, 1985). Dort wird das Dilemma, das man vorfand, nüchtern analysiert, wenn berichtet werden muß über die Anfänge der künftigen »Deutschen Journalistikschule e.V.«. Glaser erläutert: »Als ›Hauptheer‹ standen vornehmlich diejenigen wieder zur Verfügung, die im Dritten Reich mitgemacht und sich nun umgestellt hatten; ihre Entnazifizierung erfolgte verhältnismäßig zügig; man wollte ihre Erfahrungen nutzen.«

In der *sowjetischen* Besatzungszone stützte sich Walter Ulbricht, der offensichtlich als politischer Statthalter mit einer Mannschaft noch während der letzten Kämpfe um Berlin eingeflogen worden war, auf eine Gruppe deutscher Emigranten, die man in Moskau sorgfältig für ihre künftigen Aufgaben ausgesucht und vorbereitet hatte. Ihr führender Kopf war *Johannes R. Becher.* Mit ihm kamen, gleichfalls anerkannt in der Vergangenheit als angesehene deutsche Schriftsteller, der Arzt und Dramatiker Friedrich Wolf, der politische Lyriker und Liedermacher Erich Weinert und der einstige Arbeiterschriftsteller und begabte Erzähler Willi Bredel. Auch ein junger Publizist, Sohn einer in der Sowjetunion gebliebenen Emigrantin, war mit eingeflogen worden nach Berlin. Er trennte sich nach einigen Jahren von seinen einstigen Genossen und Förderern: Wolfgang Leonhard.

Die sowjetische Besatzungsmacht hantierte nicht mit der Formel einer »Umerziehung«. Ihre Formel war geschickter; sie wirkte auch bescheidener. Man sprach von einer »demokratischen Erneuerung Deutschlands«. Die Formel dürfte, wie man vermuten könnte, Johannes R. Becher noch in Moskau gefunden haben. Als Lyriker war er es gewohnt, dem sprachlichen Einfall, auch wenn er formelhaft sein mochte, beim Aufbau seiner Texte zu folgen. »Demokratische Erneuerung« war auch insofern historisch schlüssiger, als sie voraussetzte, daß es bereits eine demokratische Tradition in deutschen Landen gegeben habe. Sie war unterdrückt, schließlich zerstört worden. Man mußte sie erneuern. »Umerziehung« hingegen setzte, im sprachlichen Sinne, voraus, daß man gewissen pädagogischen Prinzipien unterworfen wird, die von außen oktroyiert werden. Die *naive amerikanische Selbstgefälligkeit war bedenkenlos:* amerikanische Prinzipien hielt man für allgemeingültig. Zu ihnen sollten die in der Tat barbarisch gewordenen Deutschen von nun an erzogen werden.

Wahrscheinlich waren es vor allem zwei deutsche Schriftsteller, die – in München und im vorerst noch allein von den Russen besetzten Berlin – inmitten eines terminologischen Kauderwelschs von Reeducation und Demokratischer Erneuerung Deutschlands, die Arbeitsgrundlagen geliefert haben für ein literarisches Leben in Deutschland; zumal dieses literarische Leben in den ersten Jahren nach 1945, also bis in die Zeit des Kalten Krieges hinein, *gemeinsam* geblieben war für die Deutschen in den vier Besatzungszonen: *Erich Kästner und Johannes R. Becher.*

Kästners Feuilleton in der »Neuen Zeitung« wurde allenthalben gelesen und reflektiert: von Schwerin bis Lörrach. Der von Johannes R. Becher begründete »Kulturbund zur Demokratischen Erneuerung Deutschlands« konnte in jeder Ortschaft aller vier Besatzungszonen eine Dependence unterhalten. Das Prinzip der Sammlung aller »aufbauwilligen Kräfte«, wie man damals formulierte, hatte Priorität. Bei den Vorbereitungen des Kulturbundes in Frankfurt am Main beteiligten sich neben den Herausgebern der »Frankfurter Rundschau« sowohl der damalige Kommunist und spätere Sozialdemokrat Leo Bauer wie der Germanist Professor Ernst Beutler und der katholische Publizist und nunmehrige Mitherausgeber der »Frankfurter Hefte«, Walter Dirks. Johannes R. Becher reiste in Deutschland umher. Er war glücklich, seine Vaterstadt München wiedersehen zu können. In Oberbayern besuchte er *Ernst Wiechert* auf dessen Bauernhof. Der von Becher gleichfalls begründete Aufbau-Verlag in Berlin publizierte bald darauf Wiecherts Buchenwald-Erzählung »Der Totenwald«. Bei der Gründung des Kulturbundes in Stuttgart hielt Becher das einleitende Referat. Leiter der Veranstaltung war *Theodor Heuss,* der spätere erste Präsident der Bundesrepublik Deutschland.

Langsam entstanden auf diese Weise die ersten Strukturen einer künftigen deutschen Literatur, Literaturkritik und kulturpolitischen Publizistik. *Was fehlte, waren die Autoren und die Manuskripte.* Die Schubladen waren leer: mit gutem Grund. Sowohl Kästner in München wie Becher in Berlin mußten zurückgreifen auf Autoren, die einstmals Rang und Namen hatten und jetzt entweder aus dem Exil heimkehrten oder wenigstens bereit waren, ihre Manuskripte vom Ausland her zur Verfügung zu stellen. Auch Autoren der sogenannten inneren Emigration stellten sich ein und abermals vor. Wodurch sogleich Gezänk ausbrach über Umfang, Wahrheitsgehalt und Motivation der damaligen Verweigerung gegenüber der Reichsschrifttumskammer. Die Selbstgefälligkeit und Leidensexpression von Frank Thieß oder Walter von Molo wirkten kaum überzeugend. Erich Kästner, der in Deutschland bleiben mußte und auf diese Weise alles registrieren konnte, erinnerte sich sehr genau und wußte daher, wen er zur Mitarbeit aufforderte oder auch nicht.

Das alles aber reichte nicht aus, den hungernden und frierenden Menschen zwischen 1945 und 1948, also bis zur Währungsreform, die freilich sogleich hinüberleiten sollte in den Kalten Krieg zwischen Ost und West, »etwas zum Lesen« zu liefern. Auch die Rundfunkredakteure waren stets auf der Suche nach neuen, möglichst jungen und unbelasteten Talenten. Der *Rundfunk* war, vor allem an kalten Wintertagen und bei spärlicher Beleuchtung, die wichtigste Bildungs- und Informationsquelle. Allein die jungen Leute waren noch nicht so weit. Ernsthafte Talente empfanden sich noch als unreif, sie wollten lernen. Die selbstgewissen Angeber besaßen weniger Skrupel. Wenn man sein bißchen Geld einigermaßen gerettet und in Sachwerten angelegt hatte, konnte man es sich leisten, eigene poetische Produktionen in Druck zu geben. Die neugegründeten Verlage schluckten alles. Ein im Jahr 1947 bei Erich Kästner in der »Neuen Zeitung« publizierter Text mag das illustrieren. So war es zugegangen, als der Krieg zu Ende war: nach zwei Weltkriegen.

Exkurs: Irrwege deutscher Lyriker und Verleger (1947)

Wenn die Igel in der Abendstunde, um Kurt Tucholsky zu zitieren, still nach ihren Mäusen gehen, nehmen wir gern ein Buch zur Hand, um nachzuschauen, wie sich das Neuerwachen der deutschen literarischen Produktion im zweiten Jahre seit Kriegsende ausnimmt. Da liegen sie wieder zu Haufen, die berühmten Bändchen. Zwei Kategorien nehmen den umfangreichsten Platz ein: zunächst Abrechnungen aller Art mit dem Geist des Dritten Reiches, Dissertationen zur Schuldfrage, historische Prophezeiungen mit Zeitzündung, die erst nachträglich verkündet werden – und dann sehr viel Lyrik.

Das freut zuerst einmal, denn der lyrische Ausdruck erscheint dem Erleben unserer letzten Jahre eher gemäß als eine hastig gearbeitete Novelle mit aktuellem Thema oder gar als ein schnell hingeworfener Tendenzroman, sei dessen Tendenz nun, wie sie wolle. Nicht anders war das nach dem letzten Weltkrieg beim Expressionismus: Auch er hatte seine Höhepunkte und echtesten

Ausdrucksformen im lyrischen Wort, das kaum mehr Ausdruck war, fast nur noch Ausbruch. In einem entfesselten, auf solchen lyrischen Ausbruch reduzierten Theater – war richtige Dramatik nach 1918 im Grunde nicht gegeben. Erst viel später brachte Alfred Döblin vor allem die Formelemente des Expressionismus auch in der Epik der großen Form zur Geltung. Der eigentlich sinngemäße Ausdruck aber des damaligen Nachkriegs war zunächst die lyrische Klage.

Es wäre schön, und es wäre vor allem echt, wenn sich das heute wiederholte, wenn Töne, vergleichbar jenen Bechers, Brechts, Hasenclevers und Tollers, auch im heutigen Nachkrieg in Deutschland hörbar würden. Da liegen also vor uns Bände mit Gedichten; es sind offensichtlich alles unbekannte Namen. Um so besser! Wir wollen sie ansehen.

Ein Band von knapp hundert Seiten, anspruchslos gedruckt, aber auch nicht ohne Geschmack ausgestattet, bringt Ausgewählte Gedichte von Viktor Scheiterbauer. Sie nennen sich »Glanz zwischen Disteln und Dornen«. Eine blödsinnige Ideenverbindung huscht durch den Kopf: hoffentlich gehört dieser Glanz im Titel nicht zu jener Armut, die angeblich »ein stiller Glanz aus innen« sein soll! Gedichte kann man nicht von der ersten bis zur letzten Seite lesen. Man blättert, um zu schauen, ob ein lyrisches Wort hier seine Angelhaken besitzt, die festzuhalten vermöchten. Da heißt ein Gedicht: »Abschied«

Es klingt, wie wenn man Abend sagt,
Und es besagt viel mehr wie viele Worte,
Die man so hinspricht ...

Einen Augenblick bitte! Wie heißt es bei Hofmannsthal?

... Und dennoch sagt der viel, der »Abend« sagt,
Ein Wort, daraus Tiefsinn und Trauer rinnt
Wie schwerer Honig aus den hohlen Waben.

Gedanke und Prägung des Herrn Scheiterbauer sind also schon mehr als Anlehnung. Allerdings hätte Hofmannsthal jedenfalls geschrieben: »Besagt viel mehr als viele Worte.« Herr Scheiterbauer aber bevorzugt das »wie« nach dem Komparativ. Er schreibt auch: »Und ihr Schrei würde lauter und wilder sein wie Löwengebrüll.«

Es ist langweilig, hier den Schulmeister spielen zu müssen und diesem Lyriker zu sagen, daß man nicht »Monumente« und »Hände« reimen kann; daß man nicht »Pferde« und »verzehrte« in einem Gedicht zusammenführen sollte; daß man »blies« schreibt und nicht »bließ«, »pries« und nicht »prieß«. Wir wollen eine längere Probe hinsetzen, um zu zeigen, wie das alles aus zweiter Hand lebt, im Grunde gereimte Prosa ist, meilenweit entfernt von allem wirklichen lyrischen Ausdruck. Es soll der heutige Anblick des Schönbrunner Parks geschildert werden – und da stehen dann folgende Zeilen:

> Nun humpeln, wie verstümmelte Insekten,
> Die Invaliden durch die herbstlichen Alleen,
> In welchen sich einst zarte Pagen neckten,
> Von Fraun belächelt, die wie kostbare Kameen
> In Gold gefaßt und im Zierat der prunkenden Brokate
> Wie Tänzerinnen zierlich schritten, Puder in den Haaren.
> Wie Tänzerinnen. Und wie ein König spielte Sarasate
> Vor diesen Fraun, die Königinnen waren.

Das ist eine wenig verdauliche Mischung aus »Erlesenheit«, die ziemlich viel Rilke gelesen hat – und einer ziemlich prosaischen Gegenwartsstimmung. Echt ist gar nichts daran, auch nicht der Geiger Pablo de Sarasate, der vor siebzig Jahren spielte, als die Damen keineswegs mehr Puder im Haar trugen ...

Wir sind vielleicht sehr grob mit diesem Lyriker und wissen auch gar nicht, ob er alt oder jung ist, was für die Beurteilung sehr wichtig sein sollte. Dann aber steht mitten unter diesen faden Ergüssen einer abgestandenen Sentimentalität ein Gedicht: »Der Landser« – und hier hat der Mann plötzlich einen echten, zynisch-erregten Ausdruck für Menschen und Zustände von heute. Die letzte Strophe lautet:

> Sechs Jahre wurde er herumgeschleift,
> Dann endlich kam die große Pleite.
> Was nun? so fragt sich der Gefreite.
> Wozu? 'nen Taler dem, der es begreift!

Das ist sicher keine große Dichtung, aber es ist echt und ehrlich. Und diesen Eindruck möchten wir zurückbehalten, wenn wir nun die Gedichte von Scheiterbauer aus der Hand legen.

Jetzt kommt eine Dame, die dichtet. Wir hüten uns wohl, sie einfach als »Frau« zu bezeichnen, denn hier wird offenbar auf gesellschaftliche Umgangsformen großer Wert gelegt. Claire Orth nennt ihr Bändchen (schon wieder!) »Kleines Mode-Brevier für anspruchsvolle Männer«. Wer ist der Verleger? Schon wieder, wie bei Herrn Scheiterbauer, der Siegel-Verlag, Frankfurt am Main. Nun kommt es darauf an: Wird der Verleger jetzt rückfällig, oder gibt er uns Revanche? Zunächst einmal sind wir ziemlich ärgerlich, noch bevor wir gelesen haben. Denn wir wollen erst einmal die Seiten zählen. Es sind vierzehn Blätter: vier davon bleiben weiß, da es sich eben um eine Gabe für anspruchsvolle Männer handelt. Das fünfte Blatt bietet den Titel. Und so haben wir gut und gern noch neun Blätter für die Lyrik. Die aber will in scherzhafter Form einen gereimten Streifzug durch die Entwicklung der Mode geben – und das sieht dann so aus:

> Doch andre Länder – andre Moden
> Im Orient ist es verboten,
> So unverschleiert 'rumzugehn,
> Grad nur die Augen darf man sehn.
> Zwar hat die Frau die Hosen an,
> Doch ist ihr Pascha ein Tyrann,
> Der sich erspart mit Vorbedacht,
> Den Flunsch zu sehen, den sie macht.

Der Rest ist genauso. Dazu hat Claire Orth selbst noch die Zeichnungen beigesteuert: bemühte Federübungen einer Dame, die Ambitionen hat, aus einem Kursus für Modezeichnen.

Und dieses ganze dumme Zeug, das witzig sein möchte oder anmutig, aber nur auf dem KdF-Niveau landet, erscheint nun auf gutem Papier im Jahre 1946! Dafür wird ein ganzer Apparat von der Nachrichtenkontrolle bis zum Buchbinder und Einbandzeichner bemüht. »Alle Rechte vorbehalten«, steht auch noch vorn. Und nun kann die Auslandsnachfrage ja kommen ...

Gehen wir also rasch weiter. Lasset uns andere Töne anstimmen, vielleicht freudenvollere. In der englischen Zone veröffentlichte der Renaissance-Verlag, Düsseldorf, von Walter Kordt einen Gedichtband mit dem Titel »Stimme des Rheins«. Die Gedichte sind »Den Manen Alfons Paquets« gewidmet. Nun werden wir ernst: denn Alfons Paquet war ein bedeutender Schriftsteller. Er hat die Landschaft von Rhein und Main mit der Sorgfalt des Epikers und dem unverlierbaren Unterklang des lyrischen Ausdrucks beschrieben. Wer diesen Dichter anruft und dann auch gleich noch René Schickele, muß ein würdiges Wort als Totengabe zu bieten haben. Fangen wir an!

Wag' ich,
Ein Schicksalbeschwerter
Wie Du,
Schau zu tun
In die Zeit
Und ihr grausam gewaltig Geschlecht,
Daß ich beschwörend
Ergründe,
Was uns
Entbundene Schicksalsgewalten
Furchtbar
Zu tragen gegeben?

Einen Augenblick bitte! Aber das klingt doch wie ... Der Untertitel sagt »Rheinische Rhythmen 1944«. 1944? Doch vielleicht stehen hinten Verse anderen Stils?

Denn das Geschick,
Das zeugend
Dem nie noch vollendeten
Lande der Deutschen
Neigung erheischt,
Weil es,
Tyrannen des eigenen Blutes
Trotzend,
Cäsarischem fremd,
Würde des Menschen
Ersehnt,
Zu bestehn,

Bleibt
- Ein geheimstes Gesetz
Unseres Seins! -,
Immer aus Wogen
Des Stromlands
Erfahren.

Und nun wollen wir einmal ganz deutlich werden: Das ist genau die verkrampfte, zackige, in einer unverbindlichen und verblendeten Metaphysik schwelgende Rhythmik, die uns zwölf Jahre lang alle SA-Poeten vorzusetzen pflegten. Wir wollen darüber keine politische Debatte mit Herrn Kordt anfangen. Aber wir halten diese freien Rhythmen mit ihrer krampfigen Ballung für kinderleicht. Es ist die alte Hölderlinerei, die neben dem Epigonentum der Rilke-Nachahmer als schwerste Hypothek auf unserer ganzen heutigen Lyrik lastet. Diese Verse möchten langgezogen dahinrollen, wie die Wogen des Rheins, Verzeihung: »des Rheines«. Da ist aber kein Bild, das haftenbliebe, kein Augenblick eines dichterischen Worts, das Dinge ausdrückte, die nur der Dichter so und nicht anders sagen kann. Auch das ist im Grunde nur Prosa und prosaisch verquollene Metaphysik. Es wird Zeit, daß wir diesen ganzen faulen Zauber endlich einmal erkennen.

Schnell noch einen Blick in die französische Zone. Da sind in der Humanitheon Edition in Lörrach »Lieder an Frauen« erschienen. Der Untertitel lautete: »Lyrik von Victor Hugo. Freie Nachdichtung von Clemens Hellberg«.

Welche Gedichte Hugos das nun eigentlich sind, verrät man uns nicht. Was davon auf Kosten des Nachdichters geht, läßt sich mangels aller Angaben nur schwer nachprüfen. Bedenklich ist, daß zu Beginn eine »nachempfundene Neudichtung« des Übersetzers steht mit dem Titel »An Komtesse A.H.«. In der Mitte steht folgender Absatz:

Es singt die Nacht das Schlummerlied,
die dich mit goldnem Blicke
zum letzenmal als Jungfrau sieht.
So schlaf und träum vom Glücke!

Er möge als Probe genügen.

Wenn nun aber jemand meinen sollte, auch das wäre einfach schlechte Lyrik wie andere auch, so täuschte er sich über die Absicht dieses Humanitheon-Verlages. Der schickt ein Begleitschreiben:

»Euere Geehrten! Die Kulturbestrebung ›Humanitäre Erneuerung‹, die sich seit fast 20 Jahren, sie wurde 1927 gegründet, um ihre geistige Fundierung bemühte, hält nun, nachdem die Fundierung gelungen ist, die Zeit für gekommen, öffentlich zu wirken ... Nun, nachdem die Geistesfreiheit wieder hergestellt ist, steht einem öffentlichen Wirken kein Hindernis mehr im Wege. Um für dieses Wirken, es handelt sich immerhin um die Grundlegung einer neuen Kulturgestaltung, einen geistigen Raum zu haben, wurde es in eine geistige Gegebenheit gefaßt und als Humanitheon der Humanitären Erneuerung bezeichnet.«

Soll man lachen, soll man sich ärgern? Manchmal kommt einem das alles wahrhaft gespenstisch vor. Wir wollen ein neues literarisches Leben beginnen und starten damit, daß man uns stapelweise aus den Schubladen die Erzeugnisse der Schwarmgeister, Dichterlinge und Versfabrikanten vorsetzt. Dabei fehlt das Papier für die nötigsten Informationen. Wann werden wir es erleben, daß ein Verleger in der Schublade greiser Studienräte nach Hohenstaufendramen sucht und sie uns mit allen fünf Akten und allen Jamben vorsetzt? Auf dem kostbaren Papier!

Zweites Kapitel

Überhang der Tradition

Die neuen Bücher und Leser

Es war verstehbar, gar nicht überraschend, daß sich Neugier und Informationsbedürfnis der besiegten Deutschen zunächst allem zuwandte, was als »nicht deutsch« gelten durfte. Deutschheit, Deutschtum, deutschblütig, deutsch gesinnt, echt deutsch: an diesen Vokabeln, die das Reichsministerium für Volksaufklärung und Propaganda freigebig austeilen ließ, als die Nahrungsmittel schrumpften, hatten alle sich den Magen verdorben. Widerstand leistete man freilich, in allen vier Besatzungszonen, beim Import von irgend etwas, dem man *russische Herkunft* anzumerken glaubte. Auch später in der Sowjetischen Besatzungszone, dann der Deutschen Demokratischen Republik, scheiterte alle Anstrengung, ein Staatsvolk mit guten russischen Sprachkenntnissen heranzuziehen. Diejenigen Studenten an den Universitäten der DDR, die wirklich imstande waren, russische Texte mühelos zu lesen, hatten Seltenheitswert. Die russische Sprache ist schwer, freilich, doch hier kamen Inhibitionen anderer Art hinzu.

Es bestand in den ersten Nachkriegsjahren auch wenig Neigung unter den Deutschen, jene *französischen* Sprachkenntnisse zu erwerben, die im 18. und noch im frühen 19. Jahrhundert als Bildungsvoraussetzung angesehen wurden. Die Angelsachsen aber: da hielt man es anders. Die Neugier auf das Siegerland der Vereinigten Staaten war groß: selbst dort, wo man im deutschen Alltag enttäuscht worden war bei Kontakten mit der amerikanischen Besatzungsmacht. Der deutschen armseligen Enge präsentierte sich das Riesenreich jenseits des Atlantik als Traumland. Viele Mädchen, die als Ehefrauen und Amerikanerinnen nach Übersee zogen, waren einem Traumbild gefolgt, dem ein oft triviales, bisweilen schmerzhaftes Erwachen folgen mußte.

Die amerikanische Literatur hatte Vorrang bei den deutschen

Lesern. *Ernest Hemingway* wurde nicht bloß zum Leseerlebnis; er hat auch die Anfänge einer deutschen Nachkriegsliteratur durch seine Schreibweise, sogar durch seine stilistischen Marotten beeinflußt. In den Fünfziger Jahren pflegten junge Autoren, getreu den Maximen des großen Autors von »Tod am Nachmittag« oder »Wem die Stunde schlägt«, ihr Erzählwerk im wesentlichen fast wie ein episches Drama zu präsentieren. Dialoge, innere Monologe, kein aufspürbarer Erzähler, keine Distanz, keine Reflexion. *William Faulkner* war ein schwierigerer Fall. Den meisten Lesern fehlten die historisch-geographischen wie literarischen Voraussetzungen zum Verstehen des großen Schriftstellers aus den Südstaaten. Faulkner wurde dann, in den Fünfziger und frühen Sechziger Jahren, vor allem ein wichtiger Autor für Schriftsteller. *Jean-Paul Sartre* in Frankreich hatte ihn früh schon für sich entdeckt und in einem blendenden Essay gefeiert. Die frühe Prosa des Erzählers *Uwe Johnson* war, was Johnson selbst nachdrücklich proklamierte, undenkbar ohne das literarische Erlebnis Faulkner.

Allein die amerikanische Mode unter den Lesern und den neuen Schreibern war umfassend, häufig unkritisch. Der Erfolg *John Steinbecks* ließ sich, am Beispiel seiner frühen Romane, durchaus rechtfertigen. Aber *William Saroyan,* ein Liebling jener ersten Nachkriegsjahre? Die Theaterstücke von *Thornton Wilder,* vor allem aber sein Roman »Die Brücke von San Luis Rey«: das waren damals »Kultbücher«, um einen heutigen Modeausdruck zu gebrauchen. Kein Stadttheater ohne Aufführung der »Kleinen Stadt« und ohne den modischen Kulturpessimismus einer Generation, die »noch einmal davongekommen« war.

Unter den französischen Autoren hatte *Albert Camus* alle und alles überrundet. Die kühl-distanzierte Prosa seines Romans »Der Fremde« hat große literarische Wirkung gehabt. Die frühen Erzählungen *Peter Handkes* sind undenkbar ohne Camus, also ohne den »Fremden«, ohne die »Pest«, ohne die sonderbare Privatphilosophie eines modernen Sisyphus. Das macht: Camus hatte sich gegen Ende der Vierziger Jahre in aufsehenerregenden Debatten mit seinem einstigen Freund und jetzigen Gegenspieler Sartre gegen alle russischen »Infiltrationen« ausgesprochen. Er ging dabei ziemlich weit. Es grenzte, im Falle Sartre, fast an politische Denunziation. Sartre blieb die politische und literarische Antwort nicht schuldig. Das fiel ihm insoweit nicht schwer, als er von Hause aus wirklich als philosophischer Denker auftreten konnte: im Gegensatz zu Camus und den Gedankengängen seines Buches über den »Menschen in der Revolte«.

Spanien war nach wie vor Franco-Land. Italien schwankte, von den Deutschen her gesehen, zwischen der Welt der Sieger und der Besiegten. Die Bücher von *Curzio Malaparte* wurden in den ersten Nachkriegsjahren ausgiebig gelesen und erörtert. Man entdeckte hier, brutal offengelegt, eine grausame und obszöne Wirklichkeit, die in aller bisherigen deutschen Lektüre ausgespart zu werden pflegte.

Deutsche Autoren, die damals entdeckt oder wiederentdeckt wurden? Da entstand ein sonderbares Paradox. Wer annehmen mochte, die deutschen Leser, besonders die Jungen und die Heimkehrer aus Krieg und Gefangenschaft, würden sich vor allem auf die zwölf Jahre lang verdrängten und beschwiegenen Schriftsteller stürzen, befand sich im Irrtum. Bis heute ist die Brücke nicht gebaut worden zwischen den erfolgreichen Autoren der Weimarer Republik und den Lesern in einem Deutschland, das sich wiederfand als Karthago nach dem Zweiten »Punischen« Krieg.

Erfolgreiche Erzähler der literarischen Welt in jenen fernen Zwanziger Jahren wie Arnold Zweig und Ludwig Renn, Heinrich Mann und Lion Feuchtwanger, Hermann Kesten oder Jakob Wassermann waren auf lange Zeit hin abgesunken: ein bloßes Gerücht. Anna Seghers gehörte in der Sowjetischen Besatzungszone zur Pflichtlektüre, auch Arnold Zweig wurde in ähnlicher Weise bekannt und gelesen zwischen Rostock und Plauen. Man entdeckte bei der Lektüre, daß es sich um bedeutende Autoren handelte, die man gern las: im Gegensatz zu anderer Literatur, die gleichfalls verordnet wurde. In der Bundesrepublik Deutschland war Anna Seghers bis zum Beginn der Sechziger Jahre, als der Luchterhand Verlag seine große Seghers-Ausgabe startete, gleichfalls ein Gerücht, eine Autorin von »drüben«. Warum sollte man die lesen?

Auch *Bertolt Brecht,* der früher bloß als Bert Brecht gezeichnet hatte, wäre vermutlich auf lange Zeit hin ein Gerücht geblieben.

Da er jedoch gegen Jahresende 1948 selbst mit der Familie und den vertrauten Mitarbeitern in Berlin eintraf und ein eigenes Theater gründete, konnte er durch sich selbst, durch sein Bild und Gespräch, durch seine Theorien, literarischen Versuche und Modellinszenierungen unmittelbar wirken. Zuerst im engeren Bereich der im Jahre 1949 gegründeten Deutschen Demokratischen Republik, bald darauf durch Gastspiele im Ausland. Als er im Oktober 1948 von Zürich aus, wo er die Uraufführung seines Volksstücks »Herr Puntila und sein Knecht Matti« inszeniert hatte (sein Name durfte aber bloß als Autor auf dem Zettel erscheinen, nicht als Spielleiter), nach Berlin reisen wollte, verweigerte ihm die amerikanische Militärregierung die Durchreise. So konnte er seine Vaterstadt Augsburg nicht besuchen. Die Reisegruppe Brecht machte den Umweg über Österreich und die Tschechoslowakei. Als Brecht hingegen im Frühjahr 1954 zum ersten (und einzigen) Mal an einem internationalen Kongreß des PEN-Clubs teilnahm, in den Niederlanden, war er bereits wieder ein berühmter Schriftsteller und Theatermann. Er reiste dann weiter zur Aufführung der »Mutter Courage« in Paris.

Fragt man im Rückblick nach dem damaligen *Überhang einer deutschen literarischen Tradition,* so ist wenig aufzufinden. Kein Vergleich mit der amerikanischen Literaturmode und der Wirkung französischer Existentialisten. Die Literatur der Weimarer Ära, nunmehr *weitgehend identisch mit der Exilliteratur,* wurde nicht wahrhaft rezipiert. Nicht damals und auch später nicht. Die Nachfolge des Expressionismus und der einstigen Neuen Sachlichkeit beschränkte sich auf einzelne Autoren. Sie gelangten, sieht man ab vom Sonderfall des Wolfgang Borchert, nicht zu den Lesern und Theaterbesuchern. Neuaufführungen von Theaterstücken der erfolgreichen Dramatiker aus den Zwanziger Jahren pflegten zu befremden, sogar zu langweilen. Kein neuer Theatererfolg mit Bühnenwerken von Georg Kaiser, Walter Hasenclever, zu schweigen von Ernst Toller, Arnolt Bronnen oder Fritz von Unruh. *Carl Zuckmayer* hatte Erfolg mit seinem Exilstück »Des Teufels General«. Allein dieser Erfolg war bedingt durch die politische Konstellation. Zuckmayer hatte, ohne es wirklich zu ahnen, *ein erstes Theaterstück für die spätere deutsche Restaurationsepoche geschrieben,* wie sich zeigen sollte. *Carl Sternheims* Stücke aus dem Zyklus vom Bürgerlichen Heldenleben wurden zwar häufig gespielt, vom damaligen Publikum aber mit starkem Widerstreben angeschaut. Man wollte sich nicht wiedererkennen. Von aller einstigen Wollust der Selbstkritik war man, in jenen harten Lebenstagen, weit entfernt.

Auch Brecht verstörte mit den ersten Arbeiten seines Berliner Ensembles. Sein episches Theater der Verfremdung und dezidierten Nicht-Identifizierung blieb, auf lange Zeit hin, höchst »befremdlich«.

Drei epische Werke müssen trotzdem als weiterwirkende literarische deutsche Tradition bezeichnet werden. Werke von Hermann Hesse, von Thomas Mann von Alfred Döblin. Vermutlich müßte man hier auch den »Mann ohne Eigenschaften« von *Robert Musil* nennen, allein die ersten beiden Bände dieses Weltromans waren schon zu Beginn und in der ersten Hälfte der Dreißiger Jahre erschienen. Sie gehörten noch, im weiteren Verstande, zur Literatur der Weimarer Republik. Der »Mann ohne Eigenschaften« präsentierte sich als Gegenstück zu Thomas Manns »Zauberberg«, doch nicht zu dessen Faustus-Roman. Unmittelbare Wirkung hatten damals, zwischen 1946 und 1949, bei deutschen Lesern sowohl Hermann Hesses »Glasperlenspiel« wie Thomas Manns Faustus-Roman vom deutschen Tonsetzer Adrian Leverkühn, der sich an den Teufel gebunden hatte. Alfred Döblins Roman-Tetralogie »November 1918«, im Titel anspielend auf die deutsche Novemberrevolution dieses Jahres, wurde erst zum hundertsten Geburtstag Döblins im Jahre 1978 in vollständiger Fassung zugänglich. Seither freilich läßt sich konstatieren, wie stark Alfred Döblins Diktion, spät erst und zögerlich, dann jedoch unaufhaltsam, die Schreibweise deutscher Schriftsteller beeinflußt hat. In seiner Rede »Über meinen Lehrer Döblin« vom Jahre 1967, die weitgehend von Substanz und Schreibweise des Wallenstein-Romans ausgeht, konstatiert *Günter Grass* am Schluß, er möchte seine Zuhörer und Leser neugierig machen, zu Döblin verführen, »damit er gelesen werden möge«. »Er wird Sie beunruhigen; er wird Ihre Träume beschweren; Sie werden zu schlucken haben; er wird Ihnen nicht schmecken; unverdaulich ist er, auch unbekömmlich. Den Leser wird er ändern. Wer sich selbst genügt, sei vor Döblin gewarnt.«

Hermann Hesse, Das Glasperlenspiel

Der genaue Titel, umständlich und bedachtsam formuliert, lautet so: »Das Glasperlenspiel. Versuch einer Lebensbeschreibung des Magister Ludi Josef Knecht, samt Knechts hinterlassenen Schriften. Roman«. Das Buch entstand zwischen 1932 und 1942, also im Vorkrieg und im Kriege. Als die Erstausgabe in Zürich im Jahre 1943 erschien, war freilich der Kriegsausgang bereits abzusehen. Das Buch kam 1946 zu den deutschen Lesern der Nachkriegszeit. Der Eindruck war ebenso stark wie verstörend. Dies war die Beschwörung einer Gegenwelt. Die pädagogische Provinz Kastalien sollte an Goethes Konzept einer solchen Provinz in »Wilhelm Meisters Wanderjahre« erinnern. Dieser Roman von den Glasperlenspielern und ihrem Spielmeister Josef Knecht, der schließlich zum Dissidenten wird, bedeutete in einem doppelten Sinne einen »Überhang der Tradition«. In aller Bewußtheit wünschte Hesse, man möge seine Werke und die eigene literarische Existenz als Nachfolge verstehen, vielleicht als die eines Epigonen. Durch die Wirkung aber seines Romans, der in vielen Gestalten des Erzählwerks auch Figuren einer geistigen Tradition auftreten ließ in notdürftiger Verkleidung, Jacob Burckhardt oder Thomas Mann, gedachte Hesse auch seinerseits eine neue geistige Tradition zu begründen. Freilich in einer literarisch reizvollen, doch schwierig verstehbaren Praxis. Der Leser sollte sich, nach dem erklärten Willen Hermann Hesses, nicht identifizieren mit Kastalien und den Glasperlenspielern. Was der alte Goethe den Lesern seines »Werther« angeraten hatte: ›Sei ein Mann und folge mir nicht nach!‹, gedachte auch Hesse als Erkenntnis zu vermitteln.

Dreimal im Verlauf seines Lebensweges hatte Hermann Hesse versucht, dem Wüten der Nationalismen die Haltung des Bewahrers einer Gesamttradition der Menschheit entgegenzustellen. Das *begann* mit dem berühmten Aufsatz »O Freunde, nicht diese Töne«, der am 3. November 1914 in der »Neuen Zürcher Zeitung« erschien: Beethovens Worte, die rezitativisch im Schlußsatz der Neunten Symphonie den Übergang zu Schillers »Lied an die Freude« ankündigen sollen, nun aber, in der ersten Kriegszeit, auf dem Höhepunkt der Haßgesänge in allen Ländern, Erinnerungen an eine gemeinsame geistige Hinterlassenschaft wachrufen sollten, die hier verspielt wurde. Man hat es Hesse nicht eben glühend gedankt, gerade auch in Deutschland nicht. Im gleichen Jahr 1946, als das »Glasperlenspiel« zum erstenmal in Deutschland erschien, erinnerte Hesse daran und schrieb im Geleitwort zu seinen »Betrachtungen zu Krieg und Politik«: »Seit damals ist mir in Deutschland nie mehr eigentlich verziehen worden, daß ich einmal an Patriotismus und Kriegsgeist Kritik geübt hatte, und wenn auch, ähnlich wie heute wieder, und unmittelbar nach dem verlorenen Krieg eine gewisse Schicht in Deutschland sehr friedlich und international empfand und mit manchem Echo auf meine Gedanken Antwort gab, so blieb doch das Mißtrauen gegen mich wach.«

Im gleichen Vorspruch zu diesen politischen Betrachtungen eines eigentlich Unpolitischen wurde auch an die *zweite* Dissonanz zwischen Hesses Zeitempfindlichkeit und einem allgemeinen Zeitgeist erinnert: an die erste Nachkriegszeit, jene Zwanziger Jahre, in denen auch der »Steppenwolf« erschien (1927), der keineswegs (oder nur für diejenigen stumpfen Leser, die vor des Autors Ironie versagten) als ein Buch »nur für Verrückte« angesehen werden durfte.

Von jenem Aufruf mit Beethovens Worten im November 1914 führte also, nach Hesses Meinung, über den »Steppenwolf« von 1927 ein gerader Weg zu jenem »Glasperlenspiel«, dessen Plan vor Anbruch des Dritten Reiches entstand, dessen Ausarbeitung mit den Jahren der Kriegsvorbereitung synchron verlief und das schließlich, mitten im Kriege, gegen den Krieg und wider die Kräfte, die ihn heraufbeschworen hatten, in Einsamkeit und Trauer, aber mit aller Genauigkeit komponiert wurde. Im Jahre 1946 wurde das von einer Generation, die noch in jeder Stunde ihres Alltags den Krieg spürte, im allgemeinen verstanden. Allein es fanden sich nach der Katastrophe dieses Weltkriegs, nach Buchenwald und Coventry, Auschwitz und Dresden und Hiroshima, nicht genügend Menschen und Gruppen, die, wie es im Traktat vom Glasperlenspiel heißt, »entschlossen waren, dem Geist treu zu bleiben und mit allen Kräften einen Kern von guter Tradition, von Zucht, Methode und intellektuellem Gewissen über diese Zeit hinwegzuretten«.

Es wurde auch nicht – entgegen dem fingierten Geschichtsbericht in der Einleitung zum Glasperlenspiel - »die Erfahrung gemacht, daß wenige Generationen einer laxen und gewissenlosen Geisteszucht genügt hatten, auch das praktische Leben ganz empfindlich zu schädigen, daß Können und Verantwortlichkeit in allen höheren Berufen, auch den technischen, immer seltener wurden«. Nichts von alledem. *Die Nachkriegszeit glitt hinüber in eine Ära des Kalten Krieges,* da und dort wurde auch wieder bombardiert, entstanden Schützengräben, wurden Städte »ausradiert«, Menschen auf der Flucht erschossen. Die Entwicklung der Jahrhundertmitte nahm keineswegs einen Verlauf wie in jenem aus Zukunft und Vergangenheit, angeblicher Historie und echter Utopie so sonderbar gemischten Bericht, mit dem Hesse sein Buch vom Glasperlenspiel beginnen läßt.

»Krieg und Frieden«, so überschrieb Hesse im Jahre 1946 die Sammlung politischer Betrachtungen. Immer noch und wieder ein Schweben zwischen Krieg und Frieden. Von einer Gründung Kastaliens weiter entfernt als je. Die Verwirklichung der fiktiven pädagogischen Provinz wird bei Hesse jedoch gar nicht als wünschenswert empfunden. Vieles spricht dagegen, wie die Lebensgeschichte Josef Knechts erkennen läßt.

Wie aber ist das »Glasperlenspiel« zu verstehen? Die Historiker des Ordens, die nach Hesses Fiktion die historisch-kritische Einführung in seine Geschichte und Struktur verfaßt haben, äußern sich, ihrer Meinung nach, sehr genau, wenn sie definieren: »Das Glasperlenspiel ist also ein Spiel mit sämtlichen Inhalten und Werten unserer Kultur, es spielt mit ihnen, wie etwa in den Blütezeiten der Künste ein Maler mit den Farben seiner Palette gespielt haben mag. Was die Menschheit an Erkenntnissen, hohen Gedanken und Kunstwerken in ihren schöpferischen Zeitaltern hervorgebracht, was die nachfolgenden Perioden gelehrter Betrachtung auf Begriffe gebracht und zum intellektuellen Besitz gemacht haben, dieses ganze ungeheure Material von geistigen Werten wird vom Glasperlenspieler so gespielt wie eine Orgel vom Organisten.«

In dieser Charakterisierung wird die Existenz des Glasperlenspiels und eine erste Kenntnis davon beim Leser vorausgesetzt. Hesses Ironie ist im Spiel. Die Kennzeichnung des Glasperlenspiels erfolgt so, wie etwa ein heutiger Traktat zur Poetik die Gattung des Romans oder des Dramas definieren würde, wobei stets vorausgesetzt wird, daß der Leser ohnehin weiß, was das ist: ein Roman oder ein Drama. Leider ist das beim Glasperlenspiel durchaus nicht der Fall.

Alle Aussagen Hesses über das Glasperlenspiel führen, wie unwillkürlich, immer wieder hinüber zum *Reich der sogenannt schönen Literatur.* Knecht ist ein Künstler, ein Dichter, in dem der pädagogische Eros mit dem Künstlertum ständig im Kampf liegt. Auch sein Amtsvorgänger, der Magister Thomas von der Trave, ist – als Glasperlenspieler – ein Mann der Literatur: das ließe sich zeigen, selbst ohne die Anspielung auf Thomas Mann. Wichtige literarische Schöpfungen der späten Bürgerzeit besitzen alle charakteristischen Merkmale eines Glasperlenspiels. Am reinsten vielleicht der »Ulysses« von *James Joyce.* Aber auch der »Tod des Vergil« von *Hermann Broch* ist der Anlage nach ein Glasperlenspiel, und *Musils* »Mann ohne Eigenschaften«.

Mit den Akzenten der Hoffnungslosigkeit hat Hesse im Jahre 1937 den gleichen Gedanken in Josef Knechts Gedicht vom »Letzten Glasperlenspieler« ausgesprochen.

> Jetzt blieb er übrig, alt, verbraucht, allein
> Es wirbt kein Jünger mehr um seinen Segen,
> Es lädt ihn kein Magister zum Disput;
> Sie sind dahin, und auch die Tempel, Bücherein,
> Schulen Kastaliens sind nicht mehr. Der Alte ruht
> Im Trümmerfeld, die Perlen in der Hand,
> Hieroglyphen, die einst viel besagten,
> Nun sind sie nichts als bunte gläserne Scherben ...

Alles mag das »Glasperlenspiel« sein, ein Werk der Kriegszeit, des Alters, der Einsamkeit: *das Buch eines Pessimisten ist es jedoch nicht.* Die Schlußverse geben nicht bloß die Deutung der Geschichte Josef Knechts, sondern sind Verse eines Mannes, der seinen Hegel gelesen hat und der hier als Schüler des großen schwäbischen Dialektikers spricht, nicht als dankbarer Zögling des Paters Jacobus Burckhardt:

> Es wird vielleicht auch noch die Todesstunde
> Uns neuen Räumen jung entgegensenden,
> Des Lebens Ruf an uns wird niemals enden ...
> Wohlan denn, Herz, nimm Abschied und gesunde!

Am 9. März 1944 beginnt Thomas Mann in Kalifornien mit der Lektüre des »Glasperlenspiels«, das ihm Hesse zugeschickt hat. Dem Tagebuch vertraut der Lesende an: »Gewissermaßen erschrocken. Dieselbe Idee der fingierten Biographie. Die Erinnerung, daß man nicht allein auf der Welt, immer unangenehm.«

Das bezieht sich natürlich auf die eigene Arbeit am »Doktor Faustus«, also an der fingierten Biographie eines Musikers namens Adrian Leverkühn. Außerdem ist es die Abwandlung eines Goethe-Zitats, das Thomas Mann ein Leben lang beschäftigen sollte: »Lebt man denn, wenn andre leben ...«

Am 10. März hingegen, inzwischen wurde weitergelesen, lassen sich auch die Gegensätze zwischen »Glasperlenspiel« und »Doktor Faustus«, vom Autor des Musikerromans her gesehen, genauer kennzeichnen. Dazu heißt es im Tagebuch: »Die Beziehungen sind verblüffend. Das Meine sehr viel zugespitzter, schärfer und komisch-trauriger. Das Seine philosophischer, schwärmerischer, religiöser, (obgleich auch nicht ohne Herausgeber-Humor und Namen-Komik.)«

Allein die Duplizität der beiden epischen Entwürfe wird durchaus ernstgenommen. In beiden Fällen der Überhang einer Tradition, die helfen soll, das Gegenwärtige zu deuten. Zwei Formen einer – gleichzeitigen – Benutzung und Verwerfung jener deutschbürgerlichen Gattung, die man als *Bildungsroman* zu charakterisieren pflegte. Wodurch in beiden Fällen die Beziehung zu Goethe evoziert wird. Bei Hesse: zur pädagogischen Provinz der Wanderjahre. Bei Thomas Mann, dem Magister Thomas von der Trave aus Hesses Roman: durch die Beziehung und Nichtbeziehung zum Faust.

Thomas Mann, Doktor Faustus

Die Erstausgabe des Romans »Doktor Faustus« von Thomas Mann aus dem Jahre 1947 wirkt sonderbar. Thomas Mann selbst hätte vermutlich eines seiner Lieblingszitate aus Shakespeares »Hamlet« wieder einmal bemüht, das er gern auch auf sich selbst und den eigenen Rang als Schriftsteller anzuwenden pflegte. Hamlet sagt: »Du kommst in so zweideutiger Gestalt.« Das gilt auch, zwei Jahre nach Ende eines Zweiten Weltkriegs, für die Lebensgeschichte des deutschen Tonsetzers Adrian Leverkühn. Es handle sich, so wird zunächst mitgeteilt, um ein neues Buch in der »Stockholmer Gesamtausgabe der Werke von Thomas Mann«. Als Verleger zeichnet der Bermann-Fischer-Verlag Stockholm. Das Copyright wurde jedoch, wie auf der nächsten Seite zu lesen steht, Herrn Dr. Gottfried Bermann nicht erteilt. Vielmehr heißt es: Copyright 1947 by Thomas Mann. Gedruckt aber wurde dies Werk der deutschen Literatur in der Schweiz. Druckort Winterthur, Gesamtherstellung in Chur, der Hauptstadt von Graubünden.

Auf solche Weise also gelangte das Buch zu Lesern in der Schweiz, zu Emigranten-Lesern in den Exilländern und zu den Berufsgermanisten. In dieser ungewöhnlichen Art begann die Laufbahn eines Buches, das von den Kritikern außerhalb von Deutschland als Meisterwerk des Nobelpreisträgers gewürdigt wurde. Wie tief die Wirkung auch auf Leser außerhalb von Deutschland gewesen sein muß, läßt sich nachverfolgen, wenn man jenen Geburtstagsband mit dem Titel »Hommage de la France à Thomas Mann« zur Hand nimmt, der in Paris zum 80. Geburtstag 1955 herauskam. Beeindruckend die Fülle der großen Namen aus der französischen Kunst und Literatur, mit Beiträgen von Mauriac bis Cocteau, von Albert Schweitzer bis Robert Schuman. Bereits die Titel der einzelnen Beiträge aber lassen erkennen, daß der Roman vom deutschen und musikalischen »Doktor Faustus« fast allenthalben das Thema abgibt: Thomas Mann und die Musik. Die Begegnung mit dem Dämon. Der Bereich des Teufels. Das Problem der Einsamkeit ...

Mehr als vierzig Jahre sind vergangen seit der deutschen Katastrophe, die bei Thomas Mann den Abschluß bildet seines Erzählwerks über Deutschland und den Deutschen; über den deutschen Tonsetzer Adrian Leverkühn und seinen schmächtig-ohnmächtigen deutschen Humanisten Serenus Zeitblom, über Goethe und über Nietzsche. Die Beziehung zu Goethe ist evident bereits durch den Titel. Faustus und nicht Faust. Daß Leverkühns Geschichte überdies mit vielen Elementen aus der Lebensgeschichte Friedrich Nietzsches zu arbeiten gedachte, war gleichfalls evident. Auch daraus machte Thomas Mann kein Geheimnis. Als er, nahezu gleichzeitig mit dem Erscheinen seines Faustus-Romans, eine Rede vorbereitete für den ersten PEN-Kongreß nach Kriegsende, der in Zürich stattfand, wählte er sich das folgende Thema: »Nietzsches Philosophie im Lichte unserer Erfahrung«.

Adrian Leverkühn ist ein Musiker, der nach einem Umweg über das Studium protestantischer Theologie seiner inneren Berufung als Tonsetzer nachlebt. Sein Freund, Dr. Zeitblom, übrigens Katholik, um auch diese Antithese anzudeuten, ist klassischer Philologe. Zwei Welten scheinbar, und doch gehören sie insgeheim zusammen als *zwei Seiten möglicher deutscher Existenz: Musik und klassische Humanität.* Es gehört zu den Geheimnissen und Andeutungen dieses Romans, daß Thomas Mann die Zusammengehörigkeit der beiden Freunde *unmerklich durch ihre Beziehung zu Nietzsche* klarmacht: Leverkühn hat Nietzsches Schicksal geerbt, seine Krankheit und die Art, wie er sie sich zuzog. Zeitblom erbte von Nietzsche die klassische Philologie und sogar manche Züge seiner noch nicht umnachteten, noch hellsichtigen Kulturkritik. Es gibt also die deutsche Welt Leverkühns, des Genies der Kälte und Einsamkeit, das verzweifelt den »Durchbruch« zum Kontakt mit der Seelenwärme anderer Menschen anstrebt und sich dem Teufel verschreibt. Und es gibt die deutsche Welt Zeitbloms, des anständigen unpolitischen Gelehrten und Kunstfreundes, der die Bahnen des Freundes miterlebt und »mitmacht«. Das sind zwei zu Ende gedachte und gestaltete Möglichkeiten deutschen Wesens.

Autobiographie und Lebensbeichte. Der »Doktor Faustus« ist aber stärker, wenn schon der Beziehung zwischen Erlebnis und Dichtung nachgegangen werden soll, ein Thomas-Mann-Roman als ein Nietzsche-Roman. Dennoch hätte diese Erlebnis- und Bekenntnisbeziehung nicht vermocht, das Buch mit so großer Wirkung in der Welt und auf die Welt zu begaben. Wesentlicher war, daß die Geschichte des deutschen Tonsetzers mit all ihren abseitigen Erlebnisformen als eine typische Geschichte, *als stellvertretender Lebenslauf,* betrachtet wurde. In Leverkühn wurde mehr gesehen als das Einzelschicksal eines Künstlers. Die

Geschichte der modernen Romanliteratur ist reich an Gebilden, deren Mittelpunktgestalt durch einen Künstler, Schriftsteller, einen Intellektuellen dargestellt wird. Rilkes Malte Laurids Brigge und die Zentralgestalten in den Romanen von D.H. Lawrence oder Thomas Wolfe. Der Erzähler Marcel, der bei Proust im Kunstwerk die verlorene Zeit wiederzufinden sucht; man kennt André Gides Romancier Edouard und Romain Rollands Musiker Jean Christophe.

Was den deutschen Tonsetzer Adrian Leverkühn von ihnen allen unterscheidet, ist *seine Auseinandersetzung mit dem gesellschaftlichen Gesamtprozeß seiner Zeit.* Thomas Mann schrieb nicht bloß den Roman eines modernen Künstlers, sondern den Roman der modernen Kunst. Wenn der »Doktor Faustus« im autobiographischen Sinne eine Lebensbeichte darstellt; wenn er das Deutschland-Thema in einem Umkreis abhandelt, der von der Lutherzeit bis zum Zweiten Weltkrieg reicht; wenn in dies merkwürdige Buch unter anderem auch ein theologisch-politischer Traktat eingebaut wurde: so handelt es sich nach dem Willen des Autors doch vor allem um *das Schicksal und die Möglichkeiten der modernen Kunst.* Wobei diese moderne Kunst in enger Verknüpfung mit dem Schicksal der modernen Gesellschaft, der bürgerlichen, gesehen werden sollte.

Schaut man zurück auf die mehr als vierzig Jahre, die uns trennen von jener zweiten Nachkriegszeit, der Thomas Manns »Doktor Faustus« angehört, so wird offenbar, daß auch andere inzwischen entstandene Erzählwerke deutscher Sprache jene Merkmale aufweisen, die Thomas Manns letzter großer Roman sowohl diagnostiziert wie repräsentiert hat. »Zettels Traum« von *Arno Schmidt* und die »Blechtrommel« von *Günter Grass; Hubert Fichtes* Berichte über die Realität des Dämonenwesens in unserer Gegenwart, über die sonderbare gegenwärtige Verbindung von uraltem Fetischismus und moderner Technologie: alle wirken als Bestätigung dessen, was in der Geschichte des deutschen Tonsetzers Adrian Leverkühn vorausgesagt wurde. Auch die Sehnsucht nach einer »Verlorenen Zeit« im Sinne von Marcel Proust ist allenthalben spürbar. Thomas Manns Rückblick auf das Kaisersaschern oder Lübeck seiner Jugend war gleichzeitig erbarmungslos und sehnsuchtsvoll.

Alfred Döblins Erzählwerk »November 1918«

Im Gegensatz zum »Glasperlenspiel« und zum »Doktor Faustus« waren die vier Bände des Erzählwerks »November 1918« von Alfred Döblin, deren Entstehungsprozeß in die Exilzeit zurückreicht und deren Abschluß in den Jahren nach Kriegsende erfolgte, durchaus keine Sensation bei deutschen Lesern jener Nachkriegsära. Die vier Bände waren in ungünstiger Weise verlegt worden. Döblin hatte niemals viel Glück mit seinen Editoren, woran er, wie an allem anderen literarischen Mißgeschick, auch selbst mitschuldig war. Eine vollständige Ausgabe dieser epischen Tetralogie hat er selbst nicht mehr erlebt. Sie kam erst zum hundertsten Geburtstag heraus.

Dennoch gehört dies vierteilige Erzählwerk durchaus zum Überhang der Tradition. Was Döblin als Material verarbeiten will, ist eigenes Erleben: das Erleben eines Menschen und großen Schriftstellers vom Jahrgang 1878. Ein Jahrgang bereits der frühen Expressionisten, zu denen Döblin, nimmt man seine Diktion und Erzähltechnik, wohl auch gehört: wenngleich er selbst sich in einem 1918 verfaßten spöttischen Essay mit dem Titel »Von der Freiheit eines Dichtermenschen« ausgiebig über den Ausdruck »Expressionismus« mokiert hatte. Lebensmaterial aus der ersten Vorkriegszeit: Erfahrungen eines Arztes für die kleinen Leute am Berliner Alexanderplatz; die Revolution von 1918 und die sukzessiven Gegenrevolutionen, vom Kapp-Putsch des Jahres 1920 bis zum Geschehen im Münchener Bürgerbräukeller und vor der Feldherrnhalle im November 1923.

Für Döblin blieb alles ein Schmerz, der nicht nachlassen wollte. Es war offensichtlich, daß die Demütigungen des Frühjahrs 1933, als man ihn hinauswarf: zuerst aus der Dichter-Akademie, dann aus dem Land, unmittelbar ursächlich verknüpft waren mit dem November 1918, seiner Vorgeschichte und seinen nach wie vor spürbaren Folgen.

Der politische Journalist Dr. Döblin, der in der ersten Nachkriegszeit unter dem Pseudonym Linke Poot zu schreiben pflegte und keineswegs daran dachte, diese Personalunion als Geheimnis zu bewahren, schrieb im Jahre 1921 unter dem Titel »Der deutsche

Maskenball« den folgenden prophetischen Satz: »Die Republik war von einem weisen Mann aus dem Ausland ins Heilige Römische Reich gebracht worden; was man mit ihr machen sollte, hatte er nicht gesagt: es war eine Republik ohne Gebrauchsanweisung.«

Übrigens hatten die Ereignisse des November 1918 nicht allein das politische Denken dieses Mediziners und Schriftstellers geprägt, sie hatten ihn auch skeptisch werden lassen gegenüber den fixen weltanschaulichen Materialismen, die damals in Mode zu sein schienen. Der Naturwissenschaftler Döblin entdeckte in sich den Metaphysiker. Im Gegensatz jedoch zu Hermann Hesse wird ihm die Philosophie des Fernen Ostens, nach kurzem Zögern, nicht zur Erweckung. Er kann als Jude auch nicht die zionistische Lösung akzeptieren, die in jenen frühen Zwanziger Jahren einen Metaphysiker und Theologen wie *Gershom Scholem* zur Erweckung führte. (Beinahe auch Franz Kafka und Walter Benjamin.) Der jüdische Arzt Dr. Alfred Döblin macht sich zum Konvertiten. Er wird ein gläubiger Katholik. Sein Werk weist von nun an allenthalben die Spuren auf: auch im »Wallenstein« und in »Berlin Alexanderplatz«, wenn man genau zu lesen versteht.

In der Tetralogie über den »November 1918« vollends gibt es eine epische Anordnung, die an das berühmte Bild von der Katalaunischen Schlacht erinnert. Gekämpft wird auf der Erde wie in den Lüften. Beteiligt ist Frau Rosa Luxemburg, aber ein wichtiger Partner in der geistigen Deutung der Geschehnisse ist auch der große katholische Mystiker Johannes Tauler aus dem 14. Jahrhundert.

Wenn Alfred Döblin einen »Roman« schrieb, heißt das, daß hier Döblin in Person erzählt, mitredet, inszeniert und räsoniert. Er hatte das schon in den Zwanziger Jahren so formuliert: »Wenn ich sage, wir sollen im Epischen auch lyrisch, dramatisch und reflexiv sein, so rede ich damit nicht einem Gemengsel von Formen das Wort. Wir müssen wieder hin zum frischen Urkern des epischen Kunstwerks ... Es heißt meines Erachtens noch hinter Homer gehen.«

»November 1918«, behaftet mit vielen literarischen Schwächen, die aber die epische Riesenleistung durchaus nicht mindern, ist im Konzept wie in der Erzählform das wichtigste und ganz sicher das folgerichtigste Werk des Epikers Döblin. Es ist lyrisch, dramatisch und reflexiv. Niemals scherzhaft, weil nie vergessen wird, daß arme gequälte Menschen im Krieg und Nachkrieg geschildert werden müssen: ein »Verratenes Volk«, wie die Überschrift zum zweiten Band formuliert. Wohl aber ironisch und satirisch: wenn das Treiben zwischen Ebert und Scheidemann, Mehrheitssozialisten und Kasseler Hauptquartier des Feldmarschalls Hindenburg und des Generalquartiermeisters Groener – streng dokumentarisch – geschildert werden muß. Oder die Szene, da der baumlange Gustav Noske »sich als Bluthund anbietet«. Das Wort Noskes, wonach einer der Bluthund sein müsse, ist historisch belegt.

Der politische Schriftsteller Linke Poot, Döblins Pseudonym, der um 1920 die Folgen des November 1918 zu glossieren pflegte, hilft immer wieder mit bei der Redaktion des Epos, das zwischen 1938 und 1943 im französischen und amerikanischen Exil entstand: sorgfältig abgestützt durch Bücher der französischen Nationalbibliothek und der kalifornischen Universitäten. Eine Epik des Hohnes: »Während Liebknecht mit seinen Arbeitern vor das Schloß zog und von einem Schloßfenster aus die Republik ausrief, stieg Scheidemann am Reichstag ans Fenster und rief sie von da aus. Zweimal war diese Republik ausgerufen; es konnte ihr an nichts fehlen.«

Es fehlte ihr an allem. »Und die Ignoranz, die Feigheit, der Verrat und die verbrecherische Schwäche, gekleidet in das Gewand der Theorie, der Zuverlässigkeit und der weisen Umsicht, machen sich auf den Weg und begeben sich unverzüglich an ihr Werk (den Mord an der Revolution).« Was zu verstehen ist als: Mord an den Revolutionären. Nicht allein an »Karl und Rosa«, wie der Untertitel des vierten Bandes lautet, also an Liebknecht und Rosa Luxemburg, sondern auch an den Münchener Opfern von 1919 wie Kurt Eisner und Gustav Landauer. Es fehlten der Republik die Gemordeten, von denen Erzberger oder Rathenau bloß die berühmtesten waren. Es sind dies Morde, wie Döblin verstehen macht, die sämtlich auf das Konto derer gehören, welche in jenen Wochen vom 10. November 1918 bis zum 15. Januar 1919 (das ist der Zeitraum, den Döblin »abdeckt«) als Machthaber installiert wurden. Wobei sie einstweilen, etwa zehn Jahre lang, nämlich bis 1929, diejenigen als politisch-staatliche Partner akzeptierten, die ihnen im November 1918 beim Verhindern geholfen hatten.

Natürlich ist dies ein bitteres Werk des Exils: voller Nachtgedanken an Deutschland. Ein historischer Roman, der in jedem Augenblick die Gegenwart meint. Das Ende eines Ersten Weltkriegs wird berichtet: in Erwartung der Folgen eines Zweiten. Der erste Band mit der Überschrift »Bürger und Soldaten« (was eine nüchterne Rektifizierung bedeutet der im November 1918 gängigen Formel von den vereinigten »Arbeitern und Soldaten«) entstand noch in der französischen Emigration und erschien 1939 als Exilliteratur.

Im ersten Buch gibt es noch ein paar Freundlichkeiten für die französischen Sieger von 1918. Im zweiten, bereits in Kalifornien entstandenen, sind Clemenceau und Poincaré genau so kühl und ohne Sympathie beschrieben wie Ebert oder Groener oder wie jener Major Kurt von Schleicher, der in Kassel die Strategie der Gegenrevolution entwirft. Er wird dann, was Döblin natürlich weiß, der letzte Reichskanzler einer Ära, die im November 1918 geplant wurde. Am 30. Januar 1933 mußte er seinen Platz räumen. Am 30. Juni 1934 wurde auch er gemordet: wie Karl und Rosa und die vielen, deren Verschwinden der Major von Schleicher, am Jahresende 1918 in Kassel, einkalkuliert hatte.

»Eine deutsche Revolution« heißt der Untertitel. Also keine. Vor allem im dritten und vierten Teil konfrontiert Döblin die Petersburger Ereignisse von 1917 mit den deutschen von 1918. Weitgehend ohne Sympathie für Lenin, doch in scharfer Antithetik von Lenin und Liebknecht: des Mannes der Aktion und jenes anderen der Rede.

Der Metaphysiker und Konvertit Döblin negiert sie beide. Nahe fühlt er sich der Rosa Luxemburg. Im ersten Satz des Schlußbandes erst wird sie vorgestellt. Dann aber kommt es zu einer Darstellung, die viele Leser entsetzen wird. Rosa nicht als Denkmal und Märtyrerin, sondern als leidende, liebende und hassende Frau.

»Der Mord an Karl und Rosa« und »Das Ende einer deutschen Revolution«: so lauten die Überschriften der Schlußkapitel. Auseinandersetzungen über die griechische Tragödie, vor allem über die Antinomien zwischen Kreon und Antigone, hatten in diesem vierten Teil des Erzählwerks die reale deutsche Tragödie vorbereitet: jenen Mord, der so viele Untaten nach sich ziehen sollte. Größeres hat Döblin nicht geschrieben. Das letzte Gespräch zwischen Liebknecht und Rosa über das Böse, über den Satan bei Milton im »Verlorenen Paradies« und über den Mephistopheles, gemahnt in seiner Wucht und Trauer an Wallensteins letztes Gespräch mit der Gräfin Terzky. Aber was bedeutet uns Wallenstein, und was bedeuten diese beiden Menschen, die man abschlachtet, worauf man es nicht gewesen sein wollte: »Händeschütteln und Lachen. Aber nun mal einen ordentlichen Schluck. Sie feierten noch bis zum Morgen.«

Geschichte als Gegenwart

Daß die deutsche Exilliteratur immer wieder versucht hat, das damals und im Grunde auch heute noch unerklärbare, im unmittelbaren Sinne »inkommensurable« Geschehen des Dritten Reiches mit Hilfe geschichtlicher Rückschau erklärbar zu machen, wurde erwähnt. Nahezu immer mißlang die Analogie. Der Mann aus Braunau mit seinem Reichsmarschall und seinem Propagandaminister ließ sich nicht, wie das Lion Feuchtwanger im Roman »Der falsche Nero« versucht hat, in die Antike der ersten römischen Kaiserzeit zurücktransportieren.

Der gescheiterte Maler und Gefreite des Ersten Weltkriegs; der im Krieg erfolgreiche Jagdflieger und nach dem Krieg herumgestoßene bayerische Offizier; der gescheiterte Germanist und Autor eines miserablen Romans mit dem Titel »Michael«: sie gehörten durchaus in ihren Möglichkeiten und Unwahrscheinlichkeiten in die deutsche Wirklichkeit unseres Jahrhunderts. Die deutsche Diktatur ließ sich auch nicht wie bei *Hermann Kesten* in seinen zwischen 1936 und 1938 geschriebenen Romanen mit dem Spanien der katholischen Könige Ferdinand und Isabella, später mit Philipp II. vergleichen. Zu viel der Ehre für jenes deutsche politische Personal, das am 30. Januar 1933 zur Macht gelangte. Die spanischen Könige des 15. und 16. Jahrhunderts waren fromme, daher eifernde und grausame Katholiken. Die deutsche Mannschaft war glaubenslos, bei allem Geschwätz durchaus geistlos, und vor allem in ungeahnter Weise gefühllos gegenüber menschlichem Leiden.

Vielleicht waren es nur zwei Werke mit geschichtlichem Hintergrund, die allen Versuchungen sowohl des Historismus wie dem banalen Spiel mit geschichtlichen Analogien bis heute widerstanden haben: *Heinrich Manns* Roman über die Jugend und die Vollendung des Königs Henri Quatre und *Bertolt Brechts* Schauspiel mit dem ursprünglichen Titel »Leben des Galilei«. Die Ausnahmestellung dieser beiden Werke, des epischen wie des dramatischen, läßt sich nicht nur durch das außerordentliche Talent der beiden Verfasser erklären. Wichtiger war, daß Heinrich Mann ebenso wie Bertolt Brecht allen Versuchungen widerstand, ein Geschehen von damals als heutiges Geschehen glaubhaft zu machen. Die beiden Schriftsteller gingen nicht vom damaligen Geschehen aus, sondern von ihrem eigenen Heute: was wörtlich zu nehmen war. Im Gegensatz zu den damals entstehenden historischen Arbeiten von Feuchtwanger und Kesten, Bruno Frank oder Robert Neumann und Stefan Zweig stellten sie die eigene Person, historisch gewandet, dennoch gut erkennbar, in den Mittelpunkt.

Mit dem Unterschied außerdem zu Stefan Zweigs Bemühungen, den Erasmus von Rotterdam als geistigen Vorläufer des späteren Stefan Zweig zu präsentieren, daß sie den *König Heinrich IV. von Frankreich* (bei Heinrich Mann) und den *Galileo Galilei* (bei Brecht) als gefährdete, leicht in Versuchung zu führende Menschen präsentierten. Als Moralisten, die bisweilen der Unmoral nachgeben. Heinrich Manns »Henri Quatre« ist gleichzeitig ein sorgfältig gearbeiteter historischer Roman; eine Parabel über die geglückte Einheit von »Geist und Macht«; schließlich ein Selbstporträt Heinrich Manns in der historischen Verkleidung als Henri Quatre. Jenes einzigen Königs von Frankreich also, wie der Erzähler in seinem französisch geschriebenen Schlußwort sagt, dem das französische Volk ein gutes Andenken bewahrte. Was historisch stimmt. Als im Verlauf der Französischen Revolution die Särge der französischen Monarchen in der Abtei von Saint-Denis geöffnet und geschändet wurden, respektierte man die Gebeine des Königs Henri Quatre.

Heinrich Mann verfaßte den »Henri Quatre« in den französischen Vorkriegsjahren, weitgehend in den Pyrenäen, also im Heimatland seines späteren Königs von Frankreich und Navarra. Brecht arbeitete im dänischen Exil an seinem »Leben des Galilei«. Dabei erging es ihm sonderbar mit seinem Helden, der so gar nicht heldenhaft war und sein sollte. Der Brechtsche Galilei läßt alle menschlichen Existenzen im eigenen Umkreis veröden und verdorren. Um seiner Wissenschaft willen. In der ersten und im Grunde einzig geglückten Fassung des Schauspiels schlüpft der Stückeschreiber Brecht in den Talar oder Schlafrock seines Professors Galilei. Man widerruft, wenn es nicht anders geht, um heimlich weiterarbeiten zu können. In dieser in Zürich im Jahre 1943 zuerst gespielten Fassung war die Billigung des Autors bei solchem Tun seines Titelhelden nicht zu verkennen.

Später jedoch, nach Hiroshima, gab Brecht, aus Amerika heimgekehrt, dem Schauspiel eine andere Deutung. Nichts mehr von Billigung. Galilei habe zu Unrecht widerrufen. Ein großer Naturforscher und ein schlechter Politologe. Er sei stark genug gewesen, den Widerruf zu verweigern. So jedoch entstand, aus ideologischem Eigensinn des Stückeschreibers, ein Zwittergebilde, das auf dem Theater nicht glaubhaft dargestellt werden kann. Der Zuschauer sympathisiert immer wieder mit dem Widerruf: also mit der Überwindung dessen, was Brecht in einem berühmten Essay als die »Fünf Schwierigkeiten beim Schreiben der Wahrheit« genannt hatte.

Parabeln der Unmenschlichkeit

Thomas und Heinrich Mann, Döblin und Brecht, die Erben und Epigonen des einstigen Expressionismus und jener Neuen Sachlichkeit, die eben doch weit mehr ausgedrückt hatte als bloße »linke Melancholie«: ihrer aller Wirkung nach zwei Weltkriegen blieb vorerst auf einzelne Werke beschränkt. Ein anderer Autor jedoch, ein Jude, der bereits am 3. Juni 1924 gestorben war, begann nun mit der Totalität seines Denkens und Schreibens zu wirken: *Franz Kafka*. Noch in den Dreißiger Jahren konnte man in Zürich für ein paar Schweizerfranken die Bände einer vom Verlag Schokken betreuten und durch Kafkas Jugendfreund Max Brod edierten Gesamtausgabe erwerben. Genau so billig erwarb man die Restbestände der von Brod nach des Freundes Tode (und bekanntlich gegen dessen Willen) herausgegebenen Erstausgaben der Romane »Das Schloß« und »Der Prozeß«. Heute zählt dies alles zu den hochbezahlten Raritäten.

Es war eine langdauernde, dennoch folgerichtige Entwicklung, in deren Verlauf die einstigen Beziehungen zwischen Kafka und Brod an der Literaturbörse von Grund auf umgekrempelt wurden. In den Zwanziger Jahren gab es den Reflex: »Franz Kafka? Das ist doch der Autor, von dem der bekannte Max Brod immer wieder zu sprechen pflegt.« Es klingt zynisch, kommt aber der Wahrheit ziemlich nahe, wenn es heute vielleicht heißen könnte: »Max Brod? Das war doch der Freund von Franz Kafka.« In der Zwischenzeit gab es die sukzessiven Interpretationsmoden des im letzten doch nicht interpretierbaren Werkes. Die von Brod selbst favorisierte *theologische* Interpretation, mit Kierkegaard und dialektischem Protestantismus, gelangt bald vor den Texten an ihre Grenzen. Der *Editorenstreit* erbrachte keine Sensation. Max Brod, so zeigte es sich schließlich, als die Handschriften zur Verfügung standen, hatte selbstverständlich nicht als moderner Philologe gearbeitet, doch hatte er auch nicht verfälscht oder stümperhaft ediert. Die *existentialistische* Kafka-Mode war kurzlebig. Sie kam vor allem von Frankreich herüber nach Deutschland. Wortführer war natürlich Camus, allein die französischen Germanisten stellten bald darauf nüchtern fest, daß der Kafka-Leser Camus mit schlechten und fehlerhaften Übersetzungen hatte arbeiten müssen. Ende der Dreißiger Jahre war zum ersten Mal, an der Universität Zürich und durch Herbert Tauber, eine wissenschaftliche Arbeit über Kafkas Erzählwerke vorgelegt worden. Inzwischen überbieten allein schon die Titelregister der Sekundärliteratur den Umfang des zu Kafkas Lebenszeiten publizierten Œuvres.

Wichtiger hingegen als diese Folgen des Autors der »Verwandlung« und der »Strafkolonie« waren die tiefen Wirkungen, die von *Kafkas Schreibweise und Erzählhaltung* ausgingen. In jenen deutschen Nachkriegsjahren, als es an Büchern fehlte und die literarische Information häufig vom Zufall abhing, gab es bisweilen bei den neuen Schriftstellern ein drolliges Amalgam aus Franz Kafka und Albert Camus. Kafkas Verhältnis zu seinen Figuren war es vor allem, was starken Eindruck machte. Kafka präsentiert seine Gregor Samsa und Josef K., macht sich zum Interpreten aller Hoffnungen und Enttäuschungen des Hungerkünstlers, versucht aber nirgendwo, diese Aktionen und Illusionen selbst, nämlich als Erzähler, »verstehen« zu wollen.

Wenn Bertolt Brecht bei der ersten Grundlegung seiner epischen, dann dialektischen Dramaturgie die *Gegensätze von Einfühlung und Verfremdung* besonders stark betonte, so wird man auch bei Kafkas Epik eher von einer Erzählkunst der Verfremdung als der Einfühlung sprechen können. Hier in der Tat wird Franz Kafka zum folgenreichen Gegenspieler Thomas Manns. Nur scheinbar nämlich gibt es bei ihm ein objektives Erzählen. Meist werden die Geschichten aus dem Blickwinkel einer Figur berichtet und sind dennoch nicht Geschichten in Rollenprosa. Kafka gibt Zustände und betreibt eine Art der erzählerischen Verhaltensforschung. Was vollzieht sich, muß sich vollziehen, wenn der Geschäftsreisende Gregor Samsa, der den Frühzug zu nehmen hat, plötzlich als Riesenkäfer im Bett liegt? Kafka hat keinerlei Sympathie für die verschiedenen K.'s oder Samsas. Er denkt mit ihnen, wie man vielleicht einen Schritt weiterkommen könnte, und beschreibt diese Überlegungen. Niemals jedoch erfährt man (abgesehen vielleicht von einigen Passagen des sogenannten Amerika-Romans), wie der Erzähler die Ereignisse und Personen beurteilt, mit denen seine Gestalten sich herumschlagen. Wo die Romanfigur einen Zustand der Korruption zu entdecken glaubt, läßt uns Kafka gänzlich ohne Antwort, wenn wir ihn fragen, was er dazu sagt.

Er versteht seine Figuren, fühlt sich aber nicht in sie ein. Als Erzähler beschreibt er Gedankengänge und Taten, allein er hütet sich, durch Psychologie nachhelfen zu wollen. Das macht: er glaubt nicht mehr an die alten Kausalitäten. Seine Figuren verändern sich nicht, erleben keinerlei klassische Wandlung, weder Schuld noch Sühne, sind weder verstehbar noch unverstehbar. Sie verhalten sich bloß. Kafka beschreibt ihr Verhalten in doppelter Weise: als Reflexion und als Aktion. Den Rahmen für diese Verhaltensforschung hat er ihnen geliefert. Das ist Prämisse, die jeder Kafka-Leser akzeptieren muß. Sie ist immer so etwas wie der Käfig des Hungerkünstlers oder das Normensystem der Strafkolonie.

Es war der *parabolische Charakter der Erzählweise Franz Kafkas,* der prägend wurde für einige der meistgelesenen Bücher jener Nachkriegszeit, seit etwa 1946. Bertolt Brecht, der seinen Kafka natürlich genau kannte und heimlich sehr verehrte, hatte im dänischen Exil seinem Stück vom »Guten Menschen von Sezuan« die Gattungsbezeichnung »Parabelstück« gegeben.

Ein Parabelroman der erklärten Kafka-Nachfolge war auch *Hermann Kasacks* in den letzten Kriegsjahren in Deutschland entstandener und 1947 publizierter Roman »Die Stadt hinter dem Strom«. Übrigens wurde dieser Roman zuerst in Fortsetzungen im Berliner »Tagesspiegel« abgedruckt. Kasack war ein literarisch sehr beschlagener Verlagslektor: Das Bild von den grundverschiedenen Siedlungen zu beiden Seiten des Stroms übernahm er vermutlich aus Goethes rätselhaftem »Märchen«. Wahrscheinlich könnte man unschwer auch die Folgen der Lektüre Hermann Hesses und seines »Glasperlenspiels« konstatieren. Die Leute nämlich, die in den Ruinen der Stadt hinter dem Strom arbeiten, sind aus aller Gegenwart gefallen. Sie kennen nur noch die Geschichte. Ebenso hatten die Glasperlenspieler Hermann Hesses, was er selbst ausdrücklich mißbilligte, wie der Roman bewies, ihre Forschungen ausschließlich auf vergangene Kunst und vergangenes Denken beschränkt. Neue Literatur und neue Musik entstanden nicht in der pädagogischen Provinz mit Namen Kastalien.

Dies alles hatte, ohne daß Hesse oder Kasack daran ausdrücklich gedacht haben mögen, schon in einer der letzten Arbeiten Franz Kafkas die entscheidende Rolle gespielt. Das Volk der Mäuse in Kafkas Geschichte »Josefine, die Sängerin« hält es umgekehrt mit der bloßen Gegenwart. Im Mäusereich wird keine Retrospektive und historische Rückschau betrieben. Hermann Kasacks Orientalist Dr. Robert Lindhoff erhält einen Ruf in die Stadt hinter dem Strom. Er wird Chronist, also Historiker, der dortigen Präfektur, einer allmächtigen Behörde. Eine Reminiszenz an das »Schloß« bei Kafka und die Umwelt des Schriftstellers Hermann Kasack, im Zeichen der Geheimen Staatspolizei, ist evident. Überhaupt wurde Kafka nach zwei Weltkriegen vor allem dadurch virulent, daß er alle totalitären Macht- und Polizeistrukturen, lange vor George Orwell, ebenso visionär wie gültig beschrieben hatte. Weshalb Menschen im totalitären Räderwerk seitdem immer wieder, wenn sie sich auskannten, im eigenen Alltag an Kafka erinnert wurden. Die Ablehnung des Gesamtwerks dieses unheimlichen Schriftstellers in der Sowjetunion unter Stalin und seinen unmittelbaren Nachfolgern war ihrerseits folgerichtig. Die *Moskauer Rede Jean-Paul Sartres,* die eine Freigabe Kafkas forderte, blieb, als Gesamtpostulat, nach wie vor unbeachtet.

Es war mithin gut zu verstehen, daß Hermann Kasacks Roman in den ausgehenden Vierziger Jahren von den deutschen Lesern durchaus als Lebensbericht aus einem undurchschaubaren, gleichzeitig allmächtigen und willkürlichen Regime interpretiert wurde. Die Stadt hinter dem Strom, das hieß: Leben im Dritten Reich. Kasacks Roman war ein Buch des konkreten geschichtlichen Augenblicks. Hat es ihn überleben können?

Dieselbe Frage wird man auch beim Wiederlesen eines Buches stellen müssen, das gleichfalls in der ersten Nachkriegszeit fertig wurde und erschien: ganz wie die »Stadt hinter dem Strom«. *Elisabeth Langgässers* Roman »Das unauslöschliche Siegel« wurde eifrig ergriffen, gelesen und erörtert. Im Gegensatz jedoch zu Hermann Kasack, der die Ingredienzien seines vorzüglich geschriebenen Erzählwerks weitgehend der säkularisierten Literatur entnommen hatte, sollte es sich beim »Unauslöschlichen Siegel«, nach dem Willen der Autorin, um ein Werk der religiösen Literatur handeln. Die Erleidnisse des Krieges und der Tyrannei hatten damals eine Renaissance des christlichen Denkens und auch Kunstschaffens provoziert. Protestantische Dichtung von Albrecht Haushofer und Jochen Klepper, ein neues Erblühen der katholischen Dichtung Reinhold Schneiders mögen im vorliegenden Zusammenhange nur als Symptome genannt werden.

Der Fall der Dichterin *Elisabeth Langgässer*, denn sie war wirklich eine, ist schwieriger zu deuten. Die Halbjüdin hatte sich zum Katholizismus bekehrt und die Taufe empfangen. Die Taufe als Sakrament, mithin als »unauslöschliches Siegel«. Der character indelebilis der Sakramente, hier also des Sakraments der Taufe, war nicht zum ersten Mal in einem Erzählwerk zum Gegenstand gleichsam der episch-theologischen Interpretation geworden. In Graham Greenes berühmtesten Roman »Die Macht und die Herrlichkeit« war das Sakrament der Priesterweihe als geheimes, gar nicht besonders geheimes Leitmotiv des epischen Berichts wirksam gewesen.

Elisabeth Langgässer steht, was sie niemals leugnete, unter dem Einfluß katholischer Literaturtraditionen: von den spanisch-französischen Formen des Welttheaters im 17. Jahrhundert bis zur neukatholischen Dichtung eines Paul Claudel.

Allein beim Wiederlesen ihres damals überaus erfolgreichen Buches erschreckt, sehr im Gegensatz zu Claudel, die Diskrepanz zwischen theologisch-philosophischem Anspruch und sprachlicher Genauigkeit. Alles Geschehen und Sprechen wird sogleich »verfremdet« und ins Unausdeutbare zurückgedrängt. Der Umschlag in Komik ist dann fast unvermeidbar: »Er bemerkte die dumpfe Verlassenheit des Kirchplatzes in der Nachmittagssonne, vielmehr die Verlassenheit an und für sich als den Seelenzustand der Schöpfung und hatte wieder den seufzenden Ton des Pferdekummets im Ohr, als der Wagen sich in Bewegung setzte und diesen Platz mit dem Eindruck der Räder in alter Trauer zurückließ.«

Wer Elisabeth Langgässer gekannt hat, wird sie schwerlich vergessen können: ihre Helligkeit neben aller Leidenskraft, ihren Zorn, auch ihren Humor. Das lyrische Werk hat viel größeren Anspruch auf Gültigkeit und Dauer als dieses epische Hauptwerk, das damals so gültig schien, nach vierzig Jahren aber viele Brüche und Risse sichtbar werden läßt.

Einem anderen Erfolgswerk aus jenen Nachkriegsjahren ist vielleicht eher eine Möglichkeit der Auferstehung gegeben: dem Buch »Die Gesellschaft vom Dachboden« von *Ernst Kreuder*. Wiederum eine literarische Publikation des Jahres 1946. Kreuders Erzählung erschien in Hamburg. Sie wurde zweifellos, in weit stärkerem Maße als Hermann Kasacks Roman, durch die undurchdringliche Parabolik von Goethes »Märchen« geprägt. Im Unterschied aber zu Kasack und natürlich auch zu Goethe hält es der Romantiker Ernst Kreuder nicht minder stark mit den frühen *deutschen Romantikern*. Die Leute vom Dachboden wirken auf den Leser wie eine Gemeinschaft oder Gesellschaft der Taugenichtse im Sinne von Eichendorff und der Steppenwölfe in der Nachfolge Hermann Hesses. *Sie bedeuten Gegenwelt.* Ihr Treiben hat deshalb für den Erzähler seine eigene Logik. Sie ist Gegen-Logik. Die Gestalten sind bewußt unscharf gehalten: wie bei Goethe oder Eichendorff. Auch Hermann Hesse hat uns nicht wissen lassen, wie der Steppenwolf Harry Haller ausgesehen haben mag.

Durchaus denkbar, daß Kreuder und seinem Personal ein neuer Ruhm beschieden sein könnte in unseren Tagen, vergleichbar der späten und weltweiten Resonanz des »Steppenwolf« von Hermann Hesse. Die »Gesellschaft vom Dachboden« ist eine Geschichte der *Aussteiger* im heutigen Sinne des Wortes. Sie ist bemerkenswert gleichzeitig durch die Entstehungszeit: als neues Dokument der konstanten deutschen literarischen Überlieferung, jener ewig ungelösten Konflikte zwischen Innenwelt und Außenwelt.

Was sich angesichts der Nachkriegsbücher der Elisabeth Langgässer, Kasacks und Kreuders als Zweifel oder Möglichkeit andeutete: die literarische Renaissance, ist für *Werner Krauss* und sein Buch »PLN« wohl zur Wirklichkeit geworden. Abermals ein viel gelesenes und erörtertes Buch aus dem Jahre 1946. Es erschien damals in Frankfurt am Main; auch die Neuausgabe, die sich als »Zweite, durchgesehene Auflage 1983« bezeichnet, ist im selben Frankfurter Verlag erschienen. Sie wurde, nach fast vierzig Jahren, mit großer Anteilnahme gelesen und besprochen. Eine der letzten essayistischen Arbeiten von *Heinrich Böll* befaßte sich, nach wie vor erregt und begeistert, mit diesem einzigartigen Erzählwerk, das sich durch zweierlei von allen anderen Romanen und Erzählungen jener ersten Nachkriegszeit unterschied. Durch die *Profession des Verfassers* und durch sein *Schicksal.* Werner Krauss, geboren 1900 in Stuttgart, war der Sohn eines sehr bekannten Germanisten, des Königlichen Bibliotheksdirektors und Mörike-Forschers Rudolf Krauss. Weshalb der begabte Sohn selbstverständlich in seiner Jugend einen Bogen machte um deutsche Literatur und Literaturgeschichte. Krauss wurde Romanist. Er machte die spanische Welt begeistert zur seinen. In den späteren Nachkriegsjahren als Professor der Romanistik in Leipzig und Ost-Berlin erweiterte er den Forschungsbereich durch ein profundes Studium der französischen Frühaufklärung. Er hat den Franzosen eine Reihe vergessener Autoren neu entdeckt und interpretiert. Erst in den Fünfziger Jahren kehrte er, auf Umwegen, in den Bereich der väterlichen Germanistik zurück. Sein spätes Hauptwerk über Cervantes hat er 1966 noch abschließen können.

Seine physische Konstitution muß außerordentlich stark gewesen sein. Zwar hatten Mißhandlungen, Haftbedingungen, Todesängste im Dritten Reich ihre Spuren hinterlassen. Trotzdem hat Werner Krauss bis zuletzt weiterarbeiten können. Er starb am 28. August 1976, also an Goethes Geburtstag, in Ost-Berlin. Das Buch trägt den Titel »PLN. Die Passionen der halykonischen Seele. Roman«. Eine bewußt verschlüsselte Überschrift. Die halykonische Seele ist natürlich zu verstehen als die damals so viel beschwatzte »deutsche Seele«. PLN ist die Abkürzung des Wortes »Postleitnummer« und weist hin sowohl auf die im Dritten Reich betriebene Gleichschaltung der Untertanen wie auf die damit zusammenhängende Tendenz, die Sprachlosigkeit einer Gesellschaft, also ihre Verdinglichung, *mit Hilfe von Abkürzungen* zu fördern.

Der unglückliche Held dieser Geschichte wird als Erfinder dieser genialen Postleitnummer vorgestellt. Dr. Aloys Ritter von Schnipfmeier war offensichtlich einmal ein verdienstvoller Mann gewesen in seinem Lande. Werner Krauss war ein angesehener Romanist und Ordinarius der Universität Marburg, bevor man ihn während des Krieges als Widerstandskämpfer verhaftete, vor das Volksgericht stellte und zum Tode verurteilte. Seinen Freunden gelang es, eine Wiederaufnahme des Verfahrens durchzusetzen. Das neue Urteil lautete auf eine lange Zuchthausstrafe. Krauss wurde bei Kriegsende im Zuchthaus Bautzen befreit. Er kehrte als Professor nach Marburg zurück, nahm aber im Juni 1947 eine Berufung als Romanist an der Leipziger Universität an.

Die Geschichte Schnipfmeiers ist weitgehend seine eigene Geschichte im Dritten Reich. Im Vorwort teilt der Erzähler mit: »Bei der Lektüre dieses Buches muß das Datum und die Bedingung des Erzählens beachtet werden. PLN wurde in Fesseln geschrieben und ist ein gefesseltes Buch.« Der Erfinder der Postleitnummer, also eines Instruments der Verdinglichung, muß die

Verdinglichung am eigenen Leibe erfahren. Er hat keinen Namen mehr, bekommt einen anderen. Im Gefängnis heißt er einfach »Haffermann«. Der Tonfall der Verhöre ist in gräßlicher Weise authentisch: das spürt man. Das Denken in der Zelle ist es nicht minder. Es reicht, dank der intellektuellen Schulung des Philologen und Kenners der Weltliteratur, weit hinaus über die vielen anderen Gefängnisberichte von Opfern der deutschen Tyrannis.

Die Schlußszene ist ebenso genau beschrieben wie unausdenkbar: Da wird einer aus der Zelle geholt und hat sich auszurechnen, wohin es gehen mag. Ist es das Fallbeil? »Die Zellentür wurde aufgerissen. Schnipfmeier hatte im Augenblick das Zittern seiner Knie überwunden und fand sich von einer Menge schwerbewaffneter Beamter umringt, die ihn weiter in den halberleuchteten Gang schoben. Man riß ihm die Hände über den Rücken zusammen und zwängte sie, eine Hautwulst zerschneidend, in Handfesseln, die ihm das Blut in den Gelenken zusammenpreßten. In dieser erzwungenen Haltung fühlte sich Schnipfmeier vollkommen gelöst und jedem Schicksal gewachsen.«

Drittes Kapitel

Die fröhliche Restauration und ihre Gegner

Adenauer und Böll

Die Fünfziger Jahre, das wird man noch entdecken, begannen mit Verspätung. Vermutlich werden künftige Historiker der Meinung sein, die eigentliche Struktur dieses Jahrzehnts habe sich *erst im Jahre 1953* zur Kenntlichkeit ausgebildet: in beiden Staatsgebilden auf deutschem Boden. Der 17. Juni dieses Jahres 1953 gehört natürlich dazu, doch sollte man bei der Beurteilung alle konvergierenden Momente im Bereich der jungen Bundesrepublik Deutschland einbeziehen. Das Scheitern der Revolte vom 17. Juni bedeutete, für das Gesamtkonzept einer westlichen Politik, daß alle Hoffnungen (oder Illusionen) auf eine strategische »Systemveränderung« der europäischen Nachkriegslage abgetan werden mußten. Von nun an hatten die beiden Staaten, die Bundesrepublik Deutschland und die Deutsche Demokratische Republik, miteinander zu leben, was heißen sollte: in irgendeiner Form miteinander zu kommunizieren.

Berührungsverbote und Berührungsängste sind auch im gesellschaftlichen Leben, ganz wie im Einzelleben, wirkungslos. Sie erzeugen, wie die deutsche Geschichte genugsam bewiesen hat, ein »unglückliches Bewußtsein«. Die *Hallstein-Doktrin*, wonach man von Bonn aus alle diplomatischen Beziehungen mit einem Staat abzubrechen gedachte, der seinerseits auch Beziehungen zu Ost-Berlin anknüpfte, ist heute entweder vergessen oder wird als tragikomische Anmaßung bewertet.

Damals war die DDR als werbende Kraft tätig. Ihre Losung für die permanenten deutschen Querelen hatte gelautet: »Deutsche an einen Tisch«. Freilich war es Walter Ulbricht, der die Losung ausgegeben hatte. In Ost-Berlin arbeitete man mit der Formel

»gesamtdeutsch«. In der Bundeshauptstadt Bonn wollte man von solcher Terminologie nichts wissen. Da sich die Bundesrepublik als Nachfolgerin des Deutschen Reiches empfand, hatte sie im Jahre 1952 auch eine Nationalhymne haben wollen. Die Einladung des ersten Bundespräsidenten Theodor Heuss an den Bremer Lyriker *Rudolf Alexander Schröder* ergab nichts, was brauchbar gewesen wäre. So griff man, wie bekannt, auf die dritte Strophe des Hoffmann von Fallersleben zurück: »Einigkeit und Recht und Freiheit ...« Allen war in jenen Jahren noch bewußt, daß es eine grausame Selbstverspottung der Deutschen gewesen wäre, ein Deutschland von der Maas bis an die Memel zu besingen. So entstand die durchaus würdige Kombination eines dichterischen Textes aus dem Vormärz des 19. Jahrhunderts mit Haydns Melodie für den Variationensatz seines Kaiser-Quartetts. Kaum einer in Westdeutschland hätte sich damals vorstellen können, daß irgendwann wieder das Bedürfnis auftreten könnte, ein Deutschland von Ostpreußen bis zum südlichen Tirol als politische Vision zu besingen.

Nicht minder widerspruchsvoll, gleichfalls tragikomisch ging es zu bei der Entstehung und Nutzung der vom Poltibüro der Sozialistischen Einheitspartei (SED) bestellten *Nationalhymne für die DDR*. Johannes R. Becher war damals noch nicht Minister für Kultur: Das Ministerium entstand erst ein Jahr später: als Folge der Ereignisse vom 17. Juni 1953. Becher war Präsident des »Kulturbundes zur demokratischen Erneuerung Deutschlands«, und sein Freund und Protektor Walter Ulbricht hielt ihn, wie er das später auch, nach Bechers Tode, gleichsam amtlich dekretieren ließ, für den größten Dichter der Epoche. So bekam Becher den Auftrag, gleichsam einen Gegenentwurf zu Rudolf Alexander Schröder liefern zu müssen. Das ging ihm leicht von der Hand, wie sich herausgestellt hat. Daß Becher die Musik des Deutschlandliedes im Ohr gehabt haben muß, als er seine Hymne schrieb mit den Anfangsworten »Auferstanden aus Ruinen ...«, ist evident. Man kann Bechers Hymne gut singen nach Joseph Haydns Musik. Nur gegen Schluß verhäkelt sich der Rhythmus ein bißchen. Der Musiker Hanns Eisler muß sofort gespürt haben, daß er dem Viervierteltakt erliegen werde: weshalb er sich, als einstiger Schüler Arnold Schönbergs, im Mittelpunkt der Hymne eine plötzliche

Änderung des Rhythmus befahl. So hörte sich dann, als Text und Musik, Becher plus Eisler, vom Politbüro akzeptiert worden waren, die Staatshymne der DDR in ihrem musikalischen Verlauf wie ein Choral an, der ziemlich unvermittelt in einen Marsch übergeht, um ebenso unvermittelt, sogar ohne einen musikalischen Übergang, den Eisler, des Textes wegen, nicht zu schaffen vermochte, als Choral auszuklingen.

Bechers Text ist, von heute aus gesehen, merkwürdig ausgefallen. Die *idealistische Komponente* der Hymne für ein Gesellschaftswesen, das sich zum Dialektischen Materialismus bekennt, läßt sich nicht verkennen. Man will ein Staatswesen schaffen, der Hymne zufolge, worin die Sonne »schön wie nie über Deutschland scheint«. Ein Staatswesen von solcher Struktur zudem, daß »nie eine Mutter mehr ihren Sohn beweint«.

Solche sinnlos-utopischen Zeilen waren charakteristisch für eine frühe, staatlich streng reglementierte Schreib- und Singweise der DDR-Literatur. In der Jugendorganisation sang man ein Lied auf den in Buchenwald ermordeten Kommunistenführer Ernst Thälmann, worin die Zeile vorkam: »Thälmann ist niemals gefallen.« Dem entsprach, offensichtlich in tiefer innerer Überzeugung, die Grundthese der allgemeinen Poetik von Johannes R. Becher, die er in der Formel »Vom Ich zum Wir« zu finden glaubte.

Beides war schlecht utopisch und innerlich unernst: die Hallstein-Doktrin ebenso wie die doppelte Manipulation mit den beiden Nationalhymnen. Die DDR muß es, was Johannes R. Bechers Hymne betrifft, sehr rasch auch politisch begriffen haben. Einerseits wurde Becher nach dem 17. Juni zwar zum Minister für Kultur ernannt, und er hat in dieser Eigenschaft vorsichtig und klug operiert. Alle Initiativen zu gemeinsamen Gesprächen zwischen Künstlern und Gelehrten der beiden deutschen Staaten wurden von ihm gefördert. Fast immer scheiterte alles an Verboten und Polizeiaktionen, die von Bonn ausgingen.

Dann schlug die Balance zwischen den beiden Staaten immer deutlicher um. Eine selbstbewußte DDR konnte, nach Errichtung der Mauer, den Ausdruck »gesamtdeutsch« nicht mehr gebrauchen. Die »Deutsche Akademie der Künste« in Ost-Berlin hieß von nun an »Akademie der Künste der DDR«. Auch die Becher-

Hymne war von nun an politisch unbrauchbar geworden: Sie hatte noch von einem einigen deutschen Vaterland geträumt. Seitdem gibt es nur noch die Musik ohne Text beim feierlichen Ritual. Hanns Eisler ohne Johannes R. Becher.

Im Endergebnis war auch die Politik *Konrad Adenauers* auf solchen Zustand hin ausgerichtet. Der nüchterne Kölner Jurist und Realpolitiker Adenauer sah in seinem Juristen Walter Hallstein wohl nie etwas anderes als einen nützlichen Rechtsberater. Der Frankfurter Rechtsprofessor und erste Nachkriegsrektor der Johann-Wolfgang-Goethe-Universität war ein vorzüglicher Jurist, aber kein Mensch, der über seinen Artikeln und Paragraphen an das reale Leben anderer Menschen zu denken pflegte. In dieser Beziehung paßte er gut zu jenem Dr. Globke, einstigem Kommentator der Nürnberger Rassengesetze, den sich Adenauer, gleichfalls ohne tiefere Sympathie, aus reiner Nützlichkeitserwägung, in sein Kanzleramt geholt hatte.

Nachdem der für Adenauer untragbare Vorschlag mühsam abgewehrt worden war, die neue Bundeshauptstadt nach Frankfurt an den Main zu verlegen, wo die Stadtverwaltung bereits alles an Räumen vorbereitet hatte, kam es darauf an, die politischen Lebenserfahrungen des ersten Bundeskanzlers in dieser jungen Deutschen Bundesrepublik gesetzlich festzuschreiben. Adenauer war aufgewachsen als Jurist und Kommunalpolitiker im Deutschen Kaiserreich. Er hatte gerade seinen 43. Geburtstag gefeiert, als Karl Liebknecht und Rosa Luxemburg am 15. Januar 1919 in Berlin ermordet wurden. Was, historisch gesehen, bedeutet hat, alle Hoffnungen Lenins und der deutschen Kommunisten auf eine deutsche Sowjetrepublik vorerst preiszugeben. Adenauer wurde, als Kölner Oberbürgermeister, später als Fraktionsvorsitzender der katholischen Zentrumspartei im Preußischen Landtag zu Berlin, ein entschiedener Vertreter der Weimarer »Systemparteien«, um den abschätzigen Ausdruck der späteren Goebbels-Propaganda zu verwenden. Systemparteien waren die Sozialdemokratie, die Zentrumspartei, die bürgerlich-liberale sogenannte Deutsche Demokratische Partei, der Walther Rathenau und Theodor Heuss angehörten und zu welcher sich die großen »Judenblätter« bekannten, also die »Frankfurter Zeitung« oder das »Berliner Tageblatt« und die »Vossische Zeitung«.

Die Struktur der drei Parteien nimmt sich in manchen Punkten wie eine Vorform aus jener Konstellation des Jahres 1949: aus Sozialdemokratie, Christlich-Demokratischer Union – neben welcher Adenauer zu seinem Mißvergnügen eine Weile noch eine stärker linksliberale Zentrumspartei zu tolerieren hatte –, Freier Demokratischer Partei als Wiederaufleben des einstigen bürgerlichen Liberalismus aus der Zeit der Weimarer Republik. Übrigens wie jener damalige Liberalismus der Partei von Theodor Heuss oder Gertrud Bäumer immer wieder bedroht von Zerfall und Wählerabfall.

Als Kölner Oberbürgermeister hatte Konrad Adenauer in der Domstadt mit einer Großen Koalition aus Zentrumspartei und Sozialdemokraten regieren müssen. Diese Erfahrungen gedachte er als erster Bundeskanzler nicht zu erneuern. Zwanzig Jahre lang sollte es ihm und seinen Nachfolgern gelingen, die deutsche Sozialdemokratie auf die Bank der Opposition zu setzen.

Zwei andere innenpolitische Grunderfahrungen Adenauers betrafen den Notstandsparagraphen des Artikels 48 der Weimarer Verfassung. Die letzten moribunden Jahre der Weimarer Republik waren geprägt worden durch den konservativen Versuch, die parlamentarische Demokratie und den Reichstag als deren Träger auszuschalten: mit Hilfe einer Präsidialdiktatur des Reichspräsidenten. In den Weimarer Debatten um 1930 wurde von den Rechtslehrern immer wieder die Frage gestellt, wer den *»Hüter der Verfassung«* darstellen solle. Zum Schluß lief es hinaus auf den Reichspräsidenten von Hindenburg. Von da an war es nicht weit zu einem Führerstaat, der seinen »Führer und Reichskanzler« nicht als Hüter der Verfassung, sondern selbst als Verfassung walten ließ.

Konrad Adenauer war, als Deutschland erwachte nach dem 30. Januar 1933, schimpflich davongejagt worden. Eine Weile schienen selbst sein Leben und seine Freiheit bedroht zu sein. Auch dies hat er niemals vergessen. Daraus ergab sich sein entschiedener Widerwille gegen alle Erneuerung eines Diktaturparagraphen. Auch die Erfahrung mit den von Dr. Goebbels anbefohlenen und blendend inszenierten Volksentscheiden hatte Adenauer ebenso wie die anderen Väter des Grundgesetzes für die Bundesrepublik Deutschland dazu geführt, *auf direkte Wahlen einzelner Personen durch das Volk zu* verzichten. Adenauer hatte den berühmten österreichischen Juristen *Hans Kelsen* als Professor für Völkerrecht und Rechtsphilosophie im Jahre 1930 an die Kölner Universität berufen lassen. Kelsen verankerte in der österreichischen Verfassung, die von ihm stammte, das Prinzip eines *Bundesverfassungsgerichts*. Die deutschen Professoren des Öffentlichen Rechts mißbilligten damals diese Institution ebenso wie ihre theoretische Begründung durch den jüdischen Kollegen aus Österreich. Konrad Adenauer hingegen muß die Erinnerung an Kelsen aufbewahrt haben, als er mithalf, die Institution des Bundesverfassungsgerichts in das neue Grundgesetz vom 23. Mai 1949 aufzunehmen.

Das politische Grundkonzept Konrad Adenauers für die künftige westdeutsche Innen- und Gesellschaftspolitik war durch solche Erfahrungen genau umschrieben. Es lief auf eine *kritische Restauration* seiner Erfahrungen mit der Weimarer Republik hinaus. Ein Staat im Sinne der Weimarer Verfassung von 1919, doch ohne deren Fehlerquellen und Entartungen. Eine Parteienstruktur gleich jener des Jahres 1919, wobei Adenauer wohl insgeheim begrüßt haben mag, daß die Ausschaltung der Sowjetischen Besatzungszone einen guten Ausgangspunkt bot für eine Rekonstruktion des einstigen Weimarer Parteiensystems.

Den Rest bestimmte der katholische Erfahrungsschatz des ersten Bundeskanzlers. Adenauer dürfte sich, das beweisen seine dürren Memoiren ebenso wie seine stets ausgeklügelten und nicht-spontanen Briefe, bei allen ideologischen und zukunftsvisionären Debatten gelangweilt haben. Sein Katholizismus war unbeirrt. Für die Finanzen hatte er seine Bankiers, für die Gesetzgebung seine Juristen. Durch den Bundeskanzler Adenauer ist die Bundesrepublik Deutschland vermutlich nicht bloß zu einem Rechtsstaat, sondern auch zu einem *Juristenstaat* gemacht worden.

Wie das kulturelle Leben auszusehen hatte, das wußte man als guter Katholik, auch wenn die Umstände nicht immer hilfreich sein mochten. Als Kölner Oberbürgermeister um die Mitte der Zwanziger Jahre hatte Adenauer erfolgreich allen Versuchen damaliger Moderne auf dem Theater autoritär Einhalt geboten. Der von Adenauer selbst favorisierte bedeutende Regisseur und Intendant *Gustav Hartung,* der an den Rhein kam mit einigen der besten jüngeren Schauspieler wie Maria Koppenhöfer und Heinrich George, mußte nach nur einer Spielzeit sein Amt wieder abgeben. Er hatte einen englischen Klassiker aus dem frühen 17. Jahrhundert aufgeführt, worin ein Geschwisterpaar sich in Liebe vereinigt. Das ging nicht an. Der erste Akt der »Walküre« von Richard Wagner mochte noch angehen wegen der Musik. Doch John Ford, dessen Stück sogar den Titel trug »Schade daß sie eine Hure ist« – was man in Köln natürlich durch die Namen »Giovanni und Annabella« ersetzt hatte –, das war unzumutbar.

Das Kölner Schauspielhaus ignorierte bald darauf den Riesenerfolg des »Fröhlichen Weinbergs« von Carl Zuckmayer: der war zu drastisch und zu obszön. Man spielte ihn dann im privaten Operettentheater, als Gastspiel. Um die »Dreigroschenoper« sehen zu können, reisten die Kölner zunächst nach Düsseldorf. Dann brachte das Kölner Schauspielhaus eine lächerlich bereinigte Fassung auf die Bühne.

Die Retrospektive auf die Kölner Kulturpolitik des damaligen Oberbürgermeisters enthält bereits *alle Elemente einer restaurativen Kulturpolitik der Fünfziger Jahre.* Nachdem die Revolte des 17. Juni 1953 gescheitert war und das äußerst knappe Wahlergebnis für den Bundeskanzler im Jahre 1949 vier Jahre später durch freie und geheime Wahlen zu Adenauers Gunsten korrigiert werden konnte, vermochte sich die Kulturpolitik der Bundesrepublik diesem restaurativen Schema offiziell anzugleichen.

Es wurde eine *fröhliche Restauration* insofern, als alles insgeheim unseriös war, was vielleicht Adenauer selbst nicht gespürt haben mag, wohl aber der Großteil seiner Mitläufer und Vorarbeiter. Im Grunde war es ein tragikomisches Schauspiel, mitansehen zu müssen, wie die Generation der neuen Bundesbürger, die in der überwiegenden Mehrzahl schlimme Erfahrungen mit dem Grauen von Krieg, Diktatur, Niederlage und Hunger, erotischen wie sadistischen Exzessen zu bewältigen hatte, nun *bevormundet werden sollte nach gut christlicher Hausvaterart:* in ihrem Fühlen wie ihrem Denken.

In seinen Tagebüchern vom Anfang des Dritten Reiches im Jahre 1933 beurteilte Thomas Mann den Eifer und Übereifer der neuen Herren mit den schönen Worten: »Man versagt sich nichts. Man gönnt sich alles.« Die kulturellen Saubermänner und Sauberfrauen hatten um die Mitte der Fünfziger Jahre ihre große Zeit. Der SPIEGEL hat später mit Recht daran erinnert, daß damals die biedere Hausfrauenzeitschrift »Heim und Welt« verboten wurde wegen der folgenden Anzeige im Inseratenteil: »Suche für Freizeitgestaltung einsames warmherziges Frauchen, der ich zärtliche Freundschaft schenken will.«

Tragikomischer als das bitterböse Verbot war die verklemmte Formel von der »zärtlichen Freundschaft«. Ein Mandatsträger der Christdemokraten kämpfte bald darauf – vergeblich – für eine »saubere Leinwand«. Eine Nacktszene mit Hildegard Knef (20 Sekunden) erregte allgemeine Entrüstung. Werke bedeutender Literatur wurden unschädlich gemacht als »jugendgefährdende Schriften«. Die *Münchener Staatsanwaltschaft* hantierte eine zeitlang ebenso erfolgreich wie bedrohlich mit dem Kuppeleiparagraphen des alten kaiserlichen Strafgesetzbuches. Wer einem unverheirateten Liebespaar, aus welchen Gründen immer, den erwünschten Unterschlupf bot, kam vor den Richter. Es ging bald wieder zu in vielen Einzelfällen wie in den letzten Jahren der Weimarer Republik, als die erste Regierung des Franz von Papen ein Moralgesetz gegen »Schmutz und Schund« erlassen und reichsgesetzlich angeordnet hatte, daß die Badehosen einen »Zwickel« aufzuweisen hätten.

Restauration dies alles, doch eine gewollte. Auch eine unernste. Was Selbstmord und Existenzverlust im einzelnen Falle nicht ausschloß.

In allem erweist sich heute, beim Rückblick, der Mitkölner *Heinrich Böll* als erfolgreicher Gegenspieler Konrad Adenauers und seiner schließlich doch – auf lange Sicht hin – erfolglosen Restauration. Heinrich Böll gehörte zum Jahrgang 1917. Er hätte ein Enkel des ersten Bundeskanzlers sein können. Vielleicht auch darin, daß er die gleichsam idealtypische Gegenposition in seinem Leben und Wirken eingenommen hat. Konrad Adenauer war alle unmittelbare Lebenspraxis des Krieges und der Gewalttat erspart geblieben. Der erste Kanzler der Bundesrepublik Deutschland blieb ebenso von Grund auf *Zivilist* wie der erste Bundespräsident Theodor Heuss. Der Kölner Politiker und spätere deutsche Staatsmann hat niemals vielleicht (man weiß es nicht, denn Konrad Adenauer hat sein persönliches Leben stets nach Kräften beschwiegen und wohl auch verhüllt) sein katholisches Christentum in Todesnot und mit der Hiobsgebärde eines Haderns mit Gott erproben müssen.

Für Heinrich Böll hingegen war eine solche Erprobung und Selbstprüfung der geheime Ausgangspunkt all seines Schreibens und gesellschaftlichen Verhaltens. Zunächst die Erfahrung bitterer Armut am Ausgang der Kindheit. In einem Fernsehgespräch über den 30. Januar 1933, worin deutsche Schriftsteller, darunter Wolfgang Koeppen, Hans Werner Richter und Hermann Kesten, mitzuteilen hatten, wie sie jenen Tag der großen Zäsur erlebt hatten, berichtete Heinrich Böll über seine Erfahrung mit diesem Tag, der alles in der Welt verändern sollte. Es ist ein kalter Januartag, der Fünfzehnjährige muß im Bett liegen mit einer starken Erkältung. Der Rundfunk in der Wohnung war abgeschaltet, man konnte die Gebühren nicht bezahlen. So kommt die Mutter nach Hause und hat es von der Nachbarin gehört: das mit dem neuen Reichskanzler, dem Hakenkreuzler. Sie habe damals gesagt, berichtete Böll in dieser Fernsehrunde: »Das bedeutet den Krieg!«

Man möge hierin nicht eine später nachgelieferte Prophezeiung erblicken. Alle Gegner der Präsidialdiktatur des uralten Feldmarschalls kannten die Losung: »Wer Hindenburg wählt, wählt Hitler. Wer Hitler wählt, der wählt den Krieg!« Genau so ist es gekommen. Erlebnis der Armut, dann des Krieges und eines sinnlosen Sterbens. Mit Recht ist Heinrich Bölls frühe Erzählung »Wanderer, kommst du nach Spa...« in der Welt als gültiger Ausdruck einer verzweifelten Gefühlsrevolte gegen sinnlose Schlachterei verstanden worden.

Immer wieder muß der junge Soldat Heinrich Böll, als guter Katholik, der er bis zum Lebensende geblieben ist, bei all seinen Konflikten mit der kirchlichen Hierarchie sich in der Rolle des hadernden Hiob gesehen haben. Sie führte ihn niemals, soweit man sieht, zum radikalen Unglauben, wohl aber, je länger um so stärker, zur sorgfältigen Trennung zwischen *religiöser und kirchlicher Sphäre.* Dadurch gerät der Katholik Böll stets in Versuchung, das Sakrament der Priesterweihe für sich insgeheim in Frage zu stellen. Vielleicht hängt der theologisch nicht besonders ergiebige Antagonismus einer Unterscheidung zwischen dem »Sakrament des Lammes« und dem »Sakrament des Büffels« in Bölls Roman »Billard um halbzehn« von 1959 mit dieser Trennung zwischen Religion und kirchlicher Wirklichkeit zusammen. Bei der Fronleichnamsprozession in dem frühen Roman »Und sagte kein einziges Wort« konstatiert der betrachtende Ich-Erzähler beim Anblick des Bischofs, der Bischof sei doch »einfach dumm«. Die Konflikte des großbürgerlichen Clowns Hans Schnier (aus gut katholischer Familie und aus Bonn) sind erbitterte Auseinandersetzungen mit der Herzensträgheit und weltlichen Geschäftigkeit der Glaubensfunktionäre.

Dadurch war ein doppelter Antagonismus zwischen Böll und Adenauer fixiert. Böll hatte die singuläre Erfahrung mit Lebensangst und Todesangst im Krieg gemacht. Die Kirche mitsamt all ihren Repräsentanten konnte ihm dabei offensichtlich nicht helfen. Das Erlebnis der Armut im Vorkrieg wie im Nachkrieg verschärfte die Spannung. Böll hat berichtet, wie bitter notwendig es für ihn gewesen war, nach Entgegennahme des Preises der Gruppe 47 im Jahre 1951, so schnell wie möglich wieder nach Köln zurückzukehren, um Schulden zu bezahlen und Essen einzukaufen. Zu den unvergeßbaren Episoden des Romans »Und sagte kein einziges Wort« gehört der Bericht des erzählenden Ehemannes über seine vergeblichen und schmachvollen Versuche, in Telefongesprächen mit längst aufgegebenen Freunden ein Darlehen von fünfzig Mark zu erbitten.

Mit alledem wird Böll allenthalben zum Gegenspieler Konrad Adenauers. Der Bundeskanzler erstrebt eine gesellschaftliche und wirtschaftliche Restauration »von oben«. Man braucht die Geldleute im eigenen Land und jenseits des Ozeans, um Essen und Heizung beschaffen zu können. Die armen Leute sind für Adenauer, der in seinem Verhalten zu Mitmenschen, an welchen ihm gelegen war, durchaus das Mitleid kannte und die soziale Fürsorge, in ihrer Gesamtheit nichts anderes als Objekt fürsorglicher und streng väterlicher Politik. Die »Kraft der Schwachen«, von welcher Anna Seghers immer wieder zu sprechen hatte, war für ihn bedeutungslos, eher bedenklich. Es ist wohl eine höchst persönliche Entscheidung Adenauers gewesen, sehr bald nach der obligaten Schonfrist für die Kommunisten der ersten Nachkriegszeit, das Parteiverbot zu erreichen und durchzusetzen. Heinrich Böll erlebt alles gleichsam von unten. Als einer aus der kaum zählbaren Schar der ganz armen Leute, der Gescheiterten, der Kriegsopfer in jeglichem Verstande. Der berühmt gewordene Text vom Jahre 1952, ein »Bekenntnis zur Trümmerliteratur«, macht deutlich, daß Böll alles sehr bewußt erlebt und formuliert hat. Die Schlußsätze dieses Textes verbinden in einer Weise, die programmatisch werden sollte für das ganze spätere Werk des Nobelpreisträgers, die Erfahrung einer unbehüteten Jugend mit allen Erfahrungen armer und gescheiterter Menschen im Verlauf der Geschichte und der Literaturgeschichte. »Es ist unsere Aufgabe, daran zu erinnern, daß der Mensch nicht nur existiert, um verwaltet zu werden – und daß die Zerstörungen in unserer Welt nicht nur äußerer Art sind und nicht so geringfügiger Natur, daß man sich anmaßen kann, sie in wenigen Jahren zu heilen.

Der Name Homer ist in der gesamten abendländischen Bildungswelt unverdächtig: Homer ist der Stammvater europäischer Epik, aber Homer erzählt vom Trojanischen Krieg, von der Zerstörung Trojas und von der Heimkehr des Odysseus. Kriegs-, Trümmer- und Heimkehrerliteratur –, wir haben keinen Grund, uns dieser Bezeichnung zu schämen.«

Es war ein Familienkonflikt, was sich zwischen Adenauer und Böll abgespielt hat. Vermutlich ignoriert vom alten Bundeskanzler, dem alle Literatur, soweit sie nicht erbaulich genannt werden konnte, vom Ruch der Häresie umgeben schien. Ein Konflikt mit der *spezifisch kölschen und plebejischen Anarchie,* der Heinrich Böll schließlich noch ein literarisches Denkmal gesetzt hat in seiner Dankrede als Ehrenbürger seiner Vaterstadt Köln, die auch den ersten Bundeskanzler in gleicher Weise geehrt hatte.

Geheime Symbiose, wie man vermuten darf, die Heinrich Böll wohl erst später bewußt wurde. Er hatte sich früh schon als Antithese empfunden zu Konrad Adenauer und zu dessen Staatsgesinnung. Wenn Bölls »Bekenntnis zur Trümmerliteratur« am Anfang gestanden hatte seines Weges in die Weltliteratur, so wurde diese ambivalente »Gemeinschaft« zwischen ihnen beiden, Adenauer und Böll, endgültig formuliert durch den Literaten und Literaturkritiker Böll im Jahre 1969. Auf Einladung des SPIEGEL entstand der Text »Über Konrad Adenauer«. Als Rezension von Adenauers »Erinnerung 1945-1953«. Hier spricht der Plebejer in Form einer Absage an Adenauers Staatsgesinnung und politische Moral.

»Es ist viel von Adenauers Menschenverachtung gesprochen, und von gar manchem ist sie als Kompositum seiner Größe angesehen worden. Aber große Menschen haben immer nur die verachtet, die über, niemals die, die unter ihnen standen. Wer's wie Adenauer zu machen versucht, trägt zur Nihilisierung der Demokratie bei. Man sehe sich nur an, wie die Menschenverachtung bei denen aussieht, die ganz auf Adenauer synchronisiert sind, bei unseren vier Grinsern: Barzel, Strauß, Dufhues und Jaeger. Es ist das Grinsen derer, denen die Leiche Macht, die Adenauer hinterließ, zu schmecken beginnt; dieses neue Deutschland, das zu einem guten Teil aus Neudeutschland besteht, hat Appetit auf mehr.«

Hier wird die Antithese verkündet zwischen Adenauers Staatsgesinnung von oben und Bölls Solidarität mit den Objekten, den »leidenden und gedrückten Gestalten«, mit Georg Büchner zu sprechen. Allein diese Gegenposition mußte ausgedehnt werden auf den eigentlich gesellschaftspolitischen Bereich. Hinzu kam auch hier für Heinrich Böll der *Antagonismus zwischen Glaube und Kirche.* Ihn hat Böll am Schluß seiner Rezension über den Memoirenschreiber Konrad Adenauer formuliert: »Was ich am allerwenigsten begreife: daß je irgendeiner irgend etwas an Adenauers Gedanken ›christlich‹ finden und als solches empfehlen konnte. Ich begreife es nicht, und das mag an mir liegen. Mag sein, das Christentum hat eine bürgerliche Variante, die ich nie begriffen habe, obwohl ich ringsum keine andere als diese Variante erblicke. Es mag sogar sein, daß wir uns noch nach Adenauer sehnen werden. Er ist ein Autokrat, er konnte es sich leisten, manchmal gnädig zu sein. Die Nachdrängenden würden nicht nur ungnädig, sie würden gnadenlos sein.«

Die »Neuen Wirklichkeiten«

Die Neuen Wirklichkeiten der jungen Bundesrepublik Deutschland waren zu verstehen, wollte man einer Mehrheit der neuen Staatsbürger glauben, als die alten: abgesehen von notwendigen und zeitgemäßen Korrekturen, besonders in Fragen von Rasse und Rassenhaß. Man hatte nicht allein in Bonn, sondern auch in vielen Landeshauptstädten des Bundesstaates die Meinung, jene konservative, prüde, gleichzeitig obrigkeitliche und kleinbürgerlich-geduckte Lebensgesinnung aus den letzten Jahren der Weimarer Republik könne als angemessen akzeptiert und folglich restauriert werden. Dem entsprach vor allem die Staats- und Rechtsgesinnung der Richter und Staatsanwälte von damals. Die meisten von ihnen hatten, ohne allzu große politische Eigenbelastung, der Jusitz eines Großdeutschen Reiches und Führerstaats gedient: auch ohne sonderliche Gewissenskonflikte und wohl in den meisten Fällen ohne Teilnahme an Verbrechen gegen die Menschlichkeit. Folglich hielt man es für angemessen, das Normensystem des Dritten Reiches, abermals mit den zeitgemäßen Modifikationen, weitgehend zu übernehmen. Man schien bereits wieder gewillt, die Gunst der Einbindung des deutschen Bundesstaates in die Allianz mit der amerikanischen Siegermacht nutzend, an einem konzeptuellen »Deutschen Reich in den Grenzen von 1937« festzuhalten.

Freilich war eine junge Generation aus dem Kriege zurückgekehrt und füllte nun die Hörsäle der Hochschulen: gleichzeitig erbittert und wissensdurstig. Ohne viel Klarheit zu besitzen über die Ursachen ihrer Erbitterung; auch ohne viel Ahnung von den Objekten ihrer neugierigen Wissensbereitschaft. Dennoch: so ist, wie die Erinnerung heute bestätigt, unter jungen Menschen in Deutschland seitdem nie wieder an den Hochschulen gelernt und geforscht worden. Damit war der spätere Konflikt der Sechziger Jahre zwischen diesen neuen Studenten und dem Gesamtsystem einer bundesdeutschen restaurierten Hierarchie in Politik und Wirtschaft, Gesellschaftsbetrieb und akademischer Repräsentanz von Grund auf vorbereitet.

Man tut gut daran, in dem Band IV der von Jürgen Weber herausgegebenen »Geschichte der Bundesrepublik Deutschland« die Fakten nachzulesen, durch welche die Jahre 1950 bis 1955 in heutiger historischer Sicht kenntlich werden (Paderborn, 1987). Es ist die Geschichte der eigentlichen Adenauer-Zeit und einer ebenso sorglosen wie fröhlichen Restauration. Durch das Grundgesetz der Bundesrepublik Deutschland wurde das Ende alliierter Rechtsprechung über Verbrechen im Kriege und gegen die Menschlichkeit fixiert. Dergleichen war von nun an Sache der ordentlichen deutschen Gerichte. Also auch vieler Richter, die nunmehr einem Normenkonflikt der eigenen Biographie und der amtlichen Tätigkeit als Richter oder Staatsanwalt ausgesetzt wurden. Die Serie der Verschleppungen und Vertagungen war folglich vorprogrammiert. Man konnte wissen, wie es ausgehen würde mit dem Auschwitz-Prozeß und dem Majdanek-Prozeß, um nur diese besonders schlimmen Fälle zu nennen. Erst im Jahre 1952 konnte in einem Prozeß, den der unerschrockene spätere Generalstaatsanwalt des Landes Hessen, *Fritz Bauer*, angestrengt hatte, festgestellt werden, das Dritte Reich sei ein Unrechtsstaat gewesen, gegen den der Widerstand, also die antifaschistische Aktion im weitesten Sinne, nicht Hochverrat gewesen sei, sondern Kampf gegen staatliches Unrecht.

Die Stillen oder vorerst Stillgewordenen im Lande, weit mehr als ein »mächtiges Häuflein«, sahen es nach wie vor anders. In einem Beitrag von *Peter Steinbach* in besagter »Geschichte der Bundesrepublik Deutschland« werden die Ergebnisse damaliger Volksbefragungen mitgeteilt. Nur 40 Prozent der Befragten waren bereit, ein solches Widerstandsrecht anzuerkennen. Noch im Jahre 1954 ergab eine demoskopische Untersuchung, daß bloß 13 Prozent der Meinung waren, *auch Emigranten aus der Zeit des Dritten Reiches könnten regierungsfähig sein.* Noch im März 1960 lehnten es 45 Prozent der Bundesdeutschen ab, *die Zumutung eines »Juden als Bürgermeister«* zu akzeptieren. Mehr als ein Drittel der deutschen Bevölkerung wollte im Jahre 1952 nach wie vor in einem »judenreinen« Deutschland leben.

In all diesen Bereichen und Konfliktfragen hat sich dann, wie bekannt, im Verlaufe der Sechziger und noch der Siebziger Jahre eine Wandlung vollzogen. Trotzdem bedurfte es vieler Kämpfe, bis es dem Schriftsteller *Rolf Hochhuth* endlich gelang, mit Hilfe richterlicher Entscheidung zu erreichen, daß sein Vorwurf gegen den ehemaligen Marinerichter Dr. Hans Filbinger, späteren Ministerpräsidenten des Landes Baden-Württemberg: Filbinger sei damals ein »furchtbarer Jurist« gewesen, rechtsgültig aufrechterhalten werden konnte.

Natürlich mußte die bundesdeutsche Polarisierung zwischen einer wirtschaftlich zunehmend saturierten Schicht von Überlebenden, die nichts mehr von damals wissen wollten, und den gleichfalls überlebenden Verfolgten von damals, die ihre Erfahrungen immerhin an Jüngere weitergeben konnten, auch in der Literatur ihre Spiegelung finden. Noch war ein jüdischer Bürgermeister der Freien und Hansestadt Hamburg, ein Bürgermeister Dr. Herbert Weichmann also, undenkbar. Der Weg des politischen Emigranten und einstmals norwegischen Besatzungssoldaten Willy Brandt wurde immer wieder blockiert durch Rückstände des Nazidenkens, das in den meisten Fällen zwar praktiziert, doch innerlich als solches abgeleugnet wurde. »Ich bin kein Nazi, aber...« Leider hat Konrad Adenauer - wahrlich kein Nazi, sondern jemand, dem an einer Aussöhnung mit den überlebenden deutschen Juden gelegen war - bedenkenlos politische Vorteile gezogen aus einer hartnäckig fortbestehenden Kleinbürgermoral wie aus der geheimen Gleichsetzung von politischer Emigration mit Landesverrat. Willy Brandt bekam es, gerade durch Wahlreden Konrad Adenauers, zu spüren.

Die Polarisierung in der *Literatur der Fünfziger Jahre* konzentrierte sich notwendigerweise auf die Frage, wie man diese Neue Wirklichkeit des westdeutschen Bundesstaates geschichtlich einordnen solle. Die Frage nach dem historischen Kontext bildete in allen Fällen den jeweiligen Ausgangspunkt für *die literarische Beschreibung* besagter Realität.

Zwei Bücher aus dem Jahre 1957 sind stellvertretend gewesen für diese literaturkritische Bilanz der Fünfziger Jahre. Das Buch »Die Neuen Wirklichkeiten« von *Günter Blöcker* (Berlin 1957) trägt den Untertitel »Linien und Profile der modernen Literatur«. Das Buch von *Walter Jens* ist bereits im Titel wesentlich vorsichtiger: in ihm soll es keine Verdikte und Festschreibungen geben. Die Überschrift lautet diesmal »Statt einer Literaturgeschichte«.

Auffallend bei der Konfrontation der beiden literaturkritischen Summierungen ist die nur scheinbar merkwürdige Tatsache, daß die Bilanzierung der modernen Literatur überwiegend durch Hinweise auf außerdeutsche Autoren unternommen wird. Bei *Günter Blöcker* ist der Prozentsatz der von ihm als »Neue Wirklichkeit« zugelassenen Autoren deutscher Sprache erstaunlich gering. Sechs von neunundzwanzig namentlich angeführten und interpretierten Autoren: Benn, Jünger, Kafka, Broch, Musil, Thomas Mann. Günter Blöcker empfindet sich offensichtlich, gerade auch bei der Auswahl seiner Autoren, wobei die Angelsachsen überwiegen, gleichsam als Nachfolger der Arbeiten von Ernst Robert Curtius aus den Zwanziger Jahren. Bei Curtius freilich hatten die romanischen Autoren dominiert. Die Auslassungen bei Blöcker sind charakteristisch: zwar Albert Camus, aber nicht der damals bereits ungleich gewichtigere Jean-Paul Sartre. Ernst Jünger als Erzähler einer Neuen Wirklichkeit, aber nicht *Alfred Döblin*, der nun in der Tat bereits seit einer ersten neuen Vorkriegszeit bestrebt war, neue Wirklichkeiten für eine Literatur der deutschen Sprache zu gestalten. Die theoretische Ausgangsposition Günter Blöckers entsprach gleichsam maßgerecht dem restaurativen Potential. Die breite veröffentlichte Zustimmung zu Blöckers Bilanz, der man sogleich den Berliner Fontane-Preis zuerkannte und die noch im Jahre 1964 dazu führen konnte, daß Günter Blökker als erster mit dem von der Deutschen Akademie für Sprache und Dichtung in Darmstadt neu begründeten Johann-Heinrich-Merck-Preis für literarische Kritik ausgezeichnet wurde, fand ihre Grundlage in Blöckers programmatischem Eingangskapitel über »Die neuen Wirklichkeiten in der Literatur«. Da heißt es: »Der Mensch ist ein konservatives Wesen, und er ist ein Wesen, das allezeit nach Idealen dürstet, mögen diese auch immer billiger werden. Ohne Glauben, ohne Traum, ohne Tugend kann auch der reduzierte Mensch nicht sein. In der praktischen Sphäre dagegen zeigt er eine Bereitwilligkeit zur Anpassung, die an Selbstaufgabe grenzt.«

Woraus gefolgert wurde: »Je weiter sich die Epoche von den Ursprüngen entfernt, desto entschiedener streben Kunst und Poesie zu ihnen zurück. In dem Verlangen nach den Grundmustern, den Urbildern, dem Unveränderlichen, das in der Tiefe ruht, wird ein Bedürfnis sichtbar, das nur der Künstler befriedigen kann. Der Dichter tritt in die Daseinsgründe ein, weil er nur dort das Ganze, Ungeteilte zu finden hoffen darf. Auch dies ist ein Rückgriff, gewiß, aber kein Rückgriff auf, sondern hinter die Tradition.«

Verdächtig ist hier nicht allein das Geraune über »Daseinsgründe ..., weil ... nur dort das Ganze, Ungeteilte« erhofft werden darf. Bedenklicher ist die Formel, die sich weigert, in den neuen Wirklichkeiten und ihrer Literatur einen Rückgriff auf konkrete geschichtliche Traditionen anzuerkennen. Blöcker wünscht den Rückgriff »hinter die Tradition«.

Wie das zu verstehen sei, wird keineswegs verheimlicht: »Wenn der Einzelne nicht mehr der Aufmerksamkeit Gottes sicher ist, dann bedarf er um so notwendiger einer Instanz, die berufen ist, nach dem Sinn zu fragen. Diesen Auftrag hat das moderne Ich dem Künstler erteilt. Er ist der Wahrsager nicht des Kommenden, sondern dessen, was ist. Der Künstler – sei er nun Dichter, Maler, Komponist oder Bildhauer – ist Zeitgenosse mit allem Wissen und aller Verantwortung der Zeitgenossenschaft.«

Günter Blöckers bilanzierender Essay von 1957 war das Erfolgsbuch einer kurzen geschichtlichen Konstellation. Es ist wohl nicht ohne Grund seitdem vergessen worden. Ein »Nachholbedarf« der Kapitel über Joyce oder Proust, Camus oder Lorca – slawische Autoren blieben unberücksichtigt, von jüdischen wurde Kafka zugelassen – bestand außerhalb deutscher Grenzen ohnehin nicht. Die deutschen Leser aber wurden seitdem in jedem einzelnen Falle besser und genauer bedient. Daß auch Brecht nicht vorkam, verstand sich von selbst. Der unterlag in jenen Jahren noch weitgehend dem Boykott in der abendländischen Kulturindustrie. In Wien durfte er damals überhaupt nicht gespielt werden.

Das Buch »Statt einer Literaturgeschichte« von *Walter Jens* hingegen wurde zum dauerhaften Erfolgsbuch. Eine Siebente und erweiterte Auflage erschien 1978, also mehr als zwanzig Jahre nach der Erstausgabe. Es klingt wie eine Antwort an Blöckers »Rückgriff hinter die Tradition«, wenn Walter Jens in seinem Eingangskapitel über »Dichtung im 20. Jahrhundert« erwidert: »Aber die

Rückkehr zur Frühe, der Kult des Archaischen und die Mißachtung der Klassizität, die Verherrlichung des Anfangs (Heraklit und Tahiti, Altamira und die Fabeln der Neger) und das mangelnde Verständnis für reife Erfüllung bezeugen ... weniger eine echte Begegnung als eine gewaltsame, aus der Sehnsucht geborene Zitierung des archaischen Korrelats ... Scheinbar ursprünglich, in Wahrheit zynisch ...« Die Schlußfolgerung lautet: »Man sieht, der Hymnus auf die Götter der Urzeit ist meistens nur das Resultat einer Flucht.«

Einem von Blöcker als prästabiliert vorausgesetzten Rückgriff auf eine mythische Vor-Tradition versagt sich Walter Jens: »Wir glauben an die Literatur des ›Ist‹ als eine conditio sine qua non einer ... Überwindung der Fremdheit zwischen dem Ich und der Welt.«

Acht Jahre nach Gründung der Bundesrepublik Deutschland war damit jene Antithetik in Szene gesetzt worden, die in den Sechziger Jahren zur jähen und massenhaften Virtualität des Buches »Dialektik der Aufklärung« von Max Horkheimer und Theodor W. Adorno führen sollte. »Dialektik der Aufklärung« – das will sagen: daß jede Aufklärung einen Mythos mit sich fortschleppt und weiterentwickelt, worauf jeder neue Mythos zu neuer Forderung nach Aufklärung führen wird. Die Überwindung jener fröhlichen Restauration der Fünfziger Jahre *und* das Phänomen einer tristen Restauration seit 1970 wurden damals bereits vorweggenommen. Ohne daß es freilich der damalige Günter Blöcker geahnt hätte.

In seinem Erfolgsbuch hatte Blöcker sich auf den »Überhang der Tradition« beschränkt. Ob Musil oder Brecht und Jünger, die von ihnen geschilderten »neuen Wirklichkeiten« waren längst vergangen im ersten Jahrzehnt einer zweiten deutschen Nachkriegszeit. Auch Blöcker hatte in seiner Bilanz nicht postuliert, daß die bedeutenden Autoren, denen seine Aufmerksamkeit galt, in einem unmittelbaren Sinne zeitgemäß sein könnten.

Nunmehr aber war ein Bedarf entstanden nach neuen und zeitgemäßen Autoren für diese Neuen Wirklichkeiten. Man brauchte Hinweise auf Schriftsteller und Bücher. So kam es zur kurzlebigen

Erhöhung und Lobpreisung des Schriftstellers *Gerd Gaiser* vom Jahrgang 1908. Immer wieder kennt die Literaturgeschichte, besonders die deutsche, solche Fälle einer glanzvollen Erhöhung, die schließlich endet in der Nacht des Vergessens. Der Glanz kann verhältnismäßig dauerhaft sein: über einige Generationen hinweg. Vermutlich war das der Fall des deutsch-bürgerlichen Lieblingsautors Gustav Freytag im 19. Jahrhundert. Für Freytags nationalen Liberalismus gab es immer wieder in der deutschen Gesellschaftssubstanz eine Grundlage.

Kurzlebiger war in den sehr rasch auf- und verblühenden Zwanziger Jahren der Dichterruhm eines *Fritz von Unruh* und *Arnolt Bronnen*. Wobei von heute her gesehen die literarisch wertvollen Residuen bei Arnolt Bronnen, dem Autor des nach wie vor merkwürdigen Theaterstücks »Vatermord« und einer nicht minder merkwürdigen Autobiographie, stabiler geblieben sind als die Texte des einstigen Kleist-Preisträgers Fritz von Unruh.

Die rasche Verdunkelung des Schriftstellernamens Gerd Gaiser nach kurzem Glänzen stimmt traurig, denn der Mann Gerd Gaiser hatte den Dichterruhm nicht angestrebt, vielleicht nicht einmal so recht verstanden. Auch Gaiser entstammte wieder einmal – ein häufiger Fall deutscher Literatenbiographien – dem protestantischen Pfarrhaus. Auch er sollte Theologie studieren und entlief ihr. Zunächst durchaus nicht in die Literatur, sondern in Kunstbegeisterung und in ein Kunststudium. Später in den Krieg und die außerbürgerliche Gemeinschaft der Jagdflieger. Gerd Gaiser war zweifellos ein begabter moderner Maler, der auch im Dritten Reich, dem er innerlich zugetan war, wie seine damaligen Gedichte bezeugen, die Freude an der expressionistischen »entarteten« Kunst für sich bewahrte. Er war ein guter Kunsthistoriker, hatte in Tübingen promoviert und wirkte bis zum Lebensende (1976) als Professor für Kunstgeschichte und Kunsterziehung an der Pädagogischen Hochschule in Reutlingen. Seine Schüler, auch wenn sie den Schriftsteller Gaiser nicht mochten, sind ihm dankbar gewesen.

Gaiser war viel gewandert in seiner Jugend: nach dem Vorbild deutscher Kunstjünger aus dem 18. und 19. Jahrhundert. Die romanische Welt hatte es ihm angetan, Italien und Spanien insbesondere. Es war südliches Gestade, und es war eine Welt der bäuerlichen Existenzen. So entstanden die typischen Konfrontationen in Gaisers Romanen und Erzählungen: südliche Vitalität gegen deutsche unglücklich-verdrückte Innerlichkeit. Bauerntum und städtisch-bürgerliche Dekadenz. Das virile Abenteuer und die gefühlskalte Geldschneiderei.

Ein wenig entsprachen solche Antithesen auch den nationalsozialistischen, folglich rassistischen, die schroff unterschieden zwischen Helden und Händlern, Männern und Feiglingen, natürlich auch zwischen deutscher Treue und welscher Tücke.

Die Gemeinschaft unter den Jagdfliegern im Zweiten Weltkrieg muß ein Schlüsselerlebnis Gerd Gaisers gewesen sein. Seine Gedichte »Reiter am Himmel« von 1941 sind gläubige Durchhalte-Literatur. In dem Roman »Die sterbende Jagd« (1953), der Gaisers jähen Erfolg recht eigentlich begründen sollte und der natürlich erst nach der Niederlage und den Erfahrungen des Nachkriegselends entstand, erfolgt der Umschlag von Siegeszuversicht in Todesverklärung. Der Schluß des Romans verwandelt die Bergung der Leiche des Abgeschossenen und Abgestürzten in Wortmusik eines Trauermarsches: »Die Leute der Streife wurden aufmerksam, kamen heran und beugten sich über das Boot. Sie sahen, daß der Mann darin tot war. Er lag zusammengekrümmt wie ein Kind im Mutterschoße, sein Haar war verkrustet, und ein Satz von Blut und bitterer Lake füllte die Wanne des Boots.«

Diese Art des Erzählens mochte man akzeptieren oder kritisch mißbilligen. Symptomatisch hingegen war der Ruhm dieses Buches und der darauffolgenden schriftstellerischen Arbeiten Gerd Gaisers. Übrigens fuhr er fort, Bücher der Kunstbetrachtung zu veröffentlichen. Wie mag dem Autor des Buches »Die sterbende Jagd« zumute gewesen sein, wenn er folgendes über sich zu lesen hatte: »Gerd Gaisers Prosaepos über den Untergang eines deutschen Jagdfliegerkorps steht auf einsamer Höhe, es ist gewiß das beste Kriegsbuch in Romanform überhaupt. Ein bedeutendes Talent bemächtigt sich eines bedeutenden und ihm gleichsam zugestimmten Themas und erreicht die Stufe der Meisterschaft.« Der Kritiker *Hans Egon Holthusen,* der so urteilte, war damals, mit Blöcker, Friedrich Sieburg und Curt Hohoff, der einflußreichste bundesdeutsche offizielle Literaturkritiker. Auch bei ihm wurde das Scheinwerferlicht des Tageserfolgs rasch abgeschaltet: bereits im Jahre 1956, als Holthusen, der auch als Lyriker hervortrat, einen Roman veröffentlichte mit dem Titel »Das Schiff. Aufzeichnungen eines Passagiers«.

Gerd Gaisers letzter Roman »Schlußball« (1958) wurde noch einmal viel gelobt von Kritikern und viel gelesen in deutschen Bürgerhäusern. Scheinbar hatte der Erzähler, der selbst nicht als solcher auftritt, die Szenerie vollkommen gewechselt. Dreißig Monologe von Menschen einer Ära des sogenannten Wirtschaftswunders. Die neureiche und saturierte Welt, die weiterleben möchte die Gebräuche der Eltern und Großeltern, mit Tanzkränzchen und Honoratiorengetue, und mit dem Jahresereignis im Städtchen: dem obligaten Schlußball.

In Wirklichkeit ist sich Gaiser auch hier treu geblieben. Die wohlbekannten Antithesen. Treue und Tücke. Händler und Helden. Das bundesrepublikanische Industriestädtchen, das man sich als ein episches Reutlingen vorstellen mag, und das anarchische, womöglich südliche Abenteuer.

In den Erzählungen des Buches »Am Pass Nascondo« (1960) scheint Gaiser plötzlich wieder in die Welt der Helden und Abenteurer zurückzukehren. Nun freilich war es spät geworden im Zeitvergang der fröhlichen Restauration. Die Lektionen der Fünfziger Jahre hatte man kennengelernt. Der fröhlichen Restauration, ihren Autoren und kritischen Lobrednern waren namhafte Widersacher erstanden. Der Aufsatz von *Walter Jens* »Gegen die Überschätzung Gerd Gaisers« (erschienen in: DIE ZEIT, Nr. 48, 1960) bewies, daß eine Gegenposition zu Gaiser notwendig geworden war. Keine der Antinomien aus Gaisers Erzählungen wird hier akzeptiert. Bei Jens heißt es: »Die armen Städter! Chlor, Hygiene und Eisschränke haben sie wohl... Aber mit den Schlangen zu sprechen, verstehen sie nicht: das können nur die anderen...« Am Schluß dieser Polemik folgt die Zusammenfassung: »Ein poetisches Gleichnis: das gespaltene Deutschland, Zeitkritik in Chiffre und Bild? Nein, Teil eines schlecht geschriebenen Leitartikels oder Abiturienten-Aufsatzes, provinziell gefärbt, sehr plump und sicher sehr gut gemeint... doch ›gut gemeint‹ ist ja, nach Gottfried Benn, das Gegenteil von Kunst.«

Wie Gaiser vor sich selbst darauf geantwortet hat, wissen wir nicht. Er schwieg. Aber er hat keine Erzählbücher mehr erscheinen lassen.

Heimito von Doderer

Auch der Nachkriegsruhm des österreichischen Erzählers Heimito von Doderer war, wenngleich in abgewandelter Form, wie der Ruhm von Gerd Gaiser, das Ergebnis eines »fruchtbaren Augenblicks«. Die geschichtliche Konstellation nach der Niederlage und der Okkupation durch vier Besatzungsmächte mußte in Österreich die Erinnerung an die im Frühjahr 1938 verratene und überfallene Erste Republik wiederbeleben. Andererseits gedachte man sich an die Maxime aus dem Kriegslied von Matthias Claudius zu halten: »... und ich begehre, nicht schuld daran zu sein!« Alle Abscheulichkeiten beim sogenannten Anschluß waren vergessen. Vergessen der Rummel auf dem Heldenplatz und die weitgehend vom Wohlwollen der Bevölkerung getragene Pogromaktion gegen die österreichischen Juden.

Vor und nach dem Staatsvertrag von 1955, der die Republik Österreich neutralisierte und gerade damit wirkungsvoll gegen neuerliche großdeutsche Blütenträume absicherte, mußte in einer solchen Konstellation der Wunsch spürbar werden, *sich abzukoppeln von der »deutschen« Literaturgeschichte.* Österreich habe eine eigene österreichische Literaturgeschichte aufzuweisen. Das war natürlich evident, schloß aber die Integration in den Bereich der deutschen Literatur und Sprache nicht aus. Raimund und Stifter, Hofmannsthal und Musil, Karl Kraus und Joseph Roth hatten sowohl diese österreichische Komponente wie die deutsche literarische Tradition in aller Bewußtheit verkörpern wollen. Dann aber hatte man die Juden ausgetrieben. Man schwieg sich lange darüber aus in Wien und in den einstigen habsburgischen Erblanden, ob Kafka und Kraus und Werfel und Kisch und Hermann Broch oder sagar Ödön von Horváth in das Pantheon der österreichischen Literatur aufzunehmen seien.

Da die politische Entwicklung, vor wie nach dem Staatsvertrag, auf den Primat des Westens gegenüber der sowjetischen Besatzungszone hinauslief, so daß schließlich die österreichische Souveränität verkoppelt war mit einer Zugehörigkeit zur anti-östlichen Welt, bediente man sich auch hier der Fünfziger Jahre, um eine fröhliche Restauration zu inaugurieren. Der berühmte

Brecht-Boykott der österreichischen Theater, von der Mehrheit der österreichischen Medien postuliert und praktiziert, war Symptom einer weitverbreiteten Geisteslage.

Wenn aber die Juden und die Nein-Sager ausgeschlossen blieben aus dem neuen, umerzogenen Literaturgeschehen, so blieb nicht viel übrig. Die Literatur im Kaiserreich der Habsburger war seit dem Ausgang des 18. Jahrhunderts in weit stärkerem Maße durch schöpferische Potenzen jüdischer Herkunft bestimmt worden als im Deutschen Reich. Sigmund Freud und Arnold Schönberg und Karl Kraus und Broch oder Roth und Werfel und Kafka: lauter Juden. So blieben, plötzlich hochstilisiert zu Klassikern einer genuinen österreichischen Literatur während der Fünfziger Jahre, vor allem zwei Namen übrig: *Alexander Lernet-Holenia* vom Jahrgang 1897 und der um ein Jahr ältere *Heimito von Doderer,* der am 5. September 1896 in Weiblingau bei Wien zur Welt gekommen war.

Alexander Lernet-Holenia war bereits in den Zwanziger Jahren ein bekannter Name der deutschen Literatur. Er hatte 1926 den Kleist-Preis erhalten und war damit anerkannt als Repräsentant einer zeitgenössischen Literatur. Seine Erzählungen lebten von der Substanz eines österreichischen Aristokraten und Offiziers, der den Untergang der Monarchie voraussah und innerlich akzeptierte. Was Trauer nicht ausschloß.

Auch Heimito von Doderer war ein Adliger; auch er ein Offizier im Reich der Habsburger. Allein Doderer war kein Name, der bis zur Gleichschaltung Österreichs im Jahre 1938 literarisch beachtet worden wäre. Seine Stunde kam vermutlich erst in jener seltsamen österreichischen Konstellation eines zweiten Nachkriegs. Lernet-Holenias späte Bücher sind gegen die Zeitgenossen geschrieben, voller Hochmut und Einsamkeit. Heimito von Doderer schwelgt als Erzähler in abscheulichen Einzelheiten bei Schilderung der groß- wie kleinbürgerlichen Schlangennester. Den Höhepunkt erreicht diese Darstellungsweise in dem Roman »Die Merowinger« von 1962. Er scheint fasziniert von den legendären Bluttaten jener Titeldynastie aus dem frühen Mittelalter, die er aber als Merowinger-Welt mitten im 20. Jahrhundert im Umkreis von Aristokraten, Großbürgern, Nervenkranken und Nervenärzten neu erstehen läßt. Auch eine im heutigen Sinne »kriminelle

Vereinigung« gehört dazu. Der Untertitel »Die totale Familie« will eine Gleichsetzung der »Familie« mit dem totalen Freudschen Destruktionsprinzip andeuten. Die von vielen Kritikern behauptete Abkehr Doderers von seinen früheren Büchern, vor allem der viel bewunderten »Strudlhofstiege«, ist nur scheinbar. In der »Strudlhofstiege« und auch in Doderers Roman »Die Dämonen«, der sich bereits im Titelzitat zu Dostojewski bekennt, hatten alle Greuel des Geschehens, auch alle Handlungen der Niedertracht, eine behagliche Zustimmung des Autors zu seinem Milieu nicht ausgeschlossen. In den »Merowingern« wird nicht minder behaglich erzählt: bloß im erfreuten Bekenntnis zur Zerstörung und zum Untergang. Es gibt bei Doderer nur noch eine Literatur des Wohlgefallens am gesellschaftlichen Status quo.

Dadurch aber unterscheidet er sich, als ein *restaurativer Erzähler,* von zwei Autoren, die gleichfalls, aus verschiedenen Gründen und Ursachen, zur großen österreichischen Literatur innerhalb der deutschen Literatur gerechnet werden müssen: *Robert Musil* und *Elias Canetti.*

Der Autor des »Mann ohne Eigenschaften« muß für Doderer und seinen späten Ruhm ein Trauma gewesen sein. Noch bei seinem Auftreten in Frankfurt am Main auf dem Internationalen PEN-Kongreß von 1959 versucht der erfolgreiche und vielgelobte österreichische Erzähler, mit unhaltbaren Thesen die eigene epische Grundkonzeption, worin immer sie bestehen mochte, vorteilhaft gegen das Erzählwerk eines Robert Musil herauszustreichen.

Der Gegensatz ist in der Tat nicht zu verkennen. Er beginnt schon bei Musils berühmt gewordenen ersten Sätzen im »Mann ohne Eigenschaften«: »Über dem Atlantik befindet sich ein barometrisches Minimum; es wanderte ostwärts, einem über Rußland lagernden Maximum zu, und verriet noch nicht die Neigung, diesem nördlich auszuweichen. Die Isothermen und Isotheren taten ihre Schuldigkeit. Die Lufttemperatur stand in einem ordnungsgemäßen Verhältnis zur mittleren Jahrestemperatur, zu Temperatur des kältesten wie des wärmsten Monats und zur aperiodischen monatlichen Temperaturschwankung. Der Auf- und Untergang der Sonne, des Mondes, der Lichtwechsel des Mondes, der Venus, des Saturnringes und viele andere bedeutsame Erscheinungen entsprachen ihrer Voraussage in den astronomischen Jahrbüchern. Der Wasserdampf in der Luft hatte seine höchste Spannkraft, und die Feuchtigkeit der Luft war gering. Mit einem Wort, das das Tatsächliche recht gut bezeichnet, wenn es auch etwas altmodisch ist: Es war ein schöner Augusttag des Jahres 1913.«

Der nächste Absatz überträgt dieses Erzählprinzip auf den Raum der Stadt Wien. Technische Vorgänge werden evoziert, ein fremdartiges Chaos scheint aufzusteigen, am Ende erfährt der verblüffte Leser, bei spürbarer Ironie des Erzählers, man berichte über einen schönen Frühlingstag in Wien.

Hier beginnt ein modernes Erzählen. In ähnlicher Weise hatte *Paul Valéry* schon zu Beginn des 20. Jahrhunderts seine Bemühungen darauf gerichtet, einen banalen Abend in der Oper so zu erzählen, daß alles, was sonst beim Erzählen vorausgesetzt wurde, wegfiel und der Erzähler gleichsam neu, in keiner Weise vorgebildet, folglich voraussetzungslos, das bloße Geschehen zu beschreiben hatte.

Aus ähnlichen Erwägungen wie Robert Musil hatte sich auch Paul Valéry über die unerschütterten Voraussetzungen des bisherigen Erzählens lustiggemacht. Sein Spott traf den scheinbar so harmlosen und selbstverständlichen Satz eines traditionellen Erzählers: »La marquise sortit à cinq heures.« Auch *Alfred Döblin* hatte bereits in den Zwanziger Jahren sowohl als Theoretiker der Literatur wie als Erzähler die Frage gestellt: »Woher weiß der Erzähler das eigentlich?« Daß nämlich die Marquise um fünf Uhr aus dem Haus ging.

Bei Heimito von Doderer hingegen, das belegt jede Zeile seines Schreibens, ist die Erzählhaltung ganz und gar herkömmlich. Es hat den Anschein, als werde alle »Modernität« der Valéry und Döblin und Musil gleichsam trotzig negiert. An einer eher beiläufigen Stelle der »Strudlhofstiege« findet sich ein klassisches Gegenbeispiel sowohl zu Valéry wie zu Musil: »Des Nachmittages, um vier Uhr etwa, stieg der Sektionsrat Georg von Geyrenhoff das herrliche Stiegenhaus im Palais des Prinzen Eugen von Savoyen (wo heute noch das Finanz-Ministerium untergebracht ist) hinab, machte die paar Schritte bis zur Kärntnerstraße und querte diese; nicht aber den Graben. Gegen seine sonstige Gewohnheit blieb er heute und diesmal auf der Seite vom ›Stock im Eisen‹. Vielleicht lag hierin die einzige Ursache davon, daß bei ihm der Eindruck entstehen mußte, es sei irgendwo in der Gegend hier ein Panoptikum der Vergangenheit geplatzt; und er wäre wohl auf der anderen Seite der Straße von diesem ungewöhnlichen Phänomen verschont geblieben.«

Das Mißverständnis des Ästhetikers Doderer, das unmittelbar aus seinem restaurativen Verhalten zur Umwelt entspringt, besteht darin, daß er das Bemühen um Detailgenauigkeit des Erzählens einfach gleichsetzt mit einem Bericht über Reales. Es war wohl auch eine Beschönigung, wenn Hilde Spiel in einem umfangreichen und liebevollen Essay über Doderer behauptete: »Nicht daß Doderer seine ›Strudlhofstiege‹ als eine solche vom letzten Sonnenglanz gewobene Gloriole um das Haus Österreich geplant oder angelegt hätte! Wenn sie als diese erscheint, so ist es ohne, ja vielleicht sogar gegen seine Absicht dazu gekommen.« Möglicherweise. Wichtig allein ist die Wirkung, die unverkennbar mit der Substanz dieses bekanntesten Buches von Doderer zusammenhängt. Die Substanz bestimmt die restaurative Funktion.

Es gab dazu in Österreich ein Gegenbeispiel im Bereich des Musiklebens. Durch Ausschaltung der Schönbergianer und anderer Juden, mindestens seit dem Jahre 1938, konnte der begabte und handwerklich solide österreichische Tonsetzer *Franz Schmidt* zu einer Höhe emporgerühmt werden, die mit dem Ruhm Doderers einige Gemeinsamkeit aufweist. Abgesehen von der skurrilen Tatsache, daß Franz Schmidts bekannteste Oper »Fredegundis« hieß. Eine Merowinger-Oper.

Zwischen dem Erscheinen des Romans »Die Blendung« von *Elias Canetti* in einem tschechischen Verlag, also gleichsam als ein Buch der Exilliteratur, und den »Merowingern« von Doderer aus dem Jahre 1960 liegt, für den Verfasser Canetti wie für seine Kunstfigur, den Professor Peter Kien, der literarische Umschlag von einer Literatur der verzweifelten Zerstörungswut eines Intellektuellen, zu einer Literatur, die Reinigung der Gesellschaft und Erneuerung des zwischenmenschlichen Verhaltens erstrebt. Ein utopisches Buch, diese »Blendung«, das mit der Destruktion beginnt, doch nicht endet. Doderers Geschichten einer totalen Destruktion hingegen werden erzählt nicht ohne Genuß an Leiden, die zugefügt *und* erduldet werden. Durchaus nicht behagliche Destruktion, vielleicht aber ein Behagen daran. Es gibt ein erschreckendes Beispiel für diese These im Werk von Doderer wie von Canetti. Zwei Reaktionen auf dasselbe Ereignis, nämlich auf den *Brand des Wiener Justizpalastes am 15. Juli 1927.* Ein Volksaufstand gegen offensichtlich politisch motivierte Unrechtsprechung. Ein Sturm auf den Justizpalast. *Elias Canetti* hat das im zweiten Band seiner Erinnerungen »Die Fackel im Ohr« als tiefe Erschütterung beschrieben: »Ich habe seither öfter versucht, mich diesem Tag zu nähern, der vielleicht seit dem Tode des Vaters der einschneidendste meines Lebens war . . .« Hier entstand die Grundidee zu Canettis späteren Studien über »Masse und Macht«.

Auch *Heimito von Doderer* hat diesen Vorgang, er war damals 31 Jahre alt, erlebt und beschrieben, doch ohne daraus für sich selbst irgendeine Folgerung zu ziehen. Sein Leben wurde nicht verändert: eher bereichert durch eine neue ästhetische Erfahrung. Wie empfand er das brennende Gebäude des Rechts und der Rechtsprechung? Als eine *»Geruchssymphonie«.*

Diese absonderliche Reaktion eines Zeitgenossen auf ein bewegendes politisches und gesellschaftliches Ereignis: das Geschehen bloß zu reduzieren auf einen ephemeren Sinneseindruck, wird beim Lesen der Erzählwerke stets von neuem bestätigt. Nicht etwa, daß Doderer eine Verwandlung der Außenwelt in Innenwelt vorzuwerfen wäre. Es gibt erlauchte Beispiele für eine solche Art der künstlerischen Apperzeption. Allein bei *Marcel Proust*, um den Kontrast zu unterstreichen, wird das äußere Geschehen in sehr subtiler Weise reflektiert und jeweils konfrontiert mit anderen Sinneseindrücken. Übrigens auch solchen des Geruchssinns.

Bei Doderer hingegen bestätigt sich allenthalben der Eindruck, daß der Erzähler, allem scheinbaren Getue um Genauigkeit zum Trotz, nicht wirklich genau, vor allem sprachlich nicht, die Innenwelt beschwören kann. Wenn Doderer an der bereits erwähnten Stelle seine eigene »Marquise« um fünf Uhr nachmittags aus dem Hause treibt, so ist er ebenso unbedenklich in seinen Vorurteilen und Antipathien beim Schildern von Menschen und Vorgängen. Wer eines der großen Erzählwerke Heimito von Doderers zu Ende gelesen hat, behält keine der Kunstfiguren im Gedächtnis. Das macht: ihr Autor hatte sie nicht gestaltet, bloß verachtet.

»Die Gesellschaft war also schon irgendwie fürchterlich (jene, in welche Melzer am Samstag geriet). Die Gesellschaft, sagen wir: nicht ihre einzelnen Elemente. Diese höchstens teilweise. Und wenn auch jede Gesellschaft bekanntlich von den Mindersten der Anwesenden in ihrem Niveau am meisten bestimmt wird, so hat man mit jenen doch lange noch nicht dieses plan gegeben. Und überhaupt noch nicht mit der Qualität und Quantität der Elemente. Die organische Chemie, eine Wissenschaft, die im übrigen niemand als immer und durchaus wohlriechend wird bezeichnen können ...« (Die Strudlhofstiege, S. 707).

Gerade an dieser, eher zufällig ausgesuchten Stelle wird auch der schlampige Umgang mit der Sprache evident. Altertümelei, gespielte Betulichkeit, mühsam verhüllter Haß.

In seinem Erinnerungsbuch »Das Augenspiel« hat *Elias Canetti*, nun auch seinerseits boshaft, doch aus gegebenem Anlaß, einen Besuch geschildert bei einem Maler, einer flüchtigen Bekanntschaft. Der führt seine Bilder vor. »Die Bilder wurden auf etwas rituelle Art zelebriert.« Auch ein Dichter ist anwesend und nimmt teil am Ritual. Mit seinem Namen wurde er dem Besucher nicht bekanntgemacht.

Canetti berichtet: »Das süßliche Verständnis, das sich von ihm ausbreitete, war mir in dieser Gleichmäßigkeit unangenehm, es verriet über jedes Bild dieselbe wohlabgewogene Freude und eine Innigkeit, als stünde man zu San Marco in Florenz vor einem Fra Angelico nach dem anderen. Ich war vom regelmäßig wiederholten Schauspiel dieser Reaktion so fasziniert, daß ich mehr auf den Dichter als auf die Bilder sah und ihnen bestimmt nicht gerecht wurde. Das eben war die Absicht des Dichters, dessen Erscheinung und Beifallsspiel in dieser kleinen Gesellschaft zur Hauptattraktion wurde... In unterschütterlicher Selbstgewißheit, als säße er zu Pferde, lächelte der Dichter von oben, ein Ritter, der nie an sich gezweifelt hatte, altvertraut mit Tod und Teufel, auf gleich und gleich mit ihnen... Als es zu Ende war, bedankte er sich innig für das große Erlebnis. Er blieb keinen Augenblick länger, die Sklavin lächelte vergeblich, er zog sich zugleich mit seiner Freundin zurück und ich erfuhr erst jetzt seinen Namen, den ich ein wenig lächerlich fand, obwohl er zum Grimassieren paßte: er hieß Doderer.«

Ein liebloser Bericht. Doch der böse Blick war scharf. Unmittelbar nach der Nennung des Namens Doderer folgt bei Canetti nämlich noch eine Parenthese, die es in sich hat: »(Ich sah ihn zwanzig Jahre später unter sehr veränderten Umständen wieder. Er war berühmt geworden und kam mich in London besuchen. Ruhm, sagte er, wenn er einmal eingesetzt habe, sei unwiderstehlich wie ein Dreadnought. Er fragte mich, ob ich je einen Menschen getötet hätte, als ich verneinte, sagte er, alle Verachtung grimassierend, deren er fähig war: ›Dann sind Sie eine Jungfrau!‹)«

Gottfried Benn

Das dichterische Werk Gottfried Benns ist nicht fortzudenken aus der deutschen Literatur. Die »trunkene Flut« seiner Verse strömt weiter mit den heutigen und zu den künftigen Lesern, die immer wieder diesem Sog verfallen. Im literarischen Werk, auch in Benns Erzählwerken, ist kein Unterschied spürbar zwischen den Inspirationen des jungen Expressionisten einer ersten Vorkriegszeit und den späten Bilanzierungen des in Berlin in einer zweiten Nachkriegszeit lebenden und dichtenden Mediziners, den endlich der Ruhm erreicht: so daß die immer wieder notwendige und nahrhafte dermatologische Praxis aufgegeben werden kann.

Die Sekundärliteratur wächst immer weiter an. Der späte Ruhm ist definitiv geblieben. Alle Episoden gesellschaftlicher Mißachtung, des Beschweigens, zorniger Ablehnung erwiesen sich als ephemer, von heutiger Nachwelt aus gesehen. Doktorarbeiten und Habilitationsschriften auch hier. Es geht nicht anders zu als bei Kafka, bei Musil, bei Brecht. Des bedenklichen Zaubers dieser Poesie mußten sich bereits zu Lebzeiten Gottfried Benns die nachgeborenen Poeten fast widerwillig erwehren. *Franz Fühmann* hat ausführlich über die Wirkungen Benns, auch des vorübergehend zum Laudator eines Dritten Reiches gewordenen Rhapsoden, auf die eigene enthusiasmierte Jugend berichtet. Gegen

Ende seines Lebens aber bekannte sich Fühmann, der keine Gedichte mehr schrieb, zu Georg Trakl.

Auch *Paul Celan* hat das Benn-Syndrom gekannt. In Paris sprach er geheimnisvoll von einem deutschen Buchladen, wo es die frühen Gedichtbände Gottfried Benns nach wie vor zu kaufen gebe, auch die erste Sammlung der Gedichte aus den Zwanziger Jahren. Er wolle einen dorthin geleiten. Er selbst aber gedachte die Bände, die billig waren, nicht zu kaufen. Doch er mißbilligte nicht, daß man sich die seltenen Objekte sicherte.

Paul Celans Rede bei Entgegennahme des Georg-Büchner-Preises im Jahre 1960 ist insgeheim konzipiert als *Gegenposition* sowohl zur *Büchner-Rede von Gottfried Benn* aus dem Jahre 1951 wie auch, und vor allem, zu Benns wohl wichtigstem Nachkriegstext, seiner Marburger Rede nämlich über »Probleme der Lyrik«.

Gottfried Benn und die umerzogene Literatur: danach muß gefragt werden. Die Sachverhalte sind bekannt; die Texte liegen vor; der aufschlußreiche Briefwechsel Gottfried Benns mit seinem Freund und Mäzen, dem *Dr. jur. Friedrich Wilhelm Oelze* aus Bremen, ist mit Recht genau gelesen und ernst genommen worden. Der Autor selbst hat in seinem Bericht über das eigene »Doppelleben« von sich aus Klarheit schaffen wollen. Ja freilich, er hielt es im Jahre 1933 anders als die meisten der angesehenen deutschen Autoren. Er ging nicht ins Exil, allein er hat auch nicht geschwiegen. Seine Rolle bei der Destruktion der Sektion Literatur innerhalb der Preußischen Akademie der Künste war schlimm. Bei der Austreibung seines angeblichen Idols Heinrich Mann half er mit. Die Verjagung des jüdischen Kollegen Alfred Döblin scheint er gebilligt zu haben. Der mutige Entschluß der *Ricarda Huch,* in Solidarität mit den Vertriebenen ihrerseits zu verzichten auf den Status des Akademikers, scheint den Akademiker Gottfried Benn nicht beim Mitmachen gestört zu haben.

Als er im Jahre 1934 eine Essaysammlung mit dem Titel »Kunst und Macht« herausgab, konnte man in den Prospekten des Verlages die ruhmvolle Mitteilung lesen, die berühmte Schmähschrift Benns aus dem Jahre 1933, seine am Rundfunk vorgetragene Emigrantenschelte mit dem Titel »Der neue Staat und die Intellektuellen«, gehe bereits ins fünfte Tausend. Gleichsam rühmend wird im Verlagsinserat ein Zitat aus der »Deutschen Zeitung«, Berlin, mitgeteilt: »Mit der Schärfe und Klarheit, wie sie ein Ernst Jünger bisher einzig in der nationalen Literatur in seiner Darstellung anwandte, behandelt Benn sein Thema als Eugeniker, Biologe, Psychologe und Organiker, das Ergebnis einer fünfzehnjährigen gedanklichen Entwicklung faßt er zusammen als Seher und Dichter. Die naturwissenschaftlichen Erkenntnisse der Zeit erscheinen durch ihn gebunden in einer strahlenden Einheit des Gedankens der kämpfenden Nation.«

Ein Mißverstehen ist hier nicht möglich. Das Buch »Kunst und Macht« erweist sich zwar, hält man sich an den schieren Wortlaut, als Zusammenfassung früherer Gedanken und Thesen des Kulturpsychologen und Naturwissenschaftlers. Die Studien über den Expressionismus und über Stefan George, Gottfried Benns Betrachtungen über die »Dorische Welt« sind als Fortsetzung seiner früheren Arbeiten zu verstehen, auch seiner lyrischen Evokationen aus den Zwanziger Jahren. Hier spricht kein »Märzgefallener« und plötzlicher Konvertit.

Dennoch sorgt Gottfried Benn in seinem Vorwort selbst dafür, daß der Leser aufgefordert wird, alles frühere Denken und Schreiben des Autors als Vorbereitung auf das Deutsche Erwachen des 30. Januar 1933 zu verstehen. Fast sieht es aus, als wolle Gottfried Benn den Leser bedeuten: Ich habe es immer schon gesagt und gewollt. In der Tat beginnt das Vorwort wie folgt: »Der Nationalsozialismus ist heute eine feststehende geschichtliche Erscheinung; seine Fundamente sind eingelassen in den glanz- und opferdurchtränkten Boden Europas. Er wächst, er richtet sich aus. Er wird Europa geben, und er wird aus Europa nehmen. Er wird die Fluten seiner ahnenschweren Vitalität durch abgelebte europäische Flächen ergießen, aber er wird sich auch einspinnen in dieses Erdteils alte Geschichte, denn seine Kraft ist sowohl treibend wie hemmend, geschichtsgebunden wie revolutionär, und seine Tendenz im ganzen ungemein synthetisch.«

Das Weitere ist bekannt. Die »ungemein synthetische« Tendenz des Nationalsozialismus erwies sich bald darauf, gerade für Gottfried Benn, als ungemein selektiv, nämlich als »ausmerzend«. Das »Schwarze Korps« des Reichsführers Heinrich Himmler nahm sich den einstigen dekadenten und entarteten Dichter energisch vor. Gottfried Benn rettete sich, wie man weiß, als Militärarzt zur

Reichswehr. Nun saß er, morose dahinvegetierend, in Hannover im »Weinhaus Wolf«. Er hat die Situation sowohl in jenem Text mit der Überschrift »Weinhaus Wolf« wie in seinen Briefen an Oelze schonungslos wie immer beschrieben.

War alles bloß eine Verirrung gewesen, wie der Emigrant Klaus Mann behauptet hatte, sein treuer Bewunderer seit den Zwanziger Jahren? *Klaus Mann* nahm den Fall Gottfried Benn, mit Recht, wahrhaft ernst, weil er fand, dieser Dichter sei doch der einzige gewesen, von dem ein Reden vor den Mikrophonen des Dritten Reiches, ein Bekenntnis zum ebenso ausgreifenden wie synthetischen Nationalsozialismus nicht erwartet werden durfte.

War es wirklich so? In der endgültigen Sammlung der wichtigsten literarischen Essays von Klaus Mann (Prüfungen. Schriften zur Literatur, München 1968) gibt es allein fünf ausführliche Texte über Gottfried Benn. Der berühmte Brief aus dem Exil vom 9. Mai 1933 hatte alles bereits vorausgesagt. Nach zwei Weltkriegen kam Benn auf den Fall zurück, um festzustellen: Der junge Mensch aus dem Literatenmilieu habe alles Politische weitaus richtiger und klarer vorausgesehen.

Klaus Mann hatte auch den unvermeidbaren Umschlag von der Hätschelei zur Verachtung, dem Gottfried Benn durch die neuen Machthaber ausgesetzt wurde, richtiger und genauer analysiert als der trübsinnige Hautarzt und Weintrinker in der Leinestadt Hannover. In Klaus Manns Essay über »Gottfried Benn. Die Geschichte einer Verirrung«, geschrieben im Jahre 1937, kann jetzt nicht mehr von Irrtum und Selbstentwürdigung gesprochen werden. Der Diagnostiker stellt eine Beziehung her zu Gottfried Benns frühen Thesen und Denkentwürfen. Es war keine Verirrung, und wenn es auch, im Hinblick auf Benns deutsches Lebensschicksal, ein Augenblick des »Wahnsinns« gewesen sein mochte, diese Lobpreisung der synthetischen Tendenz und sogar des »Führers«, so hatte alles doch »Methode« gehabt, mit Shakespeare zu sprechen. Inzwischen hatte auch Heinrich Manns Neffe erkannt, daß die im Jahre 1931, bei Heinrich Manns sechzigstem Geburtstag, so hoch gepriesene Laudatio Gottfried Benns für den großen Akademiekollegen, den Verfasser des »Untertan«, eine Fälschung gewesen war. Klaus Mann stellt beim Rückblick im Jahre 1937 fest: »Gerade auf Heinrich Mann angewendet, erweist sich ja die ganze Absurdität, die fast klinische Abwegigkeit des Form-Ethos, wie es bei Benn sich dargestellt findet und wie es ihm sich darstellt.«

Auch die hannoverschen Verlautbarungen des trübsinnigen Dichters und Arztes werden nicht ausgenommen: »Wir sehen ihn bei Beschäftigungen, die uns recht eigentlich ins Irrenhaus zu gehören scheinen; während er, zum Beispiel, vorgibt, den ›Lebensweg eines Intellektuellen‹ – seinen eigenen Lebensweg nämlich – zu erzählen, treibt er Rassen- und Familienforschung auf eine Art, die uns ebenso grausig wie humoristisch anmutet.«

Nichts von alledem war vergessen worden, als der Krieg zu Ende war. Gelegentliche Nachrichten wurden mündlich weitergegeben: Gottfried Benn habe den Krieg überlebt, seine Frau sei unter schrecklichen Umständen zugrundegegangen. Er lebe nun zurückgezogen in einem der Westsektoren von Berlin und verdiene sein Geld wieder als Hautarzt. Keiner der traditionellen Verlage, die weiterarbeiteten oder neu erstanden, bekundete irgendein Interesse an den Versen oder der Prosa dieses »umstrittenen« Autors. Erst ein junger, nicht professionell vorgebildeter Verleger in der amerikanischen Zone, Max Niedermayer in Wiesbaden, wagte sich an diesen Autor und sein Werk.

Unvermeidbarerweise stand aber die poetische Auferstehung dieses Dichters nach wie vor in einer Konstellation, die kaum geeignet war, die Grenze zwischen »Faschisten« und »Antifaschisten« genauer zu fixieren.

Folglich wurde Gottfried Benn, im Urteil seiner neuen Kritiker und Leser, entweder hochstilisiert zum Großschriftsteller einer deutschen Nachkriegsliteratur, oder er wurde scharf bekämpft und abgelehnt: eben deswegen. Der schweizerische Literaturhistoriker *Walter Muschg* von der Universität Basel bekämpfte den Dichter Gottfried Benn nach wie vor als Exponenten einer ebenso politischen wie ästhetischen Verirrung. Andererseits traf die noch sehr junge Deutsche Akademie für Sprache und Dichtung in Darmstadt gleichfalls eine symptomatisch-restaurative Entscheidung, als sie im Jahre 1951 über die *Vergabe des Georg-Büchner-Preises* für dieses Jahr zu entscheiden hatte. Den Preis zu Ehren Georg

Büchners gab es seit dem Jahre 1923. Er war ein Preis gewesen des »Volksstaates Hessen«: ein Preis für Künstler, nicht allein für Schriftsteller. Zwischen 1933 und 1944 wurde der Preis nicht verliehen. Mit guten Gründen. Der Preis trug den Namen Georg Büchners. 1945 wurde er wiederbegründet als Hessischer Künstlerpreis. Er durfte aber nur verliehen werden an Künstler aus dem »Hessischen«, was nunmehr keinen eindeutigen geographisch-politischen Begriff mehr anzeigte. Immerhin wurde Anna Seghers aus Mainz im Jahre 1947 in Büchners Namen geehrt. Im Jahre 1950 ehrte man Elisabeth Langgässer, die im rheinhessischen Alzey zur Welt gekommen war.

1951 wurde der Georg-Büchner-Preis freigemacht von seinen hessischen Ursprüngen. Von nun an mußte er als deutscher Literaturpreis verliehen werden. Er ist inzwischen als wichtigste Auszeichnung eines zeitgenössischen Schriftstellers deutscher Sprache anerkannt worden.

Erster Preisträger wurde Gottfried Benn im Jahre 1951. Das war ein Bekenntnis, wie immer man es verstehen mochte. Die Kritiker einer restaurativen Literatur gingen begreiflicherweise nicht so weit, Gottfried Benn mitsamt seinen »Verirrungen« zwischen 1933 und 1935 als konkrete Totalität, gleichsam global, zu feiern. Man teilte ihn auf in ein Vorher und ein Nachher. Musterhaft wurde auch dies bei Günter Blöcker besorgt in dem ausführlichen Benn-Kapitel seines Buches über die »Neuen Wirklichkeiten« vom Jahre 1957. Gottfried Benn war für den neuen Diagnostiker ein Mann im Gefolge des Formalismus und Ästhetizismus aus dem 19. und frühen 20. Jahrhundert. Eine sonderbare Troika: Edgar Allan Poe. Paul Valéry. Gottfried Benn. In der ersten Nachkriegszeit seit 1945, so Blöcker, sei Gottfried Benn die heimliche und kräftige Nahrung der Wenigen und Glühenden gewesen: »Im Deutschland der Jahre nach 1945 hat es diesen heimlichen jungen Menschen auch gegeben; nur las er nicht Mallarmé, sondern Gottfried Benn. Es war eine der wohltuenden Erfahrungen, die man in jenen Jahren machen konnte, solchen jungen Leuten aus der Generation der noch einmal Davongekommenen zu begegnen und zu sehen, wie sie, hungrig in jedem Betracht, nach ihrem Dichter suchten, das heißt: nach einem Geist, der sie nicht abermals mit billigen Vertröstungen und rasch welkenden Idealen abspeiste, sondern der sich zur Situation des Nullpunkts bekannte.«

Verschwiegen wird die genaue Bezeichnung dessen, was jene Heimlichen und Stillen im Lande, eben um das Jahr 1947, enthusiasmiert haben mochte. Waren es die frühen Gedichte des Buches »Morgue« oder eben doch die schneidenden Thesen des Buches »Kunst und Macht«?

Günter Blöcker sagte es nicht. Es hat keine Verirrung gegeben, oder doch? Heute ist Heute in den Fünfziger Jahren. Bei Blöcker heißt die Formel: »Jetzt wurde er über das Ästhetisch-Literarische hinaus zu einer Figur, die das Bewußtsein einer historischen Situation repräsentierte.«

O ja, freilich. Doch welches Bewußtseins?

Der schweizerische Kritiker *Max Rychner*, Freund Hugo von Hofmannsthals und Carl J. Burckhardts, der sich spät erst, in den letzten Lebensjahren Gottfried Benns, zu diesem Autor einer, wie Walter Muschg sagen würde, »Tragischen Literaturgeschichte« bekannte, war weitaus subtiler. Das macht: Max Rychner war kein Diagnostiker einer fröhlichen deutschen Restauration, wenn er auch merkwürdigerweise zu jener Zeit die damals vielgenannten Kritiker Hans Egon Holthusen oder Curt Hohoff für bemerkenswert hielt. Was Rychner jedoch keineswegs dazu veranlaßte, mit ihnen der Tendenz des vorsichtigen und nicht sehr mutigen Beschweigens zu folgen. Für Rychner war die Gesamterscheinung Gottfried Benn nur in ihren Widersprüchen erklärbar: »Für jene, die in der glücklichen, doch unerprobten Lage sind, jeweils den ersten Stein werfen zu dürfen, werden diese Briefe, die Benn so rückhaltlos enthalten wie alle seine Schriften, wiederum Ärgernis genug enthalten. Doch welcher Wurf erreichte den Dichter, der sich sein Leben hindurch furchtlos darbot! Alles, was in den Briefen auf menschlicher Ebene unerklärlich erscheint, weist zurück auf jenes große Unerklärliche im Dichter, dem wir die vollkommensten seiner Verse zu danken haben. Beides ist hinzunehmen an einer Erscheinung dieses Ranges, die den Stolz ihres Daseinsrechtes keinen Augenblick preisgab und die noch ihre Schwächen zur Leistung zwang.«

Waren es Widersprüche? Um es zu wiederholen: das dichterische Werk Gottfried Benns ist all diesen Auseinandersetzungen der Fünfziger Jahre längst entwachsen. Gerade deshalb gehört Gottfried Benns »Verirrung« ebenso zur Gesamtgestalt wie der neurotische Judenhaß zu Richard Wagner, wie der ängstlich-unterwürfige Opportunismus zum Dichterleben eines Gerhart Hauptmann.

Jede Beurteilung des Dichters Gottfried Benn und seiner Dichtung wird ausgehen müssen vom Faktum der entschiedenen und einbekannten *Geschichtsverachtung.* Max Rychner hat Gottfried Benn, der nicht an irgendein geschichtliches Lernen und Lehren glaubte, in einen Denkzusammenhang gestellt mit *Paul Valéry* und *Albert Camus.* Insofern hatte Blöcker wohl nicht unrecht in der Zusammenstellung der Namen Valéry und Benn. Allein auch Klaus Mann hatte es richtig gesehen im Jahre 1937, als er die Kontinuität herausarbeitete, die er damals freilich einmünden ließ in Benns Thesen vor den Mikrophonen des Dritten Reiches, oder in die Desillusionen im Weinhaus Wolf.

Bereits im Jahre 1922 schloß Gottfried Benn selbst einen schmalen Band seiner »Gesammelten Schriften«, also der Gedichte wie der Prosa, mit einem Epilog ab. Da heißt es: »Wir erfanden den Raum, um die Zeit totzuschlagen, und die Zeit für unsere Langeweile; es wird nichts und es entwickelt sich nichts, die Kategorie, in der der Kosmos offenbar wird, ist die Kategorie der Stagnation.«

Diese Sätze von 1922 konnte Gottfried Benn ohne weiteres übernehmen im Jahre 1951, als er sich in Darmstadt für den Georg-Büchner-Preis bedankte. Es ist abermals, wie in einem berühmten Benn-Gedicht, das Bekenntnis zum einzigen Realen: dem Nichts einer geschichtslosen Menschenexistenz, und zum gezeichneten Ich der großen Künstler. Beim Lesen des »Woyzeck« glaubt der Laureat, ein Sechziger, der sich in seiner Dankrede abermals zum Prinzip einer monologischen Lyrik bekannt hat, alle seine Gedanken und Überzeugungen gerade auch bei Georg Büchner auffinden zu können: »Ein Künstlertreiben, das nicht erhellt und nicht erwärmt, das sinnlos ist wie der Raum und die Zeit und das Gedachte und das Ungedachte ...« Gottfried Benn war folgerichtig, als er fortfuhr: »Das waren alte und neue Gedanken von mir, die mir kamen, als ich den Woyzeck las, bevor ich hierher reiste.«

Es waren seine alten wie seine neuen Gedanken. Wodurch er abermals, ob es ihm behagen mochte oder nicht, erst recht nach seinem Sterben mit siebzig Jahren, ins dialektische Räderwerk des Geschichtsdenkens geriet. Eben diese alten wie neuen Gedanken nämlich waren, wie immer es Benn selbst sehen mochte, geschichtlich situierbare Denkweisen. Wodurch ein Autor vom Range dieses Dichters in den Sog der Leute von 1933 geraten konnte, und auch wieder nicht. In die ungute Behaglichkeit des fröhlichen deutschen Restaurierens, und auch wieder nicht.

Wolfgang Koeppen und Heinrich Böll

Auch Wolfgang Koeppen erhielt in Darmstadt den Georg-Büchner-Preis, elf Jahre nach Benn: im Oktober 1962. Auch er hielt, wie es der Brauch will, eine sorgfältig vorbereitete Dankrede, die sowohl Selbstaussage zu sein hatte wie Annäherung an Georg Büchner. Dabei wurden die Gegensätze der Generation, des Erlebens und des geschichtlichen Standortes ungemein deutlich. Wolfgang Koeppen, Jahrgang 1906, unternimmt in aller Bewußtheit die Konfrontation mit Gottfried Benn, dem Repräsentanten aus dem Geschlecht der frühen Expressionisten.

Der junge Literat und Journalist aus Greifswald erlebte das Deutsche Erwachen als Redakteur des Berliner »Börsencouriers«, also eines Judenblattes nach dem braunen Sprachgebrauch. Bei jenem Fernsehgespräch, an welchem auch Heinrich Böll teilgenommen hatte, berichtete Koeppen, wie er am 31. Januar 1933 bei der Rückkehr aus München in der Redaktion auf Menschen traf, die Angst hatten, doch nicht ernsthaft an die grausige Veränderung glaubten. Dieser Spuk werde bald vorübergehen. Auch Koeppen schien dieser Ansicht zu sein. Später mißlang ein wohl auch nicht ernsthaft unternommener Versuch mit dem Exil.

Wolfgang Koeppens erster Roman »Eine unglückliche Liebe«

erschien bei dem (jüdischen) Cassirer Verlag im Jahre 1934. Er konnte und durfte keinen Erfolg haben. Ein Jahr später (1935) brachte Cassirer noch einen zweiten Koeppen-Roman »Die Mauer schwankt«. Der verschwand abermals, blieb ohne Wirkung, wurde vier Jahre später noch einmal in einem anderen Verlag mit dem Titel »Die Pflicht« wieder aufgelegt. Dann verstummte der Erzähler Wolfgang Koeppen, auch wenn er hier und dort kleinere Texte publizieren durfte.

War es eine innere Emigration? Koeppen ist abhold aller Terminologie und vorschnellen Klassifizierung. Er würde die Frage als ungemäß ablehnen. Fest steht, daß er kein Schreiber der Siegeszuversicht, des Jubels, des Durchhaltewillens geworden ist. Auch kein Redner oder Schreiber wider die geflohenen oder verjagten Kollegen. Das hätte gegen eine der existentiellen Maximen dieses Schriftstellers verstoßen. Er selbst, Wolfgang Koeppen, hat es im Jahre 1962 in seiner Darmstädter Dankrede gültig für sich formuliert: »Der Schriftsteller ist kein Parteigänger, und er freut sich nicht mit den Siegern.«

So mußte Wolfgang Koeppen auch in Sachen Gottfried Benn eine Haltung einnehmen, die keinerlei Vergleich zuließ zu irgend einem Beschweigen oder gar Beschönigen der einstigen Thesen zum Thema der Kunst und der – damaligen – Macht.

In der Antwort auf eine Umfrage über Gottfried Benn hat Koeppen, abermals im Jahre 1962, den Tatbestand und sein Urteil so formuliert: »Benns statischer Asozialer blickt erhaben und mutig und äußerst einsam der Gorgo ins Gesicht. Die Gesellschaft liegt unter ihm, ein belangloses oder widerliches, ein jedenfalls hinzunehmendes Gewimmel. Aber als man nur äußerste Verachtung von ihm erwarten mochte, engagierte sich Benn sozial, nahm er Partei, optierte er für den letzten Unrat aus Nietzsches Hinterlassenschaft, für den kleinbürgerlichen Traum von der Herrenrasse. Nicht für lange.«

Solche Texte demonstrierten, daß es zu Beginn der Sechziger Jahre zu Ende ging mit der fröhlichen Restauration. Inzwischen waren ihr die literarischen Widersacher erstanden. Die Sechziger Jahre, das war leicht vorauszusagen, würden sich weder fröhlich präsentieren noch restaurativ.

Wolfgang Koeppen hatte durch seine »Trilogie des deutschen

Alltags« diese literarisch-politische Konfrontation vorbereiten helfen. Vielleicht sind die »Tauben im Gras« von 1951 sein wichtigstes Buch geblieben. Die langen Jahre des Verstummens waren dieser Prosa nicht schlecht bekommen. Es gibt auch heute noch kein anderes Erzählwerk, das dies sonderbare Amalgam der ersten Nachkriegsjahre besser und genauer evoziert hätte. Immer wieder die Mischung aus Gier und aus Angst, aus Lebenswillen nach so viel Todesgefahr und neuer, anderer Lebensgefährdung, und in alledem immer wieder das »Gezeichnete Ich« des Dichters oder auch Literaten, der mitlebt und es auch möchte, aber nicht so recht und nicht besonders gern. Koeppens Trilogie, die zwischen 1951 und 1954 erschien, mit dem »Treibhaus« also und dem »Tod in Rom«, endet stets mit Gewalt und Tod: mit Freitod und mit Mord. Das war unvermeidlich, denn die rheinische Welt der unfreiwilligen neuen Bundeshauptstadt verkörperte für den Betrachter Koeppen ein Höchstmaß der geschäftigtuenden Einsamkeit. Vom einsam gewordenen, der ersten Nachkriegsillusionen entwöhnten Repräsentanten des neuen Staates in seiner Villa in Bonn über den neuen Parlamentarier, der sich nicht mehr zurechtfindet bei seinen Kollegen im Sitzungssaal, bis zu den einsamen Familien, die in der feuchten Schwüle des rheinischen Klimas in einer künstlichen Welt zu agieren scheinen. Nicht märchenhaft, denn diese Künstlichkeit hatte mit den neuen Kunststoffen zu tun.

Man hat das Buch »Das Treibhaus« damals recht übel aufgenommen. Da bemühe man sich allenthalben, schrieb ein angesehener Rezensent, um ein bißchen Staatsgesinnung, und schon trete wieder einer auf, um die dürftigen Pflänzchen auszurupfen. Koeppens Antwort hätte vielleicht gelautet: das Ausrupfen sei notwendig. Es handle sich um Unkraut. Ungutes Gewächs.

Seit Mitte der Fünfziger Jahre hat man diese beiden, *Wolfgang Koeppen* und *Heinrich Böll*, nach beliebter Schulmeistersitte, wie ein Doppeldenkmal einer neuen, vielleicht nicht besonders umerzogenen Literatur präsentiert. Gleichsam wie Schiller und Goethe. Keller und Meyer. Hofmannsthal und Rilke. Musil und Broch. Immer wieder profunde Mißverständnisse.

Die Gemeinsamkeit zwischen diesen beiden Schriftstellern besteht nur als *Gleichzeitigkeit* ihres Hervortretens und ihrer Lebenszäsur, die sie, gleich vielen Zeitgenossen, literarischen und anderen, als Narbe tragen müssen. Im übrigen ist kaum ein größerer Gegensatz denkbar. Böll ist ein Erzähler, der seinen Zorn hinausschreien muß; Koeppen frißt die Erbitterung in sich hinein. Böll betrachtet sich weitgehend als Zurechnungspunkt für Erlebnisse; wichtig an ihnen scheint ihm vor allem, daß sie nicht nur ihm selbst zustießen, sondern auch anderen seinesgleichen. Wolfgang Koeppen sieht sein eigenes Erleben nicht als stellvertretendes Erleiden, sondern als ein - höchst persönliches - Geschlagensein. Böll versucht immer wieder, das subjektive Geschehen, welches ihm zustieß, zu objektivieren. Er ist vor allem ein bewußter Zeitgenosse. Koeppen bemüht sich immer wieder, das Geschehen, das seiner Generation zustieß, seinen Lehrern und Freunden, seinen Dichtern und Gegnern, zu subjektivieren: wichtig ist vor allem die *Form*, in welcher es ihm selbst und an ihm selbst geschah. Er möchte ein bewußter Außenseiter bleiben. Eine der wichtigsten Figuren Bölls bleibt der Soldat Feinhals, der sich das Weltverständnis dadurch zurechtzulegen sucht, daß er sich als kleines Schräubchen in einer ebenso teuflischen wie sinnlosen Zerstörungsmaschine empfindet. Wolfgang Koeppens kennzeichnende Gestalt, übrigens das unmittelbare Vorbild der späteren Mittelpunktsfiguren in den Romanen vom Treibhaus und vom Tod in Rom, ist der Schriftsteller Philipp aus »Tauben im Gras«, der dem Phänomen seines Überlebens und totalen Scheiterns unablässig nachsinnt.

Die Impulse zu Bölls Schaffen werden immer wieder durch Erlebnisse mit Menschen ausgelöst. Im gesamten Schaffen Wolfgang Koeppens hingegen läßt sich nur schwer die Grenze ziehen zwischen dem, was durch Lebenstatsachen und was durch Büchertatsachen hervorgerufen wurde.

Für Böll geht es in allen Büchern um das Problem der Teilnahme, für Koeppen stets - kulminierend im Schicksal seines Bundestagsabgeordneten aus dem Roman »Das Treibhaus« - um dasjenige der Nichtteilnahme. Kein Wunder also, wenn die Besuche Wolfgang Koeppens und Heinrich Bölls in der *Sowjetunion* nicht bloß der Resonanz nach, sondern auch durch die Art ihres Auftretens stark differieren mußten. Koeppen erstrebte einen Privatbesuch in einem Land, das dergleichen nicht vorgesehen hat. Böll erschien als Privatmann, der genau weiß, daß sein

Besuch ein öffentliches Ereignis darstellt: gleichsam einen Staatsbesuch, und der es sich gesagt sein läßt.

Wenn daher das »Bekenntnis zur Trümmerliteratur« für Heinrich Bölls Schriftstellerei bis heute gültig geblieben ist, da es seiner permanenten Fixierung an die Trümmersituation entsprach. so ist für Koeppen, gleichfalls als Folge einer Fixierung, jenes Gefühl der Fremdheit geblieben, das den Schriftsteller Koeppen als Lebens- und Werkaura umgibt. Auch Wolfgang Koeppen, den Selbstinterpretationen ebenso abgeneigt wie Günter Eich, suchte in seiner Darmstädter Dankrede bei Entgegennahme des Georg-Büchner-Preises von 1962 diese Haltung zu deuten. *Walter Jens* hatte in seiner Laudatio auf den Preisträger davon gesprochen, alles Geschehen in Koeppens Büchern werde stets eigentlich durch ein Fenster gesehen: der Erzähler blicke irgendwo hinein oder heraus, nehme jedoch überall nur den Anteil eines Betrachtenden.

Als Koeppen darauf in vorbereiteter Rede antwortete, zeigte es sich, wie recht Jens mit dieser Beobachtung gehabt hatte. Koeppen sagte damals: »Ich zähle aber auch, ich kann es nicht ändern, zu einer Generation, die leider nicht die Unmenschlichkeit, die Macht in ihrer bösesten Gestalt genug geärgert und bekämpft hat und deshalb der Welt zu einem Ärgernis geworden ist. Ich las in Elio Vittorinis ›Offenem Tagebuch‹ gerade den Satz: ›Mein Buch gehört meiner Generation.‹ Ich wollte dem zustimmen. Natürlich gehört ein Werk zur Ernte der Generation seines Urhebers. Aber wie ist es, wenn der Autor mit seiner Generation zerfallen ist, oder wenn er sich von dem Lebensabenteuer seiner Generation abseits hält? Ich war, als Hitler zur Macht kam, beschäftigt, meinen ersten Roman zu schreiben, und es ist sicher, daß meine Generation, die damals und mit mir jungen Menschen es waren, die Hitler trugen, stützten, inthronisierten, und es war die von mir, dem einzelnen, dem Außenseiter von Beginn an als schrecklich, als unheilvoll empfundene Bewegung doch das Abenteuer, die Aufgabe, die es zu bewältigen galt, das Glück und das Unglück meiner Generation. Es waren unsere und leider auch meine Jahre, die da verbrannten, für mich, der ich nicht mitmarschierte, nicht in brauner Reihe ging, verlorene, erlittene, sprachlose Jahre.«

Es folgt jener bestürzende Satz, der in höchst allgemeiner Form vom Schriftsteller zu sprechen gedachte, aber nur den Schriftsteller Koeppen meinen konnte, weil er eben undenkbar gewesen wäre etwa im Munde Heinrich Bölls: »Der Schriftsteller ist kein Parteigänger, und er freut sich nicht mit den Siegern.« Diese Konzeption einer Schriftstellerei wäre sicher nicht nach dem Herzen Heinrich Bölls, der zwar auch mit den Siegern sich nicht freut, dabei aber parteinehmend bleibt, leidend und hassend, noch in jeder Gelegenheitsarbeit, wie in jener tief erbitterten Rezension der Memoiren Konrad Adenauers, worin, einem Leitmotiv gleich, immer wieder das Wort »niederträchtig« auftaucht. Koeppen sieht alles Gesamtgeschehen als Einzelgeschehen. Dem Vorgang der Mythisierung bei Böll entspricht die hartnäckige Entmythisierung bei Wolfgang Koeppen. Was er selbst so ausdrückte: »Ich versuchte, Ihnen vom Schriftsteller als Einsamen, als Beobachter, als Außenseiter, als dem Mann allein an seinem Schreibtisch zu sprechen. Aber ich meine nicht den armen Poeten in seiner Dachkammer, den Künstler als Spitzweg-Erscheinung. Der Schreibende, so sehr er Mikrophon und Kamera und Scheinwerfer scheuen mag, wird sich dem neuen heraufziehenden Analphabetentum von Bildzeitungen, Comicstrips, Fernsehen und auf höherer Ebene von technischen Formeln, die uns manipulieren, automatisieren, vielleicht zum Mond führen werden, stellen müssen.«

Exkurs: Reisen mit Koeppen (1976)

Es gibt zwei tradierte Erzählpositionen: diejenige des unpersönlichen Reiseführers, des Verfassers von klugen Büchern, die man »vor Ort« konsultieren kann, und jene andere des empfindsamen Reisenden nach dem Vorbild eines Laurence Sterne oder (ein Jahrhundert später) des enthusiastischen Cicerone Jacob Burckhardt.

Nur: mit all diesen tüchtigen Unterscheidungen sind Koeppens Reisebücher durchaus nicht zu fassen. Es hapert auf der Seite des Objekts wie des Subjekts. Kann man sich überhaupt, um beim

Erzähler anzusetzen, darauf verlassen, daß der Schriftsteller Wolfgang Koeppen, geboren am 23. Juni 1906 in Greifswald, in Person jene Reisen unternahm: nach Rußland und anderswohin, nach Amerika oder Frankreich? Ein Lexikon bezeichnet Koeppens erstes sogenanntes Reisebuch kurzweg als »Essays«, allein das ist bare Verlegenheit. Außerdem bekam das Buch »Nach Rußland und anderswohin« den Untertitel »Empfindsame Reisen« mit auf den Weg. Ein Zitat demnach, das eine Nachfolge oder auch Gegenschöpfung ankündigt. So wie Koeppens Roman »Der Tod in Rom« im Titel und im Motto auf den »Tod in Venedig« verwiesen hatte.

»Sentimental Journey through France and Italy« betitelte Sterne sein letztes Buch, das in seinem Todesjahr 1768 erschien und sogleich auch in deutscher Übersetzung herauskam. Auf den Rat Lessings übersetzte man »sentimental« mit »empfindsam«. Koeppen tritt mithin auf in der Nachfolge des Laurence Sterne, was heißen soll, wenn man Sterne nachliest: daß neben realen Reiseschilderungen aus Frankreich und Italien rein Imaginäres in scheinbar unkontrollierter Wirrnis vorgetragen wird.

Zudem hatte sich Sterne als Reiseschilderer der eigenen Individualität und Identität begeben. Als Verfasser oder Herausgeber der »Sentimental Journey« zeichnete ein gewisser Yorick, den man aus dem »Hamlet« kennt. Gewiß, bei Koeppen steht der Name des bekannten Romanciers auf dem Titelblatt, aber darf man sich darauf verlassen? Im Jahre 1768 war Yorick in Italien und Frankreich gereist, *nicht Laurence Sterne.* Und wenn es sich bei Koeppen mit seinen Reisen nach Italien und Frankreich, nach Rußland und Amerika, Spanien und Holland ähnlich verhielte?

Der erste, dem diese Sonderbarkeit an Koeppens empfindsamen Reisen auffiel, war *Helmut Heissenbüttel.* Die Affinität dieses Schriftstellers vom Jahrgang 1921 zu Wolfgang Koeppen war nicht gleichsam »vorgegeben«. Spezifische Elemente jedoch in Koeppens Art des Schreibens, in seinen gebrochenen Relationen zwischen Subjekt und Objekt des Erzählens, brachten Heissenbüttel zu dem Eingeständnis: »Von allen Aspekten der neueren deutschen Literatur hat mich der Versuch Koeppens, das sich entziehende Subjekt, das Welt erfährt, erlebt, überschaut, bis in seinen Entzug hinein zu beschreiben, ja das Unmögliche zu tun:

nämlich die Beschreibung des Entzogenen selbst zum Thema zu machen, als Aspekt am meisten interessiert.« Der Satz steht in einem »Wolfgang-Koeppen-Kommentar« betitelten Text von Heissenbüttel.

Ein Kommentar zu Koeppen? Zu einem doch offensichtlich leicht zu lesenden und gut überschaubaren Schriftsteller? Als handle es sich beim Verfasser von »Tauben im Gras« um einen Joyce oder Proust: um Autoren übrigens, auf welche sich Koeppen oft und dankbar zu beziehen pflegt.

Allein Koeppen ist durchaus kein leicht und angenehm konsumierbarer Erzähler. Auch nicht – schon gar nicht – in seinen Reisebüchern. Gutgläubig vertraut sich der Leser dem berichtenden Koeppen an, der mitteilt, wie er bei der Einreise in England dem Beamten der Königin antwortete, als jener wissen wollte, »was ich in London tun, wo ich in London wohnen, wen ich in London sehen und wie lange ich in London bleiben werde«. Der Leser lächelt über die Einfalt dieses deutschen, ersichtlich weltfremden Schriftstellers, der weitererzählt: »Was wußte ich, wohin Lust und Leidenschaft mich treiben würden? Um den freundlichen Gentleman zu beruhigen, nannte ich ihm ein Hotel, das eine Erinnerung an Virginia Woolf war, doch hätte ich ihm ebensogut sagen können, daß ich bei Sherlock Holmes in Bakerstreet logieren wolle. Zu meiner Beschämung trug der nette, höfliche Beamte den Namen, den ich leichtfertig angegeben hatte, ernst in eine Karte ein, die ich unterschreiben mußte.«

Spätestens beim Lesen solcher Episoden muß der Leser ahnen, was es mit Koeppens »empfindsamen Reisen« auf sich hat. Heissenbüttels Analyse dieser durchaus heinefremden Reisebilder trifft die Sache: »Der Erzähler der Reiseberichte (eindeutig beschreibbar durch alle Berichte hindurch, identifizierbar mit sich selbst und eine Figur, mit der der Leser sich identifizieren kann), ist so etwas wie ein Ersatz-Ich: eine Kunstfigur, die der Autor einsetzt, um von dem Konkreten erzählen zu können, das er sich gegenüber sieht.«

Der Erzähler in Koeppens sentimentalischen Reisen hat sich *die Rolle eines naiven Weltfremdlings* zugelegt. Die spielt er abgefeimt und virtuos. Seine literarischen Vorbilder sind nicht zu verkennen: der Simplex von *Grimmelshausen* und der Candide bei

Voltaire. Ein Candide, der Kafka gelesen hat. Dann kommt es zu jener Szene in Koeppens »Amerikafahrt«, die der Erzähler in Salt Lake City situiert. Man kommt morgens mit dem Zug an, will am Nachmittag nach kurzer Stadtrundfahrt weiterreisen zur Ostküste. Die Mormonenstadt langweilt über alle Maßen, man sehnt die Weiterreise herbei, geht zurück zum Bahnhof und fragt nach der Abfahrtszeit. Die Antwort ist vernichtend: da fahre kein Zug nach Osten. Aber man sei doch am Morgen hier eingetroffen, um den Zug zu wechseln. Der Frühzug sei dann nach Osten weitergefahren. Da sei kein Zug angekommen und weitergefahren. Nun bemerkt der Erzähler: »Ich hatte es gewußt.« Es war wie bei Kafka: ein Schlag ans Hoftor, nichts ist zu ändern, man würde den Lebensrest, gleichsam »vor dem Gesetz«, in Salt Lake City verbringen müssen.

Die Aufklärung ist dann bewußt banal: man hat einfach die Bahnhöfe gleichen Aussehens verwechselt. Allein an solchen Episoden wird spürbar, daß diese Reisebücher, wo es viel zu lachen gibt, auf Pfählen ruhen: wie die Städte Amsterdam und Venedig, darunter fließt Traurigkeit. Die arglose Heiterkeit eines Simplizissimus setzt sie jeweils frei. *Koeppens Fahrten enden stets in der Vergangenheit*; sie sind zukunftslos. Die Hadriansvilla in Tivoli als Abschluß: »Gesichter, Größe, Hybris, der gezwungene Zwang, Blindheit und Heldentum, der Steinbruch der Gedächtniskirche, ein Baugerüst in der Regenwasserpfütze auf geborstenem Asphalt, Geschichte, Aufstieg und Fall und immer Ewigkeit.«

Auch Candide wird traurig bei seinen Reisen. Er ist (Koeppen-Candide) in Leningrad im Gespräch mit einem jungen russischen Autor, der Tauwetterprosa schrieb: »Ich sagte, gehen wir zum Hafen, gehen wir in eine Seemannskneipe. Er sagte, Sie meinen einen Seemannsclub? Ich sagte, nein, keinen Club, um Gottes willen keinen Club, eine Kneipe mit Matrosen aus allen Ländern, mit wilden oder sentimentalen Mädchen, mit einer grauen, klugen Katze, mit einem dreckigen, muskelstarrenden Wirt, mit alten Säufern, mit ganz und gar verkommenen, lustigen oder traurigen Leuten. Der junge Schriftsteller sagte, so etwas gibt es in Rußland nicht. Auch sein Gesicht war traurig.«

Schuld hat nicht die Stadt Leningrad, auch nicht eine orthodoxe sowjetische Prüderie. Koeppen-Candide würde traurig bleiben auch in Genua und Marseille oder Hamburg, denn was dieser Reisende sucht und niemals findet, ist nicht Wirklichkeit, sondern Literatur. In Koeppens Reisebüchern besucht man nicht Städte und Landschaften, sondern Bücher und Autoren. Der Einwanderungsoffizier der englischen Königin war von Koeppen nicht belogen worden: man besuchte in der Tat die tote Virginia Woolf und die Welt ihrer Mrs. Dalloway in Bloomsbury. Wenn sich Koeppen in Frankreich zur Amerika-Fahrt einschifft, reist er mit dem Zug durch Landschaften der Impressionisten. Allenthalben das Übergewicht des bereits formvoll Geschaffenen vor aller – scheinbaren – Spontaneität der Eindrücke. *Reisen mit Koeppen: das meint gleichzeitig den Totenkult und den Bücherkult.*

Einwände liegen auf der Hand, sie sind leicht und gängig zu formulieren. Kunst werde hier, wie im 19. Jahrhundert, als säkularisierte Religion verehrt. Dieser Reisende entdecke stets, in New York wie am Ufer der Wolga, nur unzusammenhängende Einzelheiten, die zu deuten, gar zusammenzufügen, er sich weigere. Außerdem entdecke er an allem Sein unfehlbar sogleich auch die Krankheit zum Tode.

Allein dieser deutsche Schriftsteller, der sich hinter den Simplizissimus und Candide verbirgt, hat genauer hingesehen als die Soziologen und Politologen und Anthropologen. Wer in Rußland und den Vereinigten Staaten reiste, wird es bestätigen müssen.

Koeppens Meisterwerk aber in dieser »Abteilung« seiner Reisebücher ist der Text »Ein Fetzen von der Stierhaut«. Reisen durch das Spanien des Generalissimus Franco und seiner Nutznießer. Vor der unerbittlichen Empfindsamkeit dieses Berichts klingt jedes Manifest bloß hohl, und Hemingsway ist es, der »literarisch« wirkt neben dieser Literatur. Das macht: auch diesmal hatte sich der Reisende verkleidet. Er reiste durch Francos Spanien als Ritter Don Quijote von der traurigen Gestalt.

Arno Schmidt, Leviathan

Auch Arno Schmidt, dessen erstes Buch, also der »Leviathan«, im September 1949 bei Rowohlt erschien, war in gewissem Sinne ein »ältlicher Debütant«: wie Hans Werner Richter und Walter Kolbenhoff. Im Grunde auch, wenngleich nicht im Wortsinne, wie Wolfgang Koeppen. Trotzdem sind die Gründe seines späten Hervortretens andere gewesen, und sie sind anders zu verstehen.

Ein Mann von fünfunddreißig Jahren kann zum ersten Mal als Autor eines Erzählwerks von der Öffentlichkeit wahrgenommen werden. Der literarische Spürsinn der beiden Rowohlts, von Vater Ernst also und Sohn Heinrich Maria, bewährte sich wieder einmal auch darin, daß sie aus der Fülle eingereichter Manuskripte nur zwei bis dahin ganz unbekannte Autoren, deren Namen ihnen nichts sagen konnten, zur Kenntnis nahmen: *Arno Schmidt* und *Walter Jens*. Von Arno Schmidt die drei Erzählungen des Bandes »Leviathan«, von Walter Jens das Manuskript des Romans »Nein. Die Welt der Angeklagten«, das ein Jahr nach Arno Schmidt bei Rowohlt herauskam (1950).

Die Erzählungen »Gadir oder Erkenne dich selbst«, »Leviathan« und »Enthymesis oder W.I.E.H.« hatten nichts zu tun mit dem jähen Ausbruch von Erstlingswerken. Sie wiesen weder deren typische Mängel auf, noch war erkennbar, daß irgendein Erleben den Schreibenden veranlaßt hätte, die realen Erfahrungen ins Literarische zu transponieren. Arno Schmidt hat später wissen lassen, er habe schon als Vierjähriger lesen können. Er muß bereits, das kann man als Gewißheit annehmen, im schlesischen Greiffenberg eine gewaltige Büchersammlung besessen haben. Jenes Greiffenberg taucht, in lustiger Gräzisierung, in der Erzählung »Gadir« auf, die offensichtlich, wie man aufgrund von Andeutungen vermuten darf, in der Gegend von Massilia – Marseille spielt, noch unter der Herrschaft der Karthager und wohl zur Zeit des Ersten Punischen Krieges zwischen Rom und Karthago. Ein Grieche schreibt seine Notizen auf, als ein Gefangener der phönikischen Kolonisatoren.

Mit seiner Büchersammlung gingen alle frühen Manuskripte Arno Schmidts verloren. Ein Text »Pharos, oder von der Macht der

Dichter«, geschrieben wohl um das Jahr 1932, blieb als einziger erhalten von allen Arbeiten Arno Schmidts vor der Niederschrift der drei Erzählungen des Buches vom Leviathan. Das Pharos-Fragment nahm sein Verfasser im Jahre 1975 in das letzte Werk auf, dessen Erscheinen er noch erleben sollte, in den »Abend mit Goldrand«. Der Pharos-Text ist natürlich gleichfalls bewußt als »autobiographische« Niederschrift konzipiert: wie das Gesamtwerk dieses bedeutenden Autors. Unverhüllter aber als in den späteren Arbeiten wird hier die schwere Kindheit und Jugend beschrieben, der Konflikt zwischen Vater Friedrich Otto und Sohn Arno Otto Schmidt. Zwischen dem hamburgischen Polizeiwachtmeister und dem künftigen Schriftsteller und Aufklärer, dem Manne also, den man später vors deutsche Gericht zu ziehen suchte unter der Anklage der Gotteslästerung und der Pornographie.

Auch in den Verfremdungen der ersten und der dritten Geschichte des Buches »Leviathan«, in der Niederschrift also des Griechen unter den Puniern und jenes anderen Griechen, der erst auf der letzten Seite der Erzählung, in der kurzen dokumentarischen Nachschrift des Eratosthenes von Kyrene, bei seinem Namen genannt wird: Philostratos, häufen sich für den heutigen Leser, der vom Leben und Denken des Schriftstellers Arno Schmidt einige Kenntnis erlangt hat, die unmittelbaren autobiographischen Bezüge und Reflexionen Arno Schmidts über sein eigenes Treiben. Es ist bare Ironie, wenn Arno Schmidt den Eratosthenes über den Textverfasser Philostratos so urteilen läßt: ». . . daß er bei unleugbar großem Scharfsinn und sehr vielseitiger Begabung dennoch phantastisch und schwärmerisch blieb, wie man es zuweilen bei seltenen Jünglingen findet.«

Worauf mit wissenschaftlicher Unerbittlichkeit hinzugesetzt wird: »Den besten Beweis hierfür gibt die Aufzählung seiner Lieblingsbücher.« Der Lieblingsbücher des Philostratos, eines Griechen im römischen Weltreich, der die Römer haßt und zum Mörder wird an seinem römischen Aufpasser innerhalb der Expeditionskarawane, die nach Osten zieht? Philostratos hatte einmal den Satz aufgezeichnet: »Denn es gibt keine Seligkeit ohne Bücher!« Das war und blieb ein Credo dieser Kunstfigur wie ihres Verfassers. Dann aber nennt Philostratos in durchaus antikisch verschnörkelter Verzerrung diese seine Lieblingsbücher. O Wunder, doch eigentlich kein Wunder: es sind die seither wohlbekannten Lieblingsbücher von Arno Schmidt. Die Logarithmentafel; der Don Quijote; die unterirdische Reise des Jules Verne; Johann Gottfried Schnabels »Insel Felsenburg« und dann der Auswahlband mit »dem Wassergeist, der Vogelscheuche, der goldenen Amphora, dem Agathodämon und der vierfachen Mandragora«. Vermutlich zu lesen als »Undine« von Fouqué (damals arbeitete Arno Schmidt bereits an seinem großen Buch über den deutschen Romantiker), Ludwig Tieck, E.T.A. Hoffmann, was ist gemeint mit dem »Agathodämon«? Und die »vierfache Mandragora« wäre denkbar als Anspielung auf Schopenhauer und seine Abhandlung über die vierfache Wurzel des Satzes vom zureichenden Grunde.

In allen drei Erzählungen des Buches »Leviathan« befindet man sich bereits im spezifischen Kosmos des Erzählers Arno Schmidt. Wie in dem »Tagebuch 1946–1949« von *Max Frisch*, das zur selben Zeit entstand und publiziert wurde wie der »Leviathan« (eine Vergleichung, die Arno Schmidt abgelehnt hätte), sind nahezu alle Themen und Motive des späteren Oeuvres benannt und gedanklich eingeordnet. Die wichtigste, in der Mitte plazierte Erzählung aber, die Titelerzählung »Leviathan«, ist nicht in einer ebenso genau wie anachronistisch evozierten Vergangenheit situiert worden. Übrigens hat der spätere Arno Schmidt einzelne Texte in einer *zukünftigen Zeitdimension* untergebracht. Seine Novellen-Komödie »Die Schule der Atheisten« vom Jahre 1972 verlegt die Zeit der Rahmenhandlung auf den »Oktober 2014«. Ort der Handlung: Tellingstedt (Dithm.). Der fünfte Akt von den sechs Aufzügen spielt hingegen in »Sönderho auf Fanö«.

Die Erzählung »Leviathan oder Die beste aller Welten«, womit im Nebentitel die berühmt-berüchtigte Leibniz-Formel erinnert werden soll, beginnt mit zwei englisch geschriebenen Briefen eines Jonny an seine geliebte Betty in den USA. »Berlin, 20th May 1945«. Er hat Beute gemacht, dieser amerikanische GI namens Jonny. Armbanduhren und Armbänder vor allem, aber auch Nazi-Abzeichen, und ein Manuskript, das ihm offenbar ein russischer Oberleutnant als unverständliches Beutestück überließ. Es handelt sich um die Notizen eines deutschen Soldaten, der umkam im letzten Kampf um die Reichshauptstadt Berlin. Der Berichterstatter, der nicht an Gott glaubt, doch an den Dämon Leviathan, weiß im voraus, was sich für ihn und seine Gefährten beim Ende ereignen wird. »Wir werden in die grobrote bereifte Tür treten. Goldig geschleiert wird die Teufels-Winter-Sonne lauern, weißrosa und ballkalt.«

Alle Erzählungen sind, in gut klassischer Tradition, durch einen Herausgeber ediert, der selbst nichts mit dem eigentlichen Tagebuchschreiber zu tun hat. Die Suffeten von Karthago erhielten das hinterlassene Manuskript des uralt und elendiglich verstorbenen Tagebuchschreibers und ließen es »publizieren«. In der dritten Erzählung, deren Titel »Enthymesis« man wohl auch als Beherzigung oder Erwägung verstehen muß, fungiert Eratosthenes aus Kyrene als Leser und Interpret eines Manuskripts seines einstigen Schülers Philostratos. Der Leviathan-Text ist Beute gewesen: zunächst eines Russen, dann eines amerikanischen Soldaten. Wer hat den Text, um Arno Schmidts Fiktion zu folgen, dann schließlich ediert? Doch das ist eine unnötige und absurde Frage.

Übrigens: bei Arno Schmidt gibt es keine Zufälle der Wortwahl, also auch nicht bei der Namengebung von Kunstfiguren. Daß der Grieche *Philostratos* erst auf der letzten Seite des Buches »Leviathan« als Berichterstatter benannt wird, gehört zur bewußten Komposition der Erzählung. Dies ist nicht irgendein griechischer Name, sondern abermals, wie man bei Arno Schmidt erwarten durfte, *ein geheimes Zitat*. Im »Sommernachtstraum« von Shakespeare hat der Zeremonienmeister am Hofe des Theseus, der gleichzeitig wohl ein geheimer Spielmacher ist und in den meisten Aufführungen der bösen Komödie mit Oberon gleichgesetzt und vom selben Schauspieler verkörpert wird, den Namen des Philostratos. »Philostrate, Master of the Revels to Theseus«. In romantischer deutscher Übersetzung: »Philostrat, Aufseher der Lustbarkeiten am Hofe des Theseus«. Auch das umfangreichste spätere Hauptwerk des Erzählers Arno Schmidt bekennt sich schon im Titel zur Welt des Johannisnachttraums von Shakespeare. »Zettels Traum« ist ein Zitat vom sonderbaren Traum des Webers Zettel, den dieser, ganz verstört vom Erleben jener Zaubernacht, irgendwann einmal aufschreiben möchte. Arno Schmidt ist ihm dann, Jahrhunderte nach Shakespeare, behilflich gewesen, doch hat der hamburgische Schriftsteller vom Jahrgang 1914 unendlich viel mehr aus diesem Anlaß mit- und eingebracht, als Bottom-Zettel ahnen konnte. Allein das Grundprinzip aller späteren Werke von Arno Schmidt ist beibehalten worden auf dem Wege vom »Leviathan« zu »Zettels Traum« und zum »Abend mit Goldrand«. Immer wieder die Verwebung der *drei Erzählkomponenten: Selbsterleben; Zeiterleben; Bücherwelt.*

Die mittlere und wichtigste Erzählung handelt ausdrücklich und ebenso scharf formuliert wie dezidiert vom *Religionsgespräch eines Aufklärers.* Arno Schmidt stellt sich hier bereits in die große Tradition derer, die Gott anklagen wegen seines mißlungenen Schöpfungsversuchs. Besonders in den anti-romantischen Texten des deutschen Vormärz im 19. Jahrhundert, geschrieben unter der feudalen und klerikalen Restauration des Fürsten Metternich und in Erwartung der deutschen Märzrevolution von 1848, wurden Gedankengänge formuliert, die sich heute wie Vorwegnahmen eines Arno Schmidt oder Elias Canetti ausnehmen. In Grabbes Lustspiel »Scherz, Satire, Ironie und tiefere Bedeutung« tritt der Teufel höchstselbst auf und erläutert dem unbegabten Dichter Rattengift, die irdische Welt sei Lehrlingsarbeit. Bei Georg Büchner in »Dantons Tod« demonstriert der amerikanische Philosoph Thomas Paine seinen Gefängnisfreunden, in Erwartung der Hinrichtung, aller irdische Schmerz der Kreaturen zeuge gegen einen allmächtigen und allgütigen Weltenschöpfer. Irdisches Leid bedeute den »Fels des Atheismus«.

In der Erzählung vom Grauen der letzten Kriegstage des Jahres 1945 erlebt der Erzähler das Sterben eines Kindes: »Und eins der Kinder war fast völlig zerrissen von zwei Riesensplittern, Hals und Schultern, alles.« Dann notiert der Erzähler: »Der Pfarrer tröstete die weinende Frau; er meinte: ›Der Herr hat's gegeben; der Herr hat's genommen –‹ und, hol's der Teufel, der Feigling und Byzantiner setzte hinzu: ›Der Name des Herrn sei gelobt!‹ (Und sah dabei stolz auf uns arme verlorene Heiden, die schamlose Lakaienseele! – Das schuldlose Kind – Seine 2000 Jahre alten Kalauer von der Erbsünde kann er doch nur einem erzählen, der keine Krempe mehr am Hut hat: Haben diese Leute denn nie daran gedacht, daß Gott der Schuldige sein könnte? Haben sie denn nie von Kant und Schopenhauer gehört, und Gauß und Riemann, Darwin, Goethe, Wieland? Oder fassen sie's einfach nicht und mampfen kuhselig ihren Kohl weiter durch die Jahrhunderte? Das ist der Geist, der Flußregulierungen als Mißtrauensvota gegen Gott und Eingriffe in SEINE Schöpfung ablehnt ...«

Daran knüpfen sich, in diesen »Flüchtlingsgesprächen«, die zugleich Sterbegespräche sind, Reflexionen über den Gegendämon, der real sei: im Gegensatz zu allem Gerede von einem guten Weltengeist. Der Gegendämon erhält den Namen des Leviathan: »Um das Wesen des besagten Dämons zu beurteilen, müssen wir uns außer uns und in uns umsehen. Wir selbst sind ja ein Teil von ihm: was muß also ER erst für ein Satan sein?!« Seine Macht sei übrigens zwar riesig, doch gleichzeitig begrenzt. »Daher auch seine Lebensdauer.«

Gegen den Schluß hin der Erzählung sind die drei Elemente eng miteinander verknüpft: das Erleben menschlicher Untaten und Leiden; die philosophische Reflexion seit den Gnostikern der Spätantike; die historisch-konkrete Situierung des jeweiligen Leviathan: »Ich habe diesen Monat in Pirna ein KZ auf dem Marsch gesehen: Judenfrauen und ihre Kinder, alle fürchterlich abgezehrt, mit unirdisch großen dunklen Augen, daneben fluchende rotbackige berittene SS-Henker in schweren graugrünen Mänteln, wehe! – Der Alte warf sich vor; er fragte schrill: ›Wie? Auch der Leviathan stirbt?! –‹ Ich hörte aber nichts mehr. Ich erstarrte in Kälte und Schlaf.«

Fast vierzig Jahre nach ihrer Niederschrift nehmen sich diese Erzählungen Arno Schmidts immer wieder als Vorwegnahme aus. Noch ist in ihnen die Erfahrung von Krieg, Brand und Mord allenthalben präsent. *Zugleich aber melden sie, frühzeitig schon, den Protest und die Gegnerschaft an zur fröhlichen Restauration der Fünfziger Jahre.* Ganz wie Karl Kraus im Prolog zu den »Letzten Tagen der Menschheit« verkündet hatte, über alle Schmach des Krieges hinaus reiche die Erbärmlichkeit von Nachgeborenen, die zwar hingenommen hatten, daß Krieg »war«, jedoch alle Erwähnung der Tatsache verteufeln, daß Krieg »gewesen war«. Ebenso hält Arno Schmidt fest an dem, was er gesehen, gelebt, damals gedacht hat. So war es unvermeidbar, daß in der Welt der Fünfziger Jahre der Schriftsteller Arno Schmidt zwar vorübergehend mit dem Buch »Leviathan« ein gewisses Aufsehen erregte, im Jahre 1950 sogar, als erster oder letzter von fünf Preisträgern, mit dem Großen Literaturpreis der Mainzer Akademie ausgezeichnet, dann aber von Verlegern, Kritikern und Lesern immer ängstlicher gemieden wurde. Zu schwer, zu gebildet, zu grausam, zu derb. G.B.Shaw gab einigen seiner bösen Komödien die Überschrift »Unpleasant plays«. Auch Arno Schmidt war in der Tat unerquicklich in der fröhlichen Welt und Bücherwelt der Fünfziger Jahre. Er sollte sie überdauern.

Anmerkungen zu »Stiller« von Max Frisch

Durchaus möglich, daß viele Leser, die mithalfen, den Roman »Stiller« zum Welterfolg zu machen, der Meinung waren, dies sei ein Eheroman. Die Ehe bleibt nach wie vor ein Problem für Eheleute. Immer waren Eheromane eines gewissen Erfolges sicher. Unter der Weimarer Republik gründete sich der längst verblichene Ruhm des Romanciers Jakob Wassermann vornehmlich auf die ausgiebig psychologisierende Darstellung solcher Probleme. Daß der Ruhm des Erzählers Heinrich Böll mit Erscheinen des Romans »Und sagte kein einziges Wort« begann, auch einer Ehegeschichte in gewissem Sinne, gibt gleichfalls zu denken. Wäre Max Frisch mithin so etwas wie ein Fortsetzer dieser bürgerlich-epischen Tradition?

Obenhin betrachtet ganz gewiß. Der romaneske Aufbau ist wesentlich bestimmt durch drei Versuche eines Mannes und einer Frau, Bindungen einzugehen, die standhalten könnten. Zunächst die Ehe Stiller und Julika. Von zwei Ehen sogar wäre zu sprechen: dem Entschluß des ursprünglichen und dann des erneuerten Stiller, mit Julika zu leben. Die Ehe des Staatsanwalts Rolf und der Frau Sibylle. Schließlich der Versuch Stillers (und der Frau Sibylle), die Lust zur Ewigkeit zu machen, zu einer kleinen Ewigkeit wenigstens. Drei (eigentlich vier) Ehen im Grunde, von denen berichtet wird. Alle erweisen sich als Mißerfolge. Da es der Erzähler darauf anzulegen sucht, die Vielzahl der Perspektiven zu zeigen, die verschiedenen Aspekte einer jeden Ehe je nach Erleben und Meinen der Partner darzustellen, scheint sogar die formale Struktur seines Buches, die weitgehend mit dem Perspektivenwechsel zusammenhängt, durch Gattungsvoraussetzungen eines traditionellen, hier bloß perspektivisch erweiterten Eheromans bestimmt zu sein.

Freilich sollte man mit der Ironie des Verfassers rechnen. »Die erste Station für Büchner war Straßburg; unsere erste Station ist die Ironie«, erklärte *Max Frisch* bei Entgegennahme des Georg-Büchner-Preises 1958. Spricht man von Überlieferungen des Eheromans, so meint man nicht gerade Jakob Wassermann. Da sind vielmehr Anna Karenina und Wronski, Effi Briest und der Landrat von Innstetten, Emma und Charles Bovary. Eine bedrohliche Tradition. Max Frisch ist weit davon entfernt, sie verlegen wegzaubern zu wollen. Im Gegenteil beschwört er sie ausdrücklich herauf. Der vermeintliche Stiller notiert in seiner Züricher Gefängniszelle: »Mein Freund und Staatsanwalt fragt, ob ich Anna Karenina kenne. Dann: ob ich Effi Briest kenne. Endlich: ob ich mir nicht ein anderes Verhalten, als es in diesen Meisterwerken geschildert wird, seitens des verlassenen Ehemannes vorstellen könnte. Ein großzügigeres, meint er – und kommt ins Erzählen.«

Das ist ein Kunstgriff des nachgeborenen Erzählers. Er verwandelt einen Teil des Romangeschehens ins literarische Klischee, in einen Topos. Plötzlich hat die Ehe des Staatsanwalts Rolf und seiner Sibylle nicht bloß mit realen Konflikten zu tun, sondern auch mit romangemäßem Verhalten. Rolf überlegte sich, als ein gebildeter schweizerischer Intellektueller aus der Mitte des 20. Jahrhunderts, ob man nicht anders reagieren könne als der zaristische Beamte und Ehemann Alexej Alexandrowitsch Karenin. Die Rolle des Charles Bovary, des verkrachten Provinzmediziners, scheint er von vornherein aus Gründen gesellschaftlicher Selbstachtung auszuschalten.

Die scheinbar nebensächliche Bemerkung des Staatsanwalts Rolf bedeutet mehr als eine Geste romantisch-ironischer Illusionszerstörung oder als eine maliziöse Arabeske des Erzählers. Das *Thema des Lebensklischees* wurde dadurch intoniert. Die Ehekrise zwischen Rolf und Sibylle bietet sich, wie Rolf erkennt, als Repetition berühmter und gekannter Romanliteratur an. Das

Leben scheint die Literatur imitieren zu wollen. Es handelt sich um das Phänomen der Wiederholung. Bereits im ersten Heft von Stillers Aufzeichnungen findet sich, zunächst aphoristisch hingestellt mit bewußt zweideutiger Zeichensetzung, die Interjektion: »Meine Angst: die Wiederholung –!« Kurz darauf ergänzt Stiller, indem er etwas ausführlicher wird: »Wiederholung! Dabei weiß ich: alles hängt davon ab, ob es gelingt, sein Leben nicht außerhalb der Wiederholung zu erwarten, sondern die Wiederholung, die ausweglose, aus freiem Willen (trotz Zwang) zu seinem Leben zu machen, indem man anerkennt: Das bin ich! ... Doch immer wieder (auch darin die Wiederholung) genügt ein Wort, eine Miene, die mich erschreckt, eine Landschaft, die mich erinnert, und alles in mir ist Flucht, Flucht ohne Hoffnung, irgendwohin zu kommen, lediglich aus Angst vor Wiederholung –.« Abermals endet die Eintragung mit einem Gedankenstrich.

Kurz darauf erzählt der vermeintliche Stiller seinem gutschweizerisch-großbürgerlichen Verteidiger (»mein Verteidiger war auch einmal bei einer Partei, die dann einging, Schwamm darüber«: man kann leicht erraten, was für eine Partei das ums Jahr 1934 gewesen sein mag) das Märchen vom Rip van Winkle, in dem man, wie Frisch später mitteilte, eine der Keimzellen des Stiller-Romans erblicken darf. Leben als Wiederholung, folglich als Einordnung ins Klischee. Leben wohl auch als Wiederholung vorgeprägter Literatur. In Wolfgang Koeppens Reisebuch »Amerikafahrt« beschreibt, es wurde schon erwähnt, der Verfasser dieser empfindsamen Reise, wie er von Paris nach Le Havre fährt, um sich dort einzuschiffen. »Am Fenster des Zugs glitt die Landschaft der Impressionisten vorüber, Maupassants Ruderboote schaukelten immer noch auf der Seine.« Mit solchen Sätzen triumphiert Karl Kraus noch nachträglich, denn er war von jeher der Meinung, das Leben liefere bloß literarisches Plagiat: indem es Ereignisse produziere, die der Kulturkritiker Kraus in der Phantasie und dann in sprachlicher Gestaltung seit langem vorweggenommen habe.

So gesehen scheint die Existenz eines heutigen Menschen, heiße er nun Stiller oder Staatsanwalt Rolf, alle schöpferische Eigenart verlieren zu wollen. Die Konflikte, mit denen sie sich herumschlagen, wurden bereits literarisch gestaltet. Man lebt in der Wiederholung, und zwar nicht bloß in Form einer Repetition früheren, historisch gewordenen Lebens, *sondern als Imitation von Literatur.* Man sieht nicht mehr Landschaften vom Fenster aus, sondern Renoirs und Monets, erlebt nicht mehr eine Ehekrise, sondern spielt, mit leichten Abwandlungen, die Rolle des Karenin oder Wronski oder einer Emma Bovary.

Das philosophische Problem der Wiederholung bedeutet ein Zentralthema *Sören Kierkegaards.* Das Motto des Romans wurde dem Buch »Entweder - Oder« entnommen. Abermals eine ironische Distanzierung Frischs vom Grundproblem seiner Romanfiguren: der Freund und Staatsanwalt schickt dem inzwischen aus der Haft entlassenen Stiller einen Band Kierkegaard ins Waadtland nach. Stiller kommt immer wieder in der letzten, letalen Krise vor Julikas Tod auf Kierkegaard zu sprechen, der ihn sehr zu beschäftigen scheint. Allein der Staatsanwalt notiert gleichzeitig: »Vor allem hat er in Kierkegaard offenkundig noch kaum gelesen, und also mußte es ihm um anderes gehen.« Es ging um anderes. Auch dem Romanautor Max Frisch geht es um anderes. Das Motto nämlich des Romans gibt keineswegs den Schlüssel für das Romangeschehen und sollte durchaus nicht als Kommentar des Autors zu seinem Buch betrachtet werden. Eher wäre von einem ironischen Spannungsverhältnis zwischen Kierkegaard-Motto und Romanverlauf zu sprechen.

Auch für Frisch und das Problem der Wiederholung in diesem Roman gilt die Formel: »und also mußte es ihm um anderes gehen.« Ehekrisen als nachgelebte Literatur. Der Wiederholungszwang als Stillers große Angst. Stillers Entscheidung schließlich - scheinbar - als Akzeptierung einer Lebenswiederholung und damit der Einordnung in das gesellschaftlich vorgeschriebene Daseinsklischee. Der Staatsanwalt notiert: »Er nahm es an, Schweizer zu sein.« *Wiederholung und Individualität als Gegensätze.* Philosophisch als Kierkegaard-Thema verstanden, das untersucht, wie man aus der Krise herauskommen könne, die überall unvermeidlich einsetzte, wo man Leben als bloß ästhetische Existenz auffaßte. Auch hier deutet Rolf die Melancholie Stillers als Nachvollziehung einer Kierkegaard-Analyse, wonach »Schwermut als Symptom der ästhetischen Haltung gegenüber dem Leben« zu betrachten sei.

Ein Eheroman im herkömmlichen Sinne ist »Stiller« also durchaus nicht. Auch kein psychologischer Roman. Übrigens ebensowenig eine philosophische Erzählung, die bemüht wäre, existentialistisches Philosophieren des Dänen Sören Kierkegaard in epischer Gestalt zu präsentieren. Dagegen spricht schon das graziöse Spiel mit Kierkegaard, der hier durch den auch philosophisch beschlagenen Staatsanwalt ebenso unter Wiederholungszwang gestellt wird wie die Romankunst von Flaubert, Tolstoi oder Theodor Fontane. Nicht das philosophische Problem der Lebenswiederholung in Kierkegaards Sinne ist gemeint. Es kann auch nicht gemeint sein, denn Max Frisch verfehlte nicht, diese philosophische Fragestellung nach der Wiederholung selbst unter den Wiederholungszwang zu stellen.

Die Wiederholung, die Frisch meint, transzendiert den Bereich der Psychologie wie der existentialistischen Philosophie. Beide werden bloß als Symptome behandelt. Sie gehören zum eigentlichen Phänomen das hier gestaltet werden soll, sind aber noch nicht dies Phänomen. Es geht um gesellschaftliche Erscheinungsformen, die allerdings mit dem Thema der Wiederholung zu tun haben, für die Frisch jedoch nicht diesen Kierkegaard-Ausdruck verwendet, sondern einen viel moderneren, übrigens auch ökonomischer klingenden Terminus: er spricht von *Reproduktion*. Was gemeint ist, wird spürbar, wenn man ein unscheinbares, doch wichtiges Leitmotiv des Buches betrachtet, das nie beherrschend hervortritt, aber im Verlauf der Erzählung niemals verlorengeht: *das Motiv der illustrierten Zeitschriften*. Julika betrachtet sich als Titelbild einer Illustrierten und vergleicht die Kunstpose jenes damals photogaphierten Augenblicks mit ihrem wirklichen Dasein. Lebensbild, Lebensauffassung und Emotionen des Gefängniswärters Knobel sind von Grund auf durch die Illustrierten bestimmt. Wenn Stiller seinem Freund Knobel erfundene Geschichten als erlebte darbietet, so nimmt Knobel sie willig auf, denn es geht darin genauso zu wie in den anderen Geschichten, die man in schweizerischen (und nicht bloß schweizerischen) Illustrierten zu lesen pflegt. Wilfried Stiller, der Bruder und Landwirt, orientiert sich über kalifornische Landwirtschaft aus der Illustrierten und kennt daher die Dinge viel besser als Stiller selbst, der bloß in Kalifornien war. Die Illustrierte vermag alles zu liefern, aber nichts stimmt ganz und gar. Wilfried Stiller berichtet dem Bruder von einer Reportage über Schädlingsbekämpfung in derselben Illustrierten, die Julika als Titelmädchen präsentiert hatte. Stiller notiert: »Nicht einmal in dieser Sache stimmt es, was die Illustrierte verkündet. Das amüsiert mich.« Aber die Illustrierten vermögen den Lebensstil von Menschen, die hier beschrieben werden, nachhaltig zu beeinflußen: weil die Menschen bereits von sich aus so leben, wie es im Klischee der Illustrierten gezeigt wird.

Man täte Frisch unrecht, sähe man in solchen Erwägungen, die dem Roman »Stiller« seine Struktur gaben, irgendeine existentialistische Philosophie des Autors, wonach alles Leben auf willkürlicher Entscheidung eines einzelnen über seine Daseinsrichtung beruht. Das existentialistische Philosophieren, etwa bei Sartre, möchte deshalb das Erfinden solcher Lebensentwürfe als Bestätigung menschlicher Freiheit angesehen wissen. Bei Frisch findet sich die durchaus entgegengesetzte Auffassung. Er zeigt – nicht bloß in diesem Roman, sondern auch in seinen Dramen, besonders in der Komödie vom unwilligen Verführer Don Juan, der nicht Don Juan sein möchte, aber sein muß, oder vom andorranischen Juden Andri, der gar keiner ist, aber als solcher zu gelten hat –, daß die Auswahl unserer Lebensgeschichten entscheidend begrenzt ist durch unsere gesellschaftlichen Möglichkeiten. Da hat eine herrschende Gesellschaftsordnung sogenannte Leitbilder aufgerichtet, nach denen sich der einzelne richten soll und meistens auch richtet. So kommt es zum Vorgang einer Reproduktion, die zeigt, daß unter bestimmten gesellschaftlichen Verhältnissen (jenen beispielsweise der schweizerischen Bürgerwelt nach dem Zweiten Weltkrieg, die sich Frisch zum Modellfall wählte) die originale, unmittelbare Produktion einer eigentümlichen Lebensgeschichte im Zeitalter der Illustrierten und Kulturfilme nicht mehr möglich ist. Angewandt auf die Geschichte des Bildhauers Stiller, wird der Gedanke etwa so modifiziert werden müssen: Jeder Mensch erfindet sich früher oder später eine Geschichte, die er für sein Leben hält. Er hat aber unter bestimmten realen Lebensbedingungen nur die Auswahl unter einigen vorhandenen Fertigmodellen. Welches er auch immer erwählt, es wird eine Lebensgeschichte daraus, die ebensogut in einer illustrierten Zeitschrift erzählt werden könnte. Umtausch der

Modelle im Warenhaus für Lebensgeschichten ist nicht gestattet. Was am Fall Stillers zu beweisen war. Das bedeutet eine Gegenthese zu Sartre. Nicht Freiheit, sondern extremer gesellschaflicher Automatismus.

Enthält der Roman »Stiller« eine formale Parodie früherer Ehe- und Künstlerromane, so muß er gleichzeitig als Abwandlung früherer deutscher *Erziehungsromane* betrachtet werden, die erschrecken macht. Man war versucht gewesen, im »Doktor Faustus« oder im »Glasperlenspiel« die eigentlichen Abschlußschöpfungen und Zurücknahmen eines Romantyps zu erblicken, worin ein junger Mensch durch Irrungen und Wirrnisse des Lebens und der eigenen Individualität zur »Reife« gelangt, nämlich zur Konformität von Persönlichkeitsentwicklung und gesellschaftlicher Norm. Bei Gottfried Keller und seinem Heinrich Lee war es im 19. Jahrhundert noch einmal möglich geworden; daß man es aber im geschichtlichen Sinne bloß mit einem Nu zu tun hatte, das rasch verging, konnte bereits aufmerksamen Lesern von Kellers Altersromans »Martin Salander« nicht entgehen.

Dann kamen die vielen Camenzinds, die sich aus der modernen Großstadt oder dem, was sie dafür hielten, aufs Land oder auf irgendeine andere Art des »einfachen Lebens« zurückzogen. Der Erziehungsroman hatte den Weg nach Innen zu weisen. Individualität schien bloß noch möglich zu sein, wenn man sie am Rande des allgemeinen Gesellschaftslebens kultivierte. Daß auch auf diese Weise, wenngleich mit weit größeren Schwierigkeiten als zur Goethezeit, eine Ausbildung des klassischen Ideals harmonischer Persönlichkeiten erreicht werden konnte, war nicht zweifelhaft. Der Weg nach Innen führte zur Individualität. Der Steppenwolf Harry Haller gelangte zur Befreiung unter wirksamer Assistenz von Goethe und Mozart.

Mit alledem ist es für Stiller vorbei. Nichts mehr von Ausbildung der Persönlichkeit durchs einfache Leben. Der Meierhof im Waadtland mit der etwas komischen Töpferei ist bloß eine neue Form der Misere. Empfindsame Leser hätten es vermutlich begrüßt, wenn Julika und Stiller, in endlicher Übereinstimmung des Empfindens, durch Morgenglanz über den Bergen und nützliches Tun in der Swiss pottery, zur seelischen Reinigung gelangt wären. Allein der schäbige Krankenhaustod nach der Lungenresektion steht am Ende, und der Romanschluß hat nichts zu tun mit Heinrich Lee oder Martin Salander, sondern scheint bereits den künftigen Georg-Büchner-Preisträger anzukündigen, der bei seinem Romanschluß an Büchners Erzählung »Lenz« denkt und ihr fragmentarisches Abbrechen bei den Worten: »So lebte er hin ...«

Ungefähr so schließt auch Max Frisch: »Stiller blieb in Glion und lebte allein.« Kein Weg nach Innen, keine Befreiung durch einfaches Leben, keine Katharsis durch Kunst. Alles bleibt offen, ungelöst, unbewältigt. In der Welt des Anatol Ludwig Stiller sind erfolgreiche Erziehungsromane nicht mehr möglich.

Daß man bei solcher Betrachtungsweise nichts in das merkwürdige Buch hineininterpretiert, was dort nicht in aller Bewußtheit gestaltet wurde, zeigt Max Frischs späterer, vier Jahre nach »Stiller« veröffentlichter Romanbericht »Homo Faber« (1958). Es sind Komplementärromane. Das gleiche zivilisatorische Thema dergestalt behandelt, daß jeder dieser beiden Romane als Gegenstück, Ergänzung, vor allem auch als geheime Widerlegung des anderen betrachtet werden kann. Der Bildhauer *Stiller* ist ein Künstler, der sich in der Untersuchungshaft zum objektiven Protokollieren zwingt und sorgfältig bemüht ist, Reflexionen und intellektuelle Kommentare zum Geschehen beizusteuern, von dem er berichtet, ohne dabei jedoch eigene Gefühle zu investieren. Dies um so weniger, als es sich bei den Vorgängen um einen Menschen namens Stiller handelt, mit dem der Protokollführer nichts zu tun haben will.

Faber ist ein Mann der Technik und Wissenschaft, der rationalen Lebensplanung. Er scheint keine Furcht zu haben vor dem eigenen Sein, weshalb er seine Geschichte in der Ich-Form erzählt. Der Erzähler überläßt ihm das Wort. Als Erzähler gibt er sich bloß an einer einzigen Stelle zu erkennen: durch die Wahl des Titels »Homo Faber«, die einen Kommentar bedeutet, und durch die Gattungsbestimmung »Ein Bericht«. Dadurch bekommt Fabers Lebensbericht eine neue Dimension; gleichzeitig wird er zu Stillers Künstlerschicksal in Beziehung gesetzt.

In beiden Romanen wird versucht, die Krise durch *Flucht in den Raum* zu lösen. Stiller flieht nach Amerika, bevor er versucht, ins Dasein des Mr. White zu entkommen. Faber flieht von Amerika nach Europa. Es ist Flucht in die Kindheit einer Zivilisation, die er auf dem amerikanischen Kontinent mit all ihren Schrecknissen erlebte. Rückkehr nach Europa, Griechenland, ins Archaische. Aber auch im heutigen Athen gibt es, wie in New York, moderne Krankenhäuser, in denen Krebsoperationen vorgenommen werden. Die Flucht ins Archaische ist ebensowenig möglich wie jene in den noch nicht kapitalistischen Raum. Vor den Krisen einer Zivilisation, die unzählige Menschen vom Typ des Homo Faber schuf, gibt es weder einen Ausweg in den Dschungel noch in die Archaik. Es gibt die Tragödie, wie Faber erkennen muß, aber es ist eine zeitgenössische Tragödie. Für einen Homo ludens wie Stiller wird die Kunst zu schwer. Soll man daraus folgern, er habe es, weil die Begabung wohl nicht ausreichte, verabsäumt, mit Hilfe teuflischer Illuminierung, gleich dem Musiker Adrian Leverkühn bei Thomas Mann, trotzdem noch zur Kunstproduktion zu gelangen?

Stiller scheitert natürlich auch an der Schweiz. Die Schweiz aber ist bei Frisch ein Modell. Sie hieß einmal Seldwyla, heißt jetzt bereits Güllen (in Dürrenmatts »Besuch der alten Dame«) oder Andorra, wie in dem Theaterstück, das Frisch sieben Jahre nach dem Stiller-Roman abschloß. In der modellhaften Schweizerwelt kann für Stiller, den Künstler, weder eine Tragödie noch eine Katharsis erfolgen. Die tragischen Helden werden ersetzt durch Typen einer Kriminalgeschichte. Den abgewandelten Strukturen des Ehe-, Künstler- und Bildungsromans gesellen sich in Stillers Geschichte außerdem noch die Konstruktionsprinzipien eines Kriminalromans. Das hängt aufs engste mit dem Grundthema des Buches, der Kierkegaard-Widerlegung, zusammen. Ein Fachmann der Kriminalliteratur, *Friedrich Dürrenmatt*, entdeckte es sogleich. In einer unveröffentlichten Analyse des Romans »Stiller« notiert Dürrenmatt: »Das Ich wird eine Behauptung der Welt, der man eine Gegenbehauptung, ein Nicht-Ich entgegenstellt. Anders gesagt: an Stelle des Ichs tritt ein fingiertes Ich, und das Ich wird ein Objekt. Romantechnisch gesehen: das Ich wird ein Kriminalfall.«

Hier schlägt der Roman, der wahrhaftig zu sein strebt und alle falschen Tröstungen verwirft, aus äußerster Verdinglichung in einen merkwürdigen philosophischen Idealismus um. Die Wirklichkeit wird bloß noch als Fiktion empfunden. Daß Stiller sie so empfindet, ist durchaus in Ordnung. Aber Max Frisch? Sein Bildhauer ist der gescheiterte Homo ludens, der daran scheitert, daß er nichts anderes zu sein vermag. Faber ist der gescheiterte Homo faber, den die Tragödie ereilt, weil er nichts als Homo faber sein möchte. Bleibt die Verantwortung vor den Grundfragen aller gesellschaftlichen Sittlichkeit. Stiller versagte als Teilnehmer am Spanischen Bürgerkrieg. Faber versagte, als es galt, jüdische Flüchtlinge zu schützen. Der Lehrer in Frischs Schauspiel »Andorra« - auch ein Stiller - versagt vor dem Schicksal des Knaben Andri. Es gibt die verdinglichte Welt, aber es gibt auch die Pflicht zur Humanität in einer Welt, die den Menschen sich selbst entfremdet hat. Stiller und Faber scheitern schließlich daran, daß sie nirgendwo zu genügen vermögen: nicht in der Kunst, nicht in der Rationalisierung, nicht in der Verantwortung vor der Not von Mitmenschen.

Auch hier behält Kierkegaard unrecht, denn die von ihm gepriesene Seligkeit des einzelnen, die in der bloßen, wenn auch schonungslosen Selbstannahme liegen soll, erwies sich als monströse Selbstsucht. Es ist Philosophie liberaler Kaufleute aus dem 19. Jahrhundert. Hundert Jahre später, in der Welt Fabers, gesellt sich zur Selbstsucht die Unmenschlichkeit. Stiller und Faber handeln immer wieder unmenschlich.

Was daraus folgt? Frisch sagt es nicht. Das Schicksal Stillers und Fabers beruhte auf der Verantwortungslosigkeit ihres Handelns. Am 1. August 1957, dem Nationalfeiertag der Schweiz, hielt Max Frisch in Zürich eine Ansprache an seine Landsleute: er sprach im Züricher »Industriequartier«, einem Arbeiterviertel. Seine Rede schloß mit dem Hinweis auf die Notwendigkeit der eigenen, persönlichen Verantwortung. »Und das ist der Punkt, der für die Freiheit sehr viel zu bedeuten hat; die eigene persönliche Verantwortung, das Risiko. Es gibt keine Freiheit ohne Risiko.« Verantwortung, Risiko, Freiheit. Das gilt auch für die Kunst, die Wissenschaft und die Technik. Für Stiller wie für Faber. Frisch übernahm die Verantwortung für die wahrhaftige Darstellung von Zuständen der Entmenschlichung. Als er im November 1958 mit dem Georg-Büchner-Preis ausgezeichnet wurde, berief er sich auf den Dichter des »Lenz« und des »Woyzeck«. Was er sagte, war auch ein Kommentar zur Geschichte des Anatol Ludwig Stiller: »Die Wahrhaftigkeit der Darstellung, und wäre es auch nur eine übliche oder ausgefallene Ehe, was da zur Darstellung gelangt, oder die ungeheuerliche Deformation des Menschen, der von Staats wegen hat töten müssen, ... sie wird uns immer einsam machen, aber sie ist das einzige, was wir entgegenstellen können.«

Gruppe 47: Aufblick

Wer möchte leben ohne den Trost der Bäume!

Wie gut, daß sie am Sterben teilhaben!
Die Pfirsiche sind geerntet, die Pflaumen färben sich,
während unter den Brückenbogen die Zeit rauscht.

Dem Vogelzug vertraue ich meine Verzweiflung an.
Er mißt seinen Teil von Ewigkeit gelassen ab.
Seine Strecken
werden sichtbar im Blattwerk als dunkler Zwang,
die Bewegung der Flügel färbt die Früchte.

Es heißt Geduld haben.
Bald wird die Vogelschrift entsiegelt,
unter der Zunge ist der Pfennig zu schmecken.

Ein berühmtes Gedicht von *Günter Eich.* Eröffnungstext des Bandes »Botschaften des Regens« (1955). Alles ist längst zu Germanistik geworden und wird im Oberseminar interpretiert.

Ein im Jahre 1983 veröffentlichtes »Lesebuch der Gruppe 47« erinnert jedoch daran, daß diese poetische Reflexion über das »Ende eines Sommers«, die mit einer antiken Totenvision endet, wo dem Toten ein Obolus unter die Zunge gelegt wurde, damit der Pförtner der Unterwelt nicht zornig werde, zu jenen Gedichten von Günter Eich gehörte, die im Jahr 1950 zum ersten Mal mit einem »Preis der Gruppe 47« ausgezeichnet wurden.

Günter Eich, Jahrgang 1907, war damals dreiundvierzig. Abermals einer der ältlichen Debütanten, ganz wie seine Freunde und Mit-Teilnehmer an jener Tagung zu Inzigkofen, also wie Hans

Werner Richter und Walter Kolbenhoff, Alfred Andersch und Heinz Friedrich: durch das Dritte Reich aus der Bahn geworfen, von aller Beziehung zur lebendigen und redlichen Literatur abgeschnitten. In einer herzlichen Erinnerung an Günter Eich, die Richter für dies Lesebuch seiner Gruppe schrieb, wird der Kontrast zwischen einer völlig mißglückten Tagung der Gruppe im fränkischen Marktbreit, unweit von Würzburg und im Jahre 1949, mit dieser ersten wahrhaft literarischen Tagung der Gruppe ebenso liebevoll wie satirisch dargestellt. In den Anfängen der sogenannten Gruppe, die zu Beginn natürlich nicht wußte, daß sie eine war oder werden sollte, gab es absonderliche, fast anachronistische Paarungen. Im Juli 1947 hatte man sich auf einem Gut der Gräfin Degenfeld irgendwo im Bayerischen getroffen. Da war noch ein Freund der Gastgeberin dabei: *Rudolf Alexander Schröder* aus Bremen. Er hielt ein Referat, wie damals nicht anders zu erwarten war, mit dem Titel »Vom Beruf des Dichters in der Zeit«. Ein Gegenreferat von *Heinz Friedrich*, dem späteren Begründer des Deutschen Taschenbuch Verlags, machte offenbar die Gegensätze evident, die hier, vor allem auch im Ästhetischen und Literarischen, zwischen den Teilnehmern, Arbeitsweisen, Generationen bestanden. Heinz Friedrich hat in einem nüchternen und abgewogenen Bericht über »Das Jahr 47« einleuchtend dargelegt, daß keine Verständigung möglich sein konnte zwischen Rudolf Alexander Schröder, dem Freund Hugo von Hofmannsthals, und diesen endlich heimgekehrten Kriegsgefangenen, die sich um Hans Werner Richter und Alfred Andersch geschart hatten, und um die von diesen herausgegebene, dann von der amerikanischen Militärregierung verbotene Zeitschrift »Der Ruf«. Man war natürlich niedergeschlagen, zweifelte an den Motiven für besagtes Verbot, wollte trotzdem weitermachen.

Nach der freundlichen, doch ergebnislosen theoretischen Diskussion bei der Gräfin Degenfeld kam man rasch zu der Erkenntnis, daß man zunächst unter sich bleiben, Gemeinsamkeiten der literarischen Schreibweise und Substanz klären müsse. So kam es bald darauf zu einer neuen, homogenen Schriftstellertagung, abermals im Bayerischen. Diesmal in der Nähe von Hohenschwangau im Allgäu, bei der Schriftstellerin Ilse Schneider-Lengyel. Das war *die erste Tagung der »Gruppe 47«*. Den Namen erfand

Hans Georg Brenner aus Hamburg. Er ist früh verstorben, war der erste deutsche Übersetzer von Jean-Paul Sartre. Der Name leuchtete ein. Hans Werner Richter, der bereits damals, ohne Wahl und Akklamation, von allen als Chef akzeptiert wurde, hieß die Bezeichnung gut. Die Fremdheit zwischen den älteren und jüngeren Debütanten schwand allmählich. Die ursprünglich so erlesene Höflichkeit nicht minder. Nun wurde nach den Lesungen oft grobschlächtig diskutiert. Begeisterung oder der nach unten gesenkte Todesdaumen: ganz wie im römischen Zirkus beim Anblick der Gladiatoren.

Andererseits hatte die Absage an allen Überhang der literarischen Tradition auch evidente Nachteile. Was in Gesellschaft eines Rudolf Alexander Schröder nicht möglich gewesen wäre, demonstrierte Günter Eich bei einer Tagung im hessischen Ingenheim. Er las einige Gedichte vor, erbat folglich das Urteil der geschätzten Kollegen. Hans Werner Richter erzählt: »Nach einem verblüfften sehr langen Schweigen sagte einer: ›Merkwürdig, mir kommen die Gedichte seltsam verstaubt vor. Oder irre ich mich.‹« In der Tat, man irrte sich nicht. Günter Eich hatte Gedichte der Droste vorgelesen, von Theodor Storm und Emanuel Geibel. Allgemeines Gelächter. Hans Werner Richter aber merkte an: »Mir ist dabei nicht klar geworden, ob Günter Eich sich über die anderen lustig machen oder ob er nur ihre kritischen Fähigkeiten prüfen wollte.«

Dann aber kam es im April 1949 zu einer verhängnisvollen Tagung im Fränkischen. Richter hatte damals bereits das Recht erlangt oder in Anspruch genommen, von sich aus die Einladungsliste zusammenzustellen. Daran hat sich niemals etwas geändert. Auch nach dem Ende der Gruppe 47 waren Zusammenkünfte zu Richters siebzigstem, dann fünfundsiebzigstem Geburtstag, auch zu einer Art Gedenktagung im Jahre 1977, in der wohlbekannten Form vorbereitet worden. Man erhielt einen persönlichen Brief des Chefs, und man fand sich dort ein, wo man hinbefohlen wurde. Im Jahre 1949 also war es Marktbreit. Es wurde eine zänkische Tagung, die keineswegs friedlicher verlief, nachdem der fränkische Bürgermeister den nach wie vor ausgehungerten Autoren ein Faß mit Frankenwein ins »Hochzeitszimmer« des Rathauses gerollt hatte. Hans Werner Richter erinnert sich: »Die Kritik gefiel mir nicht sonderlich. Es schlich sich ein gereizter, leicht hämischer Ton ein, den ich zu unterdrücken versuchte, was mir aber nicht gelang. Der Ton ging von einem Mann aus, den ich leichtsinnigerweise eingeladen hatte, einem protestantischen Pastorensohn, der sich für einen bedeutenden Kritiker hielt. Es gelang mir nicht, ihn zum Schweigen zu bringen.«

Man ging zornig und unversöhnlich auseinander. Günter Eich habe am Schluß geweint, so hat der Chef berichtet, und erklärt: »Das ist das Ende der Gruppe 47.«

Es war im Gegenteil eine notwendige Reinigung. Man hatte sich freimachen müssen sowohl von dem höflichen Poetentum Rudolf Alexander Schröders wie von der Anmaßung jenes Pastorensohnes. Hans Werner Richter aber hat ihn nie wieder eingeladen.

Im Jahre 1950 hatte sich, was die Teilnehmer betraf und auch das Tagungsritual, alles stabilisiert. Man wollte unter sich sein, wünschte sich keine amtlichen Subventionen und keine kommunalen Gastgeschenke. Auch der *»Preis der Gruppe 47«*, den sich Richter inzwischen hatte einfallen lassen, sollte keinem Stiftergremium und keiner öffentlich-rechtlichen Instanz zu verdanken sein. Auch keinem amtlich bestallten Preisgericht. Alle von Richter eingeladenen Teilnehmer der Tagung waren stimmberechtigt. Geheime Abstimmung. Das Geld der Preissumme kam dadurch zustande, daß Schriftsteller eingeladen worden waren, die gleichzeitig auch Verleger waren oder selbst schon ein bißchen Geld besaßen.

Tagungen der Gruppe 47 begannen stets an einem Freitagmorgen. Der Donnerstag war Anreisetag. Abschluß der Tagung am Sonntagmittag. Am Samstagabend jeweils das von Richter so bezeichnete »Fest«: oft war es in der Tat eines, oft auch gab es Streitereien, die ein bißchen zur Literaturgeschichte gehört haben: ausgerechnet etwa zwischen Günter Eich und Peter Huchel oder zwischen Rudolf Augstein und Martin Walser. Da gab es viele Episoden, allein Hans Werner Richter hatte längst gelernt, mit allem fertigzuwerden. Nur: jene Debütanten, die am Sonntagmorgen vorzulesen hatten, konnte man nicht beneiden.

Jeweils bei einem solchen Fest am Samstagabend holte sich der Chef seine finanziell interessanten Gesprächspartner an die Kapitänstafel. Dort wurde die Preissumme ausgehandelt. Voraussetzung war stets für Richter, daß man an den beiden Tagen des Freitag und Samstag bemerkenswerte Texte zu hören bekam. Dadurch wurde eine Wahl möglich. Entweder X oder Y. In vielen Fällen konnte man den Ausgang der Wahl voraussagen. In einigen anderen, in der Erinnerung gebliebenen Abstimmungen hingegen ging es hart und knapp zu. Voraussetzung war übrigens, daß der Preis *nur einem Debütanten* verliehen werden konnte, der noch nicht einer breiteren Öffentlichkeit irgend bekannt geworden war. Daran hat man sich stets gehalten. Auch wenn Peter Weiss später oder Uwe Johnson und Wolfgang Hildesheimer nach ihren Lesungen mit Lob bedacht worden waren. Als Preisträger kamen sie nicht mehr in Frage. Aus demselben Grunde konnte niemand zum zweiten Mal den Preis der Gruppe 47 erhalten. Als Preisträger war er inzwischen bekannt genug.

Das war im Jahre 1950, als die Abstimmung in Inzigkofen für Günter Eich entschied, durchaus nicht der Fall. Auch noch nicht im Jahre 1951, als man *Heinrich Böll* den Preis zuerkannte für seine Erzählung »Die schwarzen Schafe«. Auch Böll war, zu Beginn jener restaurativen Fünfziger Jahre, noch ein wirklicher Debütant. Er hatte ein paar Erzählungen veröffentlicht, in einem wenig bekannten rheinischen Verlag. Keine sonderliche Wirkung. Nach der Preisverleihung brachten die Zeitungen eine kurze Nachricht. Ein Herr Böll aus Köln habe diesmal den Preis erhalten. Allein die Meldung wußte bereits, daß es die Gruppe 47 gab, und mit ihr auch einen Preis der Gruppe.

Nunmehr genügte und genügt es, die weiteren Preisträger der Gruppe 47 zu nennen. Sämtlich Debütanten. Von 1950 bis 1955 wurde jeweils ein Preisträger ermittelt. Dann gab es immer wieder Tagungen ohne Preisverleihung. Keiner der damaligen Debütanten hatte so überzeugend gewirkt, daß Richter an eine Preisabstimmung hätte denken können. Auch nicht im Jahre 1963 im schwäbischen Saulgau, als immerhin Konrad Bayer und Hubert Fichte gelesen und viel Zustimmung gefunden hatten. Auch nicht im Jahre 1964, als man im schwedischen Sigtuna zu Gast war und dort einem merkwürdigen Prosatext von *Nicolas Born* zuhören konnte. Vielleicht hätte Born damals besser daran getan, einige seiner bedeutenden lyrischen Texte vorzutragen. Er wäre ein legitimer Preisträger gewesen.

Die zehn Laureaten der Gruppe 47 waren: Günter Eich, 1950, Heinrich Böll, 1951, Ilse Aichinger, 1952, Ingeborg Bachmann, 1953, Adriaan Morriën, 1954, Martin Walser, 1955, Günter Grass, 1958, Johannes Bobrowski, 1962, Peter Bichsel, 1965, Jürgen Becker, 1967. Die Liste spricht für sich selbst. Vielleicht fällt der Holländer Adriaan Morriën etwas aus dem Rahmen. Ihm wurde der Preis bei einer Tagung in Italien zuerkannt. Der von ihm gelesene Text »Zu große Gastlichkeit verjagt die Gäste« war aber reizvoll: durchaus auf der Linie eines neuen und bösen Humors, wie er auch bereits zur Auszeichnung Heinrich Bölls für den inzwischen berühmt gewordenen Text »Die schwarzen Schafe« geführt hatte. Ein Holländer als Preisträger; der Schweizer Peter Bichsel; Ilse Aichinger und Ingeborg Bachmann aus Österreich; Johannes Bobrowski als Bürger der Deutschen Demokratischen Republik. In den zwanzig Jahren ihres Wirkens hatte die Gruppe 47 eine Strahlkraft und Integrationsfähigkeit bewiesen, die es vorher, ganz gewiß seit den Tagen der Expressionisten, nicht mehr gegeben hatte. Erst recht nicht seitdem: seit der traurig-komischen Abschlußtagung in der fränkischen Pulvermühle im Jahre 1967.

Alles andere ist bekannt. Das Anekdotische wurde immer wieder berichtet. Germanistik auch dies. Es gibt eine ausführliche internationale Literatur über die »Group 47«: vergleichbar den Beiträgen einer ausufernden Sekundärliteratur über die sogenannte »Frankfurter Schule«. Konfrontiert man das Werk *Max Horkheimers* mit der Gruppenarbeit Hans Werner Richters und der Seinen bloß nach der Wirkung, ob polemisch oder begeistert, so kann man den Vergleich akzeptieren. Anders steht es um das Programm und die eigentliche Substanz. Max Horkheimer besaß ein wohlformuliertes Konzept, als er kurz vor Ende der Weimarer Republik sein »Institut für Sozialforschung« an der Goethe-Universität der einstigen Freien Reichsstadt etablierte. Die von ihm gelehrte »Kritische Theorie« besaß eine gemeinsame wissenschaftliche Methode; sie reichte weit hinaus über den Bereich der Philosophie und Soziologie. Herbert Marcuse und Erich Fromm, Theodor W. Adorno und Walter Benjamin, der Rechtstheoretiker Franz Neumann und der Literaturwissenschaftler Leo Löwenthal: sie bildeten in der Tat eine »Schule« und Schuldoktrin, die alle Vertreibung, Einsamkeit des Exils, Schwierigkeiten im Umgang miteinander zu überstehen vermochte.

Die Gruppe 47 hingegen hat stets das Gegenteil sein wollen einer literarischen Schule mit Doktrin und allgemein anerkannter Arbeitsweise. Noblesse und freundschaftliche Toleranz des Chefs hätten da nichts bewirken können im Sinne irgendeiner Programmatik. Glücklicherweise war Hanz Werner Richter das Gegenteil eines Fundamentalisten. Er besaß Autorität; folglich brauchte er sie nicht zu postulieren. Der bisweilen hämisch gemachte Einwand, Richters Autorität habe darauf beruht, daß er literarisch nicht recht mithalten konnte, ist ebenso ungerecht wie töricht. Sein Urteil zählte, auf sein Urteilsvermögen war Verlaß. Die wirklich bedeutenden Literaten des Kreises wußten genau, daß die scheinbare Naivität des Chefs ein Rollenspiel meinte, das man zu respektieren hatte. Wehe dem, der darauf hereinfiel.

Trotzdem darf von Gemeinsamkeiten der literarischen Innovation und Programmatik gesprochen werden. Der Kreis der Preisträger, von Eich bis Jürgen Becker, überrascht nicht. Es gab nicht bloß eine Addition großer Talente, sondern eine literarische Kommunikation, die nicht immer und nicht in allen Fällen bewußt wurde. Auch Hans Werner Richter hat sie vielleicht nicht immer genau verstanden.

Polemik von außen, die hartnäckig war und bösartig, seit Mitte der Fünfziger Jahre, half mit beim Prozeß der literarischen Selbstfindung. Sonderbarerweise haben einige der angesehenen Autoren des literarischen Exils das Werk von Richter und den Seinen völlig verzerrt und als Absage an die deutsche Exilliteratur mißverstanden. Ohne Rücksicht darauf, daß Wolfgang Hildesheimer, Peter Weiss oder Erich Fried sowohl Autoren des Exils wie der Gruppe 47 sein konnten. Doch Robert Neumann oder Hermann Kesten wollten es nicht einsehen. So kam es bei ihnen zu grotesken Fehlurteilen. Robert Neumann hat die Literatur der Gruppe 47 wohl schlechthin für schädlich gehalten. Hermann Kesten inszenierte in Italien peinlichen Protest gegen eine Lesung von Uwe Johnson. Den Autor der »Mutmaßungen über Jakob« und sorgfältig arbeitenden Verfasser der späteren monumentalen »Jahrestage« bezeichnete Hermann Kesten, aufgewachsen in einer völlig anderen, doch längst verwehten Ära der Literatur, schlichtweg als unbegabt. Daß die politischen und schriftstellerischen Repräsentanten jener fröhlichen Restauration der Fünfziger Jahre die Gruppe ablehnten, verhöhnten, bisweilen denunzierten, war folgerichtig. Man hatte den Gegner erkannt.

Es sollte trotzdem zu denken geben. Arno Schmidt wurde damals als Gotteslästerer und Pornograph denunziert. Günter Grass desgleichen: Pornograph und Blasphemiker. Uwe Johnson ist unbegabt und kann nicht schreiben. Hubert Fichte: Achselzukken, mokantes Lächeln, vielsagendes Mienenspiel. Die vier kühnsten und unbeirrbaren Autoren einer deutschen »umerzogenen« Literatur mögen darunter gelitten haben, doch sie arbeiteten weiter. Drei von ihnen, mit Ausnahme also von Arno Schmidt, haben sich zur Gruppe 47 gerechnet. Sie wurden dort sogleich in ihrer Bedeutung erkannt.

Auftritt Oskar Matzerath

Den ersten Satz der »Blechtrommel« wird keiner vergessen, der sich ernsthaft mit diesem Buch einläßt. Die kurze Exposition, eigentlich bloß der Anfang eines gutgebauten Satzes, hakt sich fest im Gedächtnis: wie der Anfang der »Verwandlung« von Franz Kafka. Wobei es nicht schwerfiele, eine geheime Verbindung herzustellen zwischen jenem Gregor Samsa bei Kafka, der sich plötzlich, über Nacht, in einen riesigen Käfer verwandelt, und jenem Oskar Matzerath mit der in jeder Hinsicht ungewissen Herkunft, der nicht mehr wachsen will, später doch etwas Wachstum nachzuholen gedenkt, dafür jedoch mit einem Buckel bedacht wird. Wunderliche Gestalten, diese beiden, Samsa und Oskar: zu unheimlich, um komisch zu sein; zu komisch, um irgendeine »Tragik« beim Leser vortäuschen zu können. Unvergeßbar aber seit dem ersten Satz der Geschichte.

»Zugegeben: ich bin Insasse einer Heil- und Pflegeanstalt . . .« Es folgt dann die Vorstellung von Pfleger Bruno, das Krankenzimmer, das einer Gefängniszelle gleicht mit dem Guckloch an der Tür, der Hinweis auf die eigene Blauäugigkeit des Erzählers, von dem wir sonst noch gar nichts wissen: doch »blauäugig« im Sinne der modernen Umgangssprache ist der Schreibende ganz gewiß nicht. Er will berichten, doch nicht so ganz und gar. Der Zwangspatient ist auf seiner Hut. Das erste Wort eines berühmten Buches muß als Replik auf einen – vom Leser nicht zu ahnenden – Vorwurf gedeutet werden. »Zugegeben.«

Abermals bestätigt sich, vor diesem sonderbaren Fall des Oskar Matzerath, der mürrische Ausspruch Goethes: Solange etwas Neues noch nicht in der Welt sei, habe keiner eine Vorstellung davon. Mit Ausnahme natürlich des Schöpfers dieses Neuen. Aber das sagte Goethe nicht eigens, weil es sich für ihn von selbst verstand. Er meinte dies: Man hüte sich, im Bereich der Künste, vor allzu glatten und scheinbar gut berechenbaren Voraussagen. Denn da kann plötzlich einer kommen, der alle Prophezeiungen durch das ganz unerwartete Werk hinfällig, fast lächerlich macht. Der junge Goethe pflegte sich, gleich seinen Zeitgenossen, in solchen Fällen des Wortes »Genie« zu bedienen.

Der Verfasser der »Blechtrommel« mißtraut dem verbalen Hantieren mit dem Genie-Begriff. Aus Anlaß einer Tagung der Gruppe 47 in der amerikanischen Universität Princeton, New Jersey, im Jahre 1966 hielt Günter Grass einen Vortrag über die heutigen Funktionen eines Schriftstellers. Ob der mitreden könne bei den öffentlichen Dingen oder dazu verurteilt bleibe, den Hofnarren zu spielen. Dabei fiel der Satz: »Wer ist schon gern Stefan George!« Nichts da also mit der stilisierten Einsamkeit des Genies. Man gehört zu den anderen und hat gute Arbeit zu leisten.

Trotzdem war die »Blechtrommel«, wie sich nach achtundzwanzig Jahren herausgestellt hat, was man früher, halten zu Gnaden!, als ein »Geniewerk« zu bezeichnen pflegte. Indem keiner außer dem Autor, mit Goethe zu sprechen, davon eine Idee hatte: bevor das Werk in der Welt war.

Man war leider nicht dabei, im Jahre 1958, als Günter Grass, bis dahin innerhalb der Zunft bekannt als der Verfasser eindrucksvoller Gedichte, aus der »Blechtrommel« vorlas, die wohl noch nicht ganz fertig war. Freudiger Schock. Preis der Gruppe 47. Ein Wendepunkt: so haben es alle Anwesenden offenbar empfunden. Sie haben auch mir, dem Literaturprofessor in Leipzig, davon berichtet. Als ich Grass dann im Herbst 1959 bei der Tagung der Gruppe auf Schloß Elmau kennenlernte, wo er neue Gedichte vorlas, war das durchaus Neue, die »Blechtrommel«, bereits in der Welt. Wir alle hatten eine Idee davon. Etwas hatte sich verändert in der deutschen Literatur, schließlich in der »Weltliteratur« von heute, wie sich herausstellen sollte.

Das unerwartete Neue provoziert: man muß sich davor entscheiden. Wer etwas anderes erwartet hatte und haben wollte, mußte befremdet sein. Er würde auf den Schock nach der gewohnten Weise reagieren. Das muß nicht Dummheit bedeuten oder bösen Willen. Ich habe auch Günter Grass einmal unter der Wirkung eines solchen Schocks erlebt. Abermals die Szenerie der Gruppe 47. Tagung 1963 im schwäbischen Saulgau. Peter Weiss las vor: Stücke aus einem Theaterstück über die Herren Marat und de Sade. Bisweilen trommelte er, während er vorlas, den Rhythmus auf einer Trommel, die er vor sich aufgestellt hatte. In der Diskussion vermißte Grass die scharf durchgezeichneten Charaktere ...

Der »Blechtrommel« wurde damals Ärgerlicheres nachgesagt. Von nun an hielten viele den Schriftsteller Günter Grass, ob einer das anstößige Buch nun gelesen oder nur davon gehört hatte, vielleicht hinter der vorgehaltenen Hand, schlichtweg für einen »Pornographen«. Bundesdeutsche Fünfziger Jahre, die doch bald zu Ende gingen. Die Kritik hatte dem politischen Roman »Das Treibhaus« von Wolfgang Koeppen im Jahre 1953, also sechs Jahre vor der »Blechtrommel«, vorgeworfen: er zerstöre bereits die Anfänge einer deutschen Staatsgesinnung. Koeppens Roman spielte in der Bundeshauptstadt Bonn. Heinrich Böll hatte im selben Jahr 1953 eine Gestalt des Romans »Und sagte kein einziges Wort« nachdenken lassen über den wohlbekannten Bischof, inmitten der Prozession, um zum Ergebnis zu kommen, der Bischof sei »einfach dumm«.

Nun also die »Blechtrommel« mit dem scheinbar gehäuften Unrat: von der Zeugung unter den vier Unterröcken bis zu den schönen ehebrecherischen Nachmittagen von Oskars Mutter mit Oskars mutmaßlichem, aber keineswegs ehelichem Vater Jan Bronski. Einem Polen! Von anderem gar nicht zu reden.

Ein Pornograph. Was ist ein Pornograph? Ein Schreiber, der es darauf anlegt, im Lesenden die Gefühle der »Wollust« zu provozieren. Darin waren sich deutsche Juristen seit dem Kaiserreich einig. Man muß aber, das hat sich inzwischen herausgestellt, sehr verquere Vorstellungen von eigener Wollust haben, um sich durch den »Pornographen« Grass einigermaßen gut bedient zu finden. Das ist wohl auch nicht ernsthaft behauptet worden. Trotzdem: der Pornograph! Es lag eine Verwechslung vor zwischen Obszönität und Pornographie. Man beschreibt eben nicht solche Szenen. Frühere Schreiber der deutschen Nachkriegsliteratur hatten das auch nicht getan. In der Tat. Bevor etwas Neues in der Welt ist, hat keiner eine Idee davon. Grass beschrieb genau, weniger genau übrigens als viele seiner späteren Nachahmer, die Vorgänge des Geschlechtslebens. Nur eines wurde ausgespart: die Lüsternheit, also die Zote. Manche Episode beim späten Thomas Mann war, dank solcher Lüsternheit, unendlich »obszöner« als alles Gerangel in der »Blechtrommel«. Trotzdem, so lautet das häufig verkündete Verdikt, sei die »Blechtrommel« ein pornographisches Buch, und ein blasphemisches noch dazu. Was ist eine Blasphemie? Ohne viel bei den Juristen nachlesen zu müssen, darf gesagt werden, daß ein Blasphemiker es darauf anlegt, jene Glaubenssymbole und Riten, die zu einer staatlich anerkannten und verbreiteten Glaubensgemeinschaft gehören, zu beleidigen oder zu verspotten. Allein die Statue der Niobe, die Oskars Freund Herbert bespringen möchte, wobei er umkommt, und wohl auch umkommen will, ist kein Glaubenssymbol. Der Bericht aber, dem der Erzähler die Überschrift gab »Die Nachfolger Christi«, ist ein bedeutendes Stück einer – zwar gläubigen, doch verstört zweifelnden – katholischen Literatur. Oskar erlebt ein Wunder, als er den Jesusknaben verspotten möchte ob seiner Ohnmacht. Er wird vom Knaben versucht mit den Worten der Apostelgeschichte über die Einsetzung des Apostels Petrus. Oskar will nicht die Lämmer des Herrn weiden helfen. »Was sollte ich mit dem Jesus anfangen? Ich hätte meine Stimme beladen mögen. Was hatte ich mit seinem Kreuz zu tun? Wußte aber genau, daß meine Stimme gegen seine Kirchenfenster nicht ankam.« Oskar ist ein – katholischer – Versucher, der seiner Maria, die Katholikin werden möchte, gern Nachhilfe gewährt im katholischen Ritual.

Natürlich ist Oskar Matzerath auch eine satanische Figur. Das sagt er selbst, und sein Erzähler hat es so gewollt. Blasphemisch wäre es im Glaubenssinne, wenn einer umgekehrt den Bösen aus dem Spiel ziehen und leugnen wollte. Das wäre undenkbar für einen Menschen mit der Daseinserfahrung von Günter Grass. Es war auch undenkbar für den alten Ernst Bloch. In dessen Buch »Atheismus im Christentum« von 1968 heißt es: »Sozusagen automatisch fiel mit dem wachsenden Unglauben an Gott auch der furchtbare Glaube an seinen Gegenspieler: Und doch nun – hier steckt das Problem ... Verkleinerung des Bösen bis zur Unsichtbarkeit hat ihm jedenfalls seine Geschäfte nicht gelegt.« Auschwitz liegt in Polen. Man könnte sich denken, daß ähnliche Reflexionen, wie hier bei Bloch, eingegangen sind in einzelne Episoden der »Blechtrommel«. Zu schweigen von der bei Grass stets präsenten Marien-Symbolik. Bereits in der Geschichte Oskars, stärker konturiert bald darauf, vor dem gleichen Hintergrund, in der Erzählung »Katz und Maus«.

Die politische Substanz des Romans kann heute, nach achtundzwanzig Jahren, kaum mehr mißverstanden werden. Der Erzähler erläutert sie, mit Oskars Hilfe, gleich zu Beginn des Zweiten Buches: »Wie Sie zuvor schon bemerkt haben werden, ergab sich mir unter dem Tisch seit jeher die bequemste Art aller Betrachtungen: ich stellte Vergleiche an.« Der Blick von unten her. Als Mittel der epischen Darstellung wohlbekannt seit Stendhal, wo die Schlacht bei Waterloo nicht vom Feldherrnhügel herab, sondern vom Boden her erlebt werden mußte. Oskar erlebt (und stört) den Feiertag wie den Alltag eines um Heldengebärde bemühten sogenannt Dritten Reiches. Das hat viele Leser geärgert, die sich ein bißchen mehr Verklärung gewünscht hätten. Nun ist Oskar zwar vielseitig, doch nicht besonders gut in der Rolle des heroischen Erzählers. Außerdem schaut ihm der wirkliche Erzähler auf die Finger und schaltet sich ein, wenn der Insasse der Heil- und Pflegeanstalt ein bißchen weglügen und beschönigen möchte.

Leider kann Oskar auch nicht als Widerstandskämpfer dienen. Seine Position unter dem Tisch ist keine plebejische oder gar proletarische Haltung. Ein Kleinbürger wie sie alle, bloß viel klüger, auch grausamer als die anderen, die Schlimmes tun aus Dummheit und aus Lässigkeit. Gar nicht kleinbürgerlich hingegen sind Oskars Freunde und Lehrer: der jüdische Selbstmörder Markus, sein Lieferant für Blechtrommeln, was heißen soll: *sein Helfer auf dem Wege zur Kunst*, und der professionelle Künstler (und

Liliputaner) Bebra, den Oskar seinen Freund nennt und seinen Meister.

Liest man genau, nach fast dreißig Jahren, also bereits in Kenntnis der späteren Werke von Grass, der »Hundejahre« wie des »Butt« und der »Rättin«, so ist vieles bereits in der »Blechtrommel« angekündigt: alle spätere Melancholie aus dem »Tagebuch einer Schnecke« klingt an, wenn berichtet wird: »Einsam und unverstanden lag Oskar unter den Glühbirnen, folgerte, daß das so bleibe, bis sechzig, siebzig Jahre später ein endgültiger Kurzschluß aller Lichtquellen Strom unterbrechen werde, verlor deshalb die Lust, bevor dieses Leben unter Glühbirnen anfing.« Abermals der Teufel, heraufbeschworen durch Goethe: » Denn alles, was entsteht, / ist wert, daß es zugrunde geht; / Drum besser wär's, daß nichts entstünde.«

Ein Schelmenroman, freilich. Das war gewollt vom Erzähler. Heute liest man die »Blechtrommel« außerdem als *Warnliteratur.* Mit Oskar Matzerath wird man so leicht nicht fertig.

Viertes Kapitel

Konstellationen einer Literatur der DDR

Die Literatur der Deutschen Demokratischen Republik ist, um den marxistischen Fachausdruck zu benutzen, durchaus als »Überbau« zu einer Gesellschaftsordnung zu verstehen, die planmäßig, nach den Prinzipien einer historischen und materialistischen Dialektik, entwickelt werden sollte: als Negation der kapitalistischen Wirtschaft und Gesellschaft wie der »bürgerlichen Ideologie«. Folglich hätte sich der geistige Überbau dieses Staates, der sich bei der eigenen Identitätsfindung der Formel vom »real existierenden Sozialismus« bedient, auch als Negation der bürgerlichen Literatur präsentieren müssen.

So war es beabsichtigt und oftmals proklamiert von den politischen Interpreten des Staates und der Sozialistischen Einheitspartei. Die offizielle Doktrin lautete: es gäbe zwei Staatsgebilde auf dem Boden des einstigen Deutschen Reiches: die BRD und die DDR. Beide ständen gegeneinander als antagonistische Gesellschaftsgebilde. Im Westen eine Gesellschaftsordnung des späten Kapitalismus oder Imperialismus, im östlichen Deutschland eine sozialistische Staats- und Gesellschaftsordnung mit sozialistischem Überbau. Folglich gäbe es keinen gemeinsamen Kulturbegriff mehr, der gültig wäre für alle Deutschen. Nicht minder folgerichtig müßten sich Wissenschaft, Kunst und Literatur der Deutschen Demokratischen Republik von Grund auf, also qualitativ, unterscheiden von dem, was die Künstler und Schriftsteller im westlichen Deutschland tun und treiben und planen. Das gesellschaftliche Sein, so hatte man es bei Karl Marx gelernt, bestimmt das Bewußtsein. Die Umkehrung gilt nicht.

So weit die reine Lehre und Doktrin. Die Wirklichkeit meint und sieht es anders. Wo politisch eine strikte Abkehr gefordert wird von allem, was man unter dem negativen Begriff einer »ideologischen Koexistenz« verdammt, erlebt ein Leser der Literatur in der DDR, um hier allein von Schriftstellern und ihren Büchern zu sprechen, eine *erstaunliche Konvergenz* der literarischen und (weitgehend) auch der politischen Tendenzen im Beziehungsgeflecht zwischen den Autoren der DDR und der Bundesrepublik Deutschland. Hier gibt es keinen Mauerbau, sondern freie und fruchtbare Wechselwirkung. Wo die Regierungssprecher der DDR jeweils bei Eröffnung der Leipziger Buchmesse die These von der Unvereinbarkeit der ideologischen Strukturen dieser beiden deutschen Staaten *und* Literaturen zu repetieren pflegen, offenbart sich ein erstaunliches Zusammenfließen und wechselseitiges Lehren wie Lernen. Die geschichtliche Dialektik setzt sich durch gegen formalistische Dekrete und Losungen.

Diesen Vorgang beobachtet man nicht allein im Verhältnis der beiden deutschen Literaturen zueinander. Dialektik waltet nicht minder *innerhalb* der Deutschen Demokratischen Republik selbst: als Konflikt zwischen der Staatsmacht und ihren Gesellschaftsplanern zum einen, den Schriftstellern und ihren Büchern oder auch Manuskripten zum anderen. Weil es sich um die konkrete, in sich stets widerspruchsvolle Entwicklung handelt, sind Mißverständnisse und Fehlurteile fast unvermeidlich. Das gilt für das Urteil der Staatsdoktrin der DDR über die eigene konkrete Literatur wie erst recht für westliche Urteile. Innerhalb der DDR, vom Staat her gesehen, hat sich keine Literatur entwickelt, deren Thematik, Arbeitsmethode, künstlerische Ausdrucksform wesentlich unterschieden wäre von den Themen, Arbeitsmethoden und Ausdrucksformen westlicher Schriftsteller. Daraus entsteht, mit Notwendigkeit, immer wieder ein politischer Konflikt zwischen Staat und Literatur der DDR. Die Krisensituationen wiederholen sich stets von neuem: der Vorgang ist unvermeidbar.

Andererseits ist es ein Mißverstehen, wenn westliche Betrachter dieser Auseinandersetzungen in solchen Fällen mit der Vokabel des »Dissidententums« zu arbeiten suchen. Allein die geistige und künstlerische Auseinandersetzung innerhalb der DDR, die hart zu sein pflegt, wobei die künstlerische und materielle Existenz bedroht wird, muß nicht unbedingt den politischen Konflikt bedeuten zwischen dem Schriftsteller der DDR und seinem Staat. Es kann keine Rede davon sein, daß sich die Literatur der DDR, wenn man von ernsthaften und begabten Schriftstellern und ihren Werken spricht, in Form einer Exilliteratur darstellt. Die Literatur der CSSR, für diese Annahme sprechen viele Tatsachen, hat inzwischen fast die Gestalt einer Exilliteratur angenommen: mit den beiden typischen Ausdrucksformen der sogenannt inneren und äußeren Emigration. Eine solche Diagnose jedoch kann für die Literatur der DDR *nicht* gestellt werden.

Konfliktsituationen freilich zwischen den Schriftstellern und ihrem Staat hat es seit Gründung der Deutschen Demokratischen Republik im Jahre 1949 gegeben. Es war eine Widerspiegelung realer gesellschaftlicher Konflikte innerhalb dieses Staatswesens, das sich als antifaschistische und demokratische Gesellschaftsordnung verstehen wollte. Einer der ersten Schriftsteller, ein Schüler von Bertolt Brecht, der diesen Grundwiderspruch im gesellschaftlichen Leben auch literarisch gestaltete, und zwar als Dramatiker, war *Heiner Müller.*

Im »Lohndrücker« von Heiner Müller gibt es eine Szene, die in ihrer Härte und dialektischen Verknappung über Brecht hinausgeht. Das Stück spielt 1948/49 in der DDR. Müller betont: »Das Stück versucht nicht, den Kampf zwischen Altem und Neuem, den der Stückeschreiber nicht entscheiden kann, als mit dem Sieg des Neuen vor dem letzten Vorhang abgeschlossen darzustellen; es versucht, ihn in das neue Publikum zu tragen, das ihn entscheidet.« Ein aufgebrachter Arbeiter, erbittert über die amtliche Normenschinderei, sagt dem Direktor: »Das also ist euer Arbeiterstaat. Ihr seid nicht besser als die Nazis.« Der Direktor will das nochmal hören und bekommt es nochmal gesagt. »Direktor schlägt Lerka ins Gesicht. Pause.« Dann sagt der geschlagene Lerka: »Das kostet dich die Stellung, Direktor, das ist nicht wie bei Hitler.« Und geht ab.

In knappster Form ist hier ein Grundprinzip des menschlichen Bewußtseins formuliert worden: *die Ungleichzeitigkeit von Gefühlsweisen und Denkweisen,* welche nach logischer Überlegung keineswegs miteinander unvereinbar sind. In Heiner Müllers Einakter ist der angebliche Lohndrücker, den die Kollegen hassen, weil er sich als Arbeiter so stark ins Zeug legt, daß die anderen im Akkord zurückbleiben müssen, scheinbar ein Gehilfe der Ausbeutung. In Wirklichkeit zeigt der dramatische Ablauf, daß er *jegliche Form der Ausbeutung* haßt, folglich auch die staatlich und parteipolitisch verordnete Normenschinderei. Darum sagt er dem Direktor, einem Kommunisten mit Parteiabzeichen, die neue Ordnung sei auch nicht viel besser als die gestürzte des Dritten Reiches. Der empört sich zu Recht über den Vergleich und schlägt seinen Arbeiter. Die Antwort zeigt, daß der scheinbare Lohndrücker und politische Dissident in Wirklichkeit die Grundsätze einer neuen gesellschaftlichen Ordnung in sich aufgenommen hat. Man lebt eben doch nicht mehr im Dritten Reich.

Hier beginnt, schon in den Fünfziger Jahren, also noch zu Lebzeiten des Meisters Bertolt Brecht und seines Berliner Ensembles, die Abkehr der jüngeren Schüler und Stückeschreiber von den einstigen Prinzipien des sogenannten Epischen Theaters. Daß Brecht, im wesentlichen mit gutem Grund, und auch mit Erfolg, seine Dramaturgie als dialektisches Theater verstand, ist unbestritten. Immer wieder kam es jedoch vor, auch in den großen dramatischen Schöpfungen Bertolt Brechts, daß die Dialektik *nicht* aus der gesellschaftlichen Situation verstehbar wurde, sondern – scheinbar – ein Geheimnis, vielleicht sogar eine List blieb des Stückeschreibers aus Augsburg. Weshalb sich Brecht stets wieder ärgern mußte bei Aufführungen seiner Stücke, falls er sie nicht selbst inszeniert hatte: wenn sie eine entgegengesetzte Wirkung beim Publikum erzeugten, also wider alle Listen und Planungen des Dramatikers aufgenommen wurden. Dann wurde die Mutter Courage vom Publikum bedauert ob ihres Unglücks, während Brecht uns zu verstehen gab, sie selbst sei schuld an ihrem Unglück, weil sie nicht begriff, daß es für eine Marketenderfrau ohne Kapital am Krieg nichts zu verdienen gibt. Andererseits lachte das Publikum fröhlich über den im Suff so charmanten Herrn Puntila und langweilte sich bei den vernünftigen und redlichen Repliken seines Knechtes Matti.

Selbst dort, wo Brecht im »Guten Menschen von Sezuan« wahrhaft dialektisch einen offenen Schluß präsentierte, also die dialektische Vieldeutigkeit seines Geschehens zu unterstreichen gedachte, kam nicht wirkliche Dialektik zustande, sondern bloß dramaturgische Manipulation. Der Epilog spiegelt die Verwirrung des Autors vor seinem Geschehen und endet mit folgenden Knittelversen:

Der einzige Ausweg wär aus diesem Ungemach:
Sie selber dächten auf der Stelle nach,
Auf welche Weis' dem guten Menschen man
Zu einem guten Ende helfen kann.
Verehrtes Publikum, los, such dir selbst den Schluß!
Es muß ein guter da sein, muß, muß, muß!

Das war ein Trick, denn natürlich glaubte der Stückeschreiber Brecht die Lösung zu kennen. Man kann eben kein Guter Mensch sein im kapitalistischen Sezuan. Genauso hatte Brecht schon um das Jahr 1930 seiner Heilsarmee-Idealistin, der Heiligen Johanna der Schlachthöfe, eingetrichtert, mit Idealismus komme man den Ausbeutern nur allzu gelegen. Im Falle der Shen-Te, also des Guten Menschen von Sezuan, sollte gelernt werden, nach dem Willen des Lehrers und Stückeschreibers, daß Gutsein nur schadet in der bürgerlich-kapitalistischen Gesellschaft. Der offene Schluß war keiner. Hat aber Brecht wirklich geglaubt, daß der Theaterbesucher, nachdem er sich das Parabelstück von der hilflosen Shen-Te und den nicht minder hilflosen Göttern angeschaut hat, zu Haus an den Bücherschrank geht, falls die Texte dort vorhanden sind, um das »Kapital« von Karl Marx oder »Staat und Revolution« von Lenin zu lesen? Hat Brecht selbst dieser Art seiner eigenen Dramaturgie wirklich getraut, auch gegen das Lebensende hin? Das ist wirklich eine offene Frage.

Ohnehin erwies sich sogar dieses in vielem widerspruchsvolle Denken des Dialektikers Brecht innerhalb der Deutschen Demokratischen Republik im ersten Jahrzehnt ihres Bestehens als schwere politische und ideologische Zumutung. Die Literatur der DDR war seit ihren Anfängen, noch vor Gründung des Staates selbst im Oktober 1949, *sowohl eine importierte wie eine oktroyierte Literatur.* Darin entsprach sie, mit geschichtlicher Notwendigkeit, der gesellschaftlichen und politischen Ordnung in der Sowjetischen Besatzungszone. Repräsentanten dieser Literatur wurden in erster Linie die aus dem Exil heimgekehrten kommunistischen Schriftsteller. Ihr literarisches und theoretisches Organ hieß einstmals »Die Linkskurve«. Dort las man um 1930 bereits die Texte von Johannes R. Becher und Ludwig Renn, von Anna Seghers und Willi Bredel, von Bodo Uhse oder Friedrich Wolf. Hier bereits zeigte sich, innerhalb des kommunistischen Literaturlagers, ein politisch folgenreicher Antagonismus. Becher nämlich und Friedrich Wolf oder Willi Bredel kamen zurück aus dem sowjetischen Exil. Die Seghers aber und Renn oder Alexander Abusch und Bodo Uhse hatten das Dritte Reich in der mexikanischen Emigration überdauert. Dort hatte *Anna Seghers,* aus dem Bewußtsein dieser Entwurzelung in ganz fremder Welt, eine ihrer schönsten Erzählungen geschrieben, noch dazu eine solche mit der seltenen autobiographischen Substanz: den »Ausflug der toten Mädchen«.

Nach Ansicht aber des obersten Machthabers im Kreml, des Generalissimus Stalin und Vaters der Völker, war *bloß* den Emigranten in der Sowjetunion zur Not zu trauen. Alle übrigen mußten virtuell als Saboteure und Agenten gelten, was die schnöden Berliner, denen die offizielle Presse- und Rundfunkpropaganda so oft von solchem Abschaum berichtete, der Einfachheit halber in das Wort »Sabogenten« zusammenzogen. In ähnlicher Weise verfuhr man gegen Ende der Vierziger Jahre, auf Stalins Geheiß, in den Schauprozessen von Budapest, Sofia oder Prag. Die Hinrichtung der Rädelsführer am Galgen war von vornherein programmiert. Der fällige Prozeß in Ost-Berlin, der bereits mit der Verhaftung künftiger Todeskandidaten begonnen hatte, wurde durch Walter Ulbricht hinausgezögert, weil er ihn politisch nicht brauchen konnte. Trotzdem starb *Leo Bauer,* einer der Angeklagten, fast zwanzig Jahre später, als er aus Sibirien zurückkommen durfte und in der Bundesrepublik lebte, an den Folgen seiner Haft und wohl auch der damit verbundenen Torturen.

Wie sollte unter solchen politischen und gesellschaftlichen Konstellationen eine »Literatur der DDR« entstehen? In ihren Anfängen war sie eine Weiterführung sowohl der kommunistischen Agitationsliteratur aus der Endzeit der Weimarer Republik wie eine Fortsetzung der antifaschistischen Exilliteratur. Es gab bedeutende Werke in diesen Konstellationen, die – im Kontrast zu den harmonischen und verlogenen »Träumereien« der Goebbels-Propaganda – nunmehr Wirkung taten. »Das Siebte Kreuz« von *Anna Seghers* und die kühlen Berichte von *Ludwig Renn* über den Ersten Weltkrieg und die Weimarer Republik. Das episch-dialektische Theater von Bertolt Brecht. Hinzu kam, daß die kommunistischen Schriftsteller um 1930 bereits enge Verbindung gehalten hatten zu »sympathisierenden« Autoren, die später, gegen Ende der Vierziger Jahre, also unter der amerikanischen Gesinnungsschnüffelei des Senators Joseph McCarthy aus dem Staate Wisconsin gegen alle Art von »unamerikanischem Verhalten«, einfach als »fellow travellers« bezeichnet wurden.

Wozu Brecht und der Musiker Hanns Eisler ebenso gehörten wie Charlie Chaplin oder der Filmemacher Joseph Losey. Auch *Heinrich Mann* hatte dazugehört, weshalb er gegen Ende seines Exils und kurz vor seinem Tode im Jahre 1950 streng observiert worden war. Ein anderer offensichtlicher fellow traveller wohnte in Los Angeles, wollte nicht von neuem emigrieren, hieß *Lion Feuchtwanger* und wurde bis zu seinem Tode, trotz aller Anträge, nicht eingebürgert in den Vereinigten Staaten. Auch *Arnold Zweig* hatte ihnen nahegestanden, den Leuten um Becher und Anna Seghers, gegen Ende der Weimarer Republik. Er war dann nach Palästina emigriert, kam dort notwendigerweise in Konflikt mit den eigentlichen Zionisten, so daß er im Spätsommer 1948, fast auf den Tag der Gründung des Staates Israel, aus Haifa die Rückreise nach Europa antrat, zunächst nach Prag. Von dort kam er im November 1948, auf Einladung von Johannes R. Becher, nach Ost-Berlin, um hier zu bleiben und zu arbeiten. Fast am gleichen Tage war auch Brecht eingetroffen: aus Zürich, wo er die Uraufführung seines »Puntila« inszeniert hatte. Er durfte, wie bereits erwähnt, nicht von Zürich über München und Hof die Reise nach Berlin antreten. Die Amerikanische Militärregierung gewährte Brecht und seiner Reisegesellschaft kein Durchreisevisum. So nahm auch er den Umweg über Prag.

Dies also war, mindestens ein Jahrzehnt lang, die *Grundkonstellation einer Literatur der DDR*. Die kommunistischen Emigranten von einst *und* ihre Freunde und Sympathisanten aus der Zeit der Weimarer Republik. Wozu übrigens nicht allein Heinrich Mann oder Feuchtwanger und Arnold Zweig gehörten. Heinrich Mann hatte bereits die Einladung der jungen DDR angenommen: nach Berlin zurückzukehren und dort als Präsident der neu- oder wiedergegründeten Akademie der Künste zu amtieren. Er starb während der Reisevorbereitungen. Die Aschenurne wurde später auf dem Dorotheenstädtischen Friedhof in Ost-Berlin beigesetzt. Nachbargräber tragen die Namen von Becher und Brecht.

Es gab auch Sympathisanten von einst, die während des Dritten

Reiches nicht ausgewandert waren, sondern irgendwie überdauern konnten. Der Lyriker *Peter Huchel* und der Literaturkritiker *Paul Rilla*. Auch *Ernst Bloch* hatte in den frühen Dreißiger Jahren zu diesem Kreis der sozialistischen Gesinnungsfreunde gehört. Auch er nahm, wie Heinrich Mann, die Einladung an, nach Deutschland zurückzukehren, und zwar in die Sowjetische Besatzungszone, die man in westlicher Propaganda spöttisch als SBZ abzukürzen, fast auszuspucken liebte. Bloch erschien im Frühjahr 1949 in Leipzig, um die Leitung des Instituts für Philosophie an der Universität zu übernehmen.

Erstaunlicherweise erwies sich diese politisch scheinbar homogene Gemeinschaft einstiger Gesinnungsfreunde aus den Zeiten des Antifaschismus und Exils als überaus vielschichtig und auch politisch höchst differenziert. Neben den mit Hilfe offizieller Direktiven produzierten Werken literarisch-politischer Propaganda, die wirkungslos blieben und rasch vergessen wurden, weil auch die politischen Direktiven zwischen 1949 und den Ereignissen des 17. Juni 1953 rasch zu wechseln pflegten, entstanden neue literarische Modelle und Schöpfungen. Eben dadurch aber waren auch die *ersten ästhetischen und literarischen Konflikte* von vornherein programmiert: zwischen Künstlern oder Schriftstellern und ihrer Staatsmacht oder Parteiführung.

Das *dialektische Theater Bertolt Brechts zum Beispiel* widersprach von Grund auf den sowjetischen Normen des Sozialistischen Realismus. Die Spielweise des Berliner Ensembles bedeutete den Widerspruch zur angepriesenen Theaterkunst von weiland Konstantin Stanislawski. Das *»Prinzip Hoffnung«* meinte den manifesten Widerspruch zur doktrinären Lehre des sowjetisch autorisierten Diamat, also des Dialektischen Materialismus nach dem Moskauer Lehrbuch. Ernst Bloch pflegte den Geist dieses Lehrbuchs bisweilen spöttisch mit der Musik von Kurkonzerten zu vergleichen oder mit einem Mineralwasser, das zu früh geöffnet wurde und zu lange herumstand.

Zu Beginn des Jahres 1949 erkämpfte sich *Johannes R. Becher* eine eigene Literaturzeitschrift. Er nannte sie »Sinn und Form« und wollte damit bewußt an Thomas Manns Exilzeitschrift »Maß und Wert« anknüpfen. Chefredakteur des Herausgebers Becher wurde Peter Huchel. Er hat die Zeitschrift, die in sechs Heften jährlich erschien, nicht eingerechnet einige Sonderhefte, bis Ende 1962 geleitet. Dann nahm man sie ihm weg. Wer die Jahrgänge heute anschaut, begehrte Raritäten, wird feststellen, daß hier, unter scheinbar hemmenden Arbeitsbedingungen, die bedeutendste deutsche Literaturzeitschrift der Nachkriegszeit entstanden war. Peter Huchel veröffentlichte selbstverständlich die wichtigsten Autoren des Ostblocks und der später sogenannten Dritten Welt, doch nicht einen einzigen Text der einfältigen Agitationsliteratur. Aber Walter Benjamin wurde dort zum ersten Mal wieder in Deutschland gedruckt oder Adorno und Bloch und der Österreicher Ernst Fischer und die russischen »Formalisten« der Zwanziger Jahre.

Etwa seit dem Jahre 1950, zu Lebzeiten noch von Josef Stalin und drei Jahre vor dem 17. Juni 1953, war im literarischen Schaffen der DDR ein Gegensatz entstanden: nicht zu verstehen als Spaltung in eine »westliche« und eine »östliche« Fraktion, denn alle Autoren waren entschlossen, in der jungen DDR zu arbeiten. Sie hatten in den meisten Fällen dafür persönliche Opfer gebracht. Das Leben und Arbeiten dort, um einen Wiener Ausdruck zu gebrauchen, den Brecht liebte, war kein Honiglecken.

Es war der Gegensatz etwa zwischen einer nach Direktiven loslegenden, von der politischen Obrigkeit gehätschelten, schönfärbenden und deshalb verlogenen Literatur und einem dialektischen Betrachten der realen Verhältnisse, das nicht bereit war, dort rosa Wölkchen aufsteigen zu lassen, wo der Himmel grau aussah, fast schwarz: wie vor einem schlimmen Gewitter. Offiziell hatte man auf Moskaus Geheiß erheblichen Widerwillen vor aller Kunst und Literatur, die sich an der westlichen »Moderne« orientierte. Bela Bartók war folglich verdächtig, von dem Renegaten Strawinski nicht zu reden; bei Picasso, dem kommunistischen Genossen, drückte man – ungern – das Auge zu.

Eine Aufführung der Oper »Das Verhör des Lukullus« von *Paul Dessau* nach einem Text von *Brecht*, die in der Ostberliner Staatsoper vorbereitet wurde, unter Leitung des Dirigenten *Hermann Scherchen,* sollte auf Ulbrichts Geheiß und nach dem Willen seiner Berater unter allen Umständen verhindert werden. Weil Brecht bereits zu mächtig geworden war, ließ man eine Generalprobe ansetzen und hoffte auf den organisierten Unwillen der geladenen Funktionäre. Man hatte sich verrechnet. Es wurde ein gewaltiger Erfolg, man entschloß sich daher zum Kompromiß. Brecht dichtete ein paar Zeilen neu und stimmte einem neuen Titel zu: also »Verurteilung« statt »Verhör« des Lukullus.

Druck erzeugt Gegendruck. Die offiziellen Dichter wurden immer offizieller. Die kritischen Autoren entdeckten, was nicht schwerfiel, immer neuen Anlaß für ihre – sozialistisch verstandene – Kritik.

Die Konfrontation einer offiziell verklärenden mit einer dialektisch-kritischen Dichtung war unvermeidbar. Schaut man zurück, so endete sie mit dem Überleben der dialektischen Literatur. *Die Jubler und Rhapsoden von damals wurden sogleich vergessen.* Daran hat sich auch nach dem 17. Juni 1953, nach dem ungarischen Aufstand von 1956, nach dem »Prager Frühling« von 1968 nichts geändert. Die politisch-literarische Konstellation wiederholte sich stets von neuem: mit Repressionen, Parteiausschlüssen, Totschweigen, Ausbürgerung auf der einen Seite, mit Nationalpreisen und subventionierten Riesenauflagen für die gut sozialistischen »Realisten« auf der anderen. Man suchte es zu machen, wie es der Brauch war bei den »Freunden«, den Russen also, wußte aber, daß es einen anderen Staat gab auf deutschem Boden und Antennen auf jedem Dach.

Die Preisgabe aller Dialektik zugunsten eines angeordneten Enthusiasmus führte literarisch dazu, daß eine so entstehende Literatur *mit Notwendigkeit irreal werden mußte:* aller Beteuerung des Realismus zum Trotz. Das begann bereits bei der von Becher auftragsgemäß, und allzu rasch, hingeschriebenen Nationalhymne der DDR im Jahre 1951:

> Denn es muß uns doch gelingen,
> daß die Sonne schön wie nie
> über Deutschland scheint ...

Das Haupt der offiziellen Barden, der Schriftsteller *Kurt Barthel,* der sich albernerweise *Kuba* nannte, dekretierte in einem Poem: »Thälmann ist niemals gestorben ...« Es war eine Literatur der Heiligenlegende. Ihr Programm entwarf Walter Ulbricht im November 1965 auf einer Tagung seines Zentralkomitees. Es sollte den westdeutschen Schriftstellern antworten auf deren

Frage, was die »nationale Wahrheit« sein werde für alle Deutschen. Ulbricht dekretierte: »Die nationale Wahrheit ist, daß der Sozialismus in der Deutschen Demokratischen Republik siegt und die demokratischen Kräfte in Westdeutschland die Macht des Militarismus und der Konzernherrschaft überwinden werden, damit ein einheitliches, friedliches und fortschrittliches Deutschland erwächst.« Das ist nun lange Jahre her. Marxistische Dialektik pflegt anders zu arbeiten.

Im Dezember 1966 wurde in der DDR der Schriftsteller Helmut Preißler mit einem Heinrich-Heine-Preis ausgezeichnet. Eines der preisgekrönten Gedichte begann mit der Konzession »Sicher sangen die Stare/schon in vergangenen Jahrtausenden schön...«, um nach ein paar paraphrasierenden Zugeständnissen fortzufahren:

> Aber ganz sicher
> scheint all dies tausendfach schöner
> den Nachgeborenen der Dichter, für die
> ein Gespräch über Bäume
> fast ein Verbrechen war, weil es ein Schweigen
> über so viele Untaten einschloß.

Man versteht: die Stare singen schöner im Sozialismus, die Sonne wird schön wie nie über Deutschland scheinen. Thälmann ist niemals gestorben, und Brechts Hoffnung habe sich erfüllt: daß nämlich ein Gespräch über Bäume nunmehr möglich wurde, weil keine Untaten mehr den Blick auf die Schönheit der Natur verstellen.

Ungefähr gleichzeitig mit Preißler, kurz vor dem Jahre 1968, schrieb auch *Hans Magnus Enzensberger* eine poetische Reflexion nieder über Brechts Gedicht an die Nachgeborenen: mit dem Gespräch über Bäume, dem Auftauchen der Nachgeborenen aus der großen Flut, mitsamt Brechts »Bitte um Nachsicht«. Enzensberger repliziert mit solchen Zeilen:

> wer soll da noch auftauchen aus der flut,
> wenn wir darin untergehen?
> noch ein paar fortschritte,
> und wir werden weitersehen.

wer soll da unser gedenken
mit nachsicht?

das wird sich finden,
wenn es erst soweit ist.

Ein anderer Zeitgenosse Preißlers, auch ein Lyriker, *Peter Rühmkorf* in Hamburg, stellte damals die *umgekehrte These* auf: daß der heutige Lyriker *nicht mehr* die schöne Mondlandschaft des Matthias Claudius oder Joseph von Eichendorff beschwören könne, nicht einmal dürfe. Die Aufgabe westdeutscher Schriftsteller, darin unterscheiden sie sich in vielen Fällen, als Dialektiker, von der rot angestrichenen Idyllik einer Offizialliteratur in der DDR, bestehe darin, der westdeutschen Wirklichkeit die eigene Melodie vorzuspielen: auch wenn sie nicht schön klingt.

Dadurch empfinden sie sich nicht allein als Zeitgenossen, *sondern als Gleichstrebende* jener Schriftsteller in der DDR, die sich weigern, auf Direktiven zu achten und auf ein politisches Hörensagen.

Das letzte Gedicht in *Peter Huchels*-Lyrikband »Gezählte Tage« von 1972, geschrieben wohl, als man ihn ziehen ließ, nachdem er sich gezwungen sah, die Ausreise aus seiner märkischen Heimat zu beantragen, trägt die Überschrift »Das Gericht«:

Nicht dafür geboren,
unter den Fittichen der Gewalt zu leben,
nahm ich die Unschuld des Schuldigen an.

Als Huchel noch die Zeitschrift »Sinn und Form« redigieren konnte, war dort ein Sechszeiler von *Günter Kunert* erschienen, der dem Schreibenden viel Ärger bereiten sollte. Ein Text in der Sklavensprache. List beim Schreiben der Wahrheit: nach den Rezepten von Brecht. Eine poetische (und poetologische) Notierung des Unterschieds zwischen Aufklärung und ihrem Gegenteil.

Als unnötigen Luxus
herzustellen verbot,
was die Leute Lampen nennen.
König Tharsos von Xantos, der
von Geburt
Blinde.

Die Konvergenz zwischen den offiziellen politischen Konzepten in Bonn und in Ost-Berlin ist erstaunlich. Die Kulturpolitik der Deutschen Demokratischen Republik geht aus vom ideologisch unvereinbaren Kontrast zwischen einer kapitalistischen und einer »real existierenden« sozialistischen Literatur. Die bundesrepublikanische These lautet, wenn man sich amtlicherseits überhaupt die Mühe macht, über dergleichen nachzudenken: es gebe nur eine deutsche Literatur, und das sei die freie, unzensurierte westdeutsche, einschließlich der »bei uns« gedruckten und rezensierten Autoren von drüben.

Beides ist offensichtlich falsch und irreal. *Weder* empfinden sich die Schriftsteller der DDR als Sprecher einer höherwertigen, gesellschaftlich widerspruchsfreien Gesellschaftsordnung, noch gar verstehen sie sich insgeheim als westdeutsche Autoren mit zufälligem Wohnsitz im anderen deutschen Staat. Das gilt auch wohl für viele jener Schriftsteller aus der DDR, die es in die Bundesrepublik verschlug: freiwillig oder mit Hilfe von Gewaltanwendung. Wie sehr auch sie geprägt wurden durch ihre gesellschaftlichen und geistigen Erfahrungen in der DDR, was vor allem auch heißen soll: durch ihre Kenntnis der dialektischen Denkmethoden, das zeigt sich an den fast planmäßig auftretenden geistigen Krisen dieser Autoren im bundesrepublikanischen Alltag. *Ihnen allen kam gleichsam das literarische Grundmuster abhanden.* Das wissen so grundverschiedene und einander doch so ähnliche Autoren wie *Wolf Biermann* und *Hans Joachim Schädlich,* wie *Hartmut Lange* oder *Stefan Schütz.*

Auch literarische Nationalpreisträger der DDR wissen genau, daß es nicht mehr angeht, angesichts von Endzeitvorbereitungen der Supermächte, die westdeutsche Kritik der Schriftsteller an ihrem Staat und an dessen Repräsentanten zwar zu loben, selbst aber untätig und unkritisch die nach Westen gerichteten Raketen und die adäquate Raketenpolitik entweder zu billigen oder vornehm zu ignorieren. In seiner Eröffnungsrede eines deutschen Schriftstellertreffens in der Ostberliner Akademie der Künste am 13. Dezember 1981 sprach *Stephan Hermlin* folgenden Satz: »Daß Rüstungskonzerne und Generalstäbe ihre mörderische Arbeit tun, ist bekannt. Sie könnten sie nicht leisten ohne den Konsens von riesigen Massen, deren instinktiver Lebenswille von unablässig aufgeputschtem Mißtrauen gegen den anderen jenseits der Grenze tödlich vergiftet wird.« Das klingt anders als Ulbrichts Vertrauen in die Eroberung Westdeutschlands durch seinen »Sozialismus«: mit Hilfe der Massen.

Fast zwei Jahre später, bei einer zweiten Berliner Begegnung deutscher Schriftsteller, diesmal in der Westberliner Akademie der Künste am 22. und 23. April 1983, kam *Günter Grass,* ohne es zu wissen, am Schluß der Tagung auf jenen Gedanken von Hermlin zurück. Er sagte: »Der Ort, an dem Brennstäbe aus Atomkraftwerken gelagert werden, wird verharmlosend – beinahe ein Kurpark – ›Entsorgungspark‹ genannt. Das ist Orwellsche ›Neusprache‹. Wenn der US-Präsident die MX-Raketen ›Peace-Maker‹ nennt, ist das auch ein Stück der Orwellschen Neusprache. Wir lachen darüber, aber viele sitzen dieser Orwellschen Neusprache auf und sind nicht in der Lage, die latente Gefahr zu erkennen.«

Wer Angst vor der Dialektik hat, als ein Deutscher heute in Deutschland, erst recht als ein deutscher Schriftsteller, *hat Angst vor der Wahrheit.* Die Deutsche Demokratische Republik besitzt ein ideologisches Staatsprogramm: sogar in den Bereichen der Kunst und der Literatur. Damit wurde der Konflikt mit ihren Künstlern und Schriftstellern unvermeidbar. Die Bundesrepublik Deutschland übt, erfreulicherweise, dank ihrem Grundgesetz, ideologische Askese: soweit es nicht um die Menschenrechte und die Menschenwürde geht. Kultur ist im wesentlichen Ländersache. Was Nachteile mit sich bringt, wie man weiß. Weil die Autoren der DDR, ganz ohne zynisch gewährte Narrenfreiheit, einstehen müssen mit ihrer Existenz für alles, was sie schreiben, erhalten ihre Arbeiten eine Substanzfülle und Authentizität der intellektuellen Redlichkeit, die man bei vielen westdeutschen, auf Profilierung und »Provokation« bedachten Schreibern vermißt. Spöttisch hat Enzensberger in solchen Fällen von »Gratismut« gesprochen.

Daraus folgt, daß die geistige und ästhetische Anziehungskraft von Autoren der DDR, wo immer sie zufällig leben mögen, im Westen immer stärker spürbar wird. Bei Lesern wie auch bei den westdeutschen Autoren selbst.

Das ist auf den ersten Blick insofern erstaunlich, als die wichtigsten Autoren mit einem geistigen und literarischen DDR-»Hintergrund« keineswegs darauf erpicht sind, die Gegenwart jenes anderen deutschen Staates in ihren Arbeiten darzustellen. Zwar wird ihnen immer wieder, mit fast monotoner Routine, durch die Parteipresse und die Sprecher von Partei und Regierung nahegelegt, mit Goethes Theaterdirektor aus dem Vorspiel zu »Faust« zu reden, ins »volle Menschenleben« zu greifen, das so interessant sei. Wobei Ideologen schon wieder den *Wunsch nach positiven Helden* zu äußern wagen, den man seit Stalins Zeiten für abgetan hielt. Doch abgesehen von Fleißaufgaben der literarischen Vorzugsschüler findet solcher Wunsch keinen Widerhall. Die Zeiten sind vorbei, da sich *Peter Hacks,* alles andere als ein Dissident, in Schwierigkeiten brachte mit Gegenwartsstücken wie dem »Moritz Tassow« oder gar mit einem Ulbricht-Zitat als Stücktitel, nämlich dem Text »Die Sorgen und die Macht«. Seit langem sind Texte von Hacks am Markenzeichen eines spielerisch-eleganten Bildungsklassizismus erkennbar. Das kommt gut an und bringt was ein. Sein Lehrer Brecht, meinte Hacks, habe »Gewerkschaftsstücke« geschrieben.

Hartmut Lange, dessen frühe Stücke undenkbar sind ohne die Auseinandersetzung mit Brecht, und das hieß auch: mit Brechts Vision einer Welt der Nicht-Entfremdung, reflektiert in seinem »Tagebuch eines Melancholikers«: »Der sozial befreite Mensch beginnt existentiell zu leiden.« Worüber wir aber noch nichts aussagen können, obwohl Lange vermutlich recht hat: weil es diese soziale Befreiung bisher noch nicht gab. Hartmut Lange unterscheidet sich heute, wie es scheint, von seinen einstigen literarischen Partnern in der DDR, also von Heiner Müller oder Stefan Schütz, vor allem darin, daß er sowohl den amtlichen Realismus für unfruchtbar hält, wie auch die mythischen Parabelstücke, denen der »römische« Brecht mit seinem Lukullus oder Coriolan noch fest vertraut hatte. Hartmut Lange hatte sich einstmals angeregt gefühlt durch die mythische Gestalt des Herakles oder Herkules, der gewaltsam, aus purer Stärke, gesellschaftliche Ordnung schaffen konnte. Bei Langes Herakles durfte an Väterchen Stalin gedacht werden. Im »Herakles« von Heiner Müller ging es um die fünfte Tat des starken Mannes: das Ausmisten des Stalles im Reich des Königs Augias, wo alles im Wortsinne zum Himmel stank.

Merkwürdig diese Konvergenz der Themen. Bei *Lange,* bei *Heiner Müller* und *Friedrich Dürrenmatt.* Augias und Herakles bleiben aktuell, solange alles zum Himmel stinkt und Zeus keinen Finger rührt, obwohl er den Herakles zeugte.

Sonderbare Konvergenz auch all dieser dialektisch geschulten Autoren, immer wieder zurückzukehren zu den Griechen: nach Troja und Mykenä, nach Theben und nach Kreta. Diese Literatur ist nicht »positiv«, denn sie versteht sich als *Warnliteratur.* Propheten und Warner sind ungern gesehen. Es gibt zu denken, daß eines der wichtigsten Stücke von *Stefan Schütz* von der fruchtlosen Warnung des Priesters Laokoon handelt, der Troja retten möchte, doch von den Schlangen des Meergottes erwürgt wird, weil Troja fallen soll. Liest man die Frankfurter Vorlesungen von *Christa Wolf,* so schildern sie, wie heutige Lebenserfahrung ihr die Parallelwarnerin aus Troja immer näherbrachte: die trojanische Prinzessin Kassandra. Die Wissenden als Warner: *Laokoon und Kassandra.* Denen keiner zuhört, wie sie wissen, und die ihr Wissen im gewaltsamen Tod besiegeln.

Man wird Hartmut Lange antworten müssen, daß wir vom existentiellen Leiden einer sozial befreiten Menschheit nichts sagen können. Weil sich auch unser aller existentielles heutiges Leiden an unserer sozialen *Unfreiheit* stets von neuem entzündet. Weil der redliche Schriftsteller gleichzeitig am eigenen Wissen leidet und an dessen scheinbarer Nutzlosigkeit. Trotzdem schreibt er weiter, auch wenn es ihm schlecht bekommt. Das ist weit entfernt von irgendeinem Gratismut. Vielleicht liegt gerade in dieser Dialektik die Strahlkraft jener Literatur begründet, denn sie wirkt weit hinaus über deutsch-deutsche Grenzen in beiden Richtungen. Und weiter hinaus.

Bleibt der Schriftsteller *Uwe Johnson.* Was ist er, oder was mag er gewesen sein? Ein Autor der DDR oder der BRD? Eine solche Fragestellung läßt die Absurdität dieser Grenzziehungen erkennen: bei einem Autor, der sein erstes veröffentlichtes Buch, die »Mutmaßungen über Jakob«, als Versuch eines Schriftsteller definierte, »eine Grenze zu beschreiben«. Unterscheidet man jedoch die Schriftsteller deutscher Sprache nach ihrem Willen und ihrer Fähigkeit, sich selbst und ihre Umwelt als widerspruchsvolle Einheit oder als Einheit von Widersprüchen zu verstehen, so wird man Uwe Johnson wohl – im weitesten Verstande – als *Autor der DDR* interpretieren müssen. Er selbst hat sich vermutlich so gesehen.

Diese norddeutsche Umwelt aber, die er kannte, weil er sie in sich trug und nie verlor, wurde verstanden als ein Zugleich aus Gegenwart, Geschichte und aus einer menschlichen künftigen Möglichkeit. Als ein Nochnicht. Die Menschen in Johnsons Erzählwerk »Jahrestage« leben mit der Gegenwärtigkeit aller Katastrophen der deutschen Geschichte in unserem Jahrhundert. Gesine Cresspahl kommt im Jahre 1933 zur Welt. Jakob Abs stirbt während des ungarischen Aufstands im Jahre 1956, und er stirbt daran. Gesines Eltern haben die Erbschaft des Kaiserreichs und eines Ersten Weltkriegs zu tragen. Jakobs Kindheit war Flucht aus der Heimat, Vertriebensein und Suchen nach einer neuen Heimat: in Mecklenburg. Die Jahrestage der in New York lebenden Gesine, August 1967 – August 1968, sind synchron dem Vietnam-Krieg und der tschechischen Revolte, die abermals mit dem Einrollen von Panzern abgeschlossen wurde.

Alles Vergangene ist in diesem Erzählen dialektisch aufgehoben. Die Vergangenheit ist gleichzeitig zum scheinbar bloß aktuellen Geschehen. Eines aber sollte auffallen: daß all dieses Erzählen begrenzt bleibt auf die *Welt der kleinen Leute.* Auch die Zeitungsausschnitte, die Gesine in New York täglich der »New York Times« entnimmt, handeln vom kleinen Glück oder großen Unglück der kleinen Leute. Keine Kaiser- und Führerwelt und keine Empfänge im Weißen Haus. Der Student Johnson hatte alles bereits gelesen, und er war mit seinem ersten Schreiben der Erzähler Uwe Johnson, den man seitdem kennt und nicht vergessen wird. Er hatte Brechts Gedicht »Fragen eines lesenden Arbeiters« gelesen und überdacht. Der liest im Geschichtsbuch von den Taten und Bauten der Helden, und er fragt nach den Spesen und nach denen, die sie aufbringen mußten.

Dialektische Gewalt der Literatur: sie kann mithelfen, die Orwellschen Sprachlügen zu durchschauen; die künstlichen Paradiese der Sehr Noblen, der Sehr Schönen und der Sehr Reichen zu meiden; den Lockungen irgendwelcher Führer zu entgehen.

Brecht hatte, scheinbar listig, den Zuhörern seines Parabelstükkes vom Guten Menschen freigestellt, sich selbst eine Lösung zu suchen: ob mit Göttern oder ohne sie. Um ein guter Mensch bleiben zu können. Geschrieben war das im Exil um das Jahr 1940. Brechts Schüler *Heiner Müller* antwortete dem Lehrer fünfundzwanzig Jahre später. Sein Stück *»Philoktet«,* Neufassung einer Tragödie des Sophokles, abermals mit dem Trojanischen Krieg als dem Krieg aller Kriege als Hintergrund, antwortet durch den Mund des Lügners und Mörders, anders gesagt: des Pragmatikers und Machers Odysseus:

Spuck aus dein Mitgefühl, es schmeckt nach Blut
Kein Platz für Tugend hier und keine Zeit jetzt
Frag nach den Göttern nicht, mit Menschen lebst du
Bei Göttern, wenn die Zeit ist, lern es anders.

Fünftes Kapitel

Die Austreibung

Halbzeit

Als zu Beginn des Jahres 1924 die beispielslose Geldentwertung durch Einführung einer deutschen Rentenmark beendet wurde und eine neue, scharf deflationistische Währungspolitik dafür sorgte, daß im Volk sichtbar werden konnte, was sich auf der Hinterbühne vorbereitet hatte, während vorne, nur allzu turbulent, das Widerspiel von Revolution und Gegenrevolution ablief, war es auch mit der *expressionistischen Revolte* in der Literatur vorbei. Einer der Wortführer jener Literatur- und Gesellschaftsbewegung der Ausdruckskunst, Kasimir Edschmid, hat viel später beim Rückblick fast belustigt festgestellt, wie die einstigen Expressionisten plötzlich demonstrierten, daß sie auch ganz anders zu schreiben vermochten. Das galt nicht bloß für die Jüngeren: für Hans Falladas Wandlung vom expressionistischen zum volkstümlich-realistischen Erzähler oder für Carl Zuckmayers Weg vom expressionistischen Spätling »Kreuzweg« zum Volksstück vom »Fröhlichen Weinberg«. Auch die dezidierten Vertreter expressionistischer Literatur wandelten sich zu Repräsentanten einer neusachlichen Gebrauchskunst: heiter-kritische Lustspielthemen statt der einstigen Haßstücke gegen Staat und Väterwelt bei Walter Hasenclever; kunsthistorische Gebrauchs-Essayistik bei Theodor Däubler. Diesen gelang der Übergang in die literarische Anpassung. Anderen nicht, weil sie nur expressiv oder gar nicht zu schreiben wußten: Fritz von Unruh etwa und Arnolt Bronnen.

Anders liefen die Dinge in der zweiten Nachkriegszeit. Es hatte seit 1945 nicht einmal eine scheinhafte Revolutionsbewegung gegeben, wie zwischen 1918 und 1923. Der Nachexpressionismus Wolfgang Borcherts und seiner Epigonen fand sich in eine Landschaft versetzt, die Ruinen in Fülle bot, nicht aber als Szenerie für Revolten taugte. Es war da, mit Brecht zu sprechen, »nur Unrecht und keine Empörung«. Andererseits blieben die älteren Schriftsteller, die endlich im Nachkrieg hervortreten durften, fixiert an jene Epoche und Szenerie. Sie wurden niemals zu neusachlichen Literaten mit dem Grundthema des »Establishments« oder auch des prinzipiellen »Anti-Establishments«.

Diese Aufgabe übernahmen Schriftsteller einer jüngeren Generation. Nun begannen Debüts der Autoren vom Jahrgang 1926 bis 1929: Ingeborg Bachmann, Günter Grass, Hans Magnus Enzensberger, Martin Walser. Sie waren durch das Dritte Reich nicht als Schriftsteller frustriert worden. Für sie gab es noch, unverdient und vielleicht sogar ungewollt, eine »Unschuld des Werdens«. Um nicht zu sagen: eine »Gnade der späten Geburt«. *Martin Walser* hat später, vom hamletischen Verhalten der Söhne sprechend, im Zusammenhang mit seinem Schauspiel »Der schwarze Schwan«, dies Privileg ausdrücklich in Anspruch genommen. Weshalb auch das Todesmoment keine neuen literarischen Impulse auslöste. Krieg und Vorkrieg wurden nicht mehr in tragischen Geschichten behandelt, sondern, wenn irgend möglich, durch Heiterkeit neutralisiert: was keineswegs mit Gutmütigkeit verwechselt werden sollte. So etwa versteht Martin Walser die Geschichte seines Alois Grübel in »Eiche und Angora« und Günter Grass das Treiben seines Oskar Matzerath.

Die deutschen Lebensbühne hatte sich in bedenklichem Maße gewandelt: Zu einem höchst unguten Guten. Wie es der Chor der Feuerwehrleute in *Max Frischs* Spiel von »Biedermann und die Brandstifter« konstatierte, schönerer Wiederaufbau der Stadt aus Glas, Chrom und Beton; aber im Herzen blieb sie die alte. So lebten sie dahin, die Menschen dieser Fünfziger Jahre, mit ihnen die Schriftsteller. Genußwilligkeit war in jedem Augenblick benachbart der Unlust am Genießen. Die Schriftsteller sahen und schilderten beides: Genuß wie Unlust. Hamlets Überdruß am allzu festen Fleisch. Man empfindet Leben und Schaffen als ein *Provisorium,* dessen Weiterwursteln, wie Dürrenmatt den Zustand in seinem Essay »Thesterprobleme« von 1955 bezeichnete, gleichzeitig ersehnt und gefürchtet wird.

Neue Schlagworte werden präsentiert: Wirtschaftswunder, keine Experimente, unbewältigte Vergangenheit. Nichts daran ist echt. Schnurres Losung »Man sollte dagegen sein« wird nicht mehr ernst genommen. Man ist dagegen – und trägt bisweilen durch ein Dagegenschreiben zur Abrundung des scheinbar bekämpften Zustandes bei. Alles wird von nun an »integriert« durch eine offizielle Gesellschaftstheorie, die gelernt hat, daß man die abgenutzten Redensarten von der Volksgemeinschaft und vom Ständestaat nicht mehr anbieten darf. Weshalb man auf den Terminus »formierte Gesellschaft« verfällt: *zur Bezeichnung des Gleichen.* Auch der Avantgardismus wird integriert und die Beatnikmentalität; die aleatorische Kunst nicht minder als die Literatur des Unbehagens an der neuen, unguten Prosperität.

Daneben die *Gegenwelt: vom 17. Juni 1953 bis zum 13. August 1961.* Stalin als Vater der Völker, größter Staatsmann, Feldherr, Philosoph, Ökonom und Linguist. Das Dreierkonsortium der Nachfolger: Malenkow, Molotow, Berija. Die Kugel für Berija, den Geheimdienstchef. Die Entmachtung Malenkows und Molotows. Aufstieg und Fall des Nikita Sergejewitsch Chruschtschow. Kulturelles Tauwetter, das schließlich keines war. »Sie schimpften nur einen Sommer«: so verspottete man vom Westen her jene Intellektuellen, die ernsthaft dem Losungswort vom Ende des Stalinismus vertraut hatten. In China ging man umsichtiger und grausamer zu Werke. Dort verkündete Mao das Existenzrecht der tausend Blumen, das Disputationsrecht für hundert miteinander ringende Lehrmeinungen. Gemeint war dies: die Gegner kennenzulernen und zu schlagen, nachdem man sie auf solche Art hervorgelockt hatte.

Provisorien der Prosperität und der Toleranz: in Deutschland und außerhalb. Schriftsteller, die nun debütierten, unterschieden sich auch durch den Ausbildungsgang von ihren Vorgängern. Sie wuchsen auf im Schatten der gleichfalls restaurierten westdeutschen Hochschulen hüben, einer planmäßigen, oft auch verplanten Entwicklung zur »sozialistischen Hochschule« drüben. Der Anteil promovierter und diplomierter Germanisten ist erstaunlich: Walser, Enzensberger, auch Jens (klassischer Philologe und Germanist), Reinhard Lettau, Peter Hacks, Uwe Johnson. Nicht zu reden von den jungen Vertretern eines neuen Kritikertyps, die sich zusammenfinden mit diesen Repräsentanten einer Literatur der skeptischen Halbzeitberechnung.

In Westdeutschland dominiert in der literarischen Themenstellung die Verachtung der Restauration, der materiellen Prosperität und manipulierten Kulturindustrie. Die Spaltung des Landes inspiriert vorerst kaum einen Schriftsteller. Den anderen Teil Deutschlands nimmt man beim Schreiben nicht zur Kenntnis. *Wohl das Atomrüsten.* Darin äußert sich, wie man zu erkennen glaubt, der Zustand einer bedingten Verurteilung der Menschheit, abermals ein Provisorium, das erst den totalen Aspekt jener provisorischen Prosperität, genannt Wirtschaftswunder, freigibt.

In *Ingeborg Bachmanns* Gedicht »Anrufung des Großen Bären« (1956) wird, vom sternenhaft-realen Bären her gesehen, unsere Welt als Baumzapfen verstanden: die Menschen sind Schuppen dieses Zapfens.

> Fürchtet euch oder fürchtet euch nicht!
> Zahlt in den Klingelbeutel und gebt
> dem blinden Mann ein gutes Wort,
> daß er den Bären an der Leine hält.
> Und würzt die Lämmer gut.
> 's könnt sein, daß dieser Bär
> sich losreißt, nicht mehr droht
> und alle Zapfen jagt, die von den Tannen
> gefallen sind, den großen, geflügelten,
> die aus dem Paradiese stürzten.

Wie soll sich der Schriftsteller vor dieser Spiegelgalerie der Provisorien verhalten? Den Ideologieverdacht haben die Leute vom Jahrgang 1927 von ihren älteren Kollegen übernommen. Auch sie halten nicht allzuviel von Menschheistdämmerung und Welt-Freundschaft. Eher verfallen sie, in der Brecht-Nachfolge, auf Spekulationen über List und Schwierigkeiten beim Schreiben der Wahrheit. Ein Gedicht von *Hans Magnus Enzensberger* aus seinem ersten Versbuch »verteidigung der wölfe« von 1957 kann als programmatisch gelten für viele andere Schriftsteller jener Halbzeitgeneration.

> ins lesebuch für die oberstufe
>
> lies keine oden, mein sohn, lies die fahrpläne:
> sie sind genauer, roll die seekarten auf,
> eh es zu spät ist, sei wachsam, sing nicht.

der tag kommt, wo sie wieder listen ans tor
schlagen und malen den neinsagern auf die brust
zinken. lern unerkannt gehn, lern mehr als ich:
das viertel wechseln, den paß, das gesicht.
versteh dich auf den kleinen verrat,
die tägliche schmutzige rettung. nützlich
sind die enzykliken zum feueranzünden,
die manifeste: butter einzuwickeln und salz
für die wehrlosen, wut und geduld sind nötig,
in die lungen der macht zu blasen
den feinen tödlichen staub, gemahlen
von denen, die viel gelernt haben,
die genau sind, von dir.

Die *Brecht-Nachfolge* ist offensichtlich. Allerdings hat Enzensberger auch diesmal die Themen des Meisters umfunktioniert und für die neue Situation eines Jahrzehnts, das Brecht nicht mehr bis zu Ende erleben konnte, gleichzeitig modernisiert. Da ist noch, wie einst von der Mutter Courage verkündet, das Recht auf den kleinen schmutzigen Verrat, wenn man dadurch die große Kapitulation vermeiden kann. Schon in Brechts »Lesebüchern für Städtebewohner« war verkündet worden, wie jetzt in Enzensbergers Lesebuch, zu gewissen Zeiten bedeute die tägliche kleine Rettung (und geistige Salvierung) eine heroische Anstrengung. Der Ideologieverdacht scheint total zu sein. Man soll weder auf Enzykliken noch auf Manifeste vertrauen, auch nicht auf die Oden der Poeten. Brecht hatte sich noch in der letzten Lebenszeit abgemüht, aus dem »Kommunistischen Manifest« ein Lehrgedicht in Hexametern zu machen. Wie Brecht erkennt aber auch Enzensberger beim Anblick des restaurierten Deutschland: der Schoß sei fruchtbar noch, aus dem die Welt des Dritten Reiches im Jahre 1933 gekrochen war. Einberufungslisten, Pranger, Schandflecke an der Kleidung der Geächteten sind jederzeit reproduzierbar.

Was zu tun ist? Zu lernen. Hier hätte Brecht zugestimmt, wie bei Enzensbergers »Scheltrede auf die Lämmer« in scheinbarer Verteidigung der Wölfe, die mit dem Satz geschlossen hatte: »ihr ändert die welt nicht.« Auch in jenem anderen Gedicht war den Lämmern ihre Lernunwilligkeit vorgeworfen worden. Freilich hält Enzensberger einen anderen Lernstoff für wichtiger als der marxistische Dialektiker Brecht. Der Verfasser des Parabelstückes vom »Guten Menschen von Sezuan« glaubte noch an die Möglichkeit eines großen Finalkampfes der antagonistischen Klassen. Für Enzensberger scheint auch diese marxistische Orthodoxie zum Bereich eines falschen Bewußtseins zu gehören, das Ideologieverdacht erregt.

Der Lehr- und Lernstoff für die Oberstufe ist daher gedacht als *literarische Sabotage-Aktion:* tödlichen Staub in die Lungen der Macht zu blasen. Man sieht: Die Ideologiefeindschaft scheint nur noch einen Partisanenkampf zuzulassen. Damit wird bei vielen Autoren die gestundete Zeit zu einem Zustand, den man im Österreich des Karl Kraus mit der Formel »vorläufig definitiv« erfaßt hatte. Es ist »Halbzeit«, wie in Martin Walsers Roman von 1960: doch ein Ende des Spiels läßt sich, im Widerspruch zu allen Spielregeln, nicht absehen. Die Wetterlage zeigt auf veränderlich. *Walter Höllerer* wählte sich im Jahre 1956 das Wort »Transit« als Titel einer Anthologie zeitgenössischer Lyrik. »Transit« hat sowohl mit Übergang zu tun als auch mit Untergang. Übergang, doch ohne den Blick hinüber ins Futuristische, vielleicht gar in die Utopie. Für Brecht schien das Ziel deutlich sichtbar zu sein, »wenn auch für mich kaum zu erreichen«. Für die Dichter der Transit-Generation gibt es keine Zukunftsvision mit Apotheose.

Wo das Provisorische als unbehaglich empfunden wird, so daß es nicht einmal zum Thema einer Satire taugt, kann der Gedanke aufkommen, *Vergangenheit und Geschichte zu benutzen,* um jene Festigung des gegenwärtigen, transitorischen Zustands zu erreichen, wenn die Zukunft nicht auszuhelfen vermag. Es war ein ernsthaftes Unterfangen, alles andere als Bildungsfexerei, wenn in jenen Fünfziger Jahren immer wieder versucht wurde, *das Antike im Gegenwärtigen* aufzurufen: indem man die Übergangszeit als Wiederholung, gleichsam als neue Fassung eines uralten Topos, zu verstehen suchte. Das begann kurz nach dem Kriege bei *Max Frisch* in seiner Farce von der »Chinesischen Mauer«, worin Brutus und Pilatus, Napoleon und Cleopatra als Elemente des Zeitgenössischen verstanden wurden. *Dürrenmatts* Komödie »Romulus der Große«, vom Autor im Jahre 1957 neu gefaßt, suchte die kaiserlich-römische Endzeit als moderne Endzeit zu verstehen. *Ernst Schnabel* unternahm im Jahre 1956 in dem Roman »Der sechste Gesang« einen Neubericht der Heimkehrerschicksale des Odysseus, von Homer einst geschildert im sechsten Gesang der »Odyssee«. Zwei Jahre später (1958) erzählte Schnabel in dem Buch »Ich und die Könige« die Geschichte des Dädalus, Urbildes aller Ingenieure, des mythologischen homo faber, als überzeitlich-zeitgemäße Fabel.

Es gibt in jener Ära des Provisorischen auch Nachzügler und Vorwegnahmen. *Alfred Andersch* vom Jahrgang 1914 gehörte zur Generation der literarischen Spätbeginner. Mit Hans Werner Richter hatte er jene ephemere Jugendzeitung »Der Ruf« gegründet und war, zusammen mit Richter, Eich und Kolbenhoff, zum beinahe unfreiwilligen Begründer der Gruppe 47 geworden. Langsam begann Andersch eine späte Laufbahn als Erzähler. Es folgten Jahre einer kritischen, essayistischen und editorischen Tätigkeit. Das Buch »Die Kirschen der Freiheit« von 1952 ist weitgehend Autobiographie und dokumentarischer Bericht. Seinen ersten Roman »Sansibar oder der letzte Grund« veröffentlichte er im Jahre 1957, mit 43 Jahren. Auch thematisch ist dies Buch ein Nachzügler. Hier liest man einen Spätling: den gleichsam nachgelieferten Bericht über das Verhalten von Menschen in der Hitlerzeit. So entsteht die Geschichte vom Pfarrer Helander, den beiden kommunistischen Genossen in Zeiten der Illegalität, der Jüdin Judith und des »Jungen«, für den Sansibar gleichzeitig Punkt auf der Landkarte und vollkommenes Utopia, den dritten und letzten Grund darstellt, aus dem heimatlichen Rerik abhauen zu wollen.

Die Geschichte einer Flucht aus dem Dritten Reich. Nicht im großen sinfonischen Stil dargestellt, wie bei *Anna Seghers* im »Siebten Kreuz« von 1942, sondern gleichsam in kammermusikalischer Besetzung vorgetragen. Die Flucht Georg Heislers aus dem Lager Westhofen diente bei Anna Seghers dazu, die Wandlungen von Menschen im Dritten Reich, Standhaftigkeit und Versagen, zu schildern: mit dem Blick auf den künftigen Sieg der Solidarität. Ein episches Gesamtbild; das Werk einer Marxistin. Bei Andersch ist die Flucht nicht mit den Mitteln der epischen Verflechtung von Erzählbereichen dargestellt, sondern in eigentümlicher Mischung der dramatischen und erzählerischen Technik. *Es ist ein Buch ohne Hoffnung.* Die Entscheidungen der Figuren: des

Pfarrers, der Kommunisten, auch des Jungen, sind jäh und unvorhersehbar: wie in einem Theaterstück oder Roman von Jean-Paul Sartre. Ein existentialistisches Buch, wohl auch ein humanistisches, wenn Sartre recht hat mit der These, der Existentialismus sei gleichfalls Humanismus.

Flucht aus dem Dritten Reich. Ein Leser des Buches »Sansibar oder der letzte Grund« folgt dem Erzähler mit einer Emotion, die vielleicht nicht geringer ist als bei der Lektüre des Romans »Das siebte Kreuz« von Anna Seghers. Aber die Hoffnung des Lesers gilt, von Andersch provoziert, nur der Rettungsaktion, nicht ihren Folgen am nächsten Tag und im nächsten Jahr. Gerade die Ähnlichkeit der Thematik zeigt die Gegensätze zwischen einer Position der Kommunistin Anna Seghers und jener des ehemaligen Kommunisten Alfred Andersch.

Übergang von der Ausdruckskunst zur sachlichen Darstellung von Verhaltensweisen, im Falle einiger Schriftsteller verstanden zugleich als *Übergang von der Lyrik zur Epik.* Die Antike als Hilfsstellung für die Moderne, da die Zukunft nicht dienen kann. Literarischer Dienst in der neuen Wohlstandsgesellschaft, doch mit geheimen Sabotageabsichten. Alles ergibt kennzeichnende Themen und Gestaltungen im Zustand des – vorerst definitiven – Provisoriums.

Zwei schweizerische Parabelstücke hatten mit einem bösartigen Jux geendet: als Parodien des antiken Chors. *Der Modellfall des Herrn Biedermann,* welcher durch den von ihm zwar provozierten, doch nicht ernsthaft erwarteten Selbstmord seines weggejagten Mitarbeiters, aus schlechtem Gewissen also, derartig sentimental wurde, daß er den Brandstiftern alles zu Willen tat, war mit dem von *Frisch* nachgedichteten Schluß, der das Ehepaar Biedermann in der Hölle zeigt, im Jahre 1958 endgültig formuliert worden. Als »Lehrstück ohne Lehre«, wie Frisch verlauten ließ. Was von spöttischen Kritikern nicht unzutreffend interpretiert wurde als: ein Brecht-Stück ohne Marxismus. Es gipfelte im Chor der Feuerwehrleute und in Biedermanns kleinlauter Vermutung, auch in der Hölle trotz allem »gerettet« zu sein. Rettung hieß dabei: Fortbestehen des Wohlstands. *Dürrenmatts Komödie vom »Besuch der alten Dame«* hatte zwei Jahre vorher (1956) von Zürich aus den Weg über die Bühnen der Welt genommen. Auch hier stand, inbrünstig gesungen vom Ensemble der Güllener, als Kantate für Solostimmen und gemischten Chor, am Abschluß das Prosperitätsfinale.

Alle: Es bewahre uns aber
Der Pfarrer: Ein Gott
Alle: In stampfender, rollender Zeit
Der Bürgermeister: Den Wohlstand
Alle: Bewahre die heiligen Güter uns, bewahre Frieden
Bewahre die Freiheit
Nacht bleibe fern
Verdunkele nimmermehr unsere Stadt
Die neuerstandene prächtige,
Damit wir das Glückliche glücklich genießen.

Die Nacht blieb nicht fern. Neue Verdunkelungen ließen sich ahnen: im Getue mit künftigen Luftschutzgesetzen wie in besorgten Konjunkturgesprächen. Die *Sechziger Jahre besaßen ein durchaus anderes Wohlstandsklima* als die Zeiten, da man innig vom deutschen Wirtschaftswunder zu sprechen pflegte. Nun wurde die Erinnerung der Älteren zurückgelenkt auf die Jahre 1928/29, wo Wirtschaftskrise und millionenhafte Arbeitslosigkeit der melancholischen Skepsis neusachlicher Texte auch in der Literatur rasch den Garaus gemacht hatten. Damals hatte der Berliner Wirtschaftsprofessor Julius Hirsch gerade ein Buch mit dem Titel »Das amerikanische Wirtschaftswunder« abgeschlossen und zum Druck befördert, als in Amerika der »Schwarze Freitag« an der New Yorker Börse eine Lawine der Konkurse, Entlassungen, verzweifelten Selbstmorde auslöste: als die Weltwirklichkeit unter Aspekten erschien, die Brechts Lehrstück von der »Heiligen Johanna der Schlachthöfe« inspirieren sollten.

Schwarze Freitage hatte es in den Sechziger Jahren nicht gegeben. Sie waren vorerst nicht als Wirklichkeit vorhanden, sondern erst als Kategorie Möglichkeit. Immerhin sprach man seitdem, als würde es bei Frisch und Dürrenmatt abgeschrieben, von »Unterkonjunktur« oder »Rezession«, um durch euphemistische Sprachregelung den alten Begriff der Wirtschaftskrise zu vermeiden.

Im Jahrzehnt der Halbzeit und des Transits war in Deutschland der Aufstand des *17. Juni 1953* das beherrschende Ereignis gewesen. Die Literatur nahm jahrelang davon nicht Kenntnis, wie sie überhaupt bestrebt war – sieht man vom Spätling Alfred Andersch ab –, die Themen des Kriegs, Nachkriegs und der deutschen Aktualität in ihren schmerzhaften Aspekten zu verdrängen. Neue Sachlichkeit, ironisch angepaßt, an Stelle der einstigen Expressivität.

Die deutsche Zäsur des neuen Jahrzehnts hingegen wurde durch den *13. August 1961 bestimmt: durch die Mauer.* Nun sah es so aus, als wolle sich in der Literatur eine neue Hinwendung zur bedrückenden Aktualität vollziehen. Man mißtraute der scheinbar stabilen Wohlstandsgesellschaft und hatte in jenen Augusttagen des Jahres 1961 die Folgen eines politisch-sozialen Zustands kennengelernt, worin man stolz gewesen war auf die Losung »Keine Experimente!«

Die letzten Jahre der Weimarer Republik waren in der Literatur charakterisiert worden durch Hinwendung zu Texten des unmittelbar politischen Aktivismus: Zeitstücke, Dokumentarisches, Verbindung von Reportage und künstlerischer Erfindung, aggressive Gebrauchslyrik, Lehrstücke, Filme mit unmittelbarer Veränderungstendenz. Im amerikanischen Roman war damals Sinclair Lewis durch John Dos Passos abgelöst worden. In der deutschen Dramatik mußte Carl Zuckmayers Volksstück zurücktreten hinter Bert Brechts Lehrstücken.

Natürlich ist kein Verlaß auf Analogien. Dennoch läßt sich nicht leugnen, daß die Sechziger Jahre in durchaus neuer und historisch nicht unvertrauter Weise eine *Wiederholungstendenz* erkennen lassen. Abermals der Übergang *von einer zweiten Literatur neuer Sachlichkeit* zur Neubelebung von Formen und Funktionen *einer zweiten, gleichfalls dezidierten Zeitliteratur.* Sie hing zusammen mit Wandlungen in Ökonomie und Politik, deutschen wie außerdeutschen. Alles steht plötzlich von neuem in Frage. Weshalb – wie immer in Krankheitsfällen – alle Wunden gleichzeitig von neuem zu schmerzen anfangen: die Erinnerung an das Dritte Reich; an den Krieg; an den Nachkrieg; an die Spaltung des Landes. Plötzlich sind alle akut als literarische Themen und Stoffe. Mit Unbehagen betrachtet man die Nachzügler der melancholischen und ironischen Anpassungsliteratur aus der Transitära. Manche Neuerscheinung, die geglaubt hatte, richtig zu liegen, bekommt es zu spüren.

Neben dieser Prägung der Literatur durch neue Realitäten ist zweitens als Charakteristikum zu nennen *das Auftreten einer literarischen Mittelpunktsfigur.* Das war neu. Selten kam es vor seit den Zeiten der deutschen Klassik, daß sich eine Generation der Schreiber und Leser fast widerspruchslos im Werk *eines* Künstlers wiederzuerkennen glaubte. Beim Jungen Deutschland war es die Mittelpunktsfigur Heinrich Heine: er blieb trotzdem ein deutscher Skandal. Die jungen Naturalisten von 1889 verstanden sich selbst unter Berufung auf den jungen Gerhart Hauptmann. Aber dessen unbestrittene Herrschaft dauerte nicht über das Jahr 1896 hinaus: über die für ihn folgenschwere Niederlage seines »Florian Geyer«. Thomas Manns und Brechts Hegemonien waren in Deutschland niemals unbestritten. *Heinrich Böll* war nach dem Zweiten Weltkrieg zwar eine vielgenannte Figur des literarischen Lebens, doch seine Wirkung blieb vorerst beschränkt auf den Umkreis des literarischen Lebens. Die Phantasie der Liebhaber von Leitbildern unter seinen Zeitgenossen beschäftigte er kaum.

Das hatte sich seit dem Jahre 1959 geändert: seit dem Erscheinen des Romans vom Blechtrommelspieler Oskar Matzerath. Nun wurde *Günter Grass* zur Mittelpunktsfigur des deutschen literarischen Lebens. Was er schreibt, treibt und sagt, beschäftigt die Leute: weit über den Bereich des Literarischen hinaus. Widerspruch hin, Zustimmung her: durch die Person des Schriftstellers Günter Grass war eine neue Relation geschaffen worden zwischen den neuen deutschen »Wirklichkeiten« und ihrer Spiegelung in der Literatur. »Was halten Sie von Günter Grass?«, wurde Anknüpfung von Gesprächen, die nicht immer das Ziel haben sollten, bei der literarischen Plauderei stehenzubleiben. Die Funktion des »Aimez-vous Brahms?« wurde miterfüllt. Grass hatte mit seinen beiden Romanen und der Erzählung »Katz und Maus« die Phantasie beschäftigt. Endlose Gespräche über Obszönitäten und Schocktherapie wurden geführt. Nicht bloß in Deutschland, auch in Frankreich, wo der Blechtrommler Oskar Matzerath triumphal Einzug hielt und eine Beachtung fand, die man im Lande des »Nouveau roman« einer nichtfranzösischen epischen Kreation nur selten zu gewähren pflegte.

Grass ist zweifellos eine große literarische Begabung: allein er ist – jedenfalls in seinem erzählerischen Werk – *ein durchaus traditionsgebundener Schriftsteller.* Hierin liegt seine Eigentümlichkeit. Bei Schilderung dessen, was erzählt werden muß, schreckt er vor nichts zurück. Die Erzählweise aber versteht sich als Fortführung berühmter romanhafter Gattungsmodelle. Oskar Matzerath berichtet in der Ich-Form, um einen Schelmenroman vorzutragen. Seine Geschichte verläuft weitgehend in den Formen eines klassischen Bildungsromans. In seiner Erzählung von dem Danziger Jungen, der so gern – aus absonderlichen Beweggründen – ein »Ritterkreuzträger« werden wollte, in der Geschichte also mit dem Titel »Katz und Maus«, ließ sich Grass in der Formgebung durch den klassischen deutschen Novellentyp inspirieren. Auch sein zweiter Roman »Hundejahre« (1963) wurde in strenger, fast konservativer Formgesetzlichkeit gearbeitet. Verschiedene Gestalten berichten, die Perspektive wechselt; im Gegensatz zur »Blechtrommel«, wo man ausschließlich mit Oskar Matzerath zu tun hatte. Alles aber steht in deutscher Romantradition. Grass kennt seine E.T.A. Hoffmann und Jean Paul, die ihrerseits Laurence Sterne genau gelesen hatten.

Kann man aber die Inhalte und Formen des Erzählers Günter Grass (mit dem Lyriker Grass verhält es sich anders) als stellvertretend empfinden für damalige Tendenzen der jüngeren Schriftstellergeneration deutscher Sprache? Manches spricht dagegen. Grass strebte nach dem großen sozialkritischen Roman mit pikaresker Form und pädagogischer Struktur. Er versuchte als Dramatiker, die Formen der Tragödie und ihrer besonderen deutschen Abart, des deutschen Trauerspiels, mit neuem Inhalt zu erfüllen. Allein die jüngeren Erzähler oder Stückeschreiber, die etwa zum Jahrgang 1940 gehörten, waren durchaus nicht bereit, im Gefolge des »Blechtrommlers« an einer Erneuerung dieser Roman- und Dramenform zu arbeiten. Die *kleine Form*, die Kurzgeschichte, die knapp gehaltene, mit tausend Weglassungen oder übergenauen Einzelheiten arbeitende Experimentalprosa, wurden zum Kennzeichen neu auftretender deutscher Erzähler.

Die Arbeitsweise des Erzählers *Peter Bichsel* – ein Werkstattgeheimnis, das er preisgab - mag andeuten, was ihm und seinen neuen literarischen Zeitgenossen vorzuschweben schien. Ein handlungsreicher Roman wurde von Bichsel entworfen: mehrere hundert Manuskriptseiten lagen auf dem Schreibtisch. Es begann ein Prozeß des Streichens, Kondensierens und Filtrierens. Schließlich war der Erzähler zufrieden, als zwei Seiten das ganze Romangeschehen, das ihm erzählenswert gewesen war, umschlossen. Um es mit einem Beispiel aus der Musikgeschichte auszudrücken, das nichts über den Rang, sondern über die Technik - und Ästhetik - aussagen soll: als hätte Anton von Webern die Riesenpartitur von Schönbergs »Gurreliedern« auf die Dimensionen und Strukturen einer Webern-Partitur reduziert.

Hinter solchen Arbeitsweisen steckte natürlich, nicht immer bewußt praktiziert, eine Ästhetik. Auf die friedliche Erzählweise des allwissenden Romanautors ließ man sich nach wie vor nicht ein.

Fast alle Neuerscheinungen solcher Kurzprosa wurden als Ich-Erzählung präsentiert. Das erzählende Ich jedoch hatte nirgendwo die Funktion, wie etwa bei Goethe oder Gottfried Keller, noch bei Hermann Hesse, Autobiographisches mitzuteilen. Über Leben und Denken der neuen deutschen Erzähler erfuhr man aus ihren Büchern überhaupt nichts. Das Ich, das jeweils berichtete, war entweder reine Erzählform, oder es wurde *Rollenprosa* vorgetragen. In solchen Fällen lernen wir einen wunderlichen, oft betont widerwärtigen Menschen kennen, der etwas mitteilen möchte. Der Verfasser selbst aber hält es mit jenem Brecht, der gesagt haben soll: »Wen immer Ihr suchen möget, ich bin es nicht!«

Uwe Johnson, Mutmaßungen über Jakob

Übrigens läßt sich auch die Geschichte, die Uwe Johnson in seinem ersten Roman zu erzählen gedachte (vielmehr in dem ersten Buch, das er drucken ließ, denn vorausgegangen war die Abfassung des Romanmanuskripts »Ingrid Babendererde«, das nach dem Tod des Autors publiziert wurde), als traditionelle Story berichten: mit Weil und Darauf, Andererseits und Bevor. Folglich mitsamt allen kausalen und temporalen Zuordnungen, wie es der Leser gern hat bei einer spannenden und leicht überschaubaren Fabel.

Sogar Eigentümlichkeiten der Berichtszeit wären ohne sonderliche Mühe ins Gewohnte zurückzulenken. Dann spräche man, und hätte sogleich eine gewohnte literarische Gattung benannt, von Rahmenerzählung oder vom Erinnerungsroman. In der Tat gibt die Geschichte vom Tode des Eisenbahners Jakob Abs, irgendwo an der Elbe in »Ostdeutschland« und im Herbst des Jahres 1956, ein ganzes Buch lang einigen Anlaß zu Rekonstruktionen des Todesfalls und seiner möglichen oder mutmaßlichen Ursachen. Rückblenden und so. Analytische Erzähltechnik, wo der zu erzählende Sachverhalt längst abgeschlossen wurde, aber durch den chronikartigen Bericht irgendeines epischen Ego oder durch den allwissenden, objektiven Berichterstatter nach dem Herzen eines Flaubert mitgeteilt werden kann.

Dann läse sich die Geschichte, die Johnson als »Mutmaßungen über Jakob« im Jahre 1959 publizierte, drei Jahre nach den Ereignissen, die den Hintergrund des Romangeschehens bilden, etwa so: In dem Städtchen Jerichow in Mecklenburg und an der Ostsee, politisch zugehörig dem Gebiet der Deutschen Demokratischen Republik, folglich zugleich dem militärischen und politischen Einflußbereich der Sowjetunion, lebt der Kunsttischler Heinrich Cresspahl. Seine Frau starb im Jahre 1938, seine Tochter Gesine, geboren 1933, im Augenblick der Geschichte also 23 Jahre alt, besuchte in Jerichow die Oberschule, begann darauf in Leipzig das Studium der Anglistik, ging aber, vermutlich nach den politischen Unruhen in der DDR im Juni 1953, nach Westdeutschland, wo sie zuerst in Frankfurt eine Dolmetscherschule absolvierte, anschließend als Übersetzerin eine Stelle beim Hauptquartier der NATO annahm.

Bei Kriegsende 1945 waren Flüchtlinge vor den Russen und Polen aus Pommern nach Jerichow gekommen. Darunter Frau Abs, deren Mann vermißt wurde, mit ihrem einzigen Kind: dem Sohn Jakob, geboren 1928, damals siebzehn Jahre alt. Cresspahl nimmt Mutter und Sohn bei sich auf. Jakob Abs und die fast fünf

Jahre jüngere Gesine wachsen wie Bruder und Schwester auf. Jakob geht 1949 zur Reichsbahn, nämlich zur zentralen Eisenbahnverwaltung der DDR, die eigensinnig, obgleich es seit Kriegsende kein »Deutsches Reich« mehr gab – der westdeutsche Bundesstaat sprach deshalb folgerichtig von seiner »Bundesbahn« –, am alten Namen einer Reichsbahn festhielt. Zuerst Ausbildung in Jerichow, seit einiger Zeit jedoch, denn Jakob darf nun den Titel eines Reichsbahninspektors führen, in einer großen Stadt an der Elbe. Gelegentliche Andeutungen im Roman weisen auf Dresden hin.

Seit Gesine in Westdeutschland lebt, Jakob irgendwo an der Elbe, sind nur noch Cresspahl und Frau Abs im Haus an der Ostsee. Auch das ändert sich im Herbst, wahrscheinlich Ende September oder Anfang Oktober 1956. Das »Ministerium für Staatssicherheit« der DDR, wie der offizielle Name lautet, fungiert gleichzeitig als zentrale politische Polizei im Innern wie als zentraler Nachrichtenapparat im Dienst der äußeren Sicherheit. In beiden Tätigkeiten eng koordiniert dem sowjetischen Polizei- und Informationsdienst. Beide Apparate sind über die Tätigkeit der aus Jerichow geflüchteten Gesine Cresspahl beim Hauptquartier der westlichen Militärorganisation unterrichtet. In Gesprächen zwischen russischen und deutschen Nachrichtenoffizieren, wobei die deutsche Seite repräsentiert wird durch den Hauptmann Rohlfs vom Sicherheitsministerium, taucht der Gedanke auf, Gesine Cresspahl als Informantin des Ostens zu gewinnen. Das Unternehmen »Taube auf dem Dach« hat begonnen.

Der Vater Cresspahl scheidet als Vermittler aus: er ist weder zu bestechen noch zu bedrohen. Der Weg scheint über Jakob zu führen, der allgemein als vorbildlicher Arbeiter und Bürger eines sozialistischen Staates gerühmt wird. Seine Mutter soll dem Hauptmann Rohlfs den Zugang zu Jakob erleichtern. Die erschreckte Frau vertraut sich Cresspahl an, flieht nach West-Berlin, wobei ihr der einstige Gastgeber und langjährige Hausgenosse Cresspahl hilft. Übrigens verfolgt der Geheimdienst den Vorgang, den er inhibieren könnte, was nicht geschieht. Mutter Abs kommt in West-Berlin zuerst, gleich vielen anderen Flüchtlingen jener Jahre, in ein »Flüchtlingslager«, wo auch sie durch westliche Nachrichtendienste ausgefragt wird.

Nun muß es Herr Rohlfs, der sich ständig mit anderen Namen vorstellt und vermutlich auch nicht Rohlfs heißt, unmittelbar mit Jakob versuchen, der ihn durchaus nicht schroff abweist, sondern verspricht, sich eine mögliche Tätigkeit als Informant des politischen Apparates in Ruhe zu überlegen. Inzwischen setzt eine unerwartete Gegenbewegung ein. Gesine wird von ihrem Vater aus Jerichow angerufen, wobei – das Gespräch ist natürlich von der Geheimpolizei überwacht und wird aufgezeichnet – die Ankunft der Mutter Abs im Westen angekündigt werden kann. Ganz unverschlüsselt hingegen telegraphiert Cresspahl an Jakob: »Deine Mutter ist zum Westen.«

Am Telefon hatte Gesine dem Vater von einem Reiseplan gesprochen. Er vermutete eine Reise mit einem Freunde, dem in Ost-Berlin an der Universität arbeitenden Assistenten Dr. Jonas Blach, der Gesine einst in West-Berlin auf der Straße ansprach und eine Zeitlang ihr Freund wurde, auch mit ihr (und – unerlaubterweise – mit einem westdeutschen Paß) nach Italien reiste. Gesine aber meint eine andere Reise: sie will den Vater wiedersehen, obwohl sie sich, nach den Gesetzen der DDR, durch die Flucht strafbar machte. Sie kommt an die Elbe, trifft Jakob zu Hause nicht an, hinterläßt ihm Nachricht, wohnt in einem großen Hotel der Stadt. Dort wartet sie auf Jakob, dort aber wartet auch der Hauptmann Rohlfs auf ihn, der die Dame am anderen Tisch seit Grenzübertritt überwachen ließ, jetzt eigentlich die »Taube auf dem Dach« in seiner Hand hätte, aber nicht hat, denn Verhaftung und Bedrohung wären sinnlos. Er braucht eine freiwillig mitarbeitende Informantin bei der NATO, keine zusätzliche Gefangene irgendwo in der DDR.

Von nun an konvergieren alle Wege in Jerichow. Rohlfs spricht mit Jakob und läßt die heimliche Reise von Jakob und Gesine nach Jerichow als zweckdienlich geschehen. Als beide, die Geschwister, die es nicht sind und im Verlauf der Geschichte dann Liebende werden, in Jerichow eintreffen, finden sie dort den früheren Freund der Gesine, Dr. Jonas Blach. Er hat in Berlin an einer Oppositionsbewegung von Intellektuellen gegen die Politik der Sowjetunion und der DDR teilgenommen. Man schreibt den Oktober 1956. In Polen, dann in Ungarn drohen Aufstände gegen die sowjetische Oberherrschaft, über Dresden müssen Jakob und seine Kollegen die russischen Militärzüge dirigieren, die Prag und Budapest zum Ziel haben.

Jonas ist politisch verdächtig geworden, auch seine Geheimakte hat Herr Rohlfs zu bearbeiten. Der junge Wissenschaftler selbst hält es für geraten, nicht gerade in Berlin gefunden zu werden. Warum nicht eine Zeitlang den Vater der Gesine besuchen? Jerichow ist eine kleine Stadt, wo man weniger leicht auffallen dürfte.

Plötzlich sind alle in Jerichow im Hause Cresspahl: Gesine und Jakob und Jonas und der Hausherr. Eintrifft aber auch Herr Rohlfs, der sich als Rohlfs vorstellt. Ideologische Debatte zwischen dem oppositionellen Philologen und dem Mann der Geheimpolizei. Gesine wird angedeutet, was man von ihr haben möchte, sie wird es sich überlegen. Rohlfs bringt sie selbst an die Westgrenze. Auch Jakob soll es sich überlegen. Er will seine Mutter im Flüchtlingslager besuchen, was Rohlfs genehmigt. Jakob reist dann mit amtlicher Genehmigung in den Westen: zu Gesine, zu seiner Mutter. Gesines Vorschlag, dazubleiben und mit ihr zusammen durch Rundfunkvorträge für den amerikanischen Soldatensender sein Geld zu verdienen, nimmt er nicht an, sondern fährt wieder zurück an die Elbe. Abermals ist er mit Herrn Rohlfs verabredet, geht im Novembernebel nach seiner alten Gewohnheit quer über die Geleise zum Dienst, und wird von einer auftauchenden Lokomotive überfahren. Er stirbt während der Operation.

Jonas hatte ihn noch besucht. Der ruft Gesine an, führt mit ihr ein langes Telefongespräch, während draußen, wie er vermuten muß und darf, Herr Rohlfs wartet, um ihn zu verhaften und ein Verfahren wegen Gefährdung der staatlichen Sicherheit der DDR zu eröffnen, denn der ungarische Aufstand wurde inzwischen, am 9. November 1956, niedergeschlagen. Herr Rohlfs kann die Akte Jonas Blach weglegen und auch die Akte Jakob Abs.

Nicht dagegen das Projekt »Taube auf dem Dach«. Er hatte sich, als er Gesine zur westlichen Grenze zurückfuhr, mit ihr in West-Berlin zu einer Beratung verabredet. Auf den 11. November. Jakob ist tot, Jonas verhaftet, der Hauptmann Rohlfs aber wartet trotzdem am vereinbarten Termin in einer Westberliner Weinstube auf Gesine Cresspahl, Dolmetscherin im Hauptquartier der NATO. »Sie kam wenige Minuten zu spät, und Herr Rohlfs stand auf, als er sie in der Tür sah. Ich wäre froh eine Schwester zu haben. - Und sie sah nicht aus wie eine, die geweint hat; das wollen wir doch mal sagen.« - Mit diesen Sätzen beendet Uwe Johnson seinen Roman »Mutmaßungen über Jakob«.

Das liest sich nicht schlecht. Eine spannende Geschichte mit allen Ingredienzien eines Romankonzepts nach dem Muster von *Graham Greene*: politisch-polizeiliche Komplikationen mit Geheimdienstgeruch, Liebesaffären zwischen privatem und öffentlichem Bereich, auch ein wenig Aura des Geheimnisvollen. Bei Greene - aber das könnte abgewandelt werden - meist verstanden als katholischer Weihrauchduft.

Nichts wäre falscher, als die »Mutmaßungen über Jakob« in solcher Weise qualifizieren zu wollen. Greene ist sicherlich kein Autor nach Johnsons Geschmack, dann weit eher (Johnson hat Germanistik und Anglisik studiert, kennt sich daher aus) der Amerikaner *William Faulkner*. Dennoch hat der Aufbau der »Mutmaßungen« keineswegs, wie man behauptet hat, besonders viel zu tun mit Faulknerwerken wie »Light in August«.

Überhaupt ist es an der Zeit, nüchtern festzustellen, daß jene knapp und in sich schlüssige Nacherzählung der Romanfabel, wie sie oben versucht wurde, der wirklichen Geschichte, die Johnson erzählte, durchaus nicht gerecht wird, im Grunde nur Mißverständnisse erzeugt. Das erweist sich sogleich beim Bemühen, in üblicher Art die Motive der Gestalten aus ihren Aktionen rekonstruieren, gar erklären zu wollen. Versucht man das nämlich, so handeln alle Romanfiguren absurd, unvernünftig, ohne Konformität mit Zeit, Ort und Umwelt.

Was kann eine Angestellte der NATO-Headquarters wie Gesine dazu bringen, heimlich in die DDR zu reisen, um ihren Vater wiederzusehen? Sie weiß doch, wohin sie reist und welche Gesetze dabei notwendigerweise verletzt werden. Cresspahl kennt alle Schliche dörflicher Diplomatie, wenn es gilt, der Tochter durch ein Telefongespräch, das überwacht ist, wie man ahnt, die Flucht der Mutter Abs mitzuteilen; gleichzeitig teilt er Jakob auf offenem Telegramm ganz ohne Beschönigung mit, die Mutter sei »zum Westen«. Dr. Blach ist ein geschulter Marxist und Parteiintellektueller, der die Grenzen der »sozialistischen Gesetzlichkeit« präzise überblickt und genau weiß, daß sein Verhalten als Redner bei einer Oppositionsveranstaltung in Ost-Berlin den Tatbestand der »Staatsgefährdung« erfüllt, also schwere Freiheitsstrafe bedeutet, wenn die Opposition keinen Erfolg hat. Die Nachrichten von der Niederschlagung der ungarischen Aufstandsbewegung dringen zu ihm; er hat ein langes Gespräch geführt mit einem Offizier der Staatssicherheit und hat es gewußt. Was also kann ihn veranlassen, nicht nach West-Berlin zu flüchten, sondern ein letztes Gespräch über Telefon mit Gesine in West-Berlin zu führen, das abermals überwacht wird und ihn, wie er wiederum vermutet, von neuem belasten muß? Statt dessen streckt er die Hände aus, um sich im Auto des Herrn Rohlfs die Handschellen anlegen zu lassen.

Gar nicht zu denken an die Seltsamkeiten im Verhalten eben jenes Rohlfs, das mit dem Schema eines »östlichen« Geheimdienstes wahrlich nicht zu vereinbaren ist, weshalb scharf anti-östliche Kritiker dieses Romans und seines Verfassers mißvergnügt reagierten. Nun wieder Gesine: was mochte sie dazu bringen, die Verabredung mit Rohlfs für den 11. November in West-Berlin einzuhalten? Warum nur? Jakob ist tot, der brüderliche Freund ihrer Kinderzeit und Geliebte. Muß es ausgeschlossen erscheinen, daß der Mann, dem sie da bei einem Glas Wein gegenübersitzt, daß Rolfs also mit diesem Tod etwas zu tun hat? Zumal er es war, der, wie Gesine erfahren haben mußte, Blach verhaftete, den Freund und zeitweiligen Geliebten. Warum nur trifft sie sich mit ihm?

Und gar Jakob: er hatte zwar, zu Besuch bei Gesine und der Mutter im Westen, auf die Bitte dazubleiben geantwortet, dafür gäbe es keinen ausreichenden Grund. Gab es den für seinen Tod auf den Geleisen? Freilich pflegte er sie stets »quer«, nämlich unvorschriftsmäßig, folglich fahrlässig zu überqueren, allein er kannte sich aus, wie alle wußten, hatte den Fahrplan sämtlicher Züge, die ankommen konnten, im Kopf. Trotzdem dieser tödliche Unglücksfall eines allwissenden Eisenbahninspektors. Hier beginnt sich die scheinbar so feste Kontur des Romangeschehens aufzulösen und nichts mehr zuzulassen als eben Mutmaßungen. Plötzlich ist die gesamte Struktur der Erzählung fraglich geworden, denn Jakobs Tod ist die vorgegebene Exposition: ihn zu motivieren, einsehbar zu machen, scheint das Buch geschrieben zu sein. Allein da wird nichts einsehbar.

An einer Stelle des Romans, wo man darauf Acht haben muß, daß nicht die Figuren denken und reden, sondern der Erzähler selbst berichtet und reflektiert, heißt es: »Denn Cresspahl in der Ferne und seine (Jakobs) verschwundene Mutter und Gesines wahnwitziger Besuch, das alles half gar nichts, das waren wieder alles Leute mit ihren Handlungen für sich allein, die einander nicht erklärten.«

Darum eben bleibt man in der Hauptfrage, der Ursache von Jakobs Tod, von aller Sicherheit der Argumentation und Motivation entfernt. Vergleichbar den Debatten eines antiken Chores beginnt, gleich nach der Mitteilung »Aber Jakob ist immer quer über die Geleise gegangen«, die Konfrontation von These und Antithese. Unglücksfall oder Selbstmord. Jakob kannte sich aus: er hat sich überfahren lassen. Nein, es herrschte dichter Nebel, zudem wurden außerplanmäßig Lokomotiven eingesetzt, kurz vorher war auch ein gleichfalls informierter Rangierer erfaßt worden. Also Unglücksfall. Aber Jakob war kurz vorher sehr verstört aus dem Westen heimgekehrt, weg von der Mutter und Gesine. Selbstmord? Dann hätte er im Westen bleiben können. Wenn er zurückkehrte, so stand ihm nicht der Sinn danach, sein Leben zu beenden. Aber vielleicht hatte ihn die Verstörung unvorsichtiger gemacht als sonst, so daß er nicht auf die Züge achtete. Vielleicht.

Wie gar, wenn Herr Rohlfs die Hand im Spiel hatte, so daß gar kein Unglücksfall geschehen war, sondern eine Beseitigung? Die Verbindung zu Gesine war hergestellt, das Unternehmen »Taube auf dem Dach« folglich angelaufen. Man brauchte Jakob nicht mehr, denn er hatte dem Geheimdienst sonst nichts zu bieten, war ein Mitwisser militärischer Geheimnisse, zudem in seiner Unbeirrbarkeit ein Sicherheitsrisiko an einer Eisenbahnstrecke, die damals gerade die sowjetischen Militärzüge nach Ungarn zu dirigieren hatte. Alles jedoch, was wir von Rohlfs wissen, spricht dagegen: auch das Verhalten von Gesine und Blach nach Jakobs Tode. Die wußten vielleicht nichts von den wahren Vorgängen. Vielleicht hatte Rohlfs »von oben«, wider seinen Willen und ohne daß der Roman davon berichtet, einen entsprechenden Auftrag erhalten. Vielleicht.

Andererseits spricht dagegen unsere Kenntnis des großen und epilogisierenden Gesprächs, das Rohlfs und Gesine in West-Berlin führen, wo der Mann der Staatspolizei feststellen muß: »Ich weiß sozusagen alles, und es nützt mir nichts.« Oder später: »...und es ist nicht bekannt, was Jakob eigens in die Wege geleitet hat und was sich zufällig ergab, wir mutmaßen also ...«

Mutmaßungen. Seit Johnsons Romantitel ist in der deutschen Nachkriegsbelletristik, und nicht nur dort, eine modische *Phalanx von Erzählungen und Erzählern einer koketten epischen Skepsis* aufmarschiert, die sich viel darauf zugute tat, unscharf zu referieren, dem Leser spannende Unauflösbarkeiten darzubieten, ein bißchen mit dem »Geheimnis« zu spielen. Da ist es an der Zeit, Johnson gegen seine Imitatoren zu verteidigen. Der Verfasser der »Mutmaßungen über Jakob« war ein sehr genauer Schriftsteller, der es sich mit seiner Präzision sauer werden ließ. Man denke an die von jedem Fachmann anerkannte Gründlichkeit im Beschreiben des Eisenbahnwesens. Wenn demnach alles Einzelwissen der Figuren und selbst ihres Verfassers nicht zum Gesamtwissen führt, sondern zu bloßen Mutmaßungen, so deshalb, weil sich die Gestalten vom Autor nicht dirigieren lassen, sondern immer wieder - in der Aktion wie Reflexion - ins Unkontrollierbare entgleiten.

Auch dies genügt nicht als Interpretation der Erzählung und Erzählweise. Die Unschärfe hat vielmehr mit dem gesellschaftlichen Hintergrund oder besser: Untergrund des Romans zu tun. *Dem geteilten Deutschland und der Notwendigkeit heutiger Deutscher, in diese Konstellation hineinzuleben.* Johnsohn hat sein Buch einmal als Versuch bezeichnet, »eine Grenze zu beschreiben«. Gemeint war nicht bloß jene Demarkationslinie, die sich durch das frühere Deutsche Reich zieht, auf östlicher Seite markiert mit Befestigungen der modernen Verteidigungstechnik, aber auch im westlichen Bereich gekennzeichnet durch starke Truppen eines sogenannten »Grenzschutzes«. Das zieht sich hin östlich der Städte Lübeck und Braunschweig, westlich von Magdeburg, trennt bei Hof im Frankenland die nunmehr »westlichen« Franken von »östlichen« Thüringern und Sachsen. Uwe Johnson hat auch diese materiellen Markierungen von Politik und Truppenmacht in seinem Roman beschrieben: den illegalen Grenzübergang der Gesine Cresspahl wie Jakobs gesetzestreue Bemühung um einen legalen Grenzübergang vom einen zum anderen

Deutschland. Er vergaß dabei auch nicht die Grenze inmitten der Stadt Berlin, der einstigen Reichshauptstadt, weshalb in seinem Buch stets in absurder, jedoch exakter Terminologie von den »Städten Berlin« geredet wird.

Jene Markierungslinie aber zwischen deutschen Staaten beschränkt sich nicht auf Geographie, Politik und Staatsrecht, sondern verläuft gleichzeitig, *als innere Grenzziehung*, durch die in zwei Staaten lebenden Überreste einer einstmals »Deutschen Nation«. Getrennt haben sich in ihren Lebensformen und Zukunftserwartungen die westlichen von den östlichen Deutschen, wie diese von jenen. Oft läuft jene Grenze, die Johnson zu beschreiben gedachte, mitten durch die östlichen und die westlichen Staatsbewohner: bisweilen gar als individuelle Daseinsaufspaltung. Gehört Gesine, die im Westen lebt, zum westlichen Denken und Fühlen, oder ein marxistischer Intellektueller der DDR wie Jonas Blach zu seinem Staat, der sich als »erster Staat der Arbeiter und Bauern auf deutschem Boden« selbst zu charakterisieren liebt? Wenn nicht, warum zog er die Haft im Osten der Flucht in den Westen vor?

An diesen Fällen – und Jakob Abs gehört in seiner Art gleichfalls dazu – wird deutlich, daß zur Grenzziehung in der Landschaft und auf dem Papier des völkerrechtlichen Abkommens von Potsdam zwischen den Siegermächten kein ähnlich scharfes Kriterium für die »innere Grenzziehung« gefunden werden könnte. Davon vor allem handelte Johnsons Beschreibungsversuch. Ihm ging es um die zahllosen Divergenzen zwischen innerem und äußerem Tatbestand mit Namen »Grenze«.

Durch Ernst und Vorsicht seiner Erzählversuche unterschied sich dieser Roman eines fünfundzwanzigjährigen Autors deutlich von früheren Erzählungen mit dem geteilten Deutschland als Thema. Westliche Epik hatte sich dieser Themenstellung zwischen 1945 und 1959 nahezu demonstrativ versagt: sieht man ab vom romanhaften Klischee der Storyfabrikanten, die spannend, mit Blick auf künftige Verfilmungsrechte, zu schildern unternehmen, wie ein Spion aus der Kälte der DDR ins wohltemperierte Klima des deutschen Westens kam. Die ostdeutsche offizielle Belletristik hatte gleichfalls ihre epischen Klischees zur Disposition: man findet sie sogar noch in *Christa Wolfs* ernsthafter Bemühung des Romans »Der geteilte Himmel«. Das Schema kannte nicht Unschärfe der Konturen: nach offizieller Doktrin entsprach der äußeren in allen Fällen auch eine markante innere Grenzziehung. Es sei denn, ein westlicher Agent oder ein virtueller Überläufer agiere mit dem Ziel, auf östlichem Boden den inneren gegen den äußeren Grenztatbestand auszuspielen. Damit würde dann ein äußerer Tatbestand geschaffen, nämlich polizeilicher Art, genannt »Gefährdung der Staatsicherheit«. So beurteilt, ganz folgerichtig, Herr Rohlfs im Roman die Aktionen des Dr. Jonas Blach. Verurteilung zu langer Haft ist zu erwarten.

Johnson demonstriert gerade an diesen beiden Figuren, wie willkürlich jede Interpretation der deutschen Realität verfährt, wenn sie in ähnlicher Weise versucht, die geistigen mit den politischen Tatbeständen gleichzuschalten. Der westlichen Denkträgheit widersetzt er sich gleichzeitig mit einer umsichtigen Schilderung, die nichts übrigläßt von sentimentalen Träumen, wonach Bewohner einer östlichen »Unrechtsherrschaft« nichts sehnlicher herbeiwünschen, als die endliche Befreiung und Wiedergutmachung »in Freiheit«: westlicher nämlich.

Leben und Tod des Jakob Abs lehren, wenn überhaupt irgend etwas, so das Gegenteil. Aus dem Flüchtlingskind wurde, mit staatlicher Förderung, ein fachkundiger Techniker und Verkehrsfachmann. Jakob mußte sich in der DDR nicht einschränken in seinen Berufsplänen: auf reiche Eltern kam es da nicht an. Reichsbahninspektor. Abs ist kein Mann für Feiertagsreden und Proklamationen, aber auch keinesfalls ein ohnmächtig gegen östliche Kommunisten und Russen konspirierender Rebell. Die Behörde des Herrn Rohlfs gehört, als evidenter Tatbestand, ebenso zu seiner Welt wie ein Dispatcherdienst für russische Truppentransporte. Diese nüchterne Annahme der eigenen Identität, die nicht mit emotionaler Harmonie verwechselt werden sollte, wird durch Rohlfs und Gesine fast gleichzeitig gestört. Die Identität wird unscharf. Weder Gesine noch Rohlfs. Ein Fall für Heinrich von Kleist als Vorgang einer »Verwirrung des Gefühls«. Der verstörte Jakob war nicht mehr umsichtig und verunglückte, denn es war doch wohl ein Unglücksfall, freilich keiner ohne Kausalitäten. Aber vielleicht sind auch das nur Mutmaßungen.

Die Schuld der Schuldlosen

Peter Weiss war heimatlos aufgewachsen in vielfacher und schmerzhafter Weise. Sohn eines österreichischen Industriellen und Offiziers in der einstigen Donau-Monarchie, der freilich ein Jude war. Der Vater heiratete eine »deutsche Frau«, Schauspielerin, so daß dem Sohn Peter Weiss, aus einer früheren Ehe der Mutter, rein arische (auch in der Gesinnung) Stiefbrüder mit auf den Lebensweg gegeben wurden.

Eines der schrecklichsten Erlebnisse des Jungen, der in einem Vorort von Berlin zur Welt kam, dann in die Tschechoslowakei emigrieren muß mit den Eltern, von dort nach Schweden verschlagen wird, der nicht mehr weiß, welches seine Sprache ist, worauf er das Schwedische vorerst einmal zum heimischen Idiom macht, wird kühl mitgeteilt in dem Buch »Abschied von den Eltern«. Der Vater, nach wie vor Industrieller, der immer wieder von neuem beginnen und aufbauen muß, sucht sich Entlastung durch die Mitarbeit des Sohnes. Der aber bildet sich, abgeschirmt gegen das Elternhaus, zum bildenden Künstler aus. Die häuslichen Konflikte sind unvermeidbar. Einmal vergißt sich der Vater, er weiß plötzlich nicht mehr, was er sagt und wen er eigentlich meint. Da schreit er den eigenen Sohn an mit der Beschimpfung: »Judenjunge!«

Auch für *Peter Weiss*, geboren 1916, wird die deutsche Sprache wie für Elias Canetti vom Jahrgang 1905, ebenfalls einem Schriftsteller des Weltreichs Kakanien, zum Gegenstand einer Wahl und damit einer Lebensentscheidung. Eine solche Dezision aber muß bei Peter Weiss viel schwieriger gewesen sein als bei dem von Jugend auf vielsprachig erzogenen Canetti. Weiss hatte noch in Deutschland und als Halbwüchsiger einige Malerschulen besucht, kam später an die Kunstakademie in Prag. Sein erstes Buch in der Bundesrepublik, das ihn sogleich im Kreis der Literaten bekannt machte, hieß: »Der Schatten des Körpers des Kutschers«. Ein Gebilde aus experimenteller Prosa und Collagen des Graphikers Peter Weiss. Es handelte sich um eine Selbstbefreiung.

Im »Abschied von den Eltern« wird beschrieben, wie die Eltern ratlos vor einer Ausstellung von Bildern des Sohnes stehen, die er irgendwo, in einem Abseits des Elternhauses, vorbereitet hat und nun vorweist. »Du kannst so nicht weiterleben, sagte mein Vater, du kannst mir nicht länger zur Last liegen ...« Es ist eine wohlbekannte Geschichte, gerade auch in der deutschen Literatur: dieser Umweg eines Schriftstellers, die Visionen vorerst als Bilder festhalten zu wollen. Fast immer aus der Not, einer Umwelt und sich selbst zu beweisen, daß man trotzdem zu etwas taugt. Der Weg Gottfried Kellers wie Hermann Hesses. Es ist kein Zufall, daß sich der suchende Peter Weiss später nach Montagnola wandte, an Hesse, und daß ihm der Autor des »Demian« half, aus dem Ei zu kriechen.

Allein es mußte noch *ein Weg zur Sprache* gefunden werden. Seit 1939 lebte der Emigrant Weiss in Schweden, arbeitete in des Vaters Textilfabrik, als Holzarbeiter, später immerhin als Musterzeichner. Er spricht Schwedisch, ist Schwede geworden, seine erste Ausstellung kommt dort zustande, sein erstes Buch »Von Insel zu Insel« erscheint 1947 in schwedischer Sprache. Das Buch eines einunddreißigjährigen Debütanten, der jedoch in jenem unbeirrbaren Eigensinn, der zu Weiss gehört und der ein Element seiner Größe ausmacht, nach wie vor entschlossen scheint, das eigentliche Schreiben als ein Schreiben in deutscher Sprache zu verstehen. In einer Sprache nämlich, die man halb verlernt hat, auch niemals so berherrschte, daß an Literatur zu denken war.

In dem Roman »Fluchtpunkt« wird dieser Vorgang nacherzählt: »Um zu den Worten zu gelangen, die ich in der Kindheit gelernt hatte, und die mir zum Schreiben noch anwendbar schienen, mußte ich mich erst mit einer Anspannung des Willens von der Sprache entfernen, die mich umgab, und die ich täglich benutzte.« Noch grausamer, und übrigens treffender, heißt es kurz darauf im »Fluchtpunkt«, um die fast absurde Anstrengung des Schreibenden zu benennen: »Ich wollte mit dem Schreiben beginnen an einem Punkt, da mir klar wurde, daß ich keine einheitliche Sprache mehr besaß, und da es nahelag, daß ich mich auch eines Südseeidioms bedienen könnte, wenn ich zufällig in den Archipelen Tahitis gelandet wäre. An eine Rückkehr in das Land meiner Herkunft glaubte ich nicht ...«

Dann jedoch wird etwas geschildert, am Schluß des »Fluchtpunkts«, das nach wie vor zur Romanwelt gehört, zu einem Bildungsroman, der in reiner, wiedergelernter deutscher Prosa erzählt wird, doch in diesem Fall wird es vom Autor Peter Weiss berichtet: weil man so nicht erzählen kann, wenn es kein Vorbild gab in dem, was der Vater von Peter Weiss, wie so viele Väter, als das »reale Leben« zu bezeichnen pflegte. Jemand hat sich ganz frei gemacht, er fühlt sich, mit Sartre zu reden, zu dieser Freiheit gleichsam »verurteilt«. Da ist ein Tag in Paris, am Ufer der Seine, es ist das ganz Andere, und es bewirkt eben dadurch die Erwekkung zu seinem Gegensatz. Peter Weiss findet sie plötzlich für sich wieder, die verlorene Sprache: »Die Freiheit war absolut, ich konnte mich darin verlieren, und ich konnte mich darin wiederfinden, ich konnte alles aufgeben, alle Bestrebungen, alle Zusammengehörigkeit, und ich konnte wieder beginnen zu sprechen. Und die Sprache,die sich jetzt einstellte, war die Sprache, die ich am Anfang meines Lebens gelernt hatte, die natürliche Sprache, die mein Werkzeug war, die nur noch mir selbst gehörte . . .« Und weiter: »An diesem Abend, im Frühjahr 1947, auf dem Seinedamm in Paris, im Alter von dreißig Jahren, sah ich, daß es sich auf der Erde leben und arbeiten ließ, und daß ich teilhaben konnte an einem Austausch von Gedanken, der ringsum stattfand, an kein Land gebunden.« Hier endet das Buch »Fluchtpunkt« aus dem Jahr 1962.

Seine Laufbahn als Schriftsteller begann Weiss sehr spät. Er wurde bildender Künstler und ist es geblieben, debütierte als schwedischer Schriftsteller und mußte sich die einstige deutsche Muttersprache von neuem erobern. »Mit dem Bleistift die Geschehnisse vor meinen Augen nachzeichnend, um damit dem Geschehen eine Kontur zu geben, und das Geschehene zu verdeutlichen, also das Sehen zu einer Beschäftigung machend, sitze ich neben dem Schuppen auf einem Holzstoß.« Das sind Sätze aus dem »Schatten des Körpers des Kutschers«. Ein Erzähler in der Ich-Form schreibt sie nieder, den man nicht mit dem »wirklichen« Autor Peter Weiss verwechseln sollte. Hier ist es einmal – nach allen Selbstaussagen des Verfassers, die inzwischen bekannt wurden – erlaubt, in solchen Thesen einen Teil der Ästhetik von Weiss zu erkennen.

»Das Sehen zu einer Beschäftigung machen«: künstlerisches Credo eines Malers oder Zeichners, das ins Literarische übertragen wurde. Peter Weiss gedenkt auch als Erzähler seinen bildnerischen Impulsen nachzugeben. So entstehen angeblich objektive Berichte, die scheinbar kein Subjekt eines »Berichterstatters« kennen. Dennoch ist der Erzähler weder ein verdinglichter Sehapparat noch - wie gelegentlich beim frühen Robbe-Grillet - ein Schlüssellochgucker. Das Sehen ist hier die - alleinige - Aktion; immerhin Aktion. Der epische Versuch glückt, da sich Weiss darauf beschränkt, den alltäglichen Vorgängen der Arbeit, Mahlzeit, Geschlechtlichkeit durch seine Niederschrift eine Kontur zu geben, um sie dergestalt zu »verdeutlichen«.

Verdeutlichung aber hat bei dem Erzähler Peter Weiss stets auch mit *Symbolisierung* zu tun. Er kennt seinen Strindberg, hat dessen »Traumspiel« ins Deutsche übersetzt und versteht sich ebensogut wie ein Edward Albee darauf, dargestellte Alltagshölle als mythischen Vorgang zu interpretieren. Im »Gespräch der drei Gehenden«, vom Autor ausdrücklich als »Fragment« bezeichnet, gelangt diese experimentierende Prosa zu neuen Resultaten. Das Buch vom »Schatten des Körpers des Kutschers« war von der Anlage her durchaus statisch gehalten worden. Diesmal scheint alles in Bewegung zu sein. Drei rastlos Gehende ohne Herkunft und Ziel sprechen sich aus oder berichten oder versuchen zu deuten. Einer spricht jeweils, die anderen beiden hören nicht zu. Ein Gespräch der drei Monologisten. Offen in der Form und endlos in der Zeit. Die drei Gehenden - Abel, Babel, Cabel - nehmen durcheinander das Wort; sie sind »einander ähnlich«, meldet der Erzähler, der nur auf der ersten Seite, gleichsam die Redner vorstellend, kurz auftritt, um sogleich den gehenden Rednern das Wort zu überlassen. Einander ähnlich? Wohl eher: miteinander identisch. Einer berichtet Lebensvorgänge; einer sucht sie zu deuten oder ihre Undeutbarkeit zu begründen; einer erhöht sie ins Sinnbildliche. Ein großer innerer Monolog, als Gespräch konzipiert, der dadurch aus dem Notzustand befreit wurde, bloßer Bewußtseinsstrom zu sein, wie bei Joyce. Man begreift, warum dies folgenlos bleiben und vom Anfang her bereits dahin tendieren mußte, als Fragment zu enden, oder eben nicht zu enden.

Der Übergang von einer Literatur der Entfremdung und Verdinglichung, scheinbar ohne Beteiligung eines Erzählers oder Autors, zu einer heftig subjektivierten und »sich selbst einbringenden« Literatur der späteren Sechziger Jahre vollzog sich nur langsam, und geraume Zeit fast unbemerkt. Es war keineswegs paradox, daß die Autoren jener Übergangszeit große Scheu zeigten beim Umgang mit *Kunstfiguren einer Grenzüberschreitung.* Man hatte sich nach wie vor den Magen verdorben an Helden und heldischem Gerede. In den frühen Sechziger Jahren liebten es die Erzähler, übrigens auch die Dramatiker, das *durchschnittliche Leben* als werthaft, sogar als einzig beachtenswert, darzustellen. Bei Alfred Andersch verkündete der ehemalige Kommunist das Lob der »Unauffälligen«. Die frühen Romanfiguren bei Christa Wolf, auch die Gestalten in Johnsons »Mutmaßungen über Jakob«, erst recht die Beumanns und Kristleins, einschließlich des hoch bezahlten Herrn Dieckow in Martin Walsers Romanen sind, gesellschaftlich gesehen, bloß mittlere Sozialkonfektion. Das ist den Autoren gerade recht, denn es geht ihnen um den *Kontrast zwischen dem Mitläufer* und einer extremen, aller Mittelmäßigkeit widersprechenden Lebenslage.

Der Umschlag vom entfremdeten kleinbürgerlichen Alltag zur jähen Anklage eines politischen Mitläufertums erfolgt erst um 1965. Zwanzig Jahre nach Kriegsende. Nun stellen die nachwachsenden, *nur scheinbar umerzogenen Schriftsteller*, angesichts einer fröhlichen Restauration die Frage nach der *Schuld der Schuldlosen.*

Als *Siegfried Lenz* den Bremer Literaturpreis 1962 für sein Stück »Zeit der Schuldlosen« erhielt, das zunächst als zweiteiliges Hörspiel (»Zeit der Schuldlosen – Zeit der Schuldigen«) konzipiert war, um dann, am 19. September 1961, im Deutschen Schauspielhaus Hamburg seine Uraufführung als Schauspielfassung zu erleben, sagte er in seiner Dankrede: »Der Schriftsteller handelt, indem er etwas aufdeckt: eine gemeinsame Not, gemeinsame Leidenschaften, Hoffnungen, Freuden, eine Bedrohung, die alle betrifft.« Dies mochte zunächst anmuten wie eine Paraphrase der Dichtung W. H. Audens über das »Zeitalter der Angst«. Auch der Schatten des Albert Camus wurde, wie so häufig, hinter den Werken und Worten von Lenz sichtbar. Dennoch gab es da eine neue

Aussage, die nicht bloß für diesen Preisträger und in diesem Augenblick galt, sondern als dichterische Zeitdiagnose verstanden werden mußte. Wie die programmatischen Dichterreden von Nossack und Eich oder Koeppen, die Kritiker- und Leseerfahrungen Bölls und Walsers, die Ansprachen von Frisch und Dürrenmatt.

Nicht das Engagement war wichtig, das Lenz auch in Bremen einbekannte. Nicht die subjektive Position war gemeint, sondern die Aufdeckung einer objektiven geistigen Lage. Der Schriftsteller wurde abermals als Vorredner verstanden, der als erster ausplaudert, was kurz darauf die allgemeine Meinung, schließlich ein Gemeinplatz sein wird. *Gestellt war die Frage nach der Schuld der Nichttäter.* Damit fand man zurück zur Ära der Völkermorde, Vernichtungslager, der Durchhalteterroristen. Das war nicht neu, und bemerkenswert bloß dadurch, daß die in der Halbzeit vergessenen traumatischen Vorgänge abermals ins Bewußtsein emporstrebten. Neu war dagegen ein anderes: *das Fragen nach einer Duldung*, die alle Verbrecheraktionen erst ermöglicht. Natürlich gab es äußere Ereignisse, dergleichen neu zu durchdenken: den *Fall Eichmann* beispielsweise, eines »Buchhalters des Todes«, wie man schlecht-poetisch formuliert hatte. Auch das Mannesalter derjenigen war wichtig, die jetzt erst, kaum mehr belastet von eigenen Erinnerungen und sicher nicht durch eigene Untaten, das Problem des Kriegs und der Diktatur neu analysieren mußten. Nun begannen die Jahrgänge 1926 bis 1929 zu sprechen: Siegfried Lenz, geboren 1926, oder Martin Walser vom Jahrgang 1927. Dahinter warteten bereits die Alexander Kluge (1932) und Uwe Johnson (1934).

Die dichterische Evokation des Dritten Reiches in Epik und Dramatik hatte bis dahin fast immer den Gegensatz der verbrecherischen Akteure und der leidenden oder widerstehenden Opfer beschworen. Bei Anna Seghers oder in dem Buch »Nackt unter Wölfen« von *Bruno Apitz*. Daraus war schließlich in den Filmen der Ostberliner DEFA ein unerträgliches Klischee geworden. Die westliche Variante folgte im wesentlichen dem Schema in Zuckmayers Schauspiel »Des Teufels General«: eine Mehrheit anständiger Menschen, bis hinauf zur hohen Generalität, hält insgeheim zusammen gegen eine schurkische Clique der Mörder und Geheimdienstspitzel. Daraus wurde in westdeutschen Filmen nach dem Canaris-Muster ein nicht minder unerträgliches Klischee.

Nun wird die Frage nach dem Tolerieren gestellt. Das alte römische Rechtssprichwort bekommt neue Bedeutung, wonach derjenige zuzustimmen scheint, der schweigt oder geschwiegen hat. Diese Frage wird von den Söhnen an die Väter gerichtet: bei Siegfried Lenz, bei Walser im »Schwarzen Schwan«, bei Hans Günter Michelsen in dem Parabelstück »Helm«, bei Alexander Kluge in seinen Büchern »Lebensläufe« und »Schlachtbeschreibung«.

Immer geht es um Vorgänge aus dem Dritten Reich; allein sie werden nicht psychologisch verstanden als Seelenanalyse einer deutschen Mentalität; auch nicht politisch konkretisiert als Antithese von Faschismus und Antifaschismus. Hatte Brecht die ökonomischen Zusammenhänge an einem Modell zu demonstrieren versucht, das er geographisch nicht genau situierte, sondern mit Namen wie Mahagonny oder Sezuan belegte, so versuchen die Schriftsteller dieser Sechziger Jahre auch das deutsche Geschehen zwischen 1933 und 1945 in ähnlicher Weise *parabolisch* zu verstehen: was nicht gleichbedeutend sein durfte mit Entschärfung.

In dem Spiel »Zeit der Schuldlosen« von Lenz wird ein Verhaltensmechanismus gezeigt, der in einer Rechtsdiktatur nicht wesentlich anders abzulaufen scheint als in einer Linksdiktatur. Die Schuldlosen erweisen sich als ideale Werkzeuge beim Schuldigwerden. Mit ihrer Hilfe kann die diktatorische Macht, in mittelbarer Täterschaft, alle Exekutionen vornehmen, die sie für wünschenswert hält. Der Gouverneur will sich seines politischen Gegners, eines Attentäters aus Gesinnung, entledigen. Dadurch allerdings, daß er scheinbar Unschuldige festnimmt. Die Abteilung für Sozialpsychologie im Geheimdienstministerium sorgt dafür, daß ein »repräsentativer Querschnitt der Bevölkerung« zur Stelle ist, wie bei den Demoskopen. Da gibt es Arbeiter und Bauern, Bankiers, Ärzte und Studenten. Sie alle sind manipulierbar und werden manipuliert. Die Schuldigen bedienen sich der Schuldlosen beim Morden.

Nicht das ist, wie Lenz und seine ähnlichen Fragestellungen nachgehenden Schriftstellerkollegen zeigen, das wahrhaft

Arge. Auch nach der schuldlos ausgeführten Exekution nämlich empfinden sich die Schuldlosen weiter als solche. Im »Schwarzen Schwan«, bei *Martin Walser* also, bedauert der verbrecherische Lagerarzt eigentlich ohne Heuchelei, mit den Gewissensfurien nach dem Muster eines Orest leider nicht dienen zu können. Er schlafe nachts trotzdem ziemlich gut. »Die Mörder sind unter uns« - so hatte der Titel eines ersten deutschen Nachkriegsfilms gelautet. Damals meinte man noch die detektivische Aufspürung des als Biedermann getarnten Massenmörders. Inzwischen hatte man lernen müssen, daß sie in der Tat unter uns leben: amnestiert und gutsituiert, und am südlichen Strand sitzen sie im Liegestuhl neben uns. Hier war ein Zustand offenbar geworden, dem mit der Individualethik nicht mehr beizukommen war. Übrigens auch nicht mit dem Strafgesetzbuch, wie sich herausstellen sollte. Wer als Schriftsteller diese Vorgänge zu gestalten suchte, sah sich genötigt, neben neuen ethischen Kategorien auch neue literarische Formen zu finden.

Daher die *Technik der Parabelspiele*, die ihrerseits bald schon Abnutzungsspuren aufwiesen. Gleichfalls hing es damit zusammen, wenn *Alexander Kluge* in seinem Buch »Lebensläufe« (1962) oder *Heinz von Cramer* in den Stücken des Buches »Leben wie im Paradies« von 1964 darauf ausgingen, durch eine Kombination aus Wissenschaft und Fiktion, Dokumentarischem und Erfundenem eine neue Form herzustellen.

Kluges Vorbemerkung sagt, was beabsichtigt war: »Die Erzählungen dieses Bandes stellen aus sehr verschiedenen Aspekten die Frage nach der Tradition. Es handelt sich um Lebensläufe, teils erfunden, teils nicht erfunden; zusammen ergeben sie eine traurige Geschichte.« Zweierlei ist damit gemeint. Zunächst sollen diese Lebensläufe den jeweiligen Akteur solcher Viten als Produkt seiner Familie, Genealogie, Herkunft und Erziehung zeigen. Dann wird bemerkt, die Gesamtheit dieser Lebensläufe, also dieser Traditionen, präsentiere sich als »eine traurige Geschichte«. Nämlich als *Geschichte der deutschen Misere*, wie bei Brecht, wie in dem Plebejerstück von Günter Grass. Die Geschichte vom »Berufswechsel« unter diesen Lebensläufen läßt erkennen, was Alexander Kluge zeigen möchte. Da wandelt sich jener Schwebkowski »von einem Schüler zu einem Nationalsozialisten, von einem Nationalsozialisten zu einem Freiheitsdurstigen, von einem Freiheitsdurstigen zu einem Studenten, von einem Studenten zu einem Angepaßten«. Um zu erkennen, was die meisten seiner Zeitgenossen, Schuldige wie Schuldlose, längst erkannt haben: daß die Verhältnisse hierzulande die *Daseinsform eines Doppellebens* trotz aller gesellschaftlichen Wandlungen nach wie vor als empfehlenswert erscheinen lassen.

Schon *Kurt Tucholsky* glaubte in den Zwanziger Jahren immer wieder ob dieser seelischen Schizophrenie verzweifeln zu müssen. Aufteilung der Deutschen in den Familienvater und den Beamten, den Vereinsfreund und Schützenkönig, Musikfreund und Befehlsempfänger. *Fälle der Selbstentfremdungen*, die niemals zulassen, daß ein »ganzer Mensch« in Erscheinung tritt und tätig wird. Darum also bildet die Gesamtheit solcher Lebensläufe des Doppellebens und der Entfremdung ein trauriges Kapitel neuerer Geschichte. Hier fehlen alle Voraussetzungen für das stellvertretende, individuelle Handeln der Einzelnen im Sinne von Kant und Schiller. Dies eben hatte Dürrenmatt gemeint mit der totalen Verantwortungslosigkeit und Verwurstung, oder Frisch mit den hoffnungslosen Experimenten Stillers und mit der Erschaffung eines Herrn Gantenbein. Es scheint unnötig, einen Doppelgänger namens Gantenbein erschaffen zu wollen, wenn die gesamte Existenz bereits als Doppelleben angelegt wurde.

Hier ist auch die Ursache dafür zu finden, daß in diesen Sechziger Jahren nicht mehr der Ausweg in die antike Mythologie gesucht wird, wie vor zehn Jahren, sondern weit eher - wie übrigens auch in den Dreißiger Jahren im Falle der Emigrationsliteratur - der *Weg zur Geschichte*. Die ersehnte Einheit aus Wissenschaft und Fiktion soll dadurch bewirkt werden, daß Geschichte oder besser: das historische Dokument mithilft, dem Gestrüpp bloßer Mutmaßungen zu entgehen. Daher eine vorübergehende Hausse an Historien und Dokumentarstücken. Allein es sollte sich, woran nicht zu zweifeln war, der Glaube an die Authentizität von Dokumenten als neue Ideologie herausstellen. Dann erst sollte auch die Literatur den Zweifel am Text kennenlernen, und dann erst - ganz ohne Frohlocken sei es gesagt - wäre in unserer Literatur das 19. Jahrhundert zu Ende.

Seine Anthologie »Die Wiener Gruppe« gab *Gerhard Rühm,* eines ihrer fünf im Titel genannten Mitglieder, im Jahre 1967 heraus. Gleichzeitigkeit also zur letzten regulären Tagung der Gruppe 47 in der fränkischen Pulvermühle. So lag es nahe, die beiden Institutionen, mitsamt ihrer jeweiligen Historie, einander anzunähern. Rühm wußte, als er das Material der eigenen Lebensgeschichte zusammen mit jenem seiner Wiener Freunde sammelte, daß alles zu Ende war. Vor allem: Konrad Bayer war tot. Hans Werner Richter hat hingegen wohl eine Weile nach den turbulenten Szenen in der Pulvermühle gehofft, weitermachen zu können. Übrigens brauchte er nicht auf die Literaturhistoriker zu warten: die waren längst am Werk. Sie hatten bereits, wie Büchner als Arzt das nannte, das »hippokratische Antlitz« wahrgenommen. Auch die Eule der Literaturwissenschaften beginnt, um Hegel nun auch noch zu zitieren, in der Dämmerung ihren Flug.

Daß der Topos »Gruppe« den jungen fünf Österreichern, die sich im Jahre 1952 in Wien zusammenfanden, durch Presseberichte über eine deutsche »Gruppe 47« nahegelegt wurde, darf angenommen werden. Im Jahre 1952 gab es bereits zwei Preisträger der Gruppe 47: Eich und Böll. Nun kam, bei der neuen Jahrestagung und als Ergebnis, wie üblich, der geheimen Abstimmung aller Tagungsteilnehmer, eine neue Laureatin hinzu. Eine Frau aus Wien: *Ilse Aichinger.*

Ob freilich den Leuten der »Wiener Gruppe« gerade die schöne und rätselhaft gebliebene »Spiegelgeschichte« der Aichinger, die den Preis erhielt, besonders gut gefallen hätte, ist schwer auszumachen. Dem Gerhard Rühm schon, wohl auch dem Konrad Bayer. Allein da war noch der Architekt und Bildner Friedrich Achleitner; es gab, gleichsam als Mentor und Zurechnungspunkt für die Jüngeren, den H. C. Artmann. Oswald Wiener, eine starke philosophische und literarische Begabung, war Spezialist für Logistik und Informatik bei der Firma Olivetti. Er gab den gutbezahlten Posten auf, um sich vorerst, denn die Wiener Gruppe löste sogleich heftigste Emotionen aus am Donaukanal, schwer durchzuschlagen als Schriftsteller.

Die Gegensätze zu den Deutschen und Nichtdeutschen um Hans Werner Richter sind bereits durch solche Hinweise auf Herkunft und Neigung der Wiener fixiert. Der *Musiker Rühm*; der *Bildner Achleitner; Oswald Wiener* als Repräsentant einer philosophisch-experimentellen Prosa. Der Titel seines späteren Buches »die verbesserung von mitteleuropa. roman«, 1969, ist, bei aller satirischen Zuspitzung, durchaus ernstgemeint: eine Gegenutopie im Zeichen der entfesselten Computer.

Natürlich gab es unter den ständigen Mitgliedern der Gruppe 47, die bekanntlich keine Mitglieder hatte, wie Richter uns allen stets zu verstehen gab, markante Doppelbegabungen der Bildenden Künste und der Literatur. Günter Grass. Peter Weiss. Wolfgang Hildesheimer. Trotzdem hat keiner von ihnen, auch kein anderer, den Versuch unternommen, sein Wirken in anderen Kunstbereichen gleichsam »einzubringen« bei einer Gruppentagung. Gruppe 47: das meinte die Literatur, meistens nicht einmal die ganze Literatur, aber nichts als die Literatur. Weshalb die Gruppe im Frankenland und im Jahre 1967, angeheizt natürlich durch Profilierungssüchte und durch die Nähe zu den Studenten der Universität Erlangen, schließlich zerfiel in literarische Aktivisten und Passivisten.

Das macht: die *literarischen Überlieferungen* der Gruppe 47 und ihre deutschen Gründer waren, wie bereits geschildert, bloß noch gerüchtweise verhaftet dem einstigen Expressionismus, mehr jedoch dem kritischen Realismus einer neupraktizierten Neuen Sachlichkeit.

Die Wiener Gruppe übernahm vom einstigen Expressionismus des »Blauen Reiter«, also von Marc und Kandinsky, die sich von Anfang an dem damaligen Wien verbunden fühlten, das Prinzip einer *Konvergenzbewegung der Künste.* Die Notenbeilagen zur zweiten Auflage des »Blauen Reiter« von 1914 stammten von: Schönberg, Webern, Alban Berg.

Oswald Wiener und *Konrad Bayer,* die sich 1952 zusammenfanden, hatten inzwischen, angewidert durch das offizielle Kulturtreiben in Wien mit Doderer und Brecht-Boykott und päpstlichen Verlautbarungen eines Friedrich Torberg, die frühexpressionistische Tradition, zu welcher auch Trakl gehört hatte, weit mehr jedoch die *dadaistische Ästhetik* im weitesten Verstande, also mit

Arp und Schwitters, mit Paul Scheerbart und Walter Serner oder Carl Einstein, für sich entdeckt.

Daraus ergaben sich zwei ästhetische Postulate, die völlig entgegengesetzt sein mußten dem literarischen Konsens der Leute um Richter. Einmal die Konvergenzbewegung aller Kunst und Künstler. Zum anderen die *Trivialisierung der Kunst im bürgerlichen Alltag*. Das extrem Künstliche, Unverständliche, Anstößige, Grausame sollte im Wiener Alltag sichtbar produziert werden. Um einem wohlgesitteten und scheinbar restaurierten Alltag dort, wo man im Jahre 1938 die ersten Obszönitäten und Grausamkeitsexzesse erleben konnte, seine geheimen Süchte und Phobien vorzustellen und vorzuspielen. Mit Hilfe von gut und sorgfältig erarbeiteter Kunst.

Das gelang über alle Maßen. Das vornehme und durch engen Anschluß an die damalige amerikanische Politik restaurierte Wien (nicht Österreich!) wurde durch die Leute der Wiener Gruppe und ihre »Sympathisanten« zwischen 1957 und 1959 zur Kenntlichkeit verändert. Die Folgen sind unabsehbar: weit über Wien und die Fünfziger Jahre hinaus. Das Wirken *Ernst Jandls* und *Friederike Mayröckers* hängt unmittelbar mit solchen Tendenzen zusammen. Das französisch-surrealistische Haßpotential von *Thomas Bernhard* fand hier eine seiner Wurzeln. Auch der Handke der »Publikumsbeschimpfung« absolvierte indirekt hier, bei den Wienern, seine Lehrjahre. Noch eine Tagung in der Mitte der Sechziger Jahre, irgendwo in der südlichen Steiermark, an welcher ich teilnahm, präsentierte die enge literarische Gemeinschaft und Konvergenz der Anwesenden: Jandl, Mayröcker, Handke, Okopenko, Prießnitz, Bernhard. Sie weigerten sich, Ernst Jandl trug die Entschließung vor, ihre Texte zu lesen, wenn der Vertreter des Österreichischen Rundfunks, ein Ideologe der Restauration, im Saal bleiben wolle ...

Die Gruppe 47 entstand als Reaktion auf Erfahrungen mit dem Dritten Reich, mit dem Krieg und der Gefangenschaft. Ältliche Debütanten. Diese Österreicher waren jünger. Junge Debütanten. Jahrgänge zwischen 1930 und 1935. Nur Artmann, geboren 1921, war älter.

Die Gruppe 47 konnte in der Bundesrepublik rasch florieren, weil es der Bonner Restauration ersichtlich nicht gelungen war und auch später nicht gelingen konnte, Schriftsteller von Rang für eine restaurative Politik und Kulturpolitik zu begeistern.

Anders im befreiten, dann durch Staatsvertrag mit den vier Besatzungsmächten neutralisierten Österreich. *Der Staatsvertrag von 1955 und die Anfänge der Wiener Gruppe sind synchron.* Wer im Frühsommer dieses Jahres 1955 den in Wien tagenden Internationalen Kongreß des PEN-Clubs erlebt hat, behält die Erinnerung an Kalte-Krieg-Reden, schöne Mozart-Oper im Theater an der Wien, an die Brüskierung der Delgierten aus der DDR, an Torberg und Hans Weigel, an den Klassiker Doderer und an einen englischen Club-Präsidenten, der auf die Frage, welchen Standpunkt er einnehme, mitzuteilen wußte: er sei ein treuer Untertan seiner Königin.

Im Vorwort zu seiner Anthologie »Die Wiener Gruppe« hat Gerhard Rühm jene Stimmung so beschrieben: »In der Presse erschienen hämische Artikel. Schnell wurde deutlich, daß die Mehrheit wohl vieles gegen die nazistische Kriegspolitik, aber im Grunde nichts gegen die ›gesunde‹ Kulturpolitik einzuwenden gehabt hatte.« Nazistische Grund- und Restbestände, unvergeßlich demonstriert durch *Helmut Qualtinger* in seinem »Herr Karl«, aber nicht weniger durch die Gestalten des Romans »Die Blendung« von *Elias Canetti*, verbanden sich ohne sonderliche Mühe den Ideologien des damaligen amerikanischen Antikommunismus im Zeichen Joseph McCarthys und seines Mitarbeiters Robert Kennedy.

In seinem Bericht über die »Wiener Gruppe« (Kindlers Literaturgeschichte der Gegenwart. Die Zeitgenössische Literatur Österreichs, Zürich/München 1976) zitiert *Paul Kruntorad* die hämischen und dümmlichen Exzesse eines bürgerlich-anspruchsvollen Feuilletonismus. Man kannte das: aus den Zwanziger Jahren. Man kannte auch die Folgen.

»Adolf – nicht genannt soll er werden – ist an allem schuld, weil er die Pubertät in falsche Bahnen gelenkt hat. Was sich nicht ausgelebt hat, wird heute aufgeklebt und ausgelassen unbekümmert. Gerhard Rühm – kein Prophet im eigenen Land – ein Geschickter, kein Gesandter (Bismarck) – Musiker – hat als Schrift-Steller die Bense'schen Strick-Muster um ein eklektisches vorausgeahnt, präsentiert sich in einem Glanz-Wichs-Schwarzen Schutzumschlag eigener Ausprägung als Typo-Graf der Wiener Werkel-Stätte ...«

Sehr lustig. Die Zusammenstellung von Glanz, Wichs und Schwarz zielte auf Angeberei, Pubertät und die schwarze Tinte der rasch berühmt gewordenen Artmann-Gedichte im ordinärsten Wiener Dialekt.

Alles andere an den Presse-Infamien war Unsinn. Dieser Hinweis jedoch traf: daß hier eine Nachfolge der Schwarzen europäischen Romantik *und zugleich einer plebejischen Tradition* der Literatur angestrebt wurde. Folgerichtiger übrigens, als bei André Breton und den Surrealisten der Zwanziger Jahre.

Konrad Bayer, wohl der eigentliche Poet der Wiener Gruppe, hat später seine Leseliste und seine Leuchttürme der Weltliteratur benannt. Weitgehend identisch mit den Traditionslisten Breton. Vermehrt jedoch durch die Überlieferung des Wiener Volkstheaters mit seinen, gerade auch bei Nestroy, evidenten Deutlichkeiten einer Sprache der Brutalität, der Geilheit, der Aufsässigkeit. Das meinte etwas anderes als den Raimund oder Nestroy am Wiener Burgtheater.

Wer das Manuskript von Bayers Prosadichtung, das unter dem Titel »der kopf des vitus bering, ein porträt in prosa« (1965) als gedrucktes Buch erschien, kennenlernt, der entdeckt natürlich die Sprachkraft und Bilderfülle, begreift auch die Verbindung zu den Bewußtseinsströmen bei Proust wie bei Joyce.

Dennoch fehlt die magische Kraft, die von dem lebendigen Konrad Bayer ausging. War er eigentlich schön? Den Dokumenten nach: wohl kaum. Trotzdem war Konrad Bayer, vermutlich ohne es gewollt oder gar postuliert zu haben, *in sich selbst ein dichterisches Kunstwerk.* Sein Auftreten auf der Herbsttagung der Gruppe 47 im schwäbischen Saulgau (1963) bewirkte eine Verzauberung, die kaum zu erklären war. Gewiß, man spürte Witz, literarisches Können, Bewußtseinsspiele: im Rahmen einer hochbesetzten Literaturtagung, wo Hubert Fichte aus dem »Waisenhaus« vorlas und Peter Weiss zum ersten Mal Fragmente seines »Marat« vorstellte.

Bayer zauberte: durch das Werk und durch das Sein. In Saulgau war auch *Ernst Bloch.* Aufmerksam hörte er zu. Gesprochen in der Diskussion hat er nur einmal: nach Konrad Bayers Lesung. Die hatte ihm sehr gefallen. Hier war der Anschluß vollzogen an den Vorkriegsexpressionismus um 1913, zu Murnauer Bauernmalerei,

Bali-Kunst, zu den Kriegs- und Untergangsvisionen von Georg Heym.

Dennoch wurde Konrad Bayers Begegnung mit der Gruppe 47 ein Unglück für ihn. Daß freilich sein Selbstmord am 10. Oktober 1964, wenige Wochen nach Bayers Rückkehr von einer Tagung der Gruppe 47, durch seinen Mißerfolg im schwedischen Sigtuna verursacht worden sei, dürfte Legende sein. Es gab andere Kausalitäten.

Nach seinem Erfolg in Saulgau war Bayer glücklich. Er hatte einen günstigen Verlagsvertrag für seine Arbeiten erhalten, auch die künftigen. Im November 1963 traf ich in Wien mit ihm von neuem zusammen. Ich sprach in der Universität, vor vielen jungen Leuten, die gehört hatten, es bestehe die Aussicht, mich nach der Aufgabe meiner Leipziger Professur nach Wien zu berufen. Auch Bayer war zur Vorlesung gekommen, er begrüßte mich, wir verabredeten uns für den nächsten Tag. Er kam ins Hotel und nahm mich mit ins nahe Residenzlokal der »Wiener Gruppe« unweit vom Stefansplatz und vom Graben. *Café Hawelka.* Nach vielen Jahren trat ich dort noch einmal ein. Überfüllt, sakralisiert nachträglich durch Bayer und die Wiener Gruppe, die es längst nicht mehr gab. Gleichsam ein Wiener Gegenstück zum Pariser Café de Flore nach dem Auszug von Sartre.

Konrad Bayers Lesung in Sigtuna war ein eklatanter Mißerfolg von durchaus bedenklicher Art. Das Talent war nach wie vor unverkennbar: dies war immer noch der Autor, der uns ein Jahr vorher so gut gefallen hatte. Allein es gab politisches Unbehagen. Die Lebenserfahrung der meisten Teilnehmer hatte Empfindlichkeiten geweckt gegenüber den leisesten Anspielungen auf »braune« Scherze, noch dazu über Jüdisches. In Bayers neuen Texten jedoch gab es unverkennbare Spiele mit wohlbekannten Judennamen, auch wohl, wie uns schien, mit jüdischen Lebensformen. Da hörte der Spaß auf. Ich selbst war nicht bereit, das Spiel, als ein ästhetisches, mitzuspielen, und ich sagte das Bayer auch in der Debatte. Leider gab es das an sich sinnvolle Ritual, daß der Lesende nicht antworten durfte. Diesmal wäre es heilvoll gewesen, wenn Bayer mit einem Wort die möglichen Mißverständnisse ausgeräumt hätte. Das tat er nicht. Aus Stolz? Weil er die Argumente gar nicht verstand? Kurzum: die Mehrheit der Kritiker war erregt und unzufrieden. Es mag auch Enttäuschung mitgespielt haben. Wir hatten uns auf Bayers Lesung gefreut.

Ich sprach nachher kurz mit Bayer, schlug ihm vor, wir sollten uns im Herbst, da wäre ich wieder in Wien, in Ruhe unterhalten. Aber da war er schon tot.

Mißverständnis? Doch wohl mehr und anderes. In der Bundesrepublik Deutschland, als der eigentlichen staatsrechtlichen Heimat der Gruppe 47, wirkten immer noch die Residuen der allzu fröhlichen Restauration der Fünfziger Jahre. Mit Globke und Oberländer, mit Pensionen für hohe Goldfasane des Dritten Reiches. Mit amtlichem Gerede von den Pinschern Hochhuth und Grass. Emigranten, noch dazu jüdische: die meisten Bundesbürger wollten sie zwar tolerieren, doch nicht achten oder gar wählen.

Österreich hingegen, das weit stärker als die Bundesrepublik damals kulturpolitisch den amerikanischen Direktiven folgte, (die Zeitschrift »Forum« von Friedrich Torberg gehörte zu jenen Presseorganen, die Melvin J. Lasky seit 1948 im Namen der »Kongresse für kulturelle Freiheit«, folglich mit amerikanischem Geld, gegründet hatte), erlebte damals ein bisweilen anmaßendes Gehabe heimgekehrter Emigranten, die handfest ideologisierten, wenn sie literarische Aufsässigkeit zu spüren glaubten. »Burschi, gib's auf«, so hatte Torberg einen Dissidenten-Emigranten angefahren, der nicht mitzumachen gedachte. *Er hieß Günther Anders.* Wenn man bei Oswald Wiener in der »verbesserung von mitteleuropa« sehr grobe und persönlich kränkende Bemerkungen liest gegen die damals in Wien einflußreiche Schriftstellerin *Hilde Spiel,* so erklärt sich auch dies aus den österreichischen Querelen.

Vielleicht ist Bayer in Sigtuna eben daran gescheitert. Alles hätte sich rasch klären lassen. Spätere Beziehungen von Mitgliedern der Gruppe 47 zu Rühm oder Wiener haben es bestätigt. Auch die Grazer Gruppe um *Alfred Kolleritsch* in Graz, sein »Forum Stadtpark« und seine Zeitschrift »Manuskripte«, die undenkbar waren ohne die Aktionen der einstigen Wiener, konnten es bezeugen. Wieder einmal, im Falle von Konrad Bayer: tragische Literaturgeschichte.

Mit zwanzig Jahren bejahte mein Vater den Sozialismus
mit dreißig fiel er in Rußland ein.
Als er zurück war, interessierte er sich nur noch für den
Schmied von gegenüber, der eine Ölmühle im Keller hatte.
Heute sagt er beim Abschied, wenn ich ihn besuche:
tu deine Pflicht sie lohnt sich
halt keine Reden
Revolution, Gerechtigkeit, Schwindel das alles,
ich lese Trotzki zur Entspannung
da
sagt er dann und gibt mir fünfzig Mark.

Ein Gedicht, mit dem Titel »Korruption«, das *Guntram Vesper,* Jahrgang 1941, auf der letzten Tagung der Gruppe 47 im Jahre 1967 vorlas. Gasthof und Pension Pulvermühle, 8551 Waischenfeld (Fränkische Schweiz).

Er hatte Erfolg. Den (letzten) Preis der Gruppe jedoch bekam der Kölner *Jürgen Becker.*

Diese Tagung der Austreibung und der Revolte hat Guntram Vesper in einer präzisen Schilderung, der man die Praxis des Hörfunkschreibers und »Featurers« anmerkt, beschrieben. Er wählte die Überschrift »Eingeladen meiner Hinrichtung beizuwohnen: Pulvermühle 1967«. Hier wird mit Pressemetaphern gespielt, wohlbekannt, allzu bekannt, seit die Gruppe notorisch geworden war, mitsamt all ihrem Tun. Den Stuhl oder Sessel des Vorlesenden mochte einer der 47er einmal als »Elektrischen Stuhl« bezeichnet haben, aus Jux. Der Spaß wurde dauerhaft: die Metapher war nicht mehr auszurotten.

Sie reflektierte eine ungute Verzerrung der Tagungsabläufe. Nicht die Autoren schienen nunmehr wichtig zu sein, sondern allein ihre Kritiker. Literatur, neue und ungedruckte Texte als Vorwand für Scharfsinn, Witz, Verstehen oder auch krasses Mißverstehen auf seiten der extemporierenden Kritiker, die selbst im allgemeinen nicht vorzulesen pflegten. Auch hier eine bedenkliche gesellschaftliche Arbeitsteilung.

(»Ich selber excludier' mich nicht«, bekennt der Baron Ochs auf Lerchenau im »Rosenkavalier«.)

Die Herbsttagung 1963 im oberschwäbischen Saulgau präsentierte zum letzten Mal innerhalb des rituellen Tagungsablaufs das notwendige Gleichgewicht zwischen Lesung und kritischer Erörterung des Gelesenen. Die Verdinglichung in Form einer absoluten Priorität des Lesenden und seines Textes konnte es niemals geben in der Gruppe 47. Hans Werner Richter war das Gegenteil eines Stefan George: womit eine literarische Charakterisierung versucht wird, fernab jeglicher Wertung. Die spätere entgegengesetzte Verdinglichung, zu verstehen als Priorität der Kritiker und Debattierer, etablierte sich erst im darauffolgenden Jahr 1964: beim Ausflug der Gruppe nach Schweden. In Saulgau hatte noch ein freundlicher und kollegialer Ton geherrscht, was scharfe Ablehnung im Einzelfalle nicht auschloß. Allein man freute sich über Debütanten wie Konrad Bayer oder Hubert Fichte. Als Peter Weiss seine Lesung aus dem Marat/Sade beendet hatte, die er bisweilen als geschulter Trommler unterbrach oder begleitete – die Trommel hatte er kurz vor der Lesung vor sich aufgebaut –, da war man natürlich beeindruckt durch die Originalität, Sprach- und Gedankenkraft des Textes, doch wurden auch kritische Einwände gemacht. Günter Grass vermißte die theatralische Kontur der Gestalten. Wobei ihm natürlich eine völlig andere Dramaturgie vorschwebte und wobei er überdies vergessen hatte, daß Peter Weiss in der Irrenanstalt zur Zeit des Kaisers Napoleon keinen »wirklichen« Jean-Paul Marat auf die Bühne holen konnte: handelte doch das Stück von dessen Ermordung im Jahre 1793.

Die Saulgauer Tagung blieb uns allen in guter Erinnerung. Ein letzter Höhepunkt in der Geschichte einer literarischen Gemeinschaft, die Freundlichkeit und sogar Freundschaft nicht ausgeschlossen hatte. Als es dann zu Ende war mit der Gruppe nach der fränkischen Tagung von 1967, fanden alle es selbstverständlich, daß Richter zehn Jahre später diejenigen seiner Freunde, die man mit einem Polizeiausdruck als »Harter Kern« bezeichnen könnte, wieder zu den freundlichen Wirten in Saulgau reisen ließ. Auch Hans Werner Richters runde Geburtstage in den Jahren 1978 und 1983 wurden dort gefeiert.

Im schwedischen Sigtuna jedoch und in Stockholm, wo die

Tagung zu Ende ging, herrschte *bereits ein Primat der Kritiker.* Die schwedischen Gäste bestaunten deren Fähigkeit und in langen Gruppenjahren erworbene Routine, sogleich nach dem Ende der Lesung mit Argumenten aufzuwarten: lobend oder mäkelnd oder mit Hilfe amüsanter Verrisse. Es herrschte Entfremdung. Auch wichtige Texte, die vorgetragen wurden, dienten plötzlich als Vorwand für essayistische Brillanz. Was die Anerkennung durchaus nicht ausschloß für das Debüt von Jürgen Becker, für Reinhard Lettau, für die sieben schönen Gedichte von Johannes Bobrowski aus Ost-Berlin, der erst in Stockholm dabeisein konnte.

Für die offizielle Bundesrepublik, also für Bonn, war die Gruppe 47 immer noch in diesem Jahr 1964 ein fragwürdiger, nicht ernst zu nehmender Verein. In jener Zeit fiel auch das Wort Ludwig Erhards über die Pinscher, die sich offenbar unten an einem Denkmal zu schaffen machten. Er meinte Günter Grass und Rolf Hochhuth. Wer aber stand damals auf dem Denkmalsockel?

Folglich war die Deutsche Botschaft in Stockholm offenbar entschlossen, die gut österreichische Formel »gar net ignorieren« zu befolgen. Das erwies sich als mißlich, denn als die Gruppe, nach einer schönen Schiffsreise von Sigtuna nach Stockholm, in der schwedischen Hauptstadt eintraf, wurde sie zu einem Empfang des Außenministers gebeten und dann zu einem festlichen Abendessen der Stadt Stockholm im Rathaus. Inzwischen hatte die Botschaft geschaltet und lud ihrerseits zu irgend etwas ein. Es war aber schon Abreisezeit, und die meisten sind nicht hingegangen.

Im Jahre 1965 tagte man in West-Berlin. Das wurde, dem Standort entsprechend, eine nützliche und literarisch ergiebige Tagung. Die kleinen Erzählungen des Schweizers *Peter Bichsel,* der auch schon in Schweden debütiert hatte, fanden viel Zustimmung und bekamen den Preis der Gruppe zugesprochen. Auch in West-Berlin, wie bereits in Saulgau zwei Jahre vorher, waren Schriftsteller aus der DDR gekommen, die auch vorlasen und kollegial (und im ganzen wohlwollend) rezensiert wurden.

Über die vorletzte Tagung auf Einladung der Universität *Princeton, New Jersey,* im Jahre 1966 ist viel geschrieben worden. Das war nun wirklich der Anfang vom Ende. Es mußte schiefgehen, und es ging schief. Es gab keine gemeinsame Terminologie zwischen den literarischen Strukturen der Amerikaner und der deutschsprachigen Europäer. Eine öffentliche Debatte über »commitment« oder »engagement« oder Parteilichkeit endete, wenn man sich die groteske Architektur des Tagungsraumes zum Leitbild nahm, als windschiefes Gespräch im Klubraum des Turms von Babylon. Dabei gab es Referenten wie Günter Grass und Peter Weiss und Hans Magnus Enzensberger. Auch *Susan Sontag* hielt ein Referat und der interessante amerikanische Literaturwissenschaftler *Leslie A. Fiedler* aus Buffalo.

Die Tagung scheiterte an zwei emotionalen Regungen: an der Angst und der übergroßen Gefälligkeit. Deutsche Gastprofessoren an amerikanischen Universitäten waren nicht nur, mit Recht, eingeladen worden; sie wollten unbedingt auch bei dieser Gelegenheit ihr Selbstgedichtetes vortragen. Richter war freundlich und gefällig. Er ließ sie lesen. Es war sehr schlimm. Die Musiker kennen den schnöden, oft zutreffenden Ausdruck »Kapellmeistermusik«. Es gibt aber auch eine spezifische Germanistenliteratur.

Verhängnisvoller war die Angst prominenter deutscher Schriftsteller, bei dieser sensationell aufgezogenen Literaten-Konkurrenz ungünstig abzuschneiden und dadurch unbeliebt zu werden bei den eigenen, mit angereisten Verlegern. Ich weiß noch, wie Hans Werner Richter vergeblich versuchte, sehr namhafte deutsche Autoren, die vorgehabt hatten, auch hier in Princeton vorzulesen, auf den Elektrischen Stuhl zu locken. Sie blieben standhaft. Es stand zu viel auf dem Spiel.

Ach ja, und dann gab es den Zwischenfall mit dem jungen und schüchtern-aufsässigen *Peter Handke*. Darüber ist ausgiebig geschrieben worden. Es muß nicht wiederholt werden. Übrigens hat Handke vermutlich nicht allein aus Lust nach Profilierung seine innere Ängstlichkeit überwunden, indem er still aber hartnäckig seine Publikumsbeschimpfung inszenierte. Er meldete sich zu Wort nach einer Lesung Walter Höllerers. Handkes inquisitorisches Verdikt gegen alle Art der Beschreibungsliteratur verstieß natürlich gegen das ungeschriebene Ritual der Gruppe. Handke hielt sich nicht bei Einzelheiten des Textes von Höllerer auf. Er wurde grundsätzlich. Und überhaupt. Wenn man heute darüber nachdenkt, so wird man zugeben müssen, daß sich bei dieser Gelegenheit *ein Antagonismus von zwei literarischen Traditionen* offenbarte. Hier die im Grunde nach wie vor kritisch-realistische Erzählweise der meisten Mitglieder der Gruppe, dort die surreal-provokatorischen Tendenzen der Wiener Gruppe. Das konnte nicht gutgehen.

Ein Jahr später, in der fränkischen Pulvermühle, wurde die Gruppe sodann nicht mit einem Happening innerhalb der Tagung selbst, sondern durch das Eindringen sogenannter »Außenwelt« konfrontiert. Irgendwelche Leute, denen das zupaß kam, hatten es organisiert. Erlanger Studenten offenbar. Eines ihrer Transparente gegen die angeblichen »Saubermänner« um Hans Werner Richter verkündete: »Lieber tot als Höllerer!« Ein kühnes Wort, sehr markig. Hans Magnus Enzensberger hätte abermals vom »Gratismut« sprechen können. Die Tagung ist dann wohl leidlich zu Ende gegangen. Gedichte von Guntram Vesper, einem Debütanten, wurden günstig aufgenommen. Den Preis, den letzten Preis der Gruppe, erhielt Jürgen Becker aus Köln, der auch Gedichte vorgelesen hatte.

Zehn Jahre später, abermals in Saulgau, fanden sich Richters Getreue zu einer heiteren, gar nicht von Nostalgie und Melancholie beeinträchtigten Freundschaftstagung zusammen. Man las vor, hatte keine Medien eingeladen und ließ nur solche Verleger mit in den Saal, die selbst Literaten waren und seit langem dazugehörten. Ganz ohne Preisverleihung und ganz ohne hybrides Kritikergehabe. Ein Jahr später war in Saulgau Geburtstagsfeier für den siebzigjährigen Chef der Gruppe. Es lasen dann auch noch ein paar Autoren für die Freunde etwas vor, um ein Urteil zu erhalten. Man war wieder zu den Gebräuchen der Anfänge zurückgekehrt.

Vor allem aber lauschte man, jenseits allen Wettbewerbs, einer ausführlichen Lesung von *Günter Grass*. Der hatte eine Erzählung geschrieben. Sie umfaßte 182 Seiten in der Erstausgabe von 1979. »Das Treffen in Teltge«. Der Ort Teltge liegt im Westfälischen, zwischen Münster und Osnabrück. Dort pflegten zur Zeit der westfälischen Friedensverhandlungen um 1647 die Delegationen der kriegführenden Parteien zu übernachten. Weil Katholiken und Protestanten nicht am selben Ort miteinander zu tagen gedachten. Der Westfälische Friede wurde dann bekanntlich 1648 sowohl in Münster wie in Osnabrück unterzeichnet.

Günter Grass hatte in seinen spekulativen Phantasien, nicht minder aus einer fast ebenso grenzenlosen Bildungssüchtigkeit, für sich ein Denkspiel, doch in epischer Gattung, verfaßt. Was wäre, wenn ...? Wenn die berühmten und bekannten Autoren deutscher Literatur im 17. Jahrhundert in ähnlicher Weise zusammengekommen wären und beraten hätten wie die Leute des Jahres 1947 ... Natürlich hatte Grass seine Freunde und Nicht-Freunde als Erzähler ins 17. Jahrhundert zurückversetzt. Hans Werner Richter als Simon Dach aus Memel. Günter Grass als der junge Stoffel Gelnhausen, also als Grimmelshausen. Es gab auch eine Landstörzerin Courage. Es gab Andreas Gryphius und den Musiker Heinrich Schütz, die Günter Grass in Teltge zusammenführte, um sich und seine Leser zu fragen, warum damals, mit Gryphius und Schütz, keine deutsche Oper entstehen konnte. Freilich, Claudio Monteverdi hat nicht an dem – erfundenen – Treffen in Teltge teilgenommen.

Elf Jahre nach dem Ende der Gruppe 47 ließ der Erzähler Grass seinen Simon Dach, gleichsam als Präexistenz eines Hans Werner Richter, folgende Erwägung anstellen: »Ob man das Ganze zu günstiger Zeit wiederholen solle, wisse er nicht oder noch nicht, sosehr man ihn dränge, einen Ort und Tag künftiger Anreise zu nennen. Mancherlei Anfechtung sei ihnen widerfahren. Er wolle die Ärgernisse nicht zählen. Doch gelohnt habe sich der Aufwand am Ende wohl doch. Fortan könne sich jeder weniger vereinzelt begreifen.«

Die Erzählung arbeitet mit der Kunstfigur eines Erzählers, der sich zu erkennen gibt und seinen Bericht vorlegt. Der Bericht schloß so: »Keiner ging uns verloren. Alle kamen wir an. Doch hat uns in jenem Jahrhundert nie wieder jemand in Teltge oder an anderem Ort versammelt. Ich weiß, wie sehr uns weitere Treffen gefehlt haben. Ich weiß, wer ich damals gewesen bin. Ich weiß noch mehr. Nur wer den Brückenkopf hat in Flammen aufgehen lassen, weiß ich nicht, weiß ich nicht ...«

Im Nachlaß von *Ingeborg Bachmann* fand sich ein Textfragment: offensichtlich der Entwurf eines Berichts über ihren ersten Besuch bei der Gruppe 47 im Jahre 1953. Sie las damals Gedichte und erhielt den Preis der Gruppe zugesprochen. Vermutlich hat sie nach der Rückkehr angefangen, den Bericht zu schreiben, der dann abgebrochen wurde. Er macht erkennen, was damals die Gruppe in ihren Anfängen zusammenhielt und so mächtig werden ließ im Zeitvergang. Es war gemeinsamer Widerstand gegen die Fröhliche Restauration der Fünfziger Jahre. Und es war Freundschaft.

Ingeborg Bachmann schrieb: »In Hamburg ging das Treffen weiter, man spielte Bänder vor, eine Funkoper ›Der Landarzt‹, es gab also Funkopern. Ein Feature, es gab also Features, ein Hörspiel ›Traum‹, es gab also solche Hörspiele, und dies ›Das gibt es also‹ ist auch nicht mehr nachzuvollziehen in der Erinnerung, wie die Neuigkeiten, Freundschaft, eine Wolke von Freundschaft, Lachen, Ernst, jetzt schon verklärt, längst modifiziert, längst verschoben.«

Die unerwünschte Literatur

Vorwort

Von der umerzogenen zur unerwünschten Literatur. Die eine Formel ist unernst gemeint, die andere durchaus ernst. Eine umerzogene Literatur ist keine. Wer gedenkt hier den Erzieher zu machen und nach welchem Lehrplan? Die »reeducation« im Programm der amerikanischen Deutschlandpolitik war entweder von naiver Unkenntnis inspiriert oder ihrerseits nicht besonders ernst gemeint. Vermutlich das letztere. Literatur läßt sich nicht belehren. Wo die Schreiber trotzdem auf ein programmatisches Lehr- und Fernziel freiwillig eingehen, muß gelogen werden. Dafür gibt es genügend Beispiele in der Geschichte aller Literaturen. Oder es entsteht der Zwiespalt zwischen Staatsgebot und eigenem Ausdruckszwang der Autoren. Dann bedient sich der Schriftsteller immer wieder einer Sklavensprache. Texte in der Sklavensprache aber sind das Gegenteil einer umerzogenen Literatur.

Ernst gemeint mit der Umerziehung hat es im Grunde niemand auf deutscher Seite in jenen Jahren, die als »fröhliche Restauration« gekennzeichnet wurden. Konrad Adenauer, das wurde bereits in dem Bericht über die »Umerzogene Literatur« angemerkt, machte sich überhaupt keine Gedanken darüber, was deutsche Schriftsteller schreiben würden, während dieser Bundeskanzler vom Jahrgang 1876 im Palais Schaumburg mit der Richtlinienkompetenz regierte. Literaten waren machtlos. Folglich ...

Natürlich gab es die christlich entflammten Schwärmgeister. Gegen Ende der Fünfziger Jahre machte ein Abgeordneter von sich reden, als er in den Kampf zog für eine »saubere Leinwand«, was immer er sich darunter vorstellen mochte. Es gab bloß Gelächter und sonst gar nichts. Auch der »flammende Christ« Alois Hundhammer vermochte nichts auszurichten. Ein paar Sittlichkeitsprozesse, die ein paar Menschen ins Unglück stürzten.

Der politische »Schmutz« der Literaten konnte von amtlicher Seite nicht gesäubert oder verhindert werden. Als *Wolfgang Koeppen,* nach dem Erfolg seines ersten Nachkriegsromans »Tauben im Gras« (1951), zwei Jahre später den Roman »Das Treibhaus« publizierte, der in der feucht-schwülen Luft der Bundeshauptstadt Bonn spielte, schrieb damals ein mächtiger Kritiker des wohlgesinnten Regierungslagers voller Entrüstung: Nun sei man gerade dabei, wieder ein bißchen neue Staatsgesinnung zu kultivieren, und schon trete einer auf, genannt Wolfgang Koeppen, um alles erneut zu zertreten. Also doch keine umerzogene Literatur.

Was immer die *Gruppe 47* gewesen sein mochte, und sie war sehr vielgestaltig und besaß vielerlei Tendenzen: gelehrig ist sie nicht gewesen. Eben dadurch vermochte sie mitzuhelfen, daß schließlich – freilich erst nach Jahrzehnten – jene Werke entstehen konnten, von denen diesmal und hier geredet wird. Von einer unerwünschten Literatur, die zwischen 1968 und 1985 entstand.

Einige der wichtigsten Autoren, deren Texte hier erörtert werden, haben mehr oder weniger enge Beziehungen unterhalten zu Hans Werner Richter und den Seinen. Uwe Johnson und Günter Grass, Peter Weiss oder Hans Magnus Enzensberger. Hubert Fichte war 1963 als Lesender dabei im schwäbischen Saulgau, dann 1964 bei der Tagung in Schweden. Der zweite Band seiner »Geschichte der Empfindlichkeit«, dessen Erzählzeit ins Jahr 1963 fällt, berichtet vom Entschluß des Schriftstellers Jäcki, ein Mitglied der Gruppe 47 zu werden und zu bleiben. Freilich kam es anders.

Unerwünschte Literatur: das ist die Literatur deutscher Sprache, sieht man von den Schweizern ab, wohl immer gewesen seit der Katastrophe des Dreißigjährigen Krieges. Glaubensspaltung und Kleinfürsterei, eng miteinander verfilzt wie in der berühmten Formel von »Thron und Altar«, haben mit Erfolg dafür gesorgt, daß ungebärdige und noch dazu begabte Schriftsteller von aller Machtausübung ferngehalten wurden. »Unglückliches Bewußtsein«, wie Hegel das genannt hat. Es gibt kein deutsches Gegenstück zu den Staatsmännern Francis Bacon oder John Milton, zu Chateaubriand oder Lamartine oder Paul Claudel. Voltaire war eine Macht, die er, immer wieder unter Lebensgefahr, der Staatsmacht entgegensetzen konnte. Sein Zeitgenosse Lessing hatte, nach einer barschen Anordnung des Braunschweiger Herzogs, seine Polemik mit dem lutherischen Hauptpastor Goeze in

Hamburg einzustellen. So ist freilich »Nathan der Weise« entstanden.

Hohngelächter in den Zwanziger Jahren, als wieder einmal ein Reichspräsident zu wählen war: mit dem bekannten Ergebnis. Damals war schüchtern von irgendwelchen Leuten, die nichts von Macht verstanden und auch nichts vom Geschäft, der Vorschlag gemacht worden: eine *Kandidatur Heinrich Manns* vorzubereiten. So ein Unsinn …

Unerwünschte Literatur immer wieder. Sogar bei durchaus wechselnden Konstellationen. Es gehört zu den sonderbaren Widersprüchen der 68er, daß sie bei ihrer Revolte, die durchaus ernsthaft einen Machtwechsel in der Bundesrepublik anstrebte, auch in der Tat für einige Zeit mancherlei verändern konnte, gleichzeitig ihre Verachtung postulierten für jede unabhängige, eigenwillige, selbstgewisse Literatur.

Politische Regierungswechsel haben keine literarischen Folgen gehabt. Solche »Begleitumstände«, mit Uwe Johnson zu reden, mögen schnellebige Tagesveröffentlichungen bewirkt haben; den auf lange Sicht hin von ihren Schreibern geplanten Erzählwerken konnten sie nichts anhaben. Was nicht mit ihrer Allgemeinverbindlichkeit verwechselt werden darf. Natürlich haben sich die Wandlungen im geistigen Klima zwischen Saubermännern und exaltierter »Permessivität« im Schaffen bewußter Zeitgenossen und Schriftsteller ausgewirkt. Der Schluß der »Jahrestage« von Uwe Johnson ist dadurch ebenso verändert worden wie der Schluß der Trilogie »Die Ästhetik des Widerstands« von Peter Weiss. Der Weg Arno Schmidts von den Erzählungen des Buches »Leviathan« bis zur späten »Schule der Atheisten« ist gesättigt mit Zeiterfahrung: aus Spott, Verachtung, auch noch ein bißchen Hoffnung.

Der Bericht über die unerwünschte Literatur deutscher Schriftsteller und Bücher zwischen 1968 und 1985 beschränkt sich abermals, wie der Bericht über die umerzogene Literatur zwischen 1945 und 1967, vor allem auf Erzählwerke. Deutsche Gedichte nach zwei Weltkriegen haben ihre eigene Historie. Sie war mit den Mitteln der vorliegenden Interpretation nicht darzustellen. Ein Bericht über deutsche Dramatik und Dramaturgie wird in einem Anhang abgedruckt.

Natürlich wäre es denkbar gewesen, als Gegenstück zu dem Kapitel »Konstellationen einer Literatur der DDR« im ersten Teil, die spezifischen Züge »unerwünschter Literatur« in der DDR seit Errichtung der Mauer im Jahre 1961 gesondert darzustellen. Es zeigte sich jedoch bereits seit der Mitte der Sechziger Jahre, daß alles Hantieren mit einem Dualismus der deutschen Literatur, analog zur Zwei-Staaten-Theorie, den wirklichen Vorgängen nicht gerecht wird. Alle Konvergenzverbote haben nicht verhindert, daß die Bücher der Autoren von »drüben«, wenn sie nicht brave und umerzogene Literatur zu sein gedachten, zur Gesamtheit deutscher Literatur in unserer Gegenwart gehören. Christa Wolf und Wolf Biermann oder Stephan Hermlin, wo immer sie als Autoren ihren Wohnsitz haben mögen, gehören ebenso dazu wie Wolfgang Hildesheimer in Poschiavo oder Thomas Bernhard im gehaßten Salzburger Land.

Heinrich Böll starb am 16. Juli 1985. Auch für ihn hätte eine Formel gelten können, die man im 19. Jahrhundert so häufig bei gutwilligen Literaturhistorikern findet, wenn sie über Autoren ihres Jahrhunderts schrieben: »In seinen späten Jahren hatte er unter Anfeindungen zu leiden.« Immer wieder das unglückliche Bewußtsein. Heinrich Böll besaß wenig Begabung für Bitterkeit. Die Satire diente ihm höchstens als Element des Humors, nicht als Ausdruck von Menschenverachtung. Er war kein Jonathan Swift, auch kein Samuel Beckett.

»An ihm ist viel gesündigt worden.« Das ist ein Satz aus dem »Witiko« von Adalbert Stifter. Ein Nachruf, gesprochen von einem Bischof.

Nach dem Tode Heinrich Bölls einigten sich viele Feuilletonisten der Wegwerfgesellschaft rasch darauf, die Zeit des bedeutsamen Schriftstellers Heinrich Böll sei ohnehin vorbei gewesen. Daß Heinrich Böll in Stockholm den Nobelpreis für Literatur mit gutem Grund erhalten hatte, wurde im mittleren deutschen Feuilleton ein bißchen mokant und nachträglich angezweifelt. »Eine moralische Instanz, aber kein bedeutender Schriftsteller.« Welch ein Irrtum. Jeder Text von Heinrich Böll ist gekennzeichnet durch jene Besonderheit, die Goethe als »Stil« gedeutet hat. Ein

Text von Böll ist sogleich kenntlich für einen professionellen Leser. Die Essays und Kritiken dieses Autors gehören zum Besten, was an reflektierender Prosa in unserem Jahrhundert verfaßt wurde: von Bölls Kritik an den Memoiren Konrad Adenauers bis zu seinem späten Hinweis auf den im Zuchthaus des Dritten Reiches geschriebenen absurden Roman »PLN« von Werner Krauss.

Wahrscheinlich war auch Heinrich Böll eher ein Erzähler der kleinen Form, der Novellen, Short stories oder Grotesken als der umfangreichen und vielschichtig aufgebauten Romane. Darin nicht unähnlich der Anna Seghers, Siegfried Lenz oder vermutlich auch Arno Schmidt. Was nicht unbedingt gegen die Autoren sprechen muß, sondern die Fragwürdigkeit herkömmlichen Romanschreibens offenbart.

Eines seiner wichtigsten Bücher hat Böll noch vollenden können, die »Frauen vor Flußlandschaft«. Mit einem sonderbaren und genau formulierenden Untertitel: »Ein Roman in Dialogen und Selbstgesprächen« (1985). Man hat es prompt mißverstanden, hielt diese literarische Mischform, die gar nicht besonders neu oder ungewöhnlich war, hier aber angesichts des konkreten Stoffes notwendig geworden war, für ein verlegenes Hantieren mit den Gattungen. Heinrich Böll wußte schon, warum er diesem letzten Werk das Goethe-Gedicht »Wanderers Gemütsruhe« aus dem west-östlichen Divan voranstellte. Man kennt das Gedicht, das so beginnt:

Übers Niederträchtige
Niemand sich beklagte;
Denn es ist das Mächtige,
Was man dir auch sage.

Er wußte genau, der todkranke Heinrich Böll, was und wer damit gemeint sein sollte. In seinen späten Jahren hatte er unter Anfeindungen zu leiden. Hier aber, in einem Bericht über deutsche Literatur nach zwei Weltkriegen, ist das Buch »Frauen vor Flußlandschaft« von Heinrich Böll an den Schluß gestellt worden.

Erstes Kapitel

Die Revolte

Springer und Dutschke

Daß 1968 den großen Einschnitt bedeutet hat in der Geschichte der Bundesrepublik Deutschland, folglich in der deutschen Geschichte, ist unbestritten. Damals sprachen die Gegner der aufsässigen jungen Leute geringschätzig von einer »kleinen radikalen Minderheit«. In der Studentenbewegung aber, um welche es sich zunächst vorwiegend handelte, gab es manchen witzigen Kopf. Die damaligen Losungen haben überdauert. Auch Leute, die sich selbst nicht zu den Achtundsechzigern zählten, wiederholten immer wieder den berühmten Spruch, den Hamburger Studenten erfunden hatten, um den Einzug akademischer Würdenträger zu kommentieren: »Unter den Talaren / Muff aus tausend Jahren!«

Der Kommunarde Fritz Teufel hatte vor Gericht, als Angeklagter, das sprachliche Ritual dadurch verspottet, daß er sich seiner scheinbar ernsthaft bediente. Als man den Angeklagten aufforderte, beim Eintritt des Hohen Gerichts aufzustehen, antwortete er zweideutig-demütig, indem er aufstand: »Wenn es der Wahrheitsfindung dient ...«

Genauso hatten die Berliner Demonstranten polemisch mit der Sprache operiert, als sie – es waren Zehntausende – beim Demonstrationszug gegen den Vietnam-Krieg im Februar 1968 vor der Deutschen Oper in Charlottenburg angekommen waren. Fröhlich skandierten sie den Satz: »WIR SIND EINE KLEINE RADIKALE MINDERHEIT!« In der Deutschen Oper Berlin-Charlottenburg hatte ein halbes Jahr zuvor der Schah von Persien mit dem Berliner Regierenden Bürgermeister Heinrich Albertz gesessen und Mozarts »Zauberflöte« genossen. Draußen gab es Kämpfe zwischen Demonstranten und Polizei, wobei der Nicht-Demonstrant und Student Benno Ohnesorg zu Tode kam.

In dem Buch »Die drei Leben des Rudi Dutschke« von Ulrich

Chaussy wird berichtet, was sich an anderer Stelle von Berlin zutrug, während die Demonstranten den Sprechchor über die KLEINE RADIKALE MINDERHEIT skandierten. Sie gingen vielleicht, mit ihren flotten Sprüchen, einem Blutbad entgegen, das mancher Bürger der Frontstadt Berlin insgeheim für nützlich hielt. Der Polizeisenator Kurt Neubauer jedenfalls in der Senatsmannschaft des Regierenden Bürgermeisters Klaus Schütz (den man als Nachfolger des zurückgetretenen Heinrich Albertz gewählt hatte) ließ deutlich erkennen, indem er sich für Durchhalte-Demonstrationen im Schöneberger Rathaus bedankte, daß er auf die Losung »Durchgreifen« setze.

Viele andere, darunter auch wichtige Vertreter der KLEINEN RADIKALEN MINDERHEIT, wollten das mögliche Massaker verhindern. Sie hatten Bischof Kurt Scharf von der Evangelischen Kirche Berlin-Brandenburg um Vermittlung gebeten. Bei der Kirchenleitung im Johannesstift fanden sie sich zusammen: der Theoretiker Bernd Rabehl vom Sozialistischen Deutschen Studentenbund und der zurückgetretene Bürgermeister Albertz, der vier Monate vorher für sich die Folgerung gezogen hatte aus der Schlacht vor der Deutschen Oper. Jetzt schrieb man Februar 1968. Auch Günter Grass war dabei im Johannesstift, auch Knut Nevermann, Sohn des ehemaligen Bürgermeisters der Hansestadt Hamburg. Auch Rudi Dutschke.

Alles kam darauf an, daß der Senat von Berlin das Demonstrationsverbot aufhob. Es war evident, wie Dutschke auf Befragen erklärte, daß die Demonstranten das Verbot mißachten würden. Inzwischen lief ein Antrag sowohl der Evangelischen Studentengemeinde wie des Sozialistischen Deutschen Studentenbundes, der vom Gericht eine Einstweilige Verfügung erbat, das Demonstrationsverbot aufzuheben und die Kundgebung zuzulassen. Das Gericht sprach die Einstweilige Verfügung aus, stellte jedoch die Bedingung, daß die Demonstranten sich nicht der Bannmeile amerikanischer Truppen nähern dürften.

Die Polarisierung dieses Entscheidungsjahres 1968 hatte Scharfmacher der Revolte und Scharfmacher des Durchhaltens hervorgebracht. Hier im Berliner Johannesstift wurde versucht, die Freiheit der Demonstration zu bewahren, doch im Rahmen der bestehenden Gesetze. Auch Rudi Dutschke, so wird berichtet, schloß sich dieser Haltung an. Der Bischof *Kurt Scharf* hat in seinen Erinnerungen mitgeteilt, was Rudi Dutschke damals sagte: »Ich will tun, was in meinen Kräften steht, daß sich die Studenten und die internationalen Gruppen auf die neue Route bei der Demonstration einlassen. Aber Sie müssen bedenken, ich bin der temporäre Führer einer fluktuierenden Gruppe. Ich weiß nicht, ob ich morgen noch das Vertrauen dieser fluktuierenden Massen habe, und ob sie dann das, worauf ich mich eingelassen habe, wirklich einhalten. Ich hoffe, ich werde gehört.« Nach diesen Worten begab sich der Bischof ins Schöneberger Rathaus, um den Vermittlungsvorschlag zu unterbreiten. Auch Günter Grass hatte zugestimmt.

Diese Episode vom Beginn des Jahres 1968 läßt erkennen, obwohl sie fast zufällig anmutet, wie sehr sich die politische Auseinandersetzung innerhalb der Bundesrepublik Deutschland – denn West-Berlin stand damals für viele analoge Konstellationen in der Bundesrepublik – gegenüber der bisherigen westdeutschen Nachkriegsgeschichte von Grund auf verändert hatte.

Für den Zeitraum von der Gründung der Bundesrepublik im Jahre 1949 bis etwa zur Mitte der sechziger Jahre ließ sich die Polarisierung deutscher Wirklichkeit durch zwei Namen einigermaßen zutreffend kennzeichnen: *Adenauer und Böll.* Wie aber wäre es möglich gewesen, in ähnlicher Weise die antagonistischen Positionen nunmehr zu kennzeichnen durch den Namen eines Bundeskanzlers oder auch sonst eines amtierenden Politikers, der Macht ausübt, auf der einen Seite, durch einen Schriftstellernamen auf der anderen? Die Systemstruktur Konrad Adenauers bestand nicht mehr. Sie war unlöslich verbunden mit den Besonderheiten einer Person, des ersten Bundeskanzlers. Das erste Jahrzehnt in der Geschichte der Bundesrepublik Deutschland erwies sich, wenngleich *Adenauer* mit der Mehrheit einer einzigen Stimme, seiner eigenen, zum Bundeskanzler gewählt worden war, nachträglich als gleichsam maßgeschneidert für den Rosenzüchter von Rhöndorf, der sogar aus Gründen der persönlichen Bequemlichkeit dem westdeutschen Volk eine Hauptstadt Bonn bescherte.

Adenauer hörte auf den Rat der Finanzleute Abs und Pferdmenges, doch er war nichts weniger als ein »Exponent der Hochfinanz«. Seine Mitarbeiter wählte er sich aus nach Gesichtspunkten der Nützlichkeit. Freundschaft war in den meisten Fällen nicht erwünscht. Auch das Parteibuch hat eine untergeordnete Rolle gespielt. Eben dadurch wurde der Adenauer-Staat zum »persönlichen Regime«. Da dies System sich bürgerlich - sittenstreng, deklariert christlich und konkurrenzwirtschaftlich gab, mußte auch die Gegenposition als Negation dieser Strukturelemente auftreten.

Insofern war *Heinrich Böll* der ideal besetzte Gegenspieler. Auch er war »sittenstreng« in einem spezifisch kleinbürgerlichen Sinne, dem insgeheim das Laster als Verfallserscheinung einer Oberschicht vor Augen stand. Darin war Heinrich Böll abermals ein später Nachfahre der zornigen jungen Männer (und Frauen) des deutschen Sturm und Drang um das Jahr 1780. Wenn Heinrich Böll sich in seinen späteren Werken einige erotische Freizügigkeit erlaubte, so mißlang das jedesmal in rührender Weise. Er war ein tugendhafter Plebejer; ein Katholik, der die urchristliche Askese wahrhaft ernst nahm. Sein Mißtrauen gegen alle Art der Macht, die er stets als Machtmißbrauch verstand, war grenzenlos. Die sogenannte freie Marktwirtschaft hielt er für unmoralisch, weil sie mit Notwendigkeit die Leute mit den starken Ellenbogen und den geringen seelischen Skrupeln begünstigte.

Als Adenauers Nachfolger, Bundeskanzler *Ludwig Erhard,* abtreten mußte auf Verlangen seiner eigenen Christlich-Demokratischen Partei, wurde deutlich, daß dies System nicht fortzusetzen war. Bestätigt hatte sich freilich auch, daß Adenauer mit Recht von der Parteientscheidung für einen Bundeskanzler Ludwig Erhard abgeraten hatte. Es ist in der Tat, von heute aus gesehen, nicht einzusehen, warum ein Mann, offenbar erfolgreicher Wirtschaftsminister der Bundesrepublik, mit der politischen Richtlinienkompetenz ausgestattet werden konnte, dessen Fähigkeiten einer solchen Aufgabe nicht im mindesten entsprachen. Erhard erwies sich immer wieder, bis zur Hilflosigkeit im Angesicht der hereinbrechenden Wirtschaftskrise, als realitätsfremd. Wer ihn noch aus den dreißiger und vierziger Jahren kannte, also aus seiner entschieden nazifeindlichen Tätigkeit als Wirtschaftsfachmann, hat immer wieder Züge der Weltfremdheit beobachten müssen. Der Politologe *Theodor Eschenburg* erzählt gern, wie er Erhard mitten im Kriege im Eisenbahnzug traf. Benachbarte Abteile im Schlafwagen. Erhard übergab dem ehemaligen Mitarbeiter Gustav Stresemanns ein Manuskript: das solle er mal lesen. Es handelte sich um Entwürfe für eine wirtschaftliche und politische Neugründung Deutschlands nach der erwarteten Niederlage. Das kostete den Kopf, wenn die Blätter gefunden wurden. Entsetzt gab Eschenburg die Blätter zurück und riet Erhard dringend, die Papiere so schnell und so gründlich wie möglich zu vernichten. Erhard schien nicht recht verstanden zu haben, warum das geschehen sollte.

Der »Vater des Wirtschaftswunders« war im Grunde ein Schüler des wirtschaftswissenschaftlichen Neoliberalismus, der von Cambridge aus in den dreißiger Jahren mit scharfsinnigen und eindrucksvollen Büchern hervorgetreten war. Da gab es die Wiener Schule von Hayek und Ludwig von Mises. Mises war schon vor dem »Anschluß« Österreichs (1938) ans Genfer Hochschulinstitut für Internationale Studien berufen worden. Ihm folgte bald darauf der Marburger Professor Wilhelm Röpke, der politisch in Marburg durch spöttische Widerworte gegen das Dritte Reich »untragbar« geworden war.

Hier wurden die theoretischen Fundamente gelegt, die Ludwig Erhard zur Grundlage einer neuen Wirtschaftspolitik der Bonner Regierung machen konnte. Vermutlich gab es damals keine theoretische oder gar praktische Alternative. Nach allen Zwangsdekreten der deutschen Kriegswirtschaft mußte die Wirtschaftsfreiheit, die in der Tat viele große und auch kleine Initiativen möglich machte, im Wortsinne als befreiend empfunden werden. In Kauf nehmen mußte man freilich, daß der neu entstehende *zweite deutsche Staat,* als Folge der westdeutschen Währungsreform und Staatsgründung, seinerseits ein Wirtschafts- und Finanzsystem zu errichten hatte, das mit Notwendigkeit protektionistisch ausfiel. Dem Nebeneinander der beiden Währungen, was auch heißen mußte: dem Riesenprofit zahlloser westdeutscher Umtauschstellen, mußte mit immer neuen Reglementierungen begegnet werden. *Dr. Greta Kuckhoff* als Präsidentin der Notenbank in Ost-Berlin, Witwe des im Dritten Reich hingerichteten Schriftstellers Dr. Adam Kuckhoff, erfahren in amerikanischen Wirtschaftsweisen, hatte einen Kurs einzuschlagen, der die beiden deutschen

Staaten immer stärker voneinander isolierte – was die entscheidenden Wirtschaftskenner der DDR, Heinrich Rau vor allem, auch aus wirtschaftlichen Gründen beklagten.

Die Regierungszeit des Bundeskanzlers Ludwig Erhard bewies dann, daß er zuwenig von den Aufgaben verstand, die anstanden. So wurde er allenthalben abhängig von der Ministerialbürokratie. Er war nicht glücklich in der Auswahl seiner engsten Berater. Erinnert wird immer wieder an Erhards Schmähwort gegen mißliebige Schriftsteller. Er bezeichnete sie als »Pinscher«. Gemeint waren Günter Grass und Rolf Hochhuth. Ein Pinscher macht sich unten an einem Denkmal zu schaffen. Wo aber war das Denkmal, und wer stand darauf? Im Verlauf der Amtszeit des Bundeskanzlers Erhard wurde immer deutlicher, daß sein Ansehen, sehr im Gegensatz zu dem seines Vorgängers Adenauer, in der Öffentlichkeit nicht durch eigene Autorität und Leistung gerechtfertigt werden konnte. Folglich wurde das Ansehen Ludwig Erhards gemacht. Dafür gab es die Medien. Auch das Bundespresseamt mußte nun einspringen. Unter Adenauers Staatssekretär *Felix von Eckardt* hatte das Amt die getroffenen Entscheidungen mitzuteilen und den Sinn der gefaßten Beschlüsse knapp zu erläutern. Es lieferte Informationen, nicht Motivationen. Von einem Absinken zum Instrument der Regierungspropaganda, gar der Kanzlerpropaganda war es noch weit entfernt.

Es war vor allem die regierungstreue Presse des Springer-Konzerns, die »aufbaute«. Da mit Erhards Verlautbarungen und Reden kein Staat zu machen war, mußte das amerikanische System des »menschlichen Sympathiestrebens« erprobt werden. Der beleibte Bundeskanzler mit der unvermeidlichen Zigarre und dem Gebaren eines sorgsamen »Hausvaters« im Sinne des Bürgerlichen Gesetzbuches. Eben dies war Erhard nicht, wie sich zeigen sollte.

Unvergeßlich, auch nach Jahrzehnten noch erbitternd, das Erscheinungsbild des Wahlkämpfers Ludwig Erhard bei den Bundestagswahlen von 1965. Da trat er in Tübingen vor die zornigen Studenten, denen die von ihm nicht bewältigte Wirtschaftskrise schwer zu schaffen machte. Mit dem »V« der zwei gespreizten Finger, als Churchill-Imitator, und der wohlbekannten Zigarre glaubte er durchkommen zu können. Es gelang ihm auch, doch bloß für eine sehr kurze Zeit.

Eine Fortsetzung der Formel »Adenauer und Böll«, mit Hilfe des Namens Erhard anstelle von Adenauer, erschien folglich undenkbar. Auch auf der Gegenseite wäre die opponierende Gestalt nicht, wie damals bei Böll, durch den Namen eines anderen Schriftstellers zu ersetzen gewesen. Erhard hatte den Autor der »Blechtrommel« als Pinscher beleidigt. Ein Tier-Vergleich ist nach juristischer Praxis stets als Beleidigung anzusehen. Allein *Günter Grass* hätte auch seinerseits nicht als Verkörperung des Gegenprinzips gelten können. Es war nicht zu verkennen bei jener Berliner Episode im Johannesstift und im Februar 1968: nicht der gleichfalls anwesende Günter Grass vertrat die wichtige und vor allem auch in ihrer Art mächtige Gegenposition, sondern der nicht als Schriftsteller oder akademischer Lehrer anerkannte *Rudi Dutschke.* Der vorerst nichts anderes mitbrachte als hinreißende Redekunst vor jungen Menschen. Ein Rhetoriker freilich, der auch die Gaben eines scharfsinnigen und gebildeten Sozialwissenschaftlers und Politologen besaß.

Springer und Dutschke. Indem diese Formel gewählt wird, um die Polarisierung von 1968 zu deuten, wird sogleich die Kräfteverschiebung im System der Bundesrepublik benannt. Die einstmals durch Konrad Adenauer personalisierte Macht wird abgelöst durch die entfremdete und verdinglichte Macht eines Medienkonzerns.

Daß die Demonstranten von 1968 in Berlin, aber auch an anderen Orten der Bundesrepublik, den Sturm planten auf die Presseburgen des Springer-Konzerns, war von vornherein ein untauglicher Versuch. Sogar ein untauglicher Versuch mit untauglichen Mitteln, denn selbst eine Besetzung von Gebäuden oder eine Demolierung von Redaktionszimmern hätte die Macht des Mediensystems nicht geschwächt. Für den Chef Axel Cäsar Springer wäre das ein Versicherungsfall gewesen und weiter nichts.

Wenn man hingegen in diesem Presseherrscher den eigentlichen Gegner und Gegenspieler erkannte für alle Bestrebungen, die deutschen Lebensformen zu ändern, überhaupt frische Luft einzulassen, um den Muff des Tausendjährigen Reiches zu vertreiben, so hatte man den richtigen Feind entdeckt. Natürlich wurde bei einem solchen Freund-Feind-Denken die reale Gestalt des einstigen Journalisten und nunmehrigen Medienherrschers Axel Cäsar Springer weit überhöht. Die Dämonisierung schien unvermeidlich. Allein im Falle Springers erwiesen sich Banalität und Dämonie als eng benachbart. Man weiß wenig von dem Mann, dessen Name so geläufig ist, daß die Konturen seines Trägers dahinter verschwinden mußten. Die Photographien und Fernsehaufzeichnungen zeigten bis zuletzt einen unauffällig wirkenden stattlichen Mann, dem man die Antwort zutraute, die er angeblich in der ersten Nachkriegszeit einem englischen Presseoffizier gegeben hatte: Springer bewarb sich um die Lizenz für eine Rundfunkzeitung, die er dann auch erhielt. Da sich ein Großteil solcher Bewerber vor den Administrationen der vier Besatzungsmächte nahezu regelmäßig als verfolgt oder beinahe verfolgt ausgab, wollte der Engländer von Herrn Springer, mit leicht mokantem Unterton, nun wissen, von welcher Art denn Springers Leiden und Passionen gewesen seien. Der Bewerber habe gut gelaunt geantwortet: Verfolgt worden sei er vor allem von Frauen ...

In der Tat, was weiß man von ihm? Seine Reden und Artikel, die von der eigenen Presse jeweils groß aufgemacht wurden als Verlautbarungen des Chefs, sind banal und unoriginell. Flüssig formulierte Sätze eines »Besinnungsaufsatzes« zur Zufriedenheit von Deutschlehrern. Da ist nicht ein Satz, der auffällt und haften bleibt. Kein Gedanke, der befremdet oder nachdenklich macht. Alles ist wohlbekannt, weil bis zum Überdruß von allen Zeitungen und Zeitschriften des Konzerns seit langem geflüstert, vornehm dahergesagt, roh herausgebrüllt. Je nach dem Tonfall der jeweiligen Postille.

Freilich gibt es zwei Besonderheiten, die man auf Vorlieben oder ideologische Animositäten des Konzerngründers zurückführen muß: *die Freundschaft für Israel und den vehementen Antikommunismus.* Da beide Grundtenzenden im Laufe der Zeit in allen Publikationen des Medienreichs deutlich hervortraten, wird man von ihnen auf den Urheber zurückschließen können und müssen. Das ist nicht leicht, denn die Sympathie für den Judenstaat und die Antipathie gegen alles »Östliche« sind nicht unbedingt miteinander vereinbar. Hier ist nichts schlüssig. Gewiß gehörte der Staat Israel seit seiner Gründung im Jahre 1948 zum amerikanischen Weltsystem. Auch der sogenannte »linke« Antisemitismus ist wohlbekannt, gerade weil er »nichts gegen die Juden« zu haben behauptete, sich aber, mit allen Zügen der vertrauten Judenfeindschaft, als Antizionismus deklarierte.

Axel Springer hat von Anfang an sehr eng mit jüdischen Mitarbeitern, vor allem auch mit solchen der amerikanischen Emigration, arbeiten wollen. Seinen Ursprüngen und dem journalistischen Umkreis nach war Axel Springer wohl ein liberaler Mann, dem man nicht böse Führer-Hymnen oder Denunziationen aus der Zeit des Dritten Reiches nachsagen konnte. »Enthüllungen« hat es in dieser Hinsicht nicht gegeben. Mehr noch: die Sympathie für den Staat Israel, vor wie nach den Kriegsereignissen von 1967, war echt. Sie ging weit hinaus über pflichtschuldige Höflichkeiten einer konventionellen Wiedergutmachung. Hier gibt es parallele Symptome bei Konrad Adenauer und Axel C. Springer. Der vertraute Umgang Adenauers (mit Ben Gurion) wurde bei Springer nicht nur unter der Regierungszeit von Golda Meïr, sondern auch, sogar mit steigender Intensität, unter dem Regime des konservativen Likud fortgesetzt.

Springers Mißtrauen gegen alles, was von fern als Sympathie mit »dem Osten« gedeutet werden mochte, nahm im Lauf der Zeit geradezu absurde Züge an. Die Deutsche Demokratische Republik, also die DDR, durfte nur mit spitzen Fingern angefaßt werden. Da war nichts anzuerkennen. Das mußte eingerahmt werden zwischen Gänsefüßchen. Ursprünglich hatte die Springer-Presse geradezu Raubbau getrieben mit solchen Anführungszeichen. Was von drüben kam, mußte als irreal deklariert werden. Jemand war ein »Nationalpreisträger«. Es hatte eine Tagung der »Volkskammer« stattgefunden und so weiter. Geblieben sind dann, allen Evidenzen der praktischen Politik trotzend, die Gänsefüßchen für die »DDR«. Bis Januar 1988.

Trotzdem handelte es sich nicht bloß um Marotten eines mächtigen Chefs. Axel Springers Bild besaß nicht starke Konturen, die einem Porträt etwa von Franz Josef Strauß nicht abzusprechen wären. Strauß leistete sich persönliche Marotten, die politisch auch von seinen eigenen Anhängern nicht gebilligt werden konnten, kam aber meistens damit durch. Springers Marotten hingegen waren fast immer insgeheim zeitgemäß. Sie entsprachen jeweils den konkreten Interessen mächtiger Industrie- und Handelsgruppen, also wichtiger Lieferanten für große Inserate. Damit freilich wurden Divergenzen möglich zwischen der Parteinahme für Israel und der Unversöhnlichkeit gegenüber dem Osten. Mit der Verteufelung der Ostpolitik, dem unablässig wiederholten und dadurch als reale Möglichkeit deklarierten Ruf nach einer Wiedervereinigung der »Städte Berlin« sprachen die Leute Axel Springers den Vertriebenen, den Flüchtlingen aus der DDR, manchen Überlebenden aus dem Ostkrieg des Dritten Reiches aus dem Herzen. Die wiederum waren nach wie vor nicht besonders judenfreundlich. Die Springer-Presse wurde kunstvoll und gründlich verfaßt mit dem Blick auf die Zustimmung der deutschen Stammtische. Dort aber gab es immer noch gröhlendes Gelächter bei den makabren KZ-Witzen. Man hat es erlebt.

Indem dies alles jedoch festgestellt und gedeutet werden kann: der blasse Umriß des Menschen Axel Springer, die Mischung aus Absurdität und richtigem politischem Kalkül in seinen Vorlieben und Abneigungen, die gesellschaftlich-politische Position mit Namen *Springer*, um die im Jahre 1968 erbittert und verlustreich gekämpft wurde - sie wird nicht deutlicher, sondern geradezu rätselhaft.

Ein Vergleich mit Konrad Adenauer macht es deutlich. Dem einstigen Kölner Oberbürgermeister und späteren Bundeskanzler ging es um persönliche Macht. Die verstand er selbst weitgehend als politische Entscheidungskraft. Adenauer verstand viel von Geld, weil er immer wieder in all seinen Funktionen genau hatte rechnen müssen. Einen riesigen eigenen Besitz hat er sich niemals erträumt. Ihm genügte ein behaglicher bürgerlicher Lebenszuschnitt mit den Rosen im Garten.

Axel Springer scheint es, auch auf dem Höhepunkt seines Einflusses und trotz seiner Fähigkeit, Menschen aufzubauen oder zu zerstören, niemals um wirkliche politische Macht gegangen zu sein. Die hätte er, in vielerlei Gestalt, in jedem Augenblick haben können. Sie scheint ihn nicht gereizt zu haben.

Das Springer-Imperium bedeutete Macht in weitaus stärkerem Sinne, als sie durch irgendeine politische Richtlinienkompetenz zu erlangen war. Die Springer-Presse konnte jeden Bundeskanzler zerstören, wenn es darauf ankam. Keine Landes- oder Bundesregierung konnte es wagen, so wie die Demonstranten von 1968, sich demonstrativ anzulegen mit Springers ureigenster Schöpfung: mit BILD.

Es war tief sinnbildlich und folgerichtig, wenn sich *Heinrich Böll* in den letzten Jahren und sogar Jahrzehnten seines Lebens tief verstrickt fand im Kampf mit der Springer-Presse, vor allem mit jenem Blatt, von dem der Leserwitz behauptete, man müsse es vor der Lektüre erst einmal von oben nach unten halten: damit das Blut heraustriefen könne.

Mit dieser billigen Droge gelang dem deutschen Medienkonzern eine Institution, die nur auf den ersten Blick vergleichbar war mit den schreiend-aufdringlichen Boulevardblättern von Manhattan, London oder Rom. BILD war anders. Die Leser des »Figaro«, des »Guardian«, des »Corriere della Sera« oder gar der am Sonntag besonders schwergewichtigen »New York Times« hätten es verschmäht, gleichzeitig die Skandalgazetten zu lesen. Das tat man nicht in solchen Kreisen. Oder nur heimlich, als Laster.

Springer hat erreicht, daß ein bundesdeutscher Typ wohlhabender und gehobener Aufsteiger die Synthese in aller Öffentlichkeit wagen konnte: gleichzeitig BILD und die Frankfurter Allgemeine zu lesen. Morgenlektüre im Großraumwagen I. Klasse der Intercity-Züge. Der »Phänotyp«, wie Gottfried Benn gesagt hätte, des Intercity-Menschen.

Aus eben diesen Gründen konnten die vielen Berliner Demonstranten und Protestierer (in Paris hatte man den Ausdruck »contestation« gefunden) wirklich nichts anderes sein als eine kleine radikale Minderheit. Auch die von *Herbert Marcuse,* der San Diego in Kalifornien verlassen hatte, um in Berlin dabeizusein, gelieferte Theorie war nicht schlüssig. Marcuses Skepsis gegenüber dem theologisierten Marxismus-Leninismus Moskauer Observanz nach dem Sturz von Chruschtschow war berechtigt. Andererseits hatte der Soziologe Marcuse zwar die Wandlungen innerhalb des einstigen Proletariats richtig gedeutet, war aber, wie sich gezeigt hat, zu zwei falschen Schlußfolgerungen gelangt. Einmal übersah er beim Anblick solcher Wandlungen in der sogenannten proletarischen Realität, daß die objektive Situation einer internationalen Klassen-Antinomie nach wie vor bestand. Indem er den europäischen Arbeiterparteien, erst recht den Staaten eines »real existierenden« Sozialismus die Möglichkeit absprach, die Exploitation der Exploitateure zu beenden, verfiel er auf eine Ersatzlösung. Die konnte weder theoretisch noch praktisch genügen. Aufsässige Studenten und Befreiungsbewegungen der Dritten Welt als Surrogat? Dies Konzept hielt keinen realen Analysen stand. Marcuse hat es dann auch, wie bekannt, einige Jahre später ausdrücklich zurückgenommen.

Man hatte in Berlin und im Umkreis von Dutschke zuwenig auf die analogen und doch divergierenden Vorgänge vor allem in Frankreich geachtet. Die *Pariser Studentenbewegung,* das ergab sich bereits aus dem Zentralismus des französischen Staatsaufbaus, war ungleich mächtiger und kampferprobter als die revoltierende Avantgarde der Freien und der Technischen Universität zu Berlin. In Frankreich war es vorübergehend zu einem Bündnis gekommen zwischen dem realen Proletariat der Renault-Fabriken und den Studenten von Nanterre oder den Besetzern des Odéon-Theaters. Daß die Kommunistische Partei Frankreichs nicht mitmachte, sondern das Bündnis scheitern ließ, konnte vorausgesehen werden. Immerhin aber gab es überhaupt eine starke Kommunistische Partei und vor allem starke revoltierende Gewerkschaften.

In Berlin regierten deutsche Sozialdemokraten. Heinrich Albertz hatte als Bürgermeister die Verantwortung übernehmen müssen für den Tod des Studenten Benno Ohnesorg. Er war 1967 zurückgetreten. Sein Nachfolger im Schöneberger Rathaus verfiel auf die unglückliche Demagogie, in seiner Polemik gegen die Studentenbewegung, ganz wie BILD, die trüben Instinkte des Steglitzer Kleinbürgertums aufzustacheln. Die Langhaarigen! Sein Vorgänger Ernst Reuter hatte während der Berliner Blockade großen Erfolg gehabt mit dem Spruch: »Schaut auf diese Stadt!« Sein nunmehriger Nachfolger rief aus, man solle sich diese Leute doch bloß ansehen! Wolf Biermann hat später berichtet, was der Berliner Taxifahrer sagte, als sein Fahrgast verlangte, zum Friedhof gefahren zu werden, wo Rudi Dutschke beerdigt werden sollte:

»Da brauchen Sie nur auf die langhaarigen Affen zu achten!« Nein, die Zustimmung einer Mehrheit war in Berlin nicht zu erwarten.

Dafür sorgten im Jahre 1968 drei gesellschaftlich-politische Konstellationen in West-Berlin und in der Bundesrepublik Deutschland. Wolf Biermann hat nach dem Attentat eines BILD-Lesers auf Rudi Dutschke, das ursächlich geworden ist für Dutschkes frühen Tod an einem Weihnachtsabend, die drei Machtkomplexe benannt. Sein berühmter Song trug die Überschrift »Drei Kugeln auf Rudi Dutschke«. Die erste Strophe lautete so:

Drei Kugeln auf Rudi Dutschke
Ein blutiges Attentat!
Wir haben genau gesehen
Wer da geschossen hat

Ach, Deutschland, deine Mörder
Es ist das alte Lied:
Schon wieder Blut und Tränen
Was gehst du denn mit denen
– du weißt doch, was dir blüht!

Indem Biermann den immer wieder belachten Eifer von BILD parodiert: jeweils bei allen Ereignissen dabeigewesen zu sein (BILD hat mitgeweint, mitgerettet, mitgezittert und so weiter), versucht der Song, die drei Institutionen sichtbar zu machen, die den Attentäter und späteren Selbstmörder, der dreimal auf Dutschke gefeuert hatte, planmäßig inspirierten: Springer-Presse, Regierungsmannschaft im Schöneberger Rathaus, endlich die Bonner Konstellation, die sich damals im Zeichen einer Großen Koalition präsentierte. Wodurch alle Konflikte vorerst glattgebügelt, beschwiegen, vertagt werden mußten. Geführt von einem Bundeskanzler, der zum erstenmal vor der Weltöffentlichkeit zugeben mußte, daß er als Parteimitglied den Treueid blinden Gehorsams auf seinen Führer geleistet hatte.

Auch *Wolf Biermann*, der als Kommunist von Hamburg nach Ost-Berlin gezogen war, wo seine Sympathien für die Westberliner revoltierenden Studenten und für Rudi Dutschke gleichfalls wenig Freude bereiten mußten, hätte in seiner Art damals das Zeug gehabt zum Volkstribun der kleinen radikalen Minderheit. Günter Grass hingegen, der unbestrittene Sprecher deutscher Schriftsteller in der ersten Hälfte der sechziger Jahre, fand sich plötzlich in der zweideutigen Rolle eines politischen Ratgebers, der zwischen alle Fronten geraten war. Im Auditorium Maximum wollte man ihn nicht hören. Proteste gegen den einstigen Protestierer. Der Sozialdemokrat G. G. mußte geradestehen für die Große Koalition, die Leute im Schöneberger Rathaus, für seine eigene - begründete - Skepsis hinsichtlich der Aussichten einer studentisch-proletarischen Ersatzrevolte. Politisch wurde Grass zurückgedrängt; sein späteres Erzählwerk »Örtlich betäubt«, das die Ereignisse von 1968 verarbeiten sollte, mußte notwendigerweise mißlingen. Der spätere Günter Grass hat es gewußt und anerkannt.

Die Erwählung fiel auf Rudi Dutschke. Das ist nachträglich nicht mehr schlüssig zu begründen. Bei Erwählungen gibt es keine Abstimmung zwischen Mehrheit und Minderheit. Dutschke war plötzlich da, und er war von nun an der Volkstribun für viele Menschen, die vielerlei mitbrachten: Talent, Redlichkeit, berechtigten Zorn. Nur eines waren sie nicht, was allein dem Tribunus popularis zur Legitimation hätte dienen können: sie waren nicht Volk. Die Überschrift der Dutschke-Biographie von Ulrich Chaussy spricht von den »Drei Leben des Rudi Dutschke«. Hier fand er sich in seiner zweiten Lebensphase. Das erste Leben im real existierenden Sozialismus der DDR. Ein protestierender Protestant in einem Staat, dem die Einstimmigkeit, mit welchen Mitteln immer erreicht, über alles ging.

Rudi Dutschkes drittes Leben, worin er sich wahrhaft stark und mutig erwies, lief ab nach jenen Schüssen, die tödlich gewesen sind, wenngleich sie erst Jahre später den Tod herbeiführten. Dazwischen lagen, das alles ist bekannt, die mühseligen Operationen und Behandlungen, die Erziehungsversuche an einem arg zerstörten Gehirn; die Haßausbrüche gegen ihn nach wie vor. In England darf er nicht bleiben. Er wird ausgewiesen nach endlosen Pressekampagnen, bei denen wieder der lange Arm von Deutschland her sichtbar wird. Dann darf er im dänischen Aarhus mit seiner Familie leben und ein bißchen weiterarbeiten.

Er hatte kurz vor dem plötzlichen Tode noch Hoffnung gehabt, doch wieder nach Deutschland zurückkehren und dort weiterleben zu können. Zum Jahresende 1979 hatte die Redaktion der »Süddeutschen Zeitung« in München bei Rudi Dutschke angefragt, ob er sich an einer Silvester-Umfrage der Redaktion beteiligen wolle. Zu beantworten war die Frage: »Was erhoffen Sie sich von den achtziger Jahren?« Rudi Dutschkes wohl letzte politische Äußerung lautete so: »1. Mal wieder in dem Lande zu leben, aus dem ich am Ende der 60er Jahre (11.4.68) physisch-politisch davongejagt worden war. Bei den Bremer Bürgerschaftswahlen (1979) fühlte ich mich bereits ziemlich wohl. Ob es nach den Bundestagswahlen sein wird, ist nicht sicher, allerdings beileibe nicht unmöglich. Ich hoffe jedenfalls, in den 80ern zu denjenigen zu gehören, die eine erste Wende der weiterhin zunehmenden Atomisierung und Chemisierung in der Gesellschaft erkämpfen. Friede und Sicherheit in einem sozialen und befreienden Sinne, d. h. Demokratie und Sozialismus, ist weiterhin meine Grundhoffnung. Von den Regierungen in Ost und West erwarte ich keine Befriedung.«

Am Weihnachtsabend 1979 erstickte Rudi Dutschke in der Badewanne. Ein plötzlicher Krampf. Von Hause aus war Dutschke kein Epileptiker gewesen. Die Krämpfe traten erst nach dem Attentat auf.

Dieser Mann fand stets treue Freunde. Sehr verschiedene Menschen haben ihn wirklich geliebt: Ernst Bloch, Rudolf Augstein, Wolf Biermann. Augstein nannte diesen Tod und diese Todesart später eine »Gemeinheit«. Damit ist ein metaphysisches Urteil formuliert: wohl berechtigt, weil Rudi Dutschke stets ein Metaphysiker gewesen ist, auch wenn er sich immer wieder in verbissenem Eifer daranmachte, die genuine eigene Theologie mit einem marxistisch-dialektischen Rationalismus zu amalgamieren.

Acht Jahre nach dem Tode von Rudi Dutschke, im Frühjahr 1987, hielt Wolf Biermann eine Rede im Berliner Renaissance-Theater. Sie gehörte zu einem Zyklus von »Berliner Lektionen«, die einen Beitrag darstellen sollten zur 750-Jahr-Feier der zweigeteilten Stadt an der Spree.

In dieser Rede kommt Biermann einmal noch auf die Welt von 1968 und die Erschütterung zurück, die ihm geblieben ist von der

Begegnung mit diesem Volkstribunen ohne Volk. »Die Dialektik von Absturz und Weiterfliegen kulminiert im Schicksal des einzigen Deutschen, der aus dem Jahr ’68 im Gedächtnis bleiben wird: Rudi Dutschke. Er redete diffus, aber jeder verstand ihn. Genauer: man verstand nicht, was er dachte, daß er denkt, sondern das, was Dutschke wollte, daß es getan wird. Action. Ihm schlug ein Herz im Kopf. Und er war sanft: wie’s im Lied heißt: ein bißchen zu sanft, wie alle echten Radikalen. Es war eine Hatz.«

Dann aber trennt Biermann in seinem Rückblick vom Jahre 1987 überaus scharf die singuläre Gestalt Rudi Dutschkes vom Kreis seiner damals mitstrebenden und mitkämpfenden Freunde:

»Als die drei Schüsse auf dem Ku’damm Rudi vom Fahrrad rissen, waren seine mißgünstigen Genossen grad dabei, ihn zu stürzen. Der Studentenführer Dutschke war seinen Mitstreitern viel zu populär geworden. Dutschke erschien ihnen zu oft in der Glotze, er klaute den allzu klein geratenen Revolutionären die Schau. Er flog zu hoch und hatte kindliche Freude dran. Er sprach auf den großen Meetings. Ihm hörte man zu.«

Diese These mutet freilich eher an wie eine Selbstaussage Wolf Biermanns über sein eigenes Verhältnis zu den nur scheinbar mitstrebenden Genossen in der Hauptstadt der DDR. Natürlich hat sich in beiden Fällen, bei Dutschke wie Biermann, das schlimme Lebensgesetz des Sektierertums wieder einmal bestätigt: daß eine – in der Tat – radikale kleine Minderheit im Verlauf ihres Kampfes und ihrer Niederlagen den ursprünglichen Gegner aus den Augen verliert und nur noch gebannt hinzuschauen vermag auf angebliche Sektierer innerhalb der eigenen Sekte. Auch dieses Prinzip kann politisch, jenseits aller kleinen Minderheiten, auf die Weltpolitik übertragen werden. *I. W. Stalin* im Kreml verlor während des Spanischen Bürgerkriegs mehr und mehr das Interesse an der Bekämpfung Francos und seiner Fünften Kolonne innerhalb der Mauern des belagerten Madrid. Die zu bekämpfenden realen oder angeblichen Trotzkisten erschienen ihm wichtiger.

Was wäre aus Rudi Dutschke geworden, hätte er weiterleben können? Die Mitteilungen aus seiner letzten Lebenszeit lassen vermuten, daß er stärker angezogen wurde von der Alternativen-

Bewegung und den Grünen als von den einstigen Gruppen und Splittergruppen der Marxisten-Leninisten. Das hätte abermals ein Volkstribunat ohne Volk bedeutet und ein neues Sektierertum. Vielleicht hat - Gemeinheit hin oder her - in der Abfolge der drei Leben des Rudi Dutschke doch eine innere, höchst persönliche Logik gewaltet. Goethe sprach in solchen Fällen von Entelechie. Dann wäre er also »zur rechten Zeit« gestorben. Doch das ist abermals eine metaphysische Frage.

Die Freundschaft zwischen dem alten, fast blinden *Ernst Bloch* und dem jungen Rudi Dutschke hat vermutlich bei beiden auf den starken inneren Impulsen eines »Geistes der Utopie« beruht. Traurig war dann freilich, daß Dutschke im August 1977 bei der Trauerfeier für den 92jährigen Denker des Prinzips Hoffnung weniger den Geist des utopischen Denkens sprechen ließ als den Geist eines damaligen Sektierertums. Er konnte es nicht lassen, die Nicht-Trauer über den Mord an dem bei einer mißglückten Geiselnahme getöteten Jürgen Ponto mit der Trauer um Ernst Bloch zu vergleichen. Da hatte der lutherische Christ sein Christentum vergessen. Der Marxist und Hegelianer Dutschke verwechselte in diesem Augenblick den subjektiven mit dem objektiven Geist.

Das Jahr 1968: Hubert Fichte und Christa Wolf

Die Ereignisse des Jahres 1968, das hat sich herausgestellt, waren ein Resultat, kein Neubeginn. Ein Ereignis, das man erwartet hatte und erwarten mußte, keineswegs eine Überraschung. Daß die Revolte nirgendwo die gesellschaftliche Struktur zu ändern vermochte, muß nicht gegen Ernst und Berechtigung des Protests und der gesellschaftlichen Gegenentwürfe sprechen. Manches wäre zu erreichen gewesen (in Frankreich ist für die Arbeiterklasse damals vieles verändert worden), wenn die deutschen Aufrührer, die soviel von der »Basis« zu sprechen liebten, irgendwelche gesellschaftlichen Grundforderungen irgendwelcher Gruppen repräsentiert hätten. Allein sie haben, so melancholisch diese Feststellung sein mag, nicht einmal die eigenen Interessen junger Menschen von bürgerlicher Herkunft, aber unbürgerlichem, sogar gegenbürgerlichem Denken durchsetzen können. Viel haben sie nicht einmal im Bereich der westdeutschen Schulen und Hochschulen bewirkt. Einige Änderungen der Gesetze und Satzungen. Die wurden inzwischen entweder durch neue juristische Setzungen ausdrücklich zurückgenommen, oder sie wurden in der Praxis so ausgelegt, daß man den Geist der Legislation darin nicht wiedererkannte.

Auch die *deutsche Literatur im Jahr 1968* war ein Resultat und keine Überraschung. Daß die Protagonisten der Jugend- und Studentenbewegung ausgeprägte literarische, häufig aber auch antiliterarische Überzeugungen proklamierten, war durch ihre bürgerlich-akademische Herkunft zu erklären: auch durch ihre ersten Erfolge oder Scheinerfolge. Hier erwies es sich abermals, daß man zu wenig erreichte, weil man zu viel forderte. Alles oder Nichts. Das kann eine legitime und moralisch begeisternde Losung sein, wenn die Revolte in einem Unrechtsstaat ausbricht. Kompromisse in Südafrika? Wie wären sie denkbar? Die Bundesrepublik Deutschland war kein Unrechtsstaat, wie berechtigt auch die Vorwürfe der jungen Generation im einzelnen sein mochten: im Rückblick auf die deutsche Vergangenheit und im Aufblick angeblicher Pinscher zum Denkmal des Mannes mit der Zigarre.

Zu den literarischen Maximalforderungen eines Alles oder Nichts hat wohl die These vom *Ende der Literatur* gehört. Sie ist in dieser weithin überlieferten Formulierung, wie noch zu zeigen sein wird, niemals gestellt worden. Es waren literarisch hochgebildete Kombattanten, die damals ihren Überdruß an aller bisherigen Literatur formulierten. Mehr noch vielleicht: es war eine erzliterarische These, die hier verkündet wurde.

Die wichtig gebliebene Literatur vom Jahre 1968 hingegen war ein Ergebnis langer Vorarbeit. Gesellschaftliche Erfahrung, literarische Selbstentdeckung, ungewohnte Thematik. Daß zwei Autoren, ein Mann und eine Frau, in den beiden Büchern, die sie 1968 erscheinen ließen, zugleich zwei deutsche Erfahrungen mit zwei deutschen Staaten mitteilen konnten, läßt erkennen, daß die gesellschaftliche Krise des Jahres 1968 nicht beschränkt blieb auf die »Wohlstandsgesellschaft«, die »affluent society« des Westens.

Hubert Fichte und *Christa Wolf* pflegten langsam und sorgfältig zu arbeiten. Beide nahmen es, unter den divergierenden Verhältnissen der DDR und der Bundesrepublik, immer wieder in Kauf, wenn die Einkünfte klein wurden, bisweilen ausblieben, weil man mit dem groß angelegten Manuskript noch nicht fertig wurde.

In diesem Jahr 1968 aber erschienen: *Hubert Fichte:* »Die Palette. Roman«. Und *Christa Wolf:* »Nachdenken über Christa T.«. Hier fehlt eine Gattungsbezeichnung.

Beide Autoren waren bereits literarisch gut bekannte, angesehene Schriftsteller. Für sein Buch »Das Waisenhaus« (1965) erhielt Hubert Fichte sogleich den angesehenen Hermann-Hesse-Preis. Nach ihren frühen, noch etwas lehrerinnenhaft stilisierten Erzählungen hatte Christa Wolf mit dem Buch »Der geteilte Himmel«, nämlich dem Himmel über den Städten Berlin, gerade auch in der DDR viel Zustimmung erhalten.

Fichtes »Palette« aber und das »Nachdenken« der Christa Wolf bedeuteten zwar, von den Autoren her gesehen und auch für sie selbst, eine neue Qualität. Doch in der literarischen Öffentlichkeit, in den Medien, um es genauer zu sagen, überwogen Skepsis und boshafte Schelte im Fall von Hubert Fichte, bürokratische Verärgerung und parteiamtlich gelenkte, folglich negative »Diskussion« im Fall von Christa Wolf. Hubert Fichte verletzte, und zwar ausgiebig, alle Tabus einer fröhlich restaurierten und auf Sauberkeit erpichten Literatur. Was er zu erzählen unternahm, war widerlich, unschön, obszön, Unterwelt der Gesellschaft und der Seele. Auch Christa Wolf schildert solche Unterwelt der Gesellschaft und der Seele. Fast skandalöser sogar, weil im Rahmen einer offiziellen, real-existierenden sozialistischen Ästhetik und Moral. Eine Erzählung, die scheinbar von der hellen Oberwelt junger Menschen, der Kinder also von Arbeitern und Bauern, zu berichten hat, welche sich jedoch, fünfzehn Jahre nach Gründung einer Deutschen Demokratischen Republik, nicht mehr zurechtfinden zwischen postuliertem Gesellschaftsprogramm und erfahrener Wirklichkeit. Auch hier also die Abgründe der Gesellschaft und der Seele.

Hubert Fichte, geboren am 21. März 1935 in Perleberg in der West-Prignitz, hat die Vorgeschichte seines Weges zur Schriftstellerei und in die Literatur, aus Anlaß eines Lexikon-Artikels, sehr genau beschrieben. Die Zusammenfassung ist wichtig, weil sie, vom Lebensende Fichtes her gesehen, nahezu alles Lebens- und Arbeitsmaterial enthält, mit welchem die späteren Bücher zu arbeiten hatten: »Sein Vater war Jude. Mit der Mutter übersiedelte er kurz nach der Geburt nach Hamburg-Lokstedt zum mütterlichen Großvater, einem Zollinspektor. Mit sechs Jahren gelangt er, der kleine Protestant, im Rahmen einer Kinderlandverschickung nach Schrobenhausen in Oberbayern. Dort bringt er ein Jahr im katholischen Waisenhaus zu. Nach dem Kriege schlägt er sich zunächst als Kinderdarsteller auf Hamburger Bühnen durch. Im Jahre 1945 macht er die Bekanntschaft von Hans Henny Jahnn. Seit 1950 ist er befreundet mit dem Regisseur und Schauspieler Alexander Hunzinger und absolviert ein Schauspielstudium bei Helmut Gmelin. Gleichzeitig besucht er in Hamburg Sprachkurse im Institut Français. Mit 17 Jahren erhält er ein Stipendium der Universität von Poitiers und arbeitet 1953/54 als Landwirtschaftseleve in der Provence. Nach einer schweren Erkrankung kehrt er nach Hamburg zurück und verpflichtet sich abermals als Landwirtschaftseleve nach Holstein. Es folgt 1956/57 ein Landwirtschaftspraktikum in Schweden, das verbunden wird mit einer Tätigkeit als Pädagoge in einem Heim für schwer erziehbare Kinder. Von 1958 bis 1961 befindet sich Fichte abermals als Agrarpraktikant in der Provence.«

Besessen von Literatur ist er von früh auf gewesen. Der Umgang mit dem Theater und mit einem Schauspieler, jenem »Alex«, der auch in allen späteren Büchern Fichtes mit großer Herzlichkeit erinnert wird, natürlich auch der Umgang mit *Hans Henny Jahnn* hat diese latente Sucht gefördert. Fichte begann früh schon, selbst zu schreiben. Seine ersten Erzählungen »Der Aufbruch nach Turku« verarbeiteten Episoden aus den Wander- und Hungerjahren im europäischen Norden und in der Provence. Auch dieser literarische Erstling war sogleich erfolgreich. Fichte bekam für den Erzählungsband ein Julius-Campe-Stipendium.

In diesen ersten Erzählungen ist er noch darauf konzentriert, die Vorgänge im Sinne eines nahezu klassischen Novellentyps darzustellen: als unerhörte Begebenheit. Die Episoden sind stets zu Ende, abgeschlossen, haben keine Nachwirkung, auch nicht für den Erzähler. Er ist Zeuge gewesen; was die Figuren für ihn bedeutet haben mögen, bleibt ausgespart.

Mit dem Roman »Das Waisenhaus« wird eine neue Form erprobt, die Fichte, mit wichtigen Abänderungen freilich, bis in sein späteres Werk hinein beibehält: bis zum Romanzyklus »Die Geschichte der Empfindlichkeit«. Im »Waisenhaus« berichtet »Detlev« von seinen Begebnissen und Erleidnissen als Objekt einer Landverschickung: von Hamburg in die katholische bayerische Provinz. Mitten im Dritten Reich, von Hamburg nach Schrobenhausen. Das Buch beginnt mit der Ankunft und Aufnahme, es endet mit der Abholung durch die Mutter und der Rückkehr ins Hanseatische. Als Hubert Fichte mit dem Hermann-Hesse-Preis ausgezeichnet wurde, hielt *Hans Schwab-Felisch* eine Laudatio, die heute wie eine frühe Prognose auf das spätere schriftstellerische Werk des damals dreißigjährigen Autors anmutet. »Fichte hat den Kosmos des Kindes, hat dessen erwachendes Bewußtsein mit großem literarischen Raffinement lebendig werden lassen. Sparsam in der Diktion, sparsam auch, doch nachdrücklich, in Verwendung und Anwendung der Symbolik. ›Das Waisenhaus‹ ist ein Roman der Verlorenheit einer in jedem Sinne verwaisten, vaterlosen Generation.«

Die Konstellation wird fortan beibehalten. Im »Waisenhaus« werden beide unterschiedlich greifbar: der Erzähler und der kleine Junge. Hubert Fichte hat offensichtlich seit dem Beginn seines Schreibens den Gebrauch der Ersten Person verabscheut. Er hält Abstand zu den Gedanken und Erfahrungen seiner Figur, auch wenn diese nach dem eigenen Bild gedeutet werden mußte. Es häufen sich die Distanzen. Detlev erlebt das Waisenhaus, der Erzähler berichtet, was Detlev erlebt, fühlt, erleidet. Hubert Fichte seinerseits als Verfasser hält gleichzeitig Distanz zu Detlev, zum Erzähler, zu sich selbst.

Seine frühen Erfahrungen hat Fichte offenbar als Detlev erlebt. Später erfindet er sich die Kunstfigur Jäcki. Jäcki beherrscht als Berichterstatter, Interviewer, Analytiker die drei späteren Romanwerke, die fertig wurden: die »Palette«; den »Versuch über die Pubertät«; schließlich den großen, Fragment gebliebenen Zyklus einer »Geschichte der Empfindlichkeit«.

Detlev wird trotzdem noch einmal später, diesmal wieder angesiedelt in Hamburg und wesentlich älter geworden, mit der Aufgabe betraut, Neues zu beobachten und zu berichten: auch von sich selbst. Die Detlev-Gestalt im »Waisenhaus« ist weitaus rabiater und aggressiver, als es der erwachsene und leidenschaftliche Jäcki der späteren Erzählbücher jemals sein wird. Zerstörungs- und Tötungsgedanken sind dem Kind vertraut, das offenbar von allen, denen es begegnet, abgelehnt, gleichsam ausgesetzt wird. Die Mutter hat ihn weggegeben an die katholischen Schwestern und auch an die Ideologie des Dritten Reichs. Zwar ist der wirkliche Großvater Hubert Fichtes, der Hamburger Zollinspektor, auch Mitglied der Partei seines Führers geworden, doch im Umkreis der Familie bewahrt man Abstand zur braunen Ideologie. Die uneheliche Mutter hält es mit Rudolf Steiner und der Vergeistigung: das wird für den Erzähler Fichte fortan ein unerschöpfliches Thema. Wenn Detlev im bayerischen Schrobenhausen von zwei Männern auf die Schiffsschaukel mitgenommen wird, zur Mutprobe, erlebt er den Tötungswunsch: »... bombardieren das Rathaus und die Stadtpfarrkirche und die Liebfrauenkirche und das Waisenhaus und die Mutter und die Schwestern und die Waisenhauszöglinge und den bleichen Pfarrer und den kurzen Pfarrer und den Kriegel und Anna und Alfred und den Joachim-Teufel und Otto. Wie ist das schön, wenn alles kaputt geht. Mutti ist es lieber, wenn ich tot bin.«

Bei Erscheinen seines ersten Romans war Fichte bereits ein Autor, den die Kollegen, Kritiker und Verleger beachteten. Er hatte 1963 bei der Gruppe 47 mit Erfolg vorgelesen. Auch für das nächste Jahr 1964 lud Hans Werner Richter ein: diesmal nach Schweden. Fichte las aus dem damals entstandenen »Waisenhaus«. Er gehörte mittlerweile auch, auf Vorschlag von Richter, zu den für ein literarisches Colloquium nach Berlin eingeladenen jungen Leuten. Was er dort sah und erfuhr, hat der Autor einer »Geschichte der Empfindlichkeit« in einem noch fertiggewordenen Romanstück niedergeschrieben. Durch letztwillige Verfügung hat Fichte jedoch (allein) für dieses Manuskript eine ziemlich lange Sperrfrist angeordnet. Fragen des Persönlichkeitsschutzes, vermutlich. Zu diesem Colloquium gehörten, gut ausgewählt, wie sich zeigen sollte, unter anderen Peter Bichsel und

F. C. Delius, Nicolas Born und Hans Christoph Buch. Autoren wie Peter Weiss, Walter Höllerer und der Chef der Gruppe 47 leiteten Seminare und Diskussionen. Gegen Schluß des zweiten Bandes seiner »Geschichte der Empfindlichkeit« mit der Überschrift »Der kleine Hauptbahnhof oder Lob des Strichs« zieht Jäcki, wohl im Jahre 1963, die folgende Bilanz: »Jäcki kam zurück. Er wollte soziabel sein. Er wollte zur Gruppe 47 gehören. Er wollte aus Irma eine Weltphotographin machen.«

Dies ist immer noch, viel später reflektiert und noch später aufgezeichnet, eine Zusammenfassung jener sozialen oder asozialen Erfahrungen, die Hubert Fichte in seinem Roman »Die Palette« verarbeitet. Ungewöhnlich, sogar im literarischen Sinne unerhört, war vieles, nahezu alles. Ein Erzähler, eher Berichterstatter, Jäcki genannt, der es immer wieder mit den Versen eines berühmten Gedichts von Daumer-Hafis hält, das der Hamburger Johannes Brahms vertont hat.

> Nicht mehr zu dir zu gehen
> Beschloß ich und beschwor ich,
> Und geh doch jeden Abend ...

Thomas Mann hat dies Gedicht eines wenig bekannten, doch bedeutenden Lyrikers als sein Lieblingsgedicht bezeichnet, aber schnöde hinzugesetzt: Brahms hätte es nicht vertonen sollen. Womit offenbar nicht die musikalische Leistung des Tonsetzers gemeint war. Jäcki geht immer wieder in die »Palette«, berichtet getreulich, was sich zuträgt im ersten, im zweiten, dann im verdunkelten dritten Raum, einer sonderbar unterwelthaften Chambre Séparée.

Immer wieder fragt er sich, warum er so »süchtig« ist auf diese Besuche ohne wirkliche Sucht. Gegen den Schluß der Besuche wird mitgeteilt, wie das Lokal »Die Palette« in der hamburgischen ABC-Straße, unweit vom Gänsemarkt – wo Gotthold Ephraim Lessing seine Hoffnungen auf ein Deutsches Nationaltheater begraben mußte, mühsam entschädigt durch ein Denkmal –, aufgehört hatte, buchenswert zu sein. Alles sei langweilig geworden. Am Schluß des Berichts findet man übrigens all diese scheinbar so verkommenen, versoffenen, gewalttätigen, verdreckten jungen Männer und Frauen in durchaus klein- oder großbürgerlichen Verhältnissen. Die meisten waren ohnehin aus dem besseren Bürgertum ausgebrochen. Ausgestiegen ohne Ortskenntnis einer verschwommen konturierten Insel-Utopie, nunmehr verheiratet, mit festem Wohnsitz und nachprüfbarem Erwerb.

Bevor es aber zu Jäckis Bilanz kommt, faßt er zusammen. »Nun hat sich eine seiner Sehnsüchte in die Palette gebohrt. Das Gefühl der Langeweile. Die Sehnsucht. Die Enttäuschung. Die Langeweile. Und es langweilt Jäcki, wieder aufzubrechen, wie er sonst aus den Langenweilen aufbrach. Aus der Oberschule in die Kammerspiele, aus der Theaterspiellangeweile nach St. Etienne-les-Orgues, aus der Schafhüttelangeweile nach Assisi, nach der Abwechslungslangeweile zum Geburtstag nach Lokstedt, dann ins nasse Stroh, nach Svearikets Wäldern, Seen, der Wanderer verbrennt sich den Fuß, Provincia und aus der langen Weile vor einem Aufguß – Nous sommes l'SS – heim ins langweilige Reich, in die Wiederholungen aus erster Hand.«

Daraus folgt: »Auch Aufbrüche werden langweilig. Die Palette als delikate Form der Langenweile unter allen möglichen Zeichen.«

Der Schluß der »Palette« ist ein bißchen mißlungen. Hier hat der sorgfältig arbeitende Erzähler die eigenen epischen Grundsätze plötzlich durchbrochen. Die Geschichte der »Palette« ist zu Ende geschrieben, aber der Autor kann sich offenbar von seinem Stoff nicht trennen. Von seinen Figuren sehr wohl. Plötzlich tritt der wirkliche Hubert Fichte im Roman auf, keineswegs als Kunstfigur. Auch der Rowohlt Verlag und sein damaliger Verleger werden genannt. Aus dem Manuskript des weit gediehenen Buches soll Hubert Fichte öffentlich vorlesen. Im berühmten und berüchtigten Star-Club, wo einstmals die noch unberühmten Beatles debütiert hatten. Das ist ein gefährliches Experiment. Es kann mit einer Katastrophe enden. Fichte berichtet von der Angst, die er spürte, als er vor die Meute der Zuhörer trat. Er war nun einmal wohlbekannt. Nicht als Jäcki, sondern als notorischer Gast der »Palette«, der »Teestuben« und so weiter.

Es wurde ein gewaltiger Erfolg. Die Schallplatte hat ihn festgehalten. Jeder Satz kommt an. Die Leute im Star-Club kennen und verstehen die Sprache: es ist ihre eigene. Sie kennen manche Geschichten aus eigenem Erleben. Alles mag verfremdet sein, ist aber wohlbekannt. Das gefällt.

Das Buch selbst, also »Die Palette«, verfährt umgekehrt. Alles ist für den Erzähler wohlbekannt, alles bleibt fremd, fast undurchdringbar. In all seinen Büchern hat Fichte auf irgendwelche Bewertungen genauso verzichtet wie auf das Ich. Stets bleibt er distanziert, auch zu Jäcki. Warum Jäcki, abgesehen von der Langenweile, in die »Palette« gehen will, immer wieder, wird nicht erläutert. Wozu auch?

Das literarisch Besondere aber dieses Buches aus dem Jahre 1968 liegt darin, daß ein durchaus neuer, ungewohnter Themenkreis nunmehr Einzug hält ins wohlgehütete und auch von den Autoren der Gruppe 47 bisher im wesentlichen respektierte Haus der Schönen Literatur. Natürlich hatte Hubert Fichte bei Marcel Proust gelernt, den er im Roman ausdrücklich zitiert, allerdings mit den sadistischen und tierquälerischen Marotten des Monsieur Marcel. Er kennt auch die frühen Bücher von Jean Genet, dessen Roman »Querelle de Brest«, von Rowohlt herausgegeben, wegen Unsittlichkeit beschlagnahmt und mit einem Strafverfahren überzogen worden war. Die Freigabe erfolgte erst zögernd und viel später. Die »Palette« wurde nicht verfolgt und verboten. So weit war man immerhin im Jahre 1968: vor der Austreibung und der Revolte.

Fichtes zweiter Roman hatte eine gesellschaftliche Ausweitung epischer Stoffe und Möglichkeiten für die deutsche Literatur bedeutet. Die große *räumliche* Ausweitung vollzog Fichte dann später, als er sich den Menschen, Riten und Ahnengeschichten der afro-amerikanischen Religionen zuwandte. Am Schluß dieses kurzen Lebenslaufs, Fichte starb mit kaum 51 Jahren, stand die immense Erweiterung des *zeitlichen* Erzählmaterials. Zurück zu Homer mit seinen Achilleus und Patroklos; zurück auch zu den offenbar gegenwärtig gebliebenen Geschichten des bewunderten Herodot.

Fichte war ein Kind des Großdeutschen Reiches, doch von »unreiner« Abkunft, was er bereits in frühen Jahren zu spüren bekam.

Im Waisenhaus zu Schrobenhausen sagte die gutmütige Schwester: »Detlev hat schöne Ohren!« Die böse Schwester erwiderte: »Detlev hat Judenohren!«

Christa Wolf kam noch in der »Systemzeit« zur Welt, um einen Ausdruck zu gebrauchen, den sie möglicherweise in der Kindheit häufig am Familientisch gehört haben mag. Jahrgang 1929, Tochter eines Kaufmanns, also ein Bürgerkind aus Landsberg an der Warthe. Grenzland zwischen den Deutschen und den Polen, immer wieder umstritten, immer wieder auch von beiden Seiten mit schroff antagonistischen Werten ausgestattet. Die klassische Formulierung eines deutschen und antipolnischen Nationalismus fand sich schon in der Mitte des 19. Jahrhunderts bei *Gustav Freytag* in seinem so unermeßlich erfolgreichen Roman »Soll und Haben«. Der deutsche Held Anton Wohlfart, der eine Zeitlang unter den Polen leben, was für ihn heißt: kämpfen muß, hat folgendes zu vermelden: »Um uns herum ist für den Augenblick alle gesetzliche Ordnung aufgelöst, ich trage Waffen zur Verteidigung meines Lebens, und wie ich hundert andere mitten in einem fremden Stamm. Welches Geschäft auch mich, den einzelnen, hierhergeführt hat, ich stehe jetzt hier als einer von den Eroberern, welche für freie Arbeit und menschliche Kultur einer schwächern Rasse die Herrschaft über diesen Boden abgenommen haben. Wir und die Slawen, es ist ein alter Kampf. Und mit Stolz empfinden wir, auf unserer Seite ist die Bildung, die Arbeitslust, der Kredit.«

Der Autor Gustav Freytag, das mag nicht vergessen werden, war ein liberaler Mann. Er hatte sympathisiert mit der Revolution von 1848/49. Wenn es aber um die Deutschen und die Polen geht, gibt es sogleich die Herrenrasse und die schwächere Rasse, das Recht des Stärkeren und jene sonderbare Dreiheit angeblicher deutscher Überlegenheit: »Bildung, Arbeitslust und Kredit«. Die Erinnerung an diese tief eingewurzelten Machttheorien sogar des deutschen National-Liberalismus, von völkischen Exzessen zu schweigen, ist nötig, um jene Welt zu charakterisieren, worin das Kind Christa Wolf zwischen 1929 und 1945 aufwachsen mußte. Sie hat als Schriftstellerin kein Geheimnis gemacht aus diesem braunen Milieu, in dem sie in Landsberg an der Warthe aufwuchs. Ihr Roman »Kindheitsmuster« von 1976 ist ihr bisher umfangreichstes Erzählwerk geblieben. Mutig zweifellos in der für die damalige DDR-Literatur beispiellosen Entschlossenheit, das Leben in einer Welt von Mitläufern und Gefolgsleuten des Dritten Reiches klar, geschärft durch Kindheitserfahrungen, als breites und allgemeines Kindheitsmuster zu schildern. Das widersprach der offiziellen und schönfärberischen These, wonach die Mehrheit der deutschen »Werktätigen« nur mühsam das faschistische Joch ertragen habe. Man konnte nicht anders, denn die Geheimpolizei war zu stark. Sogar Christa Wolfs Vorbild im Leben wie in der Literatur, die große *Anna Seghers,* hatte sich diesem Klischee immer wieder angepaßt. Die »Kraft der Schwachen«: das war die Formel, um das Unbestreitbare trotzdem abzustreiten: daß sich das deutsche Volk noch mitten in einem mörderischen Krieg in blindem Vertrauen dem Abenteuer und Verbrechen anvertraute. Wo blieb da die »Kraft der Schwachen«, die gesiegt haben soll!

Nichts davon war historisch zu belegen. Christa Wolf hatte als Kind das Gegenteil erfahren, um es nie wieder zu vergessen. Im Jahre 1971 reist sie mit ihrem Mann, dem Schriftsteller Gerhard Wolf, und der Familie zurück in die einstige Heimat, aus der man beim Kriegsende vertrieben wurde. Das »Kindheitsmuster«, entstanden als Reaktion auf jenes schmerzhafte Stelldichein mit sich selbst, mußte vorsichtig stilisiert werden, um nicht abermals offizielle Rüge und Mißbilligung, folglich ein Publikationsverbot, herauszufordern. Es bedeutete jedoch eine neue Etappe im Prozeß der Selbstfindung.

Christa Wolf war sechzehn, als sie nach Mecklenburg gelangte: in einem Erfahrungsablauf, der gewisse Ähnlichkeit aufwies mit den Erfahrungen des späteren Leipziger Mitstudenten *Uwe Johnson.* Daß sie im mecklenburgischen Gammelin beim Bürgermeister im Büro arbeiten kann und dann, als eine Lungenkrankheit ausgeheilt wurde, das Abitur besteht, läßt erkennen, daß sie offensichtlich schon als Kind sich während der Kriegsjahre weit entfernt hatte von der kleinbürgerlichen Herkunft und von aller »Landsberger Ideologie«. Mit zwanzig Jahren (1949) wird sie Mitglied der Sozialistischen Einheitspartei. Christa Wolf ist, im Gegensatz zu Uwe Johnson, keineswegs mit ihren ersten Büchern und Erzählungen sogleich »da«: als Christa Wolf. Geraume Zeit entsteht eine offiziell gewünschte und gelieferte Literatur. Noch in dem, trotz offizieller Kontroversen, schließlich akzeptierten Buch »Der geteilte Himmel« siegt die politisch erwünschte Doktrin über alle epischen Bedenken der Erzählerin. Eine Liebesgeschichte im geteilten Berlin. In den »Städten Berlin« folglich, mit Uwe Johnson zu reden. Aber das persönliche Glück wird dem ideologischen Antagonismus geopfert. In Uwe Johnsons erstem Roman »Ingrid Babendererde«, der erst nach dem frühen Tod des Verfassers herauskam, weil der spätere Johnson die nachträgliche Publikation mißbilligte, endet die Geschichte, als Geschehen einer mecklenburgischen Abiturientenklasse, mit der Abreise der jugendlichen Abweichler nach West-Berlin. So hatte Johnson sein Buch unbekümmert abgefaßt. Er reichte es den Verlagen der DDR ein. Man muß dort sogleich die große Gestaltungskraft des unbekannten Schriftstellers entdeckt haben, hätte das Buch auch gern publiziert, sogar im besten Staatsverlag. Allein es ging nicht. Ein Buch konnte unter keinen Umständen mit der - positiv gemeinten - Schilderung einer Republikflucht enden.

Christa Wolf gelang es erst im Prozeß einer langsamen Selbstfindung und Selbstvergewisserung, solche Entschlossenheit auch für sich zu akzeptieren. Zwischen dem Buch »Der geteilte Himmel« (1963) und dem »Kindheitsmuster« (1976) schrieb sie jenes Buch, das insgeheim kein anderes Thema hatte als eben dies: *die Selbstfindung.*

Das Buch »Nachdenken über Christa T.« gehört nicht bloß durch den Zufall des Erscheinungsjahrs in die 68er Zeit. Obwohl scheinbar nichts im berichteten Geschehen mit der Austreibung und Revolte zu tun hat. Darin ist das »Nachdenken über Christa T.« ähnlich zu interpretieren wie der gleichzeitig erscheinende Roman »Die Palette« von Hubert Fichte. Beide Bücher von 1968 sind das Ergebnis einer längeren Entwicklung sowohl der Verfasser wie der durchaus divergierenden Umwelt, worin sie zu leben und zu schreiben haben.

In beiden Fällen mußte irgendeine *innere Affirmation* bewußt erkannt und abgebaut werden. Hubert Fichte gesellte sich zu den Außenseitern, den wirklichen und den nur scheinbaren, um sich selbst als Außenseiter akzeptieren zu können. Christa Wolf, die Genossin und Schriftstellerin, mußte sich dazu entschließen, das selbsterfahrene Wissen vom Gegensatz zwischen offiziellem ideologischem Klischee und intellektueller Redlichkeit nun auch in ihrem Schreiben zu artikulieren. Im Prozeß eines Nachdenkens. Nicht über sich selbst, über Christa Wolf, sondern über jene Christa T., die es auch gegeben hat in Leipzig, im Hörsaal 40 der Universität. Der Vorname Christa darf nicht mißverstanden werden. Christa Wolf ist, auch in ihrer Funktion als Erzählerin, nicht zu verwechseln mit jener innerlich und äußerlich zugrunde gehenden Christa T., die vor allem, bei bestem Wollen und Bewußtsein, an ihrer Umwelt zugrunde geht.

Das Buch »Nachdenken über Christa T.« erschien im Mitteldeutschen Verlag Halle, also keineswegs in einem der großen und »richtungweisenden« Verlage der DDR. Eine verhältnismäßig kleine Auflage, eine ungern erlaubte Publikation, die sogleich Polemiken herausforderte. Die kleine Auflage – man sprach von 500 Exemplaren – ließ gleichfalls auf Mißbilligung schließen. Obwohl Christa Wolf als Motto ein Zitat des verstorbenen kommunistischen Kulturministers Johannes R. Becher vorangestellt hatte: »Was ist das: Dieses Zu-sich-selber-Kommen des Menschen?«

Kein Zweifel, das von Christa Wolf neu hinzugefügte Motto läßt kaum auf Opportunismus schließen. Wer die Verfasserin kennt und ihre Haltung in den späteren Jahren, kommt nicht auf den Gedanken, hier hätte ein von Ungnade bedrohter Autor einfach mit dem Klassikernamen Johannes R. Becher einen Beitrag zur offiziellen Hagiographie geliefert. Man wird den Vorspruch demnach, gerade weil er als Frage formuliert ist, als Deutungsversuch der Autorin verstehen müssen. Das stimmt überein mit der *dreifachen Erzählsituation des Buches.* Bleibt zu fragen, ob das Buch nicht dieser Deutung, unternommen mit Hilfe einer Frage Johannes R. Bechers, widerspricht. Sollte das der Fall sein, dann hätte die Verfasserin – was auch großen Autoren schon widerfuhr – ihr eigenes Buch in einigen wichtigen Aspekten mißverstanden.

Schon der Titel gibt dreierlei zu erkennen: da ist die Geschichte eines Menschen namens Christa T.; da ist ferner jemand, der sich über diesen Menschen Gedanken macht, über ihn nachdenkt; schließlich gibt es da, handelt es sich doch um das Buch einer literaturkundigen und abgefeimten Germanistin, eine literarische Anspielung. Weit weniger auf Franz Kafka freilich, wie man behauptet hat, denn nicht jede Geschichte, die nur den ersten Buchstaben eines Namens preisgibt, ist schon deshalb, frei nach Josef K., eine Kafka-Geschichte. Viel eher scheint Christa Wolf die literarische Verbindung zu ihrem einstigen Leipziger Kommilitonen Uwe Johnson zu betonen. Auch sie schreibt ein Buch der *Mutmaßungen* und läßt durch den bewußt auf Assoziationsfang ausgehenden Titel erkennen, daß sie es tut.

Dazu jenes Motto von Becher und ein Vorspruch von sechs Zeilen mit dem Hinweis, Christa T. sei zwar eine literarische Figur, allein im Buch werde gleichzeitig mit »authentischen« Dokumenten gearbeitet. Unterzeichnet ist der Sechs-Zeilen-Hinweis mit »C. W.« Noch eine Dimension mithin: Christa T.; die Erzählerin der Geschichte; die literarische Anspielung des Titels; dazu Verfasserin Christa Wolf mit doppeltem Kommentar aus Vorspruch und Hinweis für den Leser.

In einer westdeutschen Rezension über die Geschichte der Christa T. findet sich der Satz: »Eine solche Romanheldin hat die DDR-Literatur bisher nicht gekannt.« Nun ist Christa T. in der Tat alles andere als eine Heldin im Sinne der vorbildhaften Figuren eines Romantyps, der – hurtig und mit Blick auf die jeweils letzten kulturpolitischen Beschlüsse des Zentralkomitees – nach den Schnittmustern des sozialistischen Realismus zu arbeiten pflegt. Christa Wolfs Bericht insistiert im Gegenteil immer wieder: bei Christa T. habe es sich keineswegs um eine Heldin gehandelt. Die Erzählerin im Roman, nachdenkend über die Schriftstellerin und Studienfreundin Christa T. – wenn da von Freundschaft irgend gesprochen werden kann –, weist nachdrücklich die Möglichkeit von sich, eine Geschichte wie diejenige der Christa T. freiwillig und zu Erzählzwecken erfinden zu wollen: »Nie wäre ich, das möchte ich doch schwören, auf sie verfallen. Denn sie ist, als Beispiel, nicht beispielhaft, als Gestalt kein Vorbild.« Wenig später sagt der Freund Kostja, auch er, wie Christa T., ein Student der Germanistik in Leipzig, zu seiner Freundin, spöttisch und etwas herablassend, auch etwas liebevoll: »Bettinen, sagt er, und Annetten gibt es nicht mehr, solltest du das nicht wissen?« Sie scheint es wirklich nicht zu wissen und erhält darauf den herzlich gemeinten Urteilsspruch: »Daß du unzeitgemäß bist.«

Wenn dies alles stimmt, so hat Christa Wolf in der Tat die

Geschichte einer Person beschrieben, die sich keineswegs zu paradigmatischen Zwecken vorzeigen läßt. Wahrscheinlich liegt hier die Ursache für das Unbehagen offizieller Leser des Buches in Ost-Berlin oder Leipzig. Eine positive Heldin ist Christa T. wahrlich nicht. Soll man in ihrem Falle von einem Romanhelden des mittleren Typs sprechen oder von einer Durchschnittsfigur, denn »negative Gestalt« ist diese früh verstorbene Bürgerin der DDR wohl kaum gewesen? Im Gegenteil stellt die Erzählerin fest: »Dabei lieferte sie Beweise, daß es ihr nicht ganz und gar zuwider war, sich in Abhängigkeit zu begeben, wenn nur sie es sein konnte, die wählte.« Oder auch: »Sie gab sich ja Mühe hineinzupassen, sie fiel nicht aus bloßem Übermut heraus.«

Nicht das ist es also. Die Schwierigkeit beginnt nicht als Frage nach Vorbild oder Indifferenz, sondern nach der Kontur dieser Gestalt. Vielleicht ist Christa T. gar keine richtige Kunstfigur und wurde eben dadurch daran gehindert, irgendeinen Modellfall im positiven und negativen Verstande zu repräsentieren. Alle Versuche nämlich, die Figur mit Hilfe des Erzählberichts fassen zu wollen, führen zu nichts. Da sind Fetzen eines Lebenslaufs: Herkunft aus den norddeutschen Gebieten der DDR, also weder Sachsen noch Thüringen, niederdeutsche Sprachmelodien, Studium der Germanistik, nicht sehr eifrige Mitgliedschaft in den obligaten Massenorganisationen, halbe Freundschaften und kleine Liebschaften, eine Ehe, die vor allem dadurch charakterisiert ist, daß alles von der Erzählerin weggelassen wurde, was die tiefere Motivierung dieser Verbindung erklären könnte - Kinder und Hausfrauenalltag, schriftstellerische Versuche und Examensarbeit über Theodor Storm, schließlich die zum Tode führende Blutkrankheit. Fast widerwillig scheint Christa Wolf diese Wegweiser aufzustellen. Sobald eine Episode schärferen Umriß zu gewinnen scheint, wird radiert und wieder ausgewischt. Diese Technik wird sehr bewußt eingesetzt; auch sie hängt mit dem Inhaltlichen zusammen: diesem besonderen Lebenslauf nämlich in seiner für die Verfasserin stellvertretenden Bedeutung.

Was der Titel verheißt, hält das Buch unbeirrt durch: es wird stets ein Geschehen *sowohl als Lebensvorgang wie als Kunstvorgang* geschildert. Diejenige Gestalt des Buches, die nachdenkt über Christa T. nach deren Tode, kramt in Erinnerungen, wühlt in

Briefen und Dokumenten, um das erinnerte Leben der Freundin aus der verlorenen Zeit in wiedergefundene Zeit zu verwandeln. Allein Christa Wolfs Buch ist nicht bloß ein Erinnerungsroman, sondern gleichzeitig ein literarisches Spiel mit der Gattung des Erinnerungsromans. Graziös und ironisch bekommt es der geschulte Leser zugesteckt. Christa T. schreibt ihre Prüfungsarbeit am Germanistischen Institut der Universität Leipzig: selbstverständlich über Theodor Storm, den Spezialisten für Erinnerungsnovellen.

Das Buch ist ein empfindsamer Roman, doch er ist gleichzeitig ein Roman der Empfindsamkeit. Bei einer Studentenfeier, wo historische Figuren auf einem Maskenball darzustellen sind, verkleidet sich Christa T. als Sophie Laroche, die Verfasserin also einer empfindsamen Romanliteratur des 18. Jahrhunderts. Christa T. liest leidenschaftlich Dostojewski, was in einem westdeutschen Roman wenig besagen würde, höchstens dazu diente, in etwas konventioneller Weise die Haltung einer solchen Figur zu charakterisieren. In der DDR hat dieses Dostojewski-Lesen eine leitmotivische Funktion: dadurch entscheidet sich Christa T. *gegen* den – scheinbar – vorbildhaften Realismus Leo Tolstois und für seinen in Moskau oder Ost-Berlin offiziell nur widerwillig zur Kenntnis genommenen Gegenspieler, den Verfasser von »Schuld und Sühne«.

An diesem Dostojewski-Motiv läßt sich die autobiographische Substanz vielleicht am deutlichsten markieren. Nach Erscheinen ihres Buches kam die Verfasserin Christa Wolf in einer essayistischen Studie, erschienen im Almanach ihres westdeutschen Verlegers, auch im eigenen Namen auf den *Fall Dostojewski* zurück: »Vor kurzem bewegte ich mich einen langen, regnerischen Nachmittag lang in der Welt von Dostojewskis ›Raskolnikow‹. Man kann sie wie eine archäologische Schicht bei einem Gang durch bestimmte Viertel des heutigen Leningrad freilegen. Das Haus der Wucherin steht noch. Diese Treppe, sagte der alte Mann, der uns führte – Dostojewskis Enkel –, diese alte Treppe ist auch Raskolnikow oft hinaufgegangen. – Hier, sagte unser Führer, auf diesem Treppenabsatz hat er gezögert, wie Sie wissen. Zu seinem Glück – er mußte sich ja später verbergen – arbeiteten in dieser rechten Wohnung die Maler, und diese hier, links, stand ebenfalls leer. Man kann sagen, daß der Zufall sein Vorhaben begünstigt hat.«

Christa Wolf zieht später die Folgerung: »Hier hat ein dokumentarisch belegter Autor, eine historische Figur, ein Mensch aus Fleisch und Blut vor hundert Jahren gelebt und hat keine andere Rettung aus seiner großen inneren und äußeren Bedrängnis gesehen als die Projizierung seiner Konflikte auf eine - soll man noch sagen: erfundene - Gestalt, die mit ihm in der gleichen armseligen Kammer haust, ihre Pfänder zu der gleichen Wucherin bringt und die imstande ist, zu tun, was als grausiges Gedankenexperiment im Gehirn des Autors entstanden sein muß und vielleicht in Wirklichkeit nicht zu geschehen brauchte, weil es mit aller Kraft auf den Ersatzmann, die Schattengestalt geschoben wurde: Der Mord an einer Kreatur, die dem kranken Kopf des Mörders minderwertig, ekelhaft, vernichtenswert erscheint.«

Nach diesem Arbeitsprinzip ist auch das Buch »Nachdenken über Christa T.« entstanden. Die Autorin teilt im Vorspruch mit: »Christa T. ist eine literarische Figur. Authentisch sind manche Zitate aus Tagebüchern, Skizzen und Briefen.« Worin aber könnte die authentische Dokumentation im Falle einer erfundenen Figur erblickt werden? Übrigens hat es eine reale Christa T. mit einer ähnlich ablaufenden Lebensgeschichte gegeben. Eine Freundin in der Tat der Christa Wolf. Auch an die Examensarbeit jener anderen Christa über Theodor Storm glaubt man sich zu erinnern. Wahrscheinlich meint Christa Wolf diese Lebensspuren, wenn sie von »Dokumenten« spricht. Trotzdem: das eine ist das Lebensmaterial, mit dem ein Autor arbeitet, ein anderes die Kunstfigur, die er dann erschafft. Muß man nicht vermuten, daß diese Dokumente aus dem Leben nicht der Christa T., sondern der Christa Wolf stammen? Die Identität der Vornamen möchte trotz allem auch dies dem Leser suggerieren. Aber es geht noch weiter. Nicht nur die Lebenskonturen der Christa T. präsentieren sich in kunstvoller Undeutlichkeit; stärker noch verschwinden die Grenzlinien zwischen derjenigen, die nachdenkt über Christa T. -, und dem Objekt ihres nachdenkenden Erinnerns. Von seinen Romanfiguren im »Doktor Faustus«, dem berichtenden Zeitblom und dem Berichtsthema Leverkühn, meinte Thomas Mann, die beiden Figuren seien bewußt konturlos gehalten, da sie einiges zu verbergen hätten: »nämlich das Geheimnis ihrer Identität«. Diese Formel taugt nicht übel als *Kennzeichnung der Relation zwischen Christa T. und jener Romanfigur, die als Erzählerin auftritt.* Immer wieder, vor allem gegen den Schluß hin, behandelt diese Erzählerin der Geschichte ihre angebliche Lebensfreundin wie eine erfundene Figur. Um es möglichst komplex auszudrücken: die Schriftstellerin und Germanistin Christa Wolf verfaßt den Bericht einer Schriftstellerin und Germanistin über das Leben der Schriftstellerin und Germanistin Christa T. Womit sich auch dieses Buch aus der DDR einreiht in die Phalanx von Romanen aus neuerer Zeit, deren Romanheld eigentlich ein Schriftsteller ist, welcher sich erfolglos damit abmüht, Realität in Fiktion zu verwandeln. All diese Elemente finden sich auch bei Christa Wolf. Dennoch haben sie hier, was mit der DDR zusammenhängt, eine andere und wesentlich interessantere Funktion.

Die bereits beim Klischee angelangten erfolglosen Schriftsteller in westlichen Romanen demonstrieren bloß, daß literarische Freiheit innerhalb eines geschlossenen Systems von Entfremdungen wenig auszurichten vermag. Die Schriftstellergestalten bei Christa Wolf, sowohl das Subjekt wie das Objekt des Erzählens, behandeln den Vorgang einer *Befreiung durch Schreiben.* Christa Wolf faßt diesen Prozeß, der die geheime These des Buches darstellen dürfte, in das Wort von der Schwierigkeit, »ich« zu sagen.

Wenn es überhaupt bei Werken der Fiktion einen »Schlüssel« gibt, so ist es dieser: die Formel von der Schwierigkeit, »ich« zu sagen. Es ist zunächst die Schwierigkeit eines Schriftstellers, dann eine Schwierigkeit des Lebens in der DDR. Zu verstehen als besondere Schwierigkeit eines sozialistischen Schriftstellers in der DDR. Christa Wolf bringt die Formel vorerst als Bericht; sie wird als Formulierung der schreibenden Christa T. präsentiert: »Da sitzt sie an dem Klappschrank, der mit Justus' Papieren überdeckt ist, in ihrem ausgeblaßten roten Bademantel, und schreibt: Die große Hoffnung oder über die Schwierigkeit, ›ich‹ zu sagen.« Auch hier abermals die literarische Anspielung: auf den Titel des literarischen Tagebuches von Johannes R. Becher, den er sich von Shakespeare entlehnt hatte: »Auf andere Art so große Hoffnung«. Hier findet die Erzählung ihren Anschluß an das Motto des

Buches: die Schwierigkeit, zu sich selbst zu kommen, indem man lernt, »ich« zu sagen.

Aber schon eine Seite später hat die Erzählergestalt die Formel Christa T.'s auch in ihr eigenes Leben übernommen: »Ich begreife das Geheimnis der dritten Person, die dabei ist, ohne greifbar zu sein, und die, wenn die Umstände ihr günstig sind, mehr Wirklichkeit auf sich ziehen kann als die erste: ich. Über die Schwierigkeit, ich zu sagen. Schlief ich wirklich? Ich sah sie vorbeiziehen, in allen ihren Gestalten, sah plötzlich hinter allen ihren Verwandlungen den Sinn, begriff, daß der Wunsch unpassend ist, sie irgendwo für immer ankommen zu sehen. Sage wohl etwas Derartiges im Halbschlaf. Jedenfalls lächelt sie, raucht und schreibt.«

Nun wird deutlich, daß jene Formel nicht bloß von der Schwierigkeit eines Schriftstellers handelte, autobiographische Substanz in Literatur zu verwandeln, das reale Ich in ein literarisches Ego zu transformieren, auf die Zuflucht einer scheinbar objektiven Erzählung in der dritten Person zu verzichten. Was für den Schriftsteller eine professionelle Erschwerung bedeutet, bleibt auch in jedem nicht zur Selbstdarstellung neigenden Leben eine permanente Gefährdung. Sie bedeutet in einer Gesellschaft der Selbstentfremdung, sei sie nach kapitalistischen oder sozialistischen Produktionsverhältnissen angelegt, den schmerzhaften Vorgang für jeden einzelnen, die Anpassungsklischees zu durchbrechen und sich - wenn auch nur vor sich selbst - in seiner Besonderheit zu erkennen.

Ein solches Verhalten - es wird in diesem Buch gleichzeitig von Christa T. und der Berichterstatterin praktiziert - führt in jedem Falle zur Widersetzlichkeit, wenn nicht in den Protest. Christa T. antwortet bei einem Gesellschaftsspiel auf die Frage, was man als unerläßlich betrachten müsse für den Fortgang der Menschheit, zwei Dinge seien unerläßlich: nämlich Gewissen und Phantasie. Was diese Antwort bedeutet in einer manipulierten Gesellschaft, die Einzelgewissen durch Kollektivbeschlüsse und schöpferische Phantasie durch Direktiven zu ersetzen sucht, ist evident.

Dieser empfindsame Roman und Roman der Empfindsamkeit endet zornig und fordernd. Er berichtet - womit er sich damit abermals in die Tradition der russischen Erzähler aus dem

19. Jahrhundert stellt – die Geschichte eines »überflüssigen Menschen«. In einem Brief der Christa T. an die erinnernde Freundin steht der Satz: »Was soll ich es mir länger verbergen: Keine Lücke für mich.« An anderer Stelle hat Christa T. entdeckt, wie sehr Gewissen und Phantasie als Bestimmung der menschlichen Existenz zusammengehören: »Gehen wir doch in die Arkaden, spazieren wir unter den Martyrien der Heiligen, unter der Apokalypse, die uns nicht mehr betrifft. So, eines Tages, wird man unter unseren Martyrien spazieren. Der Mediziner aber, mein früherer Schüler, spaziert heute schon drin herum, und nichts davon betrifft ihn – das ist doch merkwürdig, nicht? Übrigens hat er mir mit einem Schlage klargemacht, was das eigentlich auf sich hat mit dieser ›halbphantastischen Existenz des Menschen‹, mit der ich damals wohl, das geb' ich zu, ein bißchen im luftleeren Raum herumjongliert habe. Unsere moralische Existenz ist es, nichts anderes. Und die ist allerdings sonderbar genug. Phantastisch sogar.«

Aber diese Geschichte, die von einem Menschen in der DDR berichtet, für den es keine Lücke gab, der darum nicht zur Selbstverwirklichung durch das Schreiben gelangte, endet nicht sentimental und achselzuckend wie eine Erzählung von Tschechow. Der Schluß ist hoffnungsvoll und zornig. Dieser empfindsame Roman hat mit dem »Werther« gemein, daß jemand paradigmatisch sterben muß: nicht bloß, damit der Autor weiterzuleben vermag. Wahrscheinlich hat Christa Wolf die Christa T. sterben lassen, um selbst weiterschreiben zu können. Die im Schreiben dieses Buches neu gewonnene Freiheit einer Schriftstellerin, zu sich selbst zu kommen, muß nutzbar gemacht werden. »Wann, wenn nicht jetzt?«, heißt ein anderer Schlüsselsatz des Buches. Christa Wolf hat ihn auch zum Schlußsatz gemacht.

Uwe Johnson, Jahrestage

> Später nahm sie mir ein Versprechen ab. Aber das müssen Sie alles erfinden, was Sie schreiben! sagte sie. Es ist erfunden.
>
> Uwe Johnson, Zwei Ansichten

Begleitumstände

Der Satz findet sich auf der letzten Seite des Erzählwerks »Zwei Ansichten« vom Jahre 1965. Eine Gattungsbezeichnung gab es nicht. Die Konstellation war klar: hier nahm eine der beiden Kunstfiguren der Geschichte, die Krankenschwester D., nunmehr im Westen angelangt, jemandem ein Versprechen ab, das bewilligt wurde. Ein Gespräch offensichtlich zwischen der Kunstfigur, die eine von zwei Ansichten zu vertreten hatte, mit einer anderen Kunstfigur, die man wohl oder übel als »Erzähler« bezeichnen muß. Der Erzähler verspricht, und hält das auch, bei Niederschrift des Geschehens: alle Wirklichkeit oder Scheinwirklichkeit in Fiktion zu verwandeln.

Zu diesem dritten, als »Roman« zu bezeichnenden Buch Uwe Johnsons (dem vierten seiner größeren Erzählbücher, wenn man das zu Lebzeiten des Autors ungedruckt gebliebene Manuskript »Ingrid Babendererde« mitrechnet) gibt es eine spätere, wichtige Stelle im vierten Bande der »Jahrestage«, der 1983 herauskam. »Aus dem Leben von Gesine Cresspahl« lautet jedesmal der Untertitel. Keine Tetralogie, sondern ein einziges Erzählwerk von insgesamt 1891 Seiten. Uwe Johnson wiederholte immer wieder in der Öffentlichkeit und auch im Gespräch, die »Jahrestage« seien als fortlaufende Erzählung zu verstehen: als private Chronik der Romanfigur wie als Chronik des Weltgeschehens zwischen dem 21. August 1967, einem Montag, und dem 19. August 1968, einem Montag.

Die Stelle findet sich auf den Seiten 1821/22 der »Jahrestage«, im vierten Band also. Hier wird vom Erzähler vieles ineinandergeschoben. Wichtige Elemente aus »Ingrid Babendererde«, diesem

Schülerroman aus den frühen fünfziger Jahren, sind übernommen, nunmehr als Erinnerungsarbeit, als Bericht der jetzt fünfunddreißigjährigen Gesine Cresspahl, die vor einer Entscheidung steht zwischen Leben und Tod. Sie berichtet der elfjährigen Tochter Marie während eines Fluges nahezu über die ganzen Vereinigten Staaten: New York, Chikago, San Francisco, New Orleans, zurück nach New York. Erinnerung an ein Damals: als die Schülerin Cresspahl in Güstrow, wie es diesmal ausdrücklich genannt wird, mithin nicht in dem »Gneez« der Erzählung, mit anderen Abiturienten das Barlach-Museum besuchte. Die gesellschaftskritischen Bemerkungen der Lehrerin-Denunziantin ließen sie abrieseln. Sie wollten das Abitur bestehen. Schnöde heißt es: »Wir logen wie gedruckt; wir arbeiteten für das Abitur.«

Dann heißt es weiter: »Seit dem Besuch in Barlachs Haus am Inselsee von Güstrow hatten die Schülerinnen Gantlik und Cresspahl eine Verabredung mit einander, eine Heimlichkeit. Beide waren beiseite getreten von der kunstkritischen Unterweisung durch die Fachkraft Selbich, fanden einander auf dem Kamm des Heidberges, wo ein Abhang sich öffnet, Güstrower Kindern wohlbekannt als Schlittenbahn, auch dem Auge freien Weg öffnend über die Insel im See und das hinter dem Wasser sanft ansteigende Land, besetzt mit sparsamen Kulissen aus Bäumen und Dächern, leuchtend, da die Sonne gerade düstere Regenwolken hat verdrängen können: welch Anblick mir möge gegenwärtig sein in der Stunde meines.«

Da fehlt ein Wort: in der Stunde meines Todes oder Sterbens wird es wohl heißen müssen. So heißt es aber im Augenblick noch nicht. Vier zornige und *kursiv* gesetzte Zeilen stellen sich dem üblich gedruckten Text entgegen. »Es ist uns schnuppe, ob dir das zu deftig beladen ist, Genosse Schriftsteller! Du schreibst das hin! wir können auch heute noch aufhören mit deinem Buch. Dir sollte erfindlich sein, wie wir uns etwas vorgenommen haben für den Tod.«

Dann erst sind die ruhigen Drucktypen der eigentlichen Erzählung wieder zugelassen. Nun kommt das Wort, das gefehlt hatte: »Sterbens«. Der Satz heißt nunmehr: »welch Anblick mir möge gegenwärtig sein in der Stunde meines Sterbens.«

Abermals ein Gespräch zwischen Gesine Cresspahl und ihrem Aufschreiber, den sie durchaus nicht boshaft, sondern eher liebevoll meistens als »Genosse Schriftsteller« anzureden pflegt. Aber dieser Genosse Schriftsteller ist *gleichfalls eine von Uwe Johnson erschaffene Kunstfigur.* Die Rollen, die ihm zugedacht sind, wechseln blitzschnell und unaufhörlich. Mal rekonstruiert er wortgetreu die Gespräche zwischen Mutter und Tochter. Gelegentlich läßt Gesine erkennen, daß man sich unterhält, während ein Tonband abläuft, das alles aufzunehmen hat. Manchmal erklärt Gesine selbst, ersichtlich aus der Rolle fallend, sie habe Stimmen der Toten gehört, müsse und könne nun mitteilen, was man ihr sagte. Das sind Augenblicke, wo Gesine selbst nicht mehr aus eigener Erinnerung berichten kann, was sie als Kind erlebt oder was ihr Vater Heinrich Cresspahl erzählt haben mochte. Sondern: Vergangenes, das vielleicht Cresspahl selbst einmal von Älteren erfuhr. Aber vielleicht waren es in der Tat auch Stimmen der Toten, die im Traum einer Mecklenburgerin sprachen, die in New York lebt, an der Oberen Westseite, im Anblick des Flusses Hudson, was keine wirklich erstklassige Gegend bedeutet.

An dieser Stelle aber, vielleicht einzig an dieser Stelle, da es gleichsam pathetisch wird und vom lektorierenden Erzähler sogleich heruntergespielt werden soll, ist plötzlich mehr zu spüren als an anderen Stellen, wo sich die Kunstfigur Gesine Cresspahl unterhält mit der Kunstfigur des Genossen Schriftsteller. Hier spricht, schamhaft und undeutlich, sich gleichsam wehrend gegen irgendein Bekenntnis, das man »dem Autor« zuschreiben könnte, der Mecklenburger Uwe Johnson. *Es sind Abschiedsgedanken und Todesgedanken.* Das ist anders als bei einer eher lustigen früheren Episode der »Jahrestage«, wo Gesine Cresspahl, literarisch interessiert seit ihrer Kindheit, eine Dichterlesung besucht. Dort ist eine Lesung des deutschen Schriftstellers Uwe Johnson angekündigt. Man kommt ins Gespräch miteinander: Mrs. Cresspahl und Uwe Johnson. Man scheint sich (und einander) zu kennen. Wieder gibt es einen blitzschnellen Dialog zwischen dem Erzähler, der hier mit Namen genannt wird, und der erzählten Figur, um deren Leben es sich immerhin handelt. Gesine will wissen, *wer hier eigentlich erzähle.* Der Schriftsteller Johnson antwortet begütigend: »Wir beide, Gesine.«

Abermals: hier auf der Seite 1822 ist es anders. Es wird ein Bekenntnis abgelegt: zu den Ursprüngen, zur Landschaft, zur Erinnerung. Es ist ein Glaubensbekenntnis. Sechs Seiten später, auf der Seite 1828, folgt noch einmal ein Bekenntnis, abgegeben von Gesine, doch schmerzlich zu verstehen als Credo des Schriftstellers Uwe Johnson. Die Tochter möchte wissen, ob sie später die Universität besuchen sollte. Gesine antwortet: »Wenn du lernen möchtest, eine Sache anzusehen auf alle ihre Ecken und Kanten, und wie sie mit anderen zusammenhängt, oder auch nur einen Gedanken, damit du gleichzeitig und auswendig verknoten und sortieren kannst in deinem Kopf. Wenn du dein Gedächtnis erziehen willst, bis es die Gewalt an sich nimmt über was du denkst und erinnerst und vergessen wünschtest. Wenn dir gelegen ist, eine Empfindlichkeit gegen Schmerz zu vermehren. Wenn du arbeiten möchtest mit dem Kopf.«

Auch dies ist ein Bekenntnis: nicht der Erzähler-Figur, sondern des Autors Uwe Johnson. »Wenn dir gelegen ist, eine Empfindlichkeit gegen Schmerz zu vermehren.« Immer wieder mischt sich der Autor ein, tritt vor den vorgeschobenen epischen Berichterstatter: etwa wenn sich Gesine darüber freut, daß die wißbegierige Marie alle brav chronologisch fortschreitende Erzählung mißbilligt. Die elfjährige Marie wünscht die Brechung, die Brüche, die Widersprüche: im Geschehen wie in den Menschen.

Seinen Frankfurter Vorlesungen zur Poetik gab Johnson die Überschrift »Begleitumstände«. Er berichtete von seinem Leben und versuchte den studentischen Hörern mitzuteilen, wodurch die einzelnen Arbeiten des Schriftstellers Uwe Johnson entstanden sein könnten. Geographisches, Politisches, Erfahrungen mit Menschen und Zuständen. Alle »Begleitumstände« aber sollte man gleichfalls verstehen im Sinne jener Schlußbemerkung aus den »Zwei Ansichten«: »Aber das müssen Sie alles erfinden, was Sie schreiben! sagte sie.«

Uwe Johnson hat von jeher die Mystifikation geliebt und die List, bisweilen auch in boshafter Weise. Auch dem möglichen und künftigen Leser gegenüber ist er listig und boshaft. Er verschweigt ebensogut, wie er berichtet. Dennoch: *eine Handvoll Gestalten* muß sein kurzes Leben beherrscht haben. Auch hier stimmt die schnöde Diagnose des Autors *Jean-Paul Sartre,* der immer wieder einmal in den »Jahrestagen« genannt und auch reflektiert wird. Sartre hatte in seinem Kindheitsbericht »Die Wörter« bündig erklärt: mit den toten Autoren sei gut fertigzuwerden. Man kenne schließlich ihre Werke, wisse auch Bescheid über die Art, wie der Autor ums Leben kam.

Uwe Johnson hat, eingerechnet die »Ingrid Babendererde«, fünf große Erzählwerke hinterlassen. Daneben kleine Erzählungen, Kalendergeschichten nach Brecht, Dokumentarisches, Features, Nachrufe. Auch »Charakteristiken und Kritiken«, wie das die Brüder Schlegel zu nennen pflegten. Kein schwacher Text ist darunter, wie es scheint.

Dennoch gibt es - unverkennbar - eine *Zweiteilung* bei den romanhaft angelegten Werken. Die »Mutmaßungen über Jakob« werden noch als Roman bezeichnet. Vielleicht war das ein Wunsch des Verlages. »Ingrid Babendererde« bekam, nach Johnsons Tod, den Untertitel »Reifeprüfung 1953«. Auch dies könnte eine Hinzufügung gewesen sein. Warum lehnte Uwe Johnson, als er bereits ein namhafter Autor war, es ausdrücklich ab, jenes erste Erzählwerk, diese Schülergeschichte aus Windisch Burg, mit den beiden Figuren der Ingrid Babendererde und des Klaus Niebuhr, nachträglich drucken zu lassen? Wer die »Jahrestage« liest, den vierten Band vor allem, wird den Grund verstehen. Die wesentlichen und nach wie vor vom Autor akzeptierten Episoden wurden eingebaut in die Geschichte vom Leben der Gesine Cresspahl, ihrer Eltern und Großeltern und ihres brüderlichen Freundes und späteren Geliebten Jakob Abs, des Vaters der nunmehr zehn-, dann elfjährigen Marie Cressphal.

Seinen zweiten gedruckten Roman, »Das dritte Buch über Achim«, hielt Johnson selbst, als Autor der ungedruckten »Ingrid Babendererde«, für sein eigenes *drittes* Buch. Der »Achim« bleibt fern vom mecklenburgischen Umkreis und von Jugenderfahrungen des Autors. Im Grunde gehört nur die Figur des westdeutschen Journalisten *Karsch,* der in Leipzig sein Buch schreiben möchte über den berühmten Radrennfahrer Achim, zu jenem Personenkreis, der stets bei Johnson vorhanden ist. Einer Sammlung kleiner Prosa gab Johnson im Jahre 1964, also gleich nach

Erscheinen des Achim-Buches, die Überschrift »Karsch und andere Prosa«. Im Jahre 1964 war Johnson in West-Berlin eine Zeitlang Fernsehkritiker des »Tagesspiegel«. Er schrieb ausschließlich über Sendungen des DDR-Fernsehens. Einer der Lizenzträger des »Tagesspiegel« war übrigens Walter Karsch.

Auch die »Zwei Ansichten« (1965) gehören nicht eigentlich zum Lebensthema. Die Liebesgeschichte, die schließlich gar keine war, zwischen dem jungen westdeutschen Herrn B. und der Krankenschwester D. verarbeitete Lebensmaterial des Autors. Einige Episoden aus den »Zwei Ansichten« werden gelegentlich zitiert in den »Jahrestagen«. Dennoch wirkt der Bericht über Achim, den Johnson, kurz nach Vollendung des Buches, als »Bericht eines Berichtes« charakterisierte, ebenso wie die »uneigentliche« Liebesgeschichte zwischen B. und D. gleichsam zufällig, überschaut man das Gesamtwerk.

Notwendig hingegen sind die Geschichten, die mit Ingrid Babendererde zu tun haben und ihrem gescheiterten Schulabschluß; sind die Mutmaßungen über den Tod des Jakob Abs; sind alle Reflexionen und Erinnerungen aus den Jahren 1967 und 1968, als es den Krieg in Vietnam gab, den sogenannten Prager Frühling und schließlich die gemeinsame brüderliche Anstrengung der Panzerfahrer aus Ost-Berlin und Moskau, Budapest und Sofia und Warschau: den Sozialismus zu retten und die Breschnew-Doktrin.

Die Geschichte der Ingrid Babendererde läuft ab am Vorabend des 17. Juni 1953. Als Teil von Gesines Lebensgeschichte wird die Konstellation im letzten Band der »Jahrestage« erneut berichtet. Alle Mutmaßungen über den Tod Jakobs, ob es ein Unfall war, wer daran schuld sein könnte, oder ein Todesentschluß des Jakob oder ein Mord, von wem auch immer, sind undenkbar ohne das Umfeld des Ungarischen Aufstandes vom Oktober/November 1956. Die »Jahrestage« schließlich setzen als Begleitumstände alle Ereignisse von 1967/68 voraus.

Alle Begleitumstände? Es fällt auf, daß der Erzähler der »Jahrestage« keinerlei Material verwendet, das mit den Jugend- und Studentenbewegungen dieses Jahres 1968 zu tun hätte. Auch bei allen übrigens genau ausgewählten Berichten über das amerikanische Leben zwischen dem August 1967 und dem August 1968 bleiben die Aktionen amerikanischer »Studenten für eine Demokratische Gesellschaft« (SDS) nahezu pedantisch ausgespart.

Uwe Johnson begann mit der Planung und ersten Niederschrift seines Buches im Jahre 1968. Fünfzehn Jahre Arbeit, denn der vierte Band konnte erst im Jahre 1983 erscheinen, ein paar Monate vor Johnsons Tod. Aber waren es wirklich fünfzehn Jahre Arbeit? Dazwischen lagen, fast zehn Jahre lang, jene »Begleitumstände« des Nicht-Schreibens, die Johnson in den Frankfurter Vorlesungen andeutete, als er noch nicht sicher war, nach Abschluß von drei Bänden, den vierten Band, die Zeit zwischen dem Juli und August 1968, wirklich niederschreiben zu können.

Die »Jahrestage« gehören also, hält man sich an die Jahre der Publikation, in den Kontext der siebziger und der frühen achtziger Jahre. *Sie sind aber ein Buch vom Jahre 1968.* Nicht allein durch das Zeitgeschehen jener Jahre: vom Sommer der Hoffnung zum Sommer des Abschieds und der Trauer. Dies große Buch, unvergleichbar mit allen anderen Erzählbüchern deutscher Sprache seit dem Jahre 1945, weist eine erstaunliche Ähnlichkeit auf, vermutlich ohne Wissen des Autors Uwe Johnson, mit einigen anderen bedeutenden Romanen unseres Jahrhunderts: mit *Proust,* mit *Musil,* mit *James Joyce.* Es ist durchaus nicht verfehlt, ein Buch wie »Mutmaßungen über Jakob«, dessen Ereignisse in jedem Augenblick vom Erzähler der »Jahrestage« beim Leser vorausgesetzt werden, zu vergleichen mit Robert Musils frühen »Verwirrungen des Zöglings Törless«: als Vorstufe zum späteren »Mann ohne Eigenschaften«. Beim Wiederlesen des »Törless« fällt auf, daß Robert Musil hier bereits auf ein Weitererzählen anspielt. Es ist der Weg von Törless zu Ulrich, dem Mann ohne Eigenschaften.

Die Erzähler- und Romanfigur Marcel in Marcel Prousts großem Erinnerungswerk von der verlorenen Zeit setzt die frühe Geschichte eines »Jean Santeuil« voraus. Der »Ulysses« von Joyce setzt nicht allein für den Erzähler selbst voraus, daß es bereits die Geschichte des »Heros« Stephen Dädalus gegeben hat.

Auch für Uwe Johnson hat sich vermutlich die Lebenserfahrung großer Epiker wiederholt, *daß es die Figuren sind, die am Schluß entscheiden, was zu berichten sei und was nicht.* Auf die Frage, ob der Autor des »Manns ohne Eigenschaften« ursprünglich daran gedacht habe, die enge seelisch-geistige Verbindung zwischen den Geschwistern Ulrich und Agathe bis zum Inzest zu führen, hatte Musil geantwortet: »Die Gestalten wollen es nicht.«

Auch alle Dispute zwischen Gesine Cresspahl und dem Genossen Schriftsteller wird man in ähnlicher Weise deuten müssen.

Exkurs: Bei Erscheinen des ersten Bandes der »Jahrestage« (1970)

Auf nahezu 500 Seiten wird »Aus dem Leben von Gesine Cresspahl« berichtet. Vor die erste Textseite stellt der Autor die Mitteilung: »Jahrestage August 1967–Dezember 1967«. Dem entspricht, am Schluß des Buches, abermals ein Hinweis: »Der nächste Teil dieses Buches beginnt mit dem Kapitel für den 29. Dezember 1967.«

Was soviel besagen will wie: Fortsetzung folgt. Ein Doppelroman kündigt sich an, vielleicht gar eine Trilogie. Aber Gesine Cresspahl ist kein biblischer Joseph, dessen Geschichte ausführlich berichtet werden mußte, weil der Sohn des Jaakob und der Rahel ungewöhnlich genannt werden durfte: hübsch und schön und klug. Es wäre bei Uwe Johnsons umfangreichem Erzählbuch – einer ungewöhnlichen literarischen Leistung, die es zuläßt, daß Vergleiche bemüht werden aus hoher Sphäre der Schriftstellerei – eher an ein Gegenstück zu den »Buddenbrooks« zu denken als zu Thomas Manns biblischer Tetralogie.

Man hat es zu tun mit »Jahrestagen« aus einer Familiengeschichte. Gesine Cresspahl, Tochter des Kunsttischlers Heinrich Cresspahl, geboren 1933 im mecklenburgischen Jerichow, kam 1961 mit ihrer kleinen Tochter Marie, geboren 1957, nach New York. Sie hatte vorher in Düsseldorf gelebt, aber den Entschluß gefaßt, Deutschland und Europa zu verlassen. Vermutlich hing dieser Entschluß mit dem jähen und ungeklärten Tod von Jakob Abs zusammen, dem Vater der kleinen Marie. Jakob war auf den Eisenbahngleisen im Jahr 1956 ums Leben gekommen. Das erfährt man freilich nicht aus dem Buch »Jahrestage«, wo die Existenz von Jakob ohne weitere Erklärung als bekannt vorausgesetzt wird. Leser von Uwe Johnsons Buch »Mutmaßungen über Jakob« sind bei der Lektüre im Vorteil. Ihnen sind Heinrich und Gesine Cresspahl bereits vertraut. Auch wissen sie, daß ungeklärt blieb, ob Jakob damals aus Fahrlässigkeit zu Tode kam oder als Opfer eines politischen Attentats oder als Selbstmörder.

Wie immer: Gesine Cresspahl übernahm drei Jahre nach der Einwanderung (1964) einen Posten bei einer großen Bank, den sie - vermutlich - erfolgreich und mit Aussichten auf weiteren Aufstieg ausfüllt. Was sie dort zu tun hat, wird vom Erzähler nur unscharf berichtet. Die kleine Marie konnte nicht Englisch bei der Ankunft, sperrte sich gegen Land, Stadt und Sprache. Inzwischen fühlt sie sich als Kind der Oberen Westseite von Manhattan, beherrscht den Akzent aus der Gegend des Riverside Drive, hat bisweilen ein wenig gerührte Verachtung für das bemühte und fleißige Schulenglisch ihrer Mutter.

Gesine Cresspahl aber, Tochter des Heinrich und Mutter der Marie, ist vorerst nicht viel mehr als bloßer Zuordnungspunkt der Geschichte, die weitgehend Familiengeschichte ist, so daß das »Leben von Gesine Cresspahl«, im Untertitel des Buches deutlich herausgestellt, für den epischen Bericht kaum eigene Relevanz zu besitzen scheint. Bei allen Aussagen des Autors, die scheinbare Hauptheldin betreffend, waltet abermals eine Unschärfe-Relation. Klar hervor treten in dieser Familiengeschichte hingegen Großvater und Enkelin. Auf sie hin, nicht auf Gesine Cresspahl, wurde das Buch von seinem Erzähler angelegt. Es sind - vorerst - Jahrestage aus dem Leben des Heinrich Cresspahl und der fast zehnjährigen Marie.

Dem entspricht die geographische Situierung des Buches: Jerichow in Mecklenburg und die Oberstadt von New York. Die Zeitstruktur hält sich gleichfalls an diesen Grundriß. Die Berichte aus Heinrich Cresspahls Welt umfassen den Zeitraum August 1931 bis Weihnachten 1935. Wie der Tischler Cresspahl, der in Richmond bei London ein gutes Auskommen gefunden hatte, bei einem Besuch in der Heimat die Tochter Lisbeth vom reichen Papenbrock kennenlernt, auch heiratet, obwohl ihm nicht bloß der künftige Schwager und SA-Mann Horst mißfällt; wie er seine Frau nach England mitnimmt, dann aber mit ihr zurückkehrt, weil das Kind in Deutschland zur Welt kommen soll, schließlich nicht verhindern kann, daß man mit dem Kind, der kleinen Gesine, in Jerichow bleiben muß. Inzwischen berief der deutsche Reichspräsident Paul von Hindenburg einen Reichskanzler mit Namen

Adolf Hitler. Gesines Leben beginnt mit dem Anbruch des Dritten Reiches.

Die zweite Ebene eines Zeitablaufs schaffen die Jahrestage August bis Dezember 1967. Sie bedeuten gleichzeitig Lebenszeit und Berichtszeit. Gesine und Marie leben irgendwo oben in einem New Yorker Hochhaus, der »gefärbte« (so übersetzt Johnson ironischerweise das Wort coloured) Mister Robinson bedient den Fahrstuhl. Bei Abschluß des ersten Bandes hat man bloß noch wenige Tage bis Weihnachten. Im Büro herrscht Ferienstimmung, auch im Hause.

In diesen Herbstmonaten des Jahres 1967 erleben Mutter und Tochter den Alltag von New York und endlose Erzählungen über Heinrich Cresspahl zwischen 1931 und 1935. Die Erzählsituation erwartet vom Leser das Einverständnis damit, daß die Mutter der Tochter ausführlich eine alltägliche Geschichte erzählt: »Wie der Großvater die Großmutter nahm.« Allein der Leser merkt bald, daß mehr erzählt wird als mecklenburgischer Alltag von damals. Aus diesem Alltag und seinen Alltäglichkeiten mit Tierärzten und Fleischern, Tischlern und Innungsleuten, adeligen Gutsherrn und klobigen Frühnazis, von Kommunisten und Sozialdemokraten und – sogar – Halbjuden *entsteht die Welt, die den Reichskanzler Hitler möglich machte.* Das Leben der Gesine Cresspahl, auch wenn daraus vorerst nicht allzu viele bemerkenswerte Ereignisse mitgeteilt werden, die »buchenswert« genannt werden könnten, ist die Geschichte einer deutschen Frau, deren Lebenslauf zusammenfiel mit Hitlerherrschaft, Krieg und Nachkrieg. Bedeutsam also, trotz aller Unschärfe der Einzelheiten, eben hierdurch.

Um so mehr, als jener Alltag von Jerichow und Deutschland und Europa »in jenen Jahren« höchst kunstvoll kontrastiert wird mit Berichten aus dem New Yorker und vom amerikanischen Alltag des Jahres 1967. Johnson macht nicht den leisesten Versuch, Analogien zu bemühen zwischen Drittem Reich und Vietnamkrieg; freilich verhindert er nicht, daß der Leser, wobei ihm die Raum- und Zeitanordnung des Buches helfen kann, die beiden epischen Komplexe inhaltlich zueinander in Beziehung setzt. Dabei hilft ihm eine erstaunliche Romanfigur. Scharf konturiert sind, wie gesagt, nur Heinrich und Marie: Objekt und Adressat der Erzählung. Interessante

Nebenfiguren im Leben der Gesine Cresspahl: ein Mann namens D. E., der Journalist Karsch, den Lesern Uwe Johnsons gleichfalls gut bekannt, die Leute vom Riverside Drive, Boss und Büro, dazu die Mecklenburger. Zu ihnen gesellt sich, von Gesine und Marie als würdige ältere Dame aus den Vereinigten Staaten imaginiert, als zusätzliche und wichtige Kunstfigur *die mächtige »New York Times«.* Nicht die geringste Originalität dieses Romans liegt darin, daß hier ein Kind und eine »Juristische Person« wesentliche epische Aufgaben übernommen haben. Beide mit einer besonderen Diktion, die Bestandteil eines dichten Sprachkunstwerks werden muß: die kindlich-raffinierte Denk- und Sprechweise der kleinen Marie und – nun eben – die unverwechselbare Stilistik der »alten Dame« vom Times Square.

Deren Art der Berichterstattung und Maries aufgeweckte Beobachtungen der amerikanischen Realität sind nicht bloß als kontrastierende Interpretationen verstanden, sondern als Versuch eines Erzählers, das moderne New York und Amerika zu deuten. An einer Stelle des Buches, wo der Autor Johnson die Beziehungen zwischen Gedächtnis, Erinnerung und Vergegenwärtigung durch Geschriebenes untersucht, mithin über das Erzählen meditiert, glaubt er festzustellen: »Daß das Gedächtnis das Vergangene doch fassen könnte in die Formen, mit denen wir die Wirklichkeit einteilen! Aber der vielbödige Raster aus Erdzeit und Kausalität und Chronologie und Logik, zum Denken benutzt, wird nicht bedient vom Hirn, wo es des Gewesenen gedenkt.« Er folgert daraus, für seine Arbeit: »Das Stück Vergangenheit, Eigentum durch Anwesenheit, bleibt versteckt in einem Geheimnis, verschlossen gegen Ali Babas Parole, abweisend, unnahbar, stumm und verlokkend wie eine mächtige graue Katze hinter Fensterscheiben, sehr tief von unten gesehen wie mit Kinderaugen.«

Tief von unten gesehen wie mit Kinderaugen. Bei Günter Grass war es gleichfalls der Blick von unten: ein zwergartiges Monstrum beschaute seine Umwelt. Johnson wählt den Kontrast zwischen Marie und der Tante Zeitung. Erzähler Johnson und Kind Marie übertragen sich die berichteten Alltagsvorgänge in ihre Vorstellungswelt. Das ergibt immer wieder erstaunliche Pointen, etwa am Jahrestag des 11. Dezember 1967: »Aus der ›New York Times‹ von heute hat Marie drei Bilder geschnitten und wird sie aufbewahren: das eine, von der Titelseite, bringt uns ins Haus die heitere Witwe des Präsidenten Kennedy, weil sie im Hotel Plaza für die Partei der Demokraten essen ging.«

Durch solche Kunstgriffe wird noch etwas anderes bewirkt. Johnson arbeitet auch diesmal mit äußerster Sorgfalt an den Einzelheiten des Alltags, die er berichtet. Es gibt kaum ein anderes Buch eines Nichtamerikaners, das dies Manhattan zwischen Hudson und East River so genau mitteilte. Jene Seiten über die nächtlichen Telephonierer in New York, über die Untergrundbahn, das Fährboot zur Freiheitsstatue, über New Yorker Briefkästen oder die Untaten des »gefärbten« Kindes Edmondo im Kindergarten wirken evident. Trotzdem fiele einer auf diesen Erzähler herein, der nach der Lektüre der »Jahrestage« eine Fortsetzung des realistischen Erzählens von einst konstatieren möchte. Im Gegenteil bewirkt Johnson mit äußerster Genauigkeit, daß die amerikanische Wirklichkeit dem Leser immer unwirklicher vorkommt. Sprachlich jonglierend, gleich der kleinen Marie, zwischen Plattdeutsch, Hochdeutsch und Amerikanisch, erreicht er, daß die amerikanischen Menschen und ihre Geschichte, ihres sprachlichen Kontextes beraubt, ganz unvertraut erscheinen müssen. Die Übertragung amerikanischer Zustände in deutsche erzählende Prosa bewirkt nicht Nähe, sondern Entfernung.

Nicht anders geht es zu im Verhältnis zwischen dem Autor und dem Städtchen Jerichow. Die Barden des Dritten Reiches verstanden Blut als Rasse, Boden als Scholle, beides zusammen als plakative Verwurzelung. Johnsons Figuren jedoch sind allesamt, nicht erst in diesem neuen Buch, *insgeheim Entwurzelte.* Heinrich Cresspahl lebt als Entwurzelter in Jerichow, Gesine nicht minder in New York. Entwurzelt, ohne daß damit irgend etwas Abwertendes gesagt würde, sind auch die Nebenfiguren. Daß sämtliche Amerikaner, die gelegentlich auftauchen, in ihrem eigenen Land gleichfalls im Widerstreit leben zwischen Individualität und Umwelt, macht dies Buch, das bei Hitler ansetzt und bis Vietnam kam, zu einer paradigmatischen Schöpfung.

Wer erzählt? Im Herbst 1967 geht Gesine Cresspahl in New York zu einem Vortrag des deutschen Schriftstellers Uwe Johnson. Der Autor spricht auf Einladung einer jüdischen Organisation. Der Abend wird für ihn zu einem Mißerfolg. Man versteht nicht und will ihn auch nicht verstehen. Gesine lernt damit »ihren« Autor kennen. Sie kennt ihre Geschichte, aber Johnson kennt das Leben der Gesine Cresspahl auch als seine eigene Geschichte. Wer da erzählt? Der Autor sagt es zu seiner Kunstfigur: »Wir beide, Gesine.«

In dem Buch »Mutmaßungen über Jakob« bezogen sich die letzten Sätze auf Gesine Cresspahl. Das letzte Wort dieses ersten Bandes der »Jahrestage« heißt »Jakob«.

Fast 500 Seiten, und doch nur ein erster Band. Wer endgültig urteilen möchte, muß warten können. Uwe Johnson arbeitet langsam, doch unbeirrt. In Robert Schumanns »Carnaval« stürzen sich die avantgardistischen jungen Musiker auf die ästhetischen Philister, die aufziehen mit dem schönen Lied »und als der Großvater die Großmutter nahm ...« Musikalisch zerstört man ihnen die Spießbürgerhymne, stampft sie in den Boden. Die literarischen Avantgardisten mögen gleichfalls höhnen: hier werde von Großvätern und Enkelinnen erzählt, vom bloß privaten, vom kleinen Leid und Alltag. Nicht einmal ein Schriftsteller ist Held dieses Romans, der einen Roman schreiben möchte, um festzustellen: es geht nicht mehr. Diese Technik ist Uwe Johnson nicht unbekannt. Das »Dritte Buch über Achim«, das Journalist Karsch schreiben wollte, blieb ungeschrieben.

Wenn es bei Bewertung von bedeutender Literatur auf Sprachkraft ankommt und Sorgfalt der Konstruktion, auf Kenntnis von Dingen und Menschen, literarische Bildung, Humor und Empfindungskraft: dann sind die »Jahrestage« von Uwe Johnson, soweit dieser erste Band gemeint ist, ein bedeutendes Buch. Die wenigen Sätze etwa, wie Mutter und Tochter spielerisch ihre Kindheitsgeschichten miteinander vergleichen, bis Gesine plötzlich erinnert, daß Marie niemals an der Hand und mit dem Rat ihres Vaters die Welt entdecken wird, denn Jakob ist tot, sind nur vergleichbar einigen großen Augenblicken bei Gottfried Keller und Fontane, die Leid bedeuten. Allein Uwe Johnson weiß außerdem, daß das Leid seiner Menschen nicht mehr vergleichbar ist dem Traurigen, das Keller oder Fontane berichten mußten.

Auf den ersten Band (1970) folgte planmäßig im Jahre 1971 das zweite Buch mit Geschichten aus dem Leben der Gesine Cresspahl. In diesem Jahr 1971 erhielt Uwe Johnson den wichtigsten deutschen Literaturpreis, der in Georg Büchners Namen verliehen wird. Zwei Jahre später (1973) wurde der dritte Band veröffentlicht.

Dann begann die im Grunde nach wie vor rätselhafte Zäsur eines Jahrzehnts. Liest man den im Jahre 1983 erschienenen vierten Band, so läßt sich für einen mit Johnsons Arbeitsweise vertrauten Leser einigermaßen genau feststellen, wie weit die Arbeit an diesem Schlußteil zwischen 1973 und 1975 bereits vorgeschritten war, als jene Unterbrechung erfolgte, von der der Verfasser in seinen »Begleitumständen«, wenngleich bloß andeutungsweise, gesprochen hat.

Die »Schreibhemmung«, wie Johnson es nannte, *betraf ausschließlich die Weiterarbeit an den »Jahrestagen«.* Johnson hat nach wie vor sehr gute Gelegenheitsarbeiten in jener Zeit verfaßt. Übrigens auch im Jahre 1981 und als Beitrag für eine Festschrift zum 70. Geburtstag von *Max Frisch,* eine »Skizze eines Verunglückten«, die man, wahrscheinlich mit Recht, als eine fingierte, doch mit Lebensmaterial arbeitende Studie über den eigenen Zustand verstehen konnte.

Daß jene geheime Inhibition, zu deuten als Fluch eines unschöpferischen Dahinlebens, gerade und ausgerechnet den erhofften Abschluß der »Jahrestage« betraf, hängt mit vielerlei zusammen: mit der Lebensgeschichte Uwe Johnsons in jenen Jahren wie mit den geschichtlichen Konstellationen in der damaligen Welt. Der Plan des Geschehens in dem großen Romanprojekt hatte vorgesehen, daß Gesine Cresspahl, in New York inzwischen aufgerückt zur vertrauten Mitarbeiterin eines Weltbankiers mit Namen de Rosny, einen Geheimauftrag der Bank ausführen soll. Sie scheidet aus in New York, gibt ihre Wohnung auf an der Oberen Westseite, bereitet sich vor, mit der nunmehr elfjährigen Tochter Marie auf Umwegen, vielleicht mit neuen Identitätspapieren, nach Prag zu reisen. Dort ist alles in politischer und sozialer Gärung. Prager Frühling hat man es später genannt. Abermals große Hoffnungen und Erwartungen. Auch der amerikanische Kapitalismus zeigt sich hoffnungs- und erwartungsvoll. De Rosny möchte als erster den Tschechen und Slowaken einen riesigen Kredit anbieten. Dann wird man weiter sehen. Frau Cresspahl ist geeignet für diese Mission. Sie wuchs auf in der DDR, war damals und auch später in der Tschechoslowakei, ist sprachgewandt. Russisch hat sie in der Schule gelernt und hat sich im Tschechischen ein bißchen eingeübt. Sie soll als geheime Missionarin zur Stelle sein. Wenn es soweit ist.

Als Uwe Johnson, wohl Ende 1968, mit der Arbeit an den »Jahrestagen« begann, wußte er natürlich, wie alles ausgehen sollte. Auch hier wieder jene merkwürdige Parallele zu *Robert Musil* und zum »Mann ohne Eigenschaften«. Natürlich wußte Robert Musil, als er gegen Ende der zwanziger Jahre mit der Niederschrift seines Hauptwerkes begann, wie die kaiserlich-königliche, die österreich-ungarische, die habsburgische, die kakanische Welt seines Romans zu Ende gegangen war. Das große Erzählwerk blieb Fragment. Doch war für Musil niemals zweifelhaft gewesen, daß die Geschichte enden mußte mit Ausbruch des Weltkrieges von 1914.

Auch Uwe Johnson hatte die »Jahrestage« dahin angelegt, daß Gesine mit der Tochter Marie, nachdem man im August 1968 einen Umweg über Dänemark beschlossen hatte vor der Weiterreise nach Prag, von den Ereignissen des 21. August überrascht wurde. Brüderliche Hilfe der Sowjetunion und der Ostblockstaaten, sprich Panzer.

Die Schlußseiten der »Jahrestage« waren offenbar schon niedergeschrieben, als die große Lebenszäsur eintrat. Johnson hat während der Zeit der Unterbrechung häufig bei Lesungen gerade diesen Schluß vorgetragen. Was er nicht vermutet hatte oder erwarten konnte, hing nun mit der Tschechoslowakei auch in einem höchst persönlichen Sinne zusammen. Das hatte aufgehört, ein Thema der Zeitgeschichte zu sein. Es wurde Lebensgeschichte. Damit hing zusammen, wie man vermuten kann, daß entscheidende Figuren des Romans eine ganze und qualvolle Weile lang dem Autor abhanden kamen. Vor allem Gesine und Marie Cresspahl. Man mußte sie, geduldig wartend, mit dem Bewußtsein eines »Verunglückten«, langsam wieder zurückholen. Daß diese schöpferische Leistung gelang, gehört nicht bloß als subjektives Element, sondern als Ausdruck großer Schöpferkraft und Handwerklichkeit zum besonderen Reiz dieses vierten und letzten Bandes.

Im Verlauf eines zehnjährigen Arbeitsprozesses verspürt man, nun da das Gesamtwerk vorliegt, die immer stärker sich ausdrükkende Härte des Urteils über Menschen und Weltereignisse. Der erste Band wirkt, vom letzten her gesehen, noch konziliant. Die amerikanische Welt des Romans scheint noch nicht vergiftet von den Krankheitsherden und Metastasen des Krieges in Vietnam. Aber bereits im dritten Band wird unter dem 15. Mai 1968 über die Freude einer jüdischen Emigrantin reflektiert, der Mrs. Ferwalter, die nun endlich amerikanische Bürgerin werden konnte: »Sollen wir ihr die Freude verderben und widersprechen? Sollen wir sie stehen lassen, weil sie in die Bürgerschaft eines Landes gegangen ist, das ein anderes in Südostasien ausrotten will?« Schrecklicher, weil vom Leser vorerst unerwartet, sind auch die Schilderungen vom Tode der Mutter Cresspahl, jener Lisbeth aus dem gierig-reichen und nazistischen Elternhaus, das ihr einen Bruder beschert hat, der im Osten, ohne sonderliche Gemütserregung, beteiligt war am Massenmord. Gesine Cresspahl reflektiert jetzt erst, was sie als Kind nicht ahnen konnte: die Ursachen für den Untergang und frühen Tod der Mutter und für die wachsende Einsamkeit des Vaters Heinrich Cresspahl.

Dann kommen die Russen. Was nun im dritten und vierten Band der »Jahrestage« geschildert wird, läßt sich an Genauigkeit, Härte und mitschwingender Emotion mit keiner anderen Schilderung dieser schlimmsten deutschen Misere zwischen 1944 und 1946 vergleichen. Mit keinem Geschichtsbericht, keiner Dokumentensammlung. Alle damals und seither geschriebenen subjektiven Erlebnisberichte wirken daneben weinerlich und ungenau. Alles war viel schlimmer, wie Johnson nicht »meint«, sondern erzählt. Weil er es an Menschen zu demonstrieren hat. Soviel Niedertracht und Anpassung und Erbarmungslosigkeit. Auch soviel Komik immer wieder bei allem Grauen. Die »Jahrestage« von Uwe Johnson sind *auch* immer wieder ein großer *humoristischer Roman.*

Im dritten Band war die Geschichte der Frau Abs berichtet worden, die mit ihrem kleinen Sohn Jakob auf der Flucht aus

Pommern nach Mecklenburg kam und bei Cresspahl bleibt, um den Haushalt zu führen nach Lisbeths Tod. So kommen die Kinder zueinander, der ältere Jakob Abs und Gesine Cresspahl vom Jahrgang 1933. Je mehr das Romangeschehen fortschreitet, um so deutlicher dringt die Romanwelt der »Mutmaßungen über Jakob« als integrierender Bestandteil in das Geschehen der »Jahrestage«. Plötzlich ist auch von Jakobs Vater die Rede, dem Verschollenen. Hier spürt man eine große Nähe zum Leben Uwe Johnsons, der kaum Erinnerung hatte an seinen Vater. »In der kleinen Stadt, versteckt an der See, versteckt im Weizen, konnte der Mann sie nicht finden. Er hatte nicht versprochen, den Jungen und sie zu finden. Als er aus dem Wehrmachtsgefängnis Anklam entlassen und an die ostpreußische Front in Marsch gesetzt war, hatte er einen heimlichen Umweg über die Dievenow gemacht, für zwei Stunden in der Nacht auf dem Boninschen Hof, für das mündliche Testament.«

Als die Russen kommen, setzen sie den politisch unbelasteten Heinrich Cresspahl in Jerichow als Bürgermeister ein. Der steht natürlich vor unlösbaren Aufgaben. Einstweilen begünstigen ihn ein paar Offiziere der Sowjetischen Militäradministration, dann aber scheint er deutsch-russische Geschäfte zu stören. Plötzlich wird er abgeholt. Das Kind bleibt allein zurück mit der Frau Abs und mit Jakob. Was Gesine darüber zu berichten hat, bedeutet Erziehung zur Einsamkeit und für das Überleben. Jahrelang ist Cresspahl verschwunden. Dem Cresspahl-Kind weicht man aus. Damit will man nichts zu tun haben. Nachträglich erfährt man, daß Cresspahl geschlagen, auf Hungerration gesetzt, immer wieder verhört wird über Denunziationen, die schließlich widerlegt werden können. Plötzlich ist er wieder da, verdreckt und tief verletzt. Nun sitzt er in einer Badewanne und sein Bauer-Freund Johnny Schlegel gießt immer wieder heißes Wasser nach über den nackten und verdreckten Körper. Der Erzähler hat die Heimkehr nicht geschildert. Da ist jenes Gespräch zwischen Cresspahl und Johnny. Man spricht plattdeutsch und englisch, denn Cresspahl war ja jahrelang als Tischler im englischen Richmond, aber auch hochdeutsch. In eben dieser Diktion hätte das auch, wo der Erzähler in Bestform war, bei *Wilhelm Raabe* stehen können. Es war sinnvoll, daß Uwe Johnson noch während der großen Unterbrechung, im Jahre 1975, der Wilhelm-Raabe-Preis der Stadt Braunschweig verliehen wurde.

Vor allem der vierte Band aber bestätigt, daß die nach Erscheinen des ersten Bandes geäußerte Vermutung unrichtig war, ein großes Erzählwerk mit dem Untertitel »Aus dem Leben der Gesine Cresspahl« bediene sich der Titelfigur im wesentlichen, um das epische Geschehen, das sie umgibt, gleichsam zu ordnen. Davon kann die Rede nicht sein. Das Erzählgeschehen der vier Bände ist in der Tat zentral auf diese Figur hin angelegt. Der Irrtum mußte dadurch entstehen, daß Gesine im Verlauf des Romans immer älter wird, wodurch auch ihre Berichte über das eigene Leben immer genauer werden können. Zu Beginn mußte sie über Hörensagen, Familiengeschichten, über den Vater, über Jerichow, über Freund und Feind der Familie berichten. Je mehr sie heranwächst, um so deutlicher wird der autobiographische Bericht. Eines freilich bleibt auffallend: die Ereignisse des Jahres 1956 werden nur mit halben Sätzen und Andeutungen in Erinnerung gerufen. Es handelt sich schließlich um den Tod Jakobs, um die Liebesvereinigung Gesine–Jakob bei Jakobs letztem Besuch in Düsseldorf im Herbst 1956. Das gehört unmittelbar und im Wortsinn zum »Leben« der Gesine. Der Erzähler der »Jahrestage« setzt diese Kenntnis der »Mutmaßungen« beim Leser voraus. Diese Geschichte muß also nicht eigens wiederholt werden. So kommt es aber auch dazu, daß Marie niemals an der Hand ihres Vaters hat gehen können. Leidvoll ist dies für Gesine, Maries Mutter – so deutet es der Erzähler an.

Die Schilderungen über das Verhalten der deutschen Einheitskommunisten unter sowjetischer Militärhoheit sind hart und unerbittlich. Der Name Walter Ulbrichts fällt nicht. Bei Johnson heißt er immer nur »der Sachwalter«. Die Art, wie die Schülerin und spätere Oberschülerin Gesine Cresspahl um 1950 die Rituale im Blauhemd der Freien Deutschen Jugend erlebt und schildert, wird in einer bewußt verfremdeten Sprache referiert. Indem Johnson die offiziellen Bezeichnungen, Losungen, Propagandathesen in seine kühle, den Sachverhalt mitteilende Sprache übersetzt, erzeugt er immer wieder Komik. Hart geht es zu, wenn Lehrer-Denunzianten und ältere Jugendfunktionäre herumkommandieren und Begeisterung, Singen, Marschieren anordnen. Gesine hat auf der Oberschule von Gneez zwei Schulkameraden, zwei Jungen, mit denen sie eine kleine Widerstandsgemeinschaft inmitten der Klasse gebildet hat. Der eine Junge wird später ein zuverlässiger Parteikommunist, ein Meisterflieger bei der ostdeutschen, dann der sowjetischen Luftwaffe. Hoch gelobt und dekoriert. Irgendwann verunglückt er irgendwo in der Sowjetunion. Irgendwelche Überreste bringt man nach Mecklenburg zurück. Gesprochen wird nicht darüber. Heldisch ist er also offensichtlich nicht gestorben. Vielleicht auch ein Staatsfeind …

Der andere »Jugendfreund« (nach westdeutschem wie nach ostdeutschem Sprachgebrauch) wird entlarvt als Staatsfeind in seinem eigenen Land. »So wird Mancher, wenn er alles hinter sich hat, vor sich fünfundzwanzig Jahre Bau. Nie auf einer Fähre durch den Hafen von New York fahren dürfen. Ein Mädchen verloren haben. Kein Mal aufwachen dürfen, außer von dem Schlag gegen ein Stück Eisenschiene. Wissen, daß das einzige Gepäck die Erinnerung sein wird von bloß neunzehn und zwanzig Jahren.«

Auch Jakob Abs bekommt dank diesem vierten Band nachträglich starke und genaue Konturen. Johnson hatte seinem Jakob von jeher ein bißchen von der eigenen Lebenssubstanz abgegeben, genauso wie jenem Klaus Niebuhr aus dem ersten Roman »Ingrid Babendererde« oder der Figur Joachim de Catt, die stets wieder einmal auftaucht. An einer Stelle aber ist Jakob Abs unverkennbar als Uwe Johnson selbst zu verstehen. Gesine studiert in Halle, ein Kommilitone macht sich an sie heran, offensichtlich in höherem Auftrag. Er möchte sie zu seiner Geliebten machen, dann wird man weiter sehen. Als Gesine allein die Geschichte nicht zu Ende bringen kann, bittet sie Jakob herbei. Mit dem zieht sie abends durch Halle, bis man den so arg verliebten Mitstudenten irgendwo aufgestöbert hat. Jakob Abs stellt sich vor ihn hin und spricht ein paar Worte. Der andere verschwindet. Gesine vermutet, ihr Jakob Abs habe da vielleicht gesagt: »Mein Herr, ich bin wegen Körperverletzung vorbestraft.« Das hätte in der Tat auch Uwe Johnson bei einer solchen Gelegenheit sagen können.

Johnsons Exkurs über Theodor Fontanes Erzählung »Schach von Wuthenow«

An Schulgeschichten, meist grausamen und leidvollen, ist kein Mangel in der abendländischen Literatur. Die deutschen Beispiele bevorzugen dabei, nicht zufällig, das einzelne Subjekt: das Opfer oder den Täter. Entweder das »Leiden eines Knaben« (Beispiele der gequälten Mädchen wurden erst in neuerer Zeit für buchenswert gehalten), das Conrad Ferdinand Meyer in der so überschriebenen Erzählung, obwohl er eigene höchst bürgerliche und schweizerische Erfahrungen zu berichten hatte, ins aristokratische Versailles versetzte. Oder ein von den Kindern dämonisierter Schuldespot. Ein »König Ubu« in der berühmten französischen Farce von Alfred Jatry oder ein »Professor Unrat«, wie bei Heinrich Mann und im Katharineum zu Lübeck.

Die »Buddenbrooks« des jüngeren Bruders *Thomas Mann,* geschrieben von einem Autor in den Zwanzigern, vereinten in durchaus ungewöhnlicher Weise die Täter mit den Opfern. Hanno Buddenbrooks »junge Leiden« in der Schule, wohl auch im Katharineum, kennzeichneten die pädagogische Provinz eben als Provinz: als Parzelle eines gewaltigen Reiches. Hier gab es das gottgewollte Oben und Unten. Was für den Bürger heißen mochte: »machtgeschützte Innerlichkeit«. Die Formel stammte von Thomas Mann. Bildung und Besitz waren machtgeschützt. Wirtschaft und Kultur. Die Macht hingegen wurde anderswo exekutiert.

»Direktor Wulicke war ein furchtbarer Mann«, heißt es in den »Buddenbrooks«. Dann weiter: »... da waren nun die Begriffe Autorität, Pflicht, Macht, Dienst, Karriere zu höchster Würde gelangt, und ›der kategorische Imperativ unseres Philosophen Kant‹ war das Banner, das Direktor Wulicke in jeder Festrede bedrohlich entfaltete.«

Auch *Uwe Johnson,* als ein deutscher Erzähler, war fasziniert von den Jugend- und Schulgeschichten. Sein erstes Erzählwerk »Ingrid Babendererde« schildert die real-existierende DDR im Jahre 1953, am Vorabend des 17. Juni, durchaus als eine durch die pädagogische Provinz kenntlich gemachte Machtstruktur. Gesehen mit der Optik einer Abiturientenklasse irgendwo in Mecklenburg, zugleich aber auch durch einen genau hinblickenden Erzähler.

Schon in diesem epischen Erstling gibt es den Bericht über eine Deutschstunde: als geistiger Zweikampf zwischen den wahrheitsuchenden jungen Menschen und der dogmatischen Lehrkraft, die politische Berichte zu schreiben hat. Es geht um Brecht. Um jenen Bürger also der Deutschen Demokratischen Republik mit österreichischem Paß, der in Moskau und im Politbüro am Rosa-Luxemburg-Platz des östlichen Berlin in der Mitte agieren muß zwischen der erwünschten und der unerwünschten Literatur. Das wissen oder spüren die junge Ingrid Babendererde oder Klaus Niebuhr.

Uwe Johnson hat manches aus dem frühen Erzählwerk übernommen, abgewandelt oder neu integriert, im Schlußband der »Jahrestage«. Auch diesmal eine Deutschstunde um Brecht.

Neu konzipiert jedoch wurde ein Deutschunterricht im Zeichen von *Theodor Fontane:* konzentriert auf die Erzählung »Schach von Wuthenow«. Erzählung aus der Zeit des Regiments Gensdarmes. Entstanden 1878 bis 1882.

In den »Jahrestagen« hat sich die Erzählsituation gewandelt. Gesine Cresspahl erzählt von ihrer Schulzeit. Ort des Berichts: Manhattan, Obere Westseite. Erzählzeit: 1968. Die erzählte Zeit liegt über fünfzehn Jahre zurück. Dies ist abermals, wie in Uwe Johnsons »Drittem Buch über Achim«, der Bericht eines Berichts.

Auch hier, wie in den »Buddenbrooks«, wird die Deutschstunde verstanden gleichsam als Bericht über die geistige Lage einer Nation: eines ihrer Teile immerhin.

Das Klischee Täter-Opfer ist jedoch vermieden. »Ein Praktikum in Deutsch absolviert in Zusammenarbeit mit den Angehörigen der neuen Elf A Zwei der Diplomphilologe Mathias Weserich von der Universität Leipzig: noch ein Humpelmann, etwas beweglicher im Knie, dessen Gruß fiel aus als ein Diener vom Nacken her, mit einem fast viereckig aufgerissenen Mund voller knallweißer Zähne.«

Weserich wurde schwer verwundet im Krieg. Beinprothese und Zahnprothese. Er stammte aus Thüringen. Bei ihm lernen Gesine und Pagenkopf, ihr Mitschüler und Freund, weit mehr als »Deutsch«: nämlich genau lesen, wiederlesen, das Geschriebene ernst nehmen, nicht sich selbst »einbringen« wollen, sondern einem Autor wie Theodor Fontane vertrauen.

Ein Vergleich mit dem Roman »Deutschstunde« von *Siegfried Lenz* macht deutlich, daß Johnson im Herrn Weserich vielleicht andeuten wollte, wie er selbst, der Erzähler Uwe Johnson, gelesen werden möchte.

Auch die »Deutschstunde« von Siegfried Lenz gehört zum Jahr 1968. Das wichtigste Buch von Lenz seit der »Zeit der Schuldlosen« und vor dem Spätwerk des Jahres 1985. Siggi Jepsen schreibt seine Strafarbeit in Deutsch in einer Jugendstrafanstalt. Das befohlene Thema lautet: »Die Freuden der Pflicht«. Abermals der furchtbare Direktor Wulicke mit dem bedrohlich zitierten Kategorischen Imperativ. Es ist immer noch der hohle Sterbensheroismus, den man den anderen beibringen möchte. Siggi schreibt als Schüler und Sträfling im Dritten Reich. Vor Augen hat er die Gegenbilder des Vaters, dieses »nördlichsten Polizeipostens« im Deutschen und Dritten Reich, und des expressionistischen, folglich verfemten Malers Nansen, nach Emil Noldcs Modell.

Praktikant Weserich hingegen verordnet Fontane. Den gibt es aber nur in einem vergilbten Exemplar. Die Klasse stört das nicht: man wird es eben so halten wie bei anderen Deutschlehrern: Reden über ... Genau das wird man nicht. Das Vergilbte wird reproduziert. Man lernt lesen. Überschrift, Untertitel, der erste Satz. Warum so und nicht anders?

Seine Frankfurter Vorlesungen stellte Uwe Johnson unter die Überschrift »Begleitumstände«. Auf Erläuterungen zur eigenen Poetik ließ er sich dabei nicht ein.

Hier, aus Anlaß des jungen Adelsmannes Schach von Wuthenow, scheint der Autor vom eigenen Handwerk zu sprechen. Schachs Geschichte faßt der Schüler Dagobert Sasse bei Johnson so zusammen: »Der König befiehlt ihm die Heirat, macht er dann auch; aber erschießt sich nach dem Mittagessen. Den Namen und das Kind, das läßt er ihr.«

Dann macht der Schüler »eine gefällige Handbewegung, so daß wir ihm ansehen konnten, was er meinte: ist doch wahr, oder?«

So wird hier Fontane gelesen, monatelang. Auch die amtlich postulierte Gesellschaftskritik kommt nicht zu kurz. Eine Geschichte aus einem unzeitgemäß gewordenen System. Aber dann wird Weserichs Deutung plötzlich, dank dem Schüler Lockenvitz, konfrontiert mit dem offiziellen Literaturkanon. Lockenvitz war in Berlin, entdeckt dort die Zeitschrift »Sinn und Form« »Heft zwei des Jahrgangs. Seite 44-93«. Dort schreibt »der amtierende Fachmann für sozialistische Theorie in der Literatur«. Er dekretiert, »alle Gesellschaftskritik in Fontanes Erzählung sei purer Zufall, nicht komponiert. Die darin geübte Kritik am preußischen Wert sei ›absichtslos‹, sei ›unbewußt‹.«

Das zielt auf Georg Lukács und seine Thesen über historische Romane und Erzählungen. Wer aber nachschlägt, an der genau bezeichneten Stelle der Zeitschrift »Sinn und Form«, findet nichts dergleichen. »›Aber das müssen Sie alles erfinden, was Sie schreiben‹, sagte sie.«

Weserich läßt sich die amtliche Meinung geben, verreist dann. »Der kam zurück, dem waren wir widerlich.« Schluß mit dem Schach von Wuthenow. Nun also Frau Jenny Treibel. Da kann nichts passieren.

Zorn und Trauer

Auch der Erzähler der »Jahrestage« hält sich an Thomas Manns Maxime aus dem »Vorsatz« zum »Zauberberg«, wonach Erzählen zu verstehen sei als »raunendes Beschwören eines Imperfekts«. Womit zugleich einbekannt wird, daß man beim Erzählen weiß, wie alles weiterging. Dergleichen braucht den Dramatiker nicht zu bekümmern, vor allem nicht in den Komödien. Wie es weitergeht mit dem Soldatenglück des Majors von Tellheim und des Fräuleins von Barnhelm, wenn der Vorhang fällt, das mag sich jeder selbst ausdenken. Der Dramatiker hat darüber nichts zu sagen.

Erzählen hingegen kann nicht stattfinden, ohne daß Trauer spürbar würde. All dies Vergangene. Trauer und Zorn.

Thomas Mann und Robert Musil wußten, wie jene Welt zu Ende kam, die im »Zauberberg« und im »Mann ohne Eigenschaften« so lebensvoll sich präsentiert hatte. Auch für *Robert Musil* stand fest, als er gegen das Ende der zwanziger Jahre seinen Gegenentwurf zum »Zauberberg« plante, daß die Geschichte abbrechen müsse mit dem Kriegsausbruch von 1914. Ganz wie im »Zauberberg«. Eine kakanische »Parallelaktion« bereitet für das

Jahr 1918 das siebzigjährige Regierungsjubiläum des Kaisers Franz Joseph vor. Wien will Berlin, das 1918 das dreißigjährige Regierungsjubiläum Kaiser Wilhelms feiern würde, überbieten. So planten es die »Schwärmer« in Musils Roman.

Aber Franz Joseph starb 1916, und das projektierte Jubiläumsjahr bedeutete das Ende der Habsburger-Herrschaft. Bedeutete auch das Ende der Hohenzollern-Monarchie. Was die Erzähler natürlich wußten und beim Leser voraussetzten.

Auch die »Jahrestage« erinnern, nicht allein durch die imperfektivische Melancholie, immer wieder an den »Zauberberg«: ob Johnson das bewußt war oder nicht. Ein plebejischer deutscher Kosmos als später Gegenentwurf zu Thomas Manns bürgerlichem Sanatorium. Auch die Gesellschaft der Kranken in Davos, mit dem guten und dem schlechten Russentisch, war international gewesen. Das epische Universum der »Jahrestage« ist Kriegs- und Nachkriegswelt; auch wieder bereits, nicht bloß in Vietnam, eine Kriegswelt. Gleichfalls eine kranke Welt: wie jene des Jahrhundertbeginns. Zorn und Trauer.

Am Schluß der »Jahrestage« stehen drei Menschen in Dänemark vor der Weite des Meeres. Der Ostsee natürlich, die Johnson gern, um internationale Genauigkeit bemüht, als Baltische See zu bezeichnen liebt.

Gesine Cresspahl und Marie gedenken weiterzufliegen nach Prag. So verlangt es die Bank und die Mission. Doch gerade zu jener Stunde zieht die brüderliche sozialistische Hilfe an der Moldau ein. Herbeigerufen aufs Stichwort.

Drei Generationen. Die treue Freundin der Gesine hat es fertiggebracht, den geliebten alten Lehrer Dr. Kliefoth, einen »guten Deutschen«, zum Abschied nach Dänemark zu holen. Zum Abschied? Es ist der 20. August 1968. Ein kurzer Aufenthalt vor der Weiterreise nach Prag. »Heute abend rufen wir an aus Prag.«

Der Erzähler weiß es anders. Er nimmt Abschied. »Wie es uns ergeht, haben wir aufgeschrieben bis zu unserer Arbeit in Prag. 1875 Seiten ...« Es wurden 1892 Seiten.

Die »Jahrestage« enden so: »Beim Gehen an der See gerieten wir ins Wasser. Rasselnde Kiesel um die Knöchel. Wir hielten einander an den Händen: ein Kind; ein Mann unterwegs an den Ort wo die Toten sind; und sie, das Kind das ich war.«

Zorn und Trauer ebenso beim Anblick der politisch-polemischen, vor allem auch der literaturtheoretischen Texte vom Jahre 1968. Auch sie sind zornig zumeist. Es fehlt ihnen jedoch jeder Anflug von Trauer. Man war zuversichtlich.

Ein Element des Unernsten war damals bei allen Aktionen, Demos, Verweigerungen spürbar. Selbst wenn es blutig zuging auf allen Seiten. Vergleicht man die Berichte über die deutschen Revolten (die französischen Vorgänge sind anders zu bewerten), so wirken sie oftmals wie nicht ganz geglückte Illustrationen zu *Elias Canettis* Diagnosen in dem Buch *»Masse und Macht«*. Leicht verzerrt und nicht ganz seriös. Das macht: ganz echt war weder die Masse noch die Macht.

Ein *sonderbares Element des Ästhetischen war allem beigemengt*. Das muß nicht gegen den Ernst einer Revolte, gar Revolution sprechen. Natürlich waren die Hinrichtungen auf dem damaligen Revolutionsplatz von Paris im Jahre 1793, der heutigen Place de la Concorde, zugleich zirzensisch. Die Pariser Studenten in dem von ihnen besetzten Odéon-Theater waren sich im Jahre 1968 solcher Traditionen bewußt, als sie die Losung ausgaben: »L'Imagination au Pouvoir!« Die Phantasie müsse die Macht ergreifen. Gemeint war die schöpferische Phantasie von Künstlern.

Den deutschen Revolten hat es wohl, wie die Texte demonstrieren, an der eigentlichen politisch-künstlerischen Schöpferkraft gefehlt. Die Ursache läßt sich ahnen. Es fehlten nicht die Begabungen. Im Gegenteil, die Wortführer der Studentenbewegung: Rabehl, die Brüder Wolff, Krahl, Nevermann, vor allem Dutschke natürlich, waren begabt. Viele Desmoulins, ein paar Ansätze zu Marat und Robespierre. Kein Danton. Gerade das ist Rudi Dutschke nicht gewesen.

Mit Ausnahme der Epigramme und Happenings von Fritz Teufel und den Seinen gab es nur ästhetische Kraftlosigkeit. Diese hatte ihren – paradoxen – Ursprung im Antiliteratentum so vieler Intellektueller. Von Tucholsky stammt der berühmte Satz, es sei widerwärtig mitanzusehen, »wenn Literaten Literaten Literaten nennen«.

Die *tiefe deutsche Intellektuellen- und Literatenfeindschaft* hatte sich sogar diesen jungen deutschen Intellektuellen mitgeteilt, die alle aus dem Bürgertum kamen, meistens einem solchen von Bildung und Besitz. Als sie sich, umgeben von vielen Gleichgesinnten, in einer Masse zu befinden schienen, richtete sich ihre Phantasie auf die Abschaffung der Phantasie. Die gefesselte Phantasie, wieder einmal. *Traktate über das Ende der Literatur.* Wieder einmal jenes wohlbekannte: »Die Literatur soll ...« »Die Literatur soll nicht ...« »Die Literatur hat ...« Eine bürgerliche Revolte. Eine deutsche Revolte.

Im Jahre 1936 veröffentlichte *Max Horkheimer* in der nach Paris emigrierten »Zeitschrift für Sozialforschung« seine Studie über »Egoismus und Freiheitsbewegung«. Mit dem Untertitel »Zur Anthropologie des bürgerlichen Zeitalters«. Darin kommt er auch, mit Notwendigkeit, auf das Phänomen des *Terrorismus* zu sprechen. Vor allem an Beispielen aus dem französischen revolutionären Terrorismus von 1793/94 unterscheidet der Anthropologe zwischen dem »Terror gegen Gegner« und dem »Terror für Anhänger«. Hier die für notwendig gehaltene Repressionsmaßnahme, beispielsweise Dantons Entscheidung für die Ermordung der gefangenen Royalisten, weil man einen Sieg des fürstlichen Interventionsheeres befürchten muß. Dort die spektakuläre Hinrichtung, Demütigung, Folterung: damit die Anhängerschaften etwas davon haben, daß ihre Führer die Macht ausüben können. Horkheimer analysierte noch vor dem Einmarsch der Braunen in Österreich. Die Judenhatz zu Wien wird man auch heute noch als Modell eines solchen »Terrors für Anhänger« deuten können.

Der Ästhetizismus der Achtundsechziger vermochte noch ohne Repression, erst recht ohne den Terrorismus auszukommen. Immerhin gab es bereits Möglichkeiten des Übergangs. Die Frankfurter Brandstiftungen im Kaufhaus, als Signal und Fanal verstanden gegen Konsumterror, waren ihrerseits bereits Terror: Terror zum Zweck der Propaganda. Terror für Anhänger. Der Prozeß gegen die Brandstifter führte zur terroristischen Gefangenenbefreiung. Das Weitere ist bekannt.

In seinem Essay mit der Überschrift »Ein Kranz für die Literatur. Fünf Variationen über eine These« zitiert *Karl Markus Michel* den sonderbaren Ausspruch eines der Studentenführer. »Unsere Demonstrationen werden immer schöner. Sie hätten sehen sollen, wie wir mit Dany nach Forbach zogen, mit gelben Ginstersträußen und vielen roten Fahnen ...« Karl Markus Michel kann sein Unbehagen nicht verbergen bei solchem ideologischen Synkretismus, versucht aber zu verstehen: »Der fast naive Verweis auf Ästhetisches, der dem Problem scheinbar auswich, da er kaum auf eine Wirkungsästhetik, vielmehr auf eine Ausdrucks- oder Befriedigungsästhetik abhob, gab doch eine Antwort, die das Problem erst richtig stellte: Cui bono?«

Cui bono? – in der Tat. Wem nützte die schöne Demo mit Ginster und roten Fahnen? Wirkung konnte sie nicht haben, außer bei Gleichgesinnten, die notfalls auch ohne das Gelb und Rot auskommen werden. Also Befriedigungsästhetik. Das Schöne als Ausdruck des Wahren. Wie bei Friedrich Schiller.

Die *Nummer 15 der Zeitschrift »Kursbuch« vom Jahre 1968,* die Michels Text druckte, ist vermutlich das gültigste Dokument nicht nur dessen, was Martin Walser später, in der Nummer 20 derselben Zeitschrift und im Jahre 1970, als »Neueste Stimmung im Westen« ironisieren sollte. Jene Nummer 15 der von Hans Magnus Enzensberger begründeten und damals noch als Herausgeber verantworteten Revue faßt die ideologischen Negationen und Affirmationen der Revolte von 1968 fast immer in exemplarischen Beiträgen zusammen.

Kuba und China stehen voran. Ein Dossier möchte Dokumente liefern zur damaligen chinesischen Kulturrevolution. Man weiß heute, daß sie den 1956 gestorbenen Schriftsteller *Lu Hsün* für Maos späte Politik der Kulturrevolution in Anspruch nehmen wollte. Unbedenklich und ohne Kommentar werden im Dossier von 1968 die offiziell maoistischen Verurteilungen abgedruckt: »Im Mai 1955 wies das ganze Land erfolgreich die konterrevolutionäre Clique Hu Fengs ab. Dieser Mann war ein Renegat, der sich später in die Reihen der Revolution eingeschlichen hatte. Nach der Befreiung organisierte er in Literatur- und Kunstkreisen eine finstere Bande ...«

Auf Arnfried Astels in dieser Nummer 15 abgedruckte Acht Epigramme kann man getrost mit einem dieser Gedichtlein antworten, dem fünften:

Originalität

Er wollte auch
in die Kerbe schlagen,
holte weit aus,
schlug aber daneben.

Karl Markus Michels Essay hingegen ist ein literarisches und historisches Dokument geblieben. Da Michel weitgehend und bis zur Gegenwart die Verantwortung für den Kurs dieses Kursbuchs trägt, läßt sich von seinem eigenem Deutungsschema her auch die spätere Kulturpolitik ableiten: *die Literatur nach dem Ende der Literatur.* Alles wirkt weiter und wird modifiziert in der Nummer 20 von 1970 mit dem Thema »Über ästhetische Fragen«, bis hin zur Nummer 89, die im September 1987 erschien und Michels Aufsatz »Rückkehr zur Fassade« enthält. Gemeint ist eine Ästhetik der »Wende« in der Bundesrepublik Deutschland.

Es ist lehrreich, die beiden Hefte 15 und 20 des »Kursbuch« miteinander zu vergleichen. 1968 und 1970. Vorher und Nachher. Oder Glanz und Elend, nach der Balzac-Formel. Es zeigt sich, beim Lesen der Texte von 1970, daß Karl Markus Michels mildes Urteil über die ästhetische Schönheit der Demonstrationen die Gefahr eines solchen politischen Ästhetizismus unterschätzt hatte. Wo Schönheit angestrebt wird im gesellschaftlichen Protest, fehlt die Notwendigkeit, weil die Not fehlt. Damit fehlt auch die Berufung auf ein Widerstandsrecht.

Dann geht es nicht mehr um die Masse und die Macht, sondern um die – bürgerliche – Selbstverwirklichung von einzelnen. Eben diese Folgerung wird von *Martin Walser* in seiner hippokratischen Diagnose in der Nummer 20 mit Hilfe eines Vergleichs gezogen: »Der Schriftsteller, der nach Bomben und Maschinengewehr gegen Mitmenschen ruft, erfüllt dieselbe Funktion wie der Filmschauspieler, der zum 7. Male heiratet. Er lebt sich exemplarisch aus vor den Augen derer, die sich das nicht leisten können. Er praktiziert einen Narzißmus, der, wenn man die Entfernung zum Publikum bedenkt, zynisch genannt werden darf.«

Was Walser beschreibt, ist eine Praxis, die sich erst in den siebziger Jahren entfalten sollte. Alles im Jahre 1968 so modische Gerede über das »Ende der Literatur« kann das Aufhören von Literatur nicht dekretieren: außer durch diktatoriale Gewalt, die jedoch nicht fertig zu werden vermag mit den zahllosen Formen geheimer Literatur. Der Begriff der Literatur ist immens vielschichtig. Es war ein deutsches und spätbürgerliches Vorurteil, die Dichtung von der Literatur zu trennen, noch dazu wertend oder abwertend: ganz wie die angeblich deutsche Kultur von der angeblich welschen Zivilisation.

Literatur ist weder erziehbar noch sterblich, unter menschlichen Verhältnissen. »Verbiete du dem Seidenwurm, zu spinnen ...«, sagt der Dichter Tasso bei Goethe zum Vertreter der Macht.

Übrigens waren jene Thesen vom Ende der Literatur, oft wiederholt in Demos und Sit-Ins des Jahres 1968, nicht wörtlich gemeint: also ernst. Man war gegen Schöne Literatur, gegen die Belletristik. Vierzig Jahre vorher, um das Jahr 1928, hatte man von Moskau aus die Literatur reduzieren wollen auf politische Agitation und Propaganda. Geblieben war nichts vom Straßentheater und den Kampfsongs eines Erich Weinert, Walter Mehring oder auch Brecht: nichts als eben Literatur. Die Politik war gescheitert, was auch an Fehlern der ästhetischen Theorie gelegen hatte. Den Älteren mußten folglich die nunmehr von jungen Menschen, von vielen Studenten, wiederholten Formeln des einstigen Bundes proletarisch-revolutionärer Schriftsteller geradezu als selbstmordsüchtig vorkommen. Von aller Unwirksamkeit abgesehen. Der Künstler und der Seidenwurm.

Lag es an solcher falschen, tief unkünstlerischen Auffassung von künstlerischer Kreativität, daß die eigentlichen Achtundsechziger keine nach wie vor lesens- und bedenkenswerte Literatur hinterlassen haben? Ein Text von Yaak Karsunke über »Die Straße und das Theater« (Heft 20) stellt folgendes Motto voran: »Dazu kommt, daß das Theater, so lange der Krieg dauert, nur ein untergeordnetes Interesse bietet.«

Ein Satz *Theodor Fontanes,* geschrieben während des deutschfranzösischen Krieges von 1870. Im Grunde zitierte hier auch Fontane. Das antike Diktum nämlich, wonach die Musen zu schweigen hätten, solange die Waffen »reden«. In der Tat pflegten die Musen dann zu schweigen – auch ohne Geheiß.

Karl Markus Michel hält nichts von der Endlichkeit der Literatur. Er windet einen »Kranz für die Literatur«. Freilich hält er wenig von einer – sozusagen – streng literarischen Beschäftigung mit der jeweiligen Literatur. Das seien idealistische Tröstungen.

Im Jahre 1968 formuliert er folglich: »Die neue Linke, so scheint es, verschmäht diese Tröstungen. Was immer ihre Theorie sein mag: ihre Praxis zeigt, daß sie den Kampf, der – streng marxistisch – der Basis gelten sollte, in erster Linie gegen den Überbau führt. Das mag eine Not sein, aber es ist zugleich eine Chance, die nämlich, sich dem Zugriff der kulturellen Apparate zu entziehen.«

Auch diese Debatte ist wohlbekannt: historisch genauso durchgespielt wie die Forderung nach der nichts-als-aktivistischen Textfabrikation. Daß jene von Michel beschworene »Chance« keine war, eben weil man keinen gesellschaftlichen Unterbau repräsentieren konnte, hat sich bald gezeigt. Die Antwort an Karl Markus Michel schrieb einer, der das alles auch selbst erlebt hatte: Literatur, große diesmal, die ohne Basis auszukommen suchte, aber wenigstens die Basis, damals eine bäuerliche, nicht von vornherein abschrieb.

Im Jahre 1836 schreibt *Georg Büchner* aus dem Straßburger Exil an seinen Protektor, den Schriftsteller Karl Gutzkow: »Übrigens, um aufrichtig zu sein, Sie und Ihre Freunde scheinen mir nicht grade den klügsten Weg gegangen zu sein. Die Gesellschaft mittels *der Idee* von der *gebildeten* Klasse aus reformieren? Unmöglich!«

> Sie ist nicht fähig, einzusehen,
> daß sie mit toten Begriffen von toten Dingen redet.
>
> Walter Boehlich, Autodafé

Dem Heft 15 der Zeitschrift »Kursbuch« war als »Kursbogen« ein Manifest beigelegt worden: gedruckt nach dem Vorbild einer amtlichen oder gegenamtlichen Proklamation, die angeklebt wird an der Litfaß-Säule, wo jeder sie im Freien lesen und erörtern kann. Der Verfasser *Walter Boehlich* hatte in besonders kleinen Lettern unterzeichnet. Was bedeutet, nicht wahr, der einzelne, wenn es um das Große geht. Denn es soll in diesem Manifest um »Größe« gehen. Die aber ist ein eminent bürgerlich-humanistischer Begriff. Die parallelen Lebensgeschichten großer Griechen und Römer bei Plutarch. Der Stürmer und Dränger Karl Moor in Schillers »Räubern« las in seinem Plutarch, weil es ihn ekelte vor dem »tintenklecksenden Saekulum«. Bürgerliche Emanzipation in Deutschland. Solche Größe wünscht sich Boehlich im Jahre 1968, weil es ihn ekelt vor dem tintenklecksenden spätbürgerlichen Kulturbetrieb. Einer Betriebsamkeit, die den Todesfall vertusche. Nachruf auf die bürgerliche Kritik. »Sie ist gestorben mit der bürgerlichen Welt, zu der sie gehört hat.«

Doch sie scheint unverdrossen weiterzuleben. Boehlich beschwichtigt: »Was wie Leben aussieht, ist Agonie. / Was wie Agonie aussieht, ist Tod.«

Offenbar gibt es Nuancen im Tod, daher die - rhetorische - Frage: »Wie tot ist die bürgerliche Kritik?« Und die Antwort: »Sie ist so tot, daß sie nicht einmal mehr hervorbringt, was die bürgerliche Welt allemal hervorgebracht hat: Größe.«

Die bewußt jahrmarktmäßige Aufmachung seines Manifestes, das Boehlich jedoch nicht, was Karl Kraus in solchen Fällen getan hat, als Plakat aufkleben läßt, sondern einer anspruchsvollen Revue anvertraut, meint trotzdem einen ernsten und wichtigen, fast unlösbaren Zwiespalt. Nämlich die marxistische und außermarxistische Erkenntnis, daß die bürgerliche Realität in allen Bereichen gescheitert ist an den Postulaten, mit welchen sie einst emanzipatorisch angetreten war. »Sterbender Kapitalismus«: das war zur marxistischen Schulweisheit verkommen. Man lernte das, weil es nicht anders ging. In den »Jahrestagen« von Uwe Johnson wurde gezeigt, wie es dabei zuging. Der sterbende Kapitalismus aber starb immer noch ein bißchen weiter.

Boehlich behauptet: das sei bloßer Schein. Der sterbe wirklich. Der alte *Ernst Bloch,* dem Karl Markus Michel gegenüber Adorno wenig Zukunftsbedeutung beimißt, sah den Vorgang mit größerer Neugier, mithin realistischer. »Dieser Kapitalismus, der immer totgesagt wird und immer weiterlebt: der fängt an, mich als Problem zu interessieren!«

Walter Boehlichs Text ist ein schönes Manifest des späten Expressionismus. Viel besser geschrieben und viel genauer als Wolfgang Borcherts Proklamation von 1945. Freilich wählte der Autor dieses »Kursbogens« nicht die Überschrift »Manifest« oder »Proklamation« oder so ähnlich. Der Hispanist Walter Boehlich gab seinem Text die Überschrift: AUTODAFÉ. Ein Autodafé aber war ein Glaubensspektakel. Gegenreformation, spanisches 17. Jahrhundert. Die öffentliche Verbrennung überführter Sünder. Öffentlich vollzogen und mit Ritual. Damit die Seele gereinigt werde. Gleichzeitig Terror gegen Gegner und für Anhänger.

Sollte auch diesmal ein Scheiterhaufen errichtet werden? In Form einer Leichenverbrennung? Walter Boehlich sagt es nicht. Allein er schien von irgendeiner Praxis zu träumen.

Exkurs: Die neue literarische Saison 1969

»Hinter einer Vordergrundliteratur, die auch in der jetzt beginnenden Saison allen zum Trotz den Markt, das Geschäft, die Zeitungen und die Gesellschaft beherrschen wird, spielt sich ein echter literarischer und weltanschaulicher Kampf ab, steht eine Problematik, die namentlich die junge Literatur stark beschäftigt, die ernsthafte junge Literatur, und sie zweifellos auch im kommenden Winter in Anbetracht der Zeitlage noch mehr beschäftigen wird. Bringen wir dies Problem auf eine kurze Formulierung, so ist sein Inhalt der Gegensatz zwischen der kollektivistischen und der artistischen Kunst. Die Frage, die diskutiert wird, lautet: hat der Mensch bei unserer heutigen sozialen und gesellschaftlichen Lage überhaupt noch das Recht, eigene individuelle Probleme zu empfinden und darzustellen, oder hat es nur noch kollektive Probleme zu geben?«

Vor ziemlich genau achtunddreißig Jahren (1931) wurden diese Sätze formuliert und vorgetragen. Unter dem Titel »Die neue literarische Saison« hielt *Gottfried Benn* in Berlin einen Rundfunk-

Vortrag. Sinnigerweise am 28. August, an Goethes Geburtstag also. Der Titel bereits war schnöde und schnoddrig formuliert. Nicht von Ewigkeiten gedachte Benn zu sprechen, sondern von einer höchst reduzierten Jahreszeit der Literatur. Nicht Goethes »ewige Gefühle« - dafür der Hinweis auf den Ausspruch eines Mitglieds der damals in Berlin einflußreichen »Gruppe revolutionärer Schriftsteller«, der so gelautet hatte: »Das Ewig-Menschliche widert uns an.« Konkretheit also und unmittelbare Aktion. Oder aber: eine Artistik, welche sich dem sozialen Auftrag ausdrücklich verweigert.

Welche Entscheidung Gottfried Benn damals für sich traf, wohl auch treffen mußte nach allem, was sich als lyrische Manifestation mit seinem Namen verbunden hatte, ist bekannt. Mit einer literarischen Saison, überhaupt mit einer auf das Zeitliche getrimmten Literatur hatte er nichts vor. Seine Äonen waren nicht goetheanisch - was er ein Jahr später (1932) in der Rede über »Goethe und die Naturwissenschaften« demonstrieren sollte -, sondern nietzscheanisch. Um Benn abermals zu zitieren: »Der Mensch, nicht mehr der dicke hochgekämpfte Affe der Darwinschen Ära, sondern ursprünglich und primär in seinen Elementen als metaphysisches Wesen angelegt, nicht der Zuchtstier, nicht der Sieghafte, sondern der von Anfang an Seiende, der tragisch Seiende, dabei immer der Mächtige über den Tieren und der Bebauer der Natur.«

Wohin diese neue Metaphysik und Artistik bald darauf führen sollte, ist gleichfalls bekannt.

Dies alles wird erinnert am Beginn einer abermals neuen literarischen Saison. Gottfried Benns Rede klang aus, indem sie das Unwiederbringliche einer Goethe-Zeit am Beispiel damaliger Ansichten vom Mond demonstrierte: »Luna, die Busch und Tal füllt, ist der vierte Mond, in den wir sehen.« Benn folgert aus dieser Erkenntnis nicht bloß Unwiederbringlichkeit, also elegische Dichtung, sondern »Unaufhörlichkeit«, immer noch die futurische Expression sogenannter Ausdruckskunst.

Wir sehen Luna wiederum anders als Gottfried Benn: weder elegisch und antiker Form sich nähernd, noch expressionistisch und metaphysisch. Daß heutige Lyriker in den Vereinigten Staaten die Astronauten besingen werden, ist kaum anzunehmen. In der Sowjetunion wurden die Sputniks und Mondsonden mitsamt Gagarin und seinen Nachfolgern nur Anlaß zu schlechter, subjektiv oder gar objektiv verordneter Literatur. Das literarische Mißlingen war so offensichtlich, daß man sich fragen mußte, ob hier nicht Inkongruenz vorlag zwischen menschlicher Aktion und technischer Perfektion einerseits, der Unzulänglichkeit von Sprache und literarischer Form auf der anderen Seite.

»Zu Hitler fällt mir nichts ein«, hatte *Karl Kraus* im Jahre 1933 erklärt. Man nahm es damals für Drückebergerei und Eskapismus. Kraus verstand es anders. Das Wort entschlief, als jene Welt erwachte. Gemeint war, wie sich herausstellen sollte, nicht bloß die Hitler-Welt im weitesten Verstande, sondern auch die scheinbare Friedenswelt der Kulturindustrien und Kulturrevolutionen. Das Wort entschlief nicht nur vor Hitler und Auschwitz, sondern auch während der Wortmanipulationen moderner Bewußtseins- und Konsumindustrien. Der lyrische Herzenston erklang von nun an in den Werbeprospekten. Das heroische Pathos von Pindar bis Hölderlin erwies sich, nach Hitler, als unzumutbar für Schriftsteller. Wer die Mondlandung am amerikanischen Fernsehen mitverfolgte, konnte sich freuen über den entschlossenen Verzicht auf Literarisierung und Heroisierung. Man mißtraute - mit Recht - in Texas und bei den amerikanischen Nachrichtenzentralen der Unfähigkeit und Verlogenheit von Derivaten einer ehemals intakten Literatursprache und Gattungslehre.

Als daher wirklich so etwas beobachtet werden konnte wie menschliche Größe, hatte die Literatur zu verstummen. Bei Pindar gab es noch Kongruenz zwischen Tat und Gesang. Hölderlins Gesang verstand sich als Ersatz für das Fehlen großer Taten. *Wir Heutigen erleben die bisher schärfste Antinomie von Leben und Literatur.*

Dies schließt nicht aus, die alten Antithesen Gottfried Benns vom Jahre 1931 weiter zu bereden. Natürlich gibt es auch jetzt noch das artistische und das kollektivistische Lager im Literaturbereich. Allein auch hier hat sich seit Ausgang des Expressionismus und der Neuen Sachlichkeit eine sonderbare Veränderung vollzogen. Damals die Entgegensetzung von Elfenbeinturm und literarischem Volkstribunat. Mit beidem ist heute vor der jungen Generation nicht viel Eindruck zu machen. Alle rein artistischen

Raffinements wurden erprobt, alle Blumen des Bösen gepflückt. Die lyrischen Destillate einer erlesenen Schönheit oder exorbitanten Scheußlichkeit munden nicht mehr so recht. Andererseits haben sich seit den Tagen des jungen Brecht auch im Bereich der proletarisch-revolutionären Schriftsteller einige Veränderungen ergeben. »Sterne, unendliches Glühen«, besang Johannes R. Becher die roten Sterne der Sowjetunion. In *Bertolt Brechts* Gedicht »Die Literatur wird durchforscht werden« vom Jahre 1939 trennen sich die apologetischen von den revolutionären Literaten:

> Aber in jener Zeit werden gepriesen werden
> Die auf dem nackten Boden saßen, zu schreiben
> Die unter den Niedrigen saßen
> Die bei den Kämpfern saßen.
>
> Die von den Leiden der Niedrigen berichteten
> Die von den Taten der Kämpfer berichteten
> Kunstvoll. In der edlen Sprache
> Vordem reserviert
> Der Verherrlichung der Könige.

Wir vermögen heute die Erzeugnisse dieses politisch-literarischen Engagements nicht von den Realitäten zu trennen, für welche man sich engagiert hatte: Es gibt Utopismen mit Namen »Sowjetunion« und »revolutionäres Proletariat« – und es gibt deren politische und gesellschaftliche Realitäten.

Noch in den fünfziger Jahren setzte in Frankreich, nach den großen Debatten zwischen den Pariser »Mandarinen« Sartre und Camus, ein neuer und heftiger Streit um die Antithese von »reiner« oder »engagierter« Literatur ein. Wie anachronistisch er jedoch seit jener Diagnose Gottfried Benns von 1931 geworden war, erwies sich während der Pariser Ereignisse im Mai 1968. Das politische Engagement kommunistischer Schriftsteller wie Aragon wurde damals mit der konkreten Strategie und Taktik des kommunistischen Zentralkomitees konfrontiert. Die etablierte Literatur spielte während der Revolte kaum eine Rolle: selbst nicht die Literatur und Person eines Jean-Paul Sartre. Vielleicht entstand aber damals in Wandsprüchen, Schimpfversen, improvisierten Szenen eines Straßentheaters eine neue Literatur, die es dadurch werden konnte, daß sie es nicht zu sein gedachte.

Immer mehr freilich stellt sich für engagierte Schriftsteller die Frage, ob diese ihre auch personal zu führende Aktion überhaupt noch durch literarische Mittel bewirkt, sogar bloß noch ergänzt werden könnte. Scheint alle bisherige Literatur nicht umgekehrt der Aktion zu schaden? Man sollte derartige Positionen, wie sie in der letzten Zeit neben anderen vor allem *Hans Magnus Enzensberger* vertrat, nicht bloß als literarisches Spiel mit dem Aktivismus verstehen, überhaupt weniger als politische denn als literarische Entscheidung interpretieren. Der Verzicht auf Literatur zugunsten der Aktion entspringt einer Einsicht in die Irrelevanz und Inkongruenz bisheriger Literatur. Was sich bei unserer Analyse des Astronautenfluges erwies, wiederholt sich im Bereich menschlicher Aktionen der Veränderung. Das Wort entschlief auch hier.

Nicht besser steht es mit den heutigen Nachfahren der Symbolisten, der Neuromantiker, auch der Lyriker einer vom Menschen sorgfältig abgeschiedenen Natur in *Oskar Loerkes* Nachfolge. Will es nicht scheinen, als habe gerade der bewußt artistische und dezidiert nicht-engagierte Schriftsteller von heute sein Pensum dadurch erschwert, daß er bei jeder Zeile, die er schreiben möchte, innerlich genötigt ist, zur Seite zu schielen: hinüber zu dem Buch, das stets dort zu liegen hat?

Es ist ein Band *Hofmannsthal,* aufgeschlagen an der Stelle, wo der Brief des »Lord Chandos« abgedruckt ist. Die Worte zerfallen im Mund wie modrige Pilze. Alle Eigenschaftswörter sind fragwürdig geworden, weil uns die ethischen wie die ästhetischen Kategorien unheimlich wurden, die sich in der Sprache als Adjektive kristallisiert hatten. Es sei daran erinnert, daß keiner von uns naiv genug wäre, sich selbst oder seinen Schülern und Studenten die Eigenschaftswörter heldisch, kämpferisch, entartet, volksverbunden, entwurzelt, sieghaft und viele andere zu gestatten. Nicht einstiger Mißbrauch nötigte zur Vorsicht, sondern die Erkenntnis, daß hinter alledem kategoriale Systeme und einstige – scheinbare – Lebensgewißheiten standen, die wir als ungültig, nicht einmal mehr als fragwürdig empfinden. Was ist ein guter Beamter, ein sparsamer Hausvater, ein gutes Weib? Deutsche Gesetzbücher arbeiten immer noch mit Formeln der bürgerlichen Sekurität – und damit im Bereich äußerster Phantastik. »Treu und Glauben«, »mündelsichere Anlagen«, die anzuwendende »Sorgfalt eines guten Hausvaters«, selbst Wendungen wie »ehewidriges Verhalten« oder »Vorspiegelung falscher Tatsachen«.

Der Jurist wird versuchen, die Sprachformeln von einst mit den neuen technischen und gesellschaftlichen Fakten zum Kompromiß zu bringen, Literatur jedoch, die mit Sprachkompromissen arbeiten möchte, wird notwendig scheitern. Es scheinen sich nur zwei Möglichkeiten zu offenbaren. *Einmal das Schweigen.* Dann entschläft das Wort. Viele genuine Dichtung von heute, nicht nur in deutscher Sprache, hat sich an der Grenze des Redens und des Schweigens angesiedelt. Ein Name sei zur Verdeutlichung genannt: Paul Celan.

Die andere Möglichkeit heißt: ernst machen mit dem Brief des Lord Chandos, *totales Mißtrauen gegenüber einer dem gesellschaftlichen Imperfekt verhafteten und in der Gegenwart unablässig manipulierten Sprache.* Dann bleibt nichts, als die Sprache und die scheinbare Sache voneinander zu trennen. Dann hört Sprache auf, um Peter Handkes Formel zu gebrauchen, bloße Außenwelt irgendeiner – dichterischen wie nicht-dichterischen – Innenwelt zu sein. Dann zählt nur noch ihre eigene – sprachliche – Realität. Sein und Bedeuten werden bloß noch als sprachliche Bereiche verstanden. Als Innenwelt der Außenwelt der Innenwelt. So kommt es zwar nicht mehr zum Entschlafen des Wortes, wohl aber zu einer Arbeit des Schriftstellers an der Sprache und mit der Sprache, die nichts anderes zu sein gedenkt als eben dies.

Das Geschehen und das Schweigen: zwei Endstationen bei Anbruch der literarischen Saison 1969. Die wortlose, ausdrücklich nicht mehr in Literatur und als Literatur sich vollziehende Aktion hier, dort die Wortlosigkeit als dezidierte Nichtaktion.

Diesen Vorgängen im literarischen Bereich entspricht ein Komplementärprozeß in der geistigen Sinngebung unserer Gegenwart. Mit der *Fragwürdigkeit aller Literatur* hängt die moderne Diskussion über die *Fragwürdigkeit aller bisherigen Geschichte* eng zusammen. Das geschichtliche Denken wird ebenso nach seiner Relevanz befragt wie das heutige oder jüngst vergangene literarische Schaffen. Auch hier verbinden sich die erkenntnistheoretischen mit den politischen Positionen. In dem neuen Roman von *Günter Grass* »Örtlich betäubt« bezeichnet die Hauptgestalt Starusch sich selbst immer wieder als »Studienrat für Deutsch und also für Geschichte«. Nicht bloß Addition also zweier Fächer, sondern Bekenntnis zu einem Kausalzusammenhang. Der jedoch ist fragwürdig geworden, was Starusch ebenso weiß wie sein Autor Günter Grass. Die ironische Brechung beruht sogar darauf, daß der Autor Grass diese Entscheidung für Literaturgeschichte einer Romanfigur auferlegt, die sich unablässig als Versager darstellt. Gehört es demnach zu einem solchen Versager, daß er immer noch entschlossen ist, Zusammenhänge zu etablieren zwischen geschichtlicher Situation und literarischer Produktion?

Was heute für alle geistigen Phänomene gilt: daß sie sich, jeweils modifiziert, in allen Fachbereichen zu präsentieren pflegen, gilt auch für das aktuelle Phänomen der Geschichtsfeindschaft. Wir begegnen ihm in der modernen Philosophie (es sei an *Karl Poppers* Kritik des »Historizismus« erinnert) ebenso wie bei den Strukturalisten im Gefolge von *Claude Lévi-Strauss,* nicht zuletzt als Phänomen der modernen Literatur. Auch hier beschränken sich die Aspekte nicht auf Literatur deutscher Sprache. Sie sind, wie alle literarischen Konflikte und Gegebenheiten, international geworden: womit sie, auf ungewohnte Weise freilich, Goethes Postulat einer »Weltliteratur« erfüllen.

Auf der einen Seite die *marxistische* Interpretation der Gegenwart, die sich leidenschaftlich dagegen wehrt, nach dem einst vollzogenen Schritt vom utopischen zum marxistischen Sozialismus nun einen Rückfall in den Utopismus zuzulassen. Ihre Thesen und auch ihre literarischen Schöpfungen sind geschichtsdialektisch konzipiert: selbst dort, wo über Einzelheiten heftig gestritten wird. Das gilt für Brecht, seine Nachfahren, aber auch für Peter Weiss, für Sartre und Aragon, in wesentlichen Aspekten sogar für die nicht-marxistische Dramatik eines Friedrich Dürrenmatt.

Die Gegenposition der offenen und geheimen *Nietzscheaner* ist gleichfalls evident. Geschichtshaß führte hier zu merkwürdigen geistigen Kopulationen: von Benn und Valéry über die Verbindung von Nietzscheanismus und Revolte bei Albert Camus bis zu den anarchistischen Enkeln von Max Stirner und Michael

Bakunin. Mancher chiliastischen Heilserwartung im orthodoxen Marxismus antwortete die *ungestüme Forderung nach dem totalen Gegenwartsglück.* Hier hält man alle Hinweise auf Zukunftsperspektiven der Gesellschaft und auf die Zusammenhänge zwischen subjektiven und objektiven Faktoren beim revolutionären Prozeß für apologetischen Schwindel von ideologischen Gehilfen der Ausbeuterklasse. Gefordert wird die direkte Aktion der Revolte. Ihr Ziel lautet, wie im Titel jener berühmten und umstrittenen Produktion des Living Theatre: »Paradise Now«.

Die marxistische Gegenposition erblickt in diesen neuen Nietzscheanern und Schwarmgeistern ihrerseits bloßes Apologetentum. Dergleichen festige nur die Macht der Herrschenden. Schon vor zehn Jahren hatte Enzensberger behauptet, noch die krassesten Formalexperimente der künstlerischen Avantgarde würden deshalb vom Establishment so bereitwillig unterstützt, weil man sie für überaus harmlos halte. Dergleichen gebärde sich revoltierend und bleibe reaktionär. Genau diese Auseinandersetzung wird gegenwärtig in der jüngsten deutschen Literatur geführt: als Kritik der jungen marxistischen Analytiker an *Peter Handkes* ästhetischen wie politischen Positionen, wobei der Kärntner seinen Widersachern in der Replik nichts schuldig bleibt.

Es ist nicht zu leugnen: alle aktuellen Betrachtungen zur literarischen Situation sind methodologisch genötigt, den eigentlichen Bereich der Literatur sehr rasch zu transzendieren. Auch hier hat seit langem eingesetzt, was die Naturwissenschaft als *Grundlagenforschung* zu bezeichnen pflegt. Wenn das Phänomen Literatur in sich selbst fragwürdig wurde und, frei nach Nietzsche, untersucht wird, worin heute »Nutzen und Nachteil der Literatur für das Leben« bestehen mögen, kann sich keiner mehr darauf einlassen, bloße Wandlungen der literarischen Stile zu konstatieren.

Vor dreizehn Jahren (1956) stellte *Friedrich Dürrenmatt* in seinen »Theaterproblemen« die Frage, ob die Tragödie noch möglich sei. Er antwortete verneinend. Uns komme nur noch die Komödie bei. Heute wird kühl analysierend, gar nicht mehr todessüchtig wie beim jungen Hofmannsthal, vor Theaterspielen aller Art gefragt: »Was frommt uns alles dies ...?« In der Tat: hier geht es um weit mehr als bloße Übergänge von einer literarischen Form zur andern.

Das moderne Gedicht zeigt sich fasziniert vom Schweigen und nahezu angewidert von aller Aussage, die mehr sein möchte als Komposition von Lauten und Wörtern. Mit seltsamer Hartnäckigkeit behandeln die modernen Romanschreiber in ihren Erzählwerken fast nur noch ein einziges Thema: die heutige Unmöglichkeit des Erzählens. Daher die vielen Schriftsteller als Ich-Erzähler in den modernen Büchern. Zuletzt noch, nun auch als literarisches Phänomen in Ost-Berlin auftretend, bei *Christa Wolf* in ihrem Roman »Nachdenken über Christa T.«

Im Bereich des Theaters haben sich die jungen Stückeschreiber weit von der Theaterdialektik Brechts entfernt. Die Sprechstücke *Peter Handkes* verstehen sich als Absage nicht nur an das kulinarische, sondern auch an das sogenannte epische Theater. Das geheime Thema in dem Stück »Magic Afternoon« von *Wolfgang Bauer* aus Graz ist der Versuch, ein durchaus statisches Drama ohne Perspektive agieren zu lassen, weit entfernt von aller Glückserfüllung: wobei auch hier wieder die beiden Männer des Vier-Personen-Stücks als Schriftsteller vorgestellt werden, die über die Sinnlosigkeit allen Schreibens meditieren.

In dieser literarischen Konstellation, wo die bisherigen Gattungen obsolet wurden, die Literatur entweder durch Schweigen eliminiert wird oder durch die unliterarische, gar antiliterarische Aktion, wo Sprache und Aussage auseinanderklaffen, wird allenthalben von Schriftstellern und in den verschiedensten Muttersprachen der Versuch unternommen, *die Literatur mit Hilfe der Subkultur zu retten.* Die Schriftsteller flüchten aus dem Scheinwerferlicht des Establishments, um das – vielleicht noch – produktive Dunkel aufzusuchen: die Randgestalten einer Gesellschaft und vor allem deren sprachliche Möglichkeiten.

Aus einer künstlerischen Not, deren Ernsthaftigkeit oft mißverstanden wurde, entsprang jene Gegenbewegung, die bewußt alle Grabungsversuche nach reinen Sprachquellen ebenso aufgab wie alles Suchen nach einer durch Literatur noch nicht weggedichteten Wirklichkeit. Sie versuchte, den umgekehrten Weg zu gehen. Wenn ehemals romantische Dichtung zum Werbeslogan entartete, keine Schönheit oder Häßlichkeit der Realität mehr eine nahrhafte Mahlzeit für den schaffenden Künstler zu garantieren vermag, wenn sich Oberschicht und Unterschicht, Bürger und Proletarier, Aristokrat und Bauernknecht scheinbar im Einerlei einer Konsumentengesellschaft zusammenfinden, wodurch der Blick auf die real weiterbestehenden Klassengegensätze immer wieder abgelenkt wird: dann wird sich moderne Literatur am besten auf diesen Sachverhalt einstellen, statt immer noch auf die Suche zu gehen nach einer verlorenen Zeit auch der Literatur.

Die Bewegung der *Pop Art* ist so entstanden. Ähnlich erklären sich auch die modernen schriftstellerischen Versuche, Floskeln des Werbefunks, der Boulevardpresse, des Fußballplatzes einzumontieren in literarische Schöpfungen. Man ist inzwischen weitergegangen. In manchen neuen Texten *Helmut Heißenbüttels* findet sich kein Satz, den der Autor selbst formuliert hätte. Jede Zeile ist Zitat. Heißenbüttels Text »Deutschland 1944« komponiert die im Titel genannte Welt aus Ort (Hamburg) und Zeit bloß durch Zitate von damals: Goebbels-Reden, Niederschriften von Ernst Jünger, Leitartikel, Schwatzen der Durchhalter und der Meckerer. Auch vieles in den ersten Texten Peter Handkes wurde in solcher Absicht konzipiert. Leben und Arbeiten also mit dem Material, das gesellschaftlich geliefert und nachgeliefert wird, da Originales nicht mehr auf Lager ist oder neu hereinkommen könnte.

Nur: die amerikanische Bewegung der Pop Art versucht, eine neue Schönheit mit Hilfe der Werbeprodukte zu demonstrieren. Daher sind ihre Schöpfungen politisch ambivalent: was vielleicht als Gesellschaftskritik vom Künstler konzipiert werden sollte, wird schnell zur Festigung der kritisierten Kultur genutzt.

Die konvergierenden Bestrebungen in der neueren Literatur sind gegen diese Ambivalenz von der Sache her besser gefeit. Ein literarisches Gebilde, das aus lauter Denk- und Sprachverkommenheit geschaffen wurde, gleichsam als monumentale Schöpfung der Denk- und Sprachverblödung, ist kaum in Gefahr, zu neuen Animierzwecken mißbraucht zu werden.

Damit aber stellt sich eine letzte Frage an die »Neue literarische Saison«.

Ist nämlich jede Art einer gesprochenen und geschriebenen Äußerung von heute virtuell bereits ein möglicher Bestandteil von Literatur, weil keine Grenze mehr zu bestehen scheint zwischen der originalen schriftstellerischen Formulierung von einst und der sprachlich abgegriffenen Alltagsbanalität: dann vollzieht sich eine höchst paradoxe Umstülpung. Einerseits gingen die Schriftsteller von heute davon aus, Natur und Literatur weit schärfer voneinander zu trennen, als es selbst Friedrich Schiller je in den Sinn gekommen wäre. Andererseits werden wir Zeugen eines Literaturprozesses, worin sich alle Wirklichkeit - der Möglichkeit nach - bereits als potentielle Literatur geriert. In einem literarischen Briefwechsel, den *Helmut Heißenbüttel* vor einiger Zeit mit dem Kritiker *Heinrich Vormweg* führte, untersucht er, als Schriftsteller und als Theoretiker der Literatur, eben diesen neuen Sachverhalt: »Peter Bichsel hat in seinem letzt Buch ›Die Jahreszeiten‹ gesagt: ›Wenn einer Pfeife raucht, ist das eine Geschichte. Wenn sich einer einen Hund hält, ist das eine Geschichte.‹ Was sagt man, wenn man das sagt? Führt das nicht wieder ins Unterscheidbare? Ich habe mir einmal zwei Überschriften der Bildzeitung notiert und gefragt, ob in solchen Sätzen bereits der Keim einer Erzählung liegt. Die erste lautete ›Hochzeitsreise nach Spanien endet im Gefängnis‹. Die zweite: ›Zöllner schoß auf seine Frau. Stunden später gebar sie ein Kind‹. Diese Überschrift hatte noch eine kleiner gesetzte Vorzeile: ›Einsamkeit im Moor machte ihn verrückt‹. Was ist es, das mich bei solchen Sätzen an Erzählung, an Geschichte denken läßt? Sind nicht einfach die Wortbedeutungen dieser Sätze so zusammengesetzt, daß ich gereizt werde, mir etwas auszudenken? ... Welche Rolle spielt dann das simple Nachreden solchen Zusammenschlusses zur Geschichte? Machen erst bestimmte Kunstmittel das Nachreden zur Literatur? Oder ist es das Bedeutende, der begrifflich herauszuinterpretierende Bezug auf Allgemeines, der Literatur macht?«

Trotzdem kommt es Heißenbüttel nicht in den Sinn, eine Literatur der auf sich gestellten Sprache zu postulieren und den Schriftsteller von heute als neuen Max Stirner zu deuten, der sich und seine Sprache interpretiert als »Der Einzige und sein Eigentum«. Umgekehrt mißtraut er eben dieser heutigen Sprache und ihrer total verdinglichten Substanz. Mögliche Erneuerungen von Literatur erwartet er sich von Veränderungen der Wirklichkeit, vom Außersprachlichen.

Ein bemerkenswertes Buch, das im Frühjahr 1969 erschien, postuliert den umgekehrten Weg: Veränderung der Sprache als

Voraussetzung für alle anderen Arten der Veränderung, erst recht der »Verbesserung«. Das Buch *Oswald Wieners* trägt den Titel »Die Verbesserung von Mitteleuropa«.

Wenn das geschichtliche Denken von diesem Naturwissenschaftler, Technologen und Schriftsteller abgelehnt wird, Veränderung von Wirklichkeit aber von der Sprache her betrieben werden soll, ergibt sich folgende These: »Da die private Wirklichkeit der Wissenschaft nicht taugt, bleibt übrig: die Wirklichkeit ordentlich definieren oder die Sprache szientifizieren; das ist dasselbe. Die Schwierigkeit daran ist, daß die derzeit gültige von rechts wegen anerkannte Wirklichkeit das ethische Motiv der Wissenschaft ist, aber die neue Wirklichkeit wird man mit der neuen Grammatik einschmuggeln!«

Verheißungsvoll debütiert sie also nicht, die neue literarische Saison des Jahres 1969. Natürlich läuft alles nach wie vor weiter, wie der Markt es befahl. Neue Gedichtbücher, Romane, Theaterstücke, Konventionelles und Experimentelles, Sachbücher über Napoleon und Picasso, die alten Etrusker und die neuen Astrobiologen. Ein »Inventar von Geschöpfen einer Endzeit« hatte Thomas Mann im Roman »Doktor Faustus« errichten wollen. Endzeiten können lange dauern. Die heutige Literatur aber offenbart, wenn man sich mit den Strukturen beschäftigt, ein Endzeitbewußtsein, für das es in aller bisherigen Literaturgeschichte weder eine Genealogie gibt noch eine Analogie. Immer wieder schlägt das durch, bei Schriftstellern, die sonst miteinander nicht besonders eng kommunizieren. Oswald Wiener, um ihn einmal noch zu nennen, zitiert einen Satz von Giambattista Vico, der so lautet: »Nur die geschichtliche Welt kann erkannt werden.« Wiener kommentiert kurz und schnöde: »Wohl! Aber wie? Wozu?«

In einem Gedichtband »Andere Augen«, den *Ernst Jandl* vor dreizehn Jahren erscheinen ließ (1956), steht folgender Text:

Wer fragt schon

Klar, daß sie etwas suchten
zu ihrer Zeit.
Wer fragt schon, was.

Sie wurden vom Regen verregnet
sie wurden vom Schnee beschneit.
Wer fragt schon, wozu.

Sie hatten ihren Spaß.
Sie hatten ihr Leid.
Wer fragt schon, wodurch.

Sie konnten fluchen.
Sie konnten lachen.
Wer fragt schon, warum.

Man wird nicht sagen können, daß der spätere Weg des Lyrikers Ernst Jandl als Absage an diese, damals noch »konventionell« vorgetragene Position bezeichnet werden könnte.

Selbstverständlich läßt sich dergleichen als »Nihilismus« abtun, man muß sich dann aber gefallen lassen, daß die also bezichtigten Literaten mit einem Wort Friedrich Dürrenmatts antworten: *ein solcher Vorwurf des Nihilismus künde bloß vom Nihilismus solcher Vorwürfe.*

Aber ist das eine Antwort? Sie kann nicht gefunden werden durch bloße Reflexion über die heutige literarische Jahreszeit. Ohne Bezug auf Außersprachliches, hatte Heißenbüttel gesagt, sei keine Literatur möglich. Erst recht nicht ohne Bezug auf Außerliterarisches. Alle Betrachtungen über die Literatur deutscher Sprache lenken in der Tat zurück zum Problem »Verbesserung von Mitteleuropa«. Vielleicht auch im Sinne Oswald Wieners verstanden. Ganz gewiß noch in einem anderen Sinne.

(1969)

Elias Canetti, Masse und Macht

Der Tod als Drohung ist die Münze der Macht.

Masse und Macht, Epilog

Der Satz, hier als Motto vorangestellt, steht auf der letzten Seite des großen Traktats über »Masse und Macht«, den Elias Canetti nach wie vor für sein wichtigstes Buch hält, im Grunde für den eigentlichen Zurechnungspunkt all seines Denkens und Schreibens. Das Buch ist, vom Autor her gesehen, ein Fragment geblieben. Zwar ist »Masse und Macht« auch in der vorliegenden Form zweigeteilt, wobei der erste Band vor allem die Phänomenologie der Masse und der Massen untersucht, während der zweite Band nahezu ausschließlich den Erscheinungsformen, Elementen und Aspekten der Macht gewidmet wurde.

Canetti selbst aber hat offenbar, wie er in Gesprächen und Aufzeichnungen wissen ließ, die beiden Bände für sich bloß als einen ersten Band des inneren Gesamtkonzeptes verstehen wollen. Ein zweiter sollte folgen. Der Plan mußte aufgegeben werden. Worin er bestehen mochte, aber auch, was vielleicht zum Scheitern der ursprünglichen Planung führte, darf geahnt werden, wenn man zu Ende gelesen hat. Am Ende steht ein »Epilog« von knapp sieben Seiten, der trotzdem alles zusammenfaßt, was an heterogenen Phänomenen menschlicher Existenz hier zusammengetragen wurde.

Alle Betrachtungen nämlich über Masse und Macht gipfeln für Elias Canetti in der *Auseinandersetzung zwischen Befehl und Gehorsam.* Wer immer die Macht ausübt, also befehlen kann und gewiß sein darf, daß dem Befehl gehorcht wird, kann nicht allein über das »Schicksal« von Massen gebieten, was in seiner Abstraktion und Phrasenhaftigkeit wenig bedeutet. Er kann den Tod befehlen oder das Weiterleben gestatten: als ein Überleben.

Darum stellt sich in diesem »Epilog« der so ruhig analysierende, erzählende, unterscheidende Verfasser plötzlich als ein zorniger Denker dar. Es gibt nämlich zwei Vorgänge in allem menschlichen Leben, die ihn unablässig erbittert haben. Einmal die *Sinnlosigkeit allen Sterbens.* Canetti wird niemals müde, alle Beschönigung des Todes zu verachten und zu bekämpfen. Der Tod ist kein Freund. Keine Erlösung. Als Elias Canetti im Jahre 1972 in Darmstadt mit dem Georg-Büchner-Preis ausgezeichnet wurde, gipfelte seine Dankrede in Betrachtungen über die Sinnlosigkeit des frühen Todes eines Dreiundzwanzigjährigen: »Es ist nicht müßig, über ein späteres Leben Büchners zu grübeln, weil es einen daran hindert, in seinem Tod einen Sinn zu suchen. Er war so sinnlos wie jeder Tod, aber der seine macht diese Sinnlosigkeit besonders sichtbar. Er war nicht vollendet, trotz dem Gewicht und der Reife jeder Dichtung, die er hinterließ. Zu seiner Natur gehört es, daß sie nie, auch später nicht, je vollendet gewesen wäre. Er steht da als das reine Beispiel des unvollendbaren Menschen. Die Vielfalt seiner Anlagen, die alternierend füreinander einspringen, bezeugen eine Natur, die in ihrer Unerschöpflichkeit ein endloses Leben fordert.«

Die andere existentielle Infamie menschlicher Geschichte erblickt Canetti in dem, was er den *Überlebenden* nennt. Gemeint ist nicht irgendein hohes Alter, das ihm, der im Jahre 1905 zur Welt kam, gleichfalls zuteil wurde. Die haßerfüllte Diagnose gilt denjenigen Machthabern, die Feinde töten wollen, um sie zu überleben; denen es dabei überhaupt nichts ausmacht, auch Anhänger, Gefolgsleute, Sklaven, sogar angebliche Freunde in den Tod zu schicken: die sie dann gleichfalls zu überleben gedenken.

Es ist evident, daß Canetti, der sein Buch »Masse und Macht« zuerst im Jahre 1960 erscheinen ließ, die Erfahrungen des Atomzeitalters in die Untersuchungen einbezieht: »Die waghalsigsten Träume früherer Machthaber, denen das Überleben zur Passion und zum Laster geworden war, erscheinen heute dürftig. Die Geschichte gewinnt plötzlich, von uns aus erinnert, ein harmlos behagliches Gesicht. Wie lange hat es damals alles gedauert, und wie wenig gab es auf einer unbekannten Erde zu vernichten! Heute liegt zwischen Beschluß und Wirkung nicht mehr als ein Augenblick. Was Dschingis Khan! was Tamerlan! was Hitler! – an unseren Möglichkeiten gemessen, klägliche Lehrlinge und Stümper!«

So ist folglich der Satz zu verstehen, der hier als Motto vorangestellt wurde: »Der Tod als Drohung ist die Münze der Macht.« Das Buch schließt, hier unmittelbar anknüpfend, mit zwei Sätzen, die nicht unähnlich sind den letzten Seiten des Romans »Doktor Faustus« von Thomas Mann, was aber als Vergleich dem Schriftsteller Canetti mißfallen würde. Ein mattes Licht der Hoffnung: »Es ist leicht, hier Münze auf Münze zu legen und enorme Kapitalien anzusammeln. Wer der Macht beikommen will, der muß den Befehl ohne Scheu ins Auge fassen und die Mittel finden, ihn seines Stachels zu berauben.«

Vom Ende der sechziger Jahre her gesehen erscheint »Masse und Macht«, das 1960 zum ersten Mal gelesen werden konnte, wie eine präzis angeordnete Zusammenfassung des gesamten Jahrzehnts: sowohl der Austreibung wie der Revolte. Unmittelbar nach der Publikation jedoch fanden Canettis Betrachtungen kaum Widerhall im deutschen Kulturbetrieb. Abermals wurde der merkwürdige und nahezu permanente Gegensatz zwischen deutschen und außerdeutschen Bewußtseinsprozessen spürbar. Im Ausland fand Canettis Traktat große Beachtung: er wurde sogleich in die wichtigsten Weltsprachen übersetzt. Von deutschen Lesern aber, das ist heute unbestritten, wurde die Einzigartigkeit des Denkers und Schriftstellers Elias Canetti erst gegen das Ende des Jahrzehnts erkannt. Der Vorgang darf nicht voreilig als üble Verkennung des Ungewöhnlichen interpretiert werden. Dergleichen gab es natürlich auch. Die Literaturkritik hatte abermals Gelegenheit, sich zu blamieren. Den Autor Canetti störte das nicht. Er hatte die Schule von Karl Kraus absolviert, gerade zu Beginn der Vorarbeiten zu »Masse und Macht«, und hatte noch in Wien, und vor dem Einmarsch der deutschen Eroberer und »Befreier«, Umgang gehabt mit *Robert Musil.* Man kann zeigen, wie Massenphänomene, die Robert Musil im »Mann ohne Eigenschaften« beschrieb, hineinwirkten in manche Unterscheidungen und Beschreibungen des ersten Bandes von Elias Canetti.

Das Mißverstehen beim Publikum und bei der Kritik hatte unmittelbar mit der Neuartigkeit der Arbeitsweise zu tun: mit der Schwierigkeit für Kritiker und Interpreten, das Buch »Masse und Macht« *sowohl als wissenschaftliche wie als literarische Gattung* zu bestimmen.

Canetti begann bereits 1938 mit den Vorarbeiten zu seinem wichtigsten Werk. Es führt ein unmittelbarer Weg, gedanklich wie stilistisch, von seinem Roman »Die Blendung«, der zuerst noch in Österreich im Jahre 1935 erschien, in der Buchausgabe aber vordatiert wurde mit der Jahreszahl 1936, zu den Hauptthesen von »Masse und Macht«. Ausgangspunkt in beiden Werken ist die Ohnmacht des Geistes, der Kunst wie der Wissenschaft, gegenüber der bösartigen Realität des Machtmißbrauchs wie des Massenwahns. Bevor Canettis Roman den Titel »Die Blendung« erhalten konnte, war ein anderer Titel erwogen worden: »Kant fängt Feuer«. Der Roman war 1931 vollendet, konnte aber erst vier Jahre später erscheinen.

Dann wurden Masse und Macht auf dem Wiener Heldenplatz demonstriert. Der Überlebende war eingezogen. Elias Canetti, seit langem und vom Vater her englischer Staatsbürger, verließ Wien und übersiedelte nach London. Hier hat er sich, wie er später zu verstehen gab, ein *Schreibverbot* auferlegt, das allem galt, was man unter dem Begriff der sogenannt Schönen Literatur verstehen mochte. Wissenschaftliche Arbeit war ausgenommen. Die wurde gewünscht und geleistet. Das Buch »Masse und Macht« enthält am Schluß ein Literaturverzeichnis. Der Zufall der alphabetischen Gliederung einer solchen Bibliographie läßt die Spannweite der Lektüren und der wissenschaftlichen Vorarbeit ahnen. Das beginnt mit »Albert von Aachen, Geschichte des ersten Kreuzzuges. Übersetzt von H. Hefele. Zwei Bände. Jena, 1923.« Am Schluß steht: »S. Zuckerman, The Social Life of Monkeys and Apes. London 1932.«

Als Elias Canetti im Jahre 1981 in Stockholm mit dem Nobelpreis für Literatur ausgezeichnet wurde, hielt er eine kurze Rede, die eine literarische Genealogie verkünden sollte. Natürlich war es eine Gegen-Liste, die der einstmals begeisterte Leser der »Fakkel« von Karl Kraus präsentierte. In Stockholm teilte er mit, die ihm zugedachte Ehrung gedenke er zu verstehen als Auszeichnung von drei großen Schriftstellern deutscher Sprache aus der einstigen Donaumonarchie, die – jeder für sich – den Nobelpreis verdient, doch nicht erhalten hätten: Franz Kafka. Robert Musil. Hermann Broch. Er selbst verstehe sich als ihr Fortsetzer. Er habe die Erbschaft übernommen.

Das hat er in der Tat. Gemeinsam mit Musil und Broch erlebte Canetti einen Vorgang, der vermutlich sein Leben verändert und sein künstlerisches Werk evoziert hat. *Es war ein Erlebnis des Feuers.* Der zweite Band von Canettis Lebensgeschichte, die Jahre 1921 bis 1931 behandelnd, erhielt den Titel »Die Fackel im Ohr«. Ein Doppelsinn war formuliert: die »Fackel« von Karl Kraus *und* das Fanal des brennenden Justizpalastes am 15. Juli 1927.

Die Masse und das Feuer. Die Masse und die Repression durch die Macht. Aber auch: der bisherige Betrachter, der sich plötzlich als Teil und Mitglied einer Masse empfindet. Die Flamme ist am

Schluß der »Blendung« als Erfahrung mit der Selbstverbrennung zu verstehen. Der China-Kenner Professor Kien verbrennt sich selbst mitsamt der Riesenmacht all seiner Bücher.

Elias Canetti beschreibt den Vorgang seiner »Erweckung« im zweiten Band der Erinnerungen, der 1980 erschien, mit folgenden knappen Sätzen: »Das Anzünden des Justizpalastes hatte ich selber nicht gesehen, doch erfuhr ich davon, bevor ich Flammen sah, durch die Änderung im Ton der Masse. Man rief einander zu, was geschehen war. Ich verstand es erst nicht, es klang freudig, nicht gellend, nicht gierig, es klang befreit. Das Feuer war der Zusammenhalt. Man fühlte das Feuer, seine Präsenz war überwältigend, auch dort, wo man es nicht sah, hatte man's im Kopf, seine Anziehung und die der Masse waren eins.«

Für die besondere Position und Funktion Elias Canettis in der Wissenschaft wie in der Literatur hat *Jean Améry,* der mit dem Autor der »Blendung« befreundet war, das Wort vom »Einzelkämpfer« gefunden. Améry nannte ihn in einem Text vom Jahre 1975 sowohl vorbildlich wie vorbildlos. »Elias Canetti steht jenseits des Kontextes zeitgenössischen Denkens. Die beiden Erzväter des Jahrhunderts, Marx und Freud, sind Leerstellen in seinem Werk: Er bezieht sich auf sie ebensowenig wie auf Husserl oder auf Heidegger oder auf Sartre. Er ist gleichsam ein Krieger, der ganz allein auf dem Kampfplatz steht und in ruhiger Sicherheit den Angriff der wohlformierten gegnerischen Truppen erwartet. Es ist dies eine ebenso heroische wie gefährliche Position ... Wer aber jenseits des Kampfplatzes steht, auf dem Canetti einsam und in trügerischem Selbstvertrauen ficht, der fragt sich manchmal nicht ohne Unruhe, ob das alles gut ausgehen werde.«

Diese Aussage muß modifiziert werden. Natürlich will Améry nicht sagen, der Allesleser Canetti habe sich weder mit Marx noch mit Sigmund Freud oder den drei genannten Philosophen beschäftigt. Daß Canetti zu seiner Berliner Zeit und im Umkreis der Leute vom Malik Verlag Wieland Herzfeldes mit den marxistischen Positionen ausgiebig konfrontiert wurde, hat er selbst in seinen Memoiren berichtet. Was Edmund Husserl betrifft, so kann ein Leser von »Masse und Macht« sogar eine Parallelität der

Arbeitsmethoden bisweilen konstatieren. Kein »Einfluß« Husserls, doch ein konvergentes Herantreten an die »Sachen« im Sinne der Phänomenologie.

Trotzdem hat Jean Améry das Grundsätzliche richtig benannt. Was Canettis Untersuchungsmethoden von der psychoanalytischen Theorie und Technik unterscheidet, ist vor allem der Verzicht auf Beschäftigung mit geistig-seelischen Vorgängen im einzelnen Subjekt. In den beiden Bänden über Täter und Opfer, Überlebende und Befehlsempfänger gibt es kein einziges »Porträt« im Sinne eines analytischen Psychogramms. Der Fall des jüdischen Überläufers *Flavius Josephus,* eines Schriftstellers also, der in seinem Bericht vom »Jüdischen Krieg« selbst schilderte, wie er vom Helden überwechselte zum Renegaten und Überlebenden in Canettis Sinne, wird im zweiten Band von »Masse und Macht« nicht als psychologische Studie serviert, sondern als exemplarische und nach den Quellen gearbeitete Darstellung eines Überlebensvorgangs. Die ausführliche Beschäftigung mit den wahnhaften Vorstellungen des weiland Dresdener Juristen und Senatspräsidenten *Schreber* ist für Canetti nicht wichtig als Problem einer geistigen Störung, sondern als zwar wahnhafte, doch zugleich folgerichtige Vorstellung eines Menschen, der sich selbst als den Einzigen versteht, der wirklich existiert. Was Schreber dann, wie Canetti es deutet, gegen Ende seines Lebens, sozusagen als Prozeß einer Heilung, dahin modifiziert, daß er nun nicht mehr glaubt, als Einziger am Leben zu sein, wohl aber, »daß er der Einzige ist, der zählt«.

»Zum letzten Mal Psychologie«: diese Notiz aus Kafkas Tagebüchern könnte auch als Motto stehen sowohl über dem Erzählwerk der »Blendung« wie über allen einzelnen Kapiteln des großen Traktats. Auch Canettis veröffentlichte Aufzeichnungen und Tagebuchnotizen vermeiden alles Psychologisieren. Elias Canetti fragt niemals nach Beweggründen und Motivationen. Er hält sich an Handlungen und an Texte, ihren Sinn deutend.

Von *Marx und den Marxisten* unterscheidet sich die Arbeitsweise des Buches »Masse und Macht« durch den – nicht einmal ausführlich begründeten, sondern kühl vollzogenen – *Verzicht auf das geschichtliche Denken.* Man darf daraus folgern, daß es für Canetti ältere und neuere Erscheinungsformen der Grundphänomene gibt, doch weder Progression noch Regression in einem Wertsinne. Die biologischen Veränderungen der Species Mensch sind ihm wichtiger als die historischen Etappen und Zäsuren.

Beim ersten Band, wo es darum geht, die verschiedenen Formen der »Masse« voneinander zu scheiden, etwa als Hetzmassen, Fluchtmassen, Verbotsmassen, Umkehrungsmassen und Festmassen, meint Canetti keineswegs das Verhalten sogenannt primitiver Völker und Stämme. Die Völkerkunde spielt als Arbeitsmaterial eine entscheidende Rolle für die gesamte Untersuchung, doch will Canetti kein Ethnologe sein. Mitten im Abschnitt über die »Verbotsmassen« steht am Beginn eines neuen Abschnitts der Satz: »Das beste Beispiel für die Negativ- oder Verbotsmasse in unserer Zeit ist der Streik.«

In durchaus realer Betrachtungsweise kann Canetti, wenn er innerhalb des Massenverhaltens den spezifischen Charakter einer *Meute* mitsamt ihren verschiedenen Arten herausarbeitet, die Darstellung der sogenannten »Klagemeute« auf folgenden Satz hin zuspitzen: »Die bedeutendste aller Klagereligionen ist das Christentum.« Der nächste Abschnitt aber trägt den Titel »Das Muharramfest der Schiiten«.

Die Arbeitstechnik ist evident. Die im ersten Band herausgearbeiteten Vorgänge des Massenverhaltens, dann der spezifischen Meutegruppen, als da sind: Jagdmeute, Kriegsmeute, Klagemeute und Vermehrungsmeute, sind für Canetti gleichsam *überhistorische Gegebenheiten.* Am Schluß des zweiten Bandes werden sie in ihrem gegenwärtigen Zustand neu überdacht. Ihre Erscheinungsformen haben sich fast bis zur Unkenntlichkeit gewandelt; dennoch hält Canetti die Grundtatbestände nach wie vor für gegeben. Die einstige Vermehrungsmeute primitiver Völker und Religionen, die sich, nach dem biblischen Grundsatz des »Seid fruchtbar und mehret euch« um des Überlebens willen vermehren muß, ist für Canetti nach wie vor existent in den Widersprüchen der Produktion und der Überproduktion.

Ebenso werden die Gedanken über das Christentum als stärkste Ausprägung einer Klagereligion im Epilog von neuem aufgegriffen. Diesmal behandelt Canetti einen Tatbestand, den der spanische Philosoph *Miguel de Unamuno* in den zwanziger Jahren in seinem Buch »Die Agonie des Christentums« benannt hatte.

Für Canetti handelt es sich nach wie vor um die Agonie einer Klagereligion: »Ihr Erbe ist trotzdem größer, als man meinen könnte. Das Bild des Einen, um dessen Tod die Christen seit bald 2000 Jahren klagen, ist ins Bewußtsein der gesamten wachen Menschheit eingegangen. Er ist ein Sterbender, und er soll nicht sterben. Mit der Säkularisierung der Erde hat seine Göttlichkeit an Bedeutung verloren. Er ist, ob man es will oder nicht, als der einzelne leidende und sterbende Mensch zurückgeblieben.«

Sein eigenes Urteil über eine Untersuchung, die nichts anderes zu reflektieren gedachte als Vergangenheit und gegenwärtigen Zustand der Gattung Mensch, hat der Verfasser dieser zwei Bände über »Masse und Macht« nicht dem eigentlichen Epilog am Schluß des zweiten Bandes anvertraut, sondern dem letzten Unterabschnitt des ersten. *Von der Unsterblichkeit.* Elias Canetti hatte es sich selbst untersagt, Literarisches zu schreiben während der Zeit der großen wissenschaftlichen Askese: einer Fastenzeit gleichsam. Doch die großen Bücher der Dichter hatten ihn nicht verlassen. Nicht Shakespeare und nicht Georg Büchner und nicht *Stendhal.* Für ihn, Henri Beyle also, der so gern ein Mailänder gewesen wäre, wie er in der berühmten Grabschrift bekannte, hatte Canetti von früh auf eine Zuneigung gefaßt, an welcher er niemals irre wurde. Zu ihm bekannte er sich ausdrücklich in diesem Kapitel über die Unsterblichkeit. Nach soviel Darstellungen des Grauens und Wahns, full of sound and fury, wie es im »Macbeth« heißt, wird von einer *anderen Form des Überlebens* gesprochen. Sie ist Wirklichkeit und Hoffnung in einem: »Man wählt sich die Gesellschaft derer, zu denen man selbst einmal gehören wird: alle jene aus vergangenen Zeiten, die zu einem sprechen, von denen man sich nährt. Die Dankbarkeit, die man für sie fühlt, ist eine Dankbarkeit für das Leben selbst.«

Canettis Prosa zeugt von dieser Wahlverwandtschaft. Auch in den oft erschreckend kurzen und knappen Sätzen über einen oft so endlosen wie wirren Tatbestand menschlichen Verhaltens.

Bis jetzt hat man die deutsche Original-Ausgabe von »Masse und Macht« nicht als eines der bedeutenden Bücher und Sprachkunstwerke einer Literatur nach zwei Weltkriegen erkannt. Zwei ziemlich schmale Taschenbücher. Wer sie gelesen hat, darf vermuten, warum der geplante und »eigentliche« zweite Band nicht geschrieben werden konnte. Um das Arbeitsmaterial dafür zu sammeln und zu sichten, wären ein neues Leben und ein lebenslanges neues Arbeitspensum erforderlich gewesen. Das Atomzeitalter und die Informatik, die Lebensformen einer Medien-Epoche: der Analytiker hätte den Verwandlungen seiner Grundtatbestände in all diesen Bereichen nachgehen müssen. Der Verzicht war wohl schmerzlich.

Soll man ihn bedauern? Wer den vorliegenden ersten Band gelesen hat, kann vielleicht selbst weiterdenken. Elias Canetti aber durfte für sich, als die Arbeit geleistet war, das Schreibverbot aufheben und zu sich selbst zurückkehren.

Zweites Kapitel

Die triste Restauration und ihre Gegner

Die gescheiterte Hoffnung

Was ist schlimmer? Wenn irgendeine Utopie zerbrach, oder auch nur ein bißchen Hoffnung zunichte wurde? Ist es das bare Scheitern an irgendeiner Repression, oder ist es eine Erfüllung, die keine war, wohl eher eine neue Repression bedeutet, gegen welche neue Hoffnungen ankämpfen müssen?

Die Geschichte menschlicher Hoffnungen und Entwürfe, dessen also, was *Ernst Bloch* unter den Formeln der »Spuren« und des »Vorscheins« zu fassen suchte: als Ausdruck sowohl der weiterdauernden Heimatlosigkeit wie des Prinzips Hoffnung, ist eine tragische Geschichte. Kenntlich geworden häufig als eine »Tragische Literaturgeschichte«. Schlimmer ist wohl eine scheinbare Erfüllung, die schrecklich enttäuschte. Martin Luther im deutschen Bauernkrieg. Oliver Cromwell. Robespierre sowohl wie Bonaparte. Deutsche Befreiungskriege mit Metternich als Sieger. Die deutsche Novemberrevolution von 1918: so wie sie war und wie sie Alfred Döblin geschildert hat. Stalin natürlich und vor allem.

Die großen Schriftsteller unter den Hoffnungssuchern haben es immer bezahlen müssen und teuer. Dante Alighieri mit der Einsamkeit des Exils. Thomas Morus und Thomas Münzer mit ihrem Kopf. Georg Forster mit dem traurigen Sterben im Pariser revolutionären Exil. Heinrich von Kleist hatte der gescheiterten Hoffnung zunächst eine wilde Gegenutopie, eine Zurücknahme, entgegengestellt; dann eine dichterische Harmonisierung als Traum des Prinzen von Homburg. Der Tod am Wannsee aber besiegelte die gescheiterte Hoffnung. Das Ende nicht so sehr Trotzkis, sondern vor allem *Bucharins* ist stellvertretend geblieben. Geblieben ist die Wunde Rosa Luxemburg wie die Wunde Bucharin, Nikolai Iwanowitsch, dem irgendein Soldat der Geheimpolizei den rituellen Genickschuß verpaßte.

Die Geschichte der deutschen Achtundsechziger blieb untragisch. Kein Wüten einer blutigen Repression und keine falsche Erfüllung. Nicht Pinochet und keine Imitation der chinesischen sogenannten Viererbande. Das macht: die Revolte ohne gesellschaftliche Basis war keine Revolution. Kaum vergleichbar dem ungarischen Aufstand von 1956 und dem Prager Frühlingshoffen im Jahre 1968. Vielleicht war es tief sinnbildlich, daß die Berliner Ereignisse um den Tod des Studenten Benno Ohnesorg, von den Motiven und den Ursachen her betrachtet, alle zwingende deutsche Notwendigkeit vermissen lassen. Das war nicht einmal mit dem 17. Juni 1953 zu vergleichen. *Der Schah von Persien.* Welche Ironie, wenn man zurückschaut, was aus ihm wurde, und was nach ihm kam.

An Mängeln damaliger Gesellschaftstheorie läßt sich das Fehlen einer Theorie für revolutionäres Handeln ablesen. *Herbert Marcuse* war ein bedeutender Denker und ein redlicher Sprecher nicht nur für die Erniedrigten und Beleidigten in den westlichen Zivilisationen, sondern auch für die »Verdammten dieser Erde« auf dem amerikanischen Kontinent. Die Universität von San Diego in Kalifornien, wo Marcuse nach seiner Trennung von Max Horkheimer als Philosoph amtierte, gehörte bereits zum lateinamerikanischen Umkreis.

Der Zustand der Arbeiterbewegung in den Vereinigten Staaten, die verratene russische Revolution, die Perspektivlosigkeit der Zweiten Internationale: alles hatte Marcuse zweifeln lassen an der von Marx wie von Lenin verkündeten These, nur das Proletariat könne die geschichtliche Aufgabe lösen, das Reich der Notwendigkeit in ein Reich der Freiheit umzuwandeln. In die endlich gefundene »Heimat« im Sinne von Ernst Bloch.

Daher Marcuses Denkversuch, die notwendige Revolte *von der Basis her* umzufunktionieren. Die Dritte Welt mit ihren Unterdrückten und die Studentenbewegung. In beiden Fällen glaubte Marcuse eine gesellschaftliche Notwendigkeit zur Revolte zu entdecken. Daß er mit solchem Konzept die Möglichkeit zuließ, seine Revolte notfalls auch gegen ein verbürgerlichtes Proletariat zu richten, hat er es in Kauf genommen?

Solche gesellschaftspolitische Strategie negierte irgendeine soziale Basis der Studentenbewegung und zog eben daraus positive Folgerungen. Die Studenten wurden in dieser Theorie zu »freischwebenden Intellektuellen«: weit mehr im Sinne von *Karl Mannheims* Buch »Ideologie und Utopie« als im Sinne der Frankfurter Schule Horkheimers, des geistigen Gegenspielers von Mannheim (und von Norbert Elias).

Die Studenten aber, die amerikanischen, französischen, die deutschen, waren nicht freischwebend, sondern Kinder des Bürgertums und der Verbürgerlichung. Ihr gesellschaftlicher Ort war nicht die Arbeitervorstadt, sondern das Auditorium maximum. In der Columbia University zu New York (Uptown). In der Universität von Kalifornien zu Berkeley. In der französischen Eliteschule zu Nanterre bei Paris. In den Auditorien der Frankfurter Goethe-Universität und der Freien Universität in Berlin-Dahlem.

Zwei Texte von *Herbert Marcuse,* je einer aus dem Jahre 1968 und 1969, belegen das. Die intellektuelle Redlichkeit des Denkers erlaubte ihm keine Beschönigung.

Marcuses offenbar in freier Rede gehaltener Vortrag auf einem Kongreß im jugoslawischen Kurort Korčula, veranstaltet durch die marxistische unorthodoxe Zeitschrift »Praxis«, trägt die Überschrift »Freiheit und Notwendigkeit. Bemerkungen zu einer Neubestimmung«. Der englische Text wurde zuerst in deutscher Übersetzung im Jahre 1970 in einem Sammelband zu Ehren von Ernst Bloch publiziert. Er findet sich nunmehr im Band 8 der Gesammelten Schriften von Herbert Marcuse (Frankfurt 1984).

Die Beziehung zu *Ernst Bloch* war dadurch gegeben, daß auch er, der damals 83jährige Ergründer aller realen oder scheinbaren Utopien, nach Korčula gekommen war. Ernst Bloch und Herbert Marcuse, Freunde und Gegenspieler seit vielen Jahren. Weshalb Marcuse mit einer dankbaren Verneigung vor dem Autor des Buches »Geist der Utopie« vom Jahre 1918 seine Rede beginnt: »Ein Buch, das, vor mehr als vierzig Jahren erschienen, zumindest meine Generation beeinflußte und das gezeigt hat, wie realistisch utopische Konzepte sein können, wie eng verbunden mit dem Handeln, mit der Praxis.«

Damit ist der Redner beim Thema: bei der Wirklichkeitsnähe scheinbar utopischer Konzepte. Die Losung an den Wänden der École von Nanterre wird zitiert: »Soyons réalistes, demandons l'impossible!« Das Unmögliche zu fordern ist realistisch. Bei Schiller heißt es im »Don Carlos«: »Den lieb ich, der Unmögliches begehrt!« Allein das sagt Philipp von Spanien - ironisch - im Gespräch mit dem Aufklärer und Verschwörer, dem Marquis Posa.

Marcuse erkennt sich wieder in solcher Sprache an der Wand. Die Frage, seither immer bedrückender geworden: ob alles scheinbar Unmögliche wert sei, in Möglichkeit verwandelt zu werden, stellt er sich nicht. Hier stehen sie plötzlich gegeneinander, die Freunde aus Freiburger Universitätszeiten und in Edmund Husserls Seminar: *Günther Anders und Herbert Marcuse.* Im zweiten Band seiner »Antiquiertheit des Menschen« hat Günther Anders gefordert, man solle sich fragen, ob man das Unmögliche realisieren solle, sogar dürfe. Auch die von Marcuse in seiner Rede zu Korčula sehr genau und zutreffend geschilderte Wegwerfgesellschaft wird von Anders mehr als zehn Jahre später (1980) abweichend interpretiert.

Bei Marcuse heißt es: »Vergessen wir nicht, daß Herrschaft und Ausbeutung sich nicht nur in den Institutionen der Klassengesellschaft perpetuieren, sondern auch ... in dem, was die gelenkten und verwalteten Menschen lieben, hassen, erstreben, schön und vergnüglich finden ...« Natürlich ist das richtig und hat sich täglich von neuem bestätigt. Dennoch hat Günther Anders, schaut man zurück, mit seiner Skepsis gegenüber Marcuses damaligem Aktionismus recht, wenn er, die Feuerbach-These von Karl Marx parodierend, bemerkt: »Es genügt nicht, die Welt zu verändern. Das tun wir ohnehin. Und weitgehend geschieht das ohne unser Zutun. Wir haben diese Veränderung auch zu interpretieren. Und zwar, um diese zu verändern. Damit sich die Welt nicht weiter ohne uns verändere. Und nicht schließlich in eine Welt ohne uns.«

Auch die *zweite These* Marcuses, damals in Korčula, neben der Parole einer Verwirklichung des Unmöglichen, ist zweideutig, sogar gefährlich in ihren Folgerungen. Es handelt sich um eine genauere Bestimmung der *gesellschaftlichen Rolle der Studentenbewegung.* Fast unmutig lehnt Marcuse die Behauptung ab, er hätte die Studentenbewegung als »revolutionäre Kraft« installieren wollen. »Das ist Unsinn. Sie ist nicht einmal eine revolutionäre Avantgarde, hinter der revolutionäre Massen marschieren.« Die Richtigstellung war notwendig, denn Marcuse hatte sich früher unvorsichtiger geäußert.

Trotzdem bleibt auch jetzt noch die Zweideutigkeit. Was also kann sie sein, die Studentenbewegung? Marcuse antwortet: »Sie ist eine führende Minderheit, eine militante Minderheit, die das artikuliert, was bei der großen Mehrheit der Bevölkerung noch unartikuliert und unterdrückt ist.«

Der Redner unterscheidet die revolutionäre Avantgarde, womit etwa der leninistische Begriff der führenden Partei gemeint sein könnte, von den Studenten als einer »intellektuellen« Avantgarde. »Sie ist eine gesellschaftliche Kraft, die vielleicht fähig ist ... die Bedürfnisse und Bestrebungen der ausgebeuteten Massen in den kapitalistischen Ländern auszudrücken und zu entfalten.«

Ein Jahr später, also 1969, erscheint in Boston ein umfangreicher Essay Marcuses mit dem Titel »An Essay on Liberation«. Bald darauf, gleichfalls noch 1969, in deutscher Übersetzung erschienen als ein »Versuch über die Befreiung«. Nach wie vor geht es um die gesellschaftlichen Träger einer Veränderungspolitik. Der Essay gipfelt in einer Betrachtung über »Die umstürzenden Kräfte – im Übergang«.

Im Übergang? Offenbar nach wie vor zu verstehen als geschichtlicher Prozeß des Übergangs von einer kapitalistischen zur sozialistischen Gesellschaft. Das wird demonstriert an Marcuses neuer Unterscheidung zwischen der Opposition, also dem sogenannten Dissidententum, in den Staaten der Volksdemokratie und den Protestbewegungen im Kapitalismus. Die erstere hält der Verfasser für internen Widerstand gegen Bürokratie, bei gemeinsamem Konsens über die Grundsatzfragen. Was nicht unbedingt zutrifft, wie sich inzwischen gezeigt hat. Die andere hingegen, die antikapitalistische Opposition, sei dadurch gekennzeichnet, daß »in den kapitalistischen Ländern der kämpfende (und offenbar anwachsende) Teil antikapitalistisch ist: sozialistisch oder anarchistisch«. Natürlich steht dem Interpreten hier die Dritte Welt vor Augen. Er konnte nicht an Europa gedacht haben. Weshalb von Europa aus auch kein Urteil für oder gegen Marcuses Thesen abgegeben werden kann.

Studentenbewegung in Südkorea oder Berlin, in Chile und in Paris: das ist zweierlei. So wird man Marcuse verstehen müssen. Er wehrt sich nunmehr, im Jahre 1969, gegen den abschätzigen Nebensinn des Terminus »Studentenbewegung«. Das sei kein Generationenproblem, sondern ein Erkenntnisproblem. »Und man sollte niemals diejenige Studentenrebellion vergessen, die dazu beitrug, den scheußlichsten Massenmord in der heutigen Welt zu verüben: das Massaker an Hunderttausenden von ›Kommunisten‹ in Indonesien. Das Verbrechen ist noch ungestraft, es ist die einzige schreckliche Ausnahme zur freiheitlichen, befreienden Aktion des studentischen Aktivismus.«

Damit kommt der »Versuch über die Befreiung« zur Auseinandersetzung mit *Revolten, die auf Terror mit Terror antworten.* Die politische Philosophie Herbert Marcuses, viel geschmäht und umgedeutet, war stets demokratisch. Die späteren Ereignisse der siebziger Jahre sind bei Marcuse bereits im Jahre 1969 vorweginterpretiert, wenn es heißt: »Der halbdemokratische Prozeß arbeitet radikalem Wandel zwangsläufig entgegen, weil er eine öffentliche Mehrheit herstellt und erhält, deren Meinung von den herrschenden Interessen am status quo hervorgebracht wird.«

Natürlich weiß dieser Denker der Befreiung, daß ein ungleicher Kampf geführt wird zwischen minoritärer und aufklärerischer Überzeugungsarbeit und majoritären und herrschenden Medienkonzernen. Trotzdem Überzeugungsarbeit, nicht antidemokratische Gewalttat. »Und doch wären ohne das ständige Bemühen zu überzeugen, die feindliche Mehrheit zu vermindern, die Aussichten der Opposition noch trostloser, als sie schon sind.«

Natürlich ist dies ein Abgesang. Natürlich würde sich Herbert Marcuse, wie er betont, in der für falsch gehaltenen, weil abstrakten Alternative zwischen »Demokratie« und »Diktatur« für die Demokratie entscheiden. Die jedoch wäre vorerst einmal zu definieren. Der amerikanische Professor an einer Universität des Staates Kalifornien kann die »pressure groups« nicht übersehen, die allen demokratischen Prozeß immer wieder verzerren. Marcuses »Versuch über die Befreiung« verarbeitet natürlich auch die Berliner Erfahrungen, die sich in der Antithese *Springer und Dutschke* konkretisiert hatten.

Die *Literatur,* um es zu wiederholen, der Achtundsechziger war politische Philosophie und oft zündende Rhetorik, Agitation und auch Epigrammatik. Die großen literarischen Formen blieben ungenutzt. Jene damals entstandenen Bücher, die wichtig geblieben sind, bleiben undenkbar ohne das Damalige, wurden aber nicht verfaßt von Tribunen, Kontestierern (wie man in Paris im Gegensatz zu den Protestierern formulierte), es waren Bücher von Zeitgenossen, nicht von Vorkämpfern. Was nicht mit Standpunktlosigkeit zu verwechseln ist.

Und die Vorkämpfer von einst? Einige sind vorgeahnt bei *Gustave Flaubert* in seinem Roman »L'Éducation sentimentale«, der in Deutschland übersetzt wurde mit dem Titel »Lehrjahre des Gefühls«. Das Buch erschien am 17. November 1869. Die öffentliche Reaktion war eisig.

Der Untertitel versprach die »Geschichte eines jungen Mannes«. Frédéric Moreau. Der wird zum Zeitgenossen der Französischen Revolution von 1848. Er macht auch ein bißchen mit, nicht besonders engagiert. Wenn die großen Ereignisse stattfinden, ist er gerade anderweitig beschäftigt. Weder Held noch Reaktionär. Ein Zeitgenosse. Weshalb ihn die Niederlage der Revolution nicht beschwerte.

Auf der letzten Seite des Romans sitzt Frédéric mit seinem Freund Deslauriers zusammen. Sie erzählen sich »ausgiebig« ihre damaligen Erlebnisse. Und als sie fertig waren, sagte Frédéric: »Das war unsere beste Zeit!« »Ja, vermutlich!«, sagt Deslauriers. »Es war unsere beste Zeit.« So endet dieser Roman vom Jahre 1869.

Wiederkehr des Buches »Dialektik der Aufklärung« von Horkheimer und Adorno

Ein Buch der Ferne und des bösen Blicks. Geschrieben in Kalifornien: in Los Angeles. Eine denkerische Bilanz, vorgenommen von zwei Emigranten, die im Frühjahr 1933 Deutschland rasch verlassen mußten; nunmehr sind sie amerikanische Staatsbürger. Zwei akademische Lehrer, die man im Jubel einer erwachten deutschen Nation hinauswarf. Professor Dr. phil. Max Horkheimer, weiland Ordinarius für Sozialphilosophie an der Universität Frankfurt am Main und Direktor des dortigen »Instituts für Sozialforschung«, und Dr. phil. Theodor Wiesengrund-Adorno, Privatdozent für Philosophie an eben dieser Universität.

Als es dahin gekommen war, nämlich zum Hinauswurf, hatten sie in Frankfurt zusammengesessen: Horkheimer und Adorno. Adorno entwickelte Ideen über eine romantische Illegalität. Nun müsse man im Verborgenen weiterarbeiten in diesem Dritten Reich. Ein bißchen hat er sich sogar damals daran gehalten und Texte einer heuchlerischen Anpassung veröffentlicht, die man ihm Jahrzehnte später vorhielt: im Zeichen der Studentenbewegung von 1968. Max Horkheimer war nüchterner und realistischer. Der Sohn und Erbe eines württembergischen Großindustriellen aus Stuttgart. Vater und Onkel Horkheimer trugen den Titel eines Königlichen Geheimrats. Der eine vom bayerischen König ausgezeichnet, der andere vom württembergischen. Horkheimer pflegte auch später noch in geheimem Stolz daran zu erinnern. Aber der Direktor des Instituts für Sozialforschung war nüchterner geblieben. Alle tatsachenferne Spekulation blieb ihm verhaßt. So antwortete er den pathetischen Deklamationen des jüngeren Freundes Wiesengrund-Adorno, der mit einer Illegalität spielte, deren Wirklichkeit er nicht ahnen mochte, vollkommen nüchtern: »Nein, jetzt muß man Deutschland so schnell wie möglich verlassen!«

Horkheimer ging zuerst mit den engeren Mitarbeitern seines Instituts nach Genf und errichtete in Paris, dank der Protektion der berühmten École Normale Supérieure, in der Rue d'Ulm eine Zweigstelle. Damals war der Kreis der Mitarbeiter noch eng geschlossen. Die meisten Namen hatten kaum erst eine gewisse Resonanz gefunden in der wissenschaftlichen Welt: der Wirtschaftswissenschaftler und Jugendfreund Horkheimers aus Stuttgart, Friedrich Pollock, war der wichtigste. Das Buch »Dialektik der Aufklärung« ist ihm gewidmet. Namen dann wie Herbert Marcuse und Leo Löwenthal, der Psychologe Erich Fromm und der Jurist Franz Neumann. Dazu eine Gruppe vorerst freier und gelegentlicher Mitarbeiter, die Horkheimer mit seinem erstaunlichen Sinn für geistige Qualität an sich zu binden suchte: Adorno und Walter Benjamin; Raymond Aron in Paris und Robert Marjolin, in den fünfziger Jahren der erste Vizepräsident der künftigen Europäischen Gemeinschaft in Brüssel.

Friedrich Pollock hatte das Vermögen des Frankfurter Instituts rechtzeitig transferieren können. Man sah dann auch, seit der Mitte der dreißiger Jahre und der ersten Exilzeit, den künftigen Krieg voraus und die Unmöglichkeit, in Europa wissenschaftlich weiterarbeiten zu können. Die kleinen Büros in der Genfer Rue de Lausanne und der Pariser Rue d'Ulm behielt man bei, allein das Zentrum befand sich nunmehr in New York. Wieder hatte man, dank der Organisationsbegabung des Direktors Max Horkheimer, Gastfreundschaft genießen dürfen: bei der Columbia University. Abermals war es nicht viel mehr als eine freundliche Geste der amerikanischen Universitätsbehörden. Adorno war damals in England gelandet, vor allem in Oxford. Man besorgte ihm dann ein amerikanisches Stipendium, so daß auch er, wiederum mit Neumann und Fromm, Marcuse und Löwenthal, in New York weiterarbeiten konnte.

Die einstige Frankfurter »Zeitschrift für Sozialforschung« war bereits 1933 in Paris herausgegeben worden. Im Verlag Félix Alcan. Dort erschien auch im Jahre 1936 das anthologische Werk des Instituts mit dem Titel »Studien über Autorität und Familie. Forschungsberichte aus dem Institut für Sozialforschung«. 947 Seiten. Wer die Liste der Beiträger anschaut, ist konfrontiert mit einer erstaunlichen Konzentration schöpferischer Kräfte der deutschen akademischen Emigration. Zwei Namen fehlen übrigens: Ernst Bloch und Adorno. Wiesengrund-Adorno war damals offenbar nicht bereit gewesen, das allgemeine Forschungsprogramm »Autorität und Familie« für sich zu übernehmen. Ernst Bloch hingegen, so wird man es heute wohl formulieren dürfen und begründen können, ist durch Horkheimer bis zum Schluß ferngehalten worden von der Arbeit des Instituts.

Als der Zweite Weltkrieg ausgebrochen war, noch ohne daß die Vereinigten Staaten in den Krieg eingriffen, erkannte Horkheimer offensichtlich, daß man in Amerika zwar weiterarbeiten könne, jedoch auszubrechen hatte aus dem Getto der Exilforschung, betrieben durch exilierte Forscher. Horkheimer nahm einen Ruf als Professor der Soziologie an der University of Chicago an. Von nun an konnten die gesellschaftswissenschaftlichen Forschungen des Instituts und seiner Mitarbeiter in der akademischen Wirklichkeit überprüft werden. Die Wiederabdrucke der »Zeitschrift für Sozialforschung« (einem ersten Raubdruck folgte dann ein offiziell legalisierter Nachdruck) lassen erkennen, daß die im Jahre 1941 vorgenommene Titeländerung der einstigen »Zeitschrift für Sozialforschung«, die in Paris nach wie vor diesen deutschen Titel beibehalten hatte, mehr bedeutete als eine formelle und formale Amerikanisierung. Diese neuen »Studies in Philosophy and Social Science« waren etwas anderes gegenüber dem einstigen Konzept, das Horkheimer als neu berufener Frankfurter Professor der zwanziger Jahre in seinen Antrittsvorlesungen über die Aufgabe der Sozialphilosophie entwickelt hatte.

»Sozialphilosophie« war ein Einheitsbegriff. Die philosophische Anstrengung des Begriffs im Sinne von Hegel hatte zu dominieren. Zwar blieb der Ausdruck »Marxismus« in den Kreisen des Frankfurter Instituts verpönt: ursprünglich weit weniger aus Gründen der politischen Vorsicht als aus Sorge davor, mit dem offiziellen und institutionalisiert gewordenen sowjetischen »Marxismus-Leninismus« verwechselt zu werden. Der neue amerikanische Titel jedoch »Studies in Philosophy and Social Science« schien eine Aufspaltung im konventionellen Sinne der Fächer-Addition anzukündigen. Das entsprach zwar der amerikanischen Wissenschaftspraxis, jedoch nicht der ursprünglichen Intention: das dialektische Konzept hatte vor den Anforderungen der amerikanischen Universitäts-Pragmatik kapituliert. In seiner ebenso witzigen wie enttäuschten Studie über Erfahrungen mit eben dieser amerikanischen Wissenschaftspraxis hat Theodor W. Adorno darüber berichtet.

Diese Rückschau und Rekonstruktion war notwendig, um die *Entstehung des Buches »Dialektik der Aufklärung«* und auch die besondere Struktur dieses Bandes zu erklären. Gegen das Kriegsende hin nämlich, um das Jahr 1943/44, hatten Horkheimer und Adorno längst den atlantischen Raum der amerikanischen Ostküste verlassen und sich im Bereich des Pazifischen Ozeans angesiedelt. Formell ging es noch weiter in New York, allein die dortige Zweigstelle an der Columbia University war gleichfalls reduziert worden. In Europa hatte man die Zweigstelle in Genf aufgelöst. Ihr damaliger Wissenschaftlicher Leiter, der holländische Soziologe Andries Sternheim, mußte nach Holland zurückkehren. Dort wurde er verhaftet und deportiert. Er ist umgekommen mit seiner ganzen Familie. Die Pariser Zweigstelle war ohnehin erledigt seit der Einnahme von Paris durch die Wehrmacht. Der Kreis der Mitarbeiter lief auseinander. Franz Neumann starb an den Folgen eines Verkehrsunfalls. Herbert Marcuse und Erich Fromm gingen ihre eigenen Wege, die bekannt sind. Leo Löwenthal blieb seinem Freunde und Institutsdirektor treu. Auch die Freundschaft Horkheimer–Pollock ist stabil geblieben.

Los Angeles war damals ein Zentrum der deutschen Prominenten-Emigration geworden. Wer das Geld gerettet oder in der amerikanischen Welt eine gute Position errungen hatte, genoß das kalifornische »Klima« im weitesten Verstande. Die deutschen Querelen zwischen den Literaten in Los Angeles sind vielfach bekannt geworden durch Memoiren-Literatur und nachträgliche Dokumentationen. Dies Nebeneinander von Thomas und Heinrich Mann, von Feuchtwanger und Brecht, Alfred Döblin und Alfred Polgar und vielen anderen.

Die Rolle der Leute vom Frankfurter Institut, Horkheimers vor allem und Adornos, hat eine boshafte Widerspiegelung gefunden in der deutschen Literatur des 20. Jahrhunderts. Bei *Bertolt Brecht* in seinen verschiedenen kalifornischen Bemühungen, vor der Rückkehr nach Europa, sein Bild von den Intellektuellen, den »Tuis«, als Roman oder als Theaterstück künstlerisch zu fixieren.

Einen *Tui-Roman* hatte Brecht damals in Kalifornien konzipiert. Die Fragmente sind aus dem Nachlaß veröffentlicht worden. Seine Erfahrungen mit Intellektuellen in ihrem Verhältnis zur Politik und Gesellschaft hat er dann noch einmal als Stückeschreiber gestaltet: ohne großen künstlerischen Gewinn. Sein letztes abgeschlossenes Bühnenwerk, ein Lustspiel mit dem Titel *Turandot oder Der Kongreß der Weißwäscher,* war ursprünglich wohl ausgelöst worden von den Erfahrungen mit der Frankfurter Schule. Brecht macht sich lustig darüber, daß das Geld eines reichen Getreidehändlers namens Weil investiert wurde in die Gründung eines Forschungsinstituts, dessen erklärtes Ziel es zu sein hatte, den Sturz des Kapitalismus und der bürgerlichen Gesellschaft theoretisch vorzubereiten. Natürlich waren Horkheimer und die Seinen von Anfang an genaue Kenner des Marxismus. Freilich waren sie - auch von Anfang an - nicht dazu bereit, den Bindestrich zwischen dem Marxismus und dem Leninismus zu respektieren. Aus diesem Grunde vor allem bezeichnete man die eigene wissenschaftliche Aufgabe als »Kritische Theorie«. Unter dieser Terminologie ist das Werk der vor allem im heutigen Amerika sehr viel beredeten und einflußreichen »School of Frankfurt« in die Wissenschaftsgeschichte eingegangen.

Brecht hielt dies alles, ausgehend von einer handfesteren, wohl auch »optimistischeren« Auffassung des Marxismus, für Feigheit und ideologischen Schwindel.

Es gab zweierlei Erfahrung für Brecht im kalifornischen Exil: *die Nachbarschaft mit den Tuis der Frankfurter Schule* und die gleichzeitige Erfahrung mit der *amerikanischen Kulturindustrie.* Beide Erfahrungen hat Brecht als Schriftsteller gleichzeitig verarbeitet. *Er stellte die Hollywood-Problematik neben die Tui-Polemik.* Ein böser Zyklus der »Hollywood-Elegien« legt Zeugnis ab von Brechts Urteil über die Kulturindustrie. Ein Gedicht von vier Zeilen mit der lakonischen Überschrift »Hollywood« faßt den gesamten Vorgang zusammen:

> Jeden Morgen, mein Brot zu verdienen
> Gehe ich auf den Markt, wo Lügen gekauft werden.
> Hoffnungsvoll
> Reihe ich mich ein zwischen die Verkäufer.

Auch der bis heute wirksamste und am meisten beredete Abschnitt des Buches »Dialektik der Aufklärung« handelt vom Markt, wo Lügen gekauft werden, und von den Lügenproduzenten. Der Abschnitt trägt im Buch die Überschrift »Kulturindustrie, Aufklärung als Massenbetrug«. Auf dem Höhepunkt der Studentenbewegung von 1968 waren es vor allem diese Gedanken einer »Dialektik der Aufklärung«, die eingehen konnten in die aktuelle Tagespolitik, nicht allein in den Bereich des unmittelbaren Kulturlebens. Es wird eine reizvolle Aufgabe künftiger Forschung sein herauszufinden, ob nicht überhaupt der seitdem allgemein adaptierte Ausdruck *Kulturindustrie* zurückgeführt werden kann auf jene kalifornischen Reflexionen eines vergleichsweise komfortablen Exils.

Das Buch »Dialektik der Aufklärung« ist eigentlich keines. Es stellt eine theoretische Exposition voran: »Begriff der Aufklärung«. Dann folgen zwei Exkurse. Der eine behandelt einen Vorgang, den vor allem Max Horkheimer immer wieder unter dem Begriff der »instrumentalen Vernunft« zu interpretieren versucht hat. Der homerische *Odysseus* als Phänotyp aller künftigen Manager, Praktiker und Macher. Der zweite Exkurs geht aus von der Spätzeit des Ancien Régime in Frankreich und von der moralisch-unmoralischen Funktion des Marquis de Sade und seiner Schriften. Sades Roman »Juliette« wird zum Anlaß der Reflexionen der beiden Verfasser über »Aufklärung und Moral«. Dann folgt das Kapitel über die Kulturindustrie. Anschließend ein fünftes und letztes in sich geschlossenes Kapitel über »Elemente des Antisemitismus. Grenzen der Aufklärung«. Den Rest des Buches bilden sogenannte »Aufzeichnungen und Entwürfe«.

Ein *Gemeinschaftswerk* von Horkheimer und Adorno. Beide haben immer wieder, in der Öffentlichkeit wie auch im vertrauten Gespräch, behauptet, es handle sich in ganz ungewöhnlicher Weise um eine gemeinsame geistige Arbeit. Der Anteil des einzelnen Verfassers könne gar nicht genauer eruiert werden. Man habe gemeinsam gedacht und formuliert.

Auch hier wäre es eine reizvolle Aufgabe künftiger Forschung über ein so wichtiges und folgenreiches Buch, ungefähr herauszufinden, mit Hilfe heutiger Dokumentationen, wo jeweils Horkheimer und Adorno ihre Gedanken entwickelt haben. Vielleicht kann man die These wagen, daß die Betrachtungen zur Kulturindustrie weitgehend von den Erfahrungen Adornos mit eben diesen amerikanischen Kulturritualen genährt wurden. Max Horkheimer war nicht eigentlich ein musischer Typ. Der Philosoph Theodor Wiesengrund-Adorno jedoch war zugleich auch ein bedeutender Musiker und Kenner der Literatur. Seine berühmte spätere »Rede über Lyrik und Gesellschaft« wäre undenkbar ohne die Sensibilität eines begabten Literaten.

Hingegen wäre denkbar, daß die beiden Exkurse über Odysseus und Juliette, also über das Verhältnis der Aufklärung zum Mythos und auch der Aufklärung zur bürgerlichen Moral, zum engeren Denkbereich Max Horkheimers gehörten. Horkheimers große Abhandlungen der dreißiger Jahre, veröffentlicht in der »Zeitschrift für Sozialforschung«, können als Vorformen dieser beiden Exkurse angesehen werden. Es handelt sich vor allem um die Texte »Materialismus und Moral« sowie über »Egoismus und Freiheitsbewegung«.

Vielleicht kann man noch weitergehen und die These wagen, daß das Gesamtkonzept dieser »Dialektik der Aufklärung«, das immer wieder die Grenzen eines aufgeklärten Denkens in der späten bürgerlichen Gesellschaft und Wirtschaft reflektiert, ein Lebensthema des Institutsleiters gewesen ist: Max Horkheimers also. Weshalb man annehmen kann, daß der wohl bedenklichste Teil des Buches, *die Auseinandersetzung mit der Judenfrage,* von *Horkheimer* konzipiert und formuliert wurde. Es handelt sich dabei offensichtlich um eine Weiterentwicklung der von ihm selbst später weitgehend zurückgenommenen Betrachtungen über »Die Juden und Europa« im Jahrgang 1939 der »Zeitschrift für Sozialforschung«.

»Los Angeles, California, Mai 1944«. So haben die beiden Verfasser ihre Vorrede datiert. Hier wird das Thema ausdrücklich und scharf fixiert: »Die Selbstzerstörung der Aufklärung«. Das wird so erläutert: »Wir hegen keinen Zweifel – und darin liegt unsere petitio principii –, daß die Freiheit in der Gesellschaft vom aufklärenden Denken untrennbar ist. Jedoch glauben wir, genau so deutlich erkannt zu haben, daß der Begriff eben dieses Denkens, nicht weniger als die konkreten historischen Formen, die Institutionen der Gesellschaft, in die es verflochten ist, schon den Keim zu jenem Rückschritt enthalten, der heute überall sich ereignet.«

Man schreibt das Jahr 1944. Der Ausgang des Krieges läßt sich absehen: Sturz und Vernichtung der verschiedenen Formen von Faschismus, nicht allein in Italien und im Deutschen Reich. Der Zweite Weltkrieg, nicht bloß von den verbündeten Alliierten her gesehen, sondern nicht minder bestätigt durch das Denken der Emigranten in Kalifornien, präsentiert sich als *Kampf einer aufgeklärten Politik und einer Politik der Aufklärung* mit dem Mythengebilde eines pseudo-antiken neu-römischen Imperators und eines pseudo-germanischen Heiligen Großdeutschen Reiches mit dem von der Vorsehung als Lohengrin gesandten »Führer und Reichskanzler«. *Der Kampf zwischen Mythos und Aufklärung ist beileibe kein Denkspiel.* Andererseits sind Horkheimer und Adorno gründliche Sozialforscher, die sich auskennen an der Basis wie im Überbau der bürgerlich-kapitalitischen Gesellschaft. Sie wissen, daß bereits im bürgerlich aufgeklärten Denken die Möglichkeit angelegt war, zu jeder Zeit und unter besonderen sozialen Umständen umzuschlagen in eine halb geglaubte und halb gelogene neue Mythologie.

Hier wäre, im Rahmen des Buches »Dialektik der Aufklärung«, ein besonderes Kapitel zu schreiben gewesen über »Reklame und Propaganda«. Das Phänomen der Reklame, unmittelbar wahrzunehmen im amerikanischen Alltag, einleuchtend analysiert im Kapitel über die Kulturindustrie. Allein es fehlt eine Interpretation der verschiedenen Formen moderner Propaganda. Zwar findet sich in der Vorrede der Satz: »Die falsche Klarheit ist nur ein anderer Ausdruck für den Mythos.« Hier aber wäre anzusetzen gewesen; hier hätte der Reichsminister Dr. Goebbels sein Stichwort gehabt.

Horkheimer und Adorno haben jedoch nicht weiterarbeiten wollen an dem Buch, das sie im Mai 1944 für sich abgeschlossen hatten. Es erschien dann, zwei Jahre nach Kriegsende, in dem von neuem begründeten einstigen Exilverlag, dem *Querido-Verlag* in Amsterdam. Ein Buch des Exils wurde folgerichtig im einstigen Exilverlag gedruckt. Horkheimer und Adorno beschränkten sich auf drei Zeilen eines Zusatzes zur Vorrede von 1944. Das Buch sei unverändert geblieben. »Nachträglich hinzugefügt ist einzig die letzte These der ›Elemente des Antisemitismus‹. Juni 1947.«

Das ist alles. Erst im Jahre 1969 erschien eine Ausgabe des Buches in Frankfurt am Main. Ein Vierteljahrhundert nach Abschluß der wichtigsten Texte. Ganz offenbar noch im Zeichen der europäischen Bewegung junger Menschen, nicht allein der Studenten. Die Neuausgabe war nicht Ursache gewesen neuer und aktueller Diskussionen über die Grenzen der bürgerlichen und nicht-bürgerlichen Aufklärung. Es war umgekehrt. Die jungen europäischen Rebellen hatten die Ausgabe von 1947 längst entdeckt. *Weil es diese Diskussionen gab, hatte man das Buch entdeckt.* Man war nicht kleinlich in der »Ausbeutung der Ausbeuter«. An Raubdrucken fehlte es nicht. Damals erwarb ich mir selbst einen Raubdruck, der drei Texte jenes legendären Bandes »Studien über Autorität und Familie« enthielt, darunter meinen eigenen Beitrag über »Autorität und Familie in der Theorie des Anarchismus«. Später wurde die gesamte »Zeitschrift für Sozialforschung« »legal« nachgedruckt. Ebenso die »Dialektik der Aufklärung«.

Zwei Seiten eines Textes »Zur Neuausgabe« steuerten die beiden Verfasser bei. Datiert wurde diesmal »Frankfurt am Main, April 1969«. Es war das Todesjahr Theodor Adornos. Der Kernsatz dieser abschließenden Formulierung lautete so: »Daß es heute mehr darauf ankommt, *Freiheit* zu bewahren, sie auszubreiten und zu entfalten, anstatt, wie immer mittelbar, den Lauf zur verwalteten Welt zu beschleunigen, haben wir auch in unseren späteren Schriften ausgedrückt.«

Nach dem plötzlichen Tode Theodor Adornos während der Sommerferien des Jahres 1969, wenige Monate also nach Datierung der Vorrede zur endgültigen Ausgabe des Buches in Deutschland, schrieb der in Leipzig und Ost-Berlin wirkende Romanist *Werner Krauss* eine *Rezension* des Buches. Im Verlauf seiner Studien zur spanischen Literatur hatte Krauss von sich aus, eben als Romanist, immer deutlicher erkannt, daß eine Beschränkung der Aufklärungsdebatte auf den deutschen geisteswissenschaftlichen Bereich eine Absurdität darstelle. Man könne das Werk von Lessing, übrigens auch von Hegel, nicht interpretieren ohne genaue Kenntnis des Diderot. Die drei Kritiken Immanuel Kants seien weitgehend als Auseinandersetzung zu verstehen sowohl mit dem Spinozismus wie auch den verschiedenen Formen des französischen Materialismus im 17. und 18. Jahrhundert. Seit den sechziger Jahren war Krauss immer stärker bemüht, den Ablauf des Aufklärungsprozesses in Frankreich herauszuarbeiten: gipfelnd schließlich in seinem Buch »Die Literatur der französischen Frühaufklärung« von 1971, das in Frankfurt am Main erschien.

Aus dieser Position des Romanisten, der das Problem sowohl der »Dialektik« wie der »Aufklärung« als Phänomen der romanischen Welt im weitesten Verstande interpretiert, ist auch seine spezifische Kritik an den Grundgedanken von Horkheimer und Adorno zu verstehen: »Wenn die Verfasser dann sagen: ›Die rücksichtslose Einheit der Kulturindustrie bezeugt schon die heraufziehende der Politik‹, so muß man den Zeitpunkt berücksichtigen (obwohl 1944 schon das zweite Niederlagenjahr des Faschismus war). Konnte man damals noch wirklich im Faschismus den letzten Ausweg des in die Krise gedrängten Monopolkapitals sehen? Die Verfasser scheinen dies anzudeuten, obwohl sie, wie gesagt, das Überleben des Monopolkapitals über den Sturz des Hitlerismus hinaus schon im Blick haben mußten. Auf jeden Fall bleibt es tief bedauerlich, daß sie in die Neuauflage nicht auch den Übergang des Monopolkapitalismus zu einer multinational organisierten Konsumentengesellschaft ausgearbeitet hatten. Der 1969 erfolgte Tod Adornos hat dieser Erwartung wohl endgültig den Boden entzogen.«

Im Verlauf der ebenso gedrängten wie sachkundigen Rezension kommt Krauss am Schluß auf einige spezifische Merkmale der *Schreibweise* des Buches zu sprechen. Mit Recht scheint er davon auszugehen, daß der weitgehend skizzenhafte und aphoristische, bisweilen sogar rhapsodische Charakter des Buches mit dessen Substanz und Funktion eng verbunden ist. Das ist er in der Tat. Die Schreibweise des Buches, für dessen Form möglicherweise Adorno stärker die Verantwortung tragen dürfte als Max Horkheimer, muß man wohl als Illustrierung der berühmten philosophischen These Adornos verstehen: »Das Ganze ist das Unwahre.«

Ein dezidierter Anti-Hegel folglich. Bei Hegel wird das Ganze als das Wahre verstanden. Bei Adorno wird alle Bemühung um Ganzheit, klassizistische Vollendung und Abrundung als Element der Unwahrheit, wenn nicht der Lüge, interpretiert.

Werner Krauss gefällt diese Schreibweise durchaus: seine eigene Diktion entsprang ähnlichen Überlegungen. Überhaupt wendet sich der Rezensent Werner Krauss vor allem an Adorno. Max Horkheimer wird eigentlich mehr, und ungerechterweise, in Kauf genommen. Die Folgerung einer solchen Haltung drückt sich bei Krauss in folgendem Resümee aus: »Der Stil Adornos ist aphoristisch und präzise; aber er verzichtet bewußt darauf, akzentuierte Gedanken, namentlich am Schluß der Sätze, noch mit dem vollen Ton zu versehen. Seine Sätze verhauchen und machen das Verständnis des Lesers fortwährend von einer Regressionsbewegung abhängig, wobei die Impulse zur weiteren Verfolgung der dargestellten Probleme sich abzuschwächen scheinen. Das Werk entläßt den Leser mit einer offenen Frage: Die Aufklärung, oder was die Verfasser darunter verstehen, hat selbst den Umschlag vom Rationalismus zum Irrationalismus vollzogen. Dieser Prozeß erscheint häufig mit dem Vorzeichen einer fatalistischen Unabwendbarkeit. Gibt es da überhaupt noch heilende Kräfte?« Genau diese Frage des Aufklärers und Aufklärungskritikers Werner Krauss aus Stuttgart: ob der Umschlag vom Rationalismus zum Irrationalismus in unserer Epoche gleichsam zwangsläufig vollzogen wurde, hat auch den Autoren des Buches »Dialektik der Aufklärung« die höchste »Anstrengung des Begriffs«, mit Hegel zu sprechen, abgefordert. Das Problem wird in schärfster Zuspitzung in dem Abschnitt »Elemente des Antisemitismus und Grenzen der Aufklärung« abgehandelt. Der einzige Text des Buches, wie gesagt, der sich nicht im ursprünglichen Manuskript von 1944 befand. Er taucht erst in der Ausgabe von 1947 auf. Folglich wurde er wahrscheinlich nach Kriegsende und unter dem Eindruck damaliger Erfahrung konzipiert. Dies ist nun, wie man vermutlich nachweisen könnte, vor allem *Max Horkheimers* Thema gewesen und geblieben. Für ihn kulminiert in diesem neuen Text alle Überlegung, die er zuerst vor Kriegsbeginn in seiner Studie über »Die Juden und Europa« entwickelt hatte, in einer Konfrontation seines Denkens von 1939 und von 1945. Es ist der Kontrast zwischen einem Denken vor Auschwitz und nach der Erfahrung mit Auschwitz.

Horkheimer und Adorno, mittlerweile amerikanische Staatsbürger und dennoch irgendwie im kalifornischen Exil, waren nicht die einzigen, die dem allgemeinen Frohlocken mißtrauten: nun sei, nach Aufdeckung der Morde und der Mörder, die Auseinandersetzung mit dem Phänomen der Juden und des Judenhasses wieder zurückgeführt worden in die Bereiche des vernünftigen Dialogs und des aufgeklärten Denkens.

In Frankreich hatte *Jean-Paul Sartre,* der Nicht-Jude, den harmonischen Gesängen nicht weniger mißtraut als Max Horkheimer und Theodor Adorno. Sartres »Betrachtungen zur Judenfrage« entstanden im Jahre 1944: also gleichzeitig mit der »Dialektik der Aufklärung«. Die Grundthese war: das Phönomen ist geblieben, und es hat nur indirekt etwas mit den konkreten Juden und Antisemiten zu tun. Jeder könnte, unter besonderen Konstellationen, für eine jeweilige Mehrheit zum »Juden« gestempelt werden. Woraus zu folgern sei, daß sich auch kein nichtjüdischer Franzose so lange sicher fühlen dürfe, wie Unsicherheit bestehe in der Welt für die eigentlichen Juden und all jene dazu, die sich gleich den Juden vorzüglich eignen könnten als Opfer und Sündenböcke.

Die Betrachtungen von Max Horkheimer und Theodor W. Adorno über den Antisemitismus in dem Buch »Dialektik der Aufklärung« sind in den Vereinigten Staaten ungefähr gleichzeitig mit Sartres französischen Reflexionen entstanden. Auch in Amerika mußten folglich gesellschaftliche, geistige und emotionale Substrate analysiert werden, die den von Sartre aufgedeckten Tatbeständen entsprachen und die auch ihrerseits den hochherzigen Optimismus widerlegten: wonach seit Auschwitz die Frage des Judenhasses und der Antisemiten »abgehakt« werden dürfe.

In emphatischer Aufwallung hatte Adorno später, nach der Rückkehr, postuliert, nach Auschwitz sei das Gedicht nicht mehr möglich. Das war die ästhetische Erledigung eines existentiellen Tatbestands. Man suchte ihn, nicht weniger ästhetisierend, durch Hinweis etwa auf die »Todesfuge« von *Paul Celan* zu widerlegen.

Der Autor jenes Gedichtes, Paul Celan also, beteiligte sich an der Debatte nicht. Umgekehrt sah er eine Möglichkeit für das eigene, noch eben vielleicht mögliche Gedicht just darin, daß Auschwitz ein virtueller Tatbestand geblieben war.

Wenn Adorno über Auschwitz und die Dichter nachdachte, durfte er die Analysen jener »Dialektik der Aufklärung« nicht unbeachtet lassen. Dort hieß es: »Die Spielmarke wird aufgeklebt: jeder zu Freund und Feind. Der Mangel an Rücksicht aufs Subjekt macht es der Verwaltung leicht. Man versetzt Volksgruppen in andere Breiten, schickt Individuen mit dem Stempel Jude in die Gaskammer. Die Gleichgültigkeit gegens Individuum, die in der Logik sich ausdrückt, zieht die Folgerung aus dem Wirtschaftsprozeß.«

Was heißen soll: das Phänomen Auschwitz hatte nur in vordergründiger Weise mit Judenhaß zu tun. Es meinte, weit über die Existenz von Juden hinausreichend, ein *globales Vernichtungsdenken,* das nur noch Mehrheiten zulassen will und Minderheiten gleichzusetzen strebt mit »lebensunwertem Leben«. Lebensunwert mögen hier die Juden sein, dort die Neger, anderswo (und überall) die Homosexuellen, die Frauen vom Typ der Judith und der Dalila: nicht zuletzt die immer noch auf Individuation und rationale Anstrengung des Begriffs erpichten Intellektuellen. »Das Hirngespinst von der Verschwörung lüsterner jüdischer Bankiers«, heißt es in der zweiten These über Antisemitismus bei Horkheimer und Adorno, »die den Bolschewismus finanzieren, steht als Zeichen eingeborener Ohnmacht, das gute Leben als Zeichen von Glück. Dazu gesellt sich das Bild des Intellektuellen: er scheint zu denken, was die anderen sich nicht gönnen, und vergießt nicht den Schweiß von Mühsal und Körperkraft.«

»Man sollte sie alle vergasen«, der Ausdruck ist in die Alltagssprache eingedrungen, wo er kaum mehr die Juden meint, sondern die jeweiligen Feindfiguren eines wechselnden totalitären Denkens, das allen Außenseitern den Garaus machen möchte. »Die Wut entlädt sich auf den, der auffällig ist ohne Schutz. Und wie die Opfer untereinander auswechselbar sind: je nach der Konstellation: Vagabunden, Juden, Protestanten, Katholiken, kann jedes von ihnen anstelle der Mörder treten, in derselben blinden Lust des Totschlags, sobald es sich als die Norm mächtig fühlt.«

Das wurde gegen Ausgang des Zweiten Weltkriegs geschrieben. Die Weltgeschehnisse der dreißiger Jahre verhalfen solchen Thesen zur Evidenz. Es ist bemerkenswert, daß die Verfasser der »Dialektik der Aufklärung« durchaus nicht von vornherein gewillt waren, all diese Folgerungen zu ziehen. Noch in Max Horkheimers Studie über »Die Juden und Europa« vom Jahre 1933 wird die Judenverfolgung als ein singuläres Phänomen interpretiert, worin sich freilich bereits die Elemente einer allgemeinen Gesetzlichkeit nachweisen lassen: der Liquidierung des liberalen Kapitalismus. »Seit dem Versagen der Marktwirtschaft sind die Menschen ein für allemal vor die Wahl zwischen Freiheit und faschistischer Diktatur gestellt. Als Agenten der Zirkulation haben die Juden nichts mehr vor sich.« Und an anderer Stelle: »Heute gegen den Faschismus auf die liberalistische Denkart des 19. Jahrhunderts sich berufen, heißt an die Instanz appellieren, durch die er gesiegt hat.«

Dies ist noch *Denken am Vorabend von Auschwitz.* Die Judenfrage einmal als Symptom der gescheiterten bürgerlichen Aufklärung, zum anderen als Indiz für neue, staatsmonopolistische Tendenzen der kapitalistischen Wirtschaftsweise, wo der scheinbar egalitäre Schutzjude ökonomisch nicht mehr gebraucht wird. »Die Sphäre der Zirkulation verliert ihre ökonomische Bedeutung. Die berühmte Macht des Geldes ist im Schwinden begriffen.« Das ist eine Momentaufnahme vom Jahre 1933. Die Entwicklung seit dem Jahre 1945 hat Ansatz und Folgerungen widerlegt. Bereits im Ansatz war die Trennung der Produktions- von der Zirkulationssphäre verabsolutiert worden. Noch in der dritten der späteren Thesen über die Elemente des Antisemitismus wird das wiederholt: »Den Juden war im Gegensatz zum arischen Kollegen der Zugang zum Ursprung des Mehrwerts weithin verschlossen.« Allein das Finanzkapital hatte durch Verschmelzung von Industrie- und Bankkapital, durch die Investitionswirtschaft der Banken seit langem diese Trennung aufgehoben. Die Zirkulationssphäre, ob jüdisch oder arisch oder arabisch besetzt, blieb mächtig. Hier lag nicht die Ursache für jüdische Ohnmacht und die intakt gebliebene Wut des Judenhasses.

Der analytische Ansatz ist präziser in der »Dialektik der Aufklärung«. Daß Sartre und Horkheimer/Adorno ungefähr gleichzeitig die gleichen Betrachtungen anstellten und auch zu analogen Ergebnissen kamen, bestätigt vor allem, daß Auschwitz zwar im Vollzug, jedoch nicht im Denkvollzug, eine »deutsche« Angelegenheit gewesen war. Die Gleichzeitigkeit ist bemerkenswert: Sartre in Paris und Horkheimer/Adorno in Kalifornien formulieren ihre Erkenntnisse im wesentlichen im Jahre 1944, zu einem Zeitpunkt mithin, da die Niederlage des Dritten Reiches in die Analyse einbezogen werden darf. Beide Betrachtungsweisen gehen von der Prämisse aus, *daß es eine Judenfrage nach Kriegsende geben wird.* Beide Interpretationen deuten die virulent gebliebene Frage des Judenhasses als Scheitern der bürgerlichen Aufklärung. Wobei Sartre ideologisch wenig genau den Vertreter dieser bürgerlich-humanistischen Konzeption als »démocrate« kennzeichnet, während die deutschen Emigranten in Los Angeles vom bürgerlichen Liberalismus zu sprechen pflegen.

Gemeinsam ist den Deutungen auch der Hinweis auf die tiefe seelische, nahezu erotische Verstrickung des Antisemiten mit seinem jüdischen Opfer. Daß der Antisemitismus ein im Grunde manichäisches Denken repräsentiert, worin immer wieder das Gute im Kampf liegt mit dem satanischen, im Juden inkarnierten Prinzip, wird bei Sartre genau demonstriert. Auch in der »Dialektik der Aufklärung« heißt es über die Juden: »Sie werden vom absolut Bösen als das absolut Böse gebrandmarkt.« Das ist in beiden Analysen nicht Rhetorik, sondern Interpretation von antisemitischen Texten.

Alles ist virulent geblieben, was damals in Kalifornien konzipiert worden war. Eben darum konnte das Buch »Dialektik der Aufklärung« im Jahre 1968 gleichsam zum ideologischen Programm werden für weite Kreise der Studentenbewegung. Immerhin war nicht zu vergessen, daß der »eigentliche« Vordenker der europäischen und amerikanischen Studenten, *Herbert Marcuse* also, von Anfang an zu den Gründern und Mitarbeitern des Frankfurter »Instituts für Sozialforschung« gehört hatte. Später trennten sich zwar die Wege von Horkheimer und Marcuse, doch die geistige Konvergenz blieb in wesentlichen Fragen unverkennbar. Der Unterschied zwischen Horkheimer und Adorno auf der einen

Seite, Herbert Marcuse auf der anderen bestand darin, daß die gleichsam orthodoxen Frankfurter am Prinzip einer »Negativen Dialektik« festhielten. *Sie wollten sich kein Bildnis machen* von einer künftigen, von den gesellschaftlichen Widersprüchen unserer Gegenwart erlösten Gesellschaft. Dialektik der Aufklärung hatte utopiefremd zu bleiben. Herbert Marcuse versuchte es mit einem utopischen Konzept. Er mußte zwar zugeben, daß die Funktion des Proletariats als eines Trägers der Emanzipation gescheitert sei, doch bestehe die Möglichkeit, neue Träger ausfindig zu machen: in der sogenannt Dritten Welt und auch in den jugendlichen Revolten der Studenten. Auch der späte Herbert Marcuse mußte dann jedoch zurückkehren zu den Prinzipien einer Negativen Dialektik.

Vielleicht hatten Max Horkheimer und Theodor Adorno in ihrem Buch deutlicher erkannt als Herbert Marcuse im Jahre 1968, daß das Problem der Aufklärung nicht so sehr von Konzepten abhänge, utopischen Entwürfen und Interpretationen, als von praktischer Veränderung der gesellschaftlichen Verhältnisse. Jener Zustände nämlich und Machtpositionen, die immer wieder die Feindschaft gegen Aufklärung und menschliche Emanzipation erzeugen. Ein Kernsatz in *Theodor W. Adornos* Buch »Negative Dialektik« aus dem Jahre 1966 läßt sich vielleicht als Nachwort und gedankliche Zusammenfassung der Betrachtungen aus der kalifornischen Exilzeit interpretieren: »Worunter die Menschen leiden, darüber gleitet mittlerweile das Lamento über Verdinglichung eher hinweg, als es zu denunzieren. Das Unheil liegt in den Verhältnissen, welche die Menschen zur Ohnmacht und Apathie verdammen und doch von ihnen zu verändern wären; nicht primär in den Menschen und der Weise, wie die Verhältnisse ihnen erscheinen.«

Väter, Mütter, Töchter, Söhne

Seit wann gibt es ihn in der Literatur, den Generationen-Konflikt? Man sollte ihn nicht verwechseln mit der permanent wiederkehrenden Aufsässigkeit jüngerer Autoren gegenüber den älteren, die Macht besitzen und Einfluß, nicht zuletzt den äußeren Erfolg. Die italienische und vor allem die französische Renaissance des 16. Jahrhunderts, dann der deutsche Sturm und Drang zwischen 1769 und 1789 waren Jugend-Revolten, die mehr bezweckten als bloß eine neue Ästhetik und Schreibweise. All diese Auseinandersetzungen jedoch, die in einzelnen Fällen auch Tätlichkeiten nicht ausschlossen, ließen sich zusammenfassen unter der aus der französischen Literaturgeschichte bekannten Formel »La Querelle des Anciens et des Modernes«. Man fand sich zusammen, um gegen das erstarrte Philistertum der Alten und Älteren anzustürmen. Robert Schumann beendet seine Carnaval-Szenen für Klavier mit einem Marsch der Davidsbündler gegen die Philister. Die Philister sind angetreten mit einem Biedermeier-Schlager. »Und als der Großvater die Großmutter nahm, / Da war der Großvater ein Bräutigam ...« Der Schlager wird bei Schumann musikalisch zusammengeschlagen. Siegreich marschieren die jungen Davidsbündler über die Philister hinweg. Übrigens im Dreivierteltakt.

Was man hingegen um die Jahrhundertwende als »Kampf der Generationen« bezeichnete und ebenso ausgiebig reflektierte wie den »Kampf der Geschlechter«, war anders. Der Autor fühlte sich nicht mehr als Mitglied einer Gemeinschaft, etwa der Naturalisten oder Neuromantiker, er stand für sich allein, und er litt für sich, als konkretes Subjekt. Er litt - wie August Strindberg mit seinen vielen Gefolgsleuten - am »Weibe«; und er litt, als ein Mann, da die Autorinnen noch kaum zählten, an den Vätern.

Die Kindheit begabter junger Menschen im wilhelminischen Kaiserreich muß ein Schrecken gewesen sein. *Georg Heym,* einer der wichtigsten Lyriker der expressionistischen Revolte, notiert in seinem Tagebuch: »Ich wäre einer der größten Dichter geworden, wenn ich nicht solch einen schweinernen Vater gehabt hätte.« Mit einer Regelmäßigkeit, die ahnen läßt, was sich damals in einzelnen Wohnstuben abgespielt haben mag, erlebt man die Konflikte zwischen Vater und Sohn, überhaupt der Jungen mit den Älteren, bei Georg Trakl und Jakob van Hoddis, bei Reinhard Goering, bei Walter Hasenclever, bei Arnold Zweig, als ekstatische und bewußte Auseinandersetzung. Bei Arnolt Bronnen sowohl in seinem Leben, wie er es später als Protokollschreiber geschildert hat, als auch in seinem Theaterstück »Vatermord«, das schon vor 1914 entworfen war, aber erst nach dem Kriegsende gedruckt und gespielt werden konnte. Vielleicht sind die beiden Stücke von Hasenclever und Bronnen - »Der Sohn« und »Vatermord« - die wichtigsten Dokumente der sowohl existentiellen wie literarischen Jugendrevolten vor einem Ersten Weltkrieg.

Sie waren in aller Bewußtheit und willentlich gegen die Bürgerwelt gerichtet. Eine antibürgerliche Revolte von Bürgerkindern. Auch Adelskinder hatten sich zu ihnen gesellt: die Gräfin Franziska Reventlow, die Schwestern Richthofen, die zur Lebensgeschichte von Max Weber und von D. H. Lawrence gehört haben.

Die Jugendbewegung des Wandervogels, die neuen pädagogischen Grundsätze der Freien Schulgemeinden, die Verachtung gutbürgerlicher Rituale, Kleider, Geselligkeiten, Lebensformen vereinten die jungen Künstler und Autoren mit ihren Altersgenossen. Man freute sich über den Kriegsausbruch am 1. August 1914: nun würde man von draußen her die bürgerliche Drinnenwelt zerstören. Nach der siegreichen Heimkehr, woran nicht zu zweifeln war. Singend sind sie dann, das war keine Legende, in den Tod gezogen, schließlich in die Niederlage. Übrig blieb, bis etwa zum Jahre 1924, ein expressionistischer Abgesang, dessen Optimismus mit der geheimen Unruhe kontrastierte. Der Vatermord war zum literarischen Ritus geworden. Man schrieb darüber, weil man nicht mehr daran litt.

Die *deutschen Heimkehrer aus dem Zweiten Weltkrieg* haben sich nicht lange aufgehalten beim Generationen-Konflikt. Im zerstörten Lande, mit eigenen Blessuren und Einsamkeiten, hatte man anderes zu tun. Man war am 1. September 1939 nicht singend hinausgezogen. Es gab auch, im Gegensatz zu den Bilanzen um das Jahr 1919, keine gefüllten Schubladen mit staatsfeindlicher Dichtung, kaum Künstler-Ateliers mit ängstlich versteckten entarteten Kunstwerken. Alles war zu gefährlich gewesen. Erst in den sechziger Jahren beginnt das Fragen nach der Schuld oder Unschuld der Väter und Mütter. Die Fragenden haben das Dritte Reich kaum mehr als Wirklichkeit erlebt, nur mehr in Episoden und als Flucht, Todesgefahr, Heimatlosigkeit: gleich nach dem Kriegsende. Martin Walser erinnert sich, im März 1927 geboren, an das Quäken und Keifen des braunen Ortsgruppenleiters. Christa Wolf hat in ihrem Buch »Kindheitsmuster« die verschütteten Erfahrungen des Damals mit neuen Erlebnissen »vor Ort« geschildert. Freilich hatte Martin Walser in seinem Schauspiel »Der schwarze Schwan« (1968) das Fragespiel zwischen dem Sohn und dem schuldbeladenen Vater für sich begonnen. Allein das war vor allem literarisches Ritual: ein Thema, doch keine Bedrängnis.

Die Bewegung der Achtundsechziger war alles in einem: Generationsrevolte, ideologischer Konflikt, Abrechnung in fast allen Einzelfällen mit der eigenen Kindheit und Pubertät. Man arbeitete mit neuen literarischen Formen und Ritualen: etwas außerhalb der literarischen Grundbereiche. Man empfand, vor allem in der Bundesrepublik, aber auch in der noch stark von den Vaterfiguren beherrschten Jugendwelt der Schweiz, die bekämpfenswerte Wirklichkeit als eine solche der Väter und Großväter. Die Vatergestalt Konrad Adenauer, der Papa Heuss: mit ihnen hatte die neuere Staatsgeschichte begonnen. Dies war wiederum, wie vor 1914, auch ein hochmultiplizierter Einzelkonflikt aus allzuvielen Bürger- und Kleinbürgerhäusern.

Abermals kehrten die Revoltierenden nicht als Sieger zurück. Eine eigene Terminologie war aufgekommen, um die Unbeweglichkeit glaubhaft zu machen.

Die literarische Reaktion nach dem Ende der Revolte fiel sonderbar aus. Nichts mehr vom einstigen Aufschrei aus den Zeiten der Ausdruckskunst, kein Vatermord auf der Schaubühne. In den Erinnerungsbüchern, woran bald kein Mangel war, ist die Gegenwelt nur noch als Erfahrungsmaterial vorhanden, nicht als hassenswerte Antithese. Man braucht die Väter, bisweilen auch die dominierenden Mütter, die Politiker des Establishments, sogar die für jenes Establishment unerwünschten Schriftsteller, wie Günter Grass, als Reizmaterial für die Beschäftigung mit sich selbst. Die Umwelt wird in den meisten Fällen subjektiviert. Sie ist für den Schreibenden jeweils »meine Umwelt«.

Unter den Familiengeschichten deutscher Schriftsteller aus den siebziger Jahren machen drei vor allem eine Ausnahme, weil es dort jeweils gelingt, das Jugenderlebnis als Ausdruck gesellschaftlicher Zustände zu verstehen. Ausnahmen sind diese Bücher auch insofern, als sie Notwendigkeit spüren lassen. Hier wurde nicht ein neues Buch für den Markt projektiert. Die Entscheidung für das Buch hatte man sich abverlangt.

Peter Handke, Wunschloses Unglück

»Unter der Rubrik ›Vermischtes‹ stand in der Sonntagsausgabe der Kärntner ›Volkszeitung‹ folgendes: ›In der Nacht zum Samstag verübte eine 51jährige Hausfrau aus A. (Gemeinde G.) Selbstmord durch Einnehmen einer Überdosis von Schlaftabletten.‹«

So beginnt Peter Handkes Erzählung »Wunschloses Unglück« vom Jahre 1972. Auffallend ist an dieser banalen Meldung aus den Vermischten Nachrichten, daß die Jahreszahl ebenso fehlt wie das genaue Datum jener Sonntagsausgabe der Kärntner »Volkszeitung«. Da Peter Handke selbst im Jahre 1942 in der Gemeinde Griffen geboren wurde, wäre anzunehmen, daß es sich hier um die »Gemeinde G.« der Meldung gehandelt hat.

Dafür spricht der verschachtelte, gleichsam um Fassung ringende erste Satz, der dann in einem neuen Abschnitt folgt: »Es ist inzwischen fast sieben Wochen her, seit meine Mutter tot ist, und ich möchte mich an die Arbeit machen, bevor das Bedürfnis, über sie zu schreiben, das bei der Beerdigung so stark war, sich in die stumpfsinnige Sprachlosigkeit zurückverwandelt, mit der ich auf die Nachricht von dem Selbstmord reagierte.«

Nun hat man die Exposition beisammen: eine Zeitungsnotiz, das Schlüsselwort »meine Mutter«; den Entschluß zur Aufschreibung. Alles gehört zusammen und muß folglich sogleich als Gemeinsamkeit exponiert werden: der Entschluß, als Sohn vom Leben der Mutter zu berichten, vor allem auch vom Leben oder Nicht-Leben dieses Sohnes mit dieser Mutter, und die Geschichte einer Aufschreibung. Soll dies schriftstellerische Unternehmen jedoch (um sogleich ein Sprachklischee anzuführen, das für Handke thematisch bedeutend werden soll) als »Trauerarbeit« dienen? Gedacht ist vom Verfasser wohl eher an das Gegenteil. Mit Hilfe der Aufschreibung wird das Geschehen weggerückt. Es soll literarisiert werden: in aller Bewußtheit.

Hier bereits sind die Gegensätze sorgfältig unterstrichen, welche den Bericht dieses Sohnes (und Schriftstellers) über das Leben und Sterben seiner Mutter unterscheiden sollen von aller Generationen-Trivialität. Auch wenn in der Erzählung »Wunschloses Unglück« die örtlichen und zeitlichen Gegebenheiten genau beschrieben werden, also Armeleuteleben in einer religiös und wirtschaftlich streng determinierten Gesellschaft, so fehlt – obenhin betrachtet – in Peter Handkes Bericht jegliche Emotion oder Revolte. Scheinbar soll nur berichtet werden, wie es zuging im Leben dieser Mutter. Sogar jeglicher Versuch scheint zu fehlen, den Entschluß zum Selbstmord zu reflektieren und damit vielleicht zu deuten. Künstlichkeit wird gefordert und abgefordert vom Erzähler, was bedeuten soll, daß dieser Erzähler, der in der Ersten Person spricht und »meine Mutter« sagt, nicht mit dem Verfasser Peter Handke verwechselt werden darf.

Der Ich-Erzähler ist als Kunstfigur angelegt, wenngleich vielleicht alles Berichtete an der Lebensgeschichte Peter Handkes zu dokumentieren wäre. Vieles könnte jedoch erfunden sein. Die Geschichte seiner Mutter verwandelt Peter Handke, mit Hilfe von Prosa. *Erzählung soll an die Stelle eigener Empfindungen des Erzählers treten.* Es gehört zur literarischen Genauigkeit und auch zur emotionalen Redlichkeit Peter Handkes, daß dies Unternehmen mißlingt. Die Wirklichkeit läßt sich nicht mit Hilfe von Literatur ästhetisieren.

Zur emotionalen Redlichkeit des Textes paßt aber auch, daß Handke immer wieder, vermutlich in bewußter literarischer Nachfolge, jenen menschlichen Lebensvorgang respektiert, den *Marcel Proust* als »Intermittences du cœur« bezeichnet hat. Unsere Gefühle sind niemals konstant, sie wechseln jäh von großer Bedrängnis zur Indifferenz, dann hinüber ins Vergessen. Handke beschreibt genau, wie der Sohn im Flugzeug, auf dem Weg zur Beerdigung, nicht allein den Anlaß seiner Reise vergessen hat, sondern auch die Mutter selbst.

Das Mißlingen dieser literarischen Bewältigung eines existentiellen Vorgangs hat der Erzähler sogleich mitkomponiert.

Handke spricht – eine Erzählung lang – vom Verhalten des Schriftstellers Peter Handke aus Anlaß des Todes der Mutter. Es fällt ihm auf, daß er, anders als bei anderen Texten, die wie unwillkürlich vom eigenen Ich auszugehen hatten, um irgendwohin zu führen, diesmal *von sich selbst wegschreiben muß:* »Natürlich ist es ein bißchen unbestimmt, was da über jemand Bestimmten geschrieben steht; aber nur die von meiner Mutter als einer möglicherweise einmaligen Hauptperson in einer vielleicht einzigartigen Geschichte ausdrücklich absehenden Verallgemeinerungen können jemanden außer mir selber betreffen – die bloße Nacherzählung eines wechselnden Lebenslaufs mit plötzlichem Ende wäre nichts als eine Zumutung.«

Bald darauf wird es in der Erzählung noch genauer gesagt: »Sonst gehe ich nämlich von mir selber und dem eigenen Kram aus, löse mich mit dem fortschreitenden Schreibvorgang immer mehr davon und lasse schließlich mich und den Kram fahren, als Arbeitsprodukt und Warenangebot – dieses Mal aber, da ich nur der Beschreibende bin, nicht aber auch die Rolle des Beschriebenen annehmen kann, gelingt mir das Distanznehmen nicht. Nur von mir kann ich mich distanzieren, meine Mutter wird und wird nicht, wie ich sonst mir selber, zu einer beschwingten und in sich schwingenden, mehr und mehr heiteren Kunstfigur. Sie läßt sich nicht einkapseln.«

Soviel Künstlichkeit und handwerkliche Reflexion hätte das Geschehen leicht banalisieren oder – schlimmer – harmonisieren können. Auch hier ist das Gegenteil festzustellen. Der mißlingende Versuch einer Harmonisierung mit Hilfe eigener Literatur bewirkt erst recht, daß die Tote in ihren Dimensionen erinnert werden darf. In anderen Erzählungen Handkes aus den siebziger Jahren, etwa der »Stunde der wahren Empfindung« von 1975 oder dem »Gewicht der Welt« von 1977, werden die berichteten Unzuverlässigkeiten des Gefühls so stark und quälerisch aneinandergereiht, daß die beabsichtigte Selbstzerstörung umschlägt in Eitelkeit.

Im »Wunschlosen Unglück« ist die Gestalt der Mutter überstark, so daß dieser Umschlag ausbleibt. Ein unehelicher Sohn; ein Kriegskind und Urlaubskind, das 1941 gezeugt wurde; eine junge Frau irgendwo in Österreich und ein verheirateter deutscher

Soldat. Der Erzähler berichtet kurz von einer späteren Begegnung mit dem Mann, den er nur den »Erzeuger« nennt. Der armselige und erfolglose deutsche Soldat, wohl ein Berliner, der die uneheliche Mutter dann heiratet und das Kind legitimiert, heißt im Text bloß »der Ehemann«. Name und Vorname bleiben ausgespart. Die Rollen und Funktionen sind wichtiger. Alles wird nüchtern mitgeteilt. Die Mutter heiratet diesen »Ehemann« im Krieg, weil es die Familie und die öffentliche Sittlichkeit verlangen. Der Ehemann muß dann zurück an die Front. Der Erzähler vermutet, daß die Mutter, die einzig den Vater dieses unehelichen Sohnes geliebt haben mag, ein bißchen damit rechnete, der legitime Gatte werde umkommen im Krieg. Allein er überlebt, so daß man nach dem Krieg aus dem »befreiten« Österreich mit dem Kind nach Berlin ziehen muß. Später ein illegaler Grenzübergang und die Rückkehr ins Westliche.

Die aufsteigenden und wieder verblassenden Gefühle des Sohnes haben einen Höhepunkt in dem Augenblick, da er sich den Entschluß der Mutter zum Selbstmord vorzustellen wagt: »Und während des ganzen Fluges war ich außer mir vor Stolz, daß sie Selbstmord begangen hatte.«

Dennoch mißlingt die Schreib-Therapie: »Das Schreiben war nicht, wie ich am Anfang noch glaubte, eine Erinnerung an eine abgeschlossene Periode meines Lebens, sondern nur ein ständiges Gehabe von Erinnerung in der Form von Sätzen, die ein Abstandnehmen bloß behaupteten.«

Die Folgerung für das eigene Ich des Erzählers ist schonungslos: »In diesen Angststürmen wird man magnetisch wie ein verwesendes Vieh, und anders als im interesselosen Wohlgefallen, wo alle Gefühle frei miteinander spielen, bestürmt einen dann zwanghaft das interesselose, objektive Entsetzen.«

Die Formel vom »interesselosen Wohlgefallen« ist grausam, doch sie begründet das Mißlingen. Es ist *Immanuel Kants* Formel aus der »Kritik der Urteilskraft«. Das Verhalten des Menschen vor dem Schönen in der Natur wie in der Kunst habe nichts mit Gefühlen zu tun, die zurücklenkten auf Lust- oder Leidempfindungen des Betrachters. Das Wohlgefallen am Schönen sei »interesselos«. Peter Handkes Text scheint das zu bestätigen.

Eben dadurch aber verwandelt sich das Mißlingen einer Aufschreibung, die offenbar etwas anderes bedeuten sollte als jene Erzählung, die er dann mit dem Titel »Wunschloses Unglück« publizierte, überraschenderweise in künstlerisches Gelingen. Indem der Erzähler vor sich scheitert, weil Leben, unerfüllte Wünsche und wunschloses Leid der Mutter, nicht wirklich nachvollzogen werden können, entsteht Genauigkeit des Vorgangs: mit Hilfe eines vergeblichen Bemühens um so etwas wie Trauerarbeit.

Elisabeth Plessen, Mitteilung an den Adel

Auch Elisabeth Plessens »Mitteilung an den Adel« beginnt mit einer Todesnachricht und dem Entschluß der Erzählerin innerhalb des Romans, zur Beerdigung zu fahren. Daß die beiden einander so ähnlichen Grundkonzepte Peter Handkes und Elisabeth Plessens nichts miteinander zu tun haben, darf vorausgesetzt werden. Die Sache selbst gebot es so. Die Erzählerin innerhalb der Erzählung berichtet auf der ersten Seite von einem Telefongespräch zwischen einem kleinen Ort im östlichen Holstein, von wo aus angerufen wird, und München. Einer Tochter wird der Tod ihres Vaters mitgeteilt. Zuerst spricht die Mutter, dann kommt auch die jüngere Schwester an den Apparat: »... und hatte sie beschuldigt, sie, Augusta, habe den Vater auf dem Gewissen. Johannas Stimme überschlug sich vor Erregung. Wieso ich?«

Auch dies ist, in ganz anderer Weise als bei Peter Handke und doch mit verblüffender Übereinstimmung, die Exposition eines Buches, das Elisabeth Plessen als »Roman« bezeichnete. Handke hatte in seiner Erzählung in der Ich-Form berichtet. Elisabeth Plessen objektiviert weitaus stärker, was vermutlich damit zusammenhängt, daß Handke im »Wunschlosen Unglück« einen *novellistischen Vorgang* zu berichten hatte, während bereits der allgemeine Romantitel »Mitteilung an den Adel« ein vielschichtiges, im Raum wie in der Zeit ausuferndes Geschehen zu bewältigen hatte. Die Erzählerin nennt sich selbst Augusta. Der Vater wird nur mit der Abkürzung seiner Vornamen als »C. A.« vorgestellt. Was möglicherweise Carl August heißen könnte, also entsprechend zur Tochter Augusta. Es kann sich jedoch genausogut um ganz andere Namen handeln. Das ist unwichtig. Die Mutter wird niemals als Mutter erwähnt. Von ihr spricht die Tochter auch nur mit dem Vornamen. Wenn »Olympia« anrief wie hier, um eine Todesnachricht mitzuteilen, so sprach die Mutter mit der Tochter über den Tod eines Gatten und Vaters.

Auch die von der Autorin bewußt antikisierend gewählten Namen Olympia oder Augusta haben nichts mit Manierismus zu tun, sondern mit der Sache selbst. Der überlieferungsstolze europäische Adel liebte solche ungewöhnlichen und in der Gegenwartsepoche bloß noch komisch wirkenden Vornamen, um sich abzusondern. Auch der Baron Charlus bei Proust und sein Bruder, der Herzog von Guermantes, tragen solche wunderlichen Vornamen aus der Zeit der Ritterromane. Ein Bürgerkind mit dem Vornamen Kunigunde oder auch Augusta, nicht zu verwechseln mit einer Auguste, hätte in der Volksschule mit dem Spott der Mitschüler zu rechnen. Eine Gräfin Kunigunde oder Augusta: das war etwas anderes. Die erste Deutsche Kaiserin des Jahres 1871 hieß Augusta. Ihre Schwiegertochter trug den Vornamen ihrer Mutter, der englischen Königin Victoria. Wilhelm II., letzter Deutscher Kaiser und König von Preußen, war verheiratet mit der mecklenburgischen Prinzessin Auguste Viktoria.

Elisabeth Plessens »Mitteilung an den Adel« ist allenthalben mit solcher Sorgfalt und Präzision gearbeitet. In jedem Augenblick hält die berichtende Tochter Augusta auch im Schreiben auf Distanz. Mehr noch: *das Thema eines seelischen und gesellschaftlichen Abstandes* ist recht eigentlich das Leitmotiv dieses Buches. Eine Tochter berichtet über den lebenslangen Versuch, den eigenen Vater kennenzulernen, ihn verstehen zu dürfen, möglicherweise bejahen zu können. Die dreifache Aufgabe mißlingt. Peter Handke hatte vom Mißlingen einer Aufschreibung berichtet. Elisabeth Plessen hat den eigenen Schreibvorgang ausgespart. Sie überläßt ihre Kunstfigur Augusta den eigenen Erfahrungen, Reflexionen und Enttäuschungen. In keinem Augenblick werden die Grenzen überschritten, die Elisabeth Plessen zu ihrer berichtenden Kunstfigur (und Tochter) Augusta gezogen hat.

Das ist nur scheinbar erstaunlich, obwohl man voraussetzen darf, daß die Adelstochter Elisabeth Plessen nur obenhin verschlüsselt die eigenen Erfahrungen mit der Familie als Arbeitsmaterial verwenden mußte. Allein Elisabeth Plessen, promovierte Germanistin, kennt die Spielregeln und beherrscht das literarische Handwerk. Sie hatte in einer bemerkenswerten Publikation die Witwe Thomas Manns in vielen und zielvoll am Zürichsee geführten Gesprächen dazu gebracht, Erinnerungen zwar nicht selbst zu redigieren, aber mündlich vorzutragen. So daß Elisabeth Plessen auf diese Weise, und mit Erlaubnis der befragten *Katia Mann,* deren »ungeschriebene« Memoiren vorlegen konnte.

Diese »Mitteilung an den Adel«, die doch wohl keine geworden ist, wird prismatisch in vierfacher Weise verkündet. Zunächst als Bericht über die Kindheit eines Grafenkindes in seiner Umwelt: einem Schloß mit vierzig Zimmern, mit Blauen oder Grünen oder wohl auch Gelben Salons, worin Flüchtlinge aller Art, auch mancherlei adlige Verwandtschaft aus dem östlichen Preußen oder aus Pommern, nach Kriegsende unterkommen mußten. Elisabeth Gräfin Plessen kam im März 1944 im holsteinischen Neustadt zur Welt. Sie ist also nur etwa fünfzehn Monate jünger als das Armeleutekind Peter Handke aus Kärnten.

Geschildert wird eine Adelswelt der Rituale. Zuerst die allgemeine Not des Flüchtlingslebens nach einem verlorenen Krieg. Eine Not, die in diesen Umkreis anders hineinreicht. Noch auf der Flucht, mitten im Elend unterscheidet man sorgfältig zwischen Art und Herkunft. Dann ziehen die Heimatlosen irgendwohin weiter. Nun bewohnt man wieder ein Schloß mit vierzig Zimmern, und man hat sich eingerichtet im ererbten Besitz. Der Vater, also C. A., scheint eine glückliche Hand zu haben. Er kauft neue Ländereien hinzu. Er arrondiert. Ein Erntedankfest, das Elisabeth Plessen gleichzeitig mit Behagen und mit Abscheu schildert, verläuft immer noch in den tradierten Formen einstiger Erbuntertänigkeit. Hausherrn und Hausherrin werden die großen Erntekronen überreicht. C. A. beherrscht den Tonfall und weiß die passenden Worte zu setzen. Dann schüttelt C. A., der Graf und Herr, den Arbeiterinnen die Hand: »... so standen sie voreinander und beschworen eine Nähe aus Wörtern. Sprechstunde mit einjähriger Wartezeit. Die alten Frauen weinten vor Dankbarkeit.«

Hier wird, durch solche Präzision der Schilderung heimatlicher Alltage und Festtage, die *Geschichte einer Emanzipation* entworfen. Augusta gerät immer mehr in Gegensatz zur Familie. Was ihr im allgemeinen wenig auszumachen scheint; dadurch aber auch zum Vater, was eine andere Sache ist. Vermutlich hat Elisabeth Plessen in diesem Teil ihres Romans an die deutsche Tradition eines Bildungsromans anknüpfen wollen. Mit der freilich entscheidenden Divergenz, daß bei Goethe, Gottfried Keller und Adalbert Stifter, in seinem frühen Werk auch bei Hermann Hesse, das Hereinwachsen eines Außenseiters in die Gesellschaft oder gar Gemeinschaft zu schildern war. Hier wird der Vorgang eines beginnenden Außenseitertums in unmittelbarem Sinne sogar als *Lebenslauf eines Aussteigers* entworfen.

Das ist nur zum Teil gelungen. Die Gestalt des Vaters C. A. wird immer deutlicher. Anlaß und innere Begründung für die Sezession der Tochter Augusta bleiben undeutlich. Die Namen von Menschen, denen sie nahesteht, als sie fern von Holstein lebt, arbeitet, studiert in München oder Berlin, sind nichts als eben dies: Namen.

C. A. hingegen gewinnt immer schärfere Konturen. Ein zweites Kapitel trägt die Überschrift »Post festum«. Was man in diesem Umkreis übersetzen mag als: Im nachhinein. Die zeitliche Dimension ist erweitert. Der durch Krieg und Not scheinbar tief verwandelte Wehrmachtoffizier C. A. kehrt heim, verläßt aber rasch wieder das heimatliche Schloß, zieht sich zurück nach Flensburg, beginnt ein Tagebuch zu schreiben. Das bekommt allein die geliebte und gehaßte Tochter Augusta zu lesen. Sie soll den Vater besser und genauer kennenlernen. Auch dies mißlingt: gerade aufgrund der Lektüre jener Aufzeichnungen.

Es scheint dem Tagebuchschreiber C. A., will man Elisabeth Plessen folgen, ähnlich ergangen zu sein wie vielen hoffnungsfrohen Schriftstellern der ersten Nachkriegszeit. *Sie verkündeten neues Denken und eine neue Moral, doch in der verdächtigen und schuldig gewordenen Sprache der Lügenzeit.* Auch das Tagebuch von C. A., da haben beide recht, Augusta und Elisabeth Plessen, zeigt den unveränderten einstigen Junker und Welteroberer im angeblich so neuen Menschen.

Im dritten Teil versucht die Tochter, mit stets wiederholten

Anläufen und im soziologischen Testverfahren, den Weg zum Vater zu finden, zum wirklichen C. A. Er scheint bereit zu sein, kommt nach Berlin, erlebt die Wohngemeinschaften, die Welt der Achtundsechziger, die Demonstrationen und Polizeiaktionen. Guter Wille ist vorhanden auf beiden Seiten. Trotzdem kommt es schließlich zum offenbar unheilbaren Bruch. Hatte die Tochter schon früh, am Anfang ihrer Befreiungsbewegung, dem Vater C. A. mitgeteilt, »er kotze sie an«, so droht C. A. schließlich in äußerster Erbitterung, wenn Augusta mit ihren Genossen es wagen sollte, dem heimatlichen Schloß sich zu nähern, werde er schießen. Vor allem auf sie werde er schießen.

Dann war C. A. plötzlich in seinem Schlafzimmer tot aufgefunden worden. Herzversagen. Nun reist die Tochter mit dem schnellen Wagen allein von Süden nach Norden: zur Beerdigung. Die sogenannte Handlung des Romans ist angelegt als Reise zur Beisetzung. Was sich da vollziehen wird, ist als Ritual wohlbekannt. Mit dem Hörnerklang der Jäger im Gebüsch, so daß der Wald, als Besitz verstanden, selbst Abschied zu nehmen scheint vom Eigentümer.

Vorher aber sitzt in einem vierten Kapitel die Tochter noch einmal zusammen mit einer Freundin, deren Gesinnungen auch die ihren sind. Man reflektiert den Fall des Vaters und der Tochter. Die Freundin sieht den Vorgang von außen und hat wohl recht, wenn sie ihn so deutet: »Ich glaube, daß du deinem Vater gar keine Chance gelassen hast, etwas anderes zu tun, als diesen Unsinn zu brüllen. Vielleicht nicht, sagte Augusta. Wir haben uns beide keine Chance gelassen. Er war so außer sich, als hätte er drauf gewartet, es endlich sagen zu können. Dann hat er sich selbst auf dem Gewissen, sagte Lore.«

Dadurch aber wird das Buch trotz allem noch zum Nachruf, Requiem, Einverständnis. Augusta hat auf der Reise nun bereits die Stadt Lübeck hinter sich gelassen; sie steht am Meer. Das Wort von der ersten Seite des Romans taucht wieder auf. Der böse Vorwurf der jüngeren Schwester Johanna: »Ich habe ihn seit Berlin nicht mehr gesehen. Vielleicht hat Johanna ja recht. Sie ist nur ans Telefon gekommen, um mir zu sagen, ich hätte ihn auf dem Gewissen.«

Dann aber steht sie am Ufer der Ostsee und blickt hinüber zum

Schloß, wo man sie erwartet. Das Ritual muß vollzogen werden. Aber sie vollzieht es nicht. Der Bildungsroman endet mit einer scheinbaren Versöhnung. Post festum. Im nachhinein. Augusta wird nicht an der Beerdigung teilnehmen. Sie muß rasch zurückfahren, möglichst weit genug, um telegrafieren zu können, daß sie nicht kommen wird: »Du wirst mich nicht sehen, C. A., weder unter den Achthundert noch zwischen deinen Leuten. Ich werde nicht da sein; du bist ja auch nicht dabei. Du nicht und ich nicht, also sind wir quitt. Aber sie merkte sofort, daß ihre Rechnung nicht stimmte, und nahm das ›quitt‹ schnell zurück. Wir befinden uns ›Auge in Auge‹. Zufrieden?«

So endet dieser Roman einer Tochter über den Vater. Ganz unähnlich dem Bericht Peter Handkes über den Tod seiner Mutter. Ein Bildungsroman auf dem Hintergrund von Krieg und Nachkrieg. Austreibung und Revolte wurden folgerichtig zu Ende geschrieben.

Nur eines ist nicht daraus geworden: eine »Mitteilung an den Adel«.

Peter Härtling, Nachgetragene Liebe

Peter Härtlings Bericht über seinen gleich nach Kriegsende, im Juni 1945, verstorbenen Vater erschien im Jahre 1980. Geschrieben wurde er, wie aus dem Text hervorgeht, offenbar kurz vorher, also 1979. Härtling ist um ein Jahrzehnt älter als Elisabeth Plessen und Peter Handke. Er kam in dem schlimmen Jahr 1933 zur Welt. Dadurch gerät sein Bericht über den Vater in eine ganz andere Nachbarschaft. Der Schriftsteller Peter Härtling, geboren in Chemnitz, findet sich in unmittelbarer Nachbarschaft mit seiner mecklenburgischen Altersgenossin Gesine Cresspahl, *einer Kunstfigur aus Uwe Johnsons Roman »Jahrestage«*. Gesine Cresspahl schildert ihrer Tochter irgendwo im West End von New York die eigene Jugendgeschichte, vor allem das Leben mit dem Vater Heinrich Cresspahl. Da ersteht Cresspahls Welt als deutsche Welt aus Kaiserreich und Weimarer Republik, Exil und Rückkehr aus dem Exil. Vor allem als Geschichte eines Menschen, der nicht mitmacht beim jeweiligen politischen und wirtschaftlichen Erfolg, was ihn immer wieder teuer zu stehen kommt.

Auch der Rechtsanwalt Rudolf Härtling, dessen Familie, wie er mitten im Dritten Reich nicht ohne Stolz betont, aus Ungarn stammt und der seine größten und schönsten Erlebnisse in Mähren gefunden hat, vor allem in Brünn, ist ein Unangepaßter. Der sich jedoch, im Gegensatz zu Heinrich Cresspahl, unnötigerweise und aus Angst immer wieder anzupassen sucht. Was auch ihn teuer zu stehen kommt. Die Annäherung der Kunstfigur Cresspahl und des wirklichen Rudolf Härtling ist legitim. Beiden ist die genau beschriebene Umwelt gemeinsam. An ihr gehen sie zugrunde. Der Vater Peter Härtlings in absurder Weise, weil die Lebenswirklichkeit keine Rücksicht nimmt auf nachträgliche und erbauliche Harmonisierung. Der Vater Härtling ist bei Kriegsende unmittelbar wieder mit seiner Familie vereinigt, der Frau, den beiden Kindern (größerer Sohn und kleinere Tochter), den Angehörigen, die nicht recht einzuordnen sind zwischen den Deutschen und den Slawen. Er ist gelöst und hofft als Jahrgang 1906, mit 39 Jahren also, auf ein neues Leben, redlich und unangepaßt. Aber die Russen holen ihn in die Gefangenschaft. Ein paar Wochen später ist er tot. Gestorben in einer Baracke irgendwo in Österreich.

Bei Peter Härtling sind, gegenüber dem Roman von Elisabeth Plessen, die Fronten verschoben. Hier forscht nicht der zornige Sohn, aus späterer Erfahrung, nach den Feigheiten, gar Untaten des Vaters. Umgekehrt hat es den Bruch gegeben, noch in den letzten Augenblicken des Krieges, zwischen dem begeisterten kleinen Hakenkreuzler, dem zwölfjährigen Peter, und seinem Vater, der zwar der Partei seines Führers angehört, jedoch mürrisch, widerwillig, im Verlauf des Krieges und Untergangs mit wachsender Widersetzlichkeit. Härtling beschreibt Augenblicke der Auseinandersetzung zwischen Vater und Sohn, die das Kind mit der Hakenkreuzbinde immer wieder in Versuchung führen, den Vater als Staatsfeind anzuzeigen, als einen, der schweigt oder losprügelt, wenn er berechtigt empört war über Roheiten oder Untaten seines Sohnes Peter, des kleinen Nazi.

Härtlings Buch gehört in die Nähe des Buches »Kindheitsmuster« von *Christa Wolf.* Erstaunliche Gemeinsamkeit auch mit dem Erinnerungsbuch des Psychologen *Peter Brückner,* der unter dem Titel »Das Abseits als sicherer Ort« geschildert hatte, wie er sich, als Sohn eines wahrlich antifaschistischen Vaters, der immer wieder von den Behörden verfolgt wird, durchaus wohlfühlte eine ganze Zeit lang in der braunen Uniform des Hitlerjungen. Dabei war Peter Brückner ein besonders schwerer Fall nach den Gesetzen des Dritten Reiches. Von der Mutterseite her jüdischer Abkunft. Die Mutter und sein Bruder waren nach England zurückgekehrt. Von dort aber erhielten die Rasseforscher keine Auskunft, so daß Peter Brückner als Arier durchgemogelt und ins braune Ehrenkleid gesteckt werden konnte. Diese Zusammenhänge aber hat er selbst erst spät, vielleicht allzuspät, erfahren.

Nicht die jeweiligen Erinnerungsbücher der Achtundsechziger sind wichtig gewesen, weil sie - ungewußt und ungewollt - immer wieder den Reflexionen eines Frédéric Moreau bei Flaubert geglichen hatten. Was bedeutungsvoll werden sollte beim Aufschreiben des Erlebten waren nicht die unentwirrbaren Relationen zwischen Schuld und Sühne, sondern die Erfahrungen von Menschen, die zum Jahrgang 1929 gehörten wie Christa Wolf oder zum Jahrgang 1933 wie Peter Härtling und Gesine Cresspahl, mit ihren Kindheitsmustern aus Flucht und Elend, Siegesfanfaren und Bombenkellern. Am Ende der riesenhafte Flüchtlingszug. Auch diese Berichte sind undenkbar ohne die Austreibungen und Revolten der sechziger Jahre. Sie mußten den Untergrund bilden, den häufig beschwiegenen und doch geahnten, für die Erlebnisse jener Menschen, die geboren wurden, als alles zusammenbrach. Wie Peter Handke oder Elisabeth Plessen. Die um ein Jahrzehnt Älteren hatten noch den Alltag des Krieges und Nachkriegs als Kinderwunde erlebt, die nicht heilen will. Die etwas Jüngeren, Sohn und Tochter, erlebten die Wunden ihrer Väter und Mütter als eigene Wunden.

Das Jahr 1972: Arno Schmidt und Günter Grass

Auch Zufälle können sinnreich wirken. Daß die »Schule der Atheisten« von Arno Schmidt im selben Jahr 1972 herauskam wie das »Tagebuch einer Schnecke« von Günter Grass, hat an sich nichts zu bedeuten. Zwei eigentümliche Bücher, die ungefähr gleichzeitig publiziert werden. Das ist alles. Grass und Arno Schmidt haben nichts miteinander zu tun. Ob sie jemals zusammentrafen, mag der Literarhistoriker ausfindig machen. Doch er wird seines Wissens nicht froh werden. Günter Grass zu Besuch im niedersächsischen Bargfeld? Das wäre eine Konstellation, die Arno Schmidt hätte erfinden können. Wer sich den Vorgang ausdenkt, müßte die erste Zeile aus Schillers »Wallenstein« zitieren: »Vater, es wird nicht gut ablaufen ...«

Der Aufklärer Grass und der Aufklärer Arno Schmidt: das wäre ein Thema. Vielleicht wird es irgendwann einmal behandelt werden. Dann freilich kommen die beiden Bücher vom Jahre 1972 ins Spiel: das melancholische von Grass und das spöttisch-utopische von Arno Schmidt. Es entstände sogar eine Beziehungsebene der beiden Bücher. Sie haben den Zeithintergrund der sechziger Jahre insgeheim (bei Schmidt) oder ausdrücklich (bei Günter Grass) zum Thema. Konzipiert am Ausgang dieses siebenten Jahrzehnts folgenloser Austreibungen (und Revolten). Das Mittelstück in Arno Schmidts »Schule der Atheisten« wird ausdrücklich zurückdatiert in das Jahr 1969. Als die beiden Bücher dann in den frühen siebziger Jahren erschienen, handelte es sich um Beiträge, die sich mit den »neuen Wirklichkeiten« befaßten: mit einer tristen und abermaligen Restauration und mit dem Widerstand dagegen.

Arno Schmidt, Die Schule der Atheisten

Sie sind einander, von außen her betrachtet wie auch von der jeweiligen Innenwelt, sehr unähnlich: *Zettels Traum* von 1970 und die *Schule der Atheisten* von 1972. Der Koloß »Zettels Traum« ist kaum mit irgendeinem Buch der sogenannten

Schönen Literatur zu vergleichen. Ein Monstrum sui generis. In solche Formel hatte der Staatstheoretiker Samuel von Pufendorf, der in Arno Schmidts geliebtem Barock-Zeitalter lebte, jenes Heilige Römische Reich Deutscher Nation zu fassen gesucht: Das gab es noch und auch wieder nicht. Arno Schmidts Monstrum gibt es natürlich, seit es in einer Ausgabe von 2 000 Exemplaren, alle vom Verfasser signiert, durch den tapferen Stahlberg Verlag zu Karlsruhe herausgebracht wurde. Der Verlag hatte seinem Autor Arno Schmidt die Treue gehalten, solange eine finanzielle Unabhängigkeit möglich war. Nun gab es das Buch, dem sein Autor eine eigene und shakespearegetreue Übersetzung der berühmten Worte des Webers Zettel aus dem »Sommernachtstraum« vorangestellt hatte. Arno Schmidt übernahm dabei die Namensfindung des Übersetzers August Wilhelm Schlegel, der den Weber Bottom in einen deutschsprechenden Zettel verwandelte. Daß Arno Schmidt mit den Sprachelementen von Zettel spielen würde, war evident. Zettel der Weber und der Zettelkasten, vor allem Arno Schmidts Zettelkasten als Übersetzer der Werke von Edgar Allan Poe: was in »Zettels Traum« unmittelbar zur Sache gehört. Aber auch Schlegel hatte bereits als Übersetzer den Namen Zettel mit dem Tätigkeitswort anzetteln spielerisch verbunden.

Ein Foliant, der aber nicht Riesenbuchstaben aufweist, sondern Schreibmaschinenzeilen, die auf drei voneinander getrennten Ebenen auf jeder Seite nebeneinander stehen: den drei Ebenen des Buches entsprechend. Natürlich gibt es auch hier, wie bei den drei Erzählungen des früheren »Leviathan« von Arno Schmidt aus der ersten Nachkriegszeit, die Außenwelt einer jeweiligen Gegenwart, die Bücherwelt und eine pausenlos sich äußernde Innenwelt. Diese Innenwelt freilich ist in »Zettels Traum« gegenüber den früheren Büchern Arno Schmidts dadurch verändert, daß sich der Autor mit seinen *Etyms* eingelassen hat und mit deren Theorie. Wodurch jeder Satz, jedes Wort im Grunde auch eine ganz andere als die vermutete Mitteilung liefern könnte. Alle Sinnmöglichkeiten sind in jedem Satz verborgen. Arno Schmidt als Prospero gebietet mit dem Zauberstab.

Darauf muß man sich ganz einlassen oder gar nicht. »Zettels Traum« ist ebenso wichtig und gleichzeitig literarisch folgenlos wie *Finnegans Wake* von *James Joyce*, das vermutlich hier Anregungen vermittelt hat.

Auch die *Schule der Atheisten* kennt diese Ebene der Außenwelt, Innenwelt und Bücherwelt. Sie bietet zudem noch zwei zusätzliche Grenzüberschreitungen: hinsichtlich der erzählten Zeit wie der literarischen Gattung. Es handelt sich bei diesem Buch – das nach Arno Schmidts eigener Mitteilung zwischen 1969 und 1971 entstand und 1972 ohne Foliantenform, doch als Manuskript gedruckt, erscheinen konnte – um ein *Mischgebilde aus Epik und Dramatik.* Der Autor nennt es eine »Novellen-Comödie in 6 Aufzügen«. Das mußte nicht überraschen, denn auch das essayistische Werk Arno Schmidts hatte sich fast immer der essayistisch-dialogisierenden Mischform bedient. Diesmal aber, in der »Schule der Atheisten«, sollen mehrere überlieferte Literaturformen miteinander verknüpft werden: der Erzähltyp der Renaissance-Novellen, meisterhaft geprägt im »Decamerone« von Boccaccio, wo eine nicht besonders wichtige Rahmenhandlung helfen muß, eine Vielzahl in sich geschlossener außergewöhnlicher Begebenheiten, sogenannter Novellen, zusammenzuhalten. Andererseits ist eine Schule irgendwelcher Art, als Schule der Frauen bei Molière, als Schule des Skandals bei Sheridan oder hier als Schule der Atheisten, undenkbar ohne den Dialog. Die Schule der Atheisten ist wirklich eine: ein breit ausuferndes Religionsgespräch. Arno Schmidt gelingt es in diesem schönen und – trotz allem – heiteren Spätwerk, die Gattungen mühelos und listig aneinander zu binden: die sechs Aufzüge gliedern den Bereich der Komödie. Die Gespräche sind gleichzeitig Komödienstoff, der zum Lachen bringen soll, *und* essayistische Auseinandersetzung im Sinne platonischer Dialoge, wo auch, wie man weiß, bisweilen gelacht werden durfte.

Erreicht wird die Synthese durch ein *Spiel mit der Zeitmaschine.* Es gibt einen Ortswechsel und einen Zeitwechsel. Die Zeit der Rahmenhandlung: Oktober 2014. Ort der Komödienhandlung: Tellingstedt (Dithmarschen).

Allein es gibt auch ein »Dazwischenspiel«. Ort des Dazwischenspiels: an Bord eines Schiffes, danach Spenser Island. Auch der Akt V der Rahmenhandlung weist einen Ortswechsel auf. Er spielt nicht in Tellingstedt, sondern in Sonderho auf Fanö.

Das Motto zu »Zettels Traum« hatte Arno Schmidt natürlich dem »Sommernachtstraum« entnommen. Das Motto zur »Schule der Atheisten« hingegen stammt aus *Verdis* »Falstaff«. Es ist die deutsche Übersetzung des Textes zu Arrigo Boitos Schlußwort.

> Alles ist Spaß auf Erden,
> der Mensch ein geborener Tor;
> und dünkt er sich weise zu werden,
> ist er dümmer noch als zuvor.

Auch die Schlußpointe seines Buches entnahm Arno Schmidt der Opernliteratur. Wir hören am Schluß, gleichzeitig zitiert und parodiert, den Nachtwächter aus den »Meistersingern«. Die Kunstfigur Cosmo aus der Komödie erscheint als singender Nachtwächter. »Hört ihr Leut' ...« Zuerst singt er auf Englisch, dann geht es auf Deutsch weiter: »Wahrt euch vor Gespenstern und Spuck – daß kein Böser Geist Eu'er See-hehl beruck –: und lobt die You: SA ...! – « Hier wimmeln die Etyms noch einmal toll durcheinander. Spuk und Spucke. See und hehl. USA, You als Anrede an die Leser, und SA.

Im Jahre 2014 scheint die Weltgeschichte einen friedlichen Verlauf genommen zu haben. Freilich nach einem Atomkrieg. Übrig blieb einiges in Europa: darunter ein idyllisches Reservat an der Eider. Arno Schmidt hat die großen Erzählwerke des Utopismus von jeher geliebt. Die Insel Fanö erscheint in diesem Buch wie eine »Insel Felsenburg« des sächsischen Erzählers *Johann Gottfried Schnabel,* die im frühen 21. Jahrhundert als Zentrum einer Weltkonferenz zu dienen hat. Die Weltkonstellation hat dazu geführt, daß nur noch die *USA und China* als Antipoden auftreten. Ein Gipfelgespräch in Tellingstedt und auf Fanö.

Noch etwas hat sich gegenüber der Gegenwart des Dazwischenspiels im Jahre 1969 verändert. Ein Matriarchat scheint im Anbruch zu sein. Die westliche Außenministerin heißt ISIS: vielleicht eine Tochter des nunmehrigen Friedensrichters Kolderup, der damals, beim Schiffbruch von 1969, die Mutter der ISIS kannte, Marjorie Kennan. Es gibt auch einen »Hauptbegatter«. Bei der Wahl der Namen spielt Arno Schmidt abermals mit der eigenen Freude an den sogenannten »schmutzigen Wörtern«.

Trotzdem sind alle Figuren bei den obligaten Verwicklungen einer Comödie, die gleichzeitig novellenhaft Nebengeschichten transportiert, im Grunde nur Funktionsträger. Sie vertreten geistige Positionen, politische oder erotische Funktionen.

Abgetrennt von ihnen ist die *Gruppe der Atheisten:* der Philosoph Professor Friedrich Butt, genannt Scheibe, 55 Jahre alt. Der Professor der Altphilologie Schweighauser, vierzigjährig. Schließlich das eigentliche Zentrum des Werkes, gleichsam auch der Sprecher und Repräsentant Arno Schmidts in der Novellen-Comödie. *William T. Kolderup* ist der einzige, der sowohl im Dazwischenspiel des Jahres 1969 vorkommt wie auch bei der Tagung zu Tellingstedt im Jahre 2014. Im Dazwischenspiel war er dreißig Jahre alt, wie Arno Schmidt mitteilt. Folglich ist er ein Mann von 75 Jahren beim Religionsgespräch des Jahres 2014.

Zweideutig bleibt alles bis zum letzten Satz dieses epischen Gebildes einer Neurenaissance, das gleichzeitig auch Komödie ist und theologisch-politischer Traktat. Das Religionsgespräch kann nichts lösen, das versteht sich. Atheisten und Missionare hatten sich schon beim Dazwischenspiel und beim Schiffbruch vom Jahre 1969 nicht verständigen können über eine Welt des Leviathan oder eine Weltschöpfung aus ruchlosem Optimismus.

Auch dem Optimismus des Schlusses ist nicht zu trauen. Zwar kommt es, mit Hilfe von Kolderups Strategie, in den erotischen wie politischen Menschenbeziehungen vor dem Ende der Konferenz von Tellingstedt zu einem Kompromiß, der Waffenstillstand bedeutet zwischen den Amerikanern und den Chinesen. Vor allem wird der Fortbestand des Reservats an der Eider im Gipfelgespräch garantiert. Ein bißchen europäische Kultur bleibt folglich erhalten. Arno Schmidt hatte seinen Kolderup ausdrücklich als »literarisch interessiert« bezeichnet. Folglich wird es wohl noch ein bißchen damit weitergehen: mit dem kleinen Erdteil Europa, mit dem Weiterlesen in den großen Büchern von einst, mit der unbequemen Aufklärung und erst recht mit dem unerwünschten Atheismus.

Ist dies ein optimistischer Schluß? In seinem Buch über Arno Schmidt weist Wolfgang Proß zu Recht darauf hin, daß das letzte Wort des Dialoges, bevor der Nachtwächter seinen Gesang intonieren darf, so lautet: »Wir werden Scheitan.« Wieder einmal die Etyms. Aber was haben sie wirklich sagen wollen?

Es gibt eine merkwürdige und natürlich zufällige Strukturähnlichkeit zwischen diesen beiden Büchern aus dem Jahre 1972: der Novellen-Comödie von Arno Schmidt also und dem Buch »Aus dem Tagebuch einer Schnecke«. In beiden Fällen wird mit der Zeitverschiebung gearbeitet. Einmal ein genau durch das *Jahr 1969* datierter epischer Komplex, zum anderen ein zweiter ebenso genau mit einem späteren Datum versehener Gegenentwurf.

Arno Schmidt arbeitet mit dem Mittel des Zeitsprungs ins Zukünftige. Ein »projektiertes« Geschehen im Sinne von Jean Paul. Das so wichtige Dazwischenspiel aber mitsamt der Schiffskatastrophe findet im Jahre 1969 statt.

Günter Grass arbeitet bei seinen Berichten »aus dem Tagebuch einer Schnecke« mit der scheinbar konventionellen Progression eines normalen Zeitablaufs. Das eigentliche Tagebuch der Schnecke wird im Jahre 1969 geführt. Da wird berichtet, daß der Ich-Erzähler, den man auch hier nicht mit dem Verfasser Günter Grass verwechseln darf, eine Einladung der Stadt Nürnberg erhält, zum Dürer-Jubiläum des Jahres 1971 einen Vortrag zu halten: über irgendein mittelbares oder unmittelbares Dürer-Thema. Die Einladung wird angenommen, der Vortrag findet statt. Er ist dem Dürer-Bild der Melencolia I gewidmet. Dieser Vortragstext wird dann im »Tagebuch einer Schnecke« unmittelbar hinter der letzten Eintragung aus dem Tagebuch abgedruckt. Die Einheit des Buches soll damit bekundet werden. Der Text über Dürer und die Melancholie gehört zum Gesamtkonzept. In dieser Form erscheint das Buch im Jahre 1972: gleichzeitig mit der »Schule der Atheisten« von Arno Schmidt. In beiden Fällen, abermals wohl zufällig - oder vielleicht doch nicht? -, werden die *Allegorien der Utopie und der Melancholie* zueinander in Beziehung gesetzt.

Arno Schmidt endet mit einem Überlebenskompromiß für die heutige Weltstruktur, dem er insgeheim wohl nicht getraut hat. Günter Grass versucht die Gleichzeitigkeit einer utopischen Projektierung einer menschenwürdigen Zukunftsgesellschaft unmittelbar mit der melancholischen geheimen Sorge zu verbinden, daß daraus wieder einmal nichts werden kann. Ein Prinzip Hoffnung, dem mißtraut wird. Auch das Tagebuch der Schnecke erfindet sich, um diese dialektische Wechselwirkung deutlich zu machen, die *Kunstfigur eines Aufklärers mit Namen Zweifel.* Wobei zugleich der Erzähler den »Zweifel« mitkomponiert, ob es diesen scheinbar realen Herrn Zweifel auch wirklich gibt. Das Tagebuch einer Schnecke versteht sich nämlich nicht bloß metaphorisch. Gemeint ist von Grass, was er den »Stillstand im Fortschritt« nennt. Zum anderen gehört es aber zur Kontinuität des Erzählers Günter Grass, daß die Beziehung zwischen Mensch und Tier abermals gestaltet werden soll. Die persönliche Vorliebe des Kulinarikers, des Kochs und Essers Günter Grass kommt hinzu, die ihn immer wieder in Begeisterung versetzt über Tiere, die man bis dahin nicht so recht für literaturwürdig hielt.

Mit den »Hundejahren« war Grass noch in der guten epischen Konvention geblieben. Mit der Schnecke verhält es sich schon etwas bedenklicher. Später kommt dann der Butt, der sich immerhin auf Philipp Otto Runge und die Geschichte der Frau Ilsebill berufen darf. Für die spätere Rättin freilich kann es in guten literarischen Kreisen kein Verständnis und folglich wohl auch keinen Pardon geben.

Notfalls könnte sich der Danziger Grass auf den Königsberger *E. T. A. Hoffmann* berufen. Der hatte mit dem Affen Miro und dem Hund Berganza und dem Kater Murr begonnen, landete aber schließlich, kurz vor seinem qualvollen Sterben, beim Meister Floh.

Das eigentliche Tagebuch vom Jahre 1969 berichtet über Wahlkämpfe und einen Wahlkämpfer: den Ich-Erzähler und Tagebuchschreiber. Hier ist scheinbar alles eindeutig und nachprüfbar: Zeitberichte und auch Zeitungsberichte. Zu Beginn erfährt man, daß als Nachfolger der Bundespräsidenten Theodor Heuss und Heinrich Lübke nach zwanzig Jahren Bundesrepublik nun auch ein Sozialdemokrat als Staatsoberhaupt gewählt wurde: Dr. Gustav Heinemann. Die Wahlen zum Bundestag stehen vor der Tür. Sie führen dann, wie bekannt, zur Bildung der Regierung Willy Brandt und Walter Scheel. Eine »sozialliberale« Koalition löst die »Große Koalition« von Kiesinger und Brandt vorerst ab. Zwei Jahre später, also 1971, zur Zeit der Nürnberger Feiern zu Ehren des Meisters

Albrecht Dürer, gibt es erneut eine Krise dieser Regierung. Das Jahr 1972, wenn das »Tagebuch einer Schnecke« vorgelegt wird, ist abermals ein Wahljahr. Das Weitere ist bekannt.

Bekannt ist es jedoch nicht dem Tagebuchschreiber und auch noch nicht dem Redner über die Melencolia.

So viele Hoffnungen, so viele Anlässe zum Zweifel. Im Tagebuch der Schnecke heißt es darüber: »Als habe der Fortschritt den Stillstand zum Echo. Als sei die Melancholie das Unterfutter der Utopie. Als hindere unverkäuflich den Läufer ein Klotz. Als begrüße am Endziel Schwermut den Sieger. Als leide die Welt unter Heuschnupfen und chronisch nicht nur Zweifel allein.«

An dieser Stelle unterscheiden sich die Denkpositionen der beiden Aufklärer Arno Schmidt und Günter Grass. Arno Schmidt ist – in seiner Geschichtsbesessenheit und Leseorgiastik – nicht eigentlich an geschichtlichen Abläufen interessiert. Für ihn ist ohnehin alle Realgeschichte – das war bereits ein Grundthema seines »Leviathan« – bloß als Unterfutter wichtig. Für geistige und künstlerische Schöpferkraft kann er mit der Vokabel »Fortschritt« nichts anfangen. Er ist ein Aufklärer, der die Welt stets als jeweiligen Stillstand interpretiert. Darum macht ihm eine Projektion ins Jahr 2014 keine Schwierigkeit. Auch diese scheinhistorische Projektion ist ein Denkspiel: wie bei den französischen Enzyklopädisten, bei Diderot etwa, aber kein gesellschaftlich-realistisches Programm. Arno Schmidt schreibt seine wichtigsten Werke, lange bereits vor »Zettels Traum«, indem er im eigenen und konkreten Lebenslauf anzuknüpfen scheint an den Schluß des »Candide« von Voltaire: »Il faut cultiver notre jardin.« Das wäre nichts für den – enttäuschten – Wahlkämpfer Günter Grass. Es war auch nichts für eine Schnecke: Die will kriechen und eine Kriechspur hinterlassen. Fortschritt immerhin, wenngleich im Schneckentempo. Wodurch in der Tat dies »Tagebuch einer Schnecke« für künftige Leser *auch* zu einem Dokument deutscher Zustände werden konnte: für die Zeit nach der Austreibung und nach der mißglückten Revolte.

Die *Rede über die Melancholie* aber bedeutet gegenüber dem eigentlichen Tagebuch etwas Neues. Sie versucht einen gleichsam *planetarischen* Standpunkt sowohl mit dem Blick auf die Dürer-Zeit als mit der gesellschaftlichen Konkretheit des Nürnberger Redners vom Jahre 1971 zu verbinden.

Es handelt sich um den *Planeten Saturn.* Der war das eigentliche Sternbild der Künstler in der europäischen Renaissance. Er hat Dürer mit Leonardo und Montaigne mit Shakespeare verbunden. Im Jahre 1963, also acht Jahre vor der Nürnberger Rede von Günter Grass, war in London das Buch »Born under Saturn« von Rudolf und Margot Wittkower erschienen. Zwei Jahre später (1965) gab es auch eine deutsche Ausgabe mit dem verlegen ausweichenden Titel »Künstler – Außenseiter der Gesellschaft«. Indem Günter Grass die Gestalt der Melencolia sehr genau beschreibt und deutet, sowohl aus historischer Kenntnis als auch aus der Erfahrung eines begabten Graphikers, gibt er gleichzeitig auch eine Selbstdarstellung als Künstler wie als Schriftsteller. Die rätselhaften schweifenden Elemente des Saturns und der Saturniker müssen konfrontiert werden mit dem Lebenswillen eines tätigen und erbitterten Aufklärers. Günter Grass genügt es nicht, als einem melancholisch von der Weltinspektion zurückgekehrten Candide nur noch den eigenen Garten für wichtig zu halten. Sein Garten gehört nach wie vor zur Welt. Das Tagebuch teilt mit, daß die Einladung nach Nürnberg zum Anlaß werden sollte, eine Konfrontation mit Albrecht Dürer denkspielerisch zu entwerfen. »Meine Kriechspur zeigte eine Gesellschaft, an deren Ränder sich Gruppen verzweifelt extrem zu verhalten begannen: resignativ oder euphorisch. Täglichen Ausbrüchen in die Utopie entsprachen Rückfälle in melancholische Klausur. Diesen Fluchtpunkten versuchte ich jene Spannung abzugewinnen, die den Menschen auferlegt zu sein scheint und – wider besseres Wissen – oft schicksalhaft genannt wird; Saturn heißt ihre antike Gottheit. Er stand der Melancholie und der Utopie vor.«

In der Nürnberger Rede werden die beiden Themen des Tagebuchs kontrapunktisch miteinander verknüpft: der Stillstand im Fortschritt mit der Dialektik von Utopie und Melancholie. Da heißt es: »Wo ist eine Utopie, die dem Melancholie produzierenden Fließband Gegenwelt sein könnte? Ist mehr Freizeit bei zunehmender Automation ein schon wirklicher oder noch immer ein nur utopischer Zustand?« Danach wird dann sogleich auch die

Antwort gegeben: »... wenn Arbeit und Freizeit bald schon dem einen utopischen Ordnungsprinzip, der absoluten Beschäftigung unterstellt sein werden, dann werden sich Utopie und Melancholie treffen und decken.«

Später wird es noch einmal härter und zorniger formuliert: »Denken über Gedachtes, bis nur noch Zweifel gewiß ist, Erkenntis, die Ekel bereitet. – Das trifft auch für uns zu.«

Es ist in der Tat der Wendepunkt. Arno Schmidt entwarf trotz allem, auch nach der atomaren Katastrophe, die immerhin noch ein lebenswürdiges Reservat übrigließ, eine neue Insel Felsenburg, spielerisch und unter Trällern von Opernzitaten. Günter Grass nimmt sein Utopia nach wie vor ernst. Allein er sieht auch bereits die Elemente einer Gegen-Utopie inmitten einer – vielleicht – realisierten Utopie. Dann erlebt die Menschheit eine »Brave new World« im Sinne von *Aldous Huxley*. Huxleys schlimme Ironie greift bei dieser Titelwahl seines berühmten Romans auf Shakespeare zurück, auf die Saturniker der Renaissance. Auf die Melancholie des weisen Montaigne-Lesers Prospero im »Sturm«, der es besser weiß, wenn seine Tochter Miranda von einer »brave new world« zu schwärmen beginnt. Auch die Zeitgenossen des Jahres 1972 wissen es besser.

Thomas Bernhard

Auch Thomas Bernhard kennt sich aus bei *Voltaire*. Die Geschichte vom Weltreisenden Candide hat auch ihn immer wieder beschäftigt. Der im Jahre 1982 erschienene Band »Ein Kind«, Thomas Bernhards Bericht also über seine frühen Jahre – »Ich war jetzt dreizehn« –, hat ein Voltaire-Motto erhalten: »Niemand hat gefunden oder wird je finden.« Der »Weltverbesserer« in dem Theaterstück von 1979 hatte am Schluß, nach allen empfangenen Ehrungen und ausgeteilten Beschimpfungen, seine Meinung über die Welt und die Menschen in dem Satz zusammengefaßt:

Ausgerechnet der Mensch
ist unmenschlich.

Der Schlußsatz aber des Weltverbesserers lautet so:

Jetzt will ich die Nudeln essen.

Vielleicht geht er dann auch, obwohl es unwahrscheinlich ist, zusammen mit Candide in den Garten.

Beides ist nach wie vor im gesamten Werk von Thomas Bernhard, den Erzählwerken wie den Theaterstücken, vorhanden: der Versuch eines einzelnen, sich in der ihn umgebenden Welt einzurichten, sei es auch mit Hilfe von Lebenskompromissen, *und* die Erkenntnis, daß ihm das nicht möglich ist. Diese Erfahrung muß Bernhard schon früh gemacht haben: bereits bei seinem Englandaufenthalt in den Jahren 1959 und 1960. Von dort her stammt die reale Erfahrung mit Oxford, die im Jahre 1988 in dem Theaterstück »Heldenplatz« gleichsam den Kontrapunkt abgibt zu den Spannungen des Hasses und der Verachtung, die mit dem Stadtnamen Wien verknüpft werden. *Wien – Oxford.* Keine Alternative. Wohl nicht allein für den Professor Schuster im »Heldenplatz«, der aus Wien nach England flüchten mußte, seine Professur in England aufgibt, um wieder in ein erneuertes Wien zurückzukehren. Was neue Gedanken an ein neues englisches Exil erzeugen muß.

In jenen Jahren, also vor der Publikation seiner ersten Erzählwerke, hatte Bernhard in Oxford (und auch in Taormina) Gedichte geschrieben, offenbar zyklisch angelegt, denen er ein Vers-Motto von T. S. Eliot voranstellte:

I sat upon the shore
Fishing, with the arid plain behind me
Shall I at least set my lands in order?

Die letzte Zeile dieses Mottos aber entspricht bereits dem Garten des Candide und der Nudelmahlzeit des Weltverbesserers. Ich kann mich nur noch um meine eigenen Angelegenheiten kümmern. Der damals kaum dreißigjährige Thomas Bernhard muß es in Oxford und Taormina auch nicht anders empfunden haben als später. Der dritte Teil des Gedichtbandes *Ave Vergil* aus jenen Jahren trägt die Überschrift »Trauer« und beginnt so:

Jeder Tag wacht auf mit einer Mißhandlung,
in meine Rede ist
die Legende meiner Trauer eingeschlossen,
mit tausendjähriger Trauer
siegte ich über mein unflätiges Leben,
nicht aber über die Vernunft der Winterkälte ...

Diese Gedichte gab Bernhard damals nicht in Druck. Hat er überhaupt an eine Veröffentlichung gedacht? In einer Notiz vom Jahre 1981 teilt er mit, was es mit diesem poetischen Konvolut auf sich hatte: »Es ist von mir zwanzig Jahre vergessen gewesen. Ich hätte es mit anderen wieder aufgefundenen Gedichten aus der Zeit um die dreißig vernichten können, der Grund, es jetzt zu veröffentlichen, ist die in diesem Gedicht wie in keinem zweiten konzentriert wiedergegebene Verfassung, in welcher ich mich gegen Ende der fünfziger - Anfang der sechziger Jahre befunden habe. In dieser Zeit, nach dem Abschluß des Mozarteums, beschäftigten mich neben meinen Theaterstudien vor allem die Schriften Eliots (The Waste Land), Pounds, Eluards, sowie César Vallejo und die Spanier Rafael Alberti und Jorge Guillén.«

Aus diesem Grund wurden die Gedichte des »Ave Vergil« nicht vernichtet. Der Band erschien im Jahre 1981. Zur gleichen Zeit begann Bernhard mit der Niederschrift seiner frühen Jahre und Erlebnisse, mit der Redaktion des Bandes »Ein Kind« also, der ein Jahr später (1982) herauskam.

Bernhard hatte nicht chronologisch erzählen wollen. Die vier Bücher seiner Lehr- und Leidensjahre hatten jeweils einen bestimmten Titel mit einem ins Unbestimmte ausweichenden Untertitel verbunden.

Die Ursache. Eine Andeutung. (1975)
Der Keller. Eine Entziehung. (1976)
Der Atem. Eine Entscheidung. (1978)
Die Kälte. Eine Isolation. (1981)

Diese »Isolation« aus dem Jahre 1981 schließt abermals mit einer fast lebensgefährlichen Schlamperei oder Gedankenstarre. Der Lungenkranke wird zur regelmäßigen ärztlichen Behandlung bestellt. Er verschlampt aber den Termin beim Arzt. »Ich hatte ihm nicht gesagt, daß ich den Termin überzogen habe, ich legte mich hin, und er füllte mich wie gewöhnlich. Die Folge war eine Embolie. Arzt und Gehilfin stellten mich auf den Kopf und ohrfeigten mich. Diese Methode, kurzentschlossen an mir praktiziert, rettete mir das Leben. Jetzt war ich weit über neunzehn und hatte mir mein Pneumoperitoneum ruiniert und war von einem Augenblick auf den anderen wieder soweit, nach Grafenhof fahren zu müssen. Aber ich weigerte mich und fuhr nicht mehr hin.«

Er kam also noch einmal davon, doch was nun weiter ... Die vier Bände der Jugendgeschichte bis zum neunzehnten Jahr hatten immer wieder die Schlamperei des Erzählers mit den Schlampereien und Bosheiten seiner Umwelt konfrontiert. Jetzt erst, nach Abschluß dieser vier Bände eines mehr oder weniger klassischen Bildungsromans, erzählt Thomas Bernhard von der *eigentlichen Kindheit.* Das Buch »Ein Kind« wird als Epilog geschrieben, hat aber in der Lebensgeschichte als Prolog zu dienen. Es ist beides in einem. Vor allem aber ist es doch in aller Bewußtheit kein Vorwort, sondern ein Nachwort. Es spricht inmitten von Kindheitserinnerungen von dem wohl einzig wichtigen Menschen in dieser Kindheits- und Jugendgeschichte des künftigen Schriftstellers Thomas Bernhard: vom Großvater. Der *Großvater* vermittelt dem gelehrigen und vielseitig begabten Enkel und Zögling die eigentliche Lebenslehre. Bernhard faßt sie zusammen in diesem Prolog/Epilog vom Jahre 1982: »Er hatte immer die unglaublichsten Ideen, aber ich fühlte, daß er an diesen Ideen scheiterte. Wir scheitern alle, sagte er immer wieder. Das ist auch mein fortwährender Hauptgedanke. Naturgemäß hatte ich keine Ahnung, was Scheitern ist, was Scheitern bedeutet, bedeuten kann. Obwohl ich selbst bereits einen Prozeß des Scheiterns durchmachte, unaufhörlich, ich scheiterte sogar mit einer unglaublichen Konsequenz: in der Schule.«

Die Gleichzeitigkeit zwischen der Redaktion des Abschlußbandes der eigenen Jugendgeschichte und dem Entschluß, die mehr als zwanzig Jahre zuvor geschriebenen Gedichte aus den englischen und italienischen Wanderjahren nunmehr herauszugeben, gehört zum Grundkonzept aller Produktivität dieses bedeutenden Schriftstellers. Wer bei den liebevoll ausgearbeiteten Provokationen, Beschimpfungen, den Städte-Verfluchungen stehenbleibt, bereitet zwar dem Autor eine Freude, hat aber bereits die erste Pforte des Verstehens verfehlt. Dabei hätten die wiederkehrenden Motti, hätte auch bereits der Hinweis in der Nachbemerkung zu »Ave Vergil« demonstrieren können, *daß alle Literatur Thomas Bernhards gleichzeitig eine produktive Auseinandersetzung darstellt mit großer Kunst und Literatur der Vergangenheit.*

Thomas Bernhard ist ein Fallensteller. Die Leidensgeschichte seiner Jugend hat ihm so viele und groteske Erfahrungen mit menschlicher Bosheit oder angepaßter Autorität vermittelt, daß er ein Leben lang immer von neuem Spaß daran hat, die Boshaften und die Nichtskönner zu ärgern.

Dadurch entsteht in nahezu allen Arbeiten ein dualistischer Aufbau. Einmal die offensichtliche Geschichte oder Dramenhandlung oder verkündete Aussage. Dann aber die geheime, darunterliegende und ernstgemeinte Thematik. Diese Aussagen mit Hilfe von – scheinbaren – Palimpsesten, die man erst entdeckt, wenn alles an der Oberfläche weggewischt oder weggeschoben wurde, sind vielgestaltig. Es kann eine künstlerische Reminiszenz sein, bis hin zum Zitat, das keiner entdecken soll. Oder ein musikalisches Kompositionsprinzip, für welches Literaturkritiker nicht vorgebildet sind. Oder ein Gegenentwurf zu einem Werk der Literatur, das Bernhard bewundert.

Friedrich Nietzsche sprach in solchem Zusammenhang, natürlich mit dem Blick auf Richard Wagner, von einer »doppelten Optik«. Das hieß bei ihm: Leute wie Wagner bieten sowohl den Banalen und Banausen etwas zum Bewundern wie auch den abgefeimten Sachkennern und Genießern ästhetischer Gebilde. Thomas Bernhard hält es ähnlich. All seine Aussagen, mehr noch: all seine Formulierungen und sogar *Wörter* sind zweideutig. Doppelte Optik. In dem für die Salzburger Festspiele geschriebenen Stück *Der Ignorant und der Wahnsinnige (1972)* gibt es weder einen Ignoranten noch einen Wahnsinnigen. Keine »Kahle Sängerin«: wie bei Ionesco. Die angebliche Ignorantin ist eine Sängerin, die nur eines im Kopf hat: die Rolle der Königin der Nacht. Zwei schwere Arien, die Koloraturen und das Hohe F. Sie ist eine hochbezahlte Könnerin. Freilich auch eine Lebensignorantin. Allein solche Menschentypen pflegt man im »wirklichen Leben« nicht als Ignoranten zu bezeichnen.

Der »Wahnsinnige« ist ein ungemein hellsichtiger, gefühls- und verantwortungsloser Kenner des menschlischen Körpers. Er hält alle anderen für wahnsinnig. Ist er selbst eben darum ein Wahnsinniger? Oder ist – umgekehrt – die Koloraturdiva als »Wahnsinnige« verstanden? Weil ihre Existenz, außer für wilde Opernfans (Wahnsinnige?), unverständlich bleiben muß? Dann wäre der Mediziner im Stück nicht wahnsinnig, sondern Ignorant. Was der einstige Patient Thomas Bernhard unterschreiben würde.

Einen geheimen Triumph feiert diese doppelte Optik auf den 321 absatzlosen Prosaseiten des Buches »Holzfällen« von 1984. Der Untertitel übernimmt auch weiterhin das in den Berichten über Bernhards »junge Leiden« bekannte Prinzip: unbestimmter Artikel; geheimnisvoll-zweideutiges Hauptwort.

Holzfällen. Eine Erregung. Wiederum die Falle und falsche Fährte. Keine erotische oder cholerische Erregung. Statt dessen gelassene Observierung: ein ganzes Buch lang. »Während alle auf den Schauspieler warteten..., beobachtete ich die Eheleute Auersberger genau von jenem Ohrensessel aus, in welchem ich in den frühen Fünfziger Jahren beinahe täglich gesessen war ...«

Dies ist ein Teil des ersten Satzes, und es ist zugleich die Exposition auf knappstem Raum. Ich; die Eheleute Auersberger, der Zustand des Wartens auf den Ehrengast, den Burgschauspieler; die Suche nach der verlorenen Zeit. Die fünfziger Jahre und jetzt die frühen achtziger.

Dazu abermals *ein Motto von Voltaire:* »Da ich nun einmal nicht imstande war, die Menschen vernünftiger zu machen, war ich lieber fern von ihnen glücklich.«

Das Buch »Holzfällen« entfachte wieder einmal einen österreichischen Skandal. Wie immer in der Literatur, wenn ein Erzähler seine Kunstfiguren so genau zeichnet, daß die Modelle aus der erlebten Wirklichkeit allzu kenntlich wurden. Der Fall der Lübekker Honoratioren in den »Buddenbrooks«. Gerhart Hauptmann und der Mynheer Peeperkorn im »Zauberberg«. Der aristokratische Lyriker Robert de Montesquiou – vielleicht – als Baron de Charlus bei Marcel Proust.

In solchen Fällen fällt das Wort vom »Schlüsselroman«. So

auch hier. Einstige Freunde von Bernhard, die es nicht mehr sind, fühlten sich bloßgestellt als »Ehepaar Auersberger«. Das künstlerische Abendessen, das den epischen Handlungsrahmen abgibt, habe in ihrer Wohnung stattgefunden. Die Gentzgasse des Buches sei wirklich die Gentzgasse.

Natürlich hat der Erzähler mit dieser Reaktion gerechnet, wenngleich er wohl nicht voraussah, daß Auersbergers vor Gericht ziehen würden. Das taten sie. Nun verbot der Autor die Auslieferung seines Buches in Österreich. Schließlich war alles, alles wieder gut. Wie am Schluß des »Taugenichts« von Eichendorff.

Doppelte Optik auch hier. Die Satire auf das »künstlerische Abendessen«, vermutlich ein Sprachgebrauch der wirklichen Gastgeber, ist Notwendigkeit. Sie gehört zum Motto von Voltaire. Hier die menschliche Unvernunft, demonstriert diesmal am ästhetischen Getue von Künstlern und Liebhabern der Künste. Dagegengestellt der Ich-Erzähler, der, woran er unablässig seinen Leser erinnert, im Sessel sitzt, und es mit Matthias Claudius hält: »Nicht schuld daran zu sein«.

Satire ist immer Überzeichnung. Beim Holzfällen sind Späne unvermeidbar. Auch diese Späne tun weh.

Satiriker sind Kinder des Saturns, also *Melancholiker.* Der Observierer in seinem Ohrensessel ist nicht hochgemut aus lauter Verachtung, sondern traurig. Die verlorene Zeit. »Les plaisirs et les jours« war der Titel eines frühen Buches von Marcel Proust. Schal gewordene Freuden von einst. Gegen den Schluß des Buches »Holzfällen« wird immer deutlicher, daß Bernhard einen Gegenentwurf geschrieben hat zum Schlußband von Proust, also zur *Wiedergefundenen Zeit.* Der alt gewordene Erzähler bei Proust, der auch Marcel heißt, begibt sich einmal noch, nach langen Jahren, ins einstmals so vertraute Milieu seiner aristokratischen Salons. Nichts ist mehr so, wie es war. Leute, die man damals ignorierte, sind heute als Ehrengäste gefeiert. Die Prinzessin ist keine richtige Prinzessin und so weiter.

Dann verläßt Marcel die ebenso verjüngte wie veränderte Tafelrunde. Er weiß nun, was er will und soll. *Die Aufschreibung.* Verlorene Zeit, wiedergefunden im epischen Bericht. Bei Proust heißt es, gegen den Schluß hin: »Schließlich hatte der Gedanke an den Zeitvergang für mich einen hohen Preis, er war ein Stachel, er sagte mir, daß es Zeit sei anzufangen, wenn ich fassen wollte, was ich bisweilen im Verlauf meines Lebens, immer nur blitzartig, gefühlt hatte ...«

Auch der Erzähler und Beobachter bei Bernhard verläßt das für ihn so fürchterliche künstlerische Abendessen, fast fluchtartig. Auf der letzten Seite des Buches läuft er durch das nächtliche Wien. Er hat nur einen Gedanken: die Aufschreibung.

»... und ich lief und lief und dachte, ... daß ich über dieses sogenannte *künstlerische Abendessen* schreiben werde, was, ganz einfach *etwas* darüber schreiben werde, und ich lief und lief und dachte, ich werde *sofort* über dieses sogenannte fürchterliche Abendessen in der Gentzgasse schreiben, egal was, nur *gleich und sofort* ...«

Auch der Ich-Erzähler in Bernhards umfangreichstem Erzählwerk »Auslöschung« von 1986 hat mit einer »Aufschreibung« zu tun, die der in Rom 49jährig verstorbene Franz-Josef Murau aus dem niederösterreichischen Wolfsegg hinterließ. Auch hier das Ritual des Untertitels. *Auslöschung. Ein Zerfall.* Ein romantisches Motto. Montaigne diesmal: »Ich fühle, wie mich der Tod beständig in seinen Klauen hat. Wie ich mich auch verhalte, er ist überall da.«

Peter Weiss
Die Ästhetik des Widerstands. Roman.

> »Was sich uns so oft als Unmöglichkeit der Kunst, der Dichtung zeige, sei in Wirklichkeit die Voraussetzung für die Arbeit, mit der sich das Leben ermöglichen lasse.«

Auch im Schlußband der Trilogie »Die Ästhetik des Widerstands« von Peter Weiss findet sich, wie bei Günter Grass im »Tagebuch einer Schnecke«, eine genaue Bilddeutung der »Melencolia« von Albrecht Dürer. Es wäre wohl reizvoll, die beiden Interpretationen, geschrieben von begabten Künstler mit der Doppelbegabung des Schreibens und der Bildenden Kunst, miteinander zu konfrontieren. Jede von ihnen nimmt alle Einzelheiten genau »ins Auge«. Die jeweilige Synthese jedoch, um deretwillen das Blatt so eindringlich angeschaut wurde, hat nichts mehr zu tun mit der Gesamtschau des anderen Interpreten.

Gemeinsam ist ihnen, gemeinsam auch mit Arno Schmidt, *das Zusammenwirken von Utopie und Melancholie.* Beide sind, Peter Weiss und Günter Grass, abermals Abkömmlinge aus dem Geschlecht Saturn. Der Gegensatz aber in der Gesamtschau, nicht allein dieses Dürer-Blattes, zwischen Grass und Peter Weiss gehört insgeheim bereits zur Grundsubstanz dieser Trilogie selbst über die »Ästhetik des Widerstands«. Das Grundthema von Weiss ist Auseinandersetzung mit der Epoche des Dritten Reichs und des Zweiten Weltkriegs. Der »Roman«, wie Peter Weiss im Untertitel nachdrücklich behauptet, beginnt um 1937, also in Vorahnung alles dessen, was kommen wird. Der Chronist, der bei Peter Weiss keinen Namen hat, bloß als »Ich« kenntlich wird, beendet seine Chronik gleich nach dem Kriegsende. Konkrete Trauer, nicht stimmungsvolle Melancholie. Schimmer von Hoffnung, doch wenig Zutrauen. Peter Weiss wurde im Jahre 1916 geboren, Günter Grass kam elf Jahre später (1927) zur Welt. Was er vom Krieg und Terror noch mitbekam, wurde aufgezeichnet in den drei Büchern seiner Danziger Trilogie. Dadurch fehlt dem Autor der »Blechtrommel« die Kenntnis des Spanischen Bürgerkrieges und der Selbstzerfleischung der deutschen (und internationalen) Arbeiterparteien. Die Lebenserfahrungen von Peter Weiss machten es ihm von Anfang an unmöglich, irgendeine *sozialdemokratische Konzeption* sowohl für die Länder deutscher Sprache als auch für den eigenen Lebenslauf für denkbar zu halten. Das Thema der großen und melancholischen Enttäuschung von Grass, *das Scheitern der Revolte von 1968,* ist im Leben von Peter Weiss, und damit in der »Ästhetik des Widerstands«, längst vorgedacht in den Erfahrungen mit Stalin und seinem Wirken im Kreise der Illegalen auf deutschem Boden, der Emigranten, der Spanienkämpfer.

Im Schlußband, den Peter Weiss im Jahre 1981 vollenden konnte, kaum ein Jahr vor seinem Sterben, wird die schreckliche Dialektik des damaligen antifaschistischen »Widerstands« mit einer Härte formuliert, die sich Weiss im ersten Band, der 1975 erschien und wohl bereits um 1969 entworfen wurde, noch nicht abverlangt hatte.

»Dies was das Furchtbare, daß die Partei, deren Aufgabe es gewesen wäre, für die Befreiung der Kultur zu wirken, ihre schöpferischen Denker vernichtete und nur die Schablonen noch gelten ließ. Sie alle, die sich um Luxemburg versammelt hatten, waren Fürsprecher einer Revolution gewesen, die die guten Fähigkeiten des Menschen zur Entwicklung bringen sollte, und so wie der Faschismus eingeschlagen hatte auf die differenzierten Leistungen von Kunst und Literatur, so war auch vom Zentrum des Kommunismus die Destruktion der Intelektuellen angeordnet worden.«

Der zweite Abschied von den Eltern

In den drei Bänden seiner »Ästhetik des Widerstands« hat Peter Weiss gleichsam alle Motive, Konzepte, Erfahrungen und Reflexionen des eigenen Lebens nicht allein zusammenfassen wollen, sondern in der Tat in außerordentlicher Synthese ineinandergeführt. Sie kehren alle wieder, die Themen seiner frühen Bücher: die autobiographischen Berichte über den »Abschied der Eltern« und den in der Pariser Vorkriegszeit plötzlich für möglich gehaltenen geistig-künstlerischen »Fluchtpunkt«. Die Gedanken über den individuellen und kollektiven Terrorismus, entwickelt im Jahre 1965 in den imaginären Debatten zwischen dem ermordeten Jean-Paul Marat und dem fröhlich weiterlebenden de Sade, sind wieder aufgenommen in den ebenso schrecklichen wie genauen Berichten über den Terror Stalins und die bestialische Abschlachtung der Männer um Harro Schulze-Boysen und Hans Coppi.

Peter Weiss schont auch sich selbst nicht, verhehlt nicht die Verzweiflung über eine durch Stalin, wie Trotzki das genannt hat, »verratene Revolution«. Schon im ersten Band wird die Niedertracht des Schauprozesses gegen N. I. Bucharin aufgezeichnet, den der Staatsanwalt Wyschinsky, künftiger Außenminister von Stalins Gnaden, zu schänden sucht. »Auf Hegel war Bucharin zu sprechen gekommen, Verbrecher sind Sie, nicht Philosoph, rief der

Staatsanwalt dazwischen, darauf Bucharin, gut, ein verbrecherischer Philosoph. Diese Bezeichnung, sagte Hodann, trifft genau auf ihn zu, denn die abweichende Ansicht ist die verbrecherische Ansicht. Er macht sich zu einem Aesop, dem die Herrschenden bei Todesstrafe verbieten, seine Erkenntnisse zu verbreiten. Einmal, sagte er, wenn die Archive geöffnet und uns zugänglich gemacht werden, mögen wir den Schlüssel finden zu diesem letzten Mittel der Sklavensprache.«

Die große Schwierigkeit für den Leser der Trilogie besteht darin, daß er den Ich-Erzähler und Chronisten des Romans nicht zu fassen bekommt. Daß alle drei Bände in einem von Seite zu Seite weiterströmenden, scheinbar ungegliederten Erzählfluß vor die Augen des Lesers kommen, mag ungewohnt sein, ist aber legitim und durch die Anlage des Buches berechtigt. Diese Form des Erzählens gab es schon beim jungen Peter Weiss in seinem bemerkenswerten Bericht über den »Schatten des Körpers des Kutschers«. Auch Marcel Proust hat in ähnlicher Weise den Bewußtseinsstrom eines Suchens nach der verlorenen Zeit dem Leser zugemutet. Das halb wache, halb träumerische Gebrabbel der Molly Bloom am Schluß des »Ulysses« von James Joyce zwingt den Leser in ähnlicher Weise zum genauen Hinschauen und Miterleben.

Auch daß Peter Weiss mitten in solchen durch keine Zäsuren gegliederten Berichten von einem Satz zum anderen plötzlich die Erzählzeit wechselt, auch den Ort des Geschehens, gehört zur Struktur dieses einzigartigen Romans. Die »Ästhetik des Widerstands« ist angelegt *nach dem Prinzip der dialektischen Ubiquität und Gleichzeitigkeit.*

Die wirkliche Schwierigkeit besteht darin, daß der Ich-Erzähler, den man keinesfalls mit Peter Weiss verwechseln darf, keine wirkliche Existenz besitzt. Er ist ein Möglichkeits-Mensch. Vielleicht für Peter Weiss das Wunschbild eines ungelebten Lebens. Man hat sich nach dem Lesen der Trilogie den Erzähler als einen jungen Menschen von halb proletarischer, auch kleinbürgerlicher Herkunft vorzustellen. Auf dem Wege über Gefährten der eigenen Klasse kommt er zur Verbindung mit Menschen der Mittelschicht, dann der Oberschicht, erlebt den Spanischen Bürgerkrieg, die Illegalität des kommunistischen Kuriers und Sympathisanten, wohl nicht eines Parteimitglieds, in Paris und Stockholm. Seine Eltern tauchen auf, gehetzt nach der Besetzung der Tschechoslowakei durch verschiedene Länder, bis der Vater schließlich als kleiner Werkleiter in einer schwedischen Fabrik ein Unterkommen findet. Die schreckliche seelische Verstörung, dann Selbst-Zerstörung der Mutter, wird im Schlußband genau und schmerzhaft berichtet. Sie verweigert alle Teilnahme an irgendeiner Gegenwart. Die Vergangenheit hat sie bereits zu Lebzeiten vernichtet.

Diese Eltern des Ich-Erzählers aber in der »Ästhetik des Widerstands« haben, auch wenn einige Tatsachenfetzen übernommen wurden, kaum mehr etwas zu tun mit den Eltern von Peter Weiss in den Büchern »Abschied von den Eltern« oder »Fluchtpunkt«. Peter Weiss stammte aus dem wohlhabenden Bürgertum. Der Vater von jüdischer Herkunft, Offizier der Habsburger im ersten Weltkrieg, die Mutter eine Schauspielerin mit »arischen« Kindern aus erster Ehe, die in Deutschland geblieben waren, als die Familie Weiss emigrieren mußte. Die reale englische Emigration der Famile Weiss nach 1938 ist in der neuen Trilogie nahezu ausgespart. Der schmerzhaften Emanzipation des Sohnes und bildenden Künstlers Peter Weiss wird nicht mehr gedacht. Auch der Ich-Erzähler der Trilogie lebt in der Welt der Bilder, doch als Betrachter, nicht als Schöpfer. Peter Weiss hat *nicht* am Spanischen Bürgerkrieg teilgenommen. Er hat später auch bedauernd festgestellt, daß er sich in Stockholm während der letzten Kriegsjahre, im Gegensatz zu seinem Chronisten und Berichterstatter, kaum interessiert hat für die sichtbaren und unsichtbaren Aktivitäten der politischen Emigranten im schwedischen Exil.

Die im Roman beherrschende Gestalt des kommunistischen, doch offenbar dissidentischen Arztes und Theoretikers *Max Hodann* hat für Peter Weiss selbst eine ähnliche Bedeutung gehabt wie für den Chronisten des Romans. Aber hatte der reale Peter Weiss, ähnlich dem Chronisten, damals in Stockholm einen so vertrauten Umgang mit *Herbert Wehner,* genannt Funk? Hatte er, durch die Vermittlung von Hodann, auch so vertrauten Umgang mit dem vorübergehend in Schweden exilierten *Bertolt Brecht?*

Die besondere Erzählstruktur des Buches erlaubt keine Antwort. Das epische Gundprinzip besteht darin, daß alles unmittelbare Berichten weitgehend vermieden wird. Das Grundprinzip der antiken Tragödie wurde übernommen: *der Botenbericht.* Die »Ästhetik des Widerstands« ist ein Buch, das mit dem Prinzip des Konjunktivs zu arbeiten hat. Ganz ähnlich übrigens dem »Mann ohne Eigenschaften« von Robert Musil, der auch von einem Möglichkeits-Menschen handelt.

Dadurch entsteht die ebenso folgerichtige wie unbequeme Lesestruktur. Nach dem Prinzip: »Brecht sagte ..., sagte Hodann ...«

Die Chronik erweist sich, vom Autor her gesehen, auf weite Flächen hin als Darstellung eines ungelebten Lebens. Eben dies aber befreit sie von allen subjektiven Motivationen, Sympathien und ideologischen Bedenken. Kaum an einer Stelle der Trilogie erleben wir den handelnden Erzähler: kaum einmal äußert er Bedenken über das Geschehene und Erlebte. Zugleich aber zeigt seine Berichterstattung, daß er überall beteiligt, erschüttert, nachdenklich ist. Die Ruhe und Genauigkeit bei der Darstellung des Abscheulichen und nahezu Unerträglichen bewirkt beim Leser im durchaus antiken Sinne eine *tragische Erschütterung.*

Der Berichterstatter spielt nicht den Tragöden. Er schildert menschliche Größe und Niedertracht. Auch die Selbstblendung des Oedipus erfährt man bei Sophokles durch den Botenbericht.

Dantes Hölle als Diesseits

Kurz nach dem raschen Welterfolg seines Schauspiels mit dem langen und umständlichen Titel, den man inzwischen in der Theaterwelt kurz als »Marat/Sade« ankündigt, wurde Peter Weiss zur Mitarbeit an einem Almanach oder Atlas aufgefordert, der den Titel hatte »Mein Ort«. Jeder der Beiträger sollte eine räumliche Konstellation beschreiben, die er für sich als Inbegriff des räumlichen Daseins verstehe. Peter Weiss nannte das Vernichtungslager von Auschwitz-Birkenau »... eine Ortschaft, für die ich bestimmt war und der ich entkam«.

Befragt ungefähr zur selben Zeit nach seinen künftigen Arbeitsplänen, kam er immer wieder, auch in privaten Gesprächen, auf ein großes und kühn-anachronistisches Projekt zurück. Ihm schwebte eine gewaltige *Trilogie* vor: ein Gegenstück zur Dreigliederung der »Commedia« des *Dante Alighieri,* die später mit einem bewundernden Zusatz als *Göttliche Komödie* auf uns gekommen ist. Bei Dante ergab sich die Dreigliederung aus dem katholischen Dogma: Inferno, Purgatorio, Paradiso.

Wie aber? Konnte eine säkularisierte Dreigliederung denkbar sein, wenn nicht an eine paradiesische Seligkeit geglaubt wird? Mehr noch: wenn sich alle Sittenlehre seit der Renaissance aufs Diesseits beschränkt und jegliche Aufforderung zur Läuterung und Reinigung nach dem physischen Tode als intelektuelle Zumutung abwehrt?

Peter Weiss war damals nicht bereit, über sein Konzept eines Fegefeuers und gar Paradieses mit sich reden zu lassen. Gegeben war ihm vor allem die Vision einer zeitgenössischen und sehr diesseitigen *Hölle.* Die Hölle, aber im Diesseits: das war der ihm vorherbestimmte Ort. Das Vernichtungslager. Wahrscheinlich darf man von hier aus den langsamen Entwicklungsprozeß mit vielen Umwegen nachvollziehen, der schließlich seinen kreativen Abschluß fand in der Vollendung einer dreibändigen »Ästhetik des Widerstands«.

Das Höllen-Konzept ist noch evident in der ersten großen oratorisch-dramatischen Arbeit, die Peter Weiss nach dem Erfolg des »Marat/Sade« abschließen konnte. Die geistig-literarische Nachfolge der göttlichen Komödie verrät sich bereits im Titel: *Die Ermittlung. Oratorium in elf Gesängen.* Das war im Jahre 1965, als am selben Abend fünfzehn Bühnen in der Bundesrepublik, der Deutschen Demokratischen Republik und in England dies Auschwitz-Oratorium aufführten. Hier bereits das *Prinzip des Botenberichts.* Im Gegensatz zum »Stellvertreter« von Rolf Hochhuth hatte sich Peter Weiss aus künstlerischen Gründen geweigert, gestellte und damit auf der Bühne mit Notwendigkeit verlogen wirkende Vorgänge der ausgeklügelten Vernichtungs-Technologie vorzuspielen. Das Thema der »Ermittlung« ist nachträgliche Reflexion über ein längst abgetanes und beurteilbares Geschehen. Gar nicht unähnlich der Konstruktion des »Marat/Sade« über die Ereignisse vom Jahre 1793. Ein Höllen-Prozeß, der mit Verspätung abläuft und der gleichzeitig eine Vorwegnahme und traurig-zornige Gegenschöpfung darstellen sollte zu den unwillig begonnenen und zynisch abgetanen realen Gerichtsverfahren gegen einige der Untäter von Auschwitz und Maidanek.

Wie sehr das danteske Projekt schließlich die Erzählweise und Thematik der »Ästhetik des Widerstands« beeinflußt hat, erkennt man an den unvergeßbaren Seiten, die, sorgfältig nach den historischen Quellen der Augenzeugen gearbeitet, die Abschlachtung der Männer des Widerstands in Berlin-Plötzensee schildern. Hier erreicht die »Ästhetik des Widerstands« eine Genauigkeit und sprachliche Größe, die in der Tat an Dantes »schreckliche Terzetten« gemahnt, von denen *Heinrich Heine* im letzten Kapitel seines Gedichts »Deutschland. Ein Wintermärchen« gesprochen hat.

Die Welt der Bilder

Seiner Doppelbegabung als bildender und schreibender Künstler versuchte Peter Weiss bereits seit seinen Anfängen durch eine besondere, übergreifende Form seiner Arbeit gerecht zu werden. Seine frühen Veröffentlichungen in schwedischer Sprache waren verbunden mit Collagen, die natürlich keine Illustration bedeuten sollten, sondern Teile waren des ästhetischen Gesamtplanes. Es könnte auch gezeigt werden, daß einige der späteren dramatischen Arbeiten in deutscher Sprache, zum Beispiel die »Nacht mit Gästen« oder der »Lusitanische Popanz«, ihren Ursprung gehabt haben könnten in Visionen des Bildners, nicht in Konzepten des Autors.

In der »Ästhetik des Widerstands« hat Weiss dies Grundprinzip seines Arbeitens gleichsam verinnerlicht. Er verzichtet auf die Beigabe von Illustrationen, von Photographien der beschriebenen Kunstwerke, auch auf eigene künstlerische Gebilde. Den Pergamon-Altar oder das »Floß der Medusa« von Théodore Géricault aus dem Louvre hat sich der Leser der Trilogie vorzustellen oder als Illustration aus einem herbeigeholten Buch als Lesehilfe aufzusuchen, wenn er an die genaue und auch »gezielte« Bildbeschreibung von Peter Weiss gerät.

Dabei gibt es offenkundig eine Priorität. Der Pergamon-Altar im Ostberliner Museum war möglicherweise ein Bilderlebnis, das erst den Aufbau der Trilogie möglich machte. Hier treffen, in höchst bemerkenswerter Integration, zwei Visionen zusammen: eine bildhafte und eine literarisch-gedankliche. *Der Pergamon-Altar und Dantes Hölle: so könnte es gewesen sein.*

Den Pergamon-Altar versteht Peter Weiss als gigantische, nicht zu übertreffende Darstellung eines Kampfes zwischen Herrschaft und Knechtschaft. Ob es unter den Königen Antiochus zu Pergamon so gewesen war, wird man bestreiten können, allein darauf kommt es nicht an. Wer einmal dort stand, auf dem Fundament des Zeus-Altars, hoch oben auf der Burg von Pergamon, wo man noch die Steinregale besichtigen kann für die Schriftrollen einer berühmten Bibliothek, die später in Alexandria landen und verbrennen sollte, hat den Eindruck, daß der Zeus-Altar als Monument einer siegreichen *Herrschaft* geplant wurde, die sich mitzuteilen gedenkt. Die Führer oben in Pergamon berichten, daß die Lichtsignale und Opferfeuer des Zeus-Altares hinüberleuchteten bis nach Mytilene auf Lesbos und daß man sie von dort erwiderte.

Auf den ersten Seiten der Trilogie findet man sich im Berliner Museum in der Zeit, da ein Zweiter Weltkrieg, wie man weiß, bevorsteht, der aber noch nicht ausgebrochen ist. Ein einziger riesiger Satz führt nicht als Bildbeschreibung, sondern als eine simultane Vision, fast über die ganze erste Buchseite. Das beginnt so: »Rings um uns hoben sich die Leiber aus dem Stein, zusammengedrückt zu Gruppen, ineinander verschlungen oder zu Fragmenten zersprengt, mit einem Torso, einem aufgestützten Arm, einer geborstenen Hüfte, einem verschorften Brocken ihre Gestalt andeutend, immer in den Gebärden des Kampfes ...«

Freunde sprechen über das Bildwerk und sein übergeschichtliches Thema: Herrschaft und Knechtschaft. Wir erleben sie dann im Verlauf der Trilogie immer wieder in Gesprächen über Kunst, Herrschaft und Knechtschaft. Nicht zuletzt über die Beziehungen oder Nicht-Beziehungen der Kunst zur Herrschaft. In schrecklicher Weise gehen diese redlichen Menschen und Freunde der Schönheit an der Herrschaft und im Widerstand zugrunde.

Der Chronist und Ich-Erzähler, der schon im Berliner Museum dabei war, schaut zurück, als alles vorbei ist: »Heimann würde Rimbaud zitieren, und Coppi das Manifest sprechen, und ein

Platz im Gemenge würde frei sein, die Löwenpranke würde dort hängen, greifbar für jeden, und solange sie unten nicht ablassen voneinander, würden sie die Pranke des Löwenfelles sehn, und es würde kein Kenntlicher kommen, den leeren Platz zu füllen, sie müßten selber mächtig werden dieses einzigen Griffs, dieser weit ausholenden und schwenkenden Bewegung, mit der sie den furchtbaren Druck, der auf ihnen lastete, endlich hinwegfegen könnten.«

So beginnt und so schließt die Trilogie. *Künstler und Kunstfreunde auf dem Weg durch die Hölle.* Gibt es ein Prinzip Hoffnung in dieser »Ästhetik des Widerstands«? Das ist schwer auszumachen. Es gehört zur geistigen Redlichkeit von Peter Weiss, die sich vor allem im Schlußband der Trilogie offenbart und dadurch wohl erst dem Werk den eigentlichen Rang zuweist, daß er kein Hoffen wider alles Hoffen zulassen möchte. Immer wieder zeigt er die Repression und den Widerstand.

Im ersten Band wird der Pergamon-Altar konfrontiert mit dem *Guernica-Gemälde* von *Pablo Picasso.* Auch dort zeigt die Interpretation des Chronisten die beiden Momente: die Repression und den Widerstand. Im *zweiten* Band dominiert das Kolossalgemälde »Das Floß der Medusa« des früh durch ein Pferd zu Tode getrampelten Malers Théodore Géricault aus der Zeit der schlimmen bourbonischen Restauration nach 1815. Der Erzähler ist aus Spanien zurückgekehrt, verzweifelt, kaum noch hoffnungsvoll. Hier unterscheidet sich der Möglichkeits-Mensch als Erzähler aus der »Ästhetik des Widerstands« von dem viel enger autobiographisch erzählenden Peter Weiss in dem frühen Buch »Fluchtpunkt«. Für den jungen Peter Weiss wurde die Stadt Paris mit der Harmonie ihrer Straßen und Wasserwege zur Erweckung als Künstler. Der Erzähler im zweiten Band der Trilogie sieht den Bildvorgang so: »... bei dem unaufhörlichen Näherrücken des Todes, dem Verbrennen der einen Stunde in der nächsten, vernahm auch der Maler das Versickern der Zeit in der Unendlichkeit, und von diesem Tröpfeln, Ticken und Strömen wurde der Prozeß der Bildschreibung eingeleitet, ohne das Durchleben der dreizehn Tage und Nächte der Qual hätte er nicht den Augenblick der Endgültigkeit finden und die übrig gebliebene Gruppe in ihrer Unteilbarkeit darstellen können.«

Im *dritten* Band der Trilogie dominiert, weil schmerzhaft genau zum Geschehen gehörend, die »Melancholie« von Albrecht Dürer. Aber es gibt auch eine andere durchaus überraschende Beschreibung eines kolossalen Kunstwerks, das beides in einem gewesen war: Herrschaft und künstlerische Schöpfung. Mitten in einem Satz, der den Lebenslauf eines illegalen Kommunisten zu schildern hat, der sich heimlich in Stockholm aufhält, aus Moskau herübergeschickt, nachdem er vorher mitgewirkt hatte bei wichtigen Etappen der Chinesischen Revolution von Mao Tse-Tung, beginnt dieser Emigrant von einem Daseinserlebnis zu sprechen, das ihn geprägt habe. Er befand sich in *Kambodscha* und besichtigte die überwachsene, verschollene, dann wieder aufgefundene einstige Königstadt des Reiches Chmer. Hier wurde Kunst zum Ausdruck der Herrschaft, damit zugleich auch der Unterdrückung und Niedertracht: »Es war, als sei es das Bestreben der Bildhauer gewesen, auf die eigene Art jedes einzelnen im Gemenge der Tausende hinzuweisen, während sie die Könige im Verlust des Persönlichen dargestellt hatten, gleichsam verdrängt als ›Gesalbte‹!« In gewissem Sinne versucht Peter Weiss hier, ebenso vielleicht wie beim Pergamon-Altar, eine Nachdeutung, die historisch kaum gerechtfertigt werden kann. Es wäre denkbar, als Gegenthese, daß die Erbauer und Künstler der ostasiatischen Königstadt die äußerste Stilisierung der Gesalbten nicht als Verdrängung, sondern als Vergöttlichung der Herrschaft gedeutet hatten.

Der Widerstand und die Ästhetik

Im Jahre 1965 veröffentlichte Peter Weiss zwischen dem »Marat/Sade« und der »Ermittlung« ein ästhetisches Glaubensbekenntnis mit dem Titel *10 Arbeitspunkte eines Autors in der geteilten Welt.* Da heißt es: »Herangewachsen unter der Vorstellung einer unbedingten Ausdrucksfreiheit sehen wir uns hier in unserem Vorhaben behindert – solange wir den Eigenwert der Kunst höher schätzen als ihren Zweck. Erkennen wir den Zweck, können wir auch um die Durchsetzung der kühnsten Formen kämpfen, denn wir wissen: zu einer Revolution der Gesellschaftsordnung gehört auch eine Revolution der Kunst.«

Es gibt viele Stellen in den Kunstbetrachtungen und Dialogen der späteren Trilogie, die – scheinbar – als folgerichtige Weiterführung jener Gedanken vom Jahre 1965 im epischen Kunstwerk anmuten. Nicht minder bedeutsam jedoch sind die *Gegenmomente:* nicht allein in der »Ästhetik des Widerstands«, sondern auch in späteren dramatischen Arbeiten von Peter Weiss. Als er sich, im Verlauf der siebziger Jahre, immer mehr Rechenschaft ablegen mußte vom repressiven Charakter der Moskauer marxistisch-leninistischen und damit »normativen« Ästhetik. In den beiden Bänden seiner »Notizbücher 1971 – 1980« berichtet Weiss über die immer wieder unbefriedigenden Formulierungen des Titels für das große Erzählwerk. Schließlich bleibt es bei dieser für Leser zweifellos einschüchternden Titelgebung: »Die Ästhetik des Widerstands«.

Wie aber verhalten sie sich zueinander, die Ästhetik und der Widerstand, also die restaurative Praxis und die künstlerische Aktivität? Viel eher als jene theoretischen Arbeitspunkte von 1965 führen die beiden Theaterstücke *Trotzki im Exil* von 1970 und *Hölderlin* von 1971 zu den Grundthesen der späteren Trilogie.

Das Stück »Trotzki im Exil« fällt zusammen mit dem Beginn der Arbeit an der »Ästhetik des Widerstands«. Der bis dahin in Moskauer Kreisen freundlich geachtete und offenbar sympathisierende Peter Weiss erlebt daraufhin eine gemäßigte, jedoch deutliche Ungnade. Eine Buchausgabe des Stückes verwendet eine Photographie, die Trotzki als Verbannten in Mexiko zeigt. Ein verbannter Schriftsteller am Schreibtisch inmitten von Büchern und Papieren. Seine Lebenskurve war: Exil – immense Machtausübung – Exil – Ermordung. Auch Trotzki wird, wie Jean-Paul Marat, verfolgt und ermordet wegen seines Schreibens.

In diesem vermutlich mißglückten Stück gibt es eine außerordentliche Szene. Im Exil und während eines Ersten Weltkriegs finden sich im Züricher Café Voltaire die durchaus divergierenden Emigranten Lenin und Trotzki zusammen mit den späteren Surrealisten um Hugo Ball und Tristan Tzara. Die Surrealisten verkünden dabei eine *zweifache Praxis der Veränderung:* Umänderung der Verhältnisse durch die Berufsrevolutionäre, aber auch durch Formen, durch neue, das Bewußtsein der Menschen verändernde Kunstschöpfungen. Lenin lehnt, in diesem Theaterstück wie auch später in seiner Theorie und Praxis, diesen Dualismus unwillig ab. Trotzki scheint nachdenklich, schließlich überzeugt. Im späteren mexikanischen Exil hat Trotzki gemeinsame Sache gemacht mit dem abtrünnigen Kommunisten und Surrealisten André Breton.

In dem Theaterstück »Hölderlin« spricht in der Schlußszene der jugendliche Besucher Dr. Karl Marx, der Hölderlin in seinem Turm zu Tübingen aufsucht, von zwei Wegen, die gangbar seien »zur Vorbereitung grundlegender Veränderungen«. Der eine Weg sei die dialektische Theorie und Praxis, »der andere Weg ist die visionäre Formung tiefster persönlicher Erfahrung«.

Vermutlich wird man die »Ästhetik des Widerstands« als Fortsetzung dieser Grundüberzeugung deuten müssen. Keine *Synthese aus revolutionärer Praxis und künstlerischer Innovation,* sondern ein Dualismus: vielleicht in Form einer »Parallelaktion«.

Diese Folgerung mußte Peter Weiss ziehen, als Folge seiner Erfahrungen eines Lebens als Künstler, der Widerstand leistet. Sowohl gegen moderne Formen materieller und geistig-künstlerischer Unterdrückung wie gegen zahllose Versuche der jeweiligen Herrschaft, alle Kunst und Literatur in den Dienst einer unmöglichen Herrschaftslegitimation zu stellen. In den Dienst also der Lüge.

Das große Erzählwerk, das Peter Weiss, schwer leidend bereits, abschließen konnte, faßt alles noch einmal zusammen: die Gemeinsamkeiten und die Divergenzen zwischen Tätern/Opfern und den gezeichneten Künstlern, den Kindern des Saturn.

Drittes Kapitel

Die Wende

»Da es dem König aber wenig gefiel, daß sein Sohn, die kontrollierten Straßen verlassend, sich querfeldein herumtrieb, um sich selbst ein Urteil über die Welt zu bilden, schenkte er ihm Wagen und Pferd. ›Nun brauchst du nicht mehr zu Fuß zu gehen‹, waren seine Worte. ›Nun darfst du es nicht mehr‹, war deren Sinn. ›Nun kannst du es nicht mehr‹, deren Wirklung.« (Günther Anders, aus »Kindergeschichten«)

Eine von *Günther Anders* erdachte Geschichte zwischen Vater und Sohn. Sicher ist freilich, daß dieser Text nicht autobiographisch gedeutet werden kann. Günther Stern war der Sohn des Psychologen und einstmals Hamburgischen, dann emigrierten Psychologieprofessors William Stern. Es hatte ein gutes Verhältnis gegeben zwischen Vater William und Sohn Günther Stern, der sich, als er selbst zu publizieren begann, des Pseudonyms Günther Anders bediente. Der Psychologe William Stern, einer der Begründer jener Gestalt-Psychologie, mit der sich Robert Musil in seiner letzten Lebenszeit bei der Arbeit am »Mann ohne Eigenschaften« angelegentlich beschäftigte, wäre niemals, wie der Vater in jener »Kindergeschichte«, dazu bereit gewesen, dem eigenen Sohn alle Kenntnis der Leiden und Beglückungen des Lebens durch Phantombilder nicht bloß zu ersparen, sondern in der Tat zu verbieten.

In seinem Buch über die *Antiquiertheit des Menschen* mit dem Untertitel »Über die Seele im Zeitalter der zweiten industriellen Revolution«, dessen erster Band im Jahre 1956 erschien, stellt Günther Anders diese Kindergeschichte als Motto an den Beginn des zweiten Teils seiner Untersuchung. Der erste Teil hatte von der *Prometheischen Scham* gehandelt. Vom Entsetzen der Nachfahren des Prometheus über die Folgen seines vermessenen Spiels mit dem himmlischen Feuer. In der Geschichte bürgerlicher Emanzipation galt der Titan Prometheus, mit Goethe zu sprechen, als ein »Lieblings-Heiliger«. Alle Generationen deutscher Stürmer und Dränger waren Goethe und seinem Prometheus-Gedicht begeistert nachgefolgt. Der griechische Mythos des Prometheus trat an die Stelle der früheren bürgerlichen Widerstandsmythen mit Inkarnationen wie Leviathan oder Luzifer. Auch *Beethovens* Heldensymphonie, die Eroica, baut das Finale auf dem prometheischen Bass-Thema auf, das der Tonsetzer bereits früher für ein Ballett mit dem Titel »Die Geschöpfe des Prometheus« erfunden hatte.

Damit ist es nun zu Ende, wie Günther Anders feststellt: im Zeitalter einer zweiten industriellen Revolution. Der Beglückung über die prometheische Tat folgen Scham und Entsetzen über ihre heutigen Folgen. Dies war der Ausgangspunkt für Anders in seinen Demonstrationen über die Antiquiertheit menschlicher Erwartungen und Verhaltensmuster. Der ersten Untersuchung über die »Prometheische Scham« folgen dann zwei Untersuchungen, die seit dem Jahre 1956 immer stärker beachtet, immer heftiger reflektiert wurden. Günther Anders hatte hier zwei Themen behandelt, die man zu jener Zeit der fünfziger Jahre etwas hochmütig ins bessere Feuilleton zu verbannen liebte, weil sie allzu offensichtlich und daher allzuwenig ergiebig für genauere Untersuchungen zu sein schienen: das Fernsehen und die Atombombe.

Das zweite Kapitel in der »Antiquiertheit des Menschen« trägt die Überschrift *Die Welt als Phantom und Matrize.* Es handelt sich, wie Anders hinzusetzt, um »Philosophische Betrachtungen über Rundfunk und Fernsehen«. Der dritte und letzte Teil spricht dann »Über die Bombe und die Wurzeln unserer Apokalypse-Blindheit«.

Die Welt als Phantom und als Matrize. Diesem Kapitel wurde jene Kindergeschichte vorangestellt. Der Vater möchte dem Sohn, scheinbar gutmütig und – sozusagen – väterlich, die Kenntnis der Welt ersparen. Er soll sie bloß noch betrachten und genießen können. Damit verhindert er dem Sohn alle Kenntnis von Wirklichkeit. Sie wird ihm genommen, mithin verboten.

Man wird nicht leugnen können, daß viele spätere und neuere Untersuchungen zum Phänomen der Television, überhaupt der modernen Medien, mit Einzelheiten und genaueren Tatsachenbelegen jene These bestätigen, die Günther Anders vor mehr als dreißig Jahren formulierte. *Die scheinbare Erweiterung unserer Weltkenntnis ist zu verstehen als progressiver Weltverlust.*

In einer spöttischen Untersuchung des gleichen Phänomens hatte Max Frisch bald nach Günther Anders angemerkt: natürlich könne sich ein Mensch die Erfahrung der Tiefseetaucher durch eigenes Training und Tun verschaffen. Er könne aber alles auch im Kinosaal beim Anblick eines Kulturfilms für sich rezipieren.

Hier muß in der Tat von einer *Wende* gesprochen werden. Es ist bloße Angeberei und Selbstüberschätzung, wenn eine neue Regierung irgendwo beim Amtsantritt, erreicht entweder durch gleiche und geheime Wahlen oder auch durch irgendeinen Staatsstreich, verkünden läßt, nun werde sich »alles, alles wenden«. Das kann, wie die totalitären Erfahrungen beweisen, den Schrecken bedeuten und das allgemeine Unglück. Es kann aber auch in den Formen des Rechtsstaates ein bloßes terminologisches Spiel sein: unernst also. Die neue Regierung wird wenig Möglichkeiten haben, alles, alles zu wenden. Sie wird ein bißchen anders regieren als ihre Vorgänger, die Besiegten des Augenblicks. Gewendet hat sich nicht viel, denn man hatte die wirkliche und allgemeine Wende entweder nicht verstanden oder nicht ernst genommen.

Vielleicht ist der Ausdruck von der »Antiquiertheit des Menschen« nicht besonders glücklich: im Gegensatz zur Formel von der »Prometheischen Scham«. Im Gegensatz auch zum zweiten Band von Günther Anders (1980), dem er den Untertitel gab: »Über die Zerstörung des Lebens im Zeitalter der dritten industriellen Revolution«.

Von der Zerstörung der Seele zur möglichen Zerstörung des Lebens. Mit dieser Wende hat man es zu tun. Die reale Zerstörung bisheriger Lebensformen *und* die Bedrohung alles künftigen Lebens haben natürlich auch eine Wende bewirkt in den Beziehungen zwischen dem Autor, dem Leser und der Bücherwelt. *Gibt es eine Antiquiertheit der Literatur?*

Natürlich ist das gleichzeitig auch schon wieder ein Thema fürs Feuilleton. Im Feuilleton erscheint, was nicht immer der Fall gewesen war, alles Kunstschaffen, Schreiben, Nachdenken, Lesen in gespensterhafter Form. Nicht Helena, sondern ihr Bild. Womit gesagt wird, daß nur Kenntnisnahme möglich ist, kein Erkennen.

An Symptomen dieser Wende, auch im literarischen Bereich der

Schriftsteller, Leser und Bücher, fehlt es nicht. Im Rahmen einer Betrachtung über deutsche Schriftsteller und Bücher seit – etwa – dem Jahre 1968 läßt sich die eigentliche Wende besonders gut an dem monströsen Phänomen der *Bild-Zeitung* und ihrer Leser demonstrieren. Im Bereich des kreativen Schreibens an jenen Autoren, die immer wieder versucht haben in neuerer Zeit, gleichsam *Literatur mit anderen Mitteln* zu schaffen.

BILD und Literatur

Alle Schmährufe hat der Wind längst verweht; alle Witze wurden bereits gemacht. Die Institution der »Bild-Zeitung« blieb unberührt und unbedroht. Ein bißchen wurden Strategie und Taktik seit den Anfängen inzwischen verändert. Trotzdem blieb das Produkt nach wie vor und weithin kenntlich. Es gehört zur Sache selbst, zur Eigenart dieser Ware, daß sie sich als haltbar erwiesen hat. *Hans Magnus Enzensberger* ist den Ursachen und Gründen nachgegangen und hat (wohl unwiderlegbar) formuliert: »Die Aufklärung über die Bild-Zeitung ist vergeblich, weil es nichts über sie zu sagen gibt, was nicht alle schon wüßten. Es gilt nicht nur für diejenigen, die die Zeitung machen. Es gilt vor allem für ihre Leser, deren Zynismus hinter dem der Macher nicht zurücksteht. Ihre selbstverschuldete Unmündigkeit erwartet keinen Befreier. Sie ist sich ihrer durchaus selbst bewußt: an diesem Schuldbewußtsein scheitert alle Aufklärung, weil es bereits aufgeklärt ist.«

Enzensbergers Analyse mit dem Titel »Der Triumph der Bild-Zeitung oder Die Katastrophe der Pressefreiheit« erschien zuerst 1983 in der Zeitschrift »Merkur«. Der Autor nahm seinen Text auf in das Buch *Mittelmaß und Wahn. Gesammelte Zerstreuungen* vom Jahre 1988.

Es ging dem Analytiker (und Sprachsoziologen) Enzensberger auch hier um einen Vorgang des heutigen und sekundären Analphabetismus. Insoweit gehört die Interpretation des »Gesamtkunstwerks BILD« zu Enzensbergers Studie »Rezensenten-Dämmerung« von 1986 und zu seinem »Lob des Analphabetentums«, das er in seiner Dankrede bei Entgegennahme des Heinrich-Böll-Preises der Stadt Köln (1985) im dortigen Rathaus verkündet hatte.

In allen drei Texten geht es um die Diagnose dessen, was Aufklärung im Sinne des europäischen 17. und 18. Jahrhunderts heute noch erwirken oder keineswegs mehr bewirken kann. Nicht zufällig wird in jene oben zitierte Aussage über die »Bild-Zeitung« ein Kant-Zitat eingeschmuggelt. Das nämlich von der »selbstverschuldeten Unmündigkeit« des aufgeklärten Menschen. Enzensberger antwortet mit dem Hinweis eines heutigen Zeitgenossen. Aufklärung kann auch dazu führen, wie das Beispiel der »Bild-Zeitung« demonstriert, daß man sich, selbst durchaus aufgeklärt, alles aufgeklärten Denkens und Handelns entledigt.

Darum bestätigt die tägliche Ware aus dem Hause Springer für Enzensberger die – nicht nur satirisch gemeinte – Feststellung, daß alle Pressefreiheit ein Unglück bedeutet hat. Gleichsam: »Wie war es doch vordem / mit Heinzelmännchen so bequem...« Das waren noch Zeiten. Enzensberger kann sich übrigens, und er tut es gern, gegenüber Immanuel Kant auf dessen großen philosophischen Widersacher berufen: auf *Sören Kierkegaard.* Den zitiert er gleich eingangs mit dem Satz: »Solange die Tagespresse besteht, ist das Christentum eine Unmöglichkeit.« Enzensberger geht als ein säkularisierter Denker genausoweit und behauptet: »... daß die Pressefreiheit, zu Ende gedacht, mit der Menschenwürde unvereinbar ist«.

Auch dieser Gedanke ist nicht neu, wie der Interpret des heutigen deutschen Pressewesens genau weiß. Alle Argumente finden sich bereits bei *Karl Kraus,* der seinen Kierkegaard genau gelesen hatte. Enzensberger seinerseits war und ist ein genauer Leser der »Fackel« und ihres Herausgebers.

Aber können diese Zitate von Kierkegaard, Karl Kraus und Hans Magnus Enzensberger genügen? Gleichen sie nicht allzusehr den früheren Diatriben gegen Axel Springer und sein so erschreckend siegreiches Erzeugnis? Auch hier bloße Schmähung und Verspottung, die nichts bewirkt? Natürlich weiß Enzensberger, und er sagt es auch, daß die Produktion der »Bild-Zeitung« undenkbar wäre ohne einen gesellschaftlichen Zustand in Deutschland und eine Bewußtseinslage deutscher Leser. Das wird im Jahre 1983, als Enzenbergers Text geschrieben und erstmals gedruckt wurde, an der damaligen Tagespolitik demonstriert: »Ja, man wird sich fragen müssen, ob es eine Stimme gibt, die das Bewußtsein und die Bewußtlosigkeit der westdeutschen Gesellschaft reiner ausdrückt. Insofern ist es nur folgerichtig, daß ein ehemaliger Chefredakteur dieses Blattes als Regierungssprecher fungiert hat. Der Ausdruck ›repräsentative Demokratie‹ nimmt unter diesen Umständen einen fatalen Sinn an: Das Volk hat seine Stimme abgegeben – an BILD.«

Allein bei dieser Gleichsetzung sollte man nicht stehenbleiben. Gegen Enzensbergers Interpretation ist einzuwenden, daß sie zu allgemein bleibt in ihrer Kritik an den Folgen bürgerlicher Aufklärung eines Voltaire und Rousseau, Immanuel Kant oder Friedrich Schiller. Hier wird nicht gefragt, erst recht nicht genauer untersucht, ob nicht die »Bild-Zeitung« in eminentem Sinne als *ein deutsches Phänomen* verstanden werden muß. Nicht allein als ein Bewußtseins-Phänomen der deutschen Bundesrepublik.

Zwei Äußerlichkeiten können vielleicht die im wesentlichen unbestreitbare Interpretation erweitern, die Enzensberger gegeben hat: die *äußere Aufmachung* des Blattes und die *scheinbar klassenlose Uniformität seiner Leser.* Mit dem witzigen, aber nicht weiterführenden Hinweis Enzensbergers, die »Bild-Zeitung« sei im ästhetischen Sinne ein von den Romantikern und später von den Expressionisten ersehntes »Gesamtkunstwerk«, das mit allen Mitteln der Collage und Montage arbeitet, ist wenig erklärt. Näher liegt die Feststellung, daß das schwarz-weiß-rote Farbbild in aller Bewußtheit den Phänotyp der Goebbels-Presse fortsetzt: Das läßt sich weit zurückdatieren hinter die Anfänge von Pop Art und sogenannter Postmoderne. Es war das wohlbekannte Erscheinungsbild rabiater Tagespresse in den Tagen von Vorkrieg und Krieg. Die »Bild-Zeitung« ist genauso obszön wie weiland der »Stürmer« des Nürnbergers Julius Streicher. Sie ist genauso aggressiv und gewaltfreudig wie die Durchhalte-Presse des Dritten Reiches. Genauso unchristlich-christlich, weil BILD in der Tat weder Überzeugungen besitzt noch Gefühle, wie jene Vorkriegs- und Kriegs-Presse, die stets mit Gott und der Vorsehung beim Blitzsieg und bei der planmäßigen Absetzbewegung hantierte.

Damit wird nicht behauptet, BILD sei, nach seinen Inhalten und Tendenzen, eine Fortsetzung des faschistischen Pressewesens. Genau das ist die »Bild-Zeitung« nicht. Hier hat Enzensberger vollkommen recht, wenn er bemerkt: »Der SDS hat die BILD-Zeitung letzten Endes als faschistisches Kampfblatt mißverstanden. Man braucht nur die berühmten Aufforderungen zur Menschenjagd (und zur Nächstenliebe), zur Lynchjustiz (und zum Tierschutz) nachzulesen, um diese Fehleinschätzung zu begreifen. Erst heute, wo BILD sich von allen partikularen Spielen emanzipiert hat und gewissermaßen zu sich selbst gekommen ist, stellt sich heraus, daß die Pogromhetze für BILD immer nur Mittel zum Zweck, beliebiges Moment unter anderen Momenten war.«

Die Planer, Herausgeber und Redakteure der »Bild-Zeitung« übernahmen eine im Volk wohlvertraute Form des billigen und täglich lieferbaren Presseprodukts. Entleert von einstigen Inhalten und Funktionen, doch nicht mit neuen Inhalten aufgefüllt. Mit dem einzigen Funktionsauftrag, massenhaft gekauft zu werden.

Damit aber wird von jener zweiten deutschen Besonderheit des Blattes gesprochen: *vom Phänotyp seiner Leser.* Zuerst war die »Bild-Zeitung« ein Groschenblatt der armen und kleinen Leute. Herzerwärmend, rüpelhaft, mitleidsvoll. Aus dieser Zeit stammen die Witze darüber, daß BILD mitgehofft hat, mitgebangt, mitgebohrt bei der Rettungsaktion, mitgebetet. BILD war dabei, als Gott dem Tohuwabohu ein Ende machte und die Scheidung vornahm zwischen Tag und Nacht.

Inzwischen gibt es den neuen Typ des Intercity-Menschen. Auch Enzensberger hat den Leser in den Intercity-Zügen beobachtet und erwähnt. Allerdings vor allem als BILD-Leser. Der Fall ist komplizierter. Der Intercity-Mensch im Großraumwagen Erster Klasse erscheint mit zwei Zeitungen unter dem Arm: mit der »Bild-Zeitung« und dem intellektuellen Blatt der klugen Köpfe. Die Zeiten sind vorbei, da man das schwarz-weiß-rote Erzeugnis geschämig versteckte. Man hat sich längst zu ihm bekannt. Hier freilich beginnt eine besondere deutsche Verhaltensform. Natürlich gibt es, wie der Sprachgebrauch etwas verschämt zu formulieren pflegt, »Boulevard-Blätter« in London und

Paris, in New York oder Los Angeles, natürlich in Zürich, die es an Roheit und Pfefferkost getrost mit der »Bild-Zeitung« aufnehmen können. Das Leseverhalten jedoch ist anders – vorerst noch – an jenen Erscheinungsorten. In den oberen Etagen der Hochhäuser von Manhattan liest man nicht gleichzeitig das Skandalblatt und die »New York Times«. Auch die Leser des »Figaro« in Paris und des italienischen »Corriere della Sera« bekennen sich nicht offen zu ihren vulgären Lese-Lüsten.

Vermutlich hängt das in den meisten Fällen damit zusammen, daß es in Italien und Spanien, Frankreich und Großbritannien nach wie vor eine *aristokratische Oberschicht* gibt mit gültigen Spielregeln. Die Geldaristokratie in Boston und New York, in Dallas oder Los Angeles weiß gleichfalls, was man tut oder nicht tun darf, bei Strafe der Diskriminierung, sprich: Austreibung.

Der Intercity-Mensch in der Bundesrepublik Deutschland bestätigt in seinem Verhalten zu den beiden heterogenen Zeitungen, daß es in Wirklichkeit keine Oberschicht mehr gibt in diesem Staat. Bloß noch *ein universales Kleinbürgertum*: freilich mit immensen Unterschieden im Einkommen und im Lebensstil. Dazu gehört nicht nur, wie Enzensberger zitierte, daß der Chef der »Bild-Zeitung« ein Mitglied des Bundeskabinetts werden konnte. Er mußte seinen Posten auch keineswegs aufgeben, weil er das Blatt redigiert und den Vernichtungskampf gegen den Schriftsteller Heinrich Böll geführt hatte. Demonstriert wurde durch den Vorgang vielmehr, daß es in der gesellschaftlichen Nivellierung der Westdeutschen keine gesellschaftlichen Spielregeln mehr gibt, die zur Austreibung führen könnten. BILD hat dabei mitgeholfen.

Aus eben diesen Gründen gibt es in der Tat, so grotesk die Formel anmuten mag, das Thema »BILD und Literatur«. Sogar in dreifacher Weise.

Einmal ist BILD natürlich, wie jedes Druckerzeugnis, vom Pornoheftchen bis zum hochgestylten Lyrikband, ein Phänomen der Literatur. Literatur hat nicht bloß mit den sogenannten »guten Büchern« zu tun. Dann ist die Sprache der »Bild-Zeitung« ein literarisches Phänomen, das inzwischen sogar in vielfacher Weise in den germanistischen Seminaren behandelt wird.

Drittens aber, und vor allem, ist die »Bild-Zeitung« ein immer wieder faszinierendes (oder bestürzendes) Phänomen der *literarischen Rezeption.* Vermutlich wird es nicht möglich sein, auch nicht für künftige Historiker, die Frage genau zu beantworten, wie und wodurch die »Bild-Zeitung« ihre spezifische Wirkung auf deutsche Käufer und Leser ausüben konnte. Geschah es dadurch, daß sich Herausgeber und Mitarbeiter in vorzüglicher Weise auskannten bei den Ängsten und Freuden, den offenen wie den beschwiegenen Vorlieben deutscher Männer und Frauen? Dann wäre die »Bild-Zeitung« vor allem ein adäquater Überbau der deutschen Bewußtseinslage nach zwei verlorenen Kriegen. Oder hat die »Bild-Zeitung« ihrerseits, was wahrscheinlicher ist, wesentlich mitgeholfen, diesen heutigen Bewußtseinsstand zu formen? Was ihr dadurch gelang, daß sie besser und scharfsinniger auf die Entstehung einer Angestelltenkultur und einer Wegwerfgesellschaft, einer »konzertierten Aktion« und einer satten Entpolitisierung als Lieferantin reagierte.

Wie dem auch sein möge: durch diese Wechselwirkung aus nach dem Munde Reden und Einflüstern sind Lesegewohnheiten entstanden, die weit über das Lesen der »Bild-Zeitung« hinausgehen. Die »Bild-Zeitung« hat für zahllose Leser, die allmählich ein bißchen Geld zur Verfügung hatten und nun auch richtig lesen wollten, wie die Leute da oben, sowohl eine Sprache wie eine Erwartungshaltung produziert. Der professionelle Bild-Zeitungs-Leser muß vor jeglicher geistigen Anstrengung, die Literatur abverlangen mag, mit Notwendigkeit versagen. Nicht etwa, weil Böll oder Grass oder Christa Wolf »zu hoch« sind, sondern weil sie deutsche Wirklichkeiten zum Thema haben. Im Gegensatz zu BILD, das überhaupt nichts Wirkliches vermittelt oder zu vermitteln gedenkt. Da hat Hans Magnus Enzensberger zweifellos recht.

Literatur mit anderen Mitteln

Über die Grenzen von Literatur

Die Wende als Metapher, das versteht sich, kann nicht den Austausch irgendeiner Regierungsmannschaft meinen: sei es durch einen Putsch der Militärs, sei es durch Austausch von Entlassungs- und Ernennungsurkunden. Ein Wendepunkt bedeutet stets, im Leben eines Einzelnen wie in geschichtlichem Ablauf, eine Zäsur. Nichts ist seitdem noch so, wie es einstmals gewesen sein mag. Zeitzeugen solcher geschichtlicher Zäsuren haben es den Nachlebenden immer wieder zu erklären versucht.

Talleyrand, Marquis von Geburt aus, der sich auf Wandlungen verstanden hat, bekannte später: was »Süßigkeit des Lebens« sei, könne niemand ermessen, der nicht die Schlußphase des Ancien Régime vor 1789 erlebte. Ein Jahrhundert später prägten enttäuschte französische Republikaner nach 1870, die so lange auf den Sturz Napoleons III. hingearbeitet hatten, um ihn dann mitsamt allen Folgen zu erleben, das bittere Wort: »Wie schön war doch die Republik noch unter dem Kaiserreich!«

In der Mitte unserer 80er Jahre, in der Endphase also des zwanzigsten Jahrhunderts, hat der Schriftsteller *Alexander Kluge* auf seine Weise den Begriff einer heutigen Wendezeit formuliert: in einer bedeutenden Rede bei Entgegennahme des Kleist-Preises. Von dieser Rede wird noch an anderer Stelle gesprochen werden müssen. Kluge versuchte die Distanz eines Kleist-Preisträgers vom Jahre 1985 zu Heinrich von Kleist historisch für sich zu reflektieren. In Kleist sieht er immer noch, in seiner Lebenspraxis wie in den Gefühlsweisen seiner Werke, den Ausdruck gesellschaftlicher Verhältnisse und menschlicher Verhaltensweisen des 18. Jahrhunderts. Andererseits bündelt Kluge das 19. und unser 20. Jahrhundert zu einer Einheit. Unbefriedigende Bilanz. Aber auch mit deren Erträgen und Defiziten sei es nunmehr zu Ende.

Wir leben, so versteht es Alexander Kluge, in einer doppelten Distanz: sowohl zu einer Welt Heinrich von Kleists wie auch zu den zugespitzten Erkenntnissen und Erfahrungen des 19. und des bisherigen 20. Jahrhunderts, für welches sich Kluge, wohl nicht zu

Unrecht, auf *Robert Musil* beruft. Auch wir leben in der Tat in einer Zeit der Wende, an einem Wendepunkt, der bei jeglicher Zukunft ebenso vorausgesetzt werden muß wie bei aller Erwartungshaltung der heute lebenden Zeitgenossen.

Wendezeiten erweisen sich im nachhinein, wenn sie überschaubar wurden, in erstaunlicher Weise als Bestätigung der dichterischen und denkerischen Voraussagen. Bei Euripides kann bereits der Untergang Athens ebenso nachgelesen werden wie bei Marcel Proust der Zerfall nicht bloß der französischen überlebenden Aristokratie, sondern auch ihrer bourgeoisen und sogar der plebejischen Nachahmer.

Der Wendepunkt heutiger Literatur läßt sich gerade daran erkennen, daß es zwar viel pessimistische Prognosen für die Menschheit gibt - alle Medien sind eifrig damit beschäftigt -, allein das Phänomen der Literatur selbst erscheint bei alledem abhanden gekommen. Wird sich die geistige Vorwegnahme, vom künftigen Menschen her gesehen, an heutigen Büchern ablesen lassen oder an heutigen Filmen, an unseren Untaten oder an unseren - vielleicht sonderbar anmutenden - Beglückungen? Womit gleichzeitig gefragt wird nach den Grenzen einer heutigen Literatur.

Es ist legitim, also auch im Sinne von Alexander Kluges Diagnose der heutigen literarischen Konstellation, den Gegensatz unserer Vorstellungen zu konfrontieren mit Auffassungen *Thomas Manns* aus dem Jahre 1918: also vor siebzig Jahren. Im letzten Jahr des Ersten Weltkriegs veröffentlichte Thomas Mann seine »Betrachtungen eines Unpolitischen«. Die waren, wie man weiß, weitgehend eine Auseinandersetzung mit der Politik und Literatur des um vier Jahre älteren Bruders Heinrich Mann. Thomas Mann formuliert immer noch als Nachfahre deutscher Bürger des 19. Jahrhunderts. Die unterschieden (und Thomas Mann mit ihnen) überaus scharf und polemisch zwischen Kultur und Zivilisation. Auch zwischen Dichtung und (bloßer) Literatur. Beides hat im Selbstverständnis der deutschen Bürger vor 1914 zugleich einen Beiklang des Nationalismus und auch des Militarismus.

Zivilisation und Literatur: das mag man dem französischen Erbfeind zugestehen. Die deutsche Literatur in der zweiten Hälfte des

19. Jahrhunderts hat sich immer wieder abgemüht bei der Beantwortung der Frage: »Deutsch sein heißt ...« Daß sich Richard Wagner an der Debatte ausgiebig und prägend beteiligt hat, verstand sich von selbst. Thomas Mann arbeitete immer noch mit zwei Antithesen, die keine waren, sondern bloße Phantasmagorien und Träume als Folgen der Reichsgründung vom 18. Januar 1871 im Spiegelsaal von Versailles. Darum bedeutet es in Thomas Manns Formulierung eine doppelte Abwertung des Schriftstellers und »Französlings« Heinrich Mann, wenn er ihn als *Zivilisationsliteraten* bezeichnet. Eine doppelte Diskriminierung: Zivilisation und Literat. Eine böse geschichtliche Ironie aber hat es später bewirkt, daß gerade der Schriftsteller Thomas Mann von seinen treudeutschen und nationalistischen Kollegen nicht als »Dichter« anerkannt wurde, sondern (bloß) als Schriftsteller. Was heißen sollte: gleichfalls als Literat. Er hat sich immer wieder darüber gegrämt, wie seine Tagebücher bezeugen.

Mit alledem ist es heute in unserem Verstehen von Literatur zu Ende. Die Wende ist total. Jene feinsinnige Unterscheidung zwischen Dichtung und Schriftstellerei wurde ohnehin von anderen europäischen Sprachen und Literaturen nicht ernst genommen. Die entsprechenden französischen, englischen oder italienischen Ausdrücke für »Dichtung« meinen im wesentlichen die Lyrik, also eine literarische Gattung. Eine Höherbewertung war damit nicht verbunden.

Heute sind die Grenzen der Literatur nahezu unkenntlich geworden. Was gehört noch dazu und was nicht mehr? Schlimmer noch: Wo beginnt und wo endet das literarische Wort? Als experimenteller Lyriker sammelte *Helmut Heissenbüttel* in den 60er Jahren einige »griffige« Titelformulierungen der »Bild-Zeitung« und ähnlicher Organe des journalistischen Massenkonsums. Er fragte sich: Könnte eine solche Zeile bereits als Bestandteil eines – möglichen – Gedichts verstanden werden? Er selbst, Heissenbüttel, schrieb Texte, die nur aus vulgären oder höchst feinsinnigen Zitaten der Presse bestanden. Wo beginnt, wo endet heute Literatur?

Solche Fragen reichen weit hinaus über den Bereich der Literatur wie der Literaturwissenschaft. Von einer scheinbar durchaus entgegengesetzten Position hat sich auch der Philosoph *Jürgen Habermas* diese Fragen gestellt. Der Titel seiner Untersuchung endet folgerichtigerweise mit einem Fragezeichen. *Philosophie und Wissenschaft als Literatur?* (Jürgen Habermas, Nachmetaphysisches Denken. Philosophische Aufsätze. Frankfurt, 1989). Die Frage wird bei Habermas so formuliert: »Ist die Erörterung von Wahrheitsfragen wirklich ein hinreichendes Kriterium für die herkömmliche Demarkation zwischen Wissenschaft und Literatur?« Damit stellt er die scheinbar so sicher gezeichnete Demarkationslinie zwischen Wahrheitsfindung und Fiktion in Frage. Wäre mithin Philosophie ein Teil oder Grenzbereich einer allgegenwärtigen Literatur? Indem Habermas seine Zweifel äußert, hat er natürlich das Spätwerk von Martin Heidegger ebenso vor Augen wie die sogenannten, vor allem französischen, Nach-Strukturalisten.

Trotzdem scheint Habermas die Grenzziehung aufrechtzuerhalten: »Während jene Ansprüche auf die Wahrheit von Aussagen, die Richtigkeit von Normen, die Wahrhaftigkeit von Expressionen, den Vorrang von Werten, die die Prosa des Alltags durchziehen, den Sprecher wie den Adressaten betreffen, besitzen die Geltungsansprüche, die innerhalb des literarischen Textes auftreten, dieselbe bindende Kraft nur für die *in* ihm auftretenden Personen, aber nicht für den Autor und den Leser.«

Die eigentliche Wende im heutigen literarischen Schaffen wie im Literaturverständnis, also in der Produktion wie in der Rezeption, scheint darin zu bestehen, daß sich die Floskeln des bürgerlichen 19. Jahrhunderts, wo von guten Büchern gesprochen wurde, von ernster Musik, von erfreulichen und unerfreulichen Themen, von Treu und Glauben, anständigen Frauen, treuen Freunden, erbaulichen Gesprächen, als Fiktionen erweisen, leicht komische noch dazu. Alle Versuche, irgendeine Wirklichkeit mit Hilfe solcher Floskeln darstellbar zu machen, müssen kläglich scheitern. Die Grenzen der Literatur sind nahezu unkenntlich geworden.

Über die Mittel der Literatur

Damit entfallen auch alle früheren Unterscheidungen zwischen sogenannten literarischen und nicht-literarischen Mitteln. Es ist mit Recht von Soziologen immer wieder darauf hingewiesen worden, daß die bisherige bürgerliche Bildung in fast naiver Weise gleichgesetzt wurde mit einer Bildung durch Bücher und Bücherleser. Hier hatte Hans Magnus Enzensberger seine Kritik an der literarischen Aufklärung angesetzt und seine Satire zugespitzt zum Lob des Analphabetismus. Er wollte dadurch nicht die Bücherwelt entwerten, zu welcher er selbst gehörte und gehören wollte, sondern dokumentieren, daß die heutige Wirklichkeit nicht mehr mit Hilfe von Literatur gespiegelt oder gar als künftige Wirklichkeit vorausgesehen wird. Alle Berichte von sogenannter Wirklichkeit sind unwirklich geworden. Der Leser erfährt nichts Wirkliches mehr. Dafür sorgt nicht allein die »Bild-Zeitung«.

Folgerichtig ist es mithin, daß Schriftsteller am Ausgang des 20. Jahrhunderts ebenso darauf verzichten müssen, ihre literarische Produktion ausschließlich als Buchproduktion zu verstehen, wie Thomas Mann nach 1918 genötigt war, seine tradierten Unterscheidungen zwischen Dichtung und Schriftstellerei, Kultur und Zivilisation aufzugeben.

In Wirklichkeit haben die eigentlichen Innovatoren der Literatur bereits seit den 20er Jahren dem überlieferten Primat des Buches mißtraut. Reporter und Dokumentaristen wie Egon Erwin Kisch oder auch Joseph Roth (mit einem beträchtlichen Teil seiner literarischen Produktion) gingen aus vom Primat der Praxis, der Wirklichkeitserfahrung vor aller Niederschrift des Erfahrenen. Das Medium des Rundfunks war für Bert Brecht und seine Anhänger ebenso legitim wie das Buch. Der Boxkampf wichtiger als eine Dichterlesung.

Der Übergang vom Hörfunk zum Fernsehen hat für die deutschen Schriftsteller, in der Bundesrepublik wie in der DDR, nicht allein eine Existenzsicherung bedeutet, sondern auch eine Notwendigkeit, neue Ausdrucksformen zu ersinnen und zu erproben. Die Bedeutung der dichterischen Hörspiele von *Günter Eich* war stellvertretend. Dadurch entstand auch *ein neuer Typ des Literaten.* Er unterscheidet sich, seit dem Wirken der Gruppe 47, mehr noch: seit dem Ende der Gruppe 47, in wesentlichen Zügen von dem Schriftstellertyp der 20er Jahre. Die Zweiteilung des 19. Jahrhunderts ist kaum mehr anzutreffen, also das »Doppelleben«, mit Gottfried Benn zu sprechen. Der Pfarrer und Dichter Mörike. Der

Amtsrichter und Dichter Theodor Storm. Der Journalist Theodor Fontane. Der Dermatologe und Dichter Gottfried Benn. Der Doktor med. Alfred Döblin mit Praxis am Alexanderplatz. In solchen Fällen ist die Fakultät, die das Doppelleben ermöglicht, gerade nicht die philosophische.

Das änderte sich seit dem Zweiten Weltkrieg. Man hat früh schon bemerkt, daß der Anteil der promovierten Germanisten oder Romanisten oder klassischen Philologen kennzeichnend wurde für eine neuere und neueste deutsche Literatur. Ob auf diese Weise freilich, wie man damals formulierte, ein Typ des »poeta doctus« entstand, mag fraglich sein.

Unstreitig ist seitdem – was keine Paradoxie bedeutet – die Grenzüberschreitung dieses neuen Literatentyps. Weder das Doppelleben aus bürgerlichem Beruf und unbürgerlichem Schreiben noch die Fixierung an die Gebote und Verdikte des germanistischen Oberseminars und die tradierten Maßstäbe einstiger Literaturgeschichte. Den deutschen Schriftstellern seit 1945 war nicht entgangen, daß die in den 50er Jahren so viel erörterten »Grundbegriffe der Poetik« des Zürichers *Emil Staiger* von keinem namhaften Werk deutscher Literatur im 20. Jahrhundert bestätigt werden konnten. Dem Begriff des »Lyrischen« bei Staiger widersprachen alle modernen Gedichte ebenso, wie die Erzählwerke sich trotzig zu wehren schienen gegen Staigers epische Grundbegriffe. Hier war die Ursache für die bekannte Züricher Polemik der frühen 60er Jahre zwischen dem Germanisten Emil Staiger und seinem Landsmann, dem Schriftsteller Max Frisch.

Den überweit gezogenen Grenzen des Literarischen entsprechen nunmehr die neuen Ausdrucksmittel. Nach wie vor Literatur, doch mit anderen Mitteln.

Ernst Schnabel

Das Werk des Schriftstellers Ernst Schnabel vom Jahrgang 1913 ist ein wichtiges und nachwirkendes Beispiel einer »Literatur mit anderen Mitteln«. Andererseits wirkt sein literarisches Schaffen gleichzeitig wie eine Weiterführung der literarischen Praktiken von *Egon Erwin Kisch* und wie eine Vorwegnahme späterer literarischer Praktiken von Hubert Fichte.

Sicher hätte Ernst Schnabel den Ehrentitel eines »Rasenden Reporters« im Sinne von Kisch von sich gewiesen. (Übrigens ist es ein Mißverständnis, den vielseitigen und begabten Schriftsteller Kisch auf den Titel eines seiner Bücher festzulegen.) Daß Schnabel auch in der Praxis des Rundfunk-Intendanten, leidenschaftlichen Piloten, des Weltreisenden wie auch des Rundfunk-Reporters *stets als Schriftsteller* an der Arbeit sei, war für ihn nicht zweifelhaft.

In einem guten Lexikon-Artikel steht zu lesen: »Mit siebzehn Jahren verließ er das Gymnasium, fuhr zwölf Jahre auf Seglern und Dampfern um die Welt und bereiste alle Erdteile.« Natürlich stimmt das, doch fehlt eine Kleinigkeit: der Name jener Schule, die er verließ, um zur See zu fahren. Ernst Schnabel war Sachse, geboren in Zittau. Die Schule, die er verließ, war nicht ungeliebt, und es war eine besondere Schule. Auf seine Schulzeit als Zögling der berühmten sächsischen Fürstenschule der Heiligen Afra zu Meißen war er stolz. Dort war auch der Pastorensohn Gotthold Ephraim Lessing aus Kamenz zur Schule gegangen. Ein Humanistisches Gymnasium, das den Schüler Schnabel prägen sollte. Vielleicht hat die Lektüre und Kenntnis der Odyssee mitgewirkt beim Entschluß des künftigen Seefahrers.

Sicher sind Schnabels schönste Texte undenkbar ohne Meißen und die Antike. *Der sechste Gesang* (1956) schildert das Abenteuer des Odysseus bei den Phäaken und mit der Königstocher Nausikaa, das auch Goethe poetisch inspiriert hatte. Das Hörspiel *Ich und die Könige* (1958) schildert den Erfinder Dädalus in Konfrontation mit den minoischen Königen von Kreta. Dädalus, verstanden als »der erste Ingenieur«. Die geistige Nachbarschaft zu Horkheimer/Adorno und zur »Dialektik der Aufklärung« ist evident. Bei Horkheimer/Adorno wird Odysseus verstanden als Repräsentant einer instrumentalen Vernunft.

Immer wieder ein Seemann und Weltreisender, doch zugleich in aller Bewußtheit ein Schriftsteller. Die Grenzen zwischen Dokumentation und Fiktion werden beim Schreiben sorgfältig beachtet. Ernst Schnabel verliert sich niemals »an das Leben«. Die grenzenlose Neugier auf Menschen, Meere, auf alles Unbekannte soll in subjektive Erfahrung umgesetzt werden, die allem Schreiben vorauszugehen hat. Bei einem Gespräch mit Studenten über den »sechsten Gesang« kam die banale Frage nach dem autobiographischen Unterfutter des Buches. Schnabels Text beginnt mit einer Schilderung des schiffbrüchigen, verzweifelt und tagelang um sein Leben schwimmenden Odysseus. Schnabel antwortete dem Frager: »Ich bin ein Seemann und kann recht gut schwimmen. Aber doch nicht so gut wie mein Odysseus.«

Der Unterschied zu Egon Erwin Kisch ist offensichtlich. Einmal als Unterschied der literarischen Mittel. Die einstigen Dokumentarberichte Kischs genügen nicht mehr im Zeitalter der neuen Medien, der Rundfunk-Kultur und in den Anfängen einer Fernseh-Wirklichkeit. Ernst Schnabel war ein Meister im Umgang mit diesen neuen Medien. Jahrelang als Rundfunk-Intendant in Hamburg, später in Berlin als Störenfried eines routinierten Fernseh-Betriebs.

Im Gegensatz zu Kisch gedachte Schnabel keine »Botschaft« zu vermitteln. Er hatte nichts zu verkünden als das Gesehene und Erfahrene.

Der Unterschied zu dem späteren Hubert Fichte vom Jahrgang 1935 liegt wohl darin, daß Schnabel in Meißen als Schüler bereits jene klassische Bildung erlangen konnte, die sich Hubert Fichte, der spät erst planmäßig Altgriechisch lernte, mühsam *als Schriftsteller* erwerben mußte. Vielleicht hat Fichte in seinen Berichten über die afro-asiatischen Mischreligionen und in den soziologischen Exkursen seiner »Geschichte der Empfindlichkeit« eine größere Affinität zu Kisch aufgewiesen als zu Ernst Schnabel, den er gut kannte aus Hamburger Tagen und dem er manche Förderung verdankte. Bei Fichte findet sich eine entschiedene Parteinahme für die Menschen der sogenannten Dritten Welt: für ihre Leiden und Beglückungen. Fichte erstrebte die Anverwandlung der fremden Welten. Ernst Schnabel hatte die Grenzen für sich hier scharf gezogen. Er war trotz allem, weil er es sein wollte, ein bürgerlicher Schriftsteller. Sein Lieblingsautor hieß Thomas Mann.

Alexander Kluge

Seiner Rede vom 22. November 1985, gehalten in Berlin bei Entgegennahme des Kleist-Preises, von der bereits in anderem Zusammenhang gesprochen wurde, gab Alexander Kluge die

Überschrift *Im Prinzip bin ich Autor.* Kluge kam im Jahre 1932 in Halberstadt zur Welt. Er war drei Jahre jünger als Thomas Bernhard. Uwe Johnson war Jahrgang 1934, Hubert Fichte wurde ein Jahr später (1935) geboren. Ernst Schnabel gehörte im Zweiten Weltkrieg zur deutschen Marine. Seine Erfahrung im Krieg sollte ihn später, als er das Hörspiel »Das Floß der Medusa« schrieb, das *Hans Werner Henze* komponierte und das der Norddeutsche Rundfunk sogleich nach der Generalprobe verbot, vor den Strafrichter führen.

Kluge schildert sowohl in seinem Beitrag zu den jeweils in München gehaltenen »Reden über das eigene Land: Deutschland« (1983) wie auch in jener Kleist-Musil-Rede von 1985 die Erfahrungen eines ganz jungen Menschen bei Kriegsende und in der ersten Nachkriegszeit.

Alexander Kluge läßt sich ebensowenig wie Ernst Schnabel auf die Lebensformel des bücherschreibenden Autors reduzieren. Er ist Volljurist, der als solcher praktiziert. Er ist, wie bekannt, ein ebenso erfolgreicher wie – von der Kinobranche her gesehen – außenseiterhafter Filmemacher. Er ist Soziologe, der die Daseinskurven kleiner Leute erforscht und darstellt: in einer Prosa, die den Juristen nicht verleugnet, der Sachverhalte des Lebens in rechtliche Tatbestände zu verwandeln hat. Dennoch sind diese *Lebensläufe* (1962), die Kluge zwölf Jahre später erweiterte durch eine »Anwesenheitsliste für eine Beerdigung«, sowohl Literatur im überlieferten Sinne wie auch Grenzüberschreitung in Form einer Literatur mit anderen Mitteln. Der Phantasiebereich wird nicht durch die erzählten Vorgänge repräsentiert, die streng dokumentarisch anmuten, sondern durch die sprachlich vermittelten Emotionen. Hier schreibt kein Staats- oder Rechtsanwalt, sondern ein Schriftsteller, der immer zugleich auch von seinen eigenen Erfahrungen berichtet.

»Im Prinzip bin ich Autor«. Diese Überschrift steht auch über allen Filmen Alexander Kluges. Am deutlichsten vielleicht über jenem »Bildwerk«, dessen Titel, unabhängig vom eigentlichen Film, sprichwörtlich werden sollte für das Verhalten der Schriftsteller und Künstler zur Wirklichkeit von Austreibung, Revolte und beginnender trister Restauration. »Die Artisten in der Zirkuskuppel: ratlos.« Das war Alexander Kluges Beitrag zu den Ereignissen des Jahres 1968. Verarbeitet wurden Erfahrungen durchaus heterogener Art: die letzte und turbulente Tagung der Gruppe 47 in der fränkischen Pulvermühle; die Prozeßerfahrungen des Rechtsanwalts, also Verteidigers Dr. jur. Alexander Kluge; die Auseinandersetzungen im Zeichen von »Springer und Dutschke«.

Eben dieser Film zeigt Alexander Kluge nicht als kühlen Beobachter oder als Juristen, der Tatbestände rechtlich zu beurteilen hat. Der Filmemacher ist selbst ein Artist in der Zirkuskuppel. Also ratlos.

Gleichzeitig aber hat er wohl damals schon für sich die Erkenntnis gewonnen, die am Schluß seiner Rede von 1985 steht: der Rede mit der Überschrift »Im Prinzip bin ich Autor«. »In dem Zeitalter der neuen Medien, in dem ich nicht fürchte, was diese vermögen, ich fürchte ihr Unvermögen, mit dessen Zerstörungskraft sie die Köpfe füllen, sind wir Textschreiber die Wächter von letzten Resten der Grammatik, der Grammatik der Zeit, d. h. zum Beispiel des Unterschieds von Gegenwart, Zukunft, Vergangenheit, Wächter der Differenz, Sie werden daraus verstehen, daß ich bei der Annäherung an Heinrich von Kleist über dessen Gelegenheitsbesuch in Halberstadt nicht hinausgehe. Diese, von den Halberstädter Putzfrauen überwachste Fußspur, die man nicht sehen kann, ist die reale Verbindung, der ich folge. Schön, daß es die drei Feuerwehrmänner gab. Ich werde mir Mühe geben.«

Jene drei Feuerwehrmänner hatten, wie Kluge zu Beginn seiner Rede schilderte, in Halberstadt am Morgen nach einer Bombennacht, widerwillig und ohne großes Verständnis für die Bedeutung des alten Gebäudes, das Feuer gelöscht, welches das Wohnhaus des Dichters *Gleim* aus dem 18. Jahrhundert zu zerstören drohte. Hier bei Gleim in Halberstadt war Kleist zu Besuch gewesen. Der prinzipielle Autor Alexander Kluge stellte sich, auch am Schluß seiner Kleist-Musil-Rede, in eine spezifisch deutsche literarische Tradition.

Rainer Werner Fassbinder

Rainer Werner Fassbinder und die Tradition: das wäre ein schwieriges Thema. Der Bezug zur Überlieferung ist da und auch wieder nicht. Er ist nicht organisch erwachsen aus Herkunft und Erziehung wie bei dem sächsischen Fürstenschüler Ernst Schnabel oder bei dem durch das bürgerliche Elternhaus, also durch Bildung und Besitz, geprägten Alexander Kluge aus Halberstadt. Fassbinder wurde in Bad Wörishofen geboren; die Ehe seiner Eltern zerbrach. Der Konflikt zwischen Vater und Mutter sollte später hineinwirken in die Thematik seiner Filme. Die Mutter hat, genauso wie im Falle Hubert Fichtes, den früh verstorbenen Sohn überlebt.

Es kam hinzu, daß Fassbinders Bemühungen um Werke und Autoren einer literarischen Vergangenheit kaum jemals motiviert wurden durch die Freude am Lesen und Kennenlernen. Er suchte Inspirationen für eine Umsetzung auf der Bühne oder auf dem Bildschirm oder auf der Filmleinwand. Hier ging es nicht um Literatur mit anderen Mitteln, sondern um Literatur als Mittel für ein Schöpfertum nicht unbedingt literarischer Art.

Weshalb auch Fassbinders Filme oder Spiele, wenn sie auf der Grundlage tradierter und berühmter Literatur entstanden, gleichsam beliebig, zufällig, sogar willkürlich anmuten. Fassbinder konnte die »Effi Briest« in einem Augenblick seines besessenen und rastlosen Schaffens gut gebrauchen. Dann gab es den Auftrag für eine Fernsehanstalt, und Fassbinder schlug für die einem großen Publikum zugedachte Serie den unseligen Roman »Soll und Haben« von Gustav Freytag vor. Das Unterfangen kam nicht zustande. Dadurch blieb der politischen deutschen Wirklichkeit ein fälliger Skandal um das Schurkenbild eines, getreu nach Gustav Freytag, häßlichen und überdies noch rothaarigen Veitel Itzig ebenso erspart wie die Sichtbarmachung des »reichen Juden« Hirsch Ehrenthal.

Da es mit Gustav Freytag aus dem 19. Jahrhundert nichts werden konnte, entschloß sich Fassbinder zur Arbeit an »Berlin Alexanderplatz« von Alfred Döblin. Ein jüdischer Autor aus dem 20. Jahrhundert. Kein reicher und grundböser Jude in Sicht.

Gegen Ende dieses kurzen Lebens dann noch der mit Notwendigkeit als Film wie als Verfilmung undenkbare Versuch, den Roman »Professor Unrat« von Heinrich Mann aus dem frühen 20. Jahrhundert plötzlich in der Bundesrepublik anzusiedeln. Die Traditionskurve bei Ernst Schnabel: die Antike als Weg zum Verständnis der Moderne, war schlüssig. Ebenso die bei Alexander

Kluge hergestellte Beziehung zu Heinrich von Kleist und Robert Musil. Jeweils Berichte aus einer zerfallenden, brüchig gewordenen Welt, mit der es ersichtlich zu Ende geht.

Doch Fontane und Gustav Freytag, Döblin und Heinrich Mann, bei Fassbinders letztem Filmwerk dann noch der französische Roman »Querelle de Brest« von Jean Genet: hier waltete ein nicht-literarisches Auswahlprinzip. Motiviert vielleicht durch persönliche Vorlieben des Stückeschreibers und Filmemachers Fassbinder, vielleicht durch äußere Gründe und Anreize einer interessanten Besetzungsliste. Erstaunlich wirkt dabei, im nachhinein und beim Rückblick auf ein quantitativ sehr eindrucksvolles dramatisch-dramaturgisches Schaffen, die Diskrepanz zwischen Fassbinders literarischer Interpretation als Leser und seiner durchaus willkürlichen Verwertung des sorgfältig und gut interpretierten literarischen Materials.

Am deutlichsten zeigt sich das bei einem genau gearbeiteten Bericht des Essayisten Fassbinder über »Berlin Alexanderplatz«, wenn man ihn nachträglich konfrontiert mit der Fernsehreihe des gleichen Titels. In ihr nämlich hat Fassbinder bereits die Bedeutung des Romantitels eliminiert. Kein Alexanderplatz und kein Berlin. Ebensowenig eine wirkliche Beziehung zur Entstehungszeit des Romans, folglich zu der von Döblin durchgeführten Gleichzeitigkeit von Erzählzeit und erzählter Zeit. Ein Beziehungsgespinst zwischen Männern und Männern, Männern und Frauen, das ortlos bleibt und zeitlos. Eingeblendete Dokumentarfetzen aus den 20er Jahren unterstreichen das noch, statt die Zeit- und Ortlosigkeit zu kompensieren.

Die Phantasie des Schriftstellers Fassbinder arbeitet überall dort genau, findet auch den jeweiligen Ort, historischen Moment und sogar die richtige und treffende Sprache der Figuren, wo Fassbinder eine *Welt der Außenseiter und der Gezeichneten* nacherschafft. Filme wie »Katzelmacher« oder »Angst essen Seele auf« gelingen dann auch in der Dramaturgie, folglich als literarischer Text. Das »anti-theater« von R. W. Fassbinder war natürlich gleichfalls Theater. Die Antithese setzt stets eine These voraus. Eine ortlose oder zeitlose Dramatik hingegen, die alles gleichzeitig leisten möchte: Märchenhaftes, aktuellen politischen Skandal, Neurosen und Obsessionen, muß nicht allein ästethisch scheitern, sondern auch moralisch. Man sucht Emotionen beim Adressaten zu erzeugen und will es doch wieder nicht gewesen sein.

Darum mußte Fassbinders Theaterstück »Der Müll, die Stadt und der Tod« zum Ärgernis werden. Bereits auf der ersten Seite des Textes die fällige Anerkennung einer literarischen Vorlage: »Auf dem Mond, weil er so unbewohnbar ist wie die Erde, speziell die Städte. Vorne links in Plastik gehüllt: Marie-Antoinette und Jim.«

Die Stadt Frankfurt der epischen Vorlage und auch wieder nicht. Ein wohlbekannter jüdischer Bürger dieser Stadt, aber natürlich war der nicht gemeint. Dann aber Dialoge einer solchen Art:

ROMA B. Vater?

Müller Ja?

ROMA B. Was ist es, daß der Jude mich benutzt, um dich zu bekämpfen?

Müller Er hebt dich empor, um mich zu erniedrigen. Der Gedanke ist einfach.

ROMA B. Hast du ihm denn so weh getan?

Müller Er glaubt, ich hätte Schuld am Tod seiner Eltern.

ROMA B. Und? Ist es die Wahrheit?

Müller Ich habe mich um den Einzelnen, den ich tötete, nicht gekümmert. Ich war kein Individualist. Ich bin Technokrat. Aber es ist möglich, daß ich der Mörder seiner Eltern bin, und ich wäre es gern. Also bin ichs.

ROMA B. Du trägst die Last und bist fröhlich dabei.

Müller Es ist keine Last, der Mörder von Juden zu sein, wenn man die Überzeugungen hat, die ich habe.

ROMA B. Und die Erniedrigungen treffen dich nicht?

Müller Sie gelten nicht wirklich mir, aber es gibt zu denken, was für ein Staat ist das, der zuläßt, was täglich geschieht.

ROMA B. Die Zeiten sind eben anders.

Natürlich ist dies ein Theaterstück, also Literatur. Man kann es spielen, und man hat das, wie bekannt, auch immer wieder getan und gewollt. Warum wohl? Um ein dramatisches Meisterwerk für die Öffentlichkeit zu retten? Rainer Werner Fassbinders Werk war immer dann echt und künstlerisch legitim, wenn er sich selbst und allein zeigte und vorstellte: ohne eine künstliche, schlampig, beliebig darumdrapierte sogenannte Umwelt. Die Skandale und Legenden, die er zu produzieren liebte und die getreulich aufgezeichnet wurden, hatten mit seinem Schöpfertum nichts zu tun. Er war mit sich allein, wie jeder wirkliche Autor. Aber dies eben hat er vermutlich nicht ertragen wollen.

Wolf Biermann

Bei ihm ist die literarische Wahlverwandtschaft nicht im mindesten zweifelhaft. Als Lyriker seiner Songs wie im Aufbau seiner großen Erzählgedichte beruft er sich stets von neuem auf die Nachfolge eines *François Villon* und *Heinrich Heine.* Der »gelernte Marxist« Biermann, der seinen Hegel ebenso kennt wie die Klassiker des Dialektischen Materialismus, arbeitet dialektisch mit dem Prinzip einer kritischen Vermittlung: er hat noch Bertolt Brecht gekannt und bei ihm gearbeitet beim Berliner Ensemble. Dergleichen verlernt man nicht. »Kritische Aneignung eines kulturellen Erbes«: das ist eine bis zum Überdruß heruntergeleierte Formel, allein dahinter steckt eine reale Arbeits- und Erkenntnismöglichkeit. Wolf Biermann hat sie immer wieder für sich genutzt. Hamburger vom Jahrgang 1936. Es ist die Dekade der Johnson, Kluge, Fichte. Auch Christa Wolf (1929) gehört dazu. Sie alle verbindet das Erlebnis von Krieg, Zusammenbruch, Nachkrieg, Hoffnung wie Restauration.

Wolf Biermann wächst als vaterloses Kind auf, wie Hubert Fichte. Auch er hatte einen jüdischen Vater. Hubert Fichtes Suche nach dem Vater, verstanden als Konfrontation mit der dominierenden nichtjüdischen Mutter, blieb erfolglos. Da war nichts herauszufinden. Biermann hat das Schicksal seines Vaters gekannt. Ein Jude und ein Parteikommunist, Maschinenbauer auf der Deutschen Werft in Hamburg. Als Kommunist eingesperrt, dann im Jahre 1942 als Jude in Auschwitz umgebracht. Als Siebzehnjähriger verließ Wolf Biermann die Stadt Hamburg und zog in die DDR. Die weitere Geschichte seines Liebes- und Haßverhältnisses zum anderen deutschen Staat ist bekannt.

Daß Wolf Biermann ein begabter Lyriker sei, wurde seit den

ersten Gedichtbänden stets anerkannt. Natürlich war das eine »Lyrik mit anderen Mitteln«, obwohl sie ursprünglich nicht nach diesem Prinzip entworfen wurde. Biermanns Musikalität, sein virtuoser Umgang mit dem Begleitinstrument, sein Wunsch, mit den Texten, die er stets als konkrete gesellschaftliche Erfahrungen entwarf, gehört zu werden, nicht nur gelesen: die besondere Rolle des Schriftstellers Wolf Biermann entsprach einem langen und sorgfältigen Arbeitsprozeß. Es gab in Frankreich die niemals unterbrochene Tradition der Chansonniers; es gab seit Puschkins Zeiten in Rußland die rhapsodische Dichtung, die öffentlich vorgetragen und häufig vom Auditorium leise mitgesprochen wurde. Es gab den schwedischen Dichter und Liedermacher Carl Michael Bellman.

In Deutschland mußte Biermann mit seinen Auftritten faszinieren und verärgern. Das macht: Literatur und Öffentlichkeit waren herkömmlicherweise streng voneinander zu trennen. Erst recht im Falle des Gedichts. Das Gedicht und sein Leser: der Vorgang schien nur durch Einsamkeit möglich zu werden. Wolf Biermann sang, spielte, kommentierte, rezitierte vor Tausenden. Dennoch entstand auf solche Weise nicht nur ein poetischer Text, sondern auch eine poetische Aura.

Im Jahre 1987 ergab sich für Biermann zweimal die Gelegenheit, über die Art seines Wirkens und die unverändert gebliebene Grundthematik seines Dichtens vor der Öffentlichkeit zu berichten. Aus Anlaß des Jubiläums der Stadt Berlin waren Redner aufgefordert worden, in einem Theatersaal ihre »Berliner Lektionen« vorzutragen. Wolf Biermanns Lektion fand statt am 26. April im Renaissancetheater. Im November dieses Jahres sprach Biermann in den Münchener Kammerspielen in einer Jahr um Jahr weitergeführten Vortragsreihe zum stets selben Thema: »Reden über das eigene Land: Deutschland.« Vier Jahre vorher (1983) hatte auch *Alexander Kluge* seine Deutung des Themas vorgetragen; abermals hatte er begonnen mit dem Rückblick auf die Heimat, auf die Jugend in Halberstadt.

In beiden Reden wählte Biermann die nunmehr für seine Arbeit unabdingbar gewordene Form eines Amalgams aus Redetext, gesprochenen Gedichten, instrumentalem Zwischenspiel und

Song. Die Berliner Lektion bekam den Titel *Der Sturz des Daedalus.* Plötzlich wird Nachbarschaft hergestellt zwischen Wolf Biermann und Ernst Schnabel. Daedalus war bei Schnabel jenes »Ich«, das den minoischen Königen entgegentrat. Der durch Erfindungskraft mächtige Geist und die ohne eigene Erfindungskraft auf das Denken der Unmächtigen angewiesenen Machthaber.

Auch in Wolf Biermanns Rede von 1987 wird Daedalus mit seiner Umwelt konfrontiert: doch von aller Parteinahme für den genialen Erfinder und Prototypen einer instrumentalen Vernunft ist der Redner in seiner Berliner Lektion weit entfernt.

Zudem muß der Titel seiner Rede den mythologisch gut bewanderten Leser verblüffen. Wie denn? Ein Sturz des Daedalus? Aber es ist doch nicht der Vater abgestürzt, sondern der Sohn Ikarus. Freilich stürzte er ab, als er sich des Flügel-Instrumentariums von Vater Daedalus bediente. Doch unvorsichtig und ungeschickt. Zu nahe an der Sonne. Wieso also ein Sturz des Daedalus?

Wolf Biermann gibt die schlüssige Antwort in seiner Berliner Lektion: »Wer kennt nicht den Sturz des Ikarus. Ikarus Superstar. Ikarus, der Sohn. Der mit den künstlichen Flügeln. Ikarus, der mit dem Zu-hoch-an-die-Sonne, der mit dem geschmolzenen Bienenwachs. Ikarus, der ungehorsame Sohn, das abschreckende, lehrreiche Beispiel. Nicht zu hoch hinaus, es geht übel aus.

Aber ich rede über einen anderen Sturz. Ich behaupte den Sturz des Daedalus. Sturz des Vaters und nicht des Sohnes. Den unerhörten Fall des Jünglings kennt jeder. Aber wer redet vom Alten? Und wer von des Alten Sturz, der ja nicht stürzte? Ich rede vom Fall des Daedalus, der überlebte.

Wie ist es gekommen, daß nicht Daedalus, der geflügelte Vater, ein geflügeltes Wort geworden ist, wohl aber Ikarus, sein entflügelter Sohn? Von dem reden viele, und der stachelt uns. Ikarus wurde das Firmenschild für den Traum vom Fliegen. Daß also eigentlich der Vater stürzte – und wie! –, mit meinen gestutzten Flügeln will ich diesen Höhenflug versuchen. Mehr flattern als fliegen. Mehr Spatz als Adler. Aber eins nach dem andern.«

Dann folgt in der Rede, gestützt auf ein schon früher bekanntes Gedicht mit dem Titel »Die Ballade vom Preußischen Ikarus«, eine doppelte Nutzanwendung: als Gleichsetzung der eigenen Existenz (und des eigenen Dichtertums) mit dem abgestürzten

Ikarus. Gleichsetzung aber auch mit jenen Mächten, die mitschuldig waren am Absturz des idealistischen und sonnengläubigen Jünglings Ikarus. Daedalus hat sich vermutlich als nicht schuldig empfunden.

> Dann bin ich der Preußische Ikarus
> mit grauen Flügeln aus Eisenguß
> dann tun mir die Arme so weh
> Dann flieg ich hoch, und dann stürz ich ab
> mach bißchen Wind, und dann mach ich schlapp
> am Geländer über der Spree

Warum die Geschichte des gestürzten Ikarus als Dichtergeschichte von heute und als deutsche Geschichte oder als »Teutsche Misere«, wie Brecht dies im Epilog seiner Bearbeitung des »Hofmeisters« von Lenz formuliert hatte? Biermann gibt die Antwort: »Ikarus beflügelt unsere Phantasien, er ist auferstanden im Sturz –«. Aber Daedalus überlebt. Daedalus wird bestraft, so berichtet der Mythos. Er muß ins Exil nach Kreta. Er hat dem Todessturz zugesehen. Biermann setzt hinzu: »Die dritte Strafe aber ist die fürchterlichste: Daedalus erlebt nicht nur, er überlebt den Tod seines Sohnes.«

Damit hat sich Wolf Biermann, ohne es vermutlich zu wissen, genauso moralisch entschieden wie *Elias Canetti* in seiner zornigen Verwünschung der »Mächtigen als der Überlebenden«.

Die zweite Beziehung in seiner Berliner Lektion zum Preußischen Adler wie zum Mythos des jungen Ikarus hat Biermann ausdrücklich selbst an den Schluß seiner Rede gestellt. Zunächst war die Gleichsetzung Ikarus = Wolf Biermann vollzogen worden. *Nun kommt es zur Gleichsetzung Ikarus = Rudi Dutschke.* »Die Dialektik vom Absturz und Weiterfliegen kulminiert im Schicksal des einzigen Deutschen, der aus dem Jahr '68 im Gedächtnis bleiben wird: Rudi Dutschke.«

Hier ist ein Höhepunkt erreicht für diese besondere Art einer Literatur mit anderen Mitteln: Rhetorik und Mythologie, Musik und laut verkündete Trauer. *Die gescheiterte Hoffnung und die überlebende Hoffnung.* »Ich kann es mir selbst nicht schreiben – aber ein Buch, das ich heute gern lesen würde, hätte den Titel: Die Reise nach Daedalus-Land. Ikarisch und glänzend und flott.«

Heiner Müller

Von allen Schülern Bertolt Brechts, des hoffnungsvollen Erfinders einer neuen Dramatik, Dramaturgie, Schauspielkunst und – wenn möglich – einer Neuen Zuschaukunst, ist Heiner Müller gleichzeitig der erfolgreichste und auch derjenige, dessen Weg am weitesten weggeführt hat von den Lehren des berühmten »Kleinen Organon für das Theater«. Ausgangspunkt aber und Genese des Schriftstellers Heiner Müller, geboren im Jahre 1929 in Eppendorf, Bezirk Chemnitz, also in Sachsen, sind untrennbar verbunden mit seiner Theaterarbeit im weitesten Verstande. Darüber muß beim Versuch einer Übersicht über deutsche Dramatik und Dramaturgie berichtet werden.

Dennoch reicht Heiner Müllers literarische Bedeutung weit hinaus über alle Theaterarbeit. Sein Weg als Dramatiker ist nicht bloß als Weiterentwicklung und Gegenentwicklung einer vorhandenen Theaterarbeit zu deuten, sondern als Versuch, neue Ausdrucksformen und Darstellungsmittel für ein Denken zu finden, das sich als ein *unablässiges Abschiednehmen* versteht.

An der Thematik läßt es sich ablesen. Ursprünglich das Nächstliegende: die Anfänge eines neuen Wirtschaftens in der Sowjetischen Besatzungszone. Das sogenannt Neue auf dem Lande nicht minder. Sollte man es nach dem Prinzip Hoffnung beurteilen oder als fahrlässiges Experiment, das erneute Verelendung hervorrufen mußte?

Dann gab es eine Überraschung, als Heiner Müller zu Beginn der 60er Jahre dem einstigen Vorbild Brecht auch darin nachfolgte, daß er *Parabelstücke* schrieb, gegründet auf Mythen der römischen und griechischen Antike. Einen »Herakles 5« (1964/ 65), vor allem einen »Philoktet« nach dem Sophokles, geschrieben 1958/64.

Vielleicht läßt sich von diesem *Philoktet* her jener Prozeß des Abschiednehmens genauer deuten. Als Abschied von den Mythen der Antike. Als Abschied vom unglücklichen Bewußtsein der deutschen Kulturgeschichte.

Müllers Neudeutung der Tragödie des Sophokles bedeutet den Übergang von einer Dramatik, die sich mit dem falschen Neuen in der Stadt und auf dem Lande der deutschen östlichen Nachkriegsgesellschaft anlegte, zur kritischen Mythologie. Natürlich folgte Heiner Müller auch hier zunächst dem Lehrer Brecht. Gegen die Fülle der *römischen* Dramatik bei Brecht, die bei den Anfängen der Stadtgründung, streng nach Livius, beginnt, um bei den Geschäften des Herrn Julius Caesar zu enden, stellt Heiner Müller eine »kritische Aneignung« der *griechischen* Mythen und Theaterarbeiten. Auch in dieser Hinsicht ist der »Philoktet« nicht nur ein Übergang, sondern ein Abschied. *Von Sophokles zu Euripides.* Das Spätwerk der »Medea«, konfrontiert mit dem frühen »Philoktet«, macht diese Entwicklung deutlich.

Natürlich ist der »Philoktet« immer noch auf einer Insel angesiedelt, die trotz der drei Akteure, dem kranken Titelhelden, dem jungen Sohn des Achilleus und dem Macher und Lügner Odysseus, einige Ähnlichkeit hat mit Heiner Müllers eigener Umwelt: in den Anfängen eines sogenannt real existierenden sozialistischen Aufbaus. Odysseus als Funktionär, der je nach der erforderlichen Strategie und Taktik zur schwungvollen Suada ansetzt. Er glaubt sich selbst kein Wort. Als Philoktet, weil es anders mit ihm nicht geht, zur Strecke gebracht wird und der Junge, der den kranken Helden bewundert hat, menschliche Regungen zeigt, bekommt er von Odysseus die kalten Worte:

> »Geh voran.
> Vor Troja werd ich dir die Lüge sagen
> mit der du deine Hände waschen könntest.«

Das Neue an diesem auf der Bühne vielleicht erfolgreichsten Theaterstück Heiner Müllers ist die dreifache Negation der Figuren. Die Nicht-Einfühlung des Stückeschreibers gab es schon bei Brecht: sie wurde sogar gefordert. Ein guter Schauspieler, so hatte Brecht höhnisch gemeint, dem man in der Theaterkritik rühmend nachsage, er habe den König Lear nicht nur gespielt, sondern verkörpert, sei einfach ein schlechter Komödiant. Dennoch hatte Brecht immer noch eine leichte Aufhellung und die Wünschbarkeit einer Lösung gelten lassen. Der Zuschauer sollte erkennen, daß der Weg der Mutter Courage falsch sei. Man sollte also beim Anblick ihrer Geschichte begreifen, daß anders gehandelt werden müsse. Von alledem kann bei Heiner Müller hinfort, bereits im »Philoktet«, die Rede nicht mehr sein. Abschied vom positiven

Helden; von einer Dramaturgie der Aufklärung; von der mit Hilfe der Bühne vermittelten Neuen Zuschaukunst. Die Negativität als ein - von Müller positiv verstandenes - dramaturgisches Prinzip.

Diesem Grundentwurf ist Heiner Müller treu geblieben. Seine Stücke über das unglückliche Bewußtsein der deutschen Aufklärung in der preußisch-deutschen Geschichte (Akademiepräsident und Hofnarr Gundling, Hofrat und »Mittler« Lessing, Heinrich von Kleist, dem auf preußischem Boden nicht zu helfen war) sind ebenso durch diese programmatische Negativität gekennzeichnet wie Müllers dramatische Deutungen des Zweiten Weltkriegs, der Todesszenen in der Berliner Reichskanzlei, auch die Rückkehr zu seinen Anfängen: zu dem also, was Müller als »Geschichten aus der Produktion« für sich zusammenfaßte.

Abschied von der deutschen Geschichte, Abschied von Sophokles wie von Euripides. *Abkehr von Shakespeare* vor allem: mit Hilfe von Gegenentwürfen. Die blutigsten Szenen des Elisabethaners - Titus Andronicus oder Macbeth - empfindet Müller als adäquat. Shakespeares Endspiele sind auch die seinigen. Allenthalben ist, mit Hamlet zu sprechen, die Zeit aus den Fugen. Aber ein Fortinbras am Schluß oder ein Richmond, der Richard den Dritten erledigen konnte, ist nicht in Sicht.

Die Konfrontation mit einer anderen, gleichfalls zeitgenössischen Gegenschöpfung zu Shakespeare macht die besondere historische Konstellation Heiner Müllers genauer kenntlich. Hier - bei *Botho Strauß* - die Gegen- und Weiterdichtung des »Sommernachtstraums«. Dort - bei Heiner Müller - die »Hamletmaschine« als Zurücknahme der Tragödie des Dänenprinzen.

Das Schauspiel *Der Park* von Botho Strauß erschien 1983. In einem kurzen Vorwort, fast einer Gebrauchsanweisung, erläutert Strauß sein Unternehmen. »Man stelle sich vor: eine tüchtige Gesellschaft, beinahe gleich weit entfernt von den heiligen Dingen wie vom zeitlosen Gedicht (und ein wenig ermüdet schon), erläge statt einem Mythos oder einer Ideologie dem Genius eines großen Kunstwerks.«

Man versteht: die Möglichkeit wird vom Stückeschreiber Botho Strauß immer noch zugelassen, daß Zeitgenossen unserer eigenen Gesellschaft, die »Besucher« im Sinne eines späteren Theaterstücks von Strauß, in den Bann geraten könnten der großen elisabethanischen Poesie aus dem frühen 17. Jahrhundert. Natürlich scheitert der Versuch, wie das Schauspiel demonstriert. Er scheitert auf einer doppelten Ebene: in den Beziehungen der Komödie selbst, nämlich im Konflikt zwischen Oberon und Titania, wie in den Beziehungen heutiger Theaterbesucher zu den bei Shakespeare demonstrierten Verwirrungen der Gefühle. Ein doppeltes Scheitern. Oberon hatte – bei Botho Strauß – noch die Hoffnung auf Verstehen gehegt:

> Oberon:
> Hör mir gut zu, Titania!
> Wir kehren heim, nicht wann wir selbst
> es wollen, jedoch sobald sich Augen öffnen,
> müde Menschensinne, erfüllt von unserem Bild,
> erwachen und erst wenn ihre Lust gerettet ist,
> dann sind auch wir entbunden von dieser lästigen
> Verkörperung …

Der Verlauf des Theaterabends enthüllt die Illusion. Trotzdem: bei Botho Strauß gibt es den Blick zurück und die Hoffnung auf ein vielleicht dennoch mögliches Hineinwirken der Schauspiel-Welt in unsere eigene.

Daß und warum dies für ihn nicht denkbar ist, weder als Tragödie noch als Komödie, demonstriert Heiner Müller in seiner »Hamletmaschine«.

Heiner Müllers *Hamletmaschine,* geschrieben 1977 und zuerst gedruckt im Programmheft »Ödipus« der Münchener Kammerspiele in diesem Jahr 1977, ist ebenso eine Auseinandersetzung mit großen Überlieferungen der Dramatik und Dramaturgie, von Shakespeare bis Brecht, wie auch mit den abscheulichen gesellschaftlichen Überlieferungen unserer eigenen Zeitgeschichte: von der Verzweiflung über einen tyrannisch und pseudo-theologisch auftretenden »real existierenden Sozialismus« bis zu den Schmerzen der »Wunde 1956«, als die sowjetischen Panzer in Budapest einfuhren, um den Aufstand eines Volkes niederzuwerfen. Der vierte Teil der »Hamletmaschine« von Heiner Müller, einem Bürger der Deutschen Demokratischen Republik, trägt die Überschrift: *»PEST IN BUDA SCHLACHT UM GRÖNLAND«*. Die Wörter stehen nebeneinander ohne Interpunktion. Es ist Gleichzeitigkeit, Pestzeit 1956 in der ungarischen Hauptstadt, Schlacht um Grönland, was eine phantastische Reminiszenz darstellen mag zu der Aktion in Shakespeares »Hamlet« – als ferne Reminiszenz vielleicht zum Auftritt des Fortinbras am Schluß der originalen Hamlet-Tragödie.

Alles ist gegenwärtig und gleichzeitig in der »Hamletmaschine«. Immer wieder Zitate, die im Text in großen Buchstaben hervorgehoben sind. Mal sind es Fetzen des Originaltextes von Shakespeare (bisweilen im englischen Original oder auch in Schlegels deutscher Übersetzung), mal werden auch bekannte Zitate von Müller paraphrasiert oder parodiert; gleichfalls mal in einem englischen Originaltext von Heiner Müller, mal in deutscher Fassung. Wenn Hamlet bei Shakespeare nüchtern konstatiert, etwas sei »faul im Staate Dänemark«, so antwortet ihm – bei Müller – ein Hamlet (der nicht Hamlet sein will, sondern sich mit den Worten vorstellt: »Ich war Hamlet«) in heutigem Englisch mit dem Satz: Something is rotten in this age of hope. Was man vielleicht so übersetzen könnte: »Das Prinzip Hoffnung fängt an zu stinken.«

Die Welt des Dänenprinzen bei Shakespeare wurde zur Hamletmaschine. Da gibt es nicht mehr tragische Erschütterung, Reinigung der Leidenschaften im Sinne des Aristoteles beim Untergang eines redlichen Mannes in einer korrupten Umwelt. Die Korruption ist allgemein geworden, sie funktioniert als Maschine. Die Greuel bei Shakespeare, alle Greuel bisheriger Ausbeutung, die Greuel während der »Pest in Buda« widersetzen sich allen Anstrengungen eines heutigen tragischen Dichters. Friedrich Dürrenmatt hat das vor genau 33 Jahren in seinen »Theaterproblemen« von 1956 bereits konstatiert und hinzugesetzt: »Uns kommt nur noch die Komödie bei.«

Eine Komödie freilich mit vielen Leichen – ganz wie in den Stücken von Heiner Müller. Wenn man vor einigen Jahren in unseren Theaterkantinen alle Darstellungen von Einzelglück und individuellem Unglück als »Beziehungskisten« abzutun pflegte, was alsbald aus der Theatersprache in den realen Lebensalltag junger

Menschen übernommen wurde, so findet man darin das genaue Gegenstück zu Heiner Müllers Weg von Hamlet zur Hamletmaschine. Dieser Hamlet aber in der Maschine mag einmal Hamlet gewesen sein; man weiß es nicht, und es ist auch nicht wichtig. Er beruft sich einmal auch auf Richard III. Ein anderes Mal heißt es im Text: *ICH WAR MACBETH.* Im vierten Bild wird schließlich die Position geklärt. Nun spricht bei Müller der »Hamletdarsteller« und erklärt uns: »Ich bin nicht Hamlet. Ich spiele keine Rolle mehr. Meine Worte haben mir nichts mehr zu sagen. Meine Gedanken saugen den Bildern das Blut aus. Mein Drama findet nicht mehr statt.« In dieser »Hamletmaschine« von Heiner Müller gibt es im Grunde nur zwei Gestalten, die das Wort nehmen und zu Wort kommen. Sie scheitern nicht, wie Moses bei Arnold Schönberg, mit dem Bekenntnis: »O Wort, du Wort, das mir fehlt!«

Hamlet und Ophelia: männliche und weibliche Existenz in einer Endzeit. Auch Ophelia ist gleichzeitig und ungleichzeitig in einem. Während sich aber Hamlet vorstellt mit den Worten »Ich war Hamlet«, beginnt Ophelia im zweiten Bild mit dem boshaften Titel »Das Europa der Frau« mit den Worten: »Ich bin Ophelia. Wie der Fluß mich behalten hat.« Am Schluß aber ist auch sie zur Inkarnation aller weiblichen Leiden und Erbitterungen geworden. Im fünften Bild, das nach der Eiszeit spielt, der eine Endzeit vorausgegangen war, finden wir Ophelia in der Tiefsee. Ophelia im Rollstuhl. Fische, Trümmer, Leichen und Leichenteile treiben vorbei. Allein Ophelia spricht immer noch und wehrt sich nach wie vor. Bis die Ärzte ihr den Mund mit Mullbinden schließen. Vorher aber hatte sie noch sagen können: »Hier spricht Elektra. Im Herzen der Finsternis.« Ihr letztes Wort am Schluß der »Hamletmaschine« lautet so: »Nieder mit dem Glück der Unterwerfung. Es lebe der Haß, die Verachtung, der Aufstand, der Tod. Wenn sie mit Fleischermessern durch eure Schlafzimmer geht, werdet ihr die Wahrheit wissen.«

Bei Richard Wagner hatte Alberich alle Katastrophen der Götterdämmerung überlebt. Er blieb real und bedrohlich. Ophelia wird am Schluß der »Hamletmaschine« zwar als Wehrlose gezeigt: doch als Überlebende eines Endspiels, in welchem Hamlet offensichtlich unterging. Auch die grauenhafte Maschinerie jener menschlichen Endzeit scheint sich irgendwo in der Tiefsee immer noch fortzusetzen. Keine Katalaunische Schlacht mehr in den Lüften, doch neues Grauen – nunmehr in irgendeiner Tiefsee. Allein Ophelia lebt. Irgendwann wird sie sich wieder befreien. Also doch noch so etwas wie ein Prinzip Hoffnung?

Hubert Fichte
Die Geschichte der Empfindlichkeit

Nichts ist billiger als sittliche Entrüstung.
Karl Kraus

Das Geraune also kann jetzt aufhören. Die ersten beiden Romanbände liegen vor. Auch zwei Bände mit Begleitarbeiten. Der erste Erzählband heißt »Hotel Garni«. Der zweite bekam den Titel »Der Kleine Hauptbahnhof oder Lob des Strichs«. Beide Male folgt die Gattungsbezeichnung »Roman«. Nun weiß man, so wird es nach dem früheren Geraune heißen, ausgiebig Bescheid. Man muß nur die Titel anführen.

In einem Hotel garni bekommt man bloß Zimmer mit Frühstück und sonst gar nichts. Kann auch eine Absteige sein. Den Hamburger Strich zwischen dem Glockengießerwall und der Kirchenallee glaubt man ebenfalls zu kennen. Man kennt auch Fichte ... Genügend Stoff also für die ersten Mißverständnisse.

Man kennt gar nichts mit diesen beiden Titeln. Das Hotel garni im ersten Roman, der die kunstvoll gebaute Exposition zu liefern hat für weitere 18 geplante Romane, kommt im Erzähltext eigentlich nicht vor. Der Titel muß genügen, um dem Leser die Umwelt eines riesenhaften, zärtlich-mörderischen Gesprächs zu suggerieren. Ein Lebensgespräch im Hotelzimmer, vermutlich im Doppelbett. Eine ältere Frau und ein jüngerer Mann. Irma und Jäcki.

Von ihnen vor allem handeln, wenn hier das Wort überhaupt einen Sinn haben kann, alle Bände dieses Zyklus. Soweit man sieht, tritt nur noch die Muttergestalt der Naña im Verlauf des epischen Verfließens hinzu. Alle anderen Figuren, sehr zahlreiche und wichtige Roman-Menschen, sind nur Episoden für das Lebensgeschehen zwischen Irma und Jäcki.

Mit der Absteige ist es also nichts. Auch der Hamburger Hauptbahnhof - wohlgemerkt: vor Abbruch der Wandelhalle - ist im wesentlichen bloß Kulisse. Das Geschehen findet hier nicht statt. Und das »Lob des Strichs« ist bei dem boshaften Hubert Fichte weitgehend metaphorisch gemeint.

Wichtige Episoden dieses zweiten Bandes spielen im Hamburger Literaten- und Kunstmilieu, an der Elbchaussee und am Harvestehuder Weg, also bei feinen Leuten. Gegen das Ende hin auch auf einer Tagung der Gruppe 47 im oberschwäbischen Saulgau und im Jahre 1963. Etappen der literarischen Laufbahn des angehenden Schriftstellers Jäcki: gespiegelt in Berichten Jäckis an Irma oder an seine Hamburger Vertraute Dulu, die ihm das so sehnlich gebrauchte Altgriechisch beibringt. »Der Kleine Hauptbahnhof«. »Lob des Strichs«. Weiß man da wirklich von vornherein Bescheid? Oder ist man dem Satiriker Fichte, der es darauf anlegte, in die Falle gegangen?

Wer sich mit dieser *Geschichte der Empfindlichkeit* einläßt, die ihr Autor auf 19 Bände hin angelegt hatte, von denen bei Fichtes Tod im Alter von nicht ganz 51 Jahren (1986) 10 Bände vorhanden waren, dazu noch zwei Romanfragmente, der muß es ganz tun oder gar nicht. Sieben Bände fehlen. Man darf die These wagen, daß sie nicht mehr entstehen konnten, weil der Erzähler, als er das Ganze plante, jene Lebenserfahrungen einkalkulierte, die ihm der frühe Tod versagt hat. Für die Bände VIII bis XIV, die fehlen, hat die Lebenszeit nicht mehr ausgereicht. Fichte konnte seinem Jäcki dafür kein Material zuliefern.

Woraus hervorgeht, daß die »Geschichte der Empfindlichkeit« zwar immer wieder in die Weite der Zeit und des Raums »ausschweift«, trotzdem aber streng chronologisch gebaut ist. Das Geschehen im »Hotel Garni«, die Exposition also, fällt ins Jahr 1961. Der zweite Band schließt sich an. Die Erzählzeit liegt viel später; Hubert Fichte und Jäcki: das ist stets zweierlei.

Jäcki hat mit einem subjektiven Erzähler im Buch zu tun, der ihn beobachtet, kontrolliert, beschreibt, jedoch nie kritisiert. In Fichtes epischem Werk gibt es keine Wertungen. In den essayistischen Arbeiten um so mehr. Die tragen zu Recht in den beiden bisher als

Nebenwerke gekennzeichneten Bänden über »Homosexualität und Literatur« den Untertitel »Polemiken«. Was bisweilen als Schelte gemeint ist, bisweilen als Ehrenrettung: etwa des von Fichte wiederentdeckten Barockdichters Lohenstein, oder des Grafen Platen, den Heinrich Heine bewitzelt hat, oder auch der Ilias mit ihren Achilleus und Patroklos, die bei Shakespeare in »Troilus und Cressida« so schnöde behandelt wurden.

Ganz also oder gar nicht. Man wird gut daran tun, die beigelegte Interpretation des Romanzyklus durch Gisela Lindemann zu lesen. Sie ist Freundeswort und sachkundige Einleitung in einem. Fichte hatte, als er seines Sterbens innewerden mußte, seine Vertrauten mit der Herausgabe alles dessen letztwillig beauftragt, was er selbst als gültig ansah. Alles andere sollte vernichtet werden, und es wurde vernichtet. Fichte gedachte nicht den Kafka zu spielen.

Gisela Lindemanns Essay ist notwendig, weil es sich, obwohl mehr als die Hälfte des geplanten Romanzyklus fertig werden konnte, um ein Fragment handelt. Aber auch, weil sich der Tote nicht mehr wehren kann.

Warum sollten es gerade 19 Bände werden? Die Fichte von sich verlangte, als er im Jahre 1974 seine (damals noch) »Geschichte der Zärtlichkeit« zu schreiben beschloß und mitteilte: Es werde nichts davon vorab gedruckt werden. Entweder das Ganze oder gar nichts.

Das hatte große materielle Nachteile. Der Erzähler ohne Amt, ohne Gönner, ohne durch offizielle Literaturkritik gesicherten Rang nahm sie in Kauf. 19 Bände: das zielte vermutlich auf ein zu Ende gehendes Jahrhundert, dessen Jahreszahlen mit der Zahl 19 begannen und beginnen. Fichtes Lebenszeit: 1935 bis 1986. Ein Erzählstrom, der von unserem Jahrhundert berichten wollte: mit Hilfe der Kunstfiguren Irma und Jäcki.

Die Frau eine »Lichtbildnerin«, nach einem Ausdruck, den Leonore Mau, Hubert Fichtes Gefährtin, mißbilligte, der aber treffend ist, weil er die bildnerischen Funktionen der Frauengestalt im Roman kennzeichnet. Daneben der Schriftsteller Jäcki. Besessen von Literatur, sprachenkundiger als alle seine literarischen Zeitgenossen, sogar als Canetti oder Enzensberger. Der sich auskennt bei Herodot wie bei den Ethnologen und den Neurologen. Der die Macht kennt und die Ohnmacht. Hubert Fichte, nicht Jäcki natürlich, interviewte Salvador Allende und Léopold Senghor und Jean Genet. Jäcki und Irma: das war Zeitgenossenschaft in Wissenschaft und Technik, Kunst wie Literatur. Real und metaphorisch.

Wozu? In einem von Gisela Lindemann zitierten Interview, das er nicht selbst führte, sondern dem er sich stellte, erklärte Fichte: »Von Ausnahmen abgesehen, gibt es zwei Gruppen von Leuten: die mit Touropa reisen und die vor Hunger Militärkantinen plündern. Es geht mir darum, die Entwicklung eines Mitglieds der ersten Gruppe zu schildern und seine Reaktion auf die zweite.«

Darum wurde spielerisch in jenem Interview auch behauptet, der Titel des geplanten großen Erzählwerks könne vielleicht lauten: »Die touristische Entwicklung in der zweiten Hälfte des 20. Jahrhunderts«. Daher wohl die 19 Bände. Fichte liebte die deutsche Barockliteratur des 17. Jahrhunderts. Er kannte auch und liebte die Zahlenspielereien der Grimmelshausen und Lohenstein. Der VI., in Marrakesch spielende Roman *Der Platz der Gehenkten* ist streng als Zahlenspiel komponiert, angeregt durch Suren des Korans. In Fichtes Nachlaß liegen seine arabischen Übungshefte. Seiner Mutter machte er zum Vorwurf, daß sie ihn nicht Griechisch lernen ließ. Dieser meisterhafte Interpret großer Literatur hat nie einen Schulabschluß aufweisen können.

Zwei Menschen haben miteinander geschlafen. Ein jüngerer Mann, der bisher im wesentlichen Männer begehrte, und eine ältere Frau. Nun scheinen sie beisammenbleiben zu wollen. Man will alles vom anderen wissen. Davon handelt *der erste Roman »Hotel Garni«.*

Das Erzählen beginnt mit Hilfe einer literarischen Form, die Hubert Fichte bis zur Meisterschaft beherrschte: als Interview. Der Erzähler verzichtet entschlossen auf alle Bewertung des Geschehens wie auf alle Kausalforschung. Kurze Aussagesätze. Untereinander gestellt. Frage und blitzschnelle oder auch zögernde Antwort. Vorgebildet übrigens, was Fichte freute, in der antiken Tragödie.

Da diese »Geschichte der Empfindlichkeit« – auch – ein doppelter Bildungsroman werden sollte, berichtet Jäcki zuerst, Irma fragt. Es geht um die bisherigen Etappen in Jäckis Entwicklung. Es stellt sich beim Lesen heraus, daß auf solche Weise eine Romangestalt sehr klar umrissen werden kann. Mindestens so genau wie bei dem üblichen »Er fragte sie«, »er dachte bei sich, daß ...«

Hubert Fichte war besessen von Marcel Prousts Büchern, aber sein eigenes Erzählen benutzt alle Erinnerung, nicht nur die unwillkürliche, um Gegenwart sichtbar zu machen. Als Jäckis Vorgeschichte bis zu diesem Lebensaugenblick im Hotel garni gelangt ist, kann die gemeinsame Geschichte beginnen. Der erste Teil endet mit dem Satz: »Das Weitere kennst du.«

Nun beginnt Irmas Vorgeschichte. Man soll nicht vorgreifen, aber es ist schwer vorstellbar, daß der Erzähler Fichte diesen Romanteil jemals übertreffen konnte. Das ist ganz beispiellos, soweit man sieht, in aller bisherigen Literatur. Eine Frau gibt von sich Rechenschaft: sehr redlich, ganz ohne Koketterie, klar und reuelos. Je ne regrette rien. Jäcki ist lustig, Irma hat Humor. Sie ist verheiratet und geht schonend um mit dem Ehemann: im Gespräch mit dem Liebhaber. Der Ehemann kann ihr bloß nicht helfen, ist eher hinderlich auf ihrem ungeschickten, doch planvollen Weg zu einem besonderen Künstlertum.

Jäcki und Irma, das wird immer wieder im Verlauf des Gesamtromans ein Leben am Rand von Katastrophen. Beide sollen sich wandeln, so will es der Erzähler. Immer wieder Weglaufen und Rückkehr. Sie brauchen einander, gerade auch als korrespondierende Künstler. Die »Geschichte der Empfindlichkeit« ist vor allem eines: Liebesgeschichte mit einer großen Frauengestalt.

Der Gesamttitel wirkt rätselhaft, und er soll das auch. Was wäre unter der »Empfindlichkeit« zu verstehen? Zunächst die Einsicht, daß unsere Sprache belastet wurde durch Mißbrauch: sie liefert immer wieder Klischeebegriffe, denen die Medien alle Kraft genommen haben. Empfindsamkeit? Daran hatte Fichte vorher gedacht. Das war einmal eine Worterfindung von Lessing. Er hatte vorgeschlagen, den Buchtitel »A Sentimental Journey« von Laurence Sterne aus dem Jahre 1768 als »Empfindsame Reise« zu übersetzen. Das wurde ein Riesenerfolg. Goethe hat seinen Sterne noch im Alter als Meister eines Kultbuches verehrt. Seit damals wurde die Empfindsamkeit verdächtigt. Man verachtete sie, so lustig kann es unter den Deutschen zugehen, seitdem als »sentimental«.

Fichte hatte auch eine »Geschichte der Zärtlichkeit« erwogen. Ebensolche Bedenken. Empfindlichkeit? Abermals eine abschätzige Vokabel. Wohlstandsneurotiker, die sich cool und normal geben möchten, verspotteten schnöde die »Sensibelchen«.

Eben diesen Zustand meint Hubert Fichte. Es geht nicht um die kreativen oder erotischen Empfindlichkeiten von Jäcki und Irma, sondern um heutige Gefühlslagen oder Gefühllosigkeiten.

Im zweiten Band berichtet einmal der Erzähler: »Jäcki las Irma jeden Morgen einen Gesang der Ilias vor.« Irma antwortet: »Wenn du liest, muß ich immer an schöne Vögel denken. Und daß ich fliegen kann. Weiß. Wie im Traum.«

Das ist die eine Form der Empfindlichkeit. Die künstlerische Symbiose. Die andere, die ein Grundmotiv des Gesamtromans bildet, ist die Bisexualität. *Empfindlichkeit als Zweigeschlechtlichkeit.* Fichte deutet die eigene Erfahrung als geheimen, immer wieder unterdrückten Menschheitstraum. Davon handeln seine beiden Essaybände. Zu Beginn eines der Karibik-Bücher von Fichte spricht einer der Eingeborenen von der Bezeichnung »Gilette«. Die zweischneidige Klinge.

Ein Wort des Empedokles, das ihm seine Freundin Dulu einst in Hamburg im griechischen Original mitteilte, hat sich Fichte als Grabspruch gewünscht: »Auch ich war schon einmal Mädchen und Knabe, webte Dulu im Urtext. Dulu verdiente sich das Essen durch Teppichweben.« Mädchen und Knabe, heißt es bei Empedokles, Vogel und Fisch.

Der *zweite* Band berichtet über zwei entgegengesetzte Empfindlichkeiten Jäckis. Einmal die wütende Gesamtrevolte, dann der Verzicht darauf. Das war 1963. Die Revolte vollzieht sich auch nur im Traum. »Diese ganze abendländisch katholische idealistische, marxistisch-biologisch dynamische, ... treudeutsch islamische, national-sozialistische – internationale Züchtigkeit – adé, adé, für immer adé, dachte Jäcki.«

Auf der letzten Seite heißt es dann: »Jäcki kam zurück. Er wollte soziabel sein. Er wollte zur Gruppe 47 gehören. Er wollte aus Irma eine Weltphotographin machen.«

Das letzte Wort in diesem Roman vom »Lob des Strichs« hat dann wirklich ein Stricher, der Thomas Mann gelesen hat oder den Hotte Buchholz im Kino als Felix Krull erlebte.

»Du willst beides sein: Gandhi und Madame Houpflé. Paß bloß auf, daß du nachher nicht gar nichts bist.«

Wie recht der Junge hat, zur Freude Hubert Fichtes, mit seinem Urteil über die Romanfigur Jäcki, beweist der *dritte* Roman des

Fragment gebliebenen roman-fleuve. Der Romantitel lautet diesmal *Eine Glückliche Liebe.* Also nicht: »Eine glückliche Liebe«. Die großgeschriebene glückliche Liebe ist zu verstehen als ein romanhaftes Klischee. Es soll widerlegt werden durch den Verlauf des Romans. Hier beginnt (und begann) die romanhafte Erweiterung der epischen Welt. Genauso wie Fichte, als er zusammen mit Leonore Mau die afrikanische und lateinamerikanische Welt bereiste, um den »Synkretismus« der Mischreligionen zu studieren, beginnt auch die Romanfigur Jäcki gemeinsam mit Irma, das Experiment ihrer Beziehung an den unvertrauten und gefährlichen neuen Umgebungen zu überprüfen.

Der Schauplatz ist diesmal *Portugal,* insbesondere die Welt der Hauptstadt Lissabon. Vom Festungsberg oberhalb der Stadt bis hinunter zum Hafen, von wo die Entdecker, Räuber und Mörder nach Westen gesegelt waren. Jäcki darf im Roman getreulich agieren nach dem Vorbild seines Autors. In Lissabon hielt sich das Bild jenes jungen Deutschen, hochgewachsen und blondlockig, der in der Hafengegend anzutreffen war, stets mit einem Buch, mit demselben Buch. Es waren die »Lusiaden« von Camões, das portugiesische Nationalepos. Fichte lernte Portugiesisch gleichzeitig auf der höchsten und der tiefsten Sprachebene. Er wußte es später als Schriftsteller in Brasilien zu nutzen.

Die »Glückliche Liebe« in Lissabon gilt dem jungen Fischer Mario. Warum glücklich? Weil sie ohne Bindung auskommt und doch, auf Zeit gedacht, einigermaßen verläßlich blieb.

Hubert Fichte selbst aber hatte, was er seinem Jäcki gleichfalls gestattet, beim ersten Besuch in Portugal nicht nur die »Lusiaden« im Originaltext gelesen, sondern auch die französischen Originaltexte von *Marcel Proust.* Es ist durchaus möglich, liest man in diesem dritten Roman die Berichte über den epischen Zauber, den Proust auf seinen Leser ausübt, daß der Plan eines Romanzyklus mit dem endgültigen Titel »Die Geschichte der Empfindlichkeit« als Nachschöpfung und Gegenschöpfung zu Proust gedacht war.

»Eine Glückliche Liebe« endet in der Tat als absonderliche Hommage für Marcel Proust. Der aus Portugal nach Paris zurückgekehrte Jäcki sucht ein Etablissement auf, unweit des Elysée-Palastes, von dem Kenner ihm erzählten, es habe sich um jenes Männerhaus gehandelt, das bei Proust ausgiebig geschildert wird:

bei Gelegenheit der masochistischen Ekstasen des Barons Charlus.

Nun ist Jäcki in diesem Dampfbad der routinierten Orgiastik gelandet, in der »Welt von Marcel Proust« also. Dort erlebt er, wie er am Schluß bekennt, eine neue »Verwandlung«.

Der Roman endet dann, offensichtlich auf spätere Geschichten des epischen Zyklus verweisend, mit einem rätselhaften Satz: »Jäcki verwandelte sich noch einmal.«

Wie es dabei zuging, das freilich hat Hubert Fichte nicht mehr berichten können.

Das Jahr 1985: Siegfried Lenz und Heinrich Böll

Alle Texte, das kann vorausgesagt werden, die im Jahre 1985 verfaßt und veröffentlicht wurden, treten in der Erinnerung der Zeitgenossen zurück vor jener Rede, die *Richard von Weizsäcker* am 8. Mai dieses Jahres vor dem Deutschen Bundestag gehalten hat.

Seit Beginn dieses sonderbaren Jubiläumsjahres, das an jedem Tag daran erinnerte, was sich vor vierzig Jahren in Deutschland und für die Deutschen zugetragen hatte, war vielstimmig und wirr dahergeredet worden über eine Deutung des damaligen Geschehens. War es eine bloße Niederlage oder eine nationale Katastrophe, konnte man mit der flüssigen Vokabel vom »Schicksal« immer noch einmal hantieren, oder mußte von Schuld gesprochen werden? Wohlgemerkt von einer Schuld sehr vieler Menschen, so daß man sich nicht herausreden konnte auf die Nürnberger Prozesse, die – abgesehen vom ersten und eigentlichen internationalen Gerichtsverfahren – seit dem Jahre 1947 mehr oder weniger halbherzig angesetzt und durchgeführt wurden.

Nach vierzig Jahren zeigte es sich, wie unsinnig und unschlüssig der Begriff der »re-education« gewesen war. Nichts war in vier Jahrzehnten umerzogen worden. Am wenigsten natürlich eine neue deutsche Literatur. Alles war gleichzeitig geblieben. Bertolt Brechts Karthagovergleich blieb gültig. Der Schoß war fruchtbar noch, woraus das kroch.

Eben darum ist Richard von Weizsäckers Rede wichtig gewesen. Sie sagte im Grunde nichts Neues. Was hier festgestellt wurde an geschichtlicher Verantwortung und Schuld, war wohlbekannt in der Welt. Die Mehrheit der Deutschen dürfte es gleichfalls insgeheim gewußt haben. Jedoch die leidige Angewohnheit eines politischen Denkens im Deutschen Reich, die es historisch vor der Reichsgründung von 1871 kaum gegeben hatte, um so mehr seit den wilhelminischen Zeiten, war immer noch weit verbreitet: Schuld hatten grundsätzlich die anderen. Nach der Niederlage von 1918 hatte diese politische Psychotherapie gut funktioniert. Der Dolchstoß; im Felde unbesiegt; und sie haben doch gesiegt; die Juden und die Kommunisten.

Damit war freilich nach dem 8. Mai 1945 nicht mehr aufzuwarten. Niederlage und Zerstörung ereigneten sich als deutsche Totalität. Nach 1918 hatte man bei wissenschaftlichen Debatten und an Stammtischen deutsche und alliierte Schuld am Kriegsausbruch gegeneinander abwägen können. Das war anders beim Zweiten Weltkrieg, der geplant und geführt worden war mit dem Ziel einer Welteroberung. Da mußte jegliches Denken irgendeiner »Aufrechnung« versagen. Weshalb die Rede des Deutschen Bundespräsidenten nichts beschönigte: ohne der naheliegenden Verlockung eines Schauspiels offizieller Zerknirschung nachzugehen. Wodurch übrigens eine neue Lüge hätte entstehen müssen. Zu lange war geschwiegen und beschwiegen worden. Jetzt wurde gesprochen: sachlich und doch in der geheimen Erregung eines Zeitgenossen und eines Deutschen. Eben darum mußte diese Rede zum 8. Mai 1945, geschichtlich situiert, sowohl den Kriterien einer erwünschten wie leider auch einer unerwünschten Literatur entsprechen.

Auch drei andere literarische Texte dieses Jahres 1985 bedeuten, wie Richard von Weizsäckers Deutsche Rede, zugleich Rückschau und Voraussage.

Bei *Günter Grass* und seinem Roman *Die Rättin,* der 1986 erschien, doch im Jahre zuvor zu Ende geschrieben wurde, dominiert eine traumhaft-entsetzensvolle Vorhersage. Abermals Günter Grass und seine Tiere. Katz und Maus; Hundejahre; das riesige deutsch-historische Thema »Der Butt«. Dies Erzählwerk vom Jahre 1977 hatte noch die Gattungsbezeichnung »Roman« erhalten. Die Handlung stammte von *Philipp Otto Runge.* Die Geschichte vom Fischer und seiner maßlos-gierigen Frau, eine frauenfeindliche Historie, wie man weiß, bildete den Rahmen. Deutsche Geschichte als eine deutsche Geschichte.

Nun die Rättin. Der weibliche Geschlechtscharakter wird ihr vom Autor ausdrücklich gewährt. Übrigens ist sie zweimal vorhanden in diesem Buch, das keine Gattungsbezeichnung mehr auf den Weg mitbekam, weil das Thema der Geschichte mit dem Aufhören jeglicher Gattung im weitesten Verstande zu tun hat. Da ist die höchst wirkliche Ratte, die Günter Grass sich schenken ließ, und da ist jene »Rättin«, die ihn bis in den Traum hinein und bis in die Augenblicke des Schreibens verfolgt. *Es ist eine Geschichte vom Überleben:* in anderer Weise als bei Canetti oder Peter Weiss oder bei Heiner Müller in der »Hamletmaschine«, doch wiederum mit der sicht- und lesbaren Schrift einer Wende. Am Schluß der Traumvision von Grass hat sich menschliche Findigkeit und Perfektion durchgesetzt – gegen den Menschen. Die Menschen sind vergangen. Überlebende im Sinne der haßvollen Deutung von Elias Canetti sind nicht mehr denkbar. Allein die Werke des Menschen, seine Bauten vor allem, blieben stehen. Doch Bauwerke können nicht überleben im Wortsinne. Überlebt haben bei Grass allein die klugen Ratten, deren Planung besser funktionierte als alle humane Technologie.

Siegfried Lenz, Exerzierplatz

Siegfried Lenz ist am 17. März 1926 geboren. Die Zeitungsartikel und Festveranstaltungen zu seinem 60. Geburtstag bezogen ausdrücklich den Roman *Exerzierplatz* ein, den Lenz vierzig Jahre nach dem Kriegsende hatte abschließen können. Für seine treuen Leser war er auch als Sechzigjähriger noch der bescheidene deutsche Junge aus Ostpreußen, der so karg und klar über seine Erfahrungen in Krieg und Nachkrieg zu berichten wußte. Der Erzähler Siegfried Lenz aber war, je älter er wurde, zunehmend angewidert von dieser, wie er empfand, unzeitgemäßen Deutung seiner literarischen Arbeit. Er wollte ausbrechen aus dem Klischee des Verfassers spannender und novellistisch abgeschlossener Geschichten. Die strukturelle Brüchigkeit seiner romanhaft angelegten Erzählwerke jedoch, mit Ausnahme der »Deutschstunde«, schien den Lesern (auch einigen Kritikern) recht zu geben.

Widerlegt hat Siegfried Lenz die möglichen Einwände, die zugleich Bedenken geltend machen gegen alles herkömmliche romanhafte Erzählen, durch das Buch »Exerzierplatz«. Es hält das Gleichgewicht zwischen dem Charakter einer Erzählung mit wenigen, doch notwendigen Kunstfiguren und dem Postulat für alles Romangeschehen: eine gesellschaftliche Totalität, jenseits der Romanfiguren, sichtbar zu machen.

Auch Siegfried Lenz war in gewissem Sinne im literarischen Leben einer zweiten Nachkriegszeit ein »ältlicher Debütant«. Im Gegensatz jedoch zu Alfred Andersch, Hans Werner Richter oder Heinrich Böll wurde er verhältnismäßig rasch berühmt. Sein Buch *Es waren Habichte in der Luft* aus dem Jahr 1951 wurde erfolgreich. Ein Erzähler mit genauer Beobachtungsgabe, der nicht wehleidig war, im Gegensatz zu vielen anderen Schreibern am Ausklang der 40er Jahre.

Der Ostpreuße Siegfried Lenz, das Kind aus einer Kleinstadt und der Sohn eines »geduldigen Beamten«, wurde zur Marine eingezogen und erlebte die Flucht, den Untergang der Schiffe, den Treck nach dem deutschen Westen. Dies alles gehört zur Romansubstanz des Buches »Exerzierplatz«. Im Jahre 1945 kam Lenz nach Hamburg und begann ein Doppelleben: Student an der Universität, Blutspender und Schwarzhändler. Studiert wurde, was damals bei den ältlichen Studenten fast zur Regel gehörte, die Philosophie und die Literatur. Man wollte nachdenken und herausfinden, wie alles gekommen war.

Lenz ist dann in Hamburg geblieben, doch wohlgefühlt hat er sich vor allem im nördlichsten Land der Bundesrepublik Deutschland: in Schleswig-Holstein. Da müssen Jugenderinnerungen mitgewirkt haben. Immer noch die Baltische See, immer noch die Kleinstadt. In dem Roman »Exerzierplatz« ist es nicht die masurische Welt mit der Kleinstadt Lyck zwischen zwei Seen, sondern die Provinzstadt Schleswig. Schleswig aber ist schon, innerhalb der Sphäre dieses Romans, eine ferne Instanz und Autorität:

etwas wie das geheimnisvolle »Schloß« von Franz Kafka. Der »Exerzierplatz« selbst liegt unfern eines kleinen Kaffs, dem Lenz den Namen »Hollenhausen« gab. Hollenhausen an der Holle. Man kann sich vorstellen, wie es dort zugeht.

Wie es dort zugeht und zuging nach dem Kriege, davon handelt dieser Roman eines Sechzigjährigen. Seine beiden Welten hat Siegfried Lenz hier in einem dichten Erzählwerk miteinander verwoben: die ostpreußische Heimat und jene neue Heimat, welche die Flüchtlinge aus den deutschen Ostgebieten im deutsch gebliebenen Westen und Norden zu finden suchten. Nicht immer mit Wohlwollen empfangen von den Einheimischen irgendwo in Niedersachsen oder im Emsland oder in Holstein und Schleswig.

Lenz erzählt die Geschichte eines ungewöhnlichen Mannes, der im Roman fast immer nur mit dem liebe- und ehrfurchtsvollen Titel »der Chef« bezeichnet wird. Der Chef heißt Zeller, aber das erfahren wir erst ziemlich spät im Verlauf des Berichts. Er hat auch einen Vornamen: Konrad Zeller. Auch dics erfährt man nach weiteren hundert Seiten, als irgendwann einmal ein offizielles Schreiben an den Chef erwähnt werden muß.

Mittelpunktsgestalt ist dieser Chef Konrad Zeller, doch bis kurz vor dem Ende des Romans wird man (als Leser) dieses Konrad Zeller nicht habhaft. Immer nur erfährt man, was er gesagt und getan hat. Vorsichtiger: was er gesagt und getan haben soll, denn der Berichterstatter kann nicht als besonders zuverlässig gelten. Erst gegen Ende der Erzählung kommt es zu einem Gespräch zwischen dem Chef und dem Erzähler, seinem treuen Knappen und Vasallen, um es mit Ausdrücken aus der Ritterzeit zu formulieren. Konrad Zeller stammte aus Ostpreußen. Eine Familie angesehener Gutsbesitzer. Das Kriegsende und die Flucht. Das Schiff mit den Flüchtlingen in der Ostsee wird getroffen und sinkt. Der Erzähler Bruno gehört mit seinen Eltern zu den Flüchtenden. Er sieht seine Eltern ertrinken, wird im Wasser selbst von einem wild kämpfenden Pferd getreten und im Gesicht verunstaltet. Ein fremder Mann rettet den Jungen, zieht ihn auf ein Schiff, das davonkommt. Der Retter ist Konrad Zeller. Er hatte sein Leben für diesen jungen Bruno Messmer eingesetzt. Nun bleibt Bruno beim Chef und bei dessen Frau Dorothea, die er heimlich liebt und immer lieben wird.

Dies ist die erste Etappe einer Geschichte, die nicht chronologisch im herkömmlichen Sinne erzählt wird. Bruno berichtet alles, aber stets ist alles für ihn gleichzeitig und gegenwärtig: die Gegenwart in Hollenhausen, das Trauma des untergehenden Schiffes und das Trauma der Pferde. Das ihn immer wieder auch später, in Hollenhausen, in schreckliche Katastrophen hineintreibt. Seit Kriegsende leben die Leute aus dem Osten im deutschen Norden. Beklemmend die Schilderung der Stimmung dumpfer Feindseligkeit, allein so wird es wohl in vielen Orten zugegangen sein.

Konrad Zeller wird von nun an zum »Chef«: nicht bloß für Bruno. Da ist ein einstiger Exerzierplatz, ein schönes, auch waldreiches Gelände, bestens geeignet, um dort Krieg spielen und Zerstörung üben zu können. Auch ein Panzerwrack blieb übrig. Dieser Welt einer virtuellen Zerstörung stellt Konrad Zeller sein Konzept des Lebens, einer gesunden Natur, entgegen. Eine Baumschule, dann ein landwirtschaftlicher Musterbetrieb, mehrfach prämiiert. Der Chef erhält Diplome von den Leuten in Schleswig. Plötzlich profitiert Hollenhausen und macht den Chef für eine Weile zum Bürgermeister. Doch es geht auf die Dauer nicht gut. Die so große Hoffnung eines Neubeginns altert unmerklich, schließlich sehr rasch: in den Tagen unserer eigenen Gegenwart. Der Roman spielt heute und hier.

Zweierlei hat sich verändert und zerstört die Hoffnungen des Chefs. Die eigenen Kinder stehen dem Planen und Hoffen des Vaters ganz fremd gegenüber. Sie denken in Kategorien des Profits. Für Konrad Zeller war die Natur, obwohl er nüchtern und praktisch zu handeln wußte, kein Gegenstand des bloßen Rechnens. Die zweite Wende äußert sich darin, *daß Zellers neue Natur wieder zerstört werden soll.* Der einstige Exerzierplatz wird von neuem von einer Bürokratie reklamiert: als Exerzierplatz.

Am Ende ist Zeller ein verzweifelter alter Mann, den die eigene Familie entmündigen läßt. Der Chef möchte wenigstens einen Teil, den besten Teil seiner Schöpfung erhalten. Weshalb er ihn dem treuen Bruno als Geschenk überschrieben hat. Bei Bruno wäre das Werk in guten Händen. Folglich muß die Schenkung angefochten, der Vater entmündigt werden. Brunos Bericht beginnt mit dem ersten Satz des Romans: »Sie haben ihn entmündigt.« Das haben sie zwar noch nicht, wie sich herausstellt, aber die

Erzählform, die Siegfried Lenz für diesen Roman gewählt hat, besteht darin, daß die heutigen Tatsachen sogleich dem Leser jeweils mitgeteilt werden. Ein Gespinst hilft ihm dann, die Entwicklung der Ereignisse, ihre Frühgeschichte und Vorgeschichte, langsam kennenzulernen. Der Leser aber hat es zunächst nur mit Bruno zu tun, der eine reine Seele ist, mit kleinen Tücken und Webfehlern, ein treuer Diener seines Herrn, der nichts für sich begehrt als dies eine: dableiben zu können beim Chef. Am Schluß des Romans vollzieht Bruno das Undenkbare: er verläßt den Chef und dessen Familie, damit dem Chef nichts mehr angetan werden kann. Er sitzt nun im Zug nach Schleswig und fährt in die fremde und kalte Welt.

Unter allen Romanen von Siegfried Lenz ist dieser der kunstvollste und dichteste. Bruno ist gleichsam auch ein Simplizissimus von Grimmelshausen in der Zeit des Dreißigjährigen Krieges oder ein Candide wie in dem satirischen Roman von Voltaire. Eine reine und vertrauensvolle Seele, die um so härter und schlüssiger die Roheiten und Gemeinheiten der Alltagswelt erlebt. Ein Schleier liegt über allem Erzählen, weil Bruno alle Gegenwart in jedem Augenblick auch als erinnerte Vergangenheit erlebt. Man weiß niemals genau, wo die Wirklichkeit bei Bruno in Traum übergeht, in Sinnestäuschung, in Verdrängung.

Dennoch gelingt es diesem Erzählwerk aus – scheinbar – reiner Innenwelt, alle Außenwelt viel härter und genauer darzustellen, als es irgendein herkömmlicher Realismus vermocht hätte. Gerade dadurch, daß Bruno zwar wahrnimmt, doch kaum wirklich reflektiert.

Ein ernstes und trauriges Buch. So viele Hoffnungen, so viele Enttäuschungen. Hat man den Roman zu Ende gelesen, keimt der Verdacht, daß sich im Grunde nicht viel verändert hat. Eine gealterte Hoffnung, trotzdem eine Hoffnung. Vielleicht auch für Bruno Messmer, der mit dem Zug zum erstenmal ins nahe Schleswig fährt: also ein neues Abenteuer beginnen muß.

Alles führt mit Notwendigkeit zurück zu Heinrich Böll: alle Rückschau über deutsche Schriftsteller und Bücher zwischen 1945 und 1985. Der einzige deutsche Nobelpreisträger für Literatur nach zwei Weltkriegen (Hermann Hesse war Schweizer geworden und wurde als solcher geehrt) war in weit stärkerem Maße als der um neun Jahre jüngere Siegfried Lenz ein ältlicher Debütant. Er war schon 33, als die Öffentlichkeit durch eine kurze Zeitungsmeldung erfuhr, »ein Herr Heinrich Böll« habe diesmal (1950) den Preis der Gruppe 47 erhalten. Doch diese Gruppe 47 war selbst auch noch kein richtiges Thema für das Feuilleton. Heinrich Böll hat später berichtet, wie er glücklich mit seinem Scheck nach Köln zurückkehrte, um dringende Schulden zu begleichen. Was er sich selbst ebensowenig hatte vorstellen können wie vor ihm der junge Thomas Mann, der an einer riesigen Lübecker Geschichte schrieb und schrieb, war die paradoxe Einsicht, daß eben die genaue Darstellung des eigenen scheinbar so kleinen Umkreises von Menschen und Zuständen die Möglichkeit schuf für Zeitgenossen ganz anderer Länder und Kulturen, sich wiederzufinden beim Lesen dieser Geschichten aus einer hanseatischen Welt des 19. Jahrhunderts bei Thomas Mann, einer mittelrheinischen Umgebung, mehr oder weniger zwischen Bonn und Köln situiert, in den Geschichten und Romanen von Heinrich Böll.

Zunächst war es immer wieder Köln. Erst mit seinem Clown Hans Schnier begab sich der liebevoll-erbitterte Kölner Heinrich Böll, das Kind kleiner Leute, in den Bereich der Universitätsstadt Bonn, wo feine Leute lebten, auch viele wohlhabende Beamte, neben der akademischen Umwelt.

Dann wurde diese Stadt Bonn zur Hauptstadt einer Bundesrepublik Deutschland. Heinrich Böll kam nicht los von dieser jähen Verwandlung seiner gewohnten Umwelt, in Köln wie in Bonn, einer schattenhaften Verwandlung. Denn nichts hatte sich wirklich verändert an den Kölnern und auch am gesellschaftlichen und geistigen Fundament der Leute aus Bonn. Bloß war da etwas Neues hinzugekommen, das die ursprüngliche Substanz gleichzeitig zersetzte und sichtbar machte.

Davon handelt Heinrich Bölls letztes Buch, dessen Erscheinen er nicht mehr erleben sollte und das zu seinen wichtigsten gehört hat: *Frauen vor Flußlandschaft. Roman in Dialogen und Selbstgesprächen.*

Die Stadt und die Universität Bonn kamen glimpflich davon in zwei Weltkriegen. Kaum Zerstörungen. Im einstigen Schloß der Kurfürsten von Köln residierte nach wie vor die Universität mit ihren einstigen Professoren und den aus dem Kriege heimgekehrten, nicht mehr jungen und sehr veränderten Studenten.

Dann wurde das Grundgesetz für eine Bundesrepublik Deutschland beschlossen. Wo sollte sie ihren politischen und administrativen Mittelpunkt haben: ihre Hauptstadt? An Berlin war nicht zu denken. Das Deutsche Reich gab es nicht mehr, auch nicht mehr den Staat Preußen, zu welchem die Rheinprovinz mit Köln und Bonn gehört hatte. Viele Gründungsväter der Bundesrepublik dachten an eine Hauptstadt Frankfurt am Main. Dort wurde durch eine ehrgeizige Stadtverwaltung alles für diesen Ernstfall vorbreitet. Es kam zur Entscheidung für Bonn. Wie es dazu kam, ist bekannt.

Es war sicherlich nicht so, wie man behauptet hat, daß das persönliche Interesse des ersten Bundeskanzlers den Ausschlag gab. Vermutlich gab es politische Gründe wichtiger Art. Man wollte nicht den Sitz der Bundesregierung verquicken mit den Schwierigkeiten einer deutschen Großstadt wie Frankfurt in der Phase des deutschen Wiederaufbaus. Wenn möglich Trennung der politischen Zentrale von großen Ballungszentren der Industrie und der Arbeitswelt. Also Bonn.

Diese Vorgeschichte muß mitgedacht werden, will man Heinrich Bölls letzten Roman richtig verstehen, die »Frauen vor Flußlandschaft«. Versehen vom Autor mit einem merkwürdigen Untertitel: »Roman in Dialogen und Selbstgesprächen«. Böll hatte dies Buch, das er für besonders wichtig hielt, wie er mehrfach versicherte, noch in der letzten schweren Krankheit abschließen können.

Frauen vor Flußlandschaft. Die Flußlandschaft am Rhein. Frauen in Bonn und in den schönen Rheindörfchen der Umgebung, wo sich inzwischen, in Form einer unaufhaltsamen Eingemeindung, die Prominenten angesiedelt haben. Politiker und hohe Ministerialbeamte, Botschaften und Gesandtschaften, Parteizentralen und Luxusetablissements einer Großstadt, die keine ist. Übrigens: die Professoren und Studenten wohnen in der Mehrzahl nach wie vor im Städtchen Bonn. Es gibt kaum Berührung zwischen der Welt der Stadt Bonn und der immer noch künstlich wirkenden Welt einer Bundeshauptstadt. Alle wollen »unter sich bleiben«. Die Bonner Stadtbürger, Universitätsleute und Studenten, Parlamentarier und Ministerialen.

Eine scheinbar gemütliche Welt. Allenthalben ist der Rhein gegenwärtig. An ihm hat man sich zu orientieren. Diesseits oder jenseits. Heinrich Böll, der in Köln am Rhein aufwuchs und den Vaterstrom liebte, hat ihn in späten Jahren einmal eine »schmutzige Majestät« genannt. *Der Rhein aber gehört zu Bölls Romankonzeption.* Diese »Flußlandschaft« des Titels meint nicht »irgendein« Wasser, sondern diesen mit viel geschichtlichem Schrecken verbundenen Strom. Er transportiert immer noch, im Denken der älteren Leute, eine unglückselige Geschichte der Deutschen, die niemals zuließ, daß eine allgemein anerkannte städtische Siedlung zum Mittelpunkt der Nation werden konnte. Kein Paris oder London oder Madrid. Erst recht nicht Rom. In diesem Sinne ist Berlin niemals eine vergleichbare deutsche Hauptstadt gewesen. Nun also Bonn.

Die Flußlandschaft des Rheins beherrscht auch die Gedanken derjenigen, die in Bonn, der Bundeshauptstadt, politische Verantwortung zu tragen hätten. Eine Verantwortung übrigens, das möchte Böll in den Monologen und Dialogen seines Romans zeigen, die in den meisten Fällen verwechselt wird mit der Macht und Machtausübung. In den *Frauen* dieser Männer, die möglichst keinen eigenen Beruf, auch kein eigenes Leben haben sollen, sondern an der Seite irgendeines Mächtigen repräsentieren dürfen, wächst die seelische Spannung. Zuerst als Entfremdung von der Welt ihrer Männer, dann als Entfremdung von diesen selbst, schließlich als verzweiflungsvolle Selbstentfremdung. Frauen vor der Flußlandschaft des Rheins: das führt leicht zur Todessucht.

»Ins Wasser gehen«: diese Redewendung kehrt immer wieder. Böll war nicht der erste, der diese Zusammenhänge von historischer Kleinstadt, die plötzlich ein politisches Weltzentrum werden soll, von Leerlauf und Selbstentfremdung zum Gegenstand eines Romans machen sollte.

Bereits wenige Jahre nach Gründung der Bundesrepublik Deutschland mit der Bundeshauptstadt Bonn hatte ein deutscher Schriftsteller des Jahrgangs 1906 die menschlichen Konflikte dieser neuen Metropole, insbesondere die Lebensformen im Umkreis der Macht, im wesentlichen genau so diagnostiziert wie der Heinrich Böll des Jahrgangs 1917. *Wolfgang Koeppen* stammte aus Greifswald. Im Jahre 1932 wollte er eine Laufbahn als Erzähler beginnen, die bald abbrach. Ein Versuch mit dem Exil scheiterte; er kehrte nach Deutschland zurück, überlebte, doch er schwieg. Nach dem Krieg wurde sein Roman »Tauben im Gras« (1951) ein Erfolg: in gewissem Sinne der Neubeginn einer deutschen Literatur. Schauplatz war München, mit einer herumstreunenden Jugend, mit Unentwegten und Anpassern, amerikanischer Besatzung und Emigranten, die schüchtern und vorsichtig zu Besuch kommen. Hilflos und aufgescheucht. Tauben im Gras: nach der Formel der amerikanischen Schriftstellerin Gertrude Stein.

Zwei Jahre später ließ Koeppen einen zweiten Roman folgen: *Das Treibhaus* (1953). Der Ausdruck stammt nicht vom Erzähler. Der übernahm ihn von den neuen und meist noch jungen Parlamentariern, die dort zu wirken hatten: in einem Klima mit besonders hoher Luftfeuchtigkeit. Treibhaus aber auch in einem ganz anderen Sinne. Das Künstliche, Gezüchtete, Seltsam-Abseitige dieser neuen politischen Landschaft wurde damit benannt. Der erste Bundeskanzler tritt nicht auf, doch ist er im Roman stets gegenwärtig. Auch darin bereits eine Vorwegnahme der Technik Heinrich Bölls, wo Adenauer unter einem bizarren Doppelnamen vorkommt, wenn man ihn immer wieder erwähnen muß. Sein Schatten liegt immer noch über dieser Stadt und ihrem Getriebe. Wolfgang Koeppen hatte seinen Bonner Roman aus der Perspektive eines (nichtjüdischen) politischen Emigranten erzählt. Dr. Keetenheuve ist ein Mann der Linken. Abgeordneter im Deutschen Bundestag. Der Roman »Das Treibhaus« schildert, wie alle Hoffnung zunichte wird: »Er empfand alle Hingabe der Jahre seiner Rückkehr, all die verzweifelte Bemühung, sich in den Brei zu mischen, die unfruchtbar geblieben war und nicht erlöste. Es war ein Akt vollkommener Beziehungslosigkeit, den er vollzog. (...) Nur Trauer blieb. Hier war keine Erhebung, hier war Schuld, hier war keine Liebe, hier gähnte ein Grab. Es war das Grab in ihm.«

Keetenheuve »geht in den Rhein«. Er war zu dem Schluß gekommen: »Der Abgeordnete war gänzlich unnütz. Er war sich selbst eine Last ...« Als Koeppens zweiter Roman erschien, ungefähr gleichzeitig mit dem Aufstand vom 17. Juni 1953 in der DDR, gab es ein vernehmliches Murren, auch bei vielen westdeutschen Kritikern, die Koeppens ersten Roman gepriesen hatten.

Zwischen diesen beiden Romanen von Koeppen und Böll liegen 32 Jahre deutscher Nachkriegsgeschichte. Im »Treibhaus« von Koeppen gab es noch keine Episode, wo ein Mächtiger des Dritten Reiches das Spiel hätte auf seine Weise mitspielen können. Bei Heinrich Böll im Jahre 1985 tauchen immer wieder in den Gesprächen und Selbstgesprächen der Männer und Frauen vor ihrer Flußlandschaft gewisse Figuren auf, deren Namen man nicht einmal flüstert. Die Stimmen werden leise, wenn auch nur in Andeutungen gesprochen werden soll. Aber die also Beschwiegenen sind da und also real. Hatten sie gestern abend nicht einen geheimen Besuch gemacht?

Heinrich Böll erzählt, urteilt kaum, verurteilt nicht. Er zeigt die seelischen Wunden und die verlorenen Illusionen. Wenn er Partei ergreift, dann für die Frauen und die Jungen. Es wäre müßig, beim Intrigenspiel, das den Hintergrund des Romans bildet – wer soll abgeschossen werden, und wer wird neuer Minister? –, irgendwelche konkreten Namen der aktuellen Politik denunzieren zu wollen. Es wird nicht denunziert. Höchstens kommt (indirekt) eine Type vor, die Heinrich Böll besonders fatal gewesen sein muß. Im Roman trägt sie den Spitznamen »Apfelwange«. Von dem heißt es: »Sie nennen ihn Apfelwange, und tatsächlich ist seine Haut auf eine unbezahlbare Weise telegen. Eine Maskenbildnerin hat mir mal zugeflüstert: Den braucht man gar nicht zu schminken, der ist immer geschminkt.«

Auch nach dem Erscheinen dieses letzten Buches von Böll gab es Murren. Das sei kein Roman, wenn im Untertitel von »Dialogen und Selbstgesprächen« die Rede sei. Als wären nicht die schönsten Romane Theodor Fontanes oder auch Hemingways im wesentlichen mit Hilfe von Dialogen konzipiert. Als hätte nicht James Joyce seinen »Ulysses«, einen der großen Romane des 20. Jahrhunderts, ausklingen lassen im riesenhaften Selbstgespräch einer Frau, ohne Punkt und Komma.

Die Leser haben sich auf das Buch gestürzt. Es wurde ein letzter großer Bucherfolg Heinrich Bölls. Ein Zeugnis seiner bis zuletzt ungebrochenen Schaffenskraft. Eine Bestätigung auch jener sonderbaren Tatsache, daß der Weltruhm dieses Nobelpreisträgers (in Ost und West) am wenigsten anerkannt wurde in seinem eigenen Lande. In seiner engeren Heimat mit einer Bundeshauptstadt am Rhein. Aber diese Diskrepanz zwischen illustrem Weltruhm und deutschem Skandal ist unter den Deutschen nicht ungewohnt. Ein Vorgänger dieser Konstellation hieß einstmals Heinrich Heine. Aus Düsseldorf.

Zum Abschluß

Zum Abschluß? Wohl eher ein Aufhören. Das Jahr 1985 hat, soweit man sieht, keine politische Zäsur bedeutet im Leben der Deutschen. Alles ging weiter: ein bißchen schlechter oder ein bißchen besser, je nach dem Standpunkt des Betrachters. Literarisch hat der Tod Heinrich Bölls keinen Wendepunkt bedeutet. Eine solche Vorstellung wäre dem Erfinder des Clowns Hans Schnier aus Bonn durchaus zuwider gewesen. Im 19. Jahrhundert pflegten die Germanisten für geraume Zeit ihre literarhistorischen Rückblicke abzuschließen mit »Goethes Tod«. Ein solches Monumental-Denken ist uns fremd geworden. Trotzdem ging mit Heinrich Böll, wie man an seinem letzten Buch »Frauen vor Flußlandschaft« ablesen konnte, eine Entwicklung zu Ende, die natürlich widerspruchsvoll gewesen ist, doch zugleich in erstaunlicher Weise kohärent. Bei den Geburtstagsfeiern für den achtzigjährigen Hans Werner Richter ist das im Herbst des Jahres 1988 evident geworden.

Allein mit alledem hat man bereits eine zeitliche Grenze überschritten. Man steht jenseits des Jahres 1985. Es ging und geht weiter, auch literarisch: ein bißchen besser oder schlechter, je nach dem jeweiligen Standpunkt. Hat man vorerst eine große neue Kreativität unentdeckt gelassen, wie sich später herausstellen wird? Kaum anzunehmen. Schwierige Zeiten für Genies, die verkannt sein möchten. Auch Herr Matzerath, auf den keiner gefaßt war im Jahre 1958, vermochte nicht unbemerkt durchzuschlüpfen. Trotzdem sind Verkennungen nach wie vor möglich. Der Kulturbetrieb erweist sich dabei als hilfreich. Die Freie und Hansestadt Hamburg verleiht in regelmäßigen Abständen ihren Lessing-Preis. Im Anfang gab es dort Preisträger wie Hans Henny Jahnn, Hannah Arendt und Peter Weiss. Dann obsiegte die preisrituelle Routine. Zwei mit der Hansestadt eng verbundene bedeutende Autoren – der gebürtige Hamburger Arno Schmidt und der in Hamburg ansässige Hubert Fichte – kamen offenbar für den Lessing-Preis nicht in Betracht.

Die nunmehr nicht abgeschlossene, doch aufhörende Rückschau auf deutsche Schriftsteller und Bücher zwischen 1945 und 1985 konnte und wollte nicht irgendeinem künftigen Historiker der Literatur vorgreifen. Hier schrieb ein Zeitgenosse und Beteiligter. Er hat die meisten der von ihm behandelten Autoren gekannt, sieht sie immer noch vor sich, hört Stimmklänge, erinnert Begegnungen, Episoden, Schlimmes und Heiteres. Unter solchen »Begleitumständen«, mit Uwe Johnson zu sprechen, muß die berühmte Ausgewogenheit auf der Strecke bleiben. An Vollständigkeit war nicht zu denken. Wer konnte das alles lesen? Es gab und gibt auch Autoren, die man, aus welchen Gründen immer, von vornherein nicht zu lesen oder gar zu deuten gedachte. Bei anderen Autoren stellte es sich heraus, daß sie – für einen kühl sichtenden Betrachter – entweder nur in ihren Anfängen oder erst in der Spätzeit bedeutsam werden konnten. Für dies alles gibt es in der deutschen Literaturgeschichte erlauchte Beispiele. Ludwig Uhland ist alt geworden, doch gültig war nur das Geniewerk eines ganz jungen Menschen aus Tübingen. Theodor Fontane hingegen: das ist der alte Fontane.

Beim Planen, Entwerfen und »Verwerfen« des vorliegenden Buches gab es immer wieder Überraschungen. Geplant war ursprünglich eine knappe Studie über die deutsche Literaturentwicklung nach zwei Weltkriegen. Eine historische Rückschau, anschließend essayistische und charakteristische Texte von Zeitgenossen seit 1945.

Das war kein gutes Konzept, wie sich bei der Arbeit herausstellte. Man mußte sich mit den Büchern und Schriftstellern ganz einlassen oder gar nicht. So kam es zu der Aufteilung in zwei Bücher: »Die umerzogene Literatur« (1988). Ein Jahr später »Die unerwünschte Literatur«. Das Jahr 1968 verstanden als wirkliche Zäsur. Beide Buchtitel waren ironisch gemeint, das versteht sich. Bei der Arbeit stellte sich dann wohl auch heraus, daß einige der bedeutendsten und unerwarteten Bücher erst nach 1968 erscheinen konnten. Daß die Ereignisse eben dieses Jahres 1968 dabei nicht unmittelbar verursachend sein sollten, wurde zu zeigen versucht. Dennoch: zu den »Jahrestagen« von Johnson, zum Spätwerk Arno Schmidts, zur »Ästhetik des Widerstands« von Peter Weiss, zu dem von Hubert Fichte geplanten roman-fleuve, auch zu

Thomas Bernhard und Heiner Müller gibt es kein adäquates Gegenpotential in den ersten Jahrzehnten der Nachkriegszeit.

Geplant war noch, gleichsam zum Abschluß, ein Kapitel »Deutsche Elegien«. Rückblicke der Trauer, Klagen um verlorene Rituale, Moralen, Lebensformen. Die deutsche Literatur der 80er Jahre ist immer wieder, oft in bedeutsamer Weise, als eine solche Elegie angelegt: in dem Erinnerungsbuch »Abendlicht« von Stephan Hermlin; in Christa Wolfs Betrachtungen über die erfolglose Prophetin Kassandra oder über die Günderode. Bei Botho Strauß in der Bundesrepublik und bei Christoph Hein in seinem Romanbericht »Horns Ende« aus den Anfängen der künftigen Deutschen Demokratischen Republik. Die Elegie gehört, nach Friedrich Schillers These, neben der Idylle und der Satire, zu den schlüssigen Gattungsformen einer sentimentalischen Literatur. Es gibt für uns heute, was Schiller insgeheim wußte, keine andere mögliche Literatur als eben diese, die sentimentalische.

Dies projektierte Kapitel »Deutsche Elegien« ist dann nicht geschrieben worden. Eine Abgrenzung erwies sich als unmöglich. Das war ein neues Thema, wäre ein neues Buch geworden. Kein Abschluß, sondern ein Aufhören.

Beim Lesen des Horaz
Selbst die Sintflut
Dauerte nicht ewig.
Einmal verrannen
Die schwarzen Gewässer.
Freilich, wie wenige
Dauerten länger!

Dies Gedicht von sieben Zeilen, wenn man den Titel hinzunimmt, hat *Bertolt Brecht* an den Schluß seines letzten Gedichtzyklus gestellt: »Buckower Elegien«. Die sechs Elegien hängen unmittelbar zusammen mit den Ereignissen um den 17. Juni 1953. Brecht gab sie zuerst im Jahre 1954 heraus im Heft 13 seiner neuen »Versuche« (eigentlich: Versuche 31). In der Bundesrepublik war man damals nicht bereit, den Dichter und sein Wort anhören zu wollen. Die Legenden um Brecht und sein Verhalten am 17. Juni schienen wichtiger zu sein. Man wollte offenbar nicht lesen, schon gar nicht genau lesen. Wieder einmal war es, wie Brecht im Exil geschrieben hatte, ein »Lehren ohne Schüler«. Auch davon handelt die letzte Elegie »Beim Lesen des Horaz«. In der »Großen kommentierten Berliner und Frankfurter Ausgabe« der Gedichte (1988) wird kommentiert, die Überschrift erinnere an die Lektüre der Ode »An Oktavian« von Quintus Horatius Flaccus (Oden I,2). Daran erinnere auch die von Brecht gewählte Horazische Versform als Folge von Daktylus und Trochäus.

Das ist sicher richtig, aber vielleicht hat Brecht, beim Lesen des Horaz, noch etwas anderes erinnern wollen. Dies Schlußgedicht der »Buckower Elegien« handelt vom Überleben. Wie wenige vermochten zu überleben. Es wäre denkbar, daß Brecht an eine andere Verszeile des Horaz gedacht hat, vielleicht an seine berühmteste: »Exegi monumentum aere perennius«. Ich habe ein Monument errichtet, dauerhafter als Erz. Gemeint war das eigene dichterische Werk.

Die letzte Buckower Elegie wäre dann als ein Fragezeichen zu verstehen. Wie halten wir heutigen Zeitgenossen, wie hielt es Brecht bereits im Jahre 1953 mit dem Überleben? »Die tauben Ohren der Geschlechter« lautete die Überschrift eines Gedichts von Peter Huchel. Propheten, auf die man nicht hört. Der Stückeschreiber Stefan Schütz dramatisierte die Geschichte des trojanischen Priesters Laokoon. Für Christa Wolf war es Kassandra.

Als Vorspruch zu unserem Buch über »Die umerzogene Literatur« wurde auf Marie Luise Kaschnitz verwiesen: »Steht noch dahin ...« Das war 1970. Der Vorspruch zur »Unerwünschten Literatur« stammt von Christa Wolf. Das war 1987. Immer der Gedanke ans Überleben. Die Schrift an der Wand. Das Menetekel. Die Dichter haben es immer schon frühzeitig lesen können, doch meistens nicht rechtzeitig.

Tübingen, Gründonnerstag 1989 — Hans Mayer

Anhang

Paul Celans Büchnerpreis-Rede 1960 »Der Meridian«

Mein Exemplar des »Meridian« aus dem S. Fischer Verlag von 1961 trägt folgende Widmung: »Für Hans Mayer, in dankbarer Erinnerung an sein Büchner-Seminar in der Rue d'Ulm. Paul Celan.«

Der – sehr höfliche – Verfasser dieser Rede über die Funktion der Kunst und zu Ehren Georg Büchners pflegte mit Bekundungen von Dankbarkeit sparsam umzugehen. Freilich war er herzlich dankbar überall dort, wo er Anlaß dafür zu finden glaubte. Er hat im Gespräch immer wieder eine Beziehung hergestellt zwischen seiner Darmstädter Rede und jenem Büchner-Seminar, das ich Anfang dieses Jahres 1960 in Paris gehalten hatte: vor Germanisten der Ecole Normale Supérieure in der Rue d'Ulm. Später pflegte Celan, wenn darauf das Gespräch kam, von »unserer Rede« zu sprechen. In der Tat hat jenes Büchner-Seminar, wie gezeigt werden kann, gleichsam als Initialzündung für die Meridian-Rede vom 22. Oktober 1960 fungiert.

Als jenes Büchner-Seminar abgehalten wurde – Claude David hatte es veranlaßt, er auch hatte mich den Studenten vorgestellt –, fand damit für Paul Celan, den Teilnehmer des Seminars, nichts anderes statt als eben ein Interpretationsversuch an einigen Texten Georg Büchners. Die Thematik war dadurch bestimmt, daß das Werk des Autors von »Dantons Tod« in jenem Studienjahr auf dem Pflichtprogramm französischer Germanisten zu finden war. Daß Paul Celan selbst im Herbst desselben Jahres aufgerufen sein würde, mit Georg Büchner sich zu befassen, war an jenem Februartag nicht vorauszusehen. Das Preisgericht der Deutschen Akademie für Sprache und Dichtung beschloß erst im Sommer, den Georg-Büchner-Preis des Jahres 1960 an Paul Celan in Paris zu vergeben.

Als ich mich der Aufgabe unterzog, vor einer kleinen Gruppe der an deutscher Literatur interessierten Normaliens über Büchner zu sprechen und dabei, nach gut französischer Tradition, der Textinterpretation den Vorrang einzuräumen gegenüber weitschweifigen Abstraktionen, kam mir der Gedanke, es sei vielleicht besonders reizvoll, jene kurzen Passagen zu erläutern, welche den ästhetischen Auffassungen Georg Bücheners gewidmet sind. Höchst eigentümlich ist es dabei für Büchners Arbeitsweise, daß er, im offenbaren Bestreben, diese Überzeugungen über die Rolle der Kunst und Literatur so eindringlich wie möglich mitzuteilen, der Beliebigkeit äußerer Anlässe sich anvertraut. Mal sind diese Maximen in einem Brief formuliert, dann tauchen sie auf mitten im dramatischen Werk oder im Zusammenhang der Erzählung »Lenz«: niemals tiefer motiviert durch eine dramaturgische oder epische Überlegung. Ungeduldig scheint der Schriftsteller Büchner für sich den Anlaß zu provozieren, von der Kunst zu sprechen, auch wohl, wenngleich mit geringerer Intensität, von Aktion und Funktion des Künstlers.

Drei Texte hatte ich ausgewählt, die mehr oder weniger ausführlich in der Rue d'Ulm interpretiert werden sollten: Das Kunstgespräch zwischen Danton und Camille, mit Lucile als gierig lauschender, doch nichtverstehender Zuhörerin. Den Brief des Sohnes und Sorgenkindes an die Eltern, geschrieben in Straßburg mit dem Zweck, Verständnis für sogenannte Kraßheiten und Obszönitäten in »Dantons Tod« zu erwecken.

Schließlich das Kunstgespräch zwischen Lenz und Kaufmann. Kurze Hinweise auf den Jahrmarkt-Ausrufer im »Woyzeck« und auf die Automatenszene aus »Leonce und Lena« hatten sich im Verlauf des wissenschaftlichen Gesprächs ergeben.

Dies alles muß erinnert werden, denn die Rede über den »Meridian« bietet sich, wie nunmehr rasch erkannt werden mag, gleichsam als konzentrierte Reflexion über die Texte und Ergebnisse dieses Seminars an. Celan übernimmt, für seine höchst persönlichen Meditationen, den Ausgangspunkt: Büchners Reflexion über Substanz und Funktion der Kunst. Wobei gleich angedeutet werden kann, daß diese selbst im »Meridian« sehr folgerichtig, weit stärker als bei Büchner, als Subjekt-Objekt-Beziehung konzipiert wird. Kunst *und* Künstler.

Wiederfinden kann man in Celans Text das Gespräch zwischen Danton und Camille. Damit setzt die Rede unmittelbar ein: ohne irgendeine Form der Introduktion. Dann der Jahrmarkt-Ausrufer aus dem »Woyzeck«. Übergang zu »Leonce und Lena«. Am intensivsten schließlich die Beschäftigung mit dem verwirrten Dichter Lenz und seinen helldunklen Anmerkungen über die Kunst und den Künstler.

Alle Texte jenes Seminars sind mithin als Bausteine der Darmstädter Rede verwendet worden, mit einer - kennzeichnenden - Ausnahme: der von mir sehr ausführlich interpretierte Danton-Brief bleibt, bis auf eine kleine stilistische Paraphrase, unerwähnt und unverarbeitet.

Paul Celan hat seine Büchner-Rede ausdrücklich als Ansprache an Adressaten formuliert. Die Anrede »Meine Damen und Herren!« ist zu Beginn mit dem Ausrufungszeichen ausdrücklich als Ansprache und Zusprache programmiert. Wie ein Leitmotiv wiederholt sie sich immer wieder im Verlauf des oratorischen Textes. Bald an der Spitze eines Absatzes, dann wieder mitten in den Text eines Gedankenganges eingeschaltet. Siebzehnmal kehrt die Formel »Meine Damen und Herren« zurück. Die Zuhörer in Darmstadt, vermutlich wenig vertraut mit Celans Ästhetik und Konzeption der dichterischen Aussage, mochten die vielen Anrufe als »übertrieben« empfinden. Wer Celans Ablehnung alles Redens von »monologischer Lyrik« kennt, mitsamt der Marburger Rede Gottfried Benns über »Probleme der Lyrik«, wird die obstinate Wiederholung der Anrede als folgerichtig empfinden bei einem Lyriker, der auch im Gedicht stets das Du sucht, das Gespräch: Adressaten und Partner.

Weil die Rede über den Meridian in einem tiefen und ausdrücklichen Verstande als Gegenentwurf Paul Celans verstanden werden darf zu Gottfried Benns Konzept einer monologischen Dichtung, hat die Leitmotivik dieser Anreden unmittelbar mit der Sache selbst zu tun: mit Reflexionen über heutige Möglichkeiten der Kunst und des Künstlers. Celan hielt die Darmstädter Rede, sicherlich zu Recht, für seine wichtigste theoretische Äußerung. Nirgendwo sonst hat er, soweit man sieht, sich genauer, offener, ausführlicher der ästhetischen Selbstinterpretation bedient als eben hier.

»Die Kunst« - wie nicht anders denkbar bei diesem überaus genau komponierten Text, stehen diese Worte als Grundthema unmittelbar hinter der Anrede mit dem Ausrufungszeichen. Dann kommen umspielende, den Sachkenner lockende Allusionen an Büchners (und Kleists) Marionettenthema, an Büchners Antipathie gegen Schillers fünffüßige Jamben, an die Unfruchtbarkeit der Mensch gewordenen Statue Galathea, geschaffen von Pygmalion. Worauf man bereits mitten ins Kunstgespräch zwischen Danton und Camille eingeführt ist. Der zweite Absatz situiert die Szene als eine solche aus dem Schauspiel »Dantons Tod«. Noch sind die Redenden in Freiheit statt in der Todeszelle der Conciergerie. Die Unterhaltung muß abgebrochen werden. »Es kommt etwas dazwischen.« Danton wird nämlich durch die Nachricht überrascht, der Wohlfahrtsausschuß habe seine Verhaftung beschlossen. Übrigens auch die von Camille. Es kommt etwas dazwischen: der Tod kündigt sich an, und Danton weiß es. Paul Celan geht nun, andeutend, paraphrasierend zur Jahrmarktsszene des »Woyzeck« über. Abermals wird hier die Kunst präsentiert, und zwar so: »Markstschreier vor einer Bude mit seiner Frau in Hosen und einem kostümierten Affen. Meine Herren, meine Herren! Sehn Sie die Kreatur, wie sie Gott gemacht: nix, gar nix. Sehn Sie jetzt die Kunst: geht aufrecht, hat Rock und Hosen, hat ein' Säbel!«

Die Kunst in Affengestalt, aber dennoch, meint Celan, »haben wir sie sogleich wiedererkannt«.

Unmittelbar schließt sich das dritte Beispiel der Rede (und unseres Seminars) auch hier an: als Erinnerung an die Automatenszene des Lustspiels vom Prinzen Leonce und der Prinzessin Lena.

Dreimal erscheint die Kunst, wie Celan meint, in scheinbar verwandelter, doch identischer Gestalt. Der zum Tode bestimmte Danton spricht von ihr, der Ausrufer, der Narr Valerio. Allein es ist »dieselbe« Kunst. Die wichtigsten Texte sind damit thematisch exponiert. Der Dichter Lenz wurde vorerst nicht angerufen. Der Redner wendet sich sogleich noch einmal zurück zum Kunstgespräch zwischen Danton und Camille. Da war noch jemand im Zimmer: Lucile Desmoulins. Sie »hört und lauscht und lauscht«, ohne im Alltagssinne zu verstehen. Von ihr wird plötzlich eindringlicher, geheimnisvoller gesprochen. Sie »sei zugleich auch Atem, das heißt Richtung und Schicksal«. Was hier, beim Lyriker der »Atemwende«, als Atem verstanden wird, muß unmittelbar den Redenden angehen. Lucile Desmoulins ist ihm keine Kunstfigur, sondern viel mehr.

Was aber? Ein höchst sonderbarer Satz macht es deutlich, worin Celan versucht, den Angeredeten in Darmstadt zu verdeutlichen, was er meint: »Das ist, Sie wissen es längst, sie kommt ja, die so oft und kaum von ungefähr Zitierte, mit jedem neuen Jahr zu Ihnen und das ist Lucile.«

Was denn? Die Dramengestalt der Lucile erscheint in jedem Jahr vor den ausdrücklich angeredeten Damen und Herren der Darmstädter Akademie? Das wäre nur verstehbar, wenn Celan sie gleichsetzt mit der Dichtung und dem Dichter. In der Tat wird jedes Jahr im Oktober, an Büchners Geburtstag, ein lebender Autor geehrt und aufgefordert, beim Empfang des Preises über Georg Büchner zu sprechen. Inkarnation damit, wie Celan es versteht, von Dichtung: ihrer Möglichkeit oder Unmöglichkeit im gegenwärtigen Leben. Lauschend, nichtverstehend und verwirrt.

Die Rede begleitet Lucile Desmoulins bis zum Schluß des Dramas. Hin zu jenem Abschluß, der ihr allein gehört: die Republikanerin Lucile ruft im Angesicht der Bürger und am Fuß der Guillotine, wo Camille umkam, ein Bekenntnis zu König und Monarchie. Sie wird festgenommen, und wird sterben. Celan erläutert, dies sei kein Bekenntnis zur Monarchie und irgendwelcher Restauration: »Gehuldigt wird hier der für die Gegenwart des Menschlichen zeugenden Majestät des Absurden.« Zum drittenmal die Anrede an die Damen und Herren. Paradoxie und Konstellation und Lucile werden als Majestät des Absurden verstanden; die aber wird – vorsichtig und mit tastender Bemühung um Verständlichkeit – als »Dichtung« interpretiert.

Bisher war an drei Beispielen und Dramenfetzen Georg Büchners gefragt worden, was das sein könnte: die Kunst. Nun schließt der Redner die Frage nach dem Künstler an. Das Stichwort ist gefallen für den Auftritt des Dichters Jakob Michael Reinhold Lenz.

Der nächste Absatz ist eigentlich eine Kurzfassung der literaturhistorischen Exkurse jenes Seminars in der Rue d'Ulm. Celan registriert in lockerem Tonfall, leicht ironisch getönt, um auch darauf hingewiesen zu haben, was es mit der Bedeutung von Lenz sowohl für den deutschen Sturm und Drang wie für die französische Literaturtheorie eines Sébastien Mercier auf sich habe. Auch der Wirkungsgeschichte bis hin zum Naturalismus wird gedacht.

Allein nicht Literaturgeschichte ist es, die den Redner immer wieder zurückführt zu Lenz wie zu Büchner. Abermals geht es um »die Kunst«. Büchner war, auch Paul Celan repetiert es, ein Gegner des Schillerschen Idealismus: »er setzt ihnen das Natürliche und Kreatürliche entgegen«. Celan stützt sich auf das berühmte Zitat, worin Büchner, indem er sich der Kunstfigur Lenz als seines Sprechers bedient, eine ländliche Volksszene beschreibt. Um dann fortzufahren: »Man möchte manchmal ein Medusenhaupt sein, um so eine Gruppe in Stein verwandeln zu können, und den Leuten zurufen.«

Nun erst ist Celan beim eigentlichen Thema. Man soll das erkennen: weshalb eine neuerliche Ansprache an die Damen und Herren vorangestellt wird. Da waren die Marionetten und Automaten, kostümierter Affe und Hausnarr. Nun das Medusenhaupt. Immer war von »der Kunst« die Rede.

Celan interpretiert den merkwürdigen Satz Büchners (oder Lenzens) zunächst nachdenklich. Man möchte also, im Angesicht einer solchen natürlichen Szene, die versteinernde Wirkung der Medusa ausüben? Um? »Um ... das Natürliche mittels der Kunst zu erfassen!«

Ein Ausrufungszeichen am Ende dieser Folgerung. Wieder folgt ein ebenso bedeutsamer wie zweideutiger Satz. »Man möchte, heißt es hier freilich, nicht: ich möchte.« Wer ist Ich? Es könnte Büchner gemeint sein, der Lenz reden läßt, ohne ihm zuzustimmen. Was aber nicht angeht, denn Büchner spricht durch den Mund des Dichters Lenz. Ich also als Paul Celan? Der sich an dieser Stelle ausdrücklich von Georg Büchners dem Natürlichen zustrebenden, den Idealismus mißachtenden Kunstbegriff losgesagt hätte?

Trotzdem auch wieder, wie sogleich erläutert wird, die Stimme Büchners, der es, wie Celan dem Text abgelauscht hat, als unheimlich empfinden muß, daß Kunst danach streben könnte, die Natur durch Versteinerung zu entmenschlichen. Kunst wäre dann zwar dem Menschlichen zugewandt, selbst aber insgeheim ein eher unmenschlicher Bereich.

Nun erst ist Celan, scheinbar bloß im Nachvollzug eines vorwegnehmenden Denkens Georg Büchners, beim eigentlichen Thema. Es ist gleichbedeutend mit der Frage nach der Funktion heutiger Kunst. Nach der Kunst »in der Luft, die wir zu atmen haben«.

Zum ersten Mal in dieser Rede spricht der Redner im eigenen Namen: als Paul Celan. Er stellt eine Frage. Für ihn, den Dichter, die Frage aller Fragen: »Gibt es nicht – so muß ich jetzt fragen – gibt es nicht bei Georg Büchner, bei dem Dichter der Kreatur, eine vielleicht nur halblaute, vielleicht nur halbbewußte, aber darum nicht minder radikale – oder gerade deshalb im eigentlichsten Sinne radikale In-Frage-Stellung der Kunst, eine In-Frage-Stellung aus dieser Richtung? Eine In-Frage-Stellung, zu der alle heutige Dichtung zurück muß, wenn sie weiterfragen will?«

Vorgriff gleichzeitig und Rückgriff. Mallarmé müsse konsequent zu Ende gedacht werden. Was hier wohl nur heißen kann, die Frage nach dem Zusammenhang von künstlerischer Gegenschöpfung zur Welt und der Rolle des Zufalls zu Ende zu denken.

Abermals wird abgebrochen: man kam schon ein gutes Stück weiter im sokratischen Fragen. Noch einmal geht's zurück zum Kunstgespräch zwischen Lenz und Kaufmann. Auch Lenz ist Inkarnation der Dichtung *und* des Dichters, wie Lucile. Auch er ist »selbstvergessen«. Celan scheint es zu billigen: »Kunst schafft Ich-Ferne. Kunst fordert hier in einer bestimmten Richtung eine bestimmte Distanz, einen bestimmten Weg. Und Dichtung? Dichtung, die noch den Weg der Kunst zu gehen hat? Dann wäre hier ja wirklich der Weg zu Medusenhaupt und Automat gegeben!«

Abermals das Ausrufungszeichen. Wiederum ein Abbrechen vor der Konsequenz. Celan hat offensichtlich zwischen Objektivität der Kunst und dem subjektiven Weg des Dichters, also Künstlers, unterschieden. Der Künstler als »selbstvergessenes Ich« wie Lucile oder Lenz: auf dem Wege zur Kunst als einem Unheimlichen und Fremden.

Das Abbrechen verzichtet an dieser Stelle auf weitere, offensichtlich doch fruchtlose, weil unaussagbare Umschreibungen dessen, was »die Kunst noch sein könnte«. Der Weg führt zurück zu den Menschen. Zu einem Menschen, zum Dichter Lenz, und zwar nicht zur Kunstfigur Georg Büchners, sondern zu dem Poeten des Sturm und Drang, geboren im Livländischen, gestorben in Moskau und in offenkundiger Verwirrung des Geistes. Die neue

Anrede des Aufmerkens: Nun soll vom Schicksal des Dichters Lenz gesprochen werden. Das berühmte Zitat am Ende von Büchners Erzählung ». . . so lebte er hin . . .« Der Redner erweist sich auch als Kenner der Lenz-Forschung. Er schildert mit einem Zitat des Moskauer Germanisten Rosanow, in welcher Weise Lenz schließlich hingelebt hatte.

Jäh muß aber erkannt werden, daß Celan nur scheinbar dem unheimlichen Ort, auch Kunst genannt, zugunsten des konkreten Künstlers ausgewichen war. Nun braucht er das andere berühmte Zitat aus Büchners Erzählung, das am Anfang steht und die Innenwelt des Dichters Lenz beschreibt, der im Winter und im Vogesengebirge umherirrt, ». . . nur war es ihm manchmal unangenehm, daß er nicht auf dem Kopf gehn konnte.« Wieder sind sie als Partner verstanden: der verwirrte Lenz und die verwirrte Lucile. Zwei Inkarnationen der Dichtung.

Paul Celan wiederholt noch einmal den Satz vom Dichter, dem es unangenehm war, daß er nicht auf dem Kopf gehen konnte. Eine Anrede ist abermals fällig an die Damen und Herren; sie erfolgt, denn der Träger des Büchner-Preises äußert den wichtigsten Satz seines Redetextes. Auf ihn hatte alles ersichtlich hingewirkt. Hier ist die Mitte der Rede, des Fragens nach dem Unheimlichen und des Weges nach dem Unheimlichen, der Dichtungswelt, erreicht. »Wer auf dem Kopf geht, meine Damen und Herren, – wer auf dem Kopf geht, der hat den Himmel als Abgrund unter sich.«

Dieser Satz wird einfach hingestellt, nicht weiter erläutert. Es ist keine These, sondern eine Aussage. Jetzt geht es Celan wie Lenz in der Erzählung: »Man sprach von Literatur, er war auf seinem Gebiete . . .« Unverkennbar dennoch die Divergenzen zwischen ihnen: zwischen Lenz und Celan. Für Lenz scheint Natürlichkeit alles zu sein; Celan spricht von notwendiger Dunkelheit. Aber er sieht nicht die Dunkelheit des Einsamen, sondern eine Dunkelheit in der Begegnung. Man befindet sich an dieser Stelle der Rede im Bereich des Celanschen »Gesprächs im Gebirge«, das auch (und abermals) auf den Dichter Lenz zurückweist.

Lenz aber sei weiter gegangen als Lucile. Im Sterbewort der verwirrten Frau wurde Dichtung noch artikuliert und formuliert. Der dahinlebende Lenz lebte daheim im »furchtbaren Verstummen«.

Längst spricht Paul Celan bereits von der Dichtung Paul Celans: »Das kann eine Atemwende bedeuten.« Titel eines Gedichtbandes eben dieses Redners. Zentralbegriff in seiner Konzeption eines Gedichts. Alles wird für den Augenblick hypothetisch formuliert, als ein Vielleicht. Alles gehört zusammen: Automaten, Medusenhaupt, der Himmel als Abgrund über dem auf dem Kopf gehenden Dichter. Trotzdem scheint Celan vorsichtig andeuten zu wollen, daß alledem nicht Versteinerung und schöpfungslose Verwirrung entspringe, sondern vielleicht, einem Vorgang der Atemwende vergleichbar, ein anderes Lebendiges? Das Gedicht? So daß jedes heutige Gedicht den Weg des verwirrten Lenz durch das winterliche Gebirge von neuem zu nehmen hätte. Immer wieder mit der Sehnsucht, auf dem Kopf gehen zu dürfen: mit dem Abgrund des überwölbenden Himmels.

Das Gedicht aber, das heutige Gedicht, ist nicht versteinert, und es hat auch nichts versteinert. Es lebt und spricht. Der davon spricht, ist seit einigen Augenblicken der Rede auch seinerseits »selbstvergessen«, wie Lucile und Lenz. Keine neue Anrede, scheinbar monologisches Denken, das sich jedoch, wie bald deutlich wird, mit äußerster Anstrengung um den Dialog müht, ein Verstandenwerden, die Begegnung.

Celan beginnt mit der für ihn zweifelhaften Aussage, daß das Gedicht zwar spricht, aber in eigenster Sache, um fortzufahren: »Aber ich denke - und dieser Gedanke kann Sie jetzt kaum überraschen -, ich denke, daß es von jeher zu den Hoffnungen des Gedichts gehört hat, gerade auf diese Weise in eines Anderen Sache zu sprechen - wer weiß, vielleicht in eines ganz Anderen Sache.« Dies alles ist weit entfernt von lyrischer Assoziation: wie es die Beliebigkeit der surrealistischen dictée automatique in Celans Dichtung überhaupt nicht gibt, wo alles auf Präzision angelegt wurde. Das gilt auch hier für diesen - scheinbar - dunklen Absatz, der von Celans Konzept des Lyrischen spricht. Die Gegenüberstellung lautet, vom Redner absichtlich dadurch verwischt, daß ein gleichlautender Genitiv (eines Anderen Sache und in eines ganz Anderen Sache) verwendet wird: Der Andere und Das ganz Andere. Sehr vorsichtig. Abermals mit Hoffnung, wer weiß, und vielleicht.

Das Gedicht spricht, davon ist auszugehen. Nicht bloß für sich selbst und in allereigenster Sache, sondern vielleicht auch in fremder. Welcher, wessen, wäre nun zu fragen. Ausdrückbar scheint das nicht zu sein, doch zu erhoffen. Poesie als stellvertretende Aussage: auch für andere. Die Hoffnung, bei Goethe, des verwirrten und verzweifelten Torquato Tasso. Spricht das Gedicht aber auch *für* andere, und wäre auch denkbar, daß es *von* ganz anderen Zuständen zu sprechen imstande wäre, die vielleicht »nicht allzu fern« sein könnten? Möglicherweise »ganz nahe«. Dann wäre das Gedicht, dem Wunsch und Hoffen nach, nicht bloß Wort in eigener Sache, auch nicht allein für andere, die wortlos sind, sondern gleichzeitig Vorwegnahme, Antizipation. »Aber schreiben wir uns nicht alle von solchen Daten her? Und welchen Daten schreiben wir uns zu?« Das Gedicht meditiert diese Möglichkeit, der Dichter verhofft sie.

Durchaus nicht sorglos, eher in hoher Sorge. Das Gedicht scheint möglich nur als Atemwende: auch damit scheint es bald zu Ende zu gehen. Vielleicht ist dieser Atemwende nur noch, in der Luft, worin wir leben, eine »Atempause« gewährt.

Es seien nicht die Schwierigkeiten des poetischen Handwerks, fährt der Redner fort, der die Anrede an die Damen und Herren immer noch ausspart, wenngleich auch sie nicht unterschätzt werden dürften. Was die Atempause offenbare, ist mehr: »Das Gedicht zeigt, das ist unverkennbar, eine starke Neigung zum Verstummen.« An Beispielen dafür in der Lyrik Celans, es sei bloß an das Tübinger Gedicht erinnert, fehlt es nicht. Aber der Redner könnte an dieser Stelle mit gleicher Genauigkeit auch auf Samuel Beckett hinweisen, und andere.

Was hier im Wort des Redners abgewandelt wird, ist abermals eine *Engführung*. Das Gedicht nicht bloß selbst, in jeder einzelnen Kreation, verstanden als Atemwende, sondern auch als Zeit für die Dichtung: zwischen dem Schon-nicht-mehr und dem Immernoch.

Diese Zeitlichkeit ist in doppelter Weise zu interpretieren: als gesellschaftlicher Zustand, worin Gedichte immer mehr verstummen müssen, und als Lebensmoment des Dichters. Wieder bindet diese Büchnerpreis-Rede die Frage nach der »Kunst« zusammen mit jener nach dem »Künstler«: »Dieses Immer-noch des Gedichts« kann ja wohl nur in dem Gedicht dessen zu finden sein, der nicht vergißt, daß er »unter dem Neigungswinkel seines Daseins, dem Neigungswinkel seiner Kreatürlichkeit spricht.«

Daraus entspringt eine doppelte Forderung. Sie ist gleichzeitig Paradoxie und Notwendigkeit. Das Gedicht ist nur als ein einsames möglich. Gleichzeitig nur als Bemühen um das Andere und den Anderen. Abermals in doppelter Weise zu interpretieren. Jedes Ding und jeder Mensch sind ein Anderes für das Gedicht, sie sind Anlässe, Objekte, dadurch gleichzeitig poetische Möglichkeiten. Alle Wirklichkeit ist gleichzeitig auch schon Dichtung in nuce. So hatte es Lenz in Büchners Erzählung formuliert und an die Versteinerungskraft der Medusa erinnert. Celans Gedicht möchte nicht versteinern, kann aber gleichfalls nicht existieren ohne jenes Andere.

Anzumerken ist sogleich, daß Celan sehr vorsichtig der Entscheidung ausweicht, ob dieses Andere, das im Gedicht »durch Nennung gleichsam zum Du« zu werden vermag, nur ein Mensch sein könnte. Mensch oder Ding dieser Außenwelt, es scheint gleich viel zu gelten. Das Gedicht, nur darauf scheint es anzukommen, braucht dieses Andere oder diesen Anderen. Würde es ihn (oder es) ansprechen, so erschaffte es, in seiner eigenen poetischen Sphäre, auch wieder »dessen Zeit«. Die Zeit wäre wiedergefunden. Der selbstvergessene Redner hat sich mittlerweile sehr weit vom Auditorium in Darmstadt entfernt. Er bemerkt es, scheint zu erwachen, kehrt zurück. Zwei Fragen, die theoretisch gemeint sind, und höhnisch: »Das Gedicht / Das Gedicht mit seinen Bildern und Tropen?« (Als gäbe es für Paul Celan ein mögliches Gedicht mit Bildern und Tropen.)

Nun wieder die Anrede an die Damen und Herren. Die Meditation hat scheinbar zu einem Ergebnis geführt: »Ich spreche ja von dem Gedicht, das es nicht gibt!« Dann noch ein schroffer einziger Satz: die Gegenposition zu Gottfried Benns monologischer Dichtung und zu dessen Forderung nach dem absoluten Gedicht: »Das absolute Gedicht, nein, das gibt es gewiß nicht, das kann es nicht geben!« Denn es würde sich darstellen, darf man erläuternd hinzufügen, als ein ding- und menschenloses Poem, ohne das Andere und den Anderen.

Also eine Dichtung ohne Bilder?, würden die Damen und Herren in Darmstadt zurückfragen. Der Redner erläutert. Das

Gedicht hat immer nur eine einmalige und punktuelle Gegenwart. Für Celan ist alle Dichtung nur denkbar als Gelegenheitsdichtung einer einmaligen Wahrnehmung. Tübingen, Jänner. Oder Köln, Am Hof. Oder das Gasthaus zum Storchen in Zürich. Die Berliner Oranienstraße. Der Berliner Landwehrkanal mit der Leiche der Rosa Luxemburg. Neue und mögliche Gegenfrage aus dem Auditorium. Wo bleiben die traditionellen Bilder und Gehalte? Verzichtet diese Dichtung auf Toposforschung? Celan beruhigt keineswegs. Die Topoi seien zu erforschen »im Lichte der U-topie«. Menschen ebenso wie Dinge.

Nun scheint der Redner keine virtuellen Fragen mehr beantworten zu mögen und bricht ab. Leistet sich eine neue Anrede ans Publikum, setzt an zur rhetorischen Konklusion. Man sei am Ende, nämlich wieder am Anfang. Der Redner läßt, gleichsam im Zeitraffer, noch einmal den Weg dieser Rede zurücklegen. Erweiterung der Kunst: als Aufgabe gestellt von Mercier bis Büchner. Die Gegenwelt der Lucile. Sie schien anzudeuten, gar zu klären, daß man die Kunst nicht erweitern, sondern in die eigenste Individuation zurückführen, dadurch freisetzen müsse, als Engführung. Lucile und Lenz schienen die Atemwende möglich zu machen. Dann hatte die Meditation zu den Anderen und zum Anderen geführt, zu den Dingen und der Kreatur. Man gelangte »in die Nähe eines Offenen und Freien«... »und zuletzt in die Nähe der Utopie«.

Es war eine Kreisbewegung. Dazu ein abschließendes Wort: »Die Dichtung, meine Damen und Herren –: diese Unendlichsprechung von lauter Sterblichkeit und Umsonst!«

Der Kreis ist durchschritten. Der Redner in Darmstadt kehrte zum Anfang seines Diskurses zurück, nun macht er sich noch einmal auf den Weg. Diesmal in neuer, verwandelter Gestalt. Ernst Bloch würde es nennen: »Zur Kenntlichkeit verändern«. Bisher hatte ein Fragender, ein Dichter gesprochen, aber gleichsam als platonische Idee eines solchen: mehr Möglichkeit als Wirklichkeit. Von nun an, bis zum Schluß der Ansprache, spricht Paul Celan zu uns. Das Ich, das jetzt verstanden werden möchte, ist durchaus dasjenige dieses einen und einzigen Sprechers. Zum ersten Mal zitiert Paul Celan einen Vierzeiler von Paul Celan, deutet er Autobiographisches: den Augenblick einer versäumten

Begegnung im Engadin, die, in Erinnerung der Kunstfigur Lenz bei Büchner, das »Gespräch im Gebirge« entstehen ließ. Es handelt von einer Selbstbegegnung. Woraus vielleicht zu folgern wäre, daß auch der Weg des Gedichts, mit allen virtuellen Umwegen, zur Selbstbegegnung führen müßte. Durch das Andere und die Anderen hindurch.

Demnach »Eine Art Heimkehr«. Mit anmutiger Schlußwendung kommt Celan zurück auf »Leonce und Lena«, auf Fragen der Büchner-Forschung, gar auf die erste kritische Gesamtausgabe Büchners von 1879. Besorgt durch Karl Emil Franzos, der zum ersten Mal auch das »Woyzeck«-Fragment gedruckt hatte, das er noch als »Wozzeck« las.

Die philologische Abschweifung erweist sich sogleich als rührende Reminiszenz, als Notwendigkeit: »Ich suche die Gegend, aus der Reinhold Lenz und Karl Emil Franzos, die mir auf dem Weg hierher und bei Georg Büchner begegneten, kommen. Ich suche auch, denn ich bin ja wieder da, wo ich begonnen habe, den Ort meiner eigenen Herkunft.«

Man muß wissen, daß Karl Emil Franzos (1848-1904) in Czwortzkow in Galizien zur Welt kam, in Czernowitz aufwuchs und zur Schule ging: dem Geburtsort Paul Celans. Jude wie Celan, bekannt und bedeutend als Schilderer dieser kleinen jüdischen Bürger- und Handwerkerwelt.

Toposforschung mithin verstanden als Suche nach der Welt jenes Ostens, welcher als Herkunftsland des Livländers Lenz, des Galiziers Franzos und von Paul Celan aus der Bukowina eine Einheit zu bedeutend scheint. Aber er ist, dieser Topos, kein geographisch fixierbarer Ort. Auch er findet sich in der U-topie.

Diesen Ort gibt es nicht, aber etwas anderes ist gefunden worden. Eine Anrede macht dem Hörenden deutlich, daß es sich ereignet hat. Gefunden wurde ein Verbindliches gleich der Sprache: immateriell, doch irdisch, kreisförmig wie diese Rede, doch in anderer Form; den Redner zugleich auch mit dem Dichter Lenz verbindend, gleichgültig nun, ob er auf dem Kopf geht oder nicht. Der astronomische circulus meridianus berührt, auch vom Punkt des Redenden her, den Zenit, durchkreuzt die Tropen, kehrt kreisförmig wieder zurück. Der Meridian, den diese Rede im Titel führt, ist damit folgerichtigerweise das letzte Wort des eigentlichen rhetorischen Textes: und mit der gleichen Notwendigkeit, mit welcher die Rede durch »Die Kunst« eröffnet worden war. Der Meridian als Kreisbewegung. Berührung der Sphären wohl auch von Dichter und Dichtung, Kreatur und Himmel als Abgrund, dem Anderen und den Anderen, von Lenz und Büchner, Franzos und Celan. Vielleicht auch von Celan und den »Damen und Herren«. Dann wäre der Augenblick dieser Rede zugleich eine punktuelle Gelegenheit, welche Dichtung freizusetzen vermochte. Die Rede vom »Meridian« mithin, wenngleich sie ausdrücklich Rede war und Meditation, auch eine Art der Dichtung.

Celan scheint es »verhoffen« zu wollen, wenn er nun zur Danksagung übergeht. Auch diese Danksagung ist komponiert und genau gegliedert. Der allgemeine Dank für eine Auszeichnung im Namen Georg Büchners. Das Land Hessen, die Stadt Darmstadt, wo Büchner aufwuchs, die Deutsche Akademie für Sprache und Dichtung. Dank dem Präsidenten dieser Akademie Hermann Kasack. Der letzte Dank gilt der Dichterin Marie Luise Kaschnitz. Abermals der Meridian: die Kreisbewegung als Verbindendes zwischen Dichter und Dichter.

(1972)

Vor einer Lesung aus dem Werk von Marie Luise Kaschnitz

Es sollte genügen, zwei Sätze der Präsentation zu sagen, worin mitgeteilt würde, was ohnehin jeder weiß, daß Maria Wimmer aus dem Werk der Marie Luise Kaschnitz lesen wird. Maria Wimmer bedarf keiner Vorstellung, und die Kaschnitz auch nicht. Hier aber, im Falle der Kaschnitz, sollte man sich, was das literarische Ansehen betrifft, nichts vormachen. Ist diese große Schriftstellerin, der so viele Literaturpreise zufielen, im öffentlichen Bewußtsein wirklich etwas anderes als ein Gerücht? Vor wenigen Wochen erst schrieb ein Berichterstatter, der es besser wissen sollte, über dies Haus hier und seine Aktivitäten. Dabei wurde auch der heutige Abend – als bloße Planung – bereits einbezogen: etwas herablassend. Gewiß, so etwas müsse offenbar nach wie vor stattfinden, weil man es bei der Berliner Akademie stets so gehalten habe. Ein Oberton klang mit. Man konnte auch den nichtgeschriebenen Satz mitlesen: Muß denn das so weitergetrieben werden?

Darauf sollte man antworten, weil es sich um die Kaschnitz handelt. Ihr Werk bedarf nicht der Pietät. Wer diese Verse und Prosastücke, die Hörspiele und Essays, dieses so vielfältige Œuvre genau liest, wird einen wichtigen Autor entdecken, doch eines gewiß nicht: irgendeine Form der Honoratiorenliteratur.

Im Falle der Kaschnitz steht dreierlei dem Verstehen, und damit der Wirkung, ihres Werkes entgegen. *Einmal* die Tatsache, um es unbeschönigt zu sagen, daß sie eine Frau war. Im Gegensatz zu Frankreich und England sind Dichterinnen hierzulande niemals besonders ernst genommen und anerkannt worden. Die Droste oder die Lasker-Schüler: ist ihr Ruhm wirklich so unangefochten wie der ihrer Zeitgenossen Mörike oder Trakl? Mißverständnisse im Ruhm auch bei Ricarda Huch und Anna Seghers.

Allen Klischees widerspricht *ferner* die außerordentliche Diversität im Schaffen von Marie Luise Kaschnitz. Sie entzieht sich aller literarischer Arbeitsteilung und versucht sich auf immer neuen Gebieten, die sie immer neu bewältigt. Wobei sie sich als eine jeweils Neue und Unvertraute dem Leser darstellt: im Gedicht und Essay, im Dokumentarbericht und Hörspiel, in der Autobiographik und im Fernsehfilm.

Die *dritte* und vielleicht wichtigste Eigentümlichkeit dieser Autorin hat als erster Hermann Kesten erkannt, als er in einer Studie zu ihrem 70. Geburtstag im Jahre 1971 seine Laudatio so begann: »Marie Luise Kaschnitz hat das literarische Glück, daß sie von Buch zu Buch wächst. Die Reife bekommt ihr, weil sie Kunstverstand hat.« Es war nicht allein der Kunstverstand, was dem Spätwerk seine spezifische Größe verlieh, sondern das Lebensleid, das im Schreiben nicht überwunden, doch transformiert werden mußte.

Zwei Zäsuren, als Verstummen erkennbar, markieren diesen Lebenslauf. Zunächst scheint alles leicht. Eine Offizierstochter, Marie Luise von Holzing, die Familie stammt aus dem Badischen, macht eine Buchhandelslehre durch, heiratet aber mit vierundzwanzig Jahren den Archäologen Guido von Kaschnitz-Weinberg, den späteren Universitätsprofessor und Leiter des Deutschen Archäologischen Instituts in Rom. Frau von Kaschnitz veröffentlicht Anfang der Dreißiger Jahre ihre ersten Verse und Erzählungen, doch ein Gedichtband erscheint erst 1947. Er beginnt mit dem Gedicht »Bollschweil«. Es ist der Name eines kleinen Dorfes in Baden, die Szenerie ihrer Kindheit. Es ist immer präsent: nicht allein in der »Beschreibung eines Dorfes«; die süddeutsche Szenerie bildet auch den Kontrapunkt zur römisch-italienischen Welt, die jahrelang die Lyrik der Kaschnitz inspirierte.

Ihr erstes Verstummen seit 1937, Wiedererwachen der Schreiblust nach 1946; Gedichte; die rasch berühmt gewordenen Erzählungen des Bandes »Lange Schatten«; eine Roman-Biographie des Malers Gustave Courbet, Malers der Arbeiterschaft und der Pariser Commune.

Nach langer Krankheit stirbt Guido von Kaschnitz im Jahre 1958. Drei Jahre dauerte diesmal die Zäsur des Schweigens. In den Aufzeichnungen »Wohin denn ich«, einem ihrer schönsten Bücher, wird das langsame Erwachen aus dem Stupor des Dahinlebens und Nichtschaffens beschrieben. Es geriet, dies Erwachen einer Schriftstellerin, die früh schon das reale Geschehen ins Mythische zu transzendieren suchte, *als ein bewußtes Überleben der Alkestis* nach dem Tode des Admet. Die Geschichte von der

»Reise des Herrn Admet« endet zwar sanft und human. Aber der Kritiker und klassische Philologe Walter Jens hat richtig erkannt, daß ein Rest des Unheimlichen zurückbleibt. »Es könnte auch anders sein ...«

Die Kunst der Kaschnitz ist unheimlich. Fast immer beginnt es, im Vers wie in der Prosa, als Erlebnis des Schönen, allein am Rande wartet bereits das Entsetzliche. Keiner hat in seinem Dichten den Vers aus Rilkes Erster Duineser Elegie

> Denn das Schöne ist nichts
> als des Schrecklichen Anfang ...

so genau verstanden und schreibend befolgt wie diese Frau.

Der Band »Steht noch dahin« mit dem Untertitel »Neue Prosa« erschien vor sechs Jahren. Die Prosa ist klar, doch nicht hart; berichtet wird vom Entsetzen im Alltag, aber durch Aufschreiben und Aussprechen soll das Entsetzliche – vielleicht – gebannt werden.

Die paar Zeilen des Eröffnungstextes möchte ich zitieren, nicht rezitieren. Wer sie hört, weiß sogleich, warum wir heute zusammenkamen.

Steht noch dahin

»Ob wir davonkommen, ohne gefoltert zu werden, ob wir eines natürlichen Todes sterben, ob wir nicht wieder hungern, die Abfalleimer nach Kartoffelschalen durchsuchen, ob wir getrieben werden in Rudeln, wir haben's gesehen. Ob wir nicht noch die Zellenklopfsprache lernen, den Nächsten belauern, vom Nächsten belauert werden, und bei dem Wort Freiheit weinen müssen. Ob wir uns fortstehlen rechtzeitig auf ein weißes Bett oder zugrundegehen am hundertfachen Atomblitz, ob wir es fertigbringen mit einer Hoffnung zu sterben, steht noch dahin, steht alles noch dahin.«

(1976)

Anhang: Dramatik und Dramaturgie

Staatstheater und Emigrantentheater

Im August 1948 reiste Brecht zusammen mit Max Frisch und dem Schauspieler Wilfried Seyferth für einen Abend nach Konstanz zum Besuch einer Aufführung von »Santa Cruz«, also dem ersten Theaterstück von Frisch. Direktor des Deutschen Theaters in Konstanz war damals Heinz Hilpert. Brecht befand sich an diesem Abend zum ersten Mal seit 1933 wieder in Deutschland. Bei der Rückfahrt äußerte er nach diesem Theaterabend: »Hier muß man ja wieder ganz von vorn anfangen!« Es gehört übrigens zur Sache, daß Brecht in jenen Tagen dabei war, sein aus der Emigration mitgebrachtes theoretisch-dramaturgisches Konzept, heute wohlbekannt als »Kleines Organon für das Theater«, abzuschließen.

In Zürich hatte er bisher, zumeist mit Einverständnis, jene Spielweise kennengelernt, die sich zwischen 1933 und 1945 in diesem wichtigsten deutschsprachigen Theater jenseits der Grenzen und Einflußmöglichkeiten eines Dritten Reiches entwickelt hatte. Die Uraufführung seines Volksstückes »Herr Puntila und sein Knecht Matti« hatte Brecht am 5. Juni 1948 in Zürich selbst zusammen mit Kurt Hirschfeld inszeniert. Mit Rücksicht auf die Schweizerische Fremdenpolizei, die dem Emigranten Brecht mit fragwürdigen Papieren keine Arbeitserlaubnis erteilen wollte, durfte der Name Brechts bloß als Name des Verfassers, nicht als der eines Spielleiters auf dem Zettel genannt werden. Die Aufführung hatte ihn im wesentlichen befriedigt.

Trotzdem war sich Brecht darüber klar, daß auch das Züricher Schauspielhaus der von ihm intendierten neuen Spielweise kaum gewachsen sei: Daher sein Versuch im Januar und Februar 1948, eine Aufführung seiner Bearbeitung der »Antigone« des Sophokles, auf der Grundlage von Hölderlins Übersetzung, nicht in Zürich, sondern in Chur zu erproben. Diesmal kann Brecht mit jungen Schauspielern seine Auffassungen vom neuen und episch-dialektischen Theater im wesentlichen realisieren. Die Aufführung in Chur hat jedoch nur mäßigen Erfolg. Andererseits empfindet Brecht, ebenso wie Caspar Neher, bei der Probenarbeit zu

Büchners »Woyzeck« im Züricher Schauspielhaus, genauso tiefes Unbehagen wie bald darauf in Konstanz beim Anblick der Theaterarbeit eines Heinz Hilpert. Brecht äußert in seinem Arbeitsjournal nach der »Woyzeck«-Probe, man hätte nur »Trümmer der Schauspielkunst« gesehen. Caspar Neher verließ am 29. April die Generalprobe des »Woyzeck« mit den Worten: »Man soll nicht ins Theater gehen.«

Es kann sich nicht darum handeln, von heute aus in der Retrospektive zu überprüfen, ob solche Urteile aus dem Jahre 1948 im einzelnen Fall gerecht waren oder nicht. Richtig wurde jedoch erkannt, daß die Spielweisen der Theater im Dritten Reich, die ein nobler und integrer Theatermann wie Heinz Hilpert nunmehr in Konstanz fürs erste weiterzuführen gedachte, ebenso brüchig erschienen wie die aus ganz anderen ideologischen und politischen Voraussetzungen entwickelte Spielweise einer betont antifaschistischen Bühnenkunst, wie sie unter Oskar Wälterlin und Kurt Hirschfeld zwischen 1933 und 1945 in Zürich gleichsam modellhaft entwickelt worden war.

Sowohl in Konstanz wie in Zürich hatte Brecht nur noch »Trümmer« einer einstmals gültigen Theaterkunst wahrnehmen wollen. Natürlich war er ungerecht, weil er das eigene episch-dialektische Theater dagegenzustellen gedachte und spürte, daß er kaum auf Unterstützung rechnen konnte bei den Theaterleuten jener hinfällig werdenden Spielweisen. Er pflegte später in Berlin zornig zu werden, wenn man rühmend und verklärt an das angeblich so »glänzende« Berliner Theater im Dritten Reich erinnerte. Er sagte dann boshaft, man solle sich doch einmal fragen, *worauf* damals der Glanz gefallen sei.

Scheinbar konnte in der Tat der Gegensatz nicht größer sein als jener etwa zwischen dem Preußischen Staatstheater eines Gustaf Gründgens und der Spielweise der Antifaschisten im Schauspielhaus Zürich. Gründgens war genötigt, nachdem er sich dazu entschlossen hatte, die Stücke der NS-Dramatiker zu ignorieren und allen irgendwie »zeitgenössischen« Themen aus gutem Grunde auszuweichen, ein Theater des schönen Scheins zu praktizieren: Märchenspiel und einigermaßen sorglose Komödie, jenen Shakespeare, der irgendeine Identifikation des Zuschauers ausschloß, Versglanz und Virtuosität der bewährten Staatsschauspieler. Ab und zu freilich wurde trotzdem der Glanz verdüstert durch Assoziationen. Wenn etwa Werner Krauss als Hinkefuß und Machthaber, als Shakespeares Dritter Richard über die Bühne humpelte oder wenn, abermals bei Jürgen Fehling, in den »Nibelungen« von Hebbel ein Germanentum evoziert wurde, das als Gegenteil der Staatsdoktrin empfunden werden mußte. Das Züricher Theater hingegen war bewußt realistisch. Auch in Shakespeares bitteren Komödien wie »Maß für Maß« oder »Troilus und Cressida« suchte man das gesellschaftliche Sein hinter dem theatralischen Scheinen. Ein Bühnenbildner wie Teo Otto lieferte Kunstwerke eines sparsamen Theaters, die nicht um ihrer selbst willen bewundert werden sollten, sie hatten jeweils den geistigen Raum des Stückes auch als gesellschaftlichen sichtbar zu machen.

Vieles ist damals in Zürich zum ersten Mal aufgeführt worden, was dann in der Nachkriegszeit auf allen Bühnen in Deutschland und Österreich nachgespielt und mit Verspätung entdeckt werden konnte: Thornton Wilder und Sartres frühe Theaterstücke, der »Galilei« und der »Gute Mensch von Sezuan«, Friedrich Wolfs »Professor Mamlock« und die kritischen Diskussionsstücke von Priestley. Man spielte, ohne den Zeigefinger sichtbar zu heben, trotzdem und wohl mit Notwendigkeit ein *didaktisches* Theater. Auch ein streng rationalistisches. Jede Replik auf der Szene hatte der dramaturgischen Konzeption zu dienen, jede Geste und Konstellation mußte gleichzeitig »bedeuten«. Das führte immer wieder zu großartigen Ergebnissen, wenn so kluge und begabte Schauspieler wie Maria Becker und Therese Giehse, Leonhard Steckel oder Ernst Ginsberg im Spiel waren. Dann transzendierte der kritische Rationalismus zum großen Theater, zu neuen Formen eines Welttheaters.

Allein das war nicht fortsetzbar. Als der Krieg zu Ende war, löste sich das Züricher Ensemble mit Notwendigkeit auf. Kurt Horwitz und Ernst Ginsberg gingen nach München, Wolfgang Langhoff wurde zum Generalintendanten in Düsseldorf ernannt, übernahm aber bald darauf die Leitung der einstigen Bühnen Max Reinhardts in Berlin. Die österreichischen Mitglieder des Züricher Ensembles begründeten für einige bedeutende Theaterjahre ihre eigene Bühne, die »Scala« in Wien, im sowjetischen Sektor der geteilten Stadt.

Beides war nicht fortsetzbar: mit gutem Grund das verwegene und auch frivole Spiel eines deutschen Staatstheaters der Ausflucht und der noblen Innerlichkeit. Gesiegt hatte, so schien es allen, als der Krieg zu Ende war, der kritische Realismus der Antifaschisten. Allein auch der hatte im nun beginnenden Nachkrieg, der sich bald zum Kalten Krieg verändern sollte, kaum Möglichkeiten. Man mußte neu denken und ein neues Theater konzipieren. Das war der Grund, warum Brecht soviel Unbehagen spürte über die Züricher Proben zum »Woyzeck«. Brecht glaubte erkannt zu haben, daß nicht allein eine neue Dramaturgie entwickelt werden müsse und eine neue Art des Theaterspiels, sondern auch eine »Neue Zuschaukunst«. Daran vor allem hat er seit Ende des Jahres 1948 in Ost-Berlin, und bis zu seinem Tode am 14. August 1956, verbissen und bald auch verbittert gearbeitet. Er hat sie nicht schaffen können, diese Neue Zuschaukunst. Das war nicht mit Hilfe von Dramatik und Dramaturgie zu erreichen, sondern nur mit Hilfe von Veränderungen im gesellschaftlichen Sein.

Menschheitsdämmerung, zweite Auflage

Wie aber sollte der doppelte Traditionsverlust im Nachkriegstheater überwunden werden? Die Intendanten und ihre Spielleiter, auch die Schauspieler sahen lange Zeit nicht ein, warum man sich darüber den Kopf zerbrach. Man gedachte »anzuknüpfen« und »nachzuholen«. Aufführungen zur Weihe des Hauses: ein Theater der Erbaulichkeit, das sich, was man nach so vielen Erschütterungen nicht wahrhaben mochte, insgeheim anbiederte bei den großen, doch nicht mehr nachvollziehbaren Werken der Vergangenheit. Nathan, Iphigenie, Fidelio: darauf lief es in den meisten Fällen hinaus. Man spielte und inszenierte eine Harmonie, die den Werken durchaus fehlte: just darin bestand deren Größe. Man nahm den Juden Nathan auf in die harmonische Gemeinschaft. Bei Lessing blieb er trotz allem draußen vor der Tür stehen, mit niemand verwandt und verschwägert. Das schonungslose Wahrheitsgebot der Iphigenie, wobei es um Leben und Tod ging, nicht bloß in der Metapher, wurde nachempfunden, nicht verstehbar gemacht. Man inszenierte nicht das Prinzip Hoffnung in Beethovens »Fidelio«, sondern eine historisch gewordene Befreiungsoper mit wunderbarer Musik. Das sollte sich bis weit in die fünfziger Jahre hinein fortsetzen. Was man *in allen diesen Fällen* spielte, war ein im Grunde flach idealistisches, eben darum erfolgreiches Theaterstück des amerikansichen Dramatikers Thornton Wilder. Den unübersetzbaren Originaltitel »The Skin of our Teeth« hatte man in der Züricher Erstaufführung in deutscher Sprache dadurch wiedergeben wollen, daß man die englisch-amerikanische Redewendung, die etwa bedeuten mochte »mit knapper Not«, inhaltlich anreicherte zu einem Zustandsbekenntnis. »Wir sind noch einmal davongekommen.« So spielte man von nun an Theater.

Die Dramatiker fanden größere Schwierigkeiten vor beim Versuch, auch ihrerseits anzuknüpfen und nachzuholen. Für einen winzigen geschichtlichen Augenblick, der etwa bis zum Jahre 1949 dauern mochte, schien man versucht zu sein, einer Wiederkehr des expressionistischen Theaters zu vertrauen. Der Erfolg des früh verstorbenen Wolfgang Borchert mit dem Theaterstück *»Draußen vor der Tür«* schien weitere Möglichkeiten anzubieten. Borchert hatte, damals schon schwer krank, sein Stück im Spätherbst 1946 geschrieben. Es wurde am 13. Februar 1947 zum ersten Mal vom Nordwestdeutschen Rundfunk gesendet. Der Untertitel war skeptisch: »Ein Stück, das kein Theater spielen und kein Publikum sehen will«. Das Gegenteil war richtig. Man wollte vor allem dies hier und sonst nur Klassisches und Bewährtes sehen.

Wolfgang Borcherts Ästhetik war in aller Bewußtheit eine expressionistische Nachfolge. Ganz ohne Hohn: Menschheitsdämmerung, zweite Auflage. »Horch hinein in den Tumult deiner Abgründe. Erschrickst du? Hörst du den Chaoschoral aus Mozartmelodien und Herms-Niel-Kantaten? Hörst du Hölderlin noch? Erkennst du ihn wieder, blutberauscht, kostümiert und Arm in Arm mit Baldur von Schirach? Hörst du das Landserlied? Hörst du den Jazz und den Luthergesang?«

Das hat Borchert 1947 geschrieben, kurz vor dem Tode. Er hatte es grundsätzlich gemeint und gab dem Text die Überschrift »Das ist unser Manifest«. Es hätte bereits in der berühmten Anthologie des ersten Expressionismus stehen können, bei Kurt Pinthus in der »Menschheitsdämmerung«. Ein Stationenstück in der Nachfolge eines Georg Kaiser, Fritz von Unruh oder Ernst Toller. Das

Flüstern und der Schrei. Ein Lyrismus der Ohnmacht, wie damals bei den Dramatikern um 1920. Es konnte nicht fortgesetzt werden.

Lehrstücke ohne Lehre

Auch dies ist wieder eine Formel von Max Frisch. So formulierte er im Jahre 1957 den Untertitel seines Theaterstückes *Biedermann und die Brandstifter.*

Also ein Lehrstück ohne Lehre. Ein deutscher Kritiker bemerkte nach der Züricher Uraufführung am 23. März 1958 (Regie: Oskar Wälterlin, Bühnenbild: Max Frisch), man müsse den Untertitel verstehen als: »Brecht ohne Kommunismus«. Das war unfreundlich gemeint, auch ungerecht; dennoch »war etwas dran«. Die Lehrstücke Brechts hatten seit Ausgang der zwanziger Jahre ein didaktisches Theater vor Augen: Brechts Beschäftigung mit dem Marxismus hatte dazu geführt, daß der deutsche Stückeschreiber seine Dramatik und Dramaturgie von nun an in den Dienst gesellschaftlicher Veränderung zu stellen gedachte. Daher immer wieder Modelle des Kapitalismus, die er, in Erinnerung an frühe Schwärmereien vom Dickicht der großen Städte, im Raum und Rahmen eines Stadtstaates abzuhandeln suchte. Mit wechselnden Namen, die stets dasselbe meinten: Mahagonny, Chikago, Sezuan. In dem Parabelstück vom »Guten Menschen von Sezuan« suchte der Epilog das Einverständnis mit dem Publikum. Ein scheinbar offener Schluß, aber nur scheinbar.

> Der einzige Ausweg wär aus diesem Ungemach:
> Sie selber dächten auf der Stelle nach
> Auf welche Weis' dem guten Menschen man
> Zu einem guten Ende helfen kann.
> Verehrtes Publikum, los, such dir selbst den Schluß!
> Es muß ein guter da sein, muß, muß, muß!

Aber das war ein Trick, noch dazu kein besonders guter. Was sich Brecht vorstellen mochte, war dies: ein Publikum, das nach dem Theaterabend nach Hause geht, über die Ohnmacht der Götter und die Ohnmacht des guten Menschen meditiert, am nächsten Morgen in der Buchhandlung eine kleine marxistische Handbibliothek erwirbt, um sogleich mit der Lektüre zu beginnen. In der Erkenntnis, daß man in einem Kapitalismus mit Namen Sezuan kein guter Mensch sein kann.

Max Frisch hat dieser genialischen Simplifizierung, bei aller Verehrung für Brecht, stets mißtraut. In seiner Frankfurter Rede über *Der Autor und das Theater* (1964) hat er folgendermaßen die Distanz markiert: »Auch Brecht zeigt nicht die vorhandene Welt. Zwar tut sein Theater, als zeige es, und Brecht hat immer neue Mittel gefunden, um zu zeigen, daß es zeigt. Aber außer der Gebärde des Zeigens: was wird gezeigt? Sehr viel, aber nicht die vorhandene Welt, sondern Modelle der brecht-marxistischen These, die Wünschbarkeit einer anderen und nicht vorhandenen Welt: Poesie.«

Weshalb die Lehrstücke Max Frischs, und nicht die seinen allein, ganz ohne die Brechtsche Überzeugung vom Sieg des marxistischen Sozialismus komponiert werden. Man lehrt die Einsicht in die Zustände, bleibt aber beim Fragen stehen. Lehrstücke ohne Lehre. Wenn diese Stücke, die seit Mitte der fünfziger Jahre entstehen und bemüht sind, eine neue dramaturgische Tradition zu begründen, auch ihrerseits dialektisch konzipiert sind, so bleiben sie bei einer negativen Dialektik stehen .

Die Poesie eines sogenannt *absurden Theaters* ist in der Dramatik und Dramaturgie deutscher Sprache kaum fruchtbar geworden. Man spielte sie alle auf allen Bühnen, Ionesco, Tardieu oder Audiberti, natürlich auch den frühen Beckett, den man damals und irrigerweise gleichfalls für so etwas wie absurdes Theater hielt. Doch über schwächliche deutsche Nachahmungen kam man nicht hinaus. Es fehlte die lateinische und insbesondere französische Tradition der schönen sprachlichen Metaphorik und Hyperbolik. Das deutsche Theater kannte seine expressionistischen Überlieferungen, hatte aber den *Surrealismus* niemals aufgenommen oder gar integriert. So war es nichts auf deutschen Bühnen mit den Hyperbeln, man hielt sich dafür an die Parabeln.

Daraus wurden fast immer Lehrstücke ohne Moralität, ohne Lehre also. Besonders reizvoll läßt sich das an den Anfängen der Dramatik *Heiner Müllers* demonstrieren. In Müllers frühen Parabelstücken »Der Lohndrücker« von 1952 und der zweiten Fassung der »Korrektur« von 1958 ist Brechts Gewißheit (beim Anblick der Realitäten in der DDR) vollständig abhandengekommen. In einem späten Gedicht, das Heiner Müller der zweiten Ausgabe seiner dramatischen »Geschichten aus der Produktion« (1974) voranstellt, stehen folgende Verse:

> Bilder bedeuten alles im Anfang. Sind haltbar. Geräumig.
> Aber die Träume gerinnen, werden Gestalt und Enttäuschung.
> Schon der Himmel hält kein Bild mehr. Die Wolke vom Flugzeug.
> Aus: ein Dampf, der die Sicht nimmt. Der Kranich nur noch ein Vogel.
> Der Kommunismus sogar, das Endbild, das immer erfrischte
> Weil mit Blut gewaschen wieder und wieder, der Alltag
> Zahlt ihn aus mit kleiner Münze, unglänzend, von Schweiß blind.

Auch dies sind Lehrstücke ohne Lehre. Das berühmteste Beispiel dieser Gattung schrieb *Friedrich Dürrenmatt* mit dem »Besuch der alten Dame«. Die Uraufführung fand am 29. Januar 1956 in Zürich statt. Dürrenmatt nannte auch dies Stück, wie seitdem alle seine späteren dramatischen Texte, eine »Komödie«. Was gemeint war, hatte er ein Jahr vorher in seinem Essay »Theaterprobleme« von 1955 auseinandergesetzt. Tragödie setze Schuld und Verantwortung voraus. Wir aber seien Leute ohne Verantwortung, die es nicht gewollt hätten: »Wir sind zu kollektiv schuldig, zu kollektiv gebettet in die Sünden unserer Väter und Vorväter. Wir sind nur noch Kindeskinder. *Das ist unser Pech, nicht unsere Schuld:* Schuld gibt es nur noch als persönliche Leistung, als religiöse Tat. Uns kommt nur noch die Komödie bei.« Von dieser Erkenntis ist der spätere Dürrenmatt niemals abgerückt. Er hat seine ursprüngliche These, wonach eine Geschichte dann zu Ende erzählt sei, wenn sie »ihre schlimmstmögliche Wendung« genommen habe, nach seiner Bearbeitung des frühen Wiedertäufer-Stoffes folgendermaßen erweitert: Die schlimmstmögliche Wendung sei die Wendung in die Komödie.

Komödie mit vielen Leichen, die aber nicht mehr Erschütterung im Zuschauerraum bewirken, sondern beinahe Gelächter. Das ist beabsichtigt. In Dürrenmatts Stücken sterben die Menschen wie die Fliegen. Um keinen ist es schade im Sinne herkömmlicher Dramaturgie von Schuld und Sühne.

Ein bißchen freilich steht der geopferte Ill im *Besuch der alten Dame* zwischen der alten und neuen Dramaturgie, also zwischen dem Verantwortungsspiel herkömmlicher Art und der Schwarzen Komödie. Ill war schuldig an dem jungen und armen Mädchen, das nun als reiche und alte Dame zurückkehrt. Allein er ist nicht schuldig geworden gegenüber seinen Mitbürgern in der Jauchestadt Güllen. Er hat stets gehandelt wie andere auch. Die an ihm vollzogene Ermordung, wobei eine ganze Stadt mörderisch geworden ist, bedeutet nicht Gerechtigkeit, sondern ein mühsam legalisiertes Verbrechen. Eine käufliche Gerechtigkeit ist keine. Das ist die Lehre in diesem komödienhaften Lehrstück, das keine andere anzubieten hat. Man spürt aber in allen Stücken Dürrenmatts den geheimen Ingrimm eines theologischen Dialektikers, daß Dramatik nicht mehr möglich sein kann in der Gegenwart als Auseinandersetzung mit verantwortlich handelnden Menschen; noch weniger ist sie für Dürrenmatt, und nicht allein für Dürrenmatt!, denkbar als Bekenntnis zum modernen Staat als einem Repräsentanten nicht bloß der formalen Rechtsordnung, sondern einer moralisch legitimierten Institution. Weshalb Dürrenmatt in seiner Dankesrede beim Empfang des Mannheimer Schiller-Preises vom 9. November 1959 die eigene Dramatik und Dramaturgie *gleichzeitig als Transzendierung von Schiller wie von Brecht* definierte. Als ein Jenseits sowohl der Tragödie mit Schuld und Sühne wie aller Lehrstücke: »So verwandeln sich denn Schiller *und* Brecht aus unseren Richtern, die uns verurteilen, in unser Gewissen, das uns nie in Ruhe läßt.«

Don Carlos, zweite Auflage

Als das Theaterstück *Der Stellvertreter,* geschrieben von einem bis dahin kaum als Schriftsteller, wohl aber als Verlagslektor bekannt gewordenen Autor namens Rolf Hochhuth, erschien, wurde dieser dramatische Text mit seiner durchaus ungewohnten Mischung aus szenischer Vergegenwärtigung und essayistischer Reflexion als schierer Anachronismus empfunden. Die bewußt unmoderne Dramaturgie Hochhuths, die er dann in seinem zweiten Stück »Soldaten, Nekrolog auf Genf« von 1967 und in den »Guerillas« (1970) ebenso beibehielt wie in seinen späteren Komödien, arbeitete nicht mit den überlieferten Strukturelementen von Spiel und Gegenspiel; sie stellte die Gewissensentscheidung und moralisch-gesellschaftliche Verantwortung eines Protagonisten in den Mittelpunkt des jeweiligen Spiels: des Jesuiten-Paters Ricardo und des Papstes Pius XII. im »Stellvertreter«, eines erfundenen und arg utopischen amerikanischen Senators namens Nicolson in den »Guerillas«. In den Komödien dominieren, wie bei Shaw und häufig auch bei Brecht, die klugen Frauen, die erkennen, was kein Verstand der Männer erfaßt hat.

Das ist Dramaturgie des klassischen deutschen Idealismus, ganz ohne Frage. Zu seinem Schiller hat sich Hochhuth von Anfang an freimütig bekannt. In sonderbarer Weise wiederholt sich bei diesem hessischen Schriftsteller vom Jahrgang 1931 die frühe Bezauberung des Lübeckers Thomas Mann bei der Begegnung mit Schillers »Don Carlos«. Auch der Pater Ricardo steht vor Pius XII. wie Marquis Posa vor König Philipp. Wenn man sich an eine Unterscheidung Kurt Tucholskys hält, der von sich bekannte, er habe stets viel Erfolg gehabt, doch überhaupt keine Wirkung, so gilt für Hochhuth die umgekehrte These: literarischen Erfolg bei den Kritikern und Feuilletonisten hat er niemals gehabt. Die Theaterkritik lachte ihn aus. Theodor W. Adorno polemisierte in der »Frankfurter Allgemeinen Zeitung« vom 10. Juni 1967 in einem »Offenen Brief an Rolf Hochhuth«: »Auf Ihren Vorwurf, eine Epoche nähme sich zu ernst, welche eine ›Veränderung von Grund auf‹ annimmt, entgegne ich, das ein Ethos, daß solcher Veränderung sich sperrt, nicht ernst genug ist.« Hochhuth hat später und mit großer Bitterkeit seinerseits gegen Adorno und die Thesen der Frankfurter Schule polemisiert. Er stellte ihnen den Primat des Individuums entgegen, war nicht bereit, das Unwichtigwerden der Individualität angesichts der modernen Massengesellschaft anzuerkennen.

Freilich gelang ihm nicht der Nachweis, daß Individualität im Sinne eines Schillerischen Protagonistentums heute noch möglich sei. Es war, trotz boshafter Übertreibung, »etwas dran« an dem Einwand Adornos, in der Dramatik von Hochhuth mit ihren Päpsten und Ministerpräsidenten werde der Prominenzbegriff der Kulturindustrie zugrunde gelegt. Vielleicht hat Hochhuth, wenngleich widerwillig, in seinen Theaterstücken nach den »Soldaten«

den Einwand beachtet, indem er von nun an fingierte »Gewissenstäter« schuf, die nicht von vornherein, wie etwa Churchill, auf dem Theaterzettel und auf der Bühne mit Vorbelastung erscheinen müssen.

Wirkung hat Hochhuth in der geschichtlich-politischen Welt weit stärker gehabt als die gesellschaftlich »engagierte« Dramaturgie des Stückeschreibers Brecht und seiner Schüler. Das einfach als Sensation und Skandal abzutun, geht durchaus nicht an. Hochhuth hatte zuerst fast instinktiv, dann immer bewußter die Verantwortung derjenigen Menschen restituiert und erinnert, denen Macht zufiel oder anvertraut wurde. Er hat durch sein Schauspiel vom »Stellvertreter« als einer der ersten die Schuld durch Untätigkeit, also durch Nicht-Tun im Angesicht des Völkermordes an den Juden, formuliert und Ernst gemacht mit dem Gerede von einer »Bewältigung der Vergangenheit«. Gedankt wurde es ihm nicht.

Die neue Beschäftigung mit Problemen der Geschichte und des Historismus hingegen beginnt in den sechziger Jahren. Scheinbar haben die Theaterstücke von *Peter Weiss, Günter Grass* und *Tankred Dorst*, von denen im Zusammenhang gesprochen werden soll, kaum etwas miteinander zu tun. Die Berliner Premiere des Dramas in zwei Akten mit einem ganz ungewöhnlichen Titel, nämlich »Die Verfolgung und Ermordung Jean Paul Marats dargestellt durch die Schauspielgruppe des Hospizes zu Charenton unter Anleitung des Herrn de Sade«, bahnte am 29. April 1964 dem Theaterstück, das heute im allgemeinen als *Marat/Sade* angezeigt wird, den Weg zum Welterfolg. Häufiger diskutiert als gespielt wurde zwei Jahre später (1966) das Theaterstück *Die Plebejer proben den Aufstand* von Günter Grass. Er gab ihm den Untertitel »Ein deutsches Trauerspiel« und knüpfte mit dieser Formel bewußt an bei Betrachtungen Walter Benjamins über den Gegensatz zwischen der antiken und französischen Tragödie und dem Ursprung eines spezifisch »deutschen« Trauerspiels in der Barocktradition des 17. Jahrhunderts. Allein der Untertitel verstand den Begriff vom »deutschen« Trauerspiel sowohl historisch wie aktuell politisch. Einerseits eine streng gebaute Haupt- und Staatsaktion nach dem Vorbild des 17. Jahrhunderts; zum andern eine Auseinandersetzung über Macht und Ohnmacht des Schriftstellers innerhalb eines revolutionären (oder auch gegenrevolutionären) Prozesses.

Abermals zwei Jahre später (1968) debütiert Tankred Dorst, bis dahin im wesentlichen bekannt geworden durch Parabelspiele der kleinen Form, mit einem großen Theaterstück, das den Namen »Toller«, also des Politikers und Revolutionärs Ernst Toller (1893-1939), als Titel angibt und als Gattungsbezeichnung die Formel wählt: »Szenen aus einer deutschen Revolution«.

Scheinbar hat all dies kaum etwas miteinander zu tun: das Spiel vom Marquis de Sade in seinem komfortablen Gefängnis (auch als Irrenanstalt zu verstehen) zu Charenton; das streng gebaute Trauerspiel von Günter Grass, das auch die aristotelische Einheit der Zeit streng beachtet, denn das Stück spielt am 17. Juni 1953; schließlich die Szenen aus der bayerisch-deutschen Revolution des Frühjahrs 1919, die Ernst Toller zunächst als politischen Protagonisten zeigen, dann als Gejagten, schließlich als Angeklagten vor einem im wesentlichen wohlmeinenden Gericht, welches die wirklichen Politiker erschießen läßt, den irregeleiteten Literaten Ernst Toller hingegen mit »ehrenhafter« Festungshaft belegt.

Auch der Form nach lassen sich die drei Stücke auf den ersten Blick kaum miteinander vergleichen. Günter Grass arbeitet als strenger Aristoteliker. Ein einziger Tag; eine einzige Szene, die es in der Tat ist, nämlich die Bühne des Berliner Ensembles in Ost-Berlin; eine einzige Zentralgestalt, die eines »Chefs«, hinter dem sich reale Lebenselemente Bertolt Brechts sichtbar machen lassen. Auch Peter Weiss arbeitet in der scheinbar so turbulenten und surrealen Welt seines Spiels um den ermordeten Revolutionär Jean Paul Marat und den noch lebenden, intrigierenden und reflektierenden Marquis de Sade in subtiler Weise mit der Einheit des Schauplatzes. Es handelt sich um ein Spiel im Spiel; alles wird vorgestellt in der Form eines Irrentheaters. Der Zuschauer weiß, daß jener Mensch in der Wanne nicht mehr Marat sein kann, denn das Spiel läuft ab im Kaiserreich Napoleons. Real und gegenwärtig sind einzig der Marquis de Sade als Spielerfinder und seine Aufseher, die bonapartistischen Funktionäre des Gefängnisses. Alles andere ist Rollenspiel.

Tankred Dorst hingegen hält sich an die shakespearisierende Überlieferung des deutschen Sturm und Drang mit den schnell wechselnden Szenenfolgen, die alle aber jeweils gewisse Partikel von Wirklichkeit gegenwärtig zu machen suchen.

Die *dramaturgische Verbindung zwischen Weiss und Dorst* kann hergestellt werden. Beide bieten in aller Bewußtheit eine Abwandlung des Schauspiels »Dantons Tod« von Georg Büchner. Peter Weiss schreibt ausdrücklich einen Gegenentwurf zum »Danton«. Robespierre wurde ersetzt durch Marat und Jacques Roux; der Marquis de Sade weist in seinem Eudämonismus zurück auf Georges Danton bei Büchner. Günter Grass enthält sich aller Anleihe an das elisabethanische Theater: obwohl oder besser weil sein Theaterstück ausdrücklich mit der Aktualität des Römerdramas von Shakespeare zu tun hat, nämlich mit dem »Coriolanus«. Eben deshalb hält sich Grass an die strengen Regeln des Aristoteles. Shakespeare war, ebenso wie Brecht, für ihn ein Bestandteil der Fabel, eben darum aber nicht ein dramaturgisches Modell.

Daß es sich in allen drei Fällen um »Zeitstücke« handeln sollte, ist evident. Das Thema bei Peter Weiss ist *die verratene Revolution,* also der Stalinismus. So viele Opfer, und wofür? Dennoch behält der Marquis de Sade nicht recht, wenn er, scheinbar unwiderleglich, seinem erdachten Gegenspieler Marat folgendes vorhält:

> Einmal sprachst du von den Obrigkeiten
> in deren Händen die Gesetze
> zu Unterdrückungsintrumenten werden
> Oder willst du daß einer über dich bestimmt
> und über deine geschriebenen Worte
> und dich zwingt
> zu dieser Arbeit oder zu jener
> und dir neue Ordnungen vorspricht
> wieder und wieder
> bis du sie im Schlaf nachsprechen kannst

Günter Grass schreibt ein Theaterstück über die inneren Widersprüche des sogenannten »engagierten Theaters«. Da war die Auseinandersetzung mit Brecht notwendig, auch mit der Brecht-Legende. Natürlich konnte mit Recht gegen Grass eingewandt werden, die Vorgänge um Brecht am 17. Juni 1953 seien durchaus anders gewesen. Grass hat ein Denkspiel geschrieben, ob gut oder weniger gut, hat dabei nicht allzuviel zu besagen. Gemeint war die Auseinandersetzung mit einer ideologischen Legende. Die Darstellerin der Volumnia spricht es aus, dem Chef gegenüber: »Und um dich werden Legenden sich bilden: eigentlich war er dagegen. Vielmehr dafür, eigentlich. Gesprochen hat er so, aber sein Herz war, – wo eigentlich? Beliebig wird man dich deuten: ein zynischer Opportunist; ein Idealist übler Machart; er dachte nur ans Theater; er schrieb und dachte fürs Volk. Für welches? Mach dich deutlich. Eck an oder paß dich an. Und schreibe verzahnt, daß jene, die kürzen wollen, den Ansatz nicht finden.« Günter Grass meint natürlich auch die westliche Legende, wenn er den Chef erwidern läßt: »Aber auch drüben wird sich die Lüge amtlich geben. Der Heuchelei Gesicht wird Trauerfalten üben. Mein wolkiges Auge sieht nationale Lappen auf halbmast fallen. Der Redner Chor, ich höre, wird so lange aus dem Wort ›Freiheit‹ schöpfen, bis es leergelöffelt ist.«

Hier aber findet sich sogleich und unmittelbar der Übergang zu jenem »Toller« bei Tankred Dorst. Dreimal Hauptaktionen und Staatsaktionen. Dreimal mit Schriftstellern: dem Marquis de Sade, dem Dramatiker Ernst Toller, dem Chef Bertolt Brecht. In allen Fällen unterscheidet sich die in solcher Weise dramatisierte Historie von aller naiven Vergegenwärtigung im Sinne der Schiller-Nachfolge und eines mißverstandenen Historismus. Da müht man sich nicht mehr, wie im »Florian Geyer« von Gerhart Hauptmann, um ein rekonstruiertes Butzenscheiben-Deutsch von einst. Die Diktion ist heutig in allen drei Fällen. Der jeweilige Schriftsteller im Mittelpunkt der Handlung reflektiert das Verhältnis des jeweiligen realen Verfassers zur Geschichte und zur Gegenwart.

Statisches Theater

Da man es sich im kulturellen Bereich deutscher Sprache, also nicht bloß bei den Deutschen, sondern auch in Österreich und der Schweiz, was übrigens mit der oft wesensgleichen Germanistik zusammenhängt, seit langem angewöhnt hat, die bedeutenden Schriftsteller, die man lieber als »Dichter« bezeichnet, in Paaren auftreten zu lassen, also Schiller und Goethe, Keller und Meyer, Rilke und Hofmannsthal, war es unvermeidlich, daß man aus dem fast gleichzeitigen Bekanntwerden der beiden Österreicher *Peter Handke* und *Thomas Bernhard* auch wieder eine Doppelformel ableitete: Bernhard und Handke. Gemeinsam haben Thomas Bernhard und Peter Handke die österreichische Heimat, wobei man sogleich auch hier einschränken muß, denn das Kärnten von Handke und das Salzburg Thomas Bernhards kann man nur staatsrechtlich, im Rahmen eines Föderativsystems, und natürlich durch Übereinstimmungen der Geschichte miteinander verbinden. Dennoch sind die Verschiedenheiten stärker als die Konvergenzen. Das wird im Kontrast der beiden Autoren deutlich. Peter Handke, der im wesentlichen in der Steiermark aufwuchs und geprägt wurde, was man vor allem an seinen späteren Prosaarbeiten ablesen mag, nahm diese Herkunft auf in den Willen. Thomas Bernhards Haß gegen Salzburg und die Salzburger hingegen ist gleichfalls produktiv geworden. Bernhards Berichte über die prägenden Ereignisse seiner Jugend sind genau; sie sind auch ganz sicher aufrichtig.

So entstand in beiden Fällen, bei Bernhard wie bei Handke, zwar eine Literatur des entschiedenen Subjektivismus, auch eine entschiedene Ablehnung aller Auffassung von engagierter, sogenannte Botschaften transportierender Literatur, allein im Bereich der Dramatik ergab das sehr kontrastierende Ausdrucksformen und Dramaturgien.

Handke wurde zuerst bekannt durch seine Sprachspiele, besonders durch die *Publikumsbeschimpfung.* Erst nach dem Theatererfolg mit dem Spiel *Kaspar* wurden Handkes Gedichte, kleinere Prosastücke und Aufsätze stärker beachtet. Dann erst versuchte sich der inzwischen auch in Paris und New York gespielte Dramatiker des Stückes vom *Ritt über den Bodensee* an Prosawerken der größeren Form.

Bei *Thomas Bernhard* verläuft die Entwicklung umgekehrt. Er wird zunächst bekannt durch seine Prosabücher »Frost« (1963), »Amras« (1964) und »Verstörung« (1967); sein erstes Theaterstück »Ein Fest für Boris«, das ursprünglich »Die Jause« heißen sollte, aber einen neuen Titel bekam, weil sich angeblich kein Mensch in Deutschland etwas unter einer Jause vorstellen konnte, wurde zuerst 1969 in der Zeitschrift »Theater heute« abgedruckt. Dann entstanden in rascher Folge die Theaterstücke, die Thomas Bernhard heute vor allem als Dramatiker zu charakterisieren scheinen. Obwohl Bernhard selbst in einem Interview mit »Theater heute«

betont, das Schreiben von Prosa sei ihm nach wie vor wichtiger als die Komposition von Theaterstücken; er halte übrigens die Arbeit an der Prosa auch für schwieriger.

Die Theaterstücke von *Peter Handke* sind in ihren Anfängen bewußt angelegte Sprachspiele. Man kann sie, im Rückblick, als Versuch mit einer *nicht-gegenständlichen Theaterliteratur* interpretieren. Der Kaspar, dem sein Autor Peter Handke keine Gattungsbezeichnung mit auf den Weg gibt, von welchem keineswegs ausgemacht ist, ob es überhaupt ein Weg zur Bühne sein soll, benutzt seine Schlußansprache dazu, nach dem Vorbild klassischer Dramaturgie dem Publikum zu zeigen, was er lernte und worin sich seine »Wandlung des Helden« vollzog. Gelernt hat er die gängigen Vokabeln, aber ein Rest von Widersetzlichkeit blieb. Er leistet zwar, als gelehriger Leser von Wehrmachts- und Polizei-Berichten, »keinen nennenswerten Widerstand«, hat gleichzeitig jedoch mitzuteilen: »Ich habe mich selber noch erlebt«. Das will sagen: er hat eine Existenz ohne Manipulation gekannt, die Erinnerung daran ist ihm geblieben. Zwar läßt sich die Einflüsterei der etablierten Kaspars, mithin auch seine eigene, nicht rückgängig machen, allein dieser Kaspar präsentiert sich am Ende des Lehr- und Lernprozesses als bloßes Gewordensein, nicht als total verdinglichte Form einer total manipulierten Existenz. Das läßt weitere Störungen befürchten.

Die bleiben nicht aus. Die anderen Kaspars - ohne Widersetzlichkeit und ohne das Erlebnis eines noch nicht integrierten Daseins - vollführen, wie Handkes Anmerkung mitteilt, »einen immer höllischeren Lärm«. Dann ist Stille. »Sie zappeln noch ein wenig. Sie schnüffeln.« Hunde schnüffeln, um den anderen Hund zu beriechen. Hier wird nach dem Anderssein geschnüffelt. Kaspars Geruch scheint nicht wohlgefällig zu sein. Da muß der Vorhang fallen. Er macht »einen ersten kleinen Ruck gegen die Mitte zu, wo die Kaspars zappeln«. Ruckweise, in Etappen, schließt er sich endlich: »mit dem schrillsten aller möglichen Geräusche«.

Der Vorhang wirft »die Gesellschaft um«. Auch den beschnüffelten, zuletzt noch redenden Kaspar.

Dies Stück ist stellvertretend auch für die späteren dramatischen Texte dieses Verfassers. Real ist immer nur das Subjekt, das als Kunstfigur seinen Autor zu repräsentieren hat. Diese Dramatik spielt im Kopf des Dramatikers: sie hat sich dann entäußert. Hinzu kommt, vor allem beim »Ritt über den Bodensee« und dem Stück »Die Unvernünftigen sterben aus«, *das Spiel mit dem Rollenspiel.* Kaspar bereits erlebte den Sozialisierungsprozeß als Lernen einer Rolle. Im »Ritt über den Bodensee« werden die großen dramatischen Konflikte, vor allem diejenigen zwischen *Herrschaft und Knechtschaft,* bloß noch als Nachspiele produziert. Man kann dieses Spiel wieder einmal ansetzen, um der Langeweile zu entgehen, man kann es aber auch unterlassen. Bedeutung hat dies ohnehin nicht. Ein Vergleich zwischen Brechts Volksstück vom Herrn Puntila und seinem Knecht Matti mit dem – bei Handke – gutwillig und gelangweilt heruntergespielten Theaterstreit zwischen dem Herrn und dem Knecht macht die Wandlung deutlich: Sie bedeutet sowohl Sinnentleerung als auch Ästhetisierung von Wirklichkeit.

Scheinbar wird dadurch Nähe hergestellt zu *Thomas Bernhard.* Daß alles Handeln sinnlos sei, ganz wie das Sein, wird in allen Texten dieses Autors immer wieder leitmotivisch postuliert. Da aber Thomas Bernhard, sehr im Gegensatz zu Handke, auch ein *meisterhafter Humorist* zu sein vermag, hat er belustigt über Mißverständnisse seiner Kritiker gespottet und daran erinnert, daß viele Leser des Buches »Frost« darauf gewartet hätten, daß sich dessen Verfasser nunmehr möglichst rasch umbringe. Er sei jedoch der Meinung, innerhalb der allgemeinen Sinnlosigkeit werde durch einen solchen Suizid gar nichts geändert. Also bleibe er dann lieber noch etwas am Leben.

In beiden Fällen, bei Handke wie bei Bernhard, kann man von *statischer Dramatik* sprechen. Bei Handke ist sie bedingt durch den geheimen Solipsismus. Es sind Spiele eines ästhetischen Subjekts. Hinzu kommt, daß sich Handke, nach seiner bekannten Formel, auf die »Innenwelt der Außenwelt der Innenwelt« konzentrieren möchte. Was heißen soll: das Innenleben eines Subjekts entäußert sich durch Sprache; die Sprache aber hat ihrerseits Innenwelt, und die allein sei betrachtenswert. Da kann Entwicklung nicht stattfinden, weil es die Außenwelt des Handelns und auch des Leidens nicht mehr gibt. Nicht zufällig gerinnen auf dem Handke-Theater die Szenen immer wieder zu Photographierposen. Statisches Theater.

Für Thomas Bernhard ist alle äußere Wirklichkeit zwar sinnlos, doch real und folglich auch interessant. Der Titel, den Bernhard einer Sammlung von Prosastücken im Jahre 1967 gab, ist stellvertretend: »Der Stimmenimitator«. Nicht bloß die Existenz selbst ist zu verstehen, mit dem Titel eines bekannten Theaterstücks von Thomas Bernhard, als »Die Macht der Gewohnheit«. Ob es sich um den stets neuen, doch alltäglichen Lebenszirkus handelt, oder den immer wieder scheiternden Versuch mit einer Dilettantenaufführung des Forellenquintetts, oder mit der ranzig gewordenen Aufklärung eines *Immanuel Kant* mitten im 20. Jahrhundert, oder um den mit Ehrenketten und Ehrendoktoraten honorierten philosophischen Traktat des »Weltverbesserers« in Bernhards so betiteltem Theaterstück (1979): es ändert sich nichts, denn alle Umgruppierung der Figuren und Konstellationen, innerhalb einer Jagdgesellschaft, aber auch innerhalb der »Menschheit«, bleibt ein müßiges Unterfangen. Man imitiert Stimmen anderer Leute. Mal mit der optimistischen Variante des »Immanuel Kant«, der Amerika zu erobern hofft mit seinem Aufklärungsdenken, doch schon im Hafen abgeführt wird in die Irrenanstalt; mal mit dem haßvollem Pessimismus des »Weltverbesserers«, der sich aber servil und konventionell verhält vor den albernen Autoritäten irgendeiner Universität. Der Schluß des »Candide« mahnt bei Voltaire, nach vielen Bemühungen um die Verbesserung der besten aller Welten, man solle sich zu Hause um den Garten kümmern. Der Weltverbesserer in Bernhards Stück *zitiert wohl nicht zufällig immer wieder den Voltaire als Denkanstoß* für seinen eigenen Traktat zur Verbesserung von Mitteleuropa. Auch bei Bernhard lautet, fast als Voltaire-Zitat, aber »gelangweilt« hingesagt, der Schluß des Stückes: »Jetzt will ich die Nudeln essen.« Statische Dramatik.

Scheinbar ist kein größerer Gegensatz vorstellbar als der zwischen der Dramatik eines Bernhard und Handke einerseits, den Theaterstücken von Botho Strauß und Franz Xaver Kroetz auf der anderen Seite. Die Umrisse der theatralischen Kunstfiguren bei Handke wie bei Bernhard sind bewußt unscharf gehalten: der Zuschauer und Leser soll nicht vergessen, daß es sich stets um eine Entäußerung handelt aus der Subjektivität der Stückeschreiber.

Botho Strauß dagegen und natürlich auch Kroetz verstehen sich unmittelbar als Stückeschreiber in einem überlieferten Sinne. Sie stellen sich in eine überlieferte Dramaturgie, die dann freilich zur

Darstellung von keineswegs herkömmlichen Vorgängen eingesetzt wird. Ein Stück wie *»Trilogie des Wiedersehens«* von Botho Strauß (1976) arbeitet schon im Titel mit dem Zitat, also mit der Tradition. Der Theaterkritiker und praktische Dramaturg Botho Strauß kennt seinen Goldoni und die »Trilogie der Sommerfrische« ebenso wie die *Dramaturgie Anton Tschechows* und des jungen *Maxim Gorki.* Sehr im Gegensatz zu aller Entäußerung von Subjektivität wird auf dem Theater von Botho Strauß der Versuch gemacht, die Gefühls- und Verhaltensweisen heutiger Gesellschaft auf dem Theater darzustellen. In allen Fällen aber, bei Goldoni und Tschechow, bei Gorki und Botho Strauß, handelt es sich, um eine Formulierung von Thomas Mann zu zitieren, um *Geschöpfe einer gesellschaftlichen Endzeit.* Bemerkenswert ist an dieser Dramaturgie, daß Strauß nicht daran denkt, seine Gestalten, die zum bürgerlichen Milieu der Oberschicht gehören, Genießer und Angehörige sogenannter freier Berufe, die ganz andere »Anliegen« haben als die Sorge ums Geld, zu verspotten und in einem brutalen Sinne zu »entlarven«. Da wäre nichts zu entlarven. Larve bedeutet Rolle, und die Rolle steht hier ein für die Existenz. Weshalb die Gestalten auch nicht durch Sprache voneinander abgegrenzt werden. Sie sprechen das gepflegte Alltagsdeutsch ihrer Kreise, das gleichzeitig Stilisierung bedeutet und Jargon einer Oberschicht. Immer wieder wird auch Feuilleton gesprochen, allein das stimmt durchaus zur Realität. Bei Maxim Gorki pflegte stets noch ein Gegenspieler auf der Bühne zu sein. der die Möglichkeit einer anderen Existenzform postulierte, wenn auch meist nicht vorlebte. Damit ist es bei Botho Strauß ebenso zu Ende wie in einer heutigen bürgerlichen Gesellschaft ohne wirkliche Alternative. Die Gestalten leben im unglücklichen Bewußtsein, meist wissen sie es sogar, aber es ändert sich nichts, und sie können auch nichts ändern. Das Stationenstück *»Groß und klein«* (1978) führt eine junge Frau durch diese Gesellschaft, um zu demonstrieren: daß auch die Unterschicht ein getreues Abbild wurde der gesellschaftlichen Oberschicht. So war es schon, zu Beginn des Jahrhunderts, im »Nachtasyl« von Maxim Gorki zugegangen. Statisches Theater.

Es ist kein Zufall, daß man auch bei *Franz Xaver Kroetz* einen bedeutenden Ahnen ausmachen kann, der die Dramaturgie von

Stücken wie »Oberösterreich« oder »Stallerhof« oder das Schauspiel »Mensch Meier« (1978) mitgeprägt hat, das Kroetz selbst als ein »Volksstück« bezeichnet. Die viel erwähnten Hinweise nämlich auf die Volksstücke Ödön von Horváths helfen kaum, um die besondere Dramaturgie von Kroetz zu deuten. Gemeinsam ist Horváth und Kroetz in manchen Fällen die Szenerie, das Milieu, das gesellschaftliche Personal; nicht aber die eigentliche Dramaturgie. Auch die einbekannte Beziehung von Kroetz zu den Stükken Marieluise Fleißers ist nur bedeutsam geworden für die Anfänge dieses Dramatikers.

Hingegen ist es kein Zufall, daß sich Kroetz sowohl mit der »Agnes Bernauer« von *Friedrich Hebbel,* die er bearbeitet hat, wie auch mit der »Maria Magdalena« immer wieder beschäftigte. Es läßt sich zeigen, daß Kroetz dort als Dramatiker einen Ausweg sucht, wo Hebbel ziemlich genau vor 130 Jahren scheitern mußte. In seinem *Vorwort* zu »Maria Magdalena« erläuterte Hebbel als Dramaturg, er habe diesmal darauf verzichtet, die Tradition bürgerlicher Trauerspiele dadurch fortzusetzen, daß er die Repression des Bürgertums durch den Feudalismus als Thema aufnahm. In der »Maria Magdalena« seien *die Kleinbürger allein miteinander im Spiel.* Dadurch entstehe eine ausweglose Tragödie, denn besagte Kleinbürger seien, infolge ihrer Gesellschaftslage, wie Hebbel formuliert, »unfähig zu aller Dialektik«. Sie sind gebannt in ihr Milieu mit seinen Riten, Ängsten, Aufschwüngen und Trostlosigkeiten.

Die Menschen auf dem Theater von Kroetz sind »aller Dialektik unfähig«. Ihr Dramatiker versagt ihnen, im Gegensatz zu Hebbel, den Ausweg in die Tragik. Er läßt sie auch nicht Hebbelsche Prosa oder gar Verse sprechen, sondern das meinungslose, ungenaue, ungedachte, aber durchaus nicht ungefühlte Idiom ihrer Alltagsrede. *Statt der Tragik gibt es die Komik, die zum Humor gehört.* Ironie ist unbrauchbar in solchem Milieu. Auch darin hat Kroetz ein Vorbild bei Friedrich Hebbel, daß er das hilflose Wechselspiel zwischen den Gestalten auf einen kleinen Personenkreis beschränkt. Bei Botho Strauß waren, wie bei Tschechow und Gorki, stets Querschnitte entworfen worden durch eine gesellschaftliche Totalität. Bei Franz Xaver Kroetz ist man stets »unter sich«. Was den drei Personen in dem Volksstück »Mensch Meier« zustößt, entspringt nicht irgendeiner Besonderheit des Charakters oder Schicksals, sondern der gesellschaftlichen Konstellation. In der Regieanweisung wird die Frau Martha bezeichnet als »normal und um die vierzig Jahre alt«. Der Mann Otto ist »ebenfalls normal und um die vierzig Jahre alt«. Der Sohn Ludwig ist »ein netter Kerl mit etwa fünfzehn Jahren«. Fast endet dies Volksstück wie bei Henrik Ibsen, auch wenn es kein »Puppenheim« ist, das da verlassen wird. Die Frau Martha zieht fort mit dem jungen Ludwig. Man wird sehen müssen, daß »jeder auf die eigenen Füße stehen kann«. Die Frau Martha hat das letzte Wort. Es ist an alle drei gerichtet und meint ein Programm: »Lernen« – aber was und wozu? Auch dies ist statische Dramatik. Aber sie kennt nicht das »unglückliche Bewußtsein«. Das können sich Martha und Otto und Ludwig nicht leisten.

Deutsche Misere

Unter allen – denkbaren – Vorwürfen gegen den Stückeschreiber *Heiner Müller* wäre der Einwand, er schreibe statische Theaterstücke, besonders ungerecht. Seit den Anfängen Müllers mit den Stücken »Der Lohndrücker« (1956) und »Die Korrektur« (1958) konnte angemerkt werden, daß hier, zweifellos in der Nachfolge von Brecht und doch in durchaus eigentümlicher Weise, das Prinzip der Dialektik bestimmend war beim dramaturgischen Aufbau. Gezeigt wurden, folgerichtigerweise, immer wieder *Entwicklungen in Widersprüchen.* Das kontradiktorische Verhalten der Figuren offenbarte, bis hinüber zur Unlogik, den gesellschaftlichen Umschichtungsvorgang. Grundlage seiner Theaterstücke war von Anfang an diese konkrete Deutsche Demokratische Republik, die ehemalige sowjetische Besatzungszone. Der »Lohndrücker« Balke steht, gerade auch in seinen Wutausbrüchen, mitten in der Umschichtung zwischen den deutschen Traditionen aus einem Dritten Reich und den neuen gesellschaftlichen Produktionsweisen. Er weiß selbst nicht, im Gegensatz zum Dramatiker Heiner Müller, daß er einmal wütend herausschreit, man verhalte sich heute genauso wie bei den Nazis, um in einem anderen Wutausbruch bei anderer Konstellation zu drohen: Man lebe bekanntlich nicht mehr wie bei den Nazis. Entwicklung in Widersprüchen der Entwicklung, der Denkweisen, des Sprechens.

Seit jenen Anfängen aber in der Mitte der fünfziger Jahre wird für Müller immer drängender die Notwendigkeit, *sich mit Staat und Gesellschaft der DDR auseinanderszusetzen:* als einem Sozialsystem, das sich auf historischen Materialismus und Dialektik zwar beruft, in der Alltagspraxis aber die Widersprüche zudecken und »harmonisieren« möchte. Dagegen stellt Heiner Müller von nun an seine Dramatik. Dem undialektischen Status quo einer bloßen Herrschaftsgewalt präsentiert er die unbezahlten Rechnungen der Utopie. Sogleich entstand ein politischer Konflikt, der Müller in Widerspruch bringt zur Macht. Seine Komödie »Die Umsiedlerin oder das Leben auf dem Lande« (1956–1961 entstanden) wurde sogleich nach einer Generalprobe abgesetzt und verboten. Die Neufassung entstand 1964 unter dem Titel »Die Bauern«. Müller schreibt diesmal in volkstümlichen Knittelversen. Ein braver junger Kommunist im Blauhemd der Staatsjugend meditiert:

> Ohne Widersprüche
> Gings dreimal schneller mit dem Kommunismus.
> Zum Beispiel: wär kein Hunger, wieviel Brot gäbs.
> Wieviel Moral, wenn nicht die Liebe wär.
> Ich zieh das Blauhemd aus. Ja, so wirds gehn.
> Im Kommunismus wird man weiter sehn.

Immer mehr weitet sich die dialektische Gegenposition Heiner Müllers zu einer Totalabrechnung mit den *Widersprüchen der deutschen Geschichte.* Vielleicht war es der evidente Gegensatz zwischen der offiziellen Proklamation, wonach die DDR als erster deutscher Staat der Arbeiter und Bauern anzusehen sei, und ihrer sorgfältigen Konservierung der feudalen und bürgerlichen Verhaltensweisen von einst, vom Parademarsch bis zur Untertanen-Mentalität, was Müller in seinen Stücken vorantrieb zu einer Horrordramatik der geschichtlichen Unvernunft. Sein wichtigster Text *Germania Tod in Berlin* entstand zwischen 1956 und 1971. Dargestellt werden die letzten Phasen des Dritten Reiches und des Weltkriegs in Berlin als surreale Farce. Durch eine Revueform, die alle Elemente der Kolportage, der Komik früher amerikanischer Filme, eines Theaters der Grausamkeit miteinander verbindet, wird ein Gegenbeispiel geschaffen zu den Parabelstücken seines einstigen Lehrers Bertolt Brecht. Müller mißtraut der Belehrung und einer angelernten Dialektik. Er glaubt weder an positive noch an negative Helden.

In »Germania Tod in Berlin« hatte es noch, trotz allem und fast verschämt, einen positiven Helden gegeben, den »alten Hilse«, eine Figur aus den »Webern« von Gerhart Hauptmann. Es gibt auch noch die wiederauferstandene »rote Rosa«, also *Rosa Luxemburg.* Germania ist tot seit 1945, wie Müller dartut. Da ist nun eine Leere entstanden. In einer ausführlichen Studie über »Heiner Müllers ›Germania‹ und ihre Vorgeschichte« hat der Germanist Jost Hermand betont: »Doch andererseits ist gerade durch diesen ›Tod in Berlin‹ der Kreislauf des ewigen Deutschen an einer Stelle durchbrochen und damit Platz für Neues geschaffen worden. Die wiederauferstandene ›rote Rosa‹, die an die Stelle der Germania tritt, ist zwar nur eine Illusion des alten sterbenden Hilse, aber sie ist zugleich ein wirklicher Mensch und nicht nur eine Geistererscheinung oder eine Allegorie.« (Jost Hermand, Sieben Arten an Deutschland zu leiden, Kronberg 1979)

Heiner Müllers Stücke *Die Schlacht* (1975) und *Leben Gundlings Friedrich von Preußen Lessings Schlaf Traum Schrei* (1976) erweitern und konkretisieren das frühere Germania-Modell. In der *Schlacht* die Konstellation des Weltkriegs, in dem Stück um Gundling und König Friedrich, Gotthold Ephraim Lessing und Heinrich von Kleist und viele genannte oder ungenannt bleibende *Opfer und Täter der deutschen Misere.* Der Versuch, mit neuen und bisher noch nicht erprobten dramaturgischen Formen die deutsche Geschichte als permanente deutsche Misere darzustellen: unglückliches Bewußtsein als Folge von unglücklichem Sein.

Ausgangspunkt ist immer wieder die Dualität der beiden deutschen Staaten Bundesrepublik und DDR, die weder miteinander eine gültige Alternative darstellen können noch in ihrem Nebeneinander eine erfreulichere und menschenwürdigere Alternative vor der Welt zu bieten haben als die nur unvollkommen weggeräumte Germania aus Bronze, Blut und Eisen. Heiner Müllers dialektisches Theater bekämpft die Undialektik der realen deutschen Misere.

Das hat sich *Thomas Brasch* gesagt sein lassen, seit er schon früh zu Heiner Müller kam, um dort als Schriftsteller zu lernen, nachdem man Brasch, den Sohn eines kommunistischen Funktionärs, wegen existentialistischer Neigungen von der Leipziger Universität verwies. Er hatte es für richtig gehalten, sogar bei Samuel Beckett und Jean Genet lernen zu wollen. Auch Thomas Brasch, der von amtswegen schließlich auch seines Landes verwiesen und in die Bundesrepublik abgeschoben wurde, hat bei Heiner Müller sowohl die Nähe zu Brecht wie die Notwendigkeit gelernt, sich von der Technik und Gesinnung einstiger Parabelstücke zu entfernen. Heiner Müller hatte sich weder auf positive noch auf negative Helden verlassen wollen. In Thomas Braschs Textband »Kargo. 32. Versuch auf einem untergehenden Schiff aus der eigenen Haut zu kommen« steht der reflektierende Satz: »Kunst war nie ein Mittel, die Welt zu ändern, aber immer ein Versuch, sie zu überleben.« Allerdings kommt es darauf an, wie und wodurch man überlebt. Das hat Brasch an seinem bisher wichtigsten Stück demonstriert, an: *Rotter. Ein Märchen aus Deutschland* (1977). Vorangestellt ist ein Motto von Antonin Artaud. Der Meister eines »Theaters der Grausamkeit« hatte formuliert: »Aber von Zeit zu Zeit, ich meine, ab und zu hat ein Dichter in dem verfinsterten Raum der Zeit einen Schrei ausgestoßen, um kleine Kinder zurückkehren zu lassen.«

Diese kleinen Kinder hat Brasch in sein Stück übernommen. Er nennt sie aber: »Die Alten Kinder«. Sie haben die Rolle eines Chores, der die neuere deutsche Geschichte begleitet: illustriert an der Lebensgeschichte des deutschen Menschen namens Rotter. Das ist einer, der immer mitmacht und sich immer hervortut. Im Gegensatz zu dem ersten Theaterstück Martin Walsers »Eiche und Angora« (1962), wo sich ein Durchschnittsdeutscher dadurch unliebsam bemerkbar macht, daß er immer zu spät den Anschluß findet an die jeweilige Staatsdoktrin und ihr überdies viel zu lange treu bleibt, benimmt sich Rotter durchaus musterhaft.

Er weiß stets, wann es darauf ankommt, dabei zu sein oder wieder wegzulaufen. Er macht alles musterhaft mit: der Schlachterlehrling; der SA-Mann; der Profiteur bei der Arisierung; der verhaßte Schleifer auf dem Kasernenhof: der angemaßte Retter des Großdeutschen Reiches; der vorsorgliche Deserteur in der Katastrophe; der Trümmermann und Ordnungshelfer; der Denunziant und Objektleiter, den die Streikenden am 17. Juni 1953 einmauern; der Bürger der DDR mit Orden und Rente. Ist er ein Schwein - oder versucht er nur, weil es an allen Hemmungen und Einsichten fehlt, in schweinischen Verhältnissen zu überleben? Das bleibt offen.

Rotters großmäulige und bewährte Proklamierung: »Wir fangen neu an. Reißt alles ein. Es muß ein Anfang her. (Schreit) Von vorn« bleibt nicht am Stückende stehen. Es folgt als rätselhaft letztes Wort Rotters: »Unten nach oben, oben rückwärts«. Das mag deuten, wer es will. Einen Sinn ergibt es allemal. Zweimal in Deutschland.

Jenseits des Theaters

Wie soll man dergleichen auf der Bühne darstellen? Oder vielmehr: Wie wäre es möglich, Stücke einer solchen Art, die keine Einheit mehr kennen von Raum, Zeit und Handlung, sondern das zeitliche Nacheinander immer wieder als Gleichzeitigkeit im Raum präsentieren, im vertrauten Raum eines Stadt- oder Staatstheaters mit Rampe, ansteigendem Zuschauerraum, womöglich gar mit Logen und Rängen, aufzuführen? Die Stücke von Heiner Müller und Thomas Brasch und Volker Braun, aber auch von Botho Strauß und eigentlich bereits von Friedrich Dürrenmatt und Peter Weiss sind geschrieben *gegen* eine Gesellschaft und Kultur, die sich in solchen Theaterbauten und Schauspielabenden manifestiert. Indem der tradierte Theaterabend der bürgerlichen Gesellschaft mitgemeint ist bei der ideologischen und dramaturgischen Destruktion, muß es für die neuen Stückeschreiber ebenso wie für die Praktiker des neuen Theaters immer schwieriger werden, die neue Dramatik mit den alten Spielräumen und Spielformen zu verbinden.

Daraus entsprang der Wunsch, durchaus nicht allein auf dem Theater deutscher Sprache, sondern ebenso in England und Italien, Frankreich und Lateinamerika, *eine Trennung zu vollziehen zwischen dem Spiel und dem überlieferten Theaterraum.* Übergangsweise wurde versucht, besonders in der Praxis der Berliner »Schaubühne«, im herkömmlichen Theaterraum die Spielräume neu anzulegen. Das blieb ein Intermezzo. Je mehr die Dramatiker und auch die Spielleiter damit Ernst machten, das Theater wieder als moralische Anstalt zu interpretieren, wo man geschichtliche Vorgänge überprüft und kritisiert, wo man Betroffenheit erreichen will im Leben, nicht bloß im Publikum, um so stärker mußten sie Ausschau halten nach neuen Spielstätten. Den folgerichtigsten Versuch unternahm der Spielleiter *Klaus Michael Grüber*, als er Hölderlins Visionen von einem neuen Griechentum (in Deutschland) spielen ließ als Winterreise in einem eisigen Berlin: im Olympiastadion jener Hitler-Spiele von 1936. *Alles war da plötzlich als Gleichzeitigkeit verstanden:* das Scheitern Hölderlins; die Hysterie des Jahres 1936; der Kontrast zwischen Olympia und dem Olympia-Geschäft; Winter und Trauer und die geteilte Stadt.

Dergleichen mag bisweilen noch einmal glücken: wenn etwa in Bremen das blutig-expressionistische Theater von Hans Henny Jahnn in einem stillgelegten Schlachthofgebäude mit vielen Spielstätten dargeboten wird. Allein die künftigen Formen der deutschen Dramatik und Dramaturgie lassen sich nicht als Raumprobleme abtun. Das mußte Richard Wagner bereits vor einem Jahrhundert erkennen. Auch er hatte sich das Festspielhaus zu Bayreuth als Widerlegung eines Theaters der feudalen und der bürgerlichen Hierarchien erträumt. Abermals das griechische Amphitheater, eine neue demokratische Form des Vergnügens an tragischen Gegenständen. Man weiß, was daraus geworden ist. Wenn es weiterhin statisch zugeht in der Gesellschaft, so muß die Dramatik und Dramaturgie mit dieser Bewegungslosigkeit fertig werden. Ein Tapetenwechsel kann nichts bewirken.

(1980)

Leseliste

Vorgeschlagen von Wolfgang Hofer und Hans Mayer

Borchert, Wolfgang: Das ist unser Manifest.
Entstanden 1947. – In: Das Gesamtwerk, Rowohlt Verlag, Reinbek bei Hamburg 1957, S. 308-315.

Böll, Heinrich: Bekenntnis zur Trümmerliteratur.
Entstanden 1952. – In: Werke, Essayistische Schriften und Reden 1, Kiepenheuer & Witsch, Köln, o. J., S. 31-35.

Eich, Günter: Der Schriftsteller vor der Realität.
Entstanden 1956. – In: Gesammelte Werke, Bd. IV, Vermischte Schriften, Suhrkamp Verlag, Frankfurt/M., 1973, S. 441f.

Bachmann, Ingeborg: Die Gruppe 47.
Nicht vor Frühjahr 1956 entstanden. – In: Werke, Bd. 4, Piper Verlag, München 1982, S. 323-325.

Adorno, Theodor W.: Rede über Lyrik und Gesellschaft.
Zuerst in: Akzente, H. 1/1957. – In: Noten zur Literatur, Suhrkamp, Frankfurt 1981, S. 48-68.

Celan, Paul: Rede anläßlich des Bremer Literaturpreises vom 26.1.1958. – In: Gesammelte Werke, Bd. 3, Suhrkamp, Frankfurt 1983, S. 185f.

Nossack, Hans Erich: Nachruf auf Hanns Henny Jahnn.
Zuerst in: Jahresring, Stuttgart 1960. – In: Die schwache Position der Literatur, Suhrkamp, Frankfurt 1966, S. 114-121.

Jens, Walter: Gegen die Überschätzung Gerd Gaisers.
In: Die ZEIT, Nr. 48, 1960.

Koeppen, Wolfgang: Rede zur Verleihung des Georg Büchner-Preises 1962. – In: Deutsche Akademie für Sprache und Dichtung, Darmstadt, Jahrbuch 1962, S. 100-110.

Weiss, Peter: Anmerkungen zum geschichtlichen Hintergrund unseres Stückes (Marat/de Sade). – In: Die Verfolgung und Ermordung des Jean Paul Marat. Suhrkamp, Frankfurt 1964, S. 134-139.

Baumgart, Reinhard: Deutsche Gesellschaft in deutschen Romanen. In: Neue Rundschau, Heft 4, 1964.

Frisch, Max: Der Autor und das Theater. Rede auf der Frankfurter

Dramaturgentagung 1964. In: Gesammelte Werke in zeitlicher Folge, Bd. V, Suhrkamp, Frankfurt 1976, S. 339-354.

Anna Seghers: Gespräch mit Christa Wolf. In: Neue Deutsche Literatur, Berlin/DDR, 5/1965, S. 7ff., Nachdruck in: A.S., Woher sie kommen, wohin sie gehen. Essays aus vier Jahrzehnten, Luchterhand, Neuwied und Darmstadt, 1980.

Adorno Theodor W. und *Szondi, Peter:* Rundfunkgespräch über die »Unruhe der Studenten«. Ursprünglich eine Sendung des WDR vom 30.10.1967. - In: Peter Szondi: Über eine »Freie (d.h. freie) Universität«. Suhrkamp, Frankfurt 1973, S. 88-105.

Boehlich, Walter: Autodafé.
Kursbogen zum Kursbuch 15/1968, Suhrkamp, Frankfurt 1968.

Grass, Günter: Vom Stillstand und Fortschritt. Variationen zu Albrecht Dürers Kupferstich »Melancolia I«. - In: Aus dem Tagebuch einer Schnecke. Luchterhand Verlag, Neuwied und Darmstadt 1972.

Böll, Heinrich: Rede zur Verleihung des Nobelpreises am 10.12.1972. In: Werke, Essayistische Schriften und Reden 2. Kiepenheuer & Witsch, Köln o.J., S. 621-623.

Wendt, Ernst: Trauer über eine unglückliche Jugend. Über Thomas Bernhard: Die Ursache. - In: Die ZEIT, 29.8.1975.

Canetti, Elias: Der Beruf des Dichters. Münchner Rede, Januar 1976. - In: Das Gewissen der Worte, Hanser Verlag, München/Wien 1976, S. 257-267.

Enzensberger, Hans Magnus: Von der Unaufhaltsamkeit des Kleinbürgertums. Eine soziologische Grille. - Zuerst in: Kursbuch 45/1976. - In: Politische Brosamen, Suhrkamp, Frankfurt 1982, S. 195-206.

Walser, Martin: Über Päpste.
Entstanden 1976. - In: Wer ist ein Schriftsteller? Suhrkamp, Frankfurt 1979, S. 47-54.

Fühmann, Franz: Toleranz - ein deutsches Fremdwort.
Berliner Rede zur Verleihung des Kritikerpreises 1977 für Literatur. - In: F.F., Wandlung, Wahrheit, Würde. Aufsätze und Gespräche 1964-1981. 1985.

Jandl, Ernst: Laudatio auf H.C. Artmann. Zur Verleihung des Preises der Stadt Wien am 31.5.1977. - In: Literatur und Kritik, H. 119/1977, S. 535-538.

Hermlin, Stephan: In den Kämpfen dieser Zeit. Rede vor dem Schriftstellerkongreß der DDR am 30.5.1978. - In: Traum der Einsamkeit. Ein Lesebuch, 1985.

Fassbinder, Rainer Werner: Über Alfred Döblin: Berlin Alexanderplatz. Entstanden 1979. - In: ZEIT-Bibliothek der 100 Bücher, Suhrkamp, Frankfurt 1981, S. 361-369.

Johnson, Uwe: »Freiberufliche«.
In: Begleitumstände, Frankfurter Vorlesungen. Suhrkamp, Frankfurt 1980, S. 159-167.

Kaiser, Joachim: Botho Strauß geht aufs Ganze.
(Über B. Strauß: Paare, Passanten). In: Süddeutsche Zeitung, 14.10.1981.

Heissenbüttel, Helmut: Fichte definitiv.
In: Text + Kritik, Hubert Fichte, München 1981.

Lesebuch der Gruppe 47.
Herausgegeben von Hans A. Neunzig, 1983, dtv 10246.

Wolf, Christa: Kleists Penthesilea.
Ursprünglich ein Vortrag im Wiener Akademietheater, März 1984. - In: Vorschauheft Burgtheater, Saison 1984/85, H. 1, Wien 1984, S. 20-30.

Bichsel, Peter: Schulmeistereien.
Luchterhand 1985.

Koeppen, Wolfgang: Gedanken und Gedenken. Über Arno Schmidt. Gedenkrede aus Anlaß der Arno Schmidt-Preisverleihung am 22.1.1984 in Celle. - In: Wolfgang Koeppen, Gesammelte Werke 6, S. 426ff., 1986.

Müller, Heiner: Die Wunde Woyzeck. Büchner-Preis-Rede 1985. - In: Süddeutsche Zeitung Nr. 242, 19./20.10.1985, S. 15.

Kluge, Alexander: Im Prinzip bin ich Autor.
Berliner Rede anläßlich des Kleist-Preises, 22.11.1985. - In: Freibeuter 27/1986, Wagenbach Verlag, Berlin 1986, S. 29-41.

Register

Geert Mak

Amsterdam

Biographie einer Stadt

Geert Mak erzählt von Amsterdam, von den »Geburtswehen« dieser Stadt, ihren Jugendjahren, Triumphen und Niederlagen, von Gerüchen und Geräuschen, ohne daß die Erzählung diese Stadt auf eine auf Hochglanz polierte Karikatur ihrer selbst reduzieren würde.

352 Seiten
Abbildungen
Leinen

im
Siedler
Verlag

»Hier wird ein Gemeinwesen als Organismus vorgestellt, eine im Deutschen – leider – noch immer nicht geläufige Form, die von den Mentalitätshistorikern der französischen ›Annales‹-Schule gepflogen wird, aber auf Jules Michelet zurückgeht, der für sich Mitte des 19. Jahrhunderts in Anspruch nahm, als erster sein Land ›als Person‹ gesehen und beschrieben zu haben. Amsterdam als liebende, leidende Person, verkörpert in einzelnen Figuren, deren Persönlichkeitsmerkmale sich mutatis mutandis über die Jahrhunderte hinweg gleichbleiben – das ist auch die Sicht auf die Stadt, der diese ›Biographie‹ verpflichtet ist.«

Der Tagsspiegel